Texte und Studien zum Antiken Judentum

Herausgegeben von
Martin Hengel und Peter Schäfer

50

Studien zu den frühjüdischen Prophetenlegenden

Vitae Prophetarum

Band II

Die Viten der kleinen Propheten
und der Propheten aus den Geschichtsbüchern

Übersetzung und Kommentar

von

Anna Maria Schwemer

J.C.B. Mohr (Paul Siebeck) Tübingen

Die Deutsche Bibliothek – CIP-Einheitsaufnahme

Schwemer, Anna Maria:
Studien zu den frühjüdischen Prophetenlegenden Vitae prophetarum / Einl., Übers.
und Kommentar von Anna Maria Schwemer. – Tübingen: Mohr
NE: Vitae prophetarum

Bd. 2. Die Viten der kleinen Propheten und der Propheten aus den Geschichtsbüchern.
– 1996
   (Texte und Studien zum antiken Judentum; 50)
   ISBN 3-16-146440-0
NE: GT

© 1996 J.C.B. Mohr (Paul Siebeck) Tübingen.

Das Buch wurde von Martin Fischer in Tübingen aus der Times-Antiqua belichtet, von
Gulde-Druck in Tübingen auf alterungsbeständiges Werkdruckpapier der Papierfabrik
Niefern gedruckt und von der Großbuchbinderei Heinr. Koch in Tübingen gebunden.

ISSN 0721-8753

Vorwort

Was im Vorwort zum ersten Band über die freundliche und geduldige Unterstützung durch Lehrer, Freunde, den Verlag und meine Familie gesagt wurde, gilt auch hier. Als ich vor sieben Jahren begann, mich mit der spröden Materie der Vitae Prophetarum zu beschäftigen, wußte ich wohl, daß ich auf einem wenig beackerten Feld pflügen, Neuland entdecken und längst Vergrabenes und Vergessenes wieder ans Licht holen wollte. Ich ahnte aber nicht, daß die Erklärung dieser lange vernachlässigten Schrift einen solchen Umfang annehmen und mich so viele Jahre in Anspruch nehmen sollte. Um so dankbarer blicke ich auf die vielfältige Hilfe und das Interesse an meinen Untersuchungen zurück.

Nachtragen muß ich technische Hinweise, damit der Leser nicht vergeblich sucht: Das Quellen- und Literaturverzeichnis für den gesamten Kommentar findet sich am Ende des ersten Bandes. Der zweite Band enthält die Register und in einem Anhang eine Textsynopse zu den wichtigsten griechischen Rezensionsformen der Vitae Prophetarum. Diese Synopse stellt keine kritische Neuausgabe der Texte dar. Sie beruht auf den bisher erschienenen Textausgaben und dient zu einer handlichen Übersicht.

Die Synopse ist zusätzlich gesondert als Beiheft dem Kommentar angeschlossen, damit man sie daneben legen kann und nicht unaufhörlich nachschlagen muß. Ich wünsche mir, daß auch die Synopse – trotz ihrer Vorläufigkeit – die wissenschaftliche Weiterarbeit an den Vitae Prophetarum erleichtert und fördert. Daß sich eine solche Weiterarbeit lohnt, davon bin ich fest überzeugt.

Tübingen, im September 1995   Anna Maria Schwemer

Inhaltsverzeichnis

Die Hosea-Vita

Text und Übersetzung

5.1 Ὠσηέ. Οὗτος ἦν ἐκ Βελεμὼθ τῆς φυλῆς Ἰσσάχαρ
καὶ ἐτάφη ἐν τῇ γῇ αὐτοῦ ἐν εἰρήνῃ.

2 Καὶ ἔδωκε τέρας, ἥξειν κύριον ἐπὶ τῆς γῆς,
ἐὰν ἡ δρῦς ἡ ἐν Σηλὼμ μερισθῇ ἀφ' ἑαυτῆς
καὶ γένωνται δρύες δώδεκα.

5.1 Hosea. Dieser war aus (dem) Belemoth des Stammes Issachar,
und er wurde begraben in seinem Land in Frieden.
2 Und er gab ein Zeichen,
daß der Herr auf die Erde kommen werde,
wenn die Eiche in Silom sich von selbst teilt,
und zwölf Eichen entstehen.

Zum Text

Textkritisch bietet An1 keine besonderen Schwierigkeiten. Torrey nimmt Anstoß an der Namensform der Heimat des Propheten Βελεμώθ und verbessert in Βάλαμων (dazu u.). Zu überlegen ist, ob φησίν in V. 2, das nur Ep2 enthält, zum ursprünglichen Text gehörte.

Inhalt, Aufbau und Vergleich der Rezensionen im Überblick

Hosea führt immer die Reihe der Kleinen Propheten an. Die knappe Vita enthält in An1[1] nur die Geburtsort-, Stammes- und Grabnotiz, gefolgt von einem τέρας-Wort. Die Schlußstellung des τέρας-Wortes entspricht der Anordnung in der Daniel-, Jona- und Habakuk-Vita[2].

Ep1 setzt dagegen die Grabnotiz ganz ans Ende. Das τέρας-Wort wird erweitert: Der Herr kommt »vom Himmel« auf die Erde und das endzeitliche Vorzeichen wird als Zeichen der »Parusie« Christi verstanden. Weiter wird die Prophetie Hoseas kurz referiert mit der für Ep1 typischen antijüdischen Tendenz.

---

[1] Mit An1 geht syr (NESTLE, Grammatik, 96); Epi (DOLBEAU 1986, 120).

[2] S. jeweils z.St. – Variabler sind die Viten von Jesaja, Jeremia und Ezechiel.

Dor streicht das τέρας-Wort des Propheten[3]. Der christliche messianische Vorspann verbindet die Prophetie Hoseas mit der Auslegung des Paulus, d.h. Hos 6,1–6 ist Prophetie auf die Auferstehung Christi in 1 Kor 15,3f, und Hos 9,12; 11,12; 13,14 finden ihr neutestamentliches Pendant in 1 Kor 15,55.

Ep2 bietet denselben Text wie An1, setzt nur den Vatersnamen hinzu und innerhalb des τέρας-Worts ein enklitisches φησίν.

Die Überlieferung von An2 ist gespalten in den christlichen Ergänzungen. Gemeinsam ist der Verweis auf die Gerichtspredigt des Propheten (V. 1). Die Textform der An2-Familie Coisl. 205; Philadelph. 1141; Paris. 1712 interpoliert noch deutlicher als Ep1 das τέρας-Wort christlich: Das Kommen des »Herrn« auf die Erde hatte den Zweck, daß er mit den Menschen wandelte; die Teilung der Eiche von Silo wird allegorisch auf die Jünger Jesu, »die dem auf Erden erschienenen Gott nachfolgen«, gedeutet[4]. Coisl. 224 dagegen setzt (V. 2) hinzu »wenn aber die Sonne in Silo untergeht und die Eiche von Siloah[5] sich von selbst teilt« und enthält die Deutung auf die zwölf Apostel nicht.

Die arm. Version von Issaverdens[6] ähnelt An2 (Coisl. 205; Philadelph. 1141; Paris. 1712); diejenige von Stone richtet sich nach den biblischen Berichten über Hosea und streicht das apokryphe Material[7].

Kommentar

1. Name und Herkunft des Propheten (V. 1a)

5.1 Ὡσηέ. οὗτος ἦν ἐκ Βελεμὼθ τῆς φυλῆς Ἰσσάχαρ

Der Name[8] des Propheten wird überschriftartig vorangestellt und mit οὗτος[9] wieder aufgenommen. Hosea ist in den VP nicht der einzige Schriftprophet,

---

[3] SCHERMANN, Legenden, 47f hält deshalb das τέρας-Wort für christlich (vgl. dazu u. Anm. 49) und kommt deshalb zu dem Schluß:»Demgemäß gibt B« (= Dor) »eine etwaige außerchristliche Grundschrift (hebräische) am unverfälschtesten wieder, welche nur Angaben über die Persönlichkeit des Propheten enthielt«. Dieses Urteil über die Hosea-Vita dehnt er auf alle Viten der Kleinen Propheten aus.

[4] Die lat. Üs. Duop (Sigel: DOLBEAU 1990, 509) geht auch hier mit dieser Version von An2, zeigt aber ebenfalls Berührung mit Ep1 (*prophetauit de aduentu domini*).

[5] Nicht bei SCHERMANN, Vitae vermerkt; zum Text s. TISCHENDORF, Anecdota, 110.

[6] ISSAVERDENS, Deaths, 183.

[7] STONE, Armenian Pseudepigrapha, 166f.

[8] Die Namensform entspricht der normalen LXX-Schreibweise. Ep1 und Ep2 bieten zusätzlich den Vatersnamen: Ep1: Ὡσηὲ ὁ προφήτης· υἱὸς Βεηρεί; ähnlich Ep2: Ὡσηὲ υἱὸς Βεηρι; Dor erklärt den Namen: Σωζόμενος; An2 (Paris. 1712): σκιάζων; vgl. WUTZ 1914, 128.601: σώζων; dagegen hat das Onomastikon Marchalianum: Ὡσηὲ λυπούμενος s. WUTZ 1914, 148 (vgl. weiter dort Index s.v.).

[9] S. die Bemerkungen zum Gebrauch von οὗτος in den VP in Band I, Ezechiel-Vita, Anm. 3.

der aus dem Nordreich stammte[10]. Er wird in An1 wohl aus chronologischen Gründen mit Micha zusammengestellt; weniger wahrscheinlich ist, daß ihre Herkunft aus dem Nordreich – nach den Angaben in den VP – beide verbindet. In der redaktionell bearbeiteten dtr Überschrift[11] des Prophetenbuchs wird dagegen nicht die Heimat, sondern allein der Vatersname neben den für die Datierung nötigen Herrschernamen angegeben. Aus der im Zwölfprophetenbuch überlieferten biographischen Tradition kann die Angabe der VP, daß Hosea in Belemoth[12] geboren und begraben wurde, nicht erschlossen sein. Da die Stammesangabe, *Issachar*, nach dem Ortsnamen steht[13], wird sie sich direkt auf Belemoth und nur indirekt auf den Propheten selbst beziehen[14]. Damit sollten Verwechslungen mit anderen Städten dieses Namens vermieden werden.

Schon H. Reland[15] hat vorgeschlagen, Belemoth sei mit dem alttestamentlichen Jibleam (Jos 17,11; Ri 1,27; 2 Kön 9,27; 1 Chr 6,55)[16] identisch, das besonders betont in Jdt 4,4; 7,4; 8,3 erwähnt wird[17] und Balamon (= Hirbet

---

[10] Die VP lassen Micha (= Micha ben Jimla) aus Ephraim, Obadja aus der Nähe von Sichem kommen.

[11] S. dazu Wolff 1965, 1f.

[12] Die Namensform ist in den Hss der VP erstaunlich einheitlich. Ep1: Βελομώθ; Dor Βελεμώθ; Ep2: Βελεμώθ; Philadelph.1141: Βελεμῶθ; nach der Angabe von Hamaker 1833, 140 ist auch Βελεμών belegt:»Dor. in Edit. Paris. Βελεμών«; Knobel 1837, II, 154 Anm. 3 gibt an:»So Dorotheus nach dem griech. Texte (Βελεμών) bei Carpzov 1.1.p.267. Man hält diesen Ort für das Jdt 8,3 erwähnte Βελαμών (al. Βαλαμών), was nicht weit von Dothan, also im Norden von Samaria gelegen haben müßte.« Vgl. u. Anm. 15.

[13] Anders und eindeutig dagegen in der Joel-Vita (VP 8,1); dazu u. Joel-Vita, Abschnitt 1.

[14] So auch Jeremias 1958, 29. Da Belemoth wahrscheinlich mit Jibleam/Bilam identisch ist (s. nächste Anm.), das nach 1 Chr 6,55 eine Levitenstadt ist, könnte diese Herkunftsangabe auch auf levitisch-priesterliche Herkunft hindeuten.

[15] Reland 1714, 615.622; von Hamaker 1833, 140 abgelehnt (vgl. u. Anm. 18); zustimmend dagegen Schlatter 1893, 277; Thomsen 1907 I, 34; Klein 1937, 197; Torrey, Lives, 40: »A better reading is Belamon ... This is the city which appears also under the names Yible'am, Bile'am, etc.«; weiter für diese Identifikation: Jeremias 1958, 30; Hare, Lives, 391; Fernández Marcos, Vidas, 518 Anm. zu 5,1: »Belemot: Se refiere al nombre bíblico de Bileam; cf. Jos 17,11. Otras variantes en Jdt 4,4; 7,3; 8,3«; weitere Lit. zu Jibleam/Balamon/Belemoth in rabbinischer Zeit bei Reeg 1989, 129 s.v. ‏בלעם עלייתה‎. Zu Jibleam in atl. Zeit s. zuletzt Niemann 1993, 71. Name und TAVO-Koordinaten: Bal'am; Yivle'am, 1777.2058. Satran 1995, 44 schlägt vor, Hosea sei zu seiner Heimat Jibleam durch eine sinnlose Kombination von Hos 1,4f (Jehu/Jesreel), Jos 19,17 (Issachar/Jesreel) und 2 Kön 9,27 (Jehu/Jibleam) gekommen. Er verweist aber nicht darauf, welche Rolle Jibleam in Jdt spielt.

[16] MT: Jos 17,11: ‏ויהי למנשה ביששכר ... ויבלעם ובנותיה‎; der Name fehlt in LXX; in den LXX-Hss der hexaplarischen Rezension wird er ergänzt, s. Brooke/McLean I/IV, 746.

[17] Vgl. Abel 1938, 257; Zenger, JSHRZ I/6, 467.480.486. Die Identifizierung dieses Ortes mit Abelmachola in den Hss, vor allem Syr, wird dagegen sekundär sein. Vgl. zur Variantenbreite der Schreibweise des Namens Hanhart, Judith (Göttinger LXX) VIII,4, 67.85.95. Jdt ist wahrscheinlich um 100 v. Chr. verfaßt und spiegelt (proto)pharisäische Frömmigkeit.

Bel'ame) entspricht[18]. Diese Identifizierung wird durch die Namenform auf der Inschrift in der Synagoge von Tel Rehov[19] bestätigt. Eine Möglichkeit, den Ortsnamen in der Hosea-Vita mit einem in der LXX überlieferten gleichzusetzen, ist ebenfalls schon längst vertreten worden: In Jos 13,17[20] wird jedoch von zwei Städten des Stammes Ruben gesprochen: ובמות בעל ובית בעל מעון, was die LXX mit καὶ Βαμωθβααλ καὶ οἴκου Βεελμων[21] wiedergibt. Dieser Vorschlag hat insofern einen interessanten Aspekt, als die rabbinische Auslegung den Propheten Hosea aus dem Stamm Ruben kommen läßt. Vielleicht beruht diese Annahme auch auf der Ähnlichkeit mit den Ortsnamen Baal Maon und Belemoth[22], obwohl die Begründung der Rabbinen eine ganz andere ist: Weil Ruben der erste war, der Buße tat, verhieß ihm Gott, daß der erste Prophet, der sagt »Israel, kehre um«, aus seinem Stamm kommen sollte[23]. Wie dem auch sei, die VP betonen, daß das Belemoth Hoseas im Gebiet des Stammes Issachar und nicht von Ruben liegt.

Woher die VP diese singuläre Angabe für den Propheten Hosea genommen haben, scheint rätselhaft. Da die VP normalerweise solche Angaben nicht frei

---

[18] HAMAKER 1833, 140–147 erörtert die Identifizierungsmöglichkeiten breit und diskutiert vor allem Jdt 4,4; 7,3; 8,3f, wo er aber Abelmain/Abelmachola liest. Auf die Josua-Stelle verweist er nicht und kommt zu dem Ergebnis, daß die Namensvarianten aus hebr. אבל מים sich hin zu בעל מון בעל entwickelt hätten.

[19] SUSSMANN 1973/74, 88–158; dt. Üs. bei REEG 1989, 634 (Text 21).

[20] SCHERMANN, Legenden, 47 Anm. 1 führt irrtümlich KNOBEL 1837, 154 als Vertreter dieser Lokalisierung an. Doch KNOBEL sagt zu »Belemoth im Stamme Isachar«, »Belamon« und »Bethsemes« (»Eine Glosse bei Hieron. ad Hos 1,1«): »Eine Angabe ist so unsicher wie die andre« (155). Zu Ba'al Me'on, s. ABEL 1938, 259, er identifiziert es mit dem Jos 13,17; Nu 32,38; 1 Chr 5,8 etc. genannten Ort.

[21] V: Βεελμων; B: μεελβωθ; A: βελαμων; βεελμωθ. Vgl. BROOKE/McLEAN, I,IV, 728: einige Hss belegen βεελμωθ neben μεελβωθ/μεελμωθ.

[22] JEREMIAS 1958, 29 sieht durch die Zuordnung zum Stamm Issachar das Alter und die Zuverlässigkeit der VP erwiesen; die Stammesangabe »Ruben« in PesR, Anhang 3 (FRIEDMANN 199a) = 50,4 (BRAUDE 2, 848) erklärt er als eine sekundäre Identifizierung, die dadurch zustande gekommen sei, daß der in 1 Chr 5,6 erwähnte Rubenide Beera mit dem Vater Hoseas, Beeri (Hos 1,1) identifiziert wurde (29). »Es gereicht der Angabe der Vitae Prophetarum zur Empfehlung, daß sie nichts mit der haggadischen Theorie zu tun hat, der Prophet habe zum Stamme Ruben gehört«. Dieses Baal Maon im Gebiet von Ruben gilt jedoch in den VP als Heimat des Propheten Elisa, der dann auch dementsprechend aus dem Stamm Ruben und damit aus dem Gebiet des Staates Juda gebürtig ist, während der Prophet Joel nach den VP im rubenitischen Bethomoron sowohl geboren wie auch begraben sein soll (vgl. 1 Chr 5,1–8), s. u. Joel-Vita, 1.

[23] Weitere Stellenangaben bei GINZBERG, Legends, I, 416; V, 320 Anm. 314: BerR 84,19; PesK 24,9 (MANDELBAUM 356,11–357,6); TFrag zu Gen 37,29 (ed. GINSBURGER, Berlin 1903) u. ö. SATRAN 1995, 45f betont den Gegensatz zwischen der dem tieferen Verständnis des Bibeltextes dienenden Erschließung der Stammeszugehörigkeit bei den Rabbinen und den unsinnigen Angaben der VP. Aber die Angaben der VP sind nur unsinnig, wenn man der Spätdatierung Satrans und seinem Lösungsvorschlag folgt; vgl. o. Anm. 15. Daß die spätere rabbinische Traditionsliteratur auf einem anderen theologischen Reflexionsniveau steht als die VP, ist keine Frage. Dennoch tradiert sie Motive, die wir in den VP in älterer Form finden. Vgl. etwa Band I, Jesaja-Vita, Anm. 263; SCHWEMER 1994b.

erfinden, könnte sie einer uns nicht mehr bekannten Quelle, etwa den im Nachwort angegebenen Geschlechtsregistern, entstammen. Einen weiteren Propheten aus dem Stamm Issachar nennen die VP nicht, sie sind im Gegenteil eher an einer Herkunft aus dem Süden und der Lokalisierung der Geburts- und Begräbnisorte im Kerngebiet des jüdischen Staates nach den hasmonäischen Eroberungen interessiert, sogar wenn es der biblischen Tradition widerspricht[24]. Beides, daß die Angabe wohl nicht aus der LXX erschlossen ist und daß der Ort im Norden[25] liegt, sind in diesem Fall Argumente für das relative Alter der »biographischen« Angaben über Hosea[26]. Angesichts der Quellenlage für die Bestimmung und Einordnung der Traditionen in den VP wiegen auch solche Indizien verhältnismäßig schwer und sind ernst zu nehmen[27].

Das entscheidende Argument für die Datierung scheint aber die Verwandtschaft mit dem Judithbuch zu sein. Daß Jibleam/Balamon/Belemoth gerade im Judithbuch an hervorgehobener Stelle erwähnt wird, zeigt die Bedeutung des Ortes in frühjüdischer Zeit für die nationalen Hoffnungen des kleinen Judäa[28]. Gerade aus diesem Grund wird es sich bei der Überlieferung über Hoseas Heimat ebenso wie bei Judith nicht um eine samaritanische Ortstradition handeln. Eine Entstehung dieser Angabe im 4. Jh. n. Chr. scheint dagegen weniger wahrscheinlich.

2. Das Begräbnis des Propheten (V. 1b)

καὶ ἐτάφη ἐν τῇ γῇ αὐτοῦ ἐν εἰρήνῃ

Die Todesart wird nicht eigens erwähnt, dafür aber betont, daß der Prophet »in Frieden *begraben* liegt«[29]. Die Formulierung ist traditionell vorgegeben,

---

[24] So bei den Propheten Elisa und Jona.

[25] Jibleam/Bal'am lag in der uns interessierenden Zeit in samaritanischem Gebiet. JEREMIAS 1958, 29 meinte, daß man dort keine Prophetengräber »verehrt« habe und es keine lokale Tradition darstelle. Die Verbindung zwischen VP und Jdt (dazu u. Anm. 28) hat er nicht gesehen, obwohl er anschließend vom Judithgrab (zwischen Dotan und Balamon) handelt.

[26] Das wichtigste Argument ist die Verwandtschaft mit Jdt. Die alttestamentlichen Kommentare des 19. Jh.s referieren auch hier das legendäre Material. So schreibt KEIL 1888, 11 Anm. 2: »Die traditionellen Angaben darüber sind sehr dürftig und ganz unverbürgt«. Er führt neben den VP und Schalschelet ha-Kabbala die arabische Sage an (Tripolis bzw. Ramot-Gilead), u.a. mit Verweis auf die ausführlichere Sammlung der Belege bei WÜNSCHE 1868, S. IIIff.

[27] Vgl. JEREMIAS 1958, 29.

[28] Zu den national-eschatologischen Erwartungen im τέρας-Wort der Hosea-Vita s. u. In Jdt begegnen wir zudem wie in den VP der Hervorhebung des Stammes Simeon. In den VP kommen 3 Propheten aus dem Stamm Simeon (Nahum, Habakuk, Zephania).

[29] Ep1 und An2 sind ausführlicher und logischer: ἀπέθανε(ν) ἐν εἰρήνῃ καὶ ἐτάφη ἐν τῇ γῇ αὐτοῦ; sie bieten denselben Wortlaut wie die meisten Rezensionen in der Joel-Vita, was

vgl. Sir 44,14: τὰ σώματα αὐτῶν ἐν εἰρήνῃ ἐτάφη als Übersetzung von: [גויתם בש[ל]ום נאספו][30]. Ben Sira verbindet – wie der parallele Stichos über das Weiterleben der Namen zeigt – damit die Erinnerung, das Andenken, durch das die Väter und Helden fortleben. Auffallend ist dagegen die Wendung, Hosea sei in seinem »Land« begraben. Man könnte dafür auf die Grab-überlieferung für Abraham verweisen, der »im *Land* der Verheißung« begra-ben wurde[31], und dann analog γῆ in den Herkunfts- und Grabesnotizen der VP jeweils mit »Land«[32] übersetzen. Es gibt jedoch – wie oben zur Ezechiel-Vita vermerkt – seit den Tragikern den absoluten Gebrauch von γῆ für die Heimat-stadt[33]. Die LXX nimmt diesen poetischen Wortgebrauch zwar nicht häufig auf, aber er fehlt nicht[34]. Im zur Ezechiel-Vita erwähnten LXX-Zusatz in 1 Kön 11,43; 12,24[f] zeigt sich, daß dieser Wortgebrauch auch eigenständig weiterentwickelt werden konnte[35]. Da die Hosea-Vita an Jibleam als Heimat des Propheten denkt, bezeichnet sie hier ebenfalls mit γῆ eine Stadt; so wird γῆ αὐτοῦ an dieser Stelle wahrscheinlich im Sinne von πόλις αὐτοῦ bzw. πατρίς verwendet[36]. In anderen Viten kann γῆ jedoch auch ganz selbstverständlich für das Stammesgebiet gebraucht werden (s.u. Joel-Vita, Abschnitt 1).

Josephus erwähnt den Propheten Hosea namentlich in den Antiquitates nicht, berichtet nur im Anschluß an 2 Chr 30,1[37] allgemein, daß Propheten auftraten, die die Stämme Nordisraels ermahnten, sich der Kultreform Hiskias anzuschließen, sonst stehe ihnen Unheil bevor, und daß diese deswegen getö-tet wurden[38]. In den VP wird die dtr Doktrin vom gewaltsamen Geschick der

---

wohl eine sekundäre Angleichung ist. Ep2 schreibt θανών und läßt »in Frieden« bei der Grabesnotiz stehen.

[30] Vgl. die Edition von VATTIONI, 239; dazu MACK 1985, 77f.

[31] TestAbr 20,11 (A) καὶ ἔθαψαν αὐτὸν ἐν τῇ γῇ τῆς ἐπαγγελίας ἐν τῇ δρυὶ Μαβρι.

[32] Vgl. RIESSLER, Schrifttum, 871 (zu dieser Stelle) u.ö.

[33] PAPE, s.v. »Bei den Tragg. öfter vom Gebiete einer Stadt, u. scheinbar von der Stadt selbst«; LSJ, s.v. II, 2, »freq. in Trag., *city*«. Vgl. u. Anm. 35.

[34] Jer 36,7 »suchet den Frieden der Stadt«; 38,24; 41,22; 44,8; 44,8 (A); 46,16 (B S ἐπὶ τὴν πόλιν); 47,40 sonst nur noch: 2 Kön 7,12 (A; B hat πόλεως)

[35] Band I, Ezechiel-Vita, Abschnitt 1.1. Zu 4QApcrJer i 3; ii 6 vgl. Ezechiel-Vita, Anm. 26.

[36] Vgl. LXX Jer 26,16 πατρίς als Üs. von ארץ מולדת.

[37] Die Kultreform unter Hiskia (2 Chr 30) erstreckte sich nach dem Chronisten in ihrer Intention auf ganz Israel. Hiskia lädt Nordisrael ein, zum Passafest nach Jerusalem zu kom-men, jedoch nur wenige Leute aus Asser, Manasse und Sebulon folgen dem Angebot (V.11): ἀλλὰ ἄνθρωποι Ασηρ καὶ ἀπὸ Μανασση καὶ ἀπὸ Ζαβουλων ἐνετράπησαν καὶ ἦλθον εἰς Ιερουσαλημ, während sich der Großteil der Kultreform nicht anschließt (V.18): ὅτι τὸ πλεῖστον τοῦ λαοῦ ἀπὸ Εφραιμ καὶ Μανασση καὶ Ισσαχαρ καὶ Ζαβουλων οὐχ ἡγνίσθησαν, ἀλλὰ ἔφαγον τὸ φασεκ παρὰ τὴν γραφήν.

[38] Ant 9,265: καὶ τοὺς προφήτας δ᾽ ὁμοίως ταῦτα παραινοῦντας καὶ προλέγοντας, ἃ πείσονται μὴ μεταθέμενοι πρὸς τὴν εὐσέβειαν τοῦ θεοῦ, διέπτυον καὶ τελευταῖον συλλαβόντες αὐτοὺς ἀπέκτειναν ... πολλοὶ μέντοι τῆς Μανασσίτιδος φυλῆς καὶ Ζαβούλου καὶ Ἰσσαχάρου πεισθέντες οἷς οἱ προφῆται παρήνεσαν εἰς εὐσέβειαν

Propheten nicht betont[39]. Es liegt dem Verfasser vielmehr daran, die ungestörte Totenruhe der Propheten hervorzuheben. Obwohl Hosea nicht innerhalb des judäischen Gebietes, sondern im samaritanischen begraben liegt, scheint dem Verfasser die Ruhestätte intakt.

Die mittelalterliche jüdische Haggada läßt Hosea in Babylon sterben und begraben liegen[40]. Nach der palästinischen Konkurrenztradition ist sein Grab dennoch im Heiligen Land, denn ein Kamel brachte auf wunderbare Weise – ähnlich wie die Kühe einst die Lade ohne jede menschliche Mitwirkung aus dem Philisterland getragen und an den richtigen Ort befördert hatten – seinen Leichnam nach Zefat (Safad)[41] in Galiläa, wo er auf dem dortigen Judenfriedhof bestattet und sein Grab verehrt wurde. Von alledem wissen die VP noch nichts.

3. Das τέρας-Wort (V. 2)

2 καὶ ἔδωκε τέρας, ἥξειν κύριον ἐπὶ τῆς γῆς,
ἐὰν ἡ δρῦς ἡ ἐν Σηλὼμ μερισθῇ ἀφ' ἑαυτῆς
καὶ γένωνται δρύες δώδεκα.

Das τέρας-Wort Hoseas, das alle Rezensionen außer Dor enthalten, wird mit der in den VP üblichen Formel eingeleitet, aber nur hier leitet es einen A.c.I. ein. Das Prophetenwort wird also in indirekter Rede gegeben. Ep2 überliefert

---

μετεβάλοντο, καὶ οὗτοι πάντες εἰς Ἱεροσόλυμα πρὸς Ἐζεκίαν συνέδραμον, ὅπως τῷ θεῷ προσκυνήσωσιν. Jos. spricht im Gegensatz zu 2 Chr 30,11 von vielen aus Manasse, Sebulon und Issachar (statt Asser), die auf die Propheten hören, und nicht von den vielen, wie 2 Chr 30,18, die sich der Kultreform nicht anschlossen; zudem bringt er an dieser Stelle eine der dtr. »Doktrin« vom gewaltsamen Geschick der Propheten entsprechende Passage, die den kurz darauf berichteten Untergang des Nordreiches c.14 vorbereitet. Vgl. dazu STECK 1967, 82–84. Da Hos 1,1 die Prophetie des Propheten auch in die Zeit Hiskias datiert, könnte Jos. an diesen gedacht haben und die Erwähnung der Frommen aus Issachar könnte mit der haggadischen Überlieferung über die Abstammung Hoseas zusammenhängen, aber sicher ist das keineswegs. Vor allem stimmt ja der in den VP betonte friedliche Tod des Hosea, genauer daß er in Frieden begraben liegt, mit der Sicht des Jos., daß auch Nordisrael seine Propheten umgebracht habe und eben deshalb in assyrische Gefangenschaft geriet, keineswegs überein.
[39] Vgl. Band I, Einleitung, Abschnitt 5.4 u.ö.
[40] Elijahu von Ferrara (um 1438) berichtet vom Grab Hoseas in Basra; danach erwähnt er auch das Grab Daniels in Susa und das Ezechiels und Baruchs in Babylon; Text bei EISENSTEIN, Ozar 84a, 42ff; franz. Üs. CARMOLY, Itinéraires, 335; vgl. JEREMIAS 1958, 29 Anm. 6.
[41] GINZBERG, Legends IV, 261; VI, 356 verweist auf Ged. Ibn Jachja, Shalshelet ha-Kabbalah, 19a; CARMOLY, Itinéraires, 402, Anm. 107; JEREMIAS 1958, 29f führt die anderen insgesamt erst aus dem späten Mittelalter bzw. der frühen Neuzeit stammenden Pilgernachrichten auf: Zefat bei Gerschom ben Ascher 1561 (CARMOLY, Itinéraires, 381 vgl. 402 Anm. 107) und bei Uri von Biel 1564 (CARMOLY, Itinéraires, 447) und die weder literarisch noch archäologisch abgesicherte muslimische Lokaltradition für das Hoseagrab in es-salt (29f Anm. 6), die z.B. auch KEIL 1888, 11 Anm. 2 (Lit.) angibt.

φησίν, was innerhalb der eschatologischen Prophetien der VP sonst ein wört-
liches Prophetenzitat signalisiert. Da das τέρας-Wort Hoseas auf Hos 14,6–10
anspielt[42], könnte φησίν ursprünglich sein. In An1, An2, Ep1 und Dor wäre es
dann ausgefallen, weil man den Anklang nicht mehr erkannt hat. Ebenso gut
ist es aber auch möglich, daß aus einem nicht erhaltenen Prophetenapokry-
phon zitiert wird. Das legt die entsprechende Verwendung eines Habakukapo-
kryphons in der Habakuk-Vita nahe[43]. Das Vorzeichen kündigt das eschatologische Kommen Gottes an. Der »Herr« wird auf die Erde kommen, »dann,
wenn«[44] die Eiche von Silo sich von selbst in zwölf Eichen aufteilt. Das Neu-
aufsprossen von Bäumen gilt allgemein als günstiges Zeichen; es kündigt an,
daß ein Herrscher kommt[45].

Vorzeichen an Bäumen[46] erscheinen auch sonst in der jüdisch-christlichen
Literatur[47]. Der Hinweis Jesu auf den Feigenbaum in der markinischen Apo-

---

[42] Dazu u. Abschnitt 3.4.

[43] S.u. Habakuk-Vita, 16. Exkurs.

[44] »Gelegentl(ich) kommt die Bed(eutung) des ἐάν sehr nahe an ὅταν heran«, BAUER/
ALAND, s.v., 1.d , Sp.425; vgl. Sp.1190 s.v. ὅταν 1.b: es steht mit Konj. Aorist, »wenn die
Handlung des Nebensatzes der des Hauptsatzes vorangeht«.

[45] Zu Baumprodigien bei römischen Autoren s. KRAUSS 1931, 133–138. Bei der *Ankunft*
des Augustus richten sich plötzlich die Zweige einer *alten Eiche* auf: Sueton, Aug 92,4:
*Apud insulam Capreas ueterrimae ilicis demissos iam ad terram languentisque ramos
conualuisse aduentu suo, adeo laetatus est, ut eas cum re p. Neapolitanorum permutauerit
Aenaria data.* (AILLOUD I, 137); Sueton, Vesp 5,2 (AILLOUD III, 52): *quercus antiqua, quae
erat Marti sacra, ... ramos a fructice dedit ... tertium vero instar arboris*, das Hervorgehen
eines neuen Baumes aus einer alten Eiche als Vorzeichen bei der Geburt Vespasians; zum
Motiv des sich Neigens, bzw. Fallens und Wiederaufrichtens von Bäumen s. bes. Plinius,
n.h. 16,31,57,131; 16,32,57,132–133; 17,25,38,241–245: Das Fallen und das nachfolgende
Sich-Aufrichten von Bäumen wird nach Plinius überall als günstiges Vorzeichen betrachtet.
Ebensogern berichten die römischen Autoren vom plötzlichen Wachsen von Bäumen in
Tempeln (etwa Caesar, B. C. 3,105; Livius 43,135–136). Es gibt hier zwischen der römischen und der jüdischen Auffassung von Baumprodigien nur den einen Unterschied, daß in
der paganen Welt die Bäume verschiedenen Göttern zugeordnet werden. Auf Sueton, Vesp
5,2 weisen auch KISTER/QIMRON 1992, 602 in einem Nachtrag zu ihrer Untersuchung von
4QApcrEz hin. Sie interpretieren infolgedessen das Zeichen als Vorzeichen für den Beginn
der Gottesherrschaft; man wird es aber wohl allgemeiner als ein Vorzeichen für das Kommen Gottes aufzufassen haben. Aus sprachlichen Gründen kann 4QApcrEz nicht in Qumran
abgefaßt sein.
Die aufschlußreichste Parallele findet sich im christlichen Schluß von ParJer 9,14f
(HARRIS 62; KRAFT 42): καὶ ἔρχεται (Jesus Christus) εἰς τὴν γῆν. καὶ τὸ δένδρον τῆς ζωῆς
τὸ ἐν μέσῳ τοῦ παραδείσου φυτευθὲν ποιήσει πάντα τὰ δένδρα τὰ ἄκαρπα ποιῆσαι
καρπὸν καὶ αὐξηθήσονται καὶ βλαστήσουσι. καὶ τὰ δένδρα τὰ βεβλαστηκότα καὶ
μεγαλαυχοῦντα καὶ λέγοντα ἐδώκαμεν τὸ τέλος ἡμῶν τῷ ἀέρι ποιῆσει αὐτὰ ξηρανθῆναι
μετὰ τοῦ ὕψους τῶν κλάδων αὐτῶν καὶ ποιῆσει αὐτὰ κριθῆναι τὸ δένδρον τὸ στηριχθέν.
Hier ist das traditionelle Baumprodigium für das Kommen des Herrschers mit dem
Paradiesesbaum, dem Bild vom Fruchtbringen und Vertrocknen aus den Evangelien (Mk
11,12ff.20f; 13,28–32 par.; vgl. u. Anm. 48) und dem Gerichtsmotiv verbunden.

[46] Vgl. KTU 1.82 Z. 42f, dazu u. Jona-Vita, Anm. 169. Baumprodigien im jüdischen
Bereich gehen wohl zurück auf die orakelgebende Funktion der Bäume im AT: 2 Sam 5,24;
Hos 4,12f; in Sichem: Gen 12,6; Dtn 11,30; Ri 9,37; Mamre: Gen 18,1ff; 13,18; Ofra: Ri

kalypse steht nicht völlig isoliert, zeigt aber – und darin wird sich eine historische Erinnerung erhalten haben – wie souverän Jesus mit derartigen Prodigien umging und sie auf »natürliche« Vorgänge deutete[48].

Dieses τέρας-Wort wird gern von vornherein als christlich gestrichen. Man hatte hierfür in der Auslassung von Dor einen Anhalt[49]. Weiter erschien in einem christlich tradierten Text das »Kommen des Herrn« der vertrauten christlichen Sprache so nah, daß sich die Annahme christlicher Verfasserschaft oder zumindest einer christlichen Interpolation nahelegte. Als gewichtigstes Argument diente dann schließlich der Verweis darauf, daß von einer »Eiche von Silo« weder im ganzen Alten Testament noch sonst die Rede sei[50]. Doch diese Mutmaßungen führen in die falsche Richtung.

3.1 Das endzeitliche Kommen Gottes auf die Erde

Die Erwartung des endzeitlichen Kommens Gottes wurde in der Jeremia-Vita bereits thematisiert[51]. In der Hosea-Vita wird sie unter einem anderen Aspekt beschrieben, sie widerspricht jedoch nicht direkt dem, was wir in der Jeremia-Vita erfahren.

6,11; vgl. Band I, Jesaja-Vita, 2. Exkurs. Nach dem Reisebericht Petachjas von Regensburg zeigte man ihm in der Nähe der Terebinthe von Mamre »einen schönen Ölbaum, der in drei Teile gespalten war und einen Marmortisch in der Mitte hatte« (Üs. SCHREINER, Reisen, 163).

[47] Vgl. 4QApcrEz (dazu o. Anm. 45) und 4 Esr 4,33; 5,5, beides aufgenommen in Barn 12,1 und zitiert als (anonymes) Prophetenwort: ὁμοίως πάλιν περὶ τοῦ σταυροῦ ὁρίζει ἐν ἄλλῳ προφήτῃ λέγοντι· καὶ πότε ταῦτα συντελεσθήσεται; κύριος· ὅταν ξύλον κλιθῇ καὶ ἀναστῇ καὶ ὅταν ἐκ ξύλου αἷμα στάξῃ. ἔχεις πάλιν περὶ τοῦ σταυροῦ καὶ τοῦ σταυροῦσθαι μέλλοντος. Weiter das Bluttropfen der Bäume am 4. bzw. 6. Tag als eines der fünfzehn Zeichen des Endes in: Signs of Judgement (ed. STONE 24f.31); oder Jakobs Leiter 7,6 (engl. Üs. HUNT, OTP II, 410; vgl. HUNT, OTP II, 402: »the text now designated chapter 7 is a mosaic of oracular prophesies concerning the birth of Christ and also the crucifixion«). Vgl. das Blutfließen vom Felsen in Sib 3,684.804.

[48] Mk 13, 28–32 par. Gegen BERGER 1980, 1446: »Es fehlen fast völlig ... bis auf den Feigenbaum alle Baumprodigien« im jüdischen und christlichen Bereich. In der »Offenbarung des Petrus« wird das Gleichnis vom Feigenbaum aufgegriffen und in scharfer – wenn auch nicht ganz logischer Polemik – auf Israel und sein Erstarken als Endfeind gedeutet (2,1ff): »Und ihr – nehmt von dem Feigenbaum das Gleichnis davon: Sobald sein Sproß hervorgekommen und seine Zweige getrieben sind, wird eintreten das Ende der Welt«. Üs.: NTApo[5] II, 567. Die Offenbarung des Petrus ist vielleicht schon in die 2. Hälfte des 2. Jh.s zu datieren und verarbeitet auch jüdische Haggada mit dem Ziel, die Erwählung der Christen herauszustreichen, ähnlich wie 5 Esr; Barn etc.

[49] Vgl. SCHERMANN, Legenden, 48 (zitiert o. Anm. 3); ebenso SATRAN 1995, 51, der die τέρας-Worte insgesamt als sekundär den im 4. Jh. verfaßten VP zugewachsen ansieht, ohne eine eingehende Erklärung der Prophetien und Vorzeichen zu geben (63–68).

[50] SCHERMANN, Legenden, 47; weiter dazu u. Abschnitt, 3.2 »Die Eiche von Silo«.

[51] V. 9f, im Anschluß an 1 Hen 1,1–9; dazu Band I, Jeremia-Vita, Abschnitt 5.2.

Diese Erwartung ist durch die nachexilische Prophetie vorgegeben, die das Kommen Gottes als Theophanie zum endzeitlichen *Gericht* am »Tag Jahwes« schilderte[52]. Die Beschreibung des Endgerichts, das als universelle Katastrophe »mit Feuer und Wasser«[53] oder als forensisches Gericht[54] über Israel und die Völker, bzw. Gerechte und Ungerechte, aufgefaßt wurde, wurde oft mit der Aufzählung seiner Vorzeichen verbunden[55]. Daneben wurde das Konzept der exilischen *Schekhina-Theologie*[56], d.h. das »Wohnen« Gottes in Israel, beibehalten und weitergeführt. Beide Vorstellungen konnten miteinander verbunden werden, so daß der Tag des Endgerichts die Scheide bildet zwischen der gegenwärtigen Geschichtszeit (diesem Äon) und der künftigen Heilszeit (dem kommenden Äon), in der Gott immerdar gegenwärtig bei den Menschen ist.

Der christlichen Weiterentwicklung der Schekhina-Theologie, die das »Auf-die-Welt-Kommen-Gottes« in der Geburt Jesu verwirklicht sieht, folgen die Ergänzungen des τέρας-Wortes von An2 und Ep1. So setzt z.B. An2 (Coisl. 224) hinzu: ἀνθρώποις συναναστρεφόμενον[57]. Ep1 spricht von der παρουσία des Herrn als der Inkarnation Christi (οὕτως καὶ ἐγένετο), ein Sprachgebrauch, der sich seit den apostolischen Vätern findet[58]. Sie beziehen die Prophetie Hoseas auf das Erdenleben Jesu und (so An2 [Coisl. 205 u.a.]) seine zwölf Jünger. Darin ähneln sie den christlichen Ergänzungen in Test XII[59].

Der ursprüngliche Sinn, den das »Kommen des Herrn« im τέρας-Wort Hoseas hatte, nämlich das Kommen Gottes zum Gericht über Israel, erschließt sich aus der alttestamentlichen Weissagung, Jos 24,25ff (LXX), die in diesem Baumprodigium aufgenommen wird.

---

[52] Vgl. Dtn 33,2; Ps 50,3ff; Jes 26–27 (26,21); 65–66 (66,15); Sach 14; Mal 3 u.ö. Vgl. zum Thema bes. REISER 1990, 2–152: »Das Gericht in den eschatologischen Konzeptionen des Frühjudentums«.

[53] Vgl. die bei REISER 1990, 31.49.84.92 u.ö. behandelten Belege; weiter die τέρας-Worte in der Ezechiel- und in der Daniel-Vita; dazu Band I, Ezechiel-Vita, Abschnitt 2; Daniel-Vita, Abschnitt 3.2.

[54] Zum »doppelten Gericht« s. u. Sacharja-Vita, Abschnitt 3.3.

[55] So vor allem – außer in Mk 13 par, 4 Esr und den VP – in den jüdischen Sibyllen, wo die kosmischen Vorzeichen der Katastrophe, in der die alte Welt untergeht, entsprechen; vgl. dazu schon COUARD 1907, 222–227.

[56] Zur Schekhina-Theologie vgl. GESE 1977, 177, 152–201 (181ff); JANOWSKI 1987, 165–193. Dazu weiter u. zum τέρας-Wort des Habakuk (Habakuk-Vita, Abschnitt 7.1. und 7.3.2).

[57] S. Synoptische Tabellen z.St. Vgl. die Abänderung in TestIss 7,7e von συμπορευόμενοι in συμπορευόμενον als Anspielung auf das Leben Jesu in einigen Hss; dazu ULRICHSEN 1991, 318.

[58] Dazu die Belege bei OEPKE, Art. παρουσία κτλ., ThWNT V, 868f; Lampc, PGL, s.v. 1044. Vgl. Duop (ed. DOLBEAU 1990, 523): *aduentus*.

[59] So etwa TestSim 6,5.7: κύριος ὁ θεὸς μέγας τοῦ Ἰσραὴλ φαινόμενος ἐπὶ γῆς ὡς ἄνθρωπος ... θεὸς σῶμα λαβὼν καὶ συνεσθίων ἀνθρώποις ἔσωσεν ἀνθρώπους; TestNaph

3.2 Die »Eiche von Silo«

Wie hartnäckig sich die Ansicht hält, daß es eine »Eiche von Silo« nur in den VP gebe und sonst nirgends, vor allem nicht im AT, ist erstaunlich[60] und läßt sich eigentlich nur dadurch erklären, daß man den LXX-Text zu wenig berücksichtigt hat. Sogar bei Hare findet sie sich noch in der abgeschwächten Form, der Name Σηλωμ, den Silo in den VP habe, sei nicht in der LXX verwendet[61]. Zwar spricht die LXX nicht direkt von einer δρῦς in Silo, jedoch von einer Terebinthe als Übersetzung von אֵלָה[62]. Beide, sowohl MT wie auch LXX, meinen damit nicht eine botanische Bezeichnung, sondern einen »heili-

---

8,3: »Durch ihre Stämme wird Gott wohnend unter den Menschen auf der Erde erscheinen, um das Geschlecht Israels zu retten, und um Gerechte aus den Völkern hinzuzuführen«; TestAss 7,3: »bis der Höchste die Erde heimsucht und er selbst kommt und gefahrlos das Haupt des Drachen im Wasser zermalmt. So wird er Israel retten und alle Völker« (Üs. BECKER, JSHRZ III/1, 117). Vgl. dazu ULRICHSEN 1991, 315ff; 319: »Wenn der jüdische Text vom Kommen Gottes auf die Erde spricht, faßt der Interpolator diese Verheißung als eine Prophezeiung von der Inkarnation auf. Dadurch entstehen Texte, wo Gott und Christus scheinbar identifiziert werden, vgl. z.B. TSim 6:5.7; (TIs 7:7e, einige Mss); TSeb 9:8; TD 5:13, wo man sogar von Patripassianismus geredet hat; vgl. TL 4:1. Das ist kaum der Fall.« Gewiß mag man zugestehen, daß es ungenau ist, in solchen Fällen von »patripassianischen« Zusätzen zu sprechen. Wenn Ulrichsen das Etikett »Patripassianismus« ablehnt, schießt er m.E. über das Ziel hinaus. Die Christologie des 2. Jh.s n. Chr. war weitgehend »patripassianisch«. Eben wegen ihrer »unzulänglichen« Christologie sind viele Texte des 2. Jh.s verlorengegangen. Doch sie setzen den Hauptimpuls der frühesten, urchristlichen Christologie fort, die alttestamentliche Jahwe-Texte als Aussagen über ihren κύριος verstand. Vgl. CAPES 1992. Zugleich korrigieren diese Interpolationen die eschatologischen Passagen im christlichen Sinne. Weil die schlichte »Gemeindechristologie« diese alte »naive« Sprache lange beibehalten hat, sind diese Interpolationen so schwer zu datieren; so auch ULRICHSEN 1991, 319.

[60] S. SCHERMANN, Legenden, 47: »Weder bei Osee, noch sonst im A.T. ist von einer derartigen Eiche die Rede«; TORREY, Lives, 46 Anm. 71: »There is no mention of this oak of Siloh in the Bible«; DE JONGE 1961/2, 177: »De mededeling over de eik van Silo is duister. Noch in het bock Hosea noch elders in het O.T. is er sprake van een dergelijke eik. Schermann vermeldt, dat Hamaker dacht aan het שִׁילוֹ van Genesis 49:10, en dat hij in de twaalf eiken een verwijzing zag naar de twaalf apostelen.« Sogar HARE, Lives, 391 weist nur daraufhin, daß sie auch in VP 18,5 bei Achia von Silo erscheint und vermutet: »That the oak of Shiloh was a well-known landmark is indicated by its appearance here and at 18,5.« Bei FERNÁNDEZ MARCOS, Vidas, fehlt jeder Kommentar dazu. Dabei hatte bereits – wenn auch an versteckter Stelle bei seinen Ausführungen zum Grab von Achia von Silo – JEREMIAS 1958, 43 Anm. 2 auf Jos (LXX) 24,26 hingewiesen!

[61] Allein ein Blick in die Konkordanz von HATCH/REDPATH widerlegt ihn: Jos 18,1; Ri 18,31 (B); 21,12 (B); 1 Sam 1,9 (A).24; 2,14; 3,21; 4,3 (A). 12; 14,3 (B); Jer 7,14; 33 (26),6.9 (ASQ) etc.; FERNÁNDEZ MARCOS, Vidas, 518 z.St. vermerkt dagegen richtig, daß Σηλωμ eine in LXX verwendete Variante des Namens Silo ist. Dazu wechselt natürlich auch die Schreibweise in den verschiedenen Handschriften innerhalb der VP: Ep2: Σιλωμ; vgl. Eupolemos, F 2 (Euseb, praep.ev. 9,34,14) bietet ebenfalls Σηλωμ für Silo neben ἐν Σιλοῖ in 9,30,1.

[62] BOLING/WRIGHT 1982, 532: »oak. MT ha-ʿallâ has the consonantal spelling of ›Terebinth‹ but the stem pattern of ›oak‹ (ʿallōn)«.

gen Baum«[63]. Einen solchen Baum nennen die VP bevorzugt δρῦς. In LXX zu Jos 24,1.25[64] wird der sogenannte Landtag zu Sichem – wahrscheinlich in Angleichung an Jos 18,1[65] – mit antisamaritanischer Tendenz vom samaritanischen Gebiet ins judäische Silo verlagert[66]. Josua stellte dort als Zeugen für den Bundesschluß einen großen Stein auf: »in *Sichem* ... unter der Elah im Heiligtum JHWHs«, was LXX zu der Korrektur veranlaßt: »in *Silo* ... unter der Terebinthe gegenüber dem Herrn«[67]. Das Heiligtum in Silo[68] bezeichnet die LXX als »Zelt des Gottes Israels« (V. 25). Sie interpretiert dabei zudem den Text konsequent eschatologisch[69]: Der Stein soll nach den Worten Josuas (*nur* in LXX) bis in die »letzten Tage«[70] zum Zeugnis dienen, »jedesmal wenn

---

[63] S. Band I, Jesaja-Vita, 2. Exkurs »Heilige Bäume«.

[64] Das Josefsgrab beläßt die LXX jedoch in Sichem: V.32: ἐν Σικιμοις. Zur samaritanischen Verehrung des Josefsgrabs, s. JEREMIAS 1958, 31–36; JAROŠ 1976, 73, der kühn die Verehrung des Josefsgrabs bis in die Zeit Josuas zurückdatiert. Vgl. Band I, Jesaja-Vita, Anm. 94 und u. Achia von Silo-Vita, Abschnitt 3.

[65] Vgl. R.G. BOLING/G.E. WRIGHT 1982, 533f; ABEL 1938, 462: »Le grec y place l'assemblée de XXIV que l'hébreu situe à Sichem, confusion accrue par un rapprochement avec XVIII,30 ss., qui a conduit la C.(arte) de Mad.(eba) à reproduire Silo à l'est de Néapolis entre Ébal et Garizim.« Zur Madeba-Karte s. DONNER/CÜPPERS 1977, 145.

[66] Ebenso ist in Ps-Philo, LAB 23,1–9 vgl. 22,1 Silo der Ort des Geschehens von Jos 24. Silo ist für LAB der einzige Ort eines legitimen Heiligtums in Palästina vor dem Tempelbau in Jerusalem; vgl. dazu HARRINGTON 1971, 12; SPIRO 1951, 277–355. Die jüdischen Gelehrten waren sich darüber im klaren, daß die Eiche von Sichem mit dem in Gen 12,6; 35,4; Ri 9,6.37 erwähnten Orakelbaum identisch sei, s. REEG 1989, 605f; mSot 7,5; par. ySot 7,3 21c, 20–29; bSot 33b; SifrDev 56 (123–124); vgl. weiter die bei BIN GORION 1926, 365ff.385–388 (387) angegebenen Belege.

[67] Jos 24,25ff (LXX): Καὶ διέθετο Ἰησοῦς διαθήκην πρὸς τὸν λαὸν ἐν τῇ ἡμέρᾳ ἐκείνῃ καὶ ἔδωκεν αὐτῷ νόμον καὶ κρίσιν ἐν Σηλω (בשכם) ἐνώπιον τῆς σκηνῆς τοῦ θεοῦ Ἰσραηλ. 26 καὶ ἔγραψεν τὰ ῥήματα ταῦτα εἰς βιβλίον, νόμον τοῦ θεοῦ· καὶ ἔλαβεν λίθον μέγαν καὶ ἔστησεν αὐτὸν Ἰησοῦς ὑπὸ τὴν τερέμινθον ἀπέναντι κυρίου (האלה אשר במקדש יהוה). 27 καὶ εἶπεν Ἰησοῦς πρὸς τὸν λαόν Ἰδοὺ ὁ λίθος οὗτος ἔσται ἐν ὑμῖν εἰς μαρτύριον, ὅτι αὐτὸς ἀκήκοεν πάντα τὰ λεχθέντα αὐτῷ ὑπὸ κυρίου, ὅ τι ἐλάλησεν πρὸς ἡμᾶς σήμερον· καὶ ἔσται οὗτος ἐν ὑμῖν εἰς μαρτύριον ἐπ' ἐσχάτων τῶν ἡμερῶν, ἡνίκα ἐὰν ψεύσησθε κυρίῳ τῷ θεῷ μου. T PsJ nennt den Baum »die Eiche, die im Heiligtum des Herrn war« und übersetzt: »Und Josua sagte zum ganzen Volk: ›Ja, dieser Stein wird sein wie die beiden Steintafeln des Bundes, denn wir haben ihn gemacht zum Zeugen, denn die Worte, die auf ihm geschrieben sind, sind Wiedergabe aller Worte des Herrn, die er mit uns gesprochen hat‹.« (Zur Üs. vgl. HARRINGTON/SALADRINI, Targum, 56).

[68] Vgl. Jos 18,1; Ri 18,31; 1 Sam 1,3.9; Eupolemos Frag. 2 (Euseb, praep.ev. 9,30,1): »Jesus, der Sohn des Nave ... habe ... das heilige Zelt in Silo aufgeschlagen« (Üs. WALTER, JSHRZ I,2, 99).

[69] Das ist eine durchgehende Tendenz in LXX; zur Psalmenübersetzung vgl. SCHAPER 1994, 38–61.

[70] Auch LAB 23,12f läßt die Gottesrede, die Josua referiert, mit einem eschatologischen Ausblick enden: Gott wird Israel einpflanzen wie einen »ersehnten Weinstock« und Regen und Tau beauftragen, »sie werden euch sättigen in der Zeit eures Lebens«. Nach dem individuellen Tod werden die Seelen der Israeliten in Frieden aufbewahrt werden »bis die Zeit der Welt erfüllt ist«, dann werden alle Israeliten mit den Vätern vereint sein; vgl. Hos 13,14; 14,6ff; Jes 26,19. LAB erwähnt weder den Stein noch den heiligen Baum von Silo.

ihr hintergehen/belügen werdet den Herrn meinen Gott«. Wie die entsprechende Ansetzung des Bundesschlusses von Jos 24 in Silo in LAB – einer Schrift, deren Abfassungssprache das Hebräische ist, – zeigt, hat nicht nur LXX sich dieses Geschehen im Heiligtum von Silo vorgestellt. Die Quelle, die dem τέρας-Wort zugrundeliegt, muß deshalb nicht unbedingt die LXX sein. Sowohl LXX wie LAB und VP belegen wahrscheinlich unabhängig voneinander die frühjüdische Interpretation von Jos 24. Das würde auch gut erklären, warum die VP von der δρῦς in Silo und nicht wie LXX von der τερέμινθος sprechen. Das Targum erwähnt ausdrücklich »die Eiche, die im Heiligtum des Herrn war« und interpretiert diese Stelle ebenfalls eschatologisch. Wohl deutet es den Baum messianisch[71], wichtiger aber ist, daß den Worten auf dem Stein die gleiche Bedeutung zukommt wie dem Gesetz auf den beiden Tafeln des Bundes vom Sinai[72]. Doch warum heben die VP nicht, analog zu T, auch den Stein als Zeugen im Endgericht hervor, sondern berichten nur vom Baum, unter dem dieser Stein von Josua aufgestellt worden war? Wahrscheinlich rührt diese Besonderheit der Hosea-Vita von der Verbindung des τέρας-Wortes mit Hos 14,6–10 her[73].

In den VP spielen die »Eichen« Palästinas eine besondere Rolle. Sie werden sonst als Grabbäume erwähnt[74]. Unter unserem Baum lassen sie an anderer Stelle Achia von Silo begraben liegen[75]. Im τέρας-Wort des Hosea zeigt das Motiv des heiligen Baumes Berührungen mit weiteren Traditionen: Der heilige Baum und der heilige Hain zeichnen den Temenos des Göttertempels der Antike aus[76]. Im Jerusalemer Heiligtum waren bereits durch die Kultreformen am ersten Tempel die letzten Reste des heiligen Hains, die Ascheren, beseitigt worden. Der zweite Tempel hatte keinen heiligen Baum[77]. Die Kultrefom der »Hellenisten« hatte jedoch versucht, im zweiten Tempel eine solche für Israel archaische, in der gesamten zeitgenössischen hellenistischen Umwelt aber gebräuchliche Gestaltung des Temenos einzuführen, was Judas Makkabäus als treuer Hüter der väterlichen Überlieferungen mit entsetzten Augen gesehen haben soll[78]. Ge-

---

[71] »Sie werden versammelt werden aus ihren Verbannungen, sie werden wohnen im Schatten ihres Gesalbten. Die Toten werden auferweckt werden und Güte wird wachsen im Land.« Zur altorientalischen Vorstellung vom König als »Baum« und ihrer Aufnahme im Danielbuch s. KOCH 1993, 104 (Lit. und Abb.). Zur Totenauferweckung als »Werke des Messias« vgl. 4Q521; Mt 11,5; Lk 7,22. Vgl. COLLINS 1994.

[72] S.u. Anm. 109.

[73] Dazu u. Hosea-Vita, Abschnitt 3.4.

[74] Jesaja ist unter der Eiche Rogel bestattet; Jonas Mutter liegt nach der Jona-Vita unter der Eiche der Deborah begraben.

[75] S. dazu u. Achia von Silo-Vita, Abschnitt 3.

[76] KP, Art. Temenos; T PsJ zu Jos 24,26 spricht ausdrücklich von der »Eiche im Heiligtum des Herrn«.

[77] Auch Ezechiel nennt in seinem Tempelentwurf (40–48) keinen heiligen Baum. Ebenso ist im himmlischen Tempel, wie ihn die Sabbatlieder aus Qumran (ed. C. NEWSOM, Songs) oder die Apk beschreiben, kein Platz für Bäume, sondern der (die) himmlische(n) Tempel ist (sind) in allen seinen Bauteilen belebt vorgestellt.

[78] HENGEL 1988, 539.556 betont zu Recht im Anschluß an BICKERMANN 1937, 109ff, daß die Führer der hellenistischen Reform im Tempelvorhof einen heiligen Hain einrichte-

rade daß Ps.-Hekataios von Abdera[79] als Besonderheit betont, das Jerusalemer Tempelheiligtum sei ohne jeden heiligen Baum und ohne heiligen Hain, ist als Reaktion auf die hellenistische Reform zu verstehen. Durch den Sieg der Makkabäer und ihre Restitution des Kultes war ein »heiliger Hain« im zweiten Tempel nicht nur obsolet, sondern ein Zeichen der Apostasie geworden. Daß die Erinnerung an einen Baum im Heiligtum von Silo noch fortbestand, kommt in der Hosea-Vita zum Vorschein. Sie rechnet zwar nicht damit, daß das Heiligtum von Silo wieder errichtet würde, dennoch kündigt der heilige Baum des ehemaligen Heiligtums auf wunderbare Weise das eschatologische Kommen Gottes auf die Erde zum Gericht an. Die alte Eiche von Silo teilt sich gewissermaßen von selbst in einen heiligen Hain, der durch die Anzahl seiner Bäume das gesamte Zwölfstämmevolk repräsentiert[80]. Daß »heilige Bäume im späten Jahwismus total abgelehnt«[81] wurden, stimmt in dieser verallgemeinernden Form nicht; die prophetische Kritik am »Baumkult« konnte sich wahrscheinlich nie völlig durchsetzen, dieser lebte in veränderter Form weiter[82]. Schließlich sei noch auf den Paradiesesbaum verwiesen, der in der Endzeit nach Jerusalem verpflanzt wird[83].

Zum anderen gehört das Sich-Teilen von Bäumen zu den Natur- und Gewitterphänomenen der Theophanieschilderungen (vgl Ps 29,5[84]). Auch dieses Motiv könnte im Hintergrund stehen. Wenn es so wäre, würde es aber völlig verdeckt, denn der Baum teilt sich »von selbst« in zwölf Bäume. Näher liegt eine Verbindung mit Hos 14,6ff (dazu u.).

Daß es in frühjüdischer Zeit eine Eiche in Silo gab und daß diese auch eine bekannte Landmarke[85] war, ist nicht unmöglich. In den VP wird der Baum zweimal erwähnt. Ob die von MT und T[86] abweichende Lokalisierung der »Eiche« in LXX (und indirekt in LAB) mit einem solchen in Silo stehenden »sagenumwobene(n)«[87] Baum zusammenhängt oder ob dieser im Zusammenhang mit der Neuinterpretation von Jos 24 erst gepflanzt wurde, läßt sich da-

---

ten, denn 1 Makk 4,38 ist hier ganz eindeutig: καὶ ἐν ταῖς αὐλαῖς φυτὰ πεφυκότα ὡς ἐν δρυμῷ ἢ ὡς ἐν ἑνὶ τῶν ὀρέων καὶ τὰ παστοφόρια καθῃρημένα. Die »Reformer« knüpften damit nicht nur an ihre Umwelt an, sondern nahmen altisraelitische Tradition wieder auf.

[79] Jos., c. Ap 1,199: ἄγαλμα δ' οὐκ ἔστιν οὐδ' ἀνάθημα τὸ παράπαν οὐδὲ φύτευμα παντελῶς οὐδέν, οἷον ἀλσῶδες ἤ τι τοιοῦτον. Zur umstrittenen Frage der Echtheit der Hekataios-Fragments s. STERN, GLAJ, I, 20–25 (Lit.); WALTER, JSHRZ I,2, 144–160 (146–148.156).

[80] Zur Bedeutung der Zwölfzahl s. u. Abschnitt 3.3.

[81] JAROŠ 1976, 69; vgl. JAROŠ 1974, 237.

[82] Zu den mittelalterlichen Legenden um den Lebensbaum, der in Mamre gezeigt wurde, vgl. die Version, die Sir John Mandeville (Üs. SEYMOUR 51) bietet: Er berichtet, daß der »tote« Baum in Mamre wieder Blätter und Früchte tragen wird, wenn ein Herrscher aus dem Westen kommt und eine Messe unter dem Baum singen läßt. Zum Motiv, daß Bäume ausschlagen bzw. plötzlich wachsen, wenn ein Herrscher »kommt«, d.h. geboren wird oder ein Land betritt, s.o. Anm. 45.

[83] 1 Hen 25,5; vgl. o. Anm. 45 zu ParJer 9,14f und u. Anm. 99.

[84] Dazu KRAUS 1966, 235.237.

[85] HARE, Lives, 391 Anm. 5c; vgl. etwa Jos 19,33: Elon Beza'anannim, dazu SCHMITT 1991, 150. Hieronymus sieht in Silo (nur) die Ruinen des Altars: Ep 108, 13 (CUFr V 173, 27f): *Quid narrem Silo, in qua altare dirutum hodieque monstratur?*

[86] Ebenso von Vg und Peschitta, vgl. o. Anm. 67.

[87] JEREMIAS 1958, 43.

gegen bei der jetzigen Quellenlage kaum entscheiden. Die eigenartige Abwandlung in einer Textform von An2 (Coisl. 224), das Vorzeichen bei der Geburt Jesu bestünde darin, daß die Sonne in Silo[88] unterginge und die Eiche von Siloah sich zwölfteile, ist eine nachträgliche Korrektur. Mit der Nennung von Siloah statt Silo verdrängt der für die christliche Tradition bedeutendere Ort den unbedeutenderen[89].

3.3 Die Zwölfzahl

De Jonge sah – im Anschluß an Schermann – in der Zwölfzahl einen deutlichen Hinweis für christliche Verfasserschaft. Den eigentlichen Beweis dafür liefern ihm die verschiedenen längeren Textformen, die entweder die Erfüllung des Zeichens betonen[90] oder die zwölf Bäume auf die zwölf Apostel deuten[91]. Der traditionsgeschichtliche Hintergrund dieses τέρας-Wortes zeigt m.E. jedoch deutlich, daß das τέρας-Wort nur in frühjüdischem Milieu seinen Ursprung haben kann. Als rein christliche ›Erfindung‹ wird es unverständlich. Da die »Eiche von Silo« – eigentlich unmißverständlich – Jos 24 und die in LXX damit verbundene Erwartung des eschatologischen Gerichts in Erinnerung ruft, unterstreicht die Zwölfzahl die Bedeutung des Vorzeichens für die endzeitliche Sammlung des Gottesvolkes als eine – trotz des Hinweises auf das Gericht – letztlich heilvolle.

---

[88] Vielleicht verursacht dadurch, daß nach der späteren (christlichen und jüdischen) Überlieferung das Grab des Hohenpriester Eli (Heli) = Helios (?) in Silo besucht wurde; s. dazu die bei JEREMIAS 1958, 43 angeführten Belege (Petrus Diaconus; Jakob von Paris; Isaak Helo).

[89] Zum Siloah s. Band I, Jesaja-Vita, Abschnitt 2; die »Eiche von Siloah« mag zudem durch die Jesaja-Eiche (δρῦς Ῥωγήλ) veranlaßt sein; der Prophet war ja nach den VP unter ihr in der Nähe des Siloah bestattet.

[90] DE JONGE 1961/2, 177; er ging auf das Alter der verschiedenen Rezensionsformen und ihre Abhängigkeit voneinander nicht ein. Ep1 bietet οὕτως καὶ ἐγένετο und meint damit natürlich, daß bei der Geburt Christi sich die Eiche in Silo geteilt habe. Das Motiv vom Aufblühen der Natur bei der Geburt Christi ist verbreitet; vgl. etwa Jacobus de Voragine, Legenda aurea (zitiert nach Üs. BENZ, 53): »Es gaben zum anderen Zeugnis die Kreaturen, die Sein und Leben haben, als die Pflanzen und Bäume. Denn Bartholomäus spricht in seiner Compilatio, daß daselbst in derselben Nacht blüheten die Reben von Engadi, die da Balsam geben, und brachten Frucht, daraus Balsam floß.« Vgl. zum Balsam von Engedi KEEL/KÜCHLER 1982, 421–428. Dem entspricht die Vorstellung vom Absterben der Eiche von Mamre beim Tode Jesu und ihr Wiederaufblühen, wenn ein Herrscher aus dem Westen kommt, in der in Anm. 82 erwähnten Legende aus der Kreuzfahrerzeit.

[91] An2 (Coisl. 205; Philadelph. 1141; Paris. 1712): Μερισθήσεται εἰς δώδεκα μέρη, γενήσονται δυοκαίδεκα δρύες ἀκολουθοῦντες τῷ ἐπὶ γῆς ὀφθέντι θεῷ καὶ δι' αὐτῷ σωθήσεται πᾶσα ἡ γῆ. Vgl. den Zusatz in dieser Rezensionsform von An2 im τέρας- Wort der Daniel-Vita (Band I, Daniel-Vita, Anm. 353); weiter etwa den christlichen Zusatz in TestSim 6,5 u.ö. dazu o. Anm. 59 und u. Anm. 103.

Die Hoffnung auf die Restitution der zwölf Stämme bestimmt die (national-)jüdische Eschatologie besonders während der späteren Zeit des Zweiten Tempels[92]. Das zeigt u.a. der Abschluß des Zwölfprophetenbuches[93] mit seiner Abtrennung der anonymen Prophetie von Maleachi zu einem zwölften Buch. Der Rückverweis des Maleachischlusses auf den Beginn von Josua unterstreicht die Ausrichtung des Prophetencorpus auf das ganze Volk. Dazu bildet das τέρας-Wort Hoseas als des ersten der zwölf Propheten, das seinerseits das Ende des Josuabuches aufnimmt und eschatologisch deutet, eine bezeichnende Parallele. Besonders ausgeprägt erscheint diese nationale Eschatologie bei ben Sira, wenn er von der Sammlung der Stämme Jakobs (36,10), von den 12 Richtern und den 12 Propheten spricht, deren »Gebeine aufsprossen mögen aus ihren Gräbern«[94]. Analog hoffen die Test XII auf die zukünftige Wiederherstellung des gesamten Zwölfstämmevolkes. Die Ausrichtung auf »alle Völker« erhalten die Test XII erst in den christlichen Zusätzen. Aber z.B. auch die Eroberungspolitik der Hasmonäer, die auf die Restitution des Landes der zwölf Stämme zielte, hat hier ihre religiöse Begründung[95]. Jesu Berufung von zwölf Jüngern, die, auf zwölf Thronen sitzend, die Stämme Israels richten werden, und die Bedeutung der Zwölfzahl in Apk[96] liegt ebenfalls in dieser traditionsgeschichtlichen Linie. Es handelt sich um eine Selbstverständlichkeit, die hier nur deshalb unterstrichen werden muß, weil die Auffassung, das τέρας-Wort sei wegen der Erwähnung der 12 Eichen christlichen Ursprungs, den Weg zu seinem ursprünglichen Sinn versperrt. Wie weit entfernt die christlichen Interpolationen vom Ursprung sind, zeigt sich auch daran, daß sie den Aspekt des Gerichts (der ja auch mit Mt 19,28 vgl. Lk 22,30 gegeben ist) und den der Endzeit völlig übersehen.

Von einer Zwölfzahl von Bäumen wird in kultischem und eschatologischen Zusammenhang gesprochen. So zählt zwar im Jubiläenbuch (21,12) Isaak dreizehn bzw. vierzehn reine Baumsorten auf, deren Holz man für das Opferfeuer verwenden darf, doch TestLev 9,12 systematisiert. Isaak unterweist Levi: »Von zwölf Bäumen, die immer Blätter haben, bringe dem Herrn dar, wie mich Abraham unterwies«[97]. Die Liste kann

[92] Vgl. schon Ez 48, s. Band I, Ezechiel-Vita, Abschnitt 9 und Daniel-Vita, Abschnitt 3.2 zur Rückkehr der »verlorenen« Stämme. Vgl. Rengstorf, Art. δώδεκα, ThWNT II, 322, 17ff: »das System der zwölf Stämme (ist) die Grundlage und der Ausdruck des israelitischen und später des jüdischen Gemeinschaftsbewußtseins geblieben«. Die Bedeutung der Vollzahl der Stämme in kultischer Hinsicht ist durch Ex 24,4; 28,21; Jos 4,3; 1 Kön 18,31 u.ö. vorgegeben. Vgl. dazu etwa die 12 Tore im Tempelentwurf von 11QTemple.
[93] Vgl. Steck 1991, 169; Hengel 1994b, 25ff.
[94] Sir 46,11ff; 49,10f, dazu Mack 1985, 40; Steck 1991, 142ff; Hengel 1994b, 26.
[95] Mendels 1987, passim (zu Test XII: 96f); zu den messianisch-nationalen Hoffnungen der Makkabäerzeit in der Psalter-LXX s. Schaper 1994.
[96] Vgl. Rengstorf, Art. δώδεκα, ThWNT II, 323.325ff; Grappe 1993, 204–212 (Lit.).
[97] Vgl. zur variantenreichen Überlieferung Ulrichsen 1991, 182ff. Ulrichsen 1991, 184: »Man darf ... damit rechnen, daß die drei Texte (TL [=TestLev]; Jub; der aramäisch-

auf alte Opferrituale zurückgehen, ähnlich führt TestLev aram 35,13–19 zwölf Baumsorten auf[98],»von deren Rauch der Geruch süß (ist) und emporsteigt« (Üs. Beyer), die man unter das Opferholz mischen darf. In der Tempelrolle ist ein entsprechender Abschnitt über das Opferholz nicht erhalten.

Auf andere Weise wird die endzeitliche Fruchtbarkeit des Paradiesesbaumes mit der Zwölfzahl verbunden. Er spaltet sich nicht, sondern trägt zwölf bzw. zwölferlei Früchte[99].

Die Zwölfzahl der Eiche in Silo läßt kaum eine kultische Bedeutung anklingen; dagegen verweist sie deutlich auf die Rückführung und Wiedervereinigung des Zwölfstämmevolks zum eschatologischen Gericht, so wie es einst unter Josua in Silo versammelt stand und sich zur Gesetzeshaltung verpflichtete, als der Stein unter der »Eiche« als Zeuge bis in die letzten Tage aufgestellt wurde.

3.4 Das τέρας-Wort und die endzeitliche Verheißung Hos 14,6–10: Israel als Baum

Während die VP in ihren τέρας-Worten sonst keine Hemmungen haben, auch Weissagungen verschiedener Propheten zu kombinieren und auf andere Gestalten zu übertragen[100], knüpfen sie an dieser Stelle (wahrscheinlich vermittelt durch ein Hosea-Apokryphon) an die Schrift des Propheten mit demselben Namen an. In Hos 14,6–9 wird im Gottesspruch das eschatologische Heil beschrieben, wobei das endzeitliche Israel (nur in MT auch Gott) u.a. mit einem Baum verglichen[101] und am Ende in V. 10 die endgültige Scheidung zwischen Gerechten und Gottlosen verheißen wird. Hosea 14 war wohl eine beliebte Weissagung für die heilvolle Zukunft des Volkes. Philo von Alexan-

---

griechische Text) schriftliche Fixierungen verwandter mündlicher Tradition sind.« Zu Jub 21,12 vgl. VANDERKAM, Jubilees II, (CSCO.SAE 88), 123f.

[98] Text: BEYER, Texte, 199.

[99] Apk 22,2 (vgl. Ez 47,12); bes. 5 Esr 2,17ff: *Noli timere, mater filiorum, quoniam te elegi, dicit Dominus 18 Mittam tibi adiutorium pueros meos Esaiam et Hieremiam, ad quorum consilium sanctificavi et paravi tibi arbores duodecim gravatas variis fructibus 19 et totidem fontes fluentes lac et mel et montes immensos septem habentes rosam et lilium, in quibus gaudio replebo filios tuos.*

[100] So etwa Jesajas Babylon-Prophetie auf Daniel (s. Band I, Daniel-Vita, Abschnitt 3.2).

[101] LXX Hos 14,6–10: 6 ἔσομαι ὡς δρόσος τῷ Ισραηλ, ἀνθήσει ὡς κρίνον καὶ βαλεῖ τὰς ῥίζας αὐτοῦ ὡς ὁ Λίβανος· 7 πορεύσονται οἱ κλάδοι αὐτοῦ, καὶ ἔσται ὡς ἐλαία κατάκαρπος, καὶ ἡ ὀσφρασία αὐτοῦ ὡς Λιβάνου· 8 ἐπιστρέψουσι καὶ καθιοῦνται ὑπὸ τὴν σκέπην αὐτοῦ, ζήσονται καὶ μεθυσθήσονται σίτῳ· καὶ ἐξανθήσει ὡς ἄμπελος τὸ μνημόσυνον αὐτοῦ, ὡς οἶνος Λιβάνου. 9 τῷ Εφραιμ, τί αὐτῷ ἔτι καὶ εἰδώλοις; ἐγὼ ἐταπείνωσα αὐτόν, καὶ ἐγὼ κατισχύσω αὐτόν· ἐγὼ ὡς ἄρκευθος πυκάζουσα, ἐξ ἐμοῦ ὁ καρπός σου εὕρηται. 10 τίς σοφὸς καὶ συνήσει ταῦτα; ἢ συνετὸς καὶ ἐπιγνώσεται αὐτά; διότι εὐθεῖαι αἱ ὁδοὶ τοῦ κυρίου, καὶ δίκαιοι πορεύσονται ἐν αὐταῖς, οἱ δὲ ἀσεβεῖς ἀσθενήσουσιν ἐν αὐταῖς.

drien zitiert die Propheten – in den erhaltenen Werken – verhältnismäßig selten, aber Hosea 14,6 (LXX) führt er an: Israel ist gegenwärtig unterdrückt,
aber es wird in Zukunft – nach den anderen Völkern – blühen wie eine Lilie[102].
Wahrscheinlich nimmt TestSim 6,2 ebenfalls Hos 14 auf[103]. In der Hosea-Vita
sind die Anklänge an den Baum, der seine »Wurzeln[104] schlagen wird wie der
Libanon«[105] und duften wird wie der Libanon[106] sehr viel versteckter. Vielleicht bezieht sich das Sich-von-selbst-Teilen auf das Ausbreiten der Wurzeln?[107] Auf jeden Fall scheint eine Verbindung von Jos 24,25 und Hos 14 als
Hintergrund des τέρας-Wortes sehr viel wahrscheinlicher als etwa der Vorschlag von Hamaker, der Silo aus Gen 49,9ff ableitete[108].

Den strafenden Aspekt des Gerichts entnimmt die Vita für Hosea wohl Hos
14,1: »Büßen muß Samaria, es hat sich gegen seinen Gott empört«[109]; und

---

[102] QuaestEx II, 76.

[103] TestSim 6,2 verheißt der Stammvater seinen Nachkommen: »Wenn ihr den Neid und
alle Herzenshärtigkeit ablegt: wie eine Rose werden (dann) meine Gebeine in Israel blühen,
und wie eine Lilie mein Fleisch in Jakob. Und mein Duft wird sein wie Libanons Duft, und
wie Zedern werden vermehrt werden (Nachkommen) von mir bis in alle Zeiten, und ihre
Zweige reichen in die Weite.« Der weitere Kontext spricht auch in TestSim vom Kommen
Gottes auf die Erde. Vgl. weiter 4 Esr 5,24, wo neben der allegorischen Auslegung von Hld
2,2 wohl auch Hos 14,6 aufgenommen wird.

[104] Als Beispiel für die Metaphorik vgl. etwa 1QHenGiants[b] 2; 3 (zitiert nach BEYER,
Texte, 264f): Die Riesen träumen von einem Baumgarten von zweihundert Palmen, von denen große Wurzeln kommen, sehen Feuerzungen, Wasser und Feuer, das alles wird vernichtet. Uhja träumt, daß der *Herrscher* des *Himmels auf die Erde herabsteigt* – und *Gericht*
hält. Henoch deutet ihnen die Träume: Feuer bedeutet die Sintflut. »Und Henoch sagte zu
Mahawai: ›... Die zweihundert Palmen bedeuten die abgefallenen Engel. Die großen Wurzeln bedeuten ihre Kinder, die Riesen‹.«(Text und Üs. BEYER, Texte, 265). Vgl. 6Q 8,2
(BEYER, Texte, 265f), ein Traum, der die Rettung Noahs ankündigt: Gerettet wird dabei ein
Baum, der drei Wurzeln hat, was sicher auf Noah und seine drei Söhne zu deuten ist.

[105] Vgl. zum Konjekturvorschlag »Pappel«: WOLFF 1965, 301, der ihn jedoch nicht ak-
zeptiert. Die LXX setzt einen solchen Text jedenfalls nicht voraus.

[106] »Libanon« deutet die frühjüdische und die rabbinische Exegese (vgl. etwa yJoma 6,3
43c; bJoma 39b) auf den Jerusalemer Tempel; schon in Qumran wird diese Auslegung auf
die eigene Gemeinde übertragen (1QpHab xii 3–5 zu Hab 2,17). Dazu VERMES 1961, 26–39;
DELLING 1987, 35; SCHÄFER 1979, 87f. Doch dieser Zug wird in der Hosea-Vita gerade
nicht ausgestaltet.

[107] In den Kontext der Theophanie paßt besser die Vorstellung vom Spalten durch Blitz-
schlag, vgl. Band I, Jesaja-Vita, Anm. 91 und o. Anm. 84. Zur Metonymie »Baum« und
»Wurzeln« für Vater und Söhne vgl. o. Anm. 104.

[108] HAMAKER 1833, 148; deshalb fiel es DE JONGE 1961/62, 177 so leicht, mit Hamakers
Vorschlag zugleich den jüdischen Ursprung des τέρας-Wortes abzulehnen. Hamakers Asso-
ziation ist indiskutabel; zudem fehlen in den VP – abgesehen von der »Frage des Königs
Ptolemaios« in der Jeremia-Vita (dazu Band I, Jeremia-Vita, Abschnitt 4.3) und den deutlich
christlichen Zusätzen – messianische Erwartungen.

[109] T Jon verdeutlicht entsprechend: Samaria ist schuldig, nur Israel wird mit einem
Baum verglichen. T Jon verstärkt die eschatologischen Züge von Hos 14: V. 5 »Ich will ihre
Buße annehmen, ich werde ihre Sünden vergeben ... ihr Licht wird sein wie das des siebenarmigen Leuchters.« In V. 8 wird der Messias eingefügt: »Sie werden versammelt werden
aus ihren Verbannungen, sie werden wohnen im Schatten ihres Gesalbten. Die Toten werden

dem Ende des Hoseabuchs: »JHWHs Wege sind gerade; die Gerechten wandern darauf, aber die Sünder kommen auf ihnen zu Fall.« Als Prophet aus dem Nordreich wendet Hosea sich gegen die abtrünnigen Samaritaner und weist mit seinem τέρας-Wort auf ihre Übertretung der nach Jos 24,25ff übernommenen Verpflichtung hin. Die verschiedenen Konnotationen, die mit dem endzeitlichen Kommen Gottes und mit Jos 24 (LXX) assoziiert wurden, enthalten auch die unheilvolle Seite des Gerichtes, nicht nur die heilvolle.

Zusammenfassung

Die Hosea-Vita ist ganz durch frühjüdische Traditionen bestimmt. Ihre eschatologischen Erwartungen entsprechen den nationalen Hoffnungen auf die Sammlung des Zwölfstämmevolkes. Deutlich wird dabei eine antisamaritanische Tendenz. Diese wird ganz folgerichtig dem Propheten des Nordreichs zugeschrieben. Wenn man bisher nicht klar erkannt hat, daß die älteste Form der Vita in An1 erhalten blieb und das τέρας-Wort im Kern keinen christlichen Verfasser hat, so rührt das daher, daß man die eschatologische Funktion der Eiche von Silo nicht bedacht hat[110]. Den VP kommt es auf die Vollendung und Restitution des Volkes Israel an: Die Eiche zeigt an, daß die Zwölfzahl der Stämme wieder versammelt wird wie einst beim Bundesschluß in Silo (Jos 24 LXX), und dann wird Gott zum endzeitlichen Gericht erscheinen. Die eschatologische Rückführung der Diaspora, aber auch das Jüngste Gericht sind ein durchgängiges Thema in den VP[111]. Die christlichen Ergänzungen treten nur in einem Teil der Hss von An2 und in Ep1 deutlich hervor.

---

auferweckt werden, und Güte wird wachsen im Land.« Zur jüdischen Auslegungsgeschichte s. WÜNSCHE 1868, 580–597.

[110] Gegen SATRAN 1995, 51 (vgl. o. Anm. 49).

[111] Vgl. die τέρας-Worte des Ezechiel (Band I, Ezechiel-Vita, Abschnitt 2), Daniel (Daniel-Vita, Abschnitt 3.2) und Habakuk (u. Habakuk-Vita, Abschnitt 7).

Die Micha-Vita

Text und Übersetzung

6.1 Μιχαίας ὁ Μωραθὶ ἦν ἐκ
φυλῆς Ἐφραίμ.
Πολλὰ ποιήσας τῷ Ἀχαάβ
ὑπὸ Ἰωράμ τοῦ υἱοῦ αὐτοῦ
ἀνῃρέθη κρημνῷ,
ὅτι ἤλεγχεν αὐτὸν ἐπὶ ταῖς
ἀσεβείαις τῶν πατέρων αὐτοῦ.
2 καὶ ἐτάφη ἐν τῇ γῇ αὐτοῦ
μόνος σύνεγγυς πολυανδρίου Ἐνακείμ.

6.1 Micha, der Morathiter, war aus dem
Stamm Ephraim.
Nachdem er vieles dem Ahab getan hatte,
wurde er von dessen Sohn Joram getötet
(hinabgestürzt an einem) jähen Abgrund,
denn er verurteilte ihn wegen der
Gottlosigkeiten seiner Väter.
2 Und er wurde begraben in seinem
(Heimat)land,
allein, nahe dem Friedhof der Enakim.

Zum Text

Bei der Beschreibung des gewaltsamen Todes des Propheten scheint in An1 ein
Verb zu fehlen. An2 (Coisl. 224) überliefert ῥιφείς. Ep1 schreibt κρημνωθείς.
Die anderen Rezensionen nehmen an der Textform ἀνῃρέθη κρημνῷ keinen
größeren Anstoß, setzen nur teilweise ἐν vor κρημνῷ.

Aufbau und Vergleich der Rezensionen

Nur die anonyme Rezension (An1, lat. Üs Doop und die arabische Version)
stellt entgegen der Anordnung des Dodekaprophetons in MT und LXX[1] die
Vita des Propheten Micha direkt hinter die des Hosea und vor die des Amos.
Ep 1, Ep 2 und Dor bringen dagegen übereinstimmend mit der LXX hinter
Hosea zunächst Amos und gehen dann erst zu Micha über.
    Die Micha-Vita bietet eine kurze Herkunftsnotiz am Anfang und eine Grab-
notiz am Ende, dazwischen gestellt ist ein knapper Bericht über das Wirken

---

[1] ZIEGLER, Dodekapropheton (Göttinger LXX), verzeichnet keine Abweichung von der
Reihenfolge: subscriptio zu Hosea – inscriptio zu Amos; subscriptio Amos – inscriptio
Micha. Doch WaR 10,2 zu 8,1 (MARGULIES II, 197) stellt ebenso Micha vor Amos vgl. u.
Anm. 19.

Michas unter Ahab und seine Ermordung durch Joram. Kürzer sind nur die Sophonias/Zephania- und die Joel-Vita.

Außer in An1 und Ep2 wird die Herkunftsangabe nicht wie im AT als Gentilicium aufgefaßt, sondern Μορα(σ)θι als Ortsname angegeben. Ep1 ergänzt, daß Ahab der König von Juda gewesen und das Grab Michas »bis auf den heutigen Tag wohlbekannt« sei. Der christologische Vorspann von Dor gibt Mi 5,1; Mt 2,5 und Mi 7,19.20 als Belegstellen an.

Die VP führen den Propheten Micha ben Jimla in keiner ihrer griechischen Rezensionen im Abschnitt über die Propheten der Geschichtsbücher gesondert auf, was sich nur durch die feste Tradition von der Identität der beiden Propheten mit dem Namen Micha erklären läßt.

Kommentar

1. Die Herkunft

Μιχαίας ὁ Μωραθὶ ἦν ἐκ φυλῆς Ἐφραίμ.

Die Namensform Μιχαίας[2] entspricht der normalen LXX-Schreibweise. Ep2 sagt, er sei υἱὸς Ἱεραμῶς, wohl eine Verballhornung von Ἰεμια/Ἰεμιας/ Ἰεμλα, und macht damit noch eindeutiger als die anderen Rezensionen, daß der Zwölfprophet Micha und Micha ben Jimla ein und dieselbe Person sind[3]. Beide Angaben über die Herkunft Michas, sein Beiname ὁ Μωραθί und die Abstammung aus Ephraim sind durch das AT vorgegeben.

1.1 Der Morathiter

Μιχαίας ὁ Μωραθί

Die Bezeichnung ὁ Μωραθί[4] unterscheidet den Propheten von anderen Trägern des Namens Micha und geht auf die Wiedergabe des Gentiliciums

---

[2] Dor übersetzt: Στρατηγός (SCHERMANN, Vitae, 28). In Q wird hinzugesetzt: ὁ ἑρμενεύεται ταπείνωσις (Göttinger-LXX, 228); vgl. Hieronymus, Comm in Mich, Prol (CChrSL 76, 421, 8f): *qui interpretatur humilitas.* In den Onomastica (WUTZ 1914, 619 u.ö.) dagegen: τὶς οὗτος.
[3] S. dazu u. Abschnitt 1.2.
[4] Vat. 1974; Coisl. 224; Paris. 1712 geben dagegen durch ἦν ἀπὸ Μοραθί/Μωραθέ deutlich zu erkennen, daß sie Morathi als Heimatort des Propheten verstehen. Sie berühren sich in der Formulierung am stärksten mit Dor (SCHERMANN, Vitae, 28): Μιχαίας ἦν ἀπὸ Μορασθή bzw. DUCANGE (1688): Μορασθίτης, die jedoch wiederum das sonst in den VP nicht belegte Sigma nach ihrer LXX (entweder Mi 1,1 oder Jer 33,18, dort jedoch nur in O 62–407 Μωρασθίτης, sonst ohne Sigma, s. Göttinger LXX, 334) verbessern; Ep 2 (SCHER-

המרשתי[5] (Mi 1,1; vgl. dagegen Jer [LXX] 33,18) in LXX zurück[6]. Es wurde in der LXX in Mi 1,1 (im Gegensatz zu Jer 33,18) nicht gräzisiert; die Schreibweise wechselt in den LXX-Hss. Μωραθ(ε)ι ist eine gebräuchliche Nebenform zu Μωρασθι in Mi 1,1[7]. Unklar ist allein, welcher Ortsname hinter dem Gentilicium steht. Micha kann aus Moreschet Gat[8] oder aus Maresacha kommen[9]. Beide Orte werden Mi 1,14 erwähnt. An1 läßt die Frage wie MT und LXX offen. Die anderen Rezensionsformen verstehen Mora(s)th(e)i eindeutig wie Euseb[10] und Hieronymus[11] als den eigentlichen Namen des Heimatortes des Propheten. Der Ort liegt nach der Beschreibung des Hieronymus nordöstlich von Beth Guvrin. Dort lokalisiert auch die Madeba-Karte die Micha-Kirche aus byzantinischer Zeit[12]. Der Kontext in An1 gibt keinen weiteren Ortsnamen für die Heimat des Propheten an, so daß in »Morathi« der Hinweis auf den Herkunftsorts des Propheten impliziert sein muß. Dieser Schwierigkeit gehen die anderen Rezensionen aus dem Wege, indem sie Mora(s)thi eindeutig als Ortsnamen verwenden oder wie Jer 33,18 ὁ Μωρασθίτης, analog zur Bezeichnung Elias[13], schreiben. Diese in den VP singuläre Form, den Geburtsort eines Propheten anzugeben, erklärt sich nur

---

MANN, Vitae, 56): Μιχαίας υἱὸς Ἱεραμῶς ὁ Μωραθίτης (var: Μωρασθίτης/Μωραθήτης) setzt den Vaternamen (aus 1 Kön 22) hinzu und verwendet ebenfalls das Epitheton aus Jer 33,18 (LXX); Ep 1 gleicht den Eingangssatz ihren übrigen Vitenanfängen an: Μιχαίας ὁ προφήτης. Οὗτος ἐγεννήθη ἐν Μοραθί.

[5] Vgl. BAUER/LEANDER, Grammatik, 500, der als Ortsnamen Moreschet-Gat voraussetzt.

[6] In MT ist der Name in Mi 1,1 jedoch nicht plene geschrieben, im Gegensatz zu Jer 26,18.

[7] S. Göttinger LXX, 206 πρὸς Μιχαίαν τὸν Μωρα(σ)θει.

[8] LXX: κληρονομία Γετ; vgl. Hieronymus, Comm in Mich, Prol (CChr.SL 76, 421, 11): *Morasthi autem in lingua nostra heredem sonat.*

[9] Dem Konsens, daß Mi 1,1 die Herkunft Michas aus Moreschet-Gat angibt (so etwa: JEREMIAS 1933, 42–53; ELLIGER 1934, 81–152; Z. KALLAI, Art. גת מורשת, Enzyclopaedia biblica IV, 1962, 741f; WOLFF 1982, 4; KEEL/ KÜCHLER, 1982, II, 849–853), hat SCHMITT in einem bisher unveröffentlichten Aufsatz »Moreschet Gat und Libna« widersprochen. Schmitt plädiert eher für Maresacha als Heimatstadt des Propheten, wie es der Prophetentargum und die Peschitta überliefern. Moreschet-Gat möchte er weiter westlich lokalisieren.

[10] Euseb entnimmt Μοραθει als Lemma aus Mi 1,1: Onom 134,10f (ed. KLOSTERMANN): »Morathei. Von wo der Prophet Micha war. Im Osten von Eleutheropolis.« Es muß also in dieser Zeit einen Ort dieses Namens gegeben haben, wie auch Hieronymus bezeugt, s. nächste Anm.

[11] Hieronymus bietet in seiner lateinischen Üs. des Onom: »Morasthi«; Hieronymus, Comm in Mich, Prol (CChr.SL 76, 421, 9f): *ad Michaeam de Morasthi, qui usque hodie iuxta Eleutheropolim urbem Palaestinae haud grandis est uiculus*; weiter Hieronymus, Ep 108,14 (ed. HILBERG 324; CUFr V, 175, 11ff), wonach eine Kirche an diesem Ort errichtet war. Vgl. zur Darstellung auf der Madeba-Karte DONNER/CÜPPERS 1977, 152 Abb. 118 mit der Inschrift des Mosaizisten: Μοράσθι ὅθεν ἦν Μιχαίας ὁ προφήτης; weiter zu den christlichen Pilgerberichten u. Anm. 53.

[12] S. dazu u. S. 30f.

[13] Bei Elia verwenden die VP jedoch nicht das Gentilicium, sondern sprechen von Thesbe; s. dazu SCHWEMER 1994b; und u. z.St.

durch den engen Anschluß an Mi 1,1 (LXX)[14] bzw. Jer 33,18 (LXX). Da für
die anderen Rezensionsformen, die sich sonst immer als jünger erweisen, aber
auch für Euseb und Hieronymus die Heimat Michas in Mora(s)thi, wo auch
die Micha-Kirche das Grab des Propheten hütete, feststand, scheint es wahrscheinlich, daß An1 die ursprünglichere Textform bewahrt hat, die keinen Ort
des Namens Morathi in der Nähe von Beth Guvrin zu kennen scheint. Am
deutlichsten hat Ep1 korrigiert und wiederholt den Ortsnamen noch einmal in
V. 2 bei der Grabesnotiz.

1.2 Der Stamm Ephraim

ἐκ φυλῆς Ἐφραίμ

Nun liegen weder Moreschet-Gat noch Marescha noch das Mora(s)thi der byzantinischen Zeit im Stammesgebiet von Ephraim, sondern genau in der Gegend – in der Umgebung von Beth Guvrin –, in der die VP bevorzugt Propheten beheimatet und begraben sein lassen. Diese werden jedoch dem Stamm
Simeon zugeschlagen. Deshalb ist es erstaunlich, daß alle Rezensionen darin
einig sind, unser Prophet komme aus dem Stamm Ephraim. Mit der Lokalisierung von Moreschet-Gat (und Marescha) läßt sich diese Angabe überhaupt
nicht in Übereinstimmung bringen. Joachim Jeremias hat deshalb – im Anschluß an andere – gemeint, »aus dieser Bemerkung (dürfen) keine geographi-
schen Schlüsse gezogen werden«[15]. Das ist sicher richtig. Doch dem Vorschlag, es handle sich um eine Verwechslung mit dem Micha vom Gebirge
Ephraim (Ri 17; 18)[16] wird man nicht zustimmen. Eine solche Identifizierung
ist zu modern-mechanisch gedacht. Sie hätte zudem Protest hervorrufen müssen, der sich in der handschriftlichen Überlieferung hätte niederschlagen müssen, denn was hat der Micha vom Gebirge Ephraim, der sich ein Götzenbild
machen läßt, sich einen eigenen Priester dafür leistet und damit letztendlich
der Initiator des Götzendienstes von Dan[17] wird, mit einem heiligen Propheten zu tun?

Näherliegend dagegen scheint, daß die Stammesangabe aus der Identifizierung von Micha ben Jimla (1 Kön 22) mit Micha Mora(s)thi erschlossen wurde, denn davon, daß diese beiden Propheten ein und derselbe sind, gehen die

---

[14] So bereits KEIL 1888, 306.

[15] JEREMIAS 1958, 82. Er hat damit insofern Recht, als die Stammesangabe mit der Grabnotiz von Hause aus nichts zu tun hat, sondern der Paralleltradition über den Propheten
Micha ben Jimla entstammt und daher für sein Thema belanglos ist.

[16] Für möglich halten das: KLEIN 1937, 197; JEREMIAS 1958, 82; HARE, Lives, 391
Anm. 6b; SATRAN 1984, 57; vgl. Band I, Einleitung, Anm. 135.

[17] Zum Götzendienst von Dan vgl. Band I, Ezechiel-Vita, Abschnitt 9.

VP in ihrer biographischen Legende aus[18]. Micha ben Jimla gehörte eindeutig ins Nordreich und lebte vor Amos. Die seltsame Einordnung zwischen Hosea und Amos hat also chronologische Gründe und zeigt die historisierende Tendenz der VP[19]. Diese Anordnung läßt sich nicht daraus ableiten, daß die VP drei Propheten aus dem Nordreich voranstellten, denn auch der Prophet Obadja – er kommt nach Joel – wird durch Identifizierung ins Nordreich versetzt. Bei Amos gibt nur Ep1 sekundär die Stammesangabe »Sebulon«[20]. Gleichgültig, ob es einen Ort mit einem Namen, von dem sich das Gentilicium Mora(s)thi ableiten ließ, im »Stammesgebiet« von Ephraim gegeben haben sollte: Die Stammeszugehörigkeit wird in den VP erschlossen aus der durch 2 Chr 18,27 (MT und LXX; und von dort in 1 Kön 22,28b – nur MT – eingedrungen) vorgegebenen Schrifttradition. Die Identifizierung des Schriftpropheten mit Micha ben Jimla gehört zumindest schon ins 3. Jh. v. Chr. Micha ben Jimla fügt in 2 Chr 18,27 seinem letzten Wort das Zitat von Mi 1,2 an: »Und er sprach: Höret ihr Völker alle«. Der Prophet Micha war also nach dem AT gewissermaßen *wirklich* aus Ephraim[21]. Ihren Ursprung hat die Vorstellung, daß es sich bei beiden um denselben Propheten handelt, wahrscheinlich in Mi 4,14: »Mit dem Stock schlagen sie die Backe (יכו על הלחי) des Richters von Israel« und 1 Kön 22,24: »Da trat Zidkija, der Sohn des Kenaana, hinzu, schlug Michajehu auf die Backe ...« (ויכה את מיכיהו על הלחי). Beide Stellen werden mit Hilfe der Auslegung Gezara Schawa miteinander verbunden[22].

Es ist nicht das einzige Mal in den Chronikbüchern, daß ein Schriftprophet mit einem Propheten der Geschichtsbücher identifiziert wird: Auch Sacharja ben Jojada in 2 Chr 24 ist der Schriftprophet, von dem der Chronist einen gewaltsamen Tod zu berichten weiß[23]. Einen ›Vorgänger‹, wenn auch ganz anderer Art, hat diese Neuerzählung über alte Prophetengestalten im Jonabuch, das in die persische Zeit gehört (ca 4. Jh. v.

---

[18] So richtig ERMONI, Art. Michée, DB(V), 4,2, 1004; HARE, Lives, 391 Anm. 6c: »Micah is here placed in the Time of Ahab, apparently by confusion with Micaiah son of Jimlah«; doch Hare erklärt nicht, woher die »confusion« kommt.

[19] Ebenso stellt WaR 10,2 zu 8,1 (MARGULIES II, 197) Micha vor Amos.

[20] S. dazu u. Amos-Vita, 11. Exkurs: »Amos aus dem Nordreich?«.

[21] HAMAKER 1833, 160 hat auf das Micha-Zitat in 2 Kön 22,28b hingewiesen, die Par in den Chronikbüchern war ihm jedoch entgangen. SATRAN 1995, 43 erkennt nun auch, daß Micha mit Micha ben Jimla identifiziert wird, aber meint diese Identifikation sei nur im griechischen Text möglich (loc.cit. Anm. 13). Satran beharrt für die Angabe aus dem Stamm Ephraim immer noch auf der Herleitung aus Ri 17,1.

[22] Nach der Definition von BREWER 1992, 18 handelt es sich um »Gezarah Shavah II«. Wie verbreitet dann die sekundäre Konfusion der beiden Propheten ist, zeigt der Index von GINZBERG, Legends, der seinerseits die beiden durcheinanderwirft.

[23] Das hat bereits BLANK 1937/38 festgestellt, s. dazu u. Sacharja ben Jojada-Vita, Anm. 16.

Chr.). Der Chronist schreibt in frühhellenistischer Zeit und schöpft bereits aus entsprechenden Quellen auch für andere Propheten oder erschließt derartige Identifikationen selbst[24].

Daß die Vita an dieser bereits für den Chronisten gesicherten bzw. von ihm vorgenommenen Identifikation festhält und sich nicht irritieren läßt durch die byzantinische Lokaltradition über den Morathiter, die seine Heimat in die von den VP bevorzugte »Prophetengegend« in der Umgebung von Beth Guvrin weist, zeigt das Alter der in An1 erhaltenen biographischen Nachrichten. Den höchsten Stellenwert hat für den Sammler und Verfasser offensichtlich das chronistische Geschichtswerk, das sorgfältig studiert und dessen Angaben berücksichtigt werden. Die Identifikation der beiden Propheten deutet also nicht auf eine nachlässige Verwechslung. Im Gegenteil: Gerade sie läßt erkennen, daß der Autor unbeeinflußt von der späteren Lokalisierung, den Propheten entsprechend 2 Chr 18,27 beschreibt. Damit erweist er seine gelehrte Schriftkenntnis. Die modernen Autoren, die ihn dafür schelten und von »Verwechslung« etc. sprechen und sich hoch erhaben fühlen gegenüber der schriftgelehrten Arbeit der alten Autoren, sind dem Verfasser der VP mit ihrem Verweis auf Ri 17; 18 weit unterlegen. Auch an dieser Stelle zeigt sich, wie stark die VP vom chronistischen Geschichtswerk abhängig sind. Sie gehörten zu den Schriften, die das »Werk des Chronisten als Schlüssel für die Königsbücher«[25] und die Prophetenbücher verwendeten.

2. Der gewaltsame Tod des Propheten

πολλὰ ποιήσας τῷ Ἀχαὰβ
ὑπὸ Ἰωρὰμ τοῦ υἱοῦ αὐτοῦ ἀνῃρέθη κρημνῷ,
ὅτι ἤλεγχεν αὐτὸν ἐπὶ ταῖς ἀσεβείαις τῶν πατέρων αὐτοῦ.

Daß die VP an eine einzige Gestalt, die identisch ist mit Micha ben Jimla und dem Zwölfpropheten, denken, zeigt die weitere Ausführung über sein Wirken unter Ahab und seinen Tod durch Joram. Die Umschreibung für Michas Tätigkeit unter Ahab wirkt summarisch und neutral (vgl. 1 Kön 22,8)[26]. Auch Josephus und die jüdische Haggada erschließen aus 1 Kön 22,8, daß der namenlose Prophet in 1 Kön 20,35–43 Micha gewesen sei[27]. In den VP wird

---

[24] Vgl. u. Joad-Vita, Abschnitt 1.; weiter MICHEEL 1983, 45f.73f.77f u.ö.; KEGLER 1993, 488 vermerkt nichts speziell zu unserem Problem; ausführlich HENGEL 1994b, 30ff (bes. 30 Anm. 102).

[25] HENGEL 1994b, 33.

[26] Zur Verwendung von πολλά »Vieles, viel, oftmals« in den VP vgl. 4,3.4; 9,2; 15,1 und in der christlichen Ergänzung 12,15.

[27] Jos., Ant 8, 389 vgl. 403 und 408–417. Zum Motiv des »Schlagens« bei Amos s.u. Amos-Vita, Abschnitt 2. Zur Haggada vgl. GINZBERG, Legends VI, 335: PesR 33 (FRIEDMANN 150b).

nicht gesagt, ob er zu seinen Gunsten oder zu seinen Ungunsten gehandelt hat
– und das ist auch gar nicht nötig, denn durch 1 Kön 22 weiß jeder, daß sich
König Ahab gegenüber seinem judäischen Schwiegersohn und Kollegen über
diesen Propheten beschwert hatte. Auffallender ist, daß nicht berichtet wird,
daß Ahab diesem Propheten »viel angetan hat«[28], schließlich ließ er ihn ja
nach 1 Kön 22 bei Wasser und Brot im Gefängnis schmachten.

2.1 Der Täter

ὑπὸ Ἰωρὰμ τοῦ υἱοῦ αὐτοῦ

Die Tradition vom gewaltsamen Tod des Propheten Micha widerspricht nur
scheinbar – und nur für modernes rationalistisches Denken – der Schriftstelle
Jer 26(33),18f. Denn dort wird ja nur gesagt, daß Hiskia, der König von Juda,
den Propheten Micha ungestraft ließ. Damit ist für haggadische Ausgestaltung
genügend Raum für ein Martyrium unter Joram bzw. Asaja (AscJes s.u.).

Daß Micha auch den König Joram[29] dafür getadelt hat, daß er derselben
Gottlosigkeit wie seine Väter schuldig ist, nimmt die stereotype dtr Kritik an
den Königen Israels (und Judas) auf, die nicht hören wollten auf die Worte der
Propheten. Die VP heben gerade dieses Richteramt der Propheten hervor. Die
Propheten prangern nicht nur den Götzendienst der Könige an, sondern über-
führen und verurteilen sie deswegen[30]. Dieses Amt, ihr »Männermut vor
Tyrannenthronen«, führt zu ihrem gewaltsamen Tod. Diese Sicht kommt
schon in 2 Chr 24 zum Ausdruck.

Die dtr »Doktrin« vom gewaltsamen Geschick der Propheten wird in den
VP modifiziert aufgenommen. Die VP sind – aus historischen Gründen –
nicht an der allgemeinen Geschickaussage und Israel als Täter interessiert,
sondern am individuellen Schicksal der einzelnen Propheten[31]. Deshalb berichten sie gerne namentlich, *wer* die Propheten getötet hat. War es bei Jesaja
Manasse, bei Jeremia das abtrünnige Volk, das ihn auch nach Ägypten verschleppt hatte, bei Ezechiel ein Nachfolger Jerobeams, so ist es hier der König
Joram. Asebie führt als letzte Konsequenz zum Prophetenmord. Joram, der
letzte Herrscher aus der Dynastie Omri, der ein schreckliches Ende fand
(2 Kön 9,22–26; vgl. 2 Chr 22,6–9) und, von Jehu tödlich getroffen, unbegra-

---

[28] Die Rezensionen sind einheitlich bei dieser Akzentsetzung; nur Ep 1 hat erklärend: τῷ
Ἀχαὰβ βασιλεῖ Ἰούδα.

[29] Joram von Juda war für die rabbinische Haggada wichtiger; vgl. GINZBERG, Legends
VI, 267 Anm. 107: Joram war einer der acht Nachfolger Davids, die einen gewaltsamen Tod
starben (Sefer Hasidim, ed. WISTINETZKI, 107). Ep1 denkt ebenfalls an den judäischen König und macht deshalb Ahab zum König von Juda.

[30] Vgl. zu ἐλέγχω in den VP: 3,2 (dazu Band I, Ezechiel-Vita, Anm. 69); 10,4; 17,4;
18,3; 19,1 u. sekundär in 22,16.

[31] S. dazu Band I, 79–82; dort auch zu STECK 1967.

ben auf den Acker Naboths geworfen wurde, war ein passender Kandidat für
diese Rolle. Ein so schimpflicher Tod mußte seine Gründe haben.

Die Parallelüberlieferung in *AscJes* schreibt den Mord an Micha dagegen
dem Bruder Jorams, Ahasja, zu, der nur zwei Jahre regierte. Micha ben Jimla
wird hier nicht mit dem Schriftpropheten identifiziert, sondern gehört in den
Schülerkreis Elias[32]. Der Schriftprophet Micha hält sich unter den Schülern
Jesajas in der Wüste bei Bethlehem auf. Micha ben Jimla dagegen befindet
sich in Samaria, wo er von Ahab ins Gefängnis geworfen und auf das Betrei-
ben des Falschpropheten Becheira hin umgebracht wird. Dieser Falschprophet Becheira flieht bei der Eroberung Samarias durch die Assyrer nach
Jerusalem und verfolgt dort den Propheten Jesaja, so daß diesen Manasse zer-
sägen läßt. In AscJes ist alles auf das Gegenüber von wahren und falschen
Propheten, heiligem Geist und dem Geist Beliars hin ausgerichtet. Die Intention der VP ist anders, sie wollen historisierend das Lebensende Michas beschreiben. Auf eine ausgebaute theologische Tendenz verzichten sie.

Die Erzählung vom Tod des Propheten in AscJes 2,12–15 (vgl. 2,8; 6,7) ist
literarisch nicht von den VP abhängig:

»[12] ...Und Zedekia, Kenaanas Sohn, der Bruder seines Vaters, war in den Tagen Ahabs,
des Königs von Israel, Lehrer der 400 Baalspropheten gewesen und hatte den Propheten *Micha*, Jimlas Sohn, ins Gesicht geschlagen und ihn verhöhnt. [13]Und er war (auch)
von Ahab verhöhnt worden, und *Micha* war zusammen mit dem Propheten Zedekia ins
Gefängnis geworfen worden; sie waren auch zusammen mit Ahasja, dem Sohn des
Alemerem Balaaw. [14]Aber Elia aus ›Tisbe‹ in Gilead richtete Schmähworte gegen
Ahasja und Samaria und weissagte über Ahasja, er werde auf seinem Lager in Krankheit sterben ... (gr.: deswegen tötete er die Propheten Gottes) [15]Und als die Lügenpropheten, die sich bei Ahasja, dem Sohn Ahabs befanden, und auch ihr Lehrer Jalerias
vom Berge Joel (Efrem lat.Üs.) hörten – [16]und er, Ibkira, war ein Bruder des Zedekia –
als sie (das) hörten, überredeten sie Ahasja, den König von Aguaron (gr.: Gomorra),
und (gr.: sie töteten/ lat.: er tötete) den *Micha*.«[33]

Doch die assoziative Verbindung zwischen Micha, dem Schüler Jesajas
(AscJes 2,8 vgl. 4,22; 6,7), und Micha ben Jimla, dem Schüler Elias, auf der
der Erzählablauf fußt und die die Legenden über Jesaja mit denen über Elia
verknüpft, hängt auch in AscJes am Namen Micha und seinem gewaltsamen
Geschick. Die Legende in AscJes wirkt zersagt und entstellt, sie weiß nicht
mehr, warum der Prophet Micha ben Jimla und Micha Mora(s)thi zusammengehören. Die Annahme, daß sich in AscJes eine traditionsgeschichtliche Vor-

---

[32] In der rabbinischen Haggada gilt der Schriftprophet Micha als einer der Schüler Elias,
s. GINZBERG, Legends VI, 343.355.

[33] Zum griechischen Text: PVTG, 7, 105–114; DENIS, Concordance, 904; Üs. nach:
HAMMERSHAIMB, JSHRZ II/1, 28f; vgl. KNIBB, OTP II, 143–176 (158). Daß bereits STECK
1967, 250 Anm. 9 auf diese Par. hingewiesen hat, entging den späteren Kommentatoren von
VP und AscJes, vgl. KNIBB »otherwise unknown tradition about the fate of Micaiah in the
reign of Ahasja, but many details are obscure« (159 Anm. x). Vgl. NORELLI , Ascension, 71.

form der Micha-Vita erhalten hat, in der die beiden Propheten noch nicht identifiziert wurden, ist eher unwahrscheinlich.

Die spätere jüdische Haggada kennt natürlich ebenfalls die sogenannte »Verwechslung« der beiden Propheten, denn sie ist ja durch das AT vorgegeben[34].

2.2 Die Todesart

ἀνῃρέθη κρημνῷ,

Die Todesart wird in An1 in der für die VP typischen verkürzten Diktion beschrieben. Mit ἀνῃρέθη κρημνῷ kann eigentlich nur der Sturz von einem steilen Abhang gemeint sein[35]. Entsprechend wird in An2 ῥιφείς hinzugesetzt. Doch dann müßte es korrekt κατὰ κρημνὸν (oder κρημνοὺς) ῥιφείς lauten. Normalerweise wird ἀναιρέω mit instrumentalem Dativ (vor allem: μαχαίρῃ bzw. ἐν μαχαίρῃ) verbunden[36], der lokative Dativ ist an sich dagegen bereits im klassischen Griechisch[37] selten. Der einfache Dativ κρημνῷ wäre also instrumental zu fassen[38]. 2 Chr 25,12 belegt das Nebeneinander von κρημνός

---

[34] Belege bei GINZBERG, Legends VI, 355 Anm. 20: PesR 33 (FRIEDMANN 150b) u.ö.

[35] Mit dem kultisch sakralen »Felsensturz« hat die Micha-Vita sicherlich nichts zu tun; man darf aus ihr auch keinen Hinweis auf die sühnende Wirkung des »Märtyrertodes« herauslesen. Das rituelle Hinabstürzen des »Sündenbocks« wird in Jerusalem bis zur Zerstörung des 2. Tempels ausgeführt, vgl. die Opferung des Bockes für Azazel am Großen Versöhnungstag (mYom 6,5). Es handelt sich vielmehr um die in historischer Zeit noch belegte Hinrichtungsform für besonders schwere Verbrechen an der Gemeinschaft, vgl. den Sturz vom Tarpeium saxum in Rom; vgl. u. Anm. 41 (Lit.). In Lk 4,29 wird der Sturz vom Abhang als (versuchte) kollektive Lynchjustiz erwähnt. Vgl. zum »Saltus Domini« DALMAN 1924, 83f und zur Lokaltradition KOPP 1964, 122–125.

Der Sturz von einer Anhöhe ist in mSan 6,3ff vorgeschrieben als erster Akt der Steinigung, wo auch die Mindesthöhe der Absturzstelle auf etwa doppelte Menschengröße festgelegt wird. Dieser erste Akt der Steinigung konnte legendarisch ausgestaltet werden: Jakobus der Herrenbruder wird nach dem Bericht des Hegesipp zuerst von der Tempelzinne hinabgestürzt, dann gesteinigt und schließlich von einem Walker mit dem Walkerholz auf den Kopf geschlagen, so daß er stirbt (Euseb, h.e. 2,23,4–23), während Jos. (Ant 20,199–203) nur von einer Hinrichtung durch Steinigung weiß. Vgl. dazu HENGEL 1985, 71–104 (73–79).

[36] Vgl. etwa LXX: Ex 15,9; Jdt 1,12; Jes 14,30; Ez 26,6.11 und im NT: Apg 12,2; Lk 21,24; daneben mit ἐν: Jos 11,12; Mt 26,52; Lk 21,24; 22,49; Apk 2,16; Apk 13,10; s. dazu BDR § 195.

[37] BDR § 199.

[38] Nur in der sekundären Verbesserung von Ep1 könnte man einen Hinweis auf die Hinrichtungsart Kreuzigung finden, aber mit den älteren Belegen, die vom den Steilhang Hinabwerfen und anschließendem »Aufhängen« = Kreuzigen berichteten, hat das nichts mehr zu tun; vgl. die LXX verwendet κρεμάζω/ κρεμάννυμι als Üs. von talah, was sowohl das Aufhängen eines Hingerichteten wie das Kreuzigen bedeuten kann; zum Problem s. HENGEL 1977, 67.71.76; HENGEL 1984c, 27–36.

und κρημνίζω[39], aber in einer voll verständlichen grammatisch richtigen Weise. Da An1 und Ep2 zusammengehen, werden ῥιφείς in An2 und κρημνωθείς in Dor und Ep1 wahrscheinlich sekundäre Verbesserungen sein[40]. Die Todesart selbst ist nicht ungewöhnlich[41]. 2 Chr 25,12 und Sus 62 (LXX)[42] schildern den Sturz vom »Abhang« als legitime Hinrichtungsart, wobei in Sus 62 der sakrale Aspekt noch anklingt[43]. Im mischnischen Recht ist der Sturz in den Abgrund der erste Akt im Verfahren der Steinigung[44] – wohl aus humanitären Gründen. In der Vita des Aesop greifen die erbosten Delpher zu Steinen und stürzen dann Aesop einen Abhang hinab[45]. Es handelt sich dem Ursprung nach um ein kollektives Hinrichtungsverfahren. Bezeichnend für die VP ist, daß der Mord am Propheten nicht dem Volk, sondern dem König zugeschrieben wird[46].

3. Das Grab des Propheten

2 καὶ ἐτάφη ἐν τῇ γῇ αὐτοῦ
μόνος σύνεγγυς πολυανδρίου Ἐνακείμ.

---

[39] 2 Chr 25,12: καὶ δέκα χιλιάδας ἐζώγρησαν οἱ υἱοὶ Ιουδα καὶ ἔφερον αὐτοὺς ἐπὶ τὸ ἄκρον τοῦ κρημνοῦ καὶ κατεκρήμνιζον αὐτοὺς ἀπὸ τοῦ ἄκρου τοῦ κρημνοῦ, καὶ πάντες διερρήγνυντο.

[40] Die Hss von An2 (Coisl. 224, Vat. 1974, Paris. 1712) setzen ῥιφείς hinzu. Ep1 verbessert: ἀναιρεῖται κρημνωθείς. Lezteres ist abgeleitet von κρημνός, so auch LAMPE, s.v. κρημνόω; die ungewöhnliche Form darf nicht von κρημνάω hergeleitet werden, denn dann müßte es κρημνηθείς heißen. Das spricht gegen den Vorschlag von HARE, Lives z.St., der im Anschluß an LSJ, 994 auf Appianus, Mith. 97 τούσδε ἐκρήμνη verweist, wo κρημνάω in der Bedeutung »kreuzigen« verwendet wird; vgl. dazu PAPE, s.v. und STEPHANUS, s.v. Man wußte jedoch sehr wohl zwischen κρημνάω und κρημνόω zu unterscheiden, wie Celsus zeigt, der spottet: Die Christen verehrten das Kreuz, entweder weil ihr Lehrer am Kreuz starb oder weil er Zimmermann war. Wäre er einen Abhang hinabgestürzt worden, würden sie von »einem Abhang des Lebens über den Himmeln« faseln (εἰ ἔτυχεν ἐκεῖνος ἀπὸ κρημνοῦ ἐρριμμένος ... ἦν ἂν ὑπὲρ τοὺς οὐρανοὺς κρημνὸς ζωῆς) Origenes, Celsum 6,34 (GCS II, 103,23ff; PG 11, 1348C; vgl. Üs. KOETSCHAU, Origenes III, BKV, 140) u.ö.

[41] Vgl. SPEYER, Art. Fluch, RAC 7, 1187: »Auch der Felssturz kam vor, der mit der Steinigung als Sakralstrafe verwandt ist« (Lit.); HYLDAHL/SOLOMONSEN, Art. Hinrichtung, RAC 15, 342–365 (343.350). Am häufigsten ist er wohl bei Suizid belegt; u.a. um bei einer Niederlage der Gefangenschaft zu entgehen, vgl. Jos., Bell 1,150 (par. Ant 14,70) stürzen sich Priester in ihrer Verzweiflung bei der Tempeleroberung durch Pompeius die Steilhänge hinab; vgl. Bell 1,313; 4,74 (par. Ant 14,429) u.ö., dazu HENGEL 1976a, 262.269.268ff.322.

[42] Θ versteht das als eine Hinrichtung entsprechend dem Gesetz, d.h. er setzt wohl den »Felssturz« als 1. Akt der Steinigung voraus.

[43] Vgl. dazu Band I, Jesaja-Vita, Anm. 61.

[44] Zu mSan 6,3f vgl. o. Anm. 35 und den Kommentar von KRAUSS, Mischna, Sanhedrin, 191f. Diese Aufeinanderfolge ist aber auch in Griechenland belegt, vgl. HIRZEL 1909, 227f.

[45] Text zitiert Band I, Einleitung, Abschnitt 4.4.4 (nach Anm. 212). Vgl. zum Felssturz in Delphi etwa auch Euripides, Ion 1222: πετρορριφῇ θανεῖν.

[46] Vgl. u. Sacharja ben Jojada-Vita, Abschnitt 2.1.

Zum Grab des Propheten hat bereits Joachim Jeremias einige Gesichtspunkte zusammengetragen[47]. Die Angabe, daß es in der Nähe des Friedhofs[48] der Anakiter[49] liege, weise in die Gegend von Beth Guvrin. Jeremias stützt sich bei der Lokalisierung auf den Ortsnamen von Beth Guvrin[50], das nach dem Parthereinfall 40 v.Chr. die Bedeutung des zerstörten Marescha übernahm.

Doch man wird den Friedhof (von) Enakim aus Mi 1,10aβ erschlossen haben. LXX übersetzt: οἱ ἐν Ακιμ, μὴ ἀνοικοδομεῖτε ἐξ οἴκου κατὰ γέλωτα, γῆν καταπάσασθε κατὰ γέλωτα ὑμῶν. Für Ακιμ haben die Väterkommentare die varia lectio εναχ(ε)ιμ bzw. εναχειμ[51]. MT ist sehr unsicher, aber spricht in 1,10b vom »Haus des Staubes«, was Aquila mit <ἐν> οἴκῳ χοός μου wiedergibt, also auf das Grab des Propheten bezieht[52]. In der Zwölfprophetenrolle von Naḥal Ḥever ist die entsprechende Passage leider nicht erhalten. Trotz gewisser Unsicherheiten scheint mir der »Friedhof der Anakiter« eher aus dieser Prophetenstelle erschlossen als aus dem Namen von Beth Guvrin.

Ep1 betont im Falle Michas, daß das Grab wohlbekannt ist. Diese Rezension spiegelt sicher die christlichen Verhältnisse nach 385, als das Grab Michas gefunden und die Kirche an dieser Stelle errichtet wurde.

Joachim Jeremias verdanken wir zudem die moderne Findungslegende für das Micha-Grab. Er hat zusammen mit Albrecht Alt 1933 die Gegend besucht und den »Friedhof der Enakiter« als eine Nekropole mit seleukidischen Schachtgräbern identifiziert und in den 350 m davon entfernten Ruinen die byzantinische Micha-Kirche gefunden, die Hieronymus, Ep. 108,14, erwähnt und die auf der Madeba-Karte abgebildet ist[53]. Ob Jeremias dabei wirklich

---

[47] JEREMIAS 1933, 42–53; JEREMIAS 1958, 82–86.

[48] Vgl. zu πολυάνδριον: IG II² 1035,33; Jos., Bell 5,19; 6,121; 2 Makk 9,4.14; 4 Makk 15,20; vor allem aber Jer 19,2.6 (LXX); Ez 39,11.15f (LXX). Vgl. jedoch auch das »Bett« von Og von Basan Dtn 3,11.

[49] Ἐνακίμ ist in LXX die Wiedergabe von Anakiter, s. Dtn 2,10.11.21; Jos 11,21f; 14,12.15; Jer 29 (47),5; 30 (49),4.

[50] JEREMIAS 1958, 84: »Das kann ›Heldenhaus‹ bedeuten, da aber gibbara auch den Riesen bezeichnet und da ferner im Targum für Rephaiter (Deut. 3,13) und Enakiter (Deut. 9,2) gibbarajja oder ginbarajja gesagt wird, kann der Name ... ebensogut mit ›Riesenhaus‹ übersetzt werden«, mit Verweis auf BerR 41,6 (THEODOR 412,1–2), wo zu Gen 14,6 der Nachfolgename von Beth Guvrin Eleutheropolis als Stadt der Horiter erklärt wird. Zu Beth Guvrin in der rabbinischen Literatur s. REEG 1989, 95f.44f.

[51] Vgl. ZIEGLER, Dodekapropheton (Göttinger LXX), 207: εναχ(ε)ιμ überliefern Cyrill, Theodoret, Theophylakt; Euseb, Onom (KLOSTERMANN 90,10) schreibt Ἐναχεὶμ ἢ Ἐνβαχείν. Aquila und Symmachus geben den »Klageaufruf« des MT mit κλαυθμὸν μὴ κλαίετε wieder. Euseb verzeichnet die Übersetzung des Namens durch Aquila und Symmachus mit »ἐν κλαυθμῷ«.

[52] Zu MT vgl. WOLFF 1982, 12. SATRAN 1995, 43f hat diese Beziehung ebenfalls gesehen, zieht aber ganz andere Schlüsse daraus. Auf Aquila geht er nicht ein.

[53] Hieronymus, Ep 108,14; Sozomenus, h.e. 7,29,2 (BIDEZ/HANSEN, GCS 50, 345): κατὰ θείαν ὀνείρατος ὄψιν ἀνεδείχθη Ζεβέννῳ ... Βηραθσάτια χωρίον ἀμφὶ δέκα

den »Friedhof der Anakiter« entdeckt hat, mag man auf sich beruhen lassen. Sicher gab es (und gibt es) in der Gegend von Beth Guvrin, aber auch von Marescha, Höhlen, die man – in byzantinischer Zeit – als einen solchen angesehen haben mag. Die christliche Auffindung des Micha-Grabes in der Nähe von Eleutheropolis geht wahrscheinlich auf eine ältere jüdische Lokaltradition zurück, denn das Targum gibt Marescha als Heimat des Schriftpropheten an.

Die VP (und wohl auch Aquila) erschließen die genaue Lage des Grabes aus Mi 1,10b. Sie rechnen mit einem ehrenvollen Einzelgrab für den Propheten, sprechen jedoch nicht direkt von einem Grabbau, wie Jeremias annimmt. Wie wenig die VP als Pilgerführer geeignet waren, zeigt sich auch hier in der Micha-Vita: Wie soll man den »Friedhof der Enakim« im Stammesgebiet von Ephraim finden, wenn man den Namen des nächsten größeren Ortes nicht kennt? Trotzdem sollte man nicht bezweifeln, daß die auffällige Findungsaktion im Jahr 385 den Besitzwechsel des Grabes aus jüdischer in christliche Hand widerspiegelt[54]. Sie sieht ganz danach aus, als ob man hier auf Biegen und Brechen mit einem gewissen Anhalt in der Tradition (Targum und Peschitta[55]) wieder fündig werden wollte. Die VP können die Heimat ihres Propheten Micha dort nicht gesehen haben, denn für sie war im Anschluß an das chronistische Geschichtswerk Micha mit Micha ben Jimla identisch. Ganz einheitlich ist die Tradition auch weiterhin nicht. Eine sehr viel spätere christliche Konkurrenztradition kennt ein Gemeinschaftsgrab aller Zwölfpropheten in Thekoa, von der der Abt Daniel[56] berichtet.

στάδια τῆς πόλεως διεστώς· περὶ τοῦτο δὲ ὁ Μιχαίου τάφος ἦν, ὃ μνῆμα πιστὸν ἀγνοοῦντες ὅ τι λέγουσιν οἱ ἐπιχώριοι ἐκάλουν, Νεφσαμεεμανᾶ φωνῇ ὀνομάζοντες, d.h. ca. 2 km von Eleutheropolis, nicht von Keila entfernt, wo das Habakukgrab gleichzeitig gefunden wurde. Damit war der Bischof dank göttlicher Offenbarung fündig geworden und beendete die Diskussion nicht nur um das Micha-, sondern auch um das Habakukgrab (vgl. u. Habakuk-Vita, Abschnitt 6). Egeria (um 400) sah das Michagrab am 3. Meilenstein von Eleutheropolis in *Charasati, quod ante dictum est Morastites* (überliefert bei Petrus Diaconus [CChr.SL 175 99f]). Ältere Vorschläge: JEREMIAS 1958, 85f; DONNER 1979, 168; KEEL/KÜCHLER 1982, 850f. Vgl. zur Madeba-Karte o. Anm. 11.

[54] Vgl. BerR 79,7: R. Jehuda bar Simeon (ben Pazzi) aus Lydda, Amoräer der 4. Generation (STEMBERGER 1992, 100) wird der Ausspruch zugeschrieben, daß wenigstens drei Plätze (die Höhle Machpela, den Tempelberg und das Grab Josephs) die »Heiden«, d.h. die Christen, Israel nicht wegnehmen könnten mit der Begründung, sie wären gestohlen. Zur Übernahme jüdischer Gedenkstätten und Gräber durch die Christen im 4. Jh. vgl. TAYLOR 1993, 326f.

[55] Dazu o. Anm. 9.

[56] Vgl. u. Amos-Vita, Anm. 32. Heute zeigt man das »Grab der Propheten« auf dem Ölberg.

Zusammenfassung

Für den Propheten Micha nahm Joachim Jeremias eine durchgehende Lokaltradition in der Nähe von Beth Guvrin an und leitete die seltsame Bezeichnung »Friedhof der Enakiter« aus dem Ortsnamen von Beth Guvrin ab. Die byzantinische Micha-Kirche ist dafür der sicherste Zeuge. Doch die Lokalisierung und der Ortsname können ebenso gut aus Mi 1,10 erschlossen sein und sekundär auf »Morasthi« in der Nähe von Beth Guvrin/Eleutheropolis übertragen worden sein. Jedenfalls fanden die alten Kommentatoren in Mi 1,10b den Namen ἐνακειμ belegt, und Aquila spricht vom »Haus meines Staubes«, dem Grab des Propheten, an dieser Prophetenstelle.

Der Prophet wird in den VP dem Stamm Ephraim zugeteilt, was sich durch die von 2 Chr 18,27 (vgl. MT 1 Kön 22,28b) vorgegebene Identifikation des Moraschtiters mit Micha ben Jimla erklärt.

Die Amos-Vita

Text und Übersetzung

7.1 Ἀμὼς ἦν ἐκ Θεκουέ.
καὶ Ἀμασίας πυκνῶς αὐτὸν
τυμπανίσας
τέλος καὶ ἀνεῖλεν αὐτὸν ὁ υἱὸς αὐτοῦ
ἐν ῥοπάλῳ πλήξας αὐτοῦ τὸν
κρόταφον·
2 καὶ ἔτι ἐμπνέων
ἦλθεν εἰς τὴν γῆν αὐτοῦ
καὶ μεθ' ἡμέρας ἀπέθανε
καὶ ἐτάφη ἐκεῖ.

7.1 Amos war aus Thekoa.
Und nachdem Amasias ihn oftmals auf
dem Hinrichtungsblock geschlagen hatte,
tötete ihn dann am Ende dessen Sohn,
indem er mit einer Keule (auf) seine
Schläfe schlug.
2 Und noch atmend
kam er in seine Heimat(stadt).
Und nach (einigen) Tagen starb er
und wurde dort begraben.

Zum Text

Im ersten Satz steht das Partizip τυμπανίσας an Stelle eines finiten Verbs (vgl. u. S. 36). Alle anderen Rezensionen bieten einen grammatisch richtigeren Text.

Zum Aufbau und Vergleich der Rezensionen

Die Reihenfolge, in der erzählt wird, entspricht genau der in der Micha-Vita. Zwischen Herkunfts- und Grabnotiz ist ein kurzer Bericht darüber, wie Amos zu Tode kam, eingefügt. Darüber hinaus berühren sich Micha- und Amos-Vita eng, indem sie eine dritte Person einschalten und die Propheten jeweils vom Sohn (und Nachfolger) des entsprechenden biblischen Gegners getötet werden.

Dor zitiert in seinem messianischen Florilegium Am 4,13; 9,11f; Apg 15,16f.

Ep1 setzt hinzu, daß Amos der Vater des Propheten Jesaja gewesen und aus dem Stamm Sebulon stamme. Zudem habe er Amasja wegen der beiden goldenen Kälber getadelt.

Kommentar

1. Die Herkunft

'Αμὼς ἦν ἐκ Θεκουέ.

Lapidar wird in An1 nur angegeben, daß Amos[1] aus Thekoa[2] kam. Die Stammesangabe fehlt in allen Rezensionen außer in Ep1, wo berichtet wird, er sei in Thekoa »aus dem Land Sebulon«[3] geboren.

11. Exkurs: Amos aus dem Nordreich?

Diese Angabe ist so ungewöhnlich, daß sie näher untersucht werden muß[4]. Sie widerspricht dem Kontext in Ep1, wo es heißt, Amos sei der Vater des Jesaja, also ein Jerusalemer gewesen. Letzteres ist christliche Tradition, die aus der gleichen Schreibung von Amos (Am 1,1) und Amos (Jes 1,1) im griechischen Bibeltext herrührt. Wir finden sie erst spät und sicher aus christlichen Quellen übernommen im jüdischen Bereich[5]. Sie hat mit dem Grundsatz, alle Propheten sind Söhne von Propheten[6], nichts zu tun.

---

[1] In den Handschriften der VP wechselt die Schreibung mit Circumflex oder Gravis. In marg. wird die Üs. des Namens σκληρός (»hart, fest«) in Paris. 1712 angegeben; fast alle Zeugen der Dor-Rezension übersetzen den Namen mit στερέωσις. WaR 10,2 (MARGULIES II, 197) und PRK 16 interpretieren den Namen als »Stammler«, »gedrückt mit seiner Zunge«. Vgl. WUTZ 1914, 131f.206.511f.1054 u.ö.; Ep1 ist wieder ausführlicher: 'Αμὼς δὲ ὁ προφήτης.

[2] Θεκουέ entspricht v.l. der LXX-Schreibweise. Zu Thekoa s. ABEL 1937, II, 478f; ABEL führt zwei Orte dieses Namens auf: 1. Thekoa, 18 km südlich von Jerusalem, gehört zu Judäa in der uns interessierenden Zeit (Jos 15,59 [LXX]; 2 Sam 14,2; 23,26; Am 1,1; Jer 6,1; 1 Chr 2,24; 4,5; 2 Chr 11,6; 20,20; Neh 3,5.27; 1 Makk 9,33; Jos., Bell 4,518; Ant 8,246; 9,12; 13,15; Vita 420). 2. Thekoa in Galiläa ist erst in der rabbinischen Literatur belegt, dazu REEG 1989, 621f; dieses Thekoa scheint Ep1 zu meinen und lokalisiert es im »Land von Sebulon«. Zum judäischen Thekoa in hellenistisch-römischer Zeit vgl. 2 Chr 11,6; 1 Makk 9,33; Jos., Ant 13,15; Bell 4,518; Vita 420; ein Brieffragment aus Murabbaʿat (DJD II, 167). Euseb u. Hieronymus nennen ebenfalls nur das südliche Thekoa: Euseb, Onom (KLOSTERMANN 86, 12ff): καὶ νῦν ἐστι Θεκουὰ κώμη Αἰλίας ἀπὸ σημείων ιβ' ἐξ ἀνατολῶν. ἔνθεν ἦν 'Αμὼς ὁ προφήτης, οὗ καὶ τὸ μνῆμα αὐτόθι εἰς ἔτι νῦν δείκνυται; vgl. 98, 17f: Θεκώ (Jos 15,59). καὶ νῦν Θεκωέ ἐστι παρὰ τὴν ἔρημον Αἰλίας πόλις τὸ πρὶν οὖσα φυγαδευτηρίου. ὅθεν ἦν 'Αμὼς ὁ προφήτης; Hieronymus, Ep 108, 12 u.ö., vgl. THOMSEN 1907, 68.

[3] SCHERMANN, Vitae, 17: Οὗτος ἐγεννήθη ἐν Θεκουέ ἐκ γῆς Ζαβουλών. Dazu u. Anm. 12.

[4] Weder bei JEREMIAS 1958, 87, HARE, Lives, noch bei FERNÁNDEZ MARCOS, Vidas, findet sich dazu ein Kommentar; allein HAMAKER 1833, 151ff plagte sich mit diesem Problem ab. Er plädierte dafür, daß Angehörige des Stammes Sebulon im südlichen Judäa gelebt haben könnten.

[5] Vgl. AscJes 1,2; 4,22; Clemens Alex, Strom 1,118,1; Shalshelet ha-Kabbalah 99b; s. GINZBERG, Legends VI, 356f Anm. 25–28. Hieronymus, Comm in Am, Prolog (CChr.SL 76, 211, 2f) korrigiert diesen Irrtum: *non est ipse, quem patrem Esaiae prophetae legimus.*

[6] Vgl. GINZBERG, Legends VI, 357 Anm. 25.

Wenn Amos aus dem Land[7], d.h. dem Stamm, Sebulon kommt, so beruht das entweder auf einer uns nicht mehr nachvollziebaren Korruptele oder das Thekoa des Propheten in Ep1 wird mit dem galiläischen Thekoa identifiziert, das wir aus der rabbinischen Literatur kennen. Die rabbinischen Quellen befassen sich nur mit diesem nördlichen Thekoa[8]. Diese Notiz ist interessant für die Einordnung und Datierung der Rezension Ep1. Schon in der Micha-Vita verriet sie palästinisches Lokalkolorit aus der Zeit nach 385 n. Chr. Wenn man dort noch zweifeln konnte, ob die Grabesnotiz die Bekanntheit der Micha-Kirche, und d.h. notwendigerweise Lokalkenntnisse, voraussetzt, so fußt die eigenartige Ansetzung des Amos in Sebulon auf jüdisch-palästinischen Nachrichten späterer Zeit, als die Prophetengräber nach Galiläa gewandert waren[9]. K. Koch hat in neuerer Zeit wieder vorgeschlagen, der Prophet Amos des 8. Jh.s stamme aus dem »galiläischen« Thekoa[10]. Die VP waren zwar an Traditionen über das Nordreich und an seinen Propheten interessiert, wie die Micha- und die Hosea-, aber auch die Obadja-, Elia- und Elisa-Vita zeigen[11]. Doch auch hier neigen sie eher dazu, die Nordreichspropheten mit Orten im Süden zu verbinden (Elisa kommt aus dem Stamm Ruben; Jona ist in der Nähe von Aschdod geboren und liegt im Grab des Kenaz). Das Stammesgebiet von Sebulon lag nicht im Süden; man wußte, daß es ein Teil Galiläas war (Mt 4,13ff vgl. Jes 8,23). Auch wenn in unseren Legenden vieles möglich ist und sich erhalten hat, was heutiger Logik widerspricht, so denken sie doch innerhalb ihres Bildes vom Heiligen Land sehr folgerichtig. Deshalb ist die Stammesangabe »Sebulon« bezeichnend für die späte Rezension Ep1, die auch für Maleachi die Herkunft aus Sebulon angibt[12], weil sie nicht mehr wußte, daß »Sofa« auf dem Skopus bei Jerusalem liegt.

Aus der Knappheit in An1 läßt sich schließen, daß Thekoa ein eindeutig bekannter Ort war, dem man weder in den Chronikbüchern noch sonstwo für eine Stammesangabe nachgehen mußte. Die Stammesangabe erübrigte sich, weil der Prophet für die Grundschrift der VP eindeutig Judäer war. Erst nachträglich wird die galiläische Herkunft in Ep1 eingetragen.

---

[7] Vgl. u. Anm. 30.

[8] Vgl. NEUBAUER 1868, 128ff; KLEIN 1923, 270–273 (Thekoa im Stammesgebiet von Ascher in der Nähe von Gischala); REEG 1989, 621f.

[9] Vgl. Band I, Einleitung, Abschnitt 3.3 (Tabelle zu Ortsnamen).

[10] Schon David KIMHI (Stamm Asser), GRAETZ, OORT, SCHMIDT 1920, 158–171 plädierten für eine Herkunft des Propheten aus Nordisrael; vgl. M. HARAN, Art. Amos, EJ 2, Sp. 879; zuletzt KOCH 1978, I, 82, der wieder – ohne auf die VP einzugehen – darauf verweist, daß es im judäischen Bergland keine Sykomoren gab, und sich zum anderen viele Eigentümlichkeiten der Prophetie des Amos, vor allem daß er in Bethel und Samaria auftrat, sehr viel leichter verstehen ließen, wenn er wirklich als Israelit, als Selbstbetroffener und »insider« sprach und nicht als Judäer. Die Auffassung, daß er aus dem judäischen Thekoa kam, sei aus der im Süden ergänzten Überschrift über das Prophetenbuch, die nach den judäischen Königen datiert, entstanden. Dagegen spricht der fast einhellige Konsens der Forschung. KEEL/KÜCHLER 1982, 665 nennt das eine (zu) elegante Lösung und lehnt sie ab. Uns braucht das hier weiter nicht zu beschäftigen, immerhin enthält Ep1 ein verhältnismäßig frühes Zeugnis dafür, daß der Prophet aus dem galiläischen Thekoa kam.

[11] Anders das chronistische Geschichtswerk; dort schreibt Elia »nur« einen Brief an Joram (1 Chr 21,12–15); vgl. KEGLER 1993, 490.

[12] RIESNER, Art. Galiläa, GBL 1, 407: Am Konzil in Nicäa nahm ein (!) Bischof aus Galiläa teil. Er kam aus »*Zabulon*«. Galiläa war im 4. Jh. vorwiegend von Juden, nicht von

2. Das Martyrium des Amos

καὶ ᾽Αμασίας πυκνῶς αὐτὸν τυμπανίσας
τέλος καὶ ἀνεῖλεν αὐτὸν ὁ υἱὸς αὐτοῦ
ἐν ῥοπάλῳ πλήξας αὐτοῦ τὸν κρόταφον·

Zur Textkritik: An1 verwendet τυμπανίσας wie ein finites Verb. An2 bietet Gen.abs. Ep2 verzichtet auf den Satz. Dor nimmt die finite Verbform ἐτυμπάνισε. In Ep1 findet man wieder den sprachlich besten Text; hier folgt der Hauptsatz ἐνέδρᾳ αὐτὸν ἐλοιδόρει, d.h. die Schmähung durch den »Henker«. Daß Ep1 hier die urspüngliche Lesart bietet, scheint nach dem Gesamtcharakter dieser Rez. eher unwahrscheinlich. Wahrscheinlich handelt es sich um eine sprachliche Nachlässigkeit in An1, die keine andere Rez. ohne Korrektur ließ. Einen ähnlichen Fall bietet die Obadja-Vita (u. Obadja-Vita, Abschnitt 3).

Die biographische Notiz schließt sich an Am 7,10–17 an. Ganz folgerichtig wird der scharfe Konflikt zwischen dem Priester Amasja von Bethel und dem Propheten weiter ausgestaltet. Deshalb ist nicht der König Jerobeam II, an den Amasja einen offiziellen Beschwerdebrief über den Propheten geschickt hatte, für das Leiden des Propheten verantwortlich[13]. Die VP geben sonst, ähnlich wie 2 Chr 24, gern dem jeweiligen »Fürsten« die Schuld an dem Mord am Propheten. Hier ist es jedoch der Priester[14] und sein Sohn. Amos hatte Am 7,17 der ganzen Familie einen schrecklichen Untergang vorhergesagt. Die VP individualisieren wieder an dieser Stelle, indem sie aus den Söhnen und Töchtern des Amasja den einen Sohn herausgreifen, der dann letztendlich dem Propheten den zum Tode führenden Schlag versetzt. So kurz sich die Vita ausdrückt, durch πυκνῶς[15] αὐτὸν τυμπανίσας, wird unmißverständlich gesagt, daß es um eine lange sich hinziehende, qualvolle Hinrichtung auf dem τύμπανον geht, nicht einfach um Folter mit häufigen Stockschlägen[16]. Diese Hinrichtungsart kommt aus Griechenland. In den jüdischen Schriften kennen

---

Christen bewohnt. Die judenchristliche Bevölkerung war nicht bedeutend. Hieronymus wird von Juden das Nahumgrab in Galiläa gezeigt; dazu u. Nahum-Vita, Anm. 8. Weiter zu »Sebulon« u. Maleachi-Vita, Anm. 15.

[13] Auch den rabbinischen Gelehrten ist aufgefallen, daß Jerobeam nicht auf die Beschwerde des Priesters reagierte. Sie erklären nun ihrerseits, der König habe der »Verleumdung« des Amasja nicht geglaubt, sondern gesagt: »Gott behüte, daß jener Gerechte also gesagt hätte, und wenn er es gesagt hat, was soll ich ihm tun, die Schekhina hat es ihm verkündigt!« (bPes 87b); zu den späten Parallelüberlieferungen s. BLECHMANN 1937, 19.

[14] Ep1 nennt ihn ausdrücklich: ὁ ἱερεὺς Βεθήλ.

[15] In LXX wird das Wort nur in den griechisch verfaßten Schriften gebraucht (3 Makk 1,28; 4,10; 4 Makk 12,12 vgl. Lk 5,33; Apg 24,26; 1 Tim 5,23). Dor und Ep1 schreiben συχνῶς.

[16] So könnte man Riesslers Üs. verstehen »Amasias schlug ihn lange mit einem Stock« (RIESSLER, Schrifttum, 871). Etwas irreführend ist die Üs. in BAUER/ALAND, 1654 s.v. τυμπανίζω: »mit dem τύμπανον, einem Folterwerkzeug, ... *martern*, dann überhaupt foltern, quälen«; auch 3 Makk 3,27 bedeutet ἀποτυμπανίζομαι »hingerichtet werden«, vgl. VERGOTE, Art. Folterwerkzeuge, RAC 8, 119, s. dazu u. Anm. 19.

wir τύμπανον in der Bedeutung von »Folterinstrument« und Hinrichtungsort erst aus dcm Bericht über den heldenhaften Tod des Eleazar im 2. Makkabäerbuch[17]. Der ehrwürdige Greis[18] stirbt einen edlen Tod unter den Schlägen, die er auf dem τύμπανον erhält. Das τύμπανον ist eine euphemistische Bezeichnung für den Holzklotz, auf dem der Delinquent gefesselt und zu Tode geprügelt wird. Die Beschreibung des Vorgangs ist in 2 Makk 6,18–31 etwas ausführlicher, aber auch in der knappen Schilderung der Amos-Vita wird erkennbar, wie man sich den Vorgang vorzustellen hat[19].

Man kann annehmen, daß Hebr 11,35 in der Aufzählung der Leiden der Propheten auch an Amos denkt und nicht nur an den Eleazar aus 2 Makk 6, denn die Aufzählung der Propheten geht ja geradewegs von Elia/Elisa (die wegen ihrer Auferweckung der Toten und Bewährung im Leiden erwähnt werden), bzw. der Mutter der sieben Söhne in 2 Makk 7, zu denjenigen über, die auf dem τύμπανον starben. Micha und Amos gehörten nach der Haggada zu den Prophetenschülern Elias und Elisas. Die Darstellung der Leiden der alten Propheten in Hebr 11,35ff nimmt nicht nur ihre Farbe aus den Märtyrerberichten der Makkabäerzeit. Die Propheten und die Glaubenszeugen der Verfolgung unter Antiochus IV. werden quasi als eine Einheit betrachtet[20].

Hieronymus zieht aus dem Schicksal des Amos in Am 7,10–17 Schlüsse für die Gegenwart. Ob er nur rhetorisch übertreibt oder auf den gewaltsamen Tod des Propheten anspielt, ist schwer zu sagen[21].

Den letzlich tödlichen Streich versetzt dem Propheten der Sohn seines biblischen Gegners mit der hölzernen Keule, ῥόπαλον[22], dem ›Schlaginstrument‹, das bei dieser Hinrichtungsart verwendet wurde. Die Vita hat das aus Griechenland kommende Hinrichtungsverfahren, das wohl in der Zeit der Verfol-

---

[17] 2 Makk 6,19: αὐθαιρέτως ἐπὶ τὸ τύμπανον προσῆγεν vgl. V. 28; HABICHT, JSHRZ I,3, 231f übersetzt mit »Henkerblock« K. SCHNEIDER, Art. Tympanon, PW Sp.1753; K. LATTE, PW-Suppl. 7, Sp. 1607f. 2 Makk 6,18-31 stellt klar, daß Eleazar durch Schläge stirbt und letzte Worte sagen kann: 30 μέλλων δὲ ταῖς πληγαῖς τελευτᾶν ἀναστενάξας εἶπεν ... Der »Märtyrerbericht« über Eleazar wird bei Jason von Kyrene (ca 150 v.Chr.) gestanden haben; die das Ganze störende Textwiederholung wird vom Epitomator (ca 100 v. Chr.) stammen. Zur Literarkritik vgl. HABICHT, JSHRZ I,3, 176; VAN HENTEN 1986, 98f.

[18] 2 Makk 6,18-31 stilisiert ihn zu einem zweiten Sokrates, der mit seinem Leiden nicht nur der Jugend ein Vorbild gibt, ἀλλὰ καὶ τοῖς πλείστοις τοῦ ἔθνους τὸν ἑαυτοῦ θάνατον ὑπόδειγμα γενναιότητος καὶ μνημόσυνον ἀρετῆς καταλιπών (V. 31). In 4 Makk wird der Tod auf dem τύμπανον durch Keulenhiebe umgewandelt in Geißelung etc. (6,1–30). Vgl. KLAUCK, JSHRZ III/6, 714ff.

[19] Vgl. VERGOTE, Art. Folterwerkzeuge, RAC 8, 119: »das τύμπανον (war) der Block (Tambour- oder Trommelform), auf den der Verurteilte gesetzt und gefesselt wurde, ehe er die Schläge erhielt ... ἀποτυμπανισμός wie ... ἀποτυμπανίζειν beziehen sich ... auf die Hinrichtung durch die Prügelstrafe. Diese war die der röm. Enthauptung gleichwertige Kapitalstrafe der Griechen«. Zu 2 Makk vgl. VERGOTE, 127.

[20] ROSE 1994, 305 weist auf das Stilmittel der Präteritio in V. 32a hin.

[21] Hieronymus, Comm in Am, III, 7,13 (CChr.SL 76, 322, 28 – 323, 10): *Isti* (die arianischen Kaiser) *autem cum multis Amasiis sacerdotibus suis, fame et penuria, carceribus et exiliis Amos prophetam et sacerdotes Domini necauerunt.*

[22] Die LXX verwendet ῥόπαλον nur in Prov 25,18 für hebr. מֵפִיץ parallel zu »Schwert«, vielleicht denkt sie nicht an die Kriegswaffe, sondern an das Hinrichtungsinstrument.

gung unter Antiochus IV. in Palästina wirklich vollzogen wurde, anachroni-
stisch auf den Propheten des 8. Jh.s übertragen. Unrealistisch ist die Vorstellung, daß der Priester und sein Sohn selbst die Hinrichtung durchführen.
Doch mit der Bestimmung für die Bestrafung von Priestern, die unrein ihren
Dienst versehen (mSan 9,6) und denen von Priesterjünglingen außerhalb des
Tempelbezirks der Schädel mit Holzscheiten zertrümmert werden soll, hat das
Motiv in der Amos-Vita in seinem Ursprung nichts zu tun[23]. Ebensowenig ist
sie mit der Synagogenstrafe der »Vierzig weniger einen«[24] in Zusammenhang
zu bringen, auch wenn diese unter Umständen zum Tode führen konnte, denn
das war eine Geißelung. Unter »Makkot« verhandelt das rabbinische Recht
die Geißelstrafe, nicht die Tortur auf dem Tympanon. Auf jeden Fall war die
Entstehung der Legende von Amos' Martyrium erst nach der Religionsnot
unter Antiochus IV. möglich. Dennoch ist die Schilderung von Amos' Tod literarisch kaum direkt von 2 Makk 6 abhängig.

3. Flucht in die Heimat, Tod und Begräbnis

2 καὶ ἔτι ἐμπνέων
ἦλθεν εἰς τὴν γῆν αὐτοῦ
καὶ μεθ' ἡμέρας ἀπέθανε
καὶ ἐτάφη ἐκεῖ.

Widerstandskraft und Ausdauer im Leiden werden an den jüdischen Märtyrern der hellenistisch-römischen Zeit oft gerühmt[25]. Der Gerechte – und erst
recht der Prophet – konnte viele Leiden ertragen. Da die Vita an das südliche
Thekoa denkt, hatte er eine gewaltige Wegstrecke von Bethel aus zurückzule-
gen. Die Amos-Vita gestaltet das Motiv noch nicht so aus wie die christlichen
Heiligenlegenden, wo der enthauptete Heilige mit abgeschlagenem Kopf in
der Hand noch bis zu seinem Begräbnisplatz laufen kann[26]. Auch im Vergleich
mit der legendären Ausmalung der Marter eines Jakobus bei Hegesipp, wo die
möglichen Todesarten fast wie in der rabbinischen Haggada nacheinander
aufgeführt werden, bis ein Walkerholz[27] dem Leben des Jakobus ein Ende
setzt, ist der Bericht der VP sehr viel zurückhaltender. Daß Amos noch lebend

---

[23] Das schlägt STECK 1967, 249f Anm. 8 als möglichen Grund für die Marter des Propheten vor. Doch in mSan 9,6 geht es wohl um die spontane »Lynchjustiz« der »Eiferer«; die
Bestimmung wird in Tosefta und Bavli entsprechend entschärft, s. dazu HENGEL 1976a, 220.
[24] Vgl. dazu BILL., III, 527–30.
[25] Vgl. 2 Makk 6–7; 14,37–46; 3 Makk; 4 Makk. Bes. hervorgehoben bei den Essenern
und Zeloten, s. HENGEL 1976a, 263–277; zum langsamen Tod des Gerechten, vgl. die bei
HENGEL 1985, 80 Anm. 33 angeführte Lit.
[26] Vgl. etwa die späte Fassung des Dionysius-Martyriums in der Legenda aurea (BENZ
793); zu den Kephalophoren ANGENENDT 1994, 152.
[27] In Euseb, h.e. 2,23,18 »ξύλον«.

bis in seine Heimatstadt kam und dort starb, liegt an der Ausdauer im Leiden, die die Gerechten, Propheten und Heiligen – die frühjüdischen und die christlichen – auf wunderbare Weise an sich haben[28].

Erst einige[29] Tage nachdem er in seiner Heimatstadt (εἰς τὴν γῆν αὐτοῦ[30]) angelangt ist, stirbt der Prophet und wird auch dort begraben. Von einem Grabbau, einem besonderen Begräbnis für den »Märtyrerpropheten« etc. ist nicht die Rede. Die spätere Amos-Überlieferung haftet fest am südlichen Thekoa. Hier sah Hieronymus das Prophetengrab, hier stand die Amos-Kirche der Madeba-Karte. Byzantinische Mauerreste in einer Höhle in Thekoa lassen sich als das Propheteion des Amos[31] deuten. Nur Ep1, wo wir immer eine sekundäre Textform finden, vertritt in den VP die nördliche Herkunft aus Sebulon[32].

Zusammenfassung

Die Amos-Vita gestaltet den Konflikt des Propheten mit dem Priester Amasja (Am 7,10–17) zu einem Bericht über sein Martyrium aus. Die Hinrichtungsart ist die grausame, griechische Form der Kapitalstrafe für schwere Verbrechen auf dem Block durch Prügel, die in 2 Makk 6,18–31 Eleazar erleidet. Das weist die Entstehung der Legende in die hellenistisch-römische Zeit. Die Entfernung zwischen Bethel, wo Amos gemartert wurde, und seiner Heimat Thekoa überbrückt die Vita so, daß er noch lebend in seine Heimat gelangt und dort stirbt und begraben wird. Die Verehrung des Amosgrabes in Thekoa ist seit byzantinischer Zeit gut bezeugt. Während man in Heb 11,35 an eine Anspielung auf das Martyrium des Amos denken kann, darf man die Abfolge der geschlagenen, geprügelten und getöteten Knechte in Mk 12,3ff nicht zu eng mit den VP verbinden[33]. Mk 12,1–12 nimmt die dtr »Doktrin« vom gewaltsamen Geschick der Propheten sehr viel stärker auf als die VP.

---

[28] Vgl. Hebr 11,32–38. Hinzu kommt die Bedeutung seines Namens »σκληρός« in der christlichen Tradition.

[29] Dor u. An 2: nach 2 Tagen; Ep2: nach 3 Tagen.

[30] Zur Verwendung von γῆ in diesem Sinne vgl. Band I, Ezechiel-Vita, Anm. 24.26 und o. S. 6.

[31] KEEL/KÜCHLER 1982, 666.667f (Abb. 435) führt an: Kyrill von Skytopolis: τὸ προφητεῖον τοῦ ἁγίου Αμως (Vita Sabae 36 [SCHWARZ 123, 17f]); vgl. THOMSEN 1907, 68; MEIMARIS 1986, 93 (Nr. 572) gibt für den Propheten Amos nur die Inschrift in der Apsis des Katharinenklosters am Sinai an. In späterer Zeit berichtet der Abt Daniel (1106–1108 n. Chr.) von einer Höhle unter der Kirche in Thekoa, »in der die zwölf Propheten in drei Särgen liegen« (zitiert nach KEEL/KÜCHLER 1982, 667). »Im MA hat man dort auch ein Familiengrab gezeigt, in dem Jesaja ruhe. Man hat offensichtlich Amoz, den Vater Jesajas (1,1) mit dem Propheten Amos verwechselt«, KEEL/KÜCHLER 1982, 666.

[32] Vgl. o. 11. Exkurs (zur Stammesangabe »Sebulon« in Ep1).

[33] Gegen PESCH 1984, 216f, der die VP nach RIESSLER (und damit nach der Reihenfolge von Dor) zitiert.

Die Joel-Vita

Text und Übersetzung

8.1 Ἰωὴλ ἦν ἐκ τῆς γῆς τοῦ Ῥουβὴν
ἐν ἀγρῷ Βεθωμόρων.
2 Ἐν εἰρήνῃ ἀπέθανε καὶ ἐτάφη ἐκεῖ.

8,1 Joel war aus dem Land des (Stammes) Ruben im Gehöft Bethomoron.
2 In Frieden starb er und wurde dort begraben.

Zum Text

In An1 heißt es gegen die anderen Rez., daß Joel nicht aus (ἐκ), sondern »im« (ἐν) Gehöft Bethomoron war. Es wird sich um einen Schreibfehler handeln.

Aufbau und Vergleich der Rezensionen

Die Notiz über Joel ist die kürzeste in den VP[1]. Bei der Kürze, mit der der Prophet abgehandelt wird, ist es erstaunlich, daß die christlichen Tradenten nicht stärker eingegriffen haben. So finden sich christliche Ergänzungen innerhalb der Vita selbst nur in Ep1[2] und in dem Zweig der stärker christlich ergänzten Handschriften von An2[3]. Dor stellt Joel 3,1–5 als messianische Verheißung voran, die sich »nach den Worten des seligen Petrus am Pfingsttag erfüllte« (Apg 2).

Kommentar

1. Die Herkunft

8.1 Ἰωὴλ ἦν ἐκ τῆς γῆς τοῦ Ῥουβὴν ἐν ἀγρῷ Βεθωμόρων.

---

[1] Vgl. Band I, Einleitung, Anm. 218f.224 (zu SATRAN 1995, 72).
[2] SCHERMANN, Vitae, 18: πολλὰ δὲ προεφήτευσε περὶ Ἱερουσαλὴμ καὶ τέλους ἐθνῶν.
[3] SCHERMANN, Vitae, 82: Coisl. 205; Philadelph. 1141; Paris. 1712: προφητεύσας περὶ λιμοῦ καὶ ἐκθλίψεως θυσιῶν καὶ πάθους προφήτου δικαίου καὶ δι' αὐτοῦ ἀνακαινισθήσεται τὴν κτίσιν εἰς σωτηρίαν.

Daß Joel aus dem Stammesgebiet Rubens[4] kommt, ist aus 1 Chr 5,4–10 entnommen, wo die rubenitische Sippe Joel und ihr Siedlungsgebiet beschrieben wird.

Daß sich die VP bevorzugt am Chroniktext orientieren, zeigt sich auch in der Joel-Vita: Der Name des Heimatorts des Propheten ist wahrscheinlich ebenfalls aus diesem Text entnommen[5]. Gemeint ist eine kleine Siedlung, wohl nur ein Gehöft, auf dem Land. Solche Ortschaften werden in den VP mit ἀγρός bezeichnet[6]. Ein Werk wie die VP, das wenigstens für alle Schriftpropheten Herkunft und Heimat angeben wollte, konnte ja, wenn es nicht frei fabulieren wollte, gar nicht anders vorgehen als in den alten Geschichtsbüchern nach Angaben über die Propheten suchen. Da sich die VP auf Schritt und Tritt dabei immer wieder mit den Chronikbüchern berühren, wird man dafür nach keiner anderen Quelle suchen müssen, obwohl es ja denkbar ist, daß die VP für ihre Stammesangaben etc. auf Genealogien beruhen, die ihrerseits abhängig von den Chronikbüchern sind und die uns nicht mehr erhalten sind. Die Vielfalt der Varianten für den Ortsnamen wird damit zusammenhängen, daß es sich um einen unbekannten Ort handelt, dessen Name früh entstellt wurde und den man jeweils nachträglich wieder verbessert hat[7].

2. Tod und Begräbnis

2 Ἐν εἰρήνῃ ἀπέθανε καὶ ἐτάφη ἐκεῖ.

Dieser Prophet starb wie Hosea in Frieden. Die VP schreiben keineswegs jedem Propheten, von dem sie sonst nichts wissen, einen gewaltsamen Tod zu. Erst im syrischen Bienenbuch des Salomo von Basra findet Joel analog zu Amos seinen Tod durch einen Schlag auf den Kopf[8]. Joel gehört bereits in AscJes zu einer festen Gruppe von kleinen Propheten in der Umgebung des

---

[4] Philadelph. 1141; Paris. 1714; Ep2; Ep1: Ῥουβμ; die Angabe γῆς wechselt in den Hss mit φυλῆς. Zur Bedeutung dieses Stammes in den VP, s. Band I, Einleitung, Abschnitt 5.1 und u. Elisa-Vita, Abschnitt 1.

[5] HAMAKER 1833, 161–167 erörtert das Problem des Ortsnamens und der Ortslage breit im Anschluß an RELAND, auf die Chronikstelle verweist er nicht; THOMSEN 1907, 41 kennt nur unsere Stelle; JEREMIAS 1958, 104 (dort Verweis auf die älteren Vorschläge von KLEIN, TORREY) sieht auch keine andere Möglichkeit, als daß Heimatort und Stammesangabe für Joel aus 1 Chr 5 erschlossen sind. Ebenso SATRAN 1995, 44f. Vgl. o. Micha-Vita, Abschnitt 1 (Anm. 24f).

[6] PAPE, s.v. »bes. ländliche Besitzung im Ggstz der Stadt«; ebs. LSJ, s.v. 2.; vgl. 1 Kön 12,24m; dazu LUST, GELS, s.v. Weiter VP 9,1; 12,1.5.9.17; 13,1.3; 16,4; 20,2.

[7] U.a. Vat. 1974, Coisl. 224: βεθωρῶν (= Beth Horon); Dor: Βεθομοϱων; Ep1: Βηθων.

[8] Da SCHOEPS 1943 (zitiert nach Ndr. 1950), 123 das verzeichnet, findet sich dieser Hinweis überall in der Literatur. STECK 1967, 250 Anm. 3 betont zu Recht, daß es sich um eine christliche Bildung nach dem Vorbild der Amos-Vita handelt.

Propheten Jesaja[9]. In der jüdischen Tradition schwankt die Einordnung von Joel stark[10]. Ep1 berichtet zudem, daß der Prophet ἐνδόξως in Βηθών begraben sei. Dieser Rezension scheint also ein Grab des Propheten im Land Ruben bekannt gewesen sein.

Ep1 und An2 (Coisl. 205; Philadelph.1141; Paris. 1712, vgl. o. Anm. 3) fügen zwischen Herkunfts- und Todesnotiz christliche Zusätze ein.

Ep1 unterstreicht, daß der Prophet »vieles« über Jerusalem und das Ende der Heiden prophezeit habe (V. 1b), und berichtet, daß Joel in einer prophetischen Vision starb (V. 2: ὁρῶν δὲ ἀπέθανεν)[11]. An2 faßt die Botschaft Joels über die Hungersnot zusammen und schreibt ihm messianische Weissagungen zu[12]: Die Prophetie »über das Leiden des gerechten Propheten« sieht die in Joel 4,15 (vgl. 3,4) angekündigte Finsternis in Mt 27,45–50 par erfüllt. Die »Erneuerung der Schöpfung zum Heil«, spielt auf die Verheißung der Geistausgießung Joel 3, 1–5 an[13].

Zusammenfassung

Die Joel-Vita enthält in ihrem Kernbestand nur ein knappes Gerüst biographischer Angaben. Diese sind aus 1 Chr 5,3–8 erschlossen. Daß man in frühjüdischer Zeit in Βεθωμόρων auf ein Joel-Grab stolz war, gerade wenn es nach 1 Chr 5 der Sippe Joel gehörte, ist damit nicht ausgeschlossen.

---

[9] Vgl. o. Micha-Vita, Abschnitt 2.

[10] Vgl. GINZBERG, Legends, VI, 314.

[11] Zu diesem typisch christlichen Zug vgl. Band I, Ezechiel-Vita, S. 258 mit Anm. 94.

[12] Zum Text s.o. Anm. 3.

[13] Die Erneuerung ist das Werk des Geistes: Röm 12,2.11; 8,18–24; 2 Kor 4,16; Kol 3,10; Tit 3,5 vgl. Röm 10,13; Apg 2,21; WOLFF 1969, 78ff; CAPES 1992, 180.

Die Obadja-Vita

Text und Übersetzung

9.1 Ἀβδιοῦ ἦν ἐγγὺς Συχὲμ ἀγροῦ
Βηθαχαράμ.
2 Οὗτος ἦν μαθητὴς Ἠλία
καὶ πολλὰ ὑπομείνας δι' αὐτὸν
περιεσώζετο.
3 Οὗτος ἦν ὁ τρίτος
πεντηκόνταρχος, οὗ ἐφείσατο Ἠλίας
καὶ κατέβη πρὸς Ὀχοζίαν.
4 Μετὰ ταῦτα ἀπολιπὼν τὴν
λειτουργίαν τοῦ βασιλέως
προεφήτευσε καὶ ἀπέθανε ταφεὶς
μετὰ τῶν πατέρων αὐτοῦ.

9,1 Abdiou (=Obadja) war aus der Nähe
von Sichem, vom Gehöft Bethacharam.
2 Dieser war ein Jünger des Elia. Und
obwohl er vieles ertrug um seinetwillen,
wurde sein Leben gerettet.
3 Dieser war der dritte Fünzigschaftsführer,
den Elia verschonte, und er ging hinunter
zu Ochozias.
4 Danach verließ er den Dienst des
Königs und prophezeite. Und als
gestorben war, wurde er begraben
bei seinen Vätern.

Zum Text

Abweichend von den anderen Hss schreibt An 1 nicht ἐκ γῆς, sondern ἐγγύς.

Aufbau und Vergleich der Rezensionen

Zwischen der Herkunfts- und Grabesnotiz steht ein kurzer Lebenslauf des Propheten. Das entspricht etwas abgewandelt dem bei Amos und Micha verwendeten Schema.

1.   Herkunft
2.   Das Leben Obadjas
2.1 Der Schüler Elias
2.2 Der ehemalige Palastaufseher
2.3 Der ehemalige Heerführer
3.   Todes- und Grabnotiz

Ep2 läßt die Angabe, Obadja sei Schüler Elias gewesen, aus. Ep1 bringt diese Notiz erst in V. 4. Der messianische Vorspann in Dor enthält Ob 15, was auf die Skythen, die Gog und Magog bedeuteten, ausgelegt wird, und 17: ἐν δὲ τῷ ὄρει Σιὼν ἔσται ἡ σωτηρία.

Kommentar

1. Die Herkunft

9.1'Αβδιοῦ ἦν ἐγγὺς Συχὲμ ἀγροῦ Βηθαχαράμ.

Mit ἐγγύς wird in diesem Fall das Stadtgebiet von Sichem umschrieben, auf dem die ländliche Siedlung, die kleine Ortschaft Bethacharam liegt[1]. Woher die VP das wissen? Das alte Sichem war in der Entstehungszeit der VP nicht besiedelt.

2. Das Leben Obadjas

Die Person des Propheten Obadja[2], über den man in der Überschrift seines Prophetenbuches wenig erfahren konnte, scheint schon früh zu verschiedenen Identifizierungen Anlaß gegeben zu haben. In den apokryphen Psalmen aus Qumran ist der Titel eines »Gebet des Obadja« erhalten[3]. Josephus hält ihn wohl für einen Schüler Elias und Elisas. Denn er ist sowohl der Palastaufseher Ahabs (1 Kön 18,12) als auch der Mann der Prophetenwitwe (2 Kön 4,1)[4].

Die VP gehen andere Wege. In der Gestalt Obadjas werden in den VP drei verschiedene alttestamentliche Personen vereint: 1) Der Kleine Prophet, der gegen Edom sprach; 2) der Palastaufseher des Ahas aus 1 Kön 18 und 3) der Hauptmann von 2 Kön 1,13[5]. Diese »Gleichsetzung« ist eines der einleuchtendsten Beispiele für das Interesse an der Identifizierung der Person der Propheten und die Methode, mit der biographische Nachrichten über die Schriftpropheten erschlossen werden.

---

[1] Prof. Götz SCHMITT wies mich darauf hin, daß in einer samaritanischen Chronik (Chronik Adler, REJ 45 [1902] 231) diese Ortschaft als Wohnsitz der hohepriesterlichen Familie genannt wird. Bei der Häufigkeit von Bet hak-käräm besagt das nicht so viel, wie es wünschenswert wäre, um den Ort mit Sicherheit zu bestimmen; vgl. u. Anm. 17. Zu ἀγρός bei Ortsnamen in den VP s.o. Joel-Vita, Anm. 6. Schermann, Vitae, 82 setzt ἐκ γῆς in den Text.

[2] Der Name ist häufig im AT; die Namensform in VP entspricht LXX.

[3] 4Q380 1 ii 8, in der Edition von SCHULLER, Non-Canonical Psalms: 248–251; Überschrift des Psalms תהלה ל[עו]בדיה, sonst nur noch wenige Reste (vgl. SCHULLER, op.cit., 29f). Weiter SCHULLER 1992, 95f. Wahrscheinlich handelt es sich um den Psalm eines Königs, nicht unseres Propheten.

[4] Jos., Ant 9,47; mit Hilfe der Methode Gezara Schawa werden 1 Kön 18,12 (Verehrer JHWHs) und 2 Kön 4,1 (Verehrer JHWHs) verbunden. Zur verbreiteten Identifikation Obadjas mit dem verstorbenen Elisaschüler (2 Kön 4,1–7) vgl. GINZBERG, Legends VI, 344f.355. Petrus Comestor (PL 198, 1403B) hält es für die bessere (verius) jüdische Überlieferung, daß Obadja identisch sei mit dem Jünger Elisas, der vor dessen Tod starb und dessen Witwe Elisa zu seinem Ölwunder veranlaßte; vgl. u. Elisa-Vita, Anm. 79.

[5] Die rabb. und die christliche Tradition bietet noch weitere Identifizierungen an, dazu u.

2.1 Der Schüler Elias

2 Οὗτος ἦν μαθητὴς Ἠλία

An1 führt das Wichtigste zuerst an und fügt dann die Begründungen an. Ep1 weicht von dieser Reihenfolge ab. Die Königsbücher überliefern nur einen einzigen Namen für einen der zahlreichen Elia-Schüler: Elisa[6]. In der späteren jüdischen Haggada – nicht nur bei Josephus – ist Obadja dagegen ein Schüler Elisas, so etwa PesK 2,5[7]. AscJes 4,22 und 5 Esr 1,39 führen Obadja als einen der Zwölfpropheten auf. Doch in der späteren jüdischen Tradition werden Micha, Jona, Obadja und Elisa auch als die vier Schüler Elias angegeben[8].

2.2 Der Palastaufseher Ahabs

καὶ πολλὰ ὑπομείνας δι' αὐτὸν περιεσώζετο.

Das Schülerverhältnis Obadjas zu Elia ist aus seiner Identifizierung mit dem Palastaufseher und mit dem Heerführer Ahabs erschlossen. Daß Obadja vieles um des Propheten Elia willen erlitten und ihn gerettet hat, ist aus dem Gespräch zwischen Obadja und Elia in 1 Kön 18,3–16 entnommen. Nach 1 Kön 18,3–16 hatte Ahab einen Palastaufseher/Haushofmeister[9] namens Obadja. Diesen schickt er aus, Elia zu suchen. Obadja begegnet Elia, spricht ihn mit »mein Herr« an und offenbart sich ihm als frommer Mann[10], der die Propheten vor dem Blutbad der Königin Isebel gerettet hat und nun selbst in Lebensgefahr schwebt, wenn Elia nicht in eine Begegnung mit Ahab einwilligt. Elia versichert ihm, daß er sich mit Ahab treffen und seinem Wunsch nachkommen will. Auf diese Weise rettete Elia das Leben Obadjas. Diese Form der Identifizierung der beiden Obadjas finden wir in der jüdischen Überlieferung breit belegt; auch Hieronymus verzeichnet sie als jüdische Tradition[11].

---

[6] Dazu u. Elisa-Vita.

[7] MANDELBAUM 23,1ff (Üs. BRAUDE/KAPSTEIN, 28).

[8] GINZBERG, Legends VI, 343; vgl. die jeweiligen Viten in den VP.

[9] MT: אֲשֶׁר עַל הַבַּיִת; LXX: οἰκονόμος.

[10] Vgl. 1 Kön 18,3.12. Deshalb wird Obadja in der späteren Haggada zu einem ehemaligen Edomiter und Proselyten; vgl. GINZBERG, Legends VII, Index. Diese Ansicht findet sich sowohl in der jüdischen wie in der christlichen Exegese des Dodekapropheton. Sie hält sich lange und wird etwa noch von KEIL 1888, 244 erwähnt und abgewiesen.

[11] SifBam 133 zu 27,1; bSan 39b; TanB I, 167; WaR 13,3, s. GINZBERG, Legends VI, 344 Anm. 6. Hieronymus, Comm in Abd, 1,1 (CChr.SL 76, 352, 1ff): *Hunc aiunt esse Hebraei, qui sub rege Samariae Achab ... pauit ... prophetas.* Zu Hieronymus und der jüdischen Haggada, vgl. STEMBERGER 1993.

2.3 Der Anführer von fünfzig Mann

3 Οὗτος ἦν ὁ τρίτος πεντηκόνταρχος, οὗ ἐφείσατο Ἠλίας καὶ κατέβη πρὸς Ὀχοζίαν.
4 Μετὰ ταῦτα ἀπολιπὼν τὴν λειτουργίαν τοῦ βασιλέως προεφήτευσε

Die Geschichte vom dritten Anführer von fünfzig Mann in 2 Kö 1,13–16, der ausgeschickt wird vom König Ahasja, um Elia zu holen, trägt ähnliche Züge wie 1 Kön 18. Doch im Gegensatz zu 1 Kön 18 ist dieser militärische Befehlshaber im Bibeltext ohne Namen und ohne besondere Frömmigkeit. Das einzige, was ihn von den beiden ersten Anführern einer Fünfzigschaft, auf die Elia Feuer herunterkommen läßt, unterscheidet, ist, daß er weiß, wie er dem gewaltigen Propheten begegnen und ihn begrüßen muß. Er fällt vor Elia nieder und fleht ihn an, sein Leben zu schonen. Sein Wunsch ähnelt dem des Obadja in 1 Kön 18. Diese Ähnlichkeit reicht der haggadischen Exegese zur Identifikation: Elia verschont sein Leben. Da die Vita 2 Kön 1,15 paraphrasiert, wird im Nachsatz κατέβη πρὸς Ὀχοζίαν Elia und nicht Obadja das Subjekt sein[12]. Die Versicherung des Engels an Elia, daß er sich vor dem dritten Pentekontarchen nicht zu fürchten brauche, sondern mit ihm vom Berg hinab zu Ahasja gehen solle, wird legendär gedeutet: Eben dieser Offizier habe den Dienst[13] des gottlosen Königs verlassen und sei Prophet geworden. Eine Hss-Familie von An2 (Coisl. 205 usw.) ist nicht ganz so bibelfest wie An1 und die übrigen Rezensionen und macht aus dem Fünzigschaftsführer einen πεντηκόνταρχος des Ahab[14]. In der Elia-Vita wird in der sekundären Aufzählung seiner Wunder die Vernichtung der beiden ersten Fünfzigschaftsführer als 6. Wunder aufgeführt, ohne auf die Obadja-Vita zurückzuverweisen[15].

3. Die Todes- und Grabnotiz

καὶ ἀπέθανε ταφεὶς μετὰ τῶν πατέρων αὐτοῦ.

Da ἀπέθανε ταφεὶς streng genommen bedeutet: »nach dem Begräbnis starb er«, bieten Ep1 und Ep2 θανὼν ἐτάφη und An2 (Coisl. 224) ἀπέθανε καὶ ἐτάφη. In An1 und Dor wird das Partizip ταφεὶς wie ein finites Verb behandelt (ähnlich auch in der Amos-Vita). Nach seinem friedlichen Tode wird Obadja im Familiengrab bei seinen Vätern beigesetzt[16]. Für die Vita muß die-

---

[12] 2 Kön 1,15 (LXX): κατέβη μετ' αὐτοῦ πρὸς τὸν βασιλέα. Ep1 verstärkt die Berührung mit dem Bibeltext: καὶ κατέβη καὶ ἦλθε πρὸς τὸν βασιλέα.
[13] Ep1 verbessert λειτουργία zu βασιλικὴ τάξις.
[14] S. SCHERMANN, Vitae, 82, 8.
[15] S. dazu u. Elia-Vita, Abschnitt 4.6.
[16] Vgl. die Grabnotiz in VP 16,4 (Maleachi).

ses Grab in Beth-hak-karam bei Sichem[17] liegen. Außer in den VP finden wir eine Ortstradition über das Obadja-Grab erst bei Hieronymus. Er sieht es jedoch in Samaria[18]. Neben Elisa und Johannes dem Täufer liegt er hier als dritter »Schüler« Elias und wahrscheinlich nicht als direkter Schüler Elisas, obwohl sich die beiden Aspekte nicht gegenseitig ausschließen. Petachja von Regensburg besuchte das Grab Obadjas in der Nähe von »Arbel« im oberen, bergigen Galiläa bei einem sehr hohen »Vulkanberg«, auf dem Josua und Kaleb begraben liegen[19]. »Schöne Mausoleen hat man über ihren Gräbern errichtet.«[20]

Zusammenfassung

Die Obadja-Vita steht in Einklang mit der legendären Hauptüberlieferung über den Propheten, aber sie berichtet nicht alles, was man über ihn in der späteren Haggada wußte: So wird weder erzählt, daß er der Mann der Prophetenwitwe ist, die Elisa in ihrer Not bittet, noch daß er ein Proselyt war. Z. T. sind diese Elemente der Personallegende über den Propheten erst sehr viel später zugewachsen.

---

[17] Ep1 betont dies ausdrücklich. Die samaritanische Chronik Adler (vgl. o. Anm. 1) erwähnt einen Ort dieses Namens als Wohnort der samaritanischen hohepriesterlichen Familie (4. Jh. n. Chr.?). Er müßte dann aber eher bei Samaria liegen.

[18] Ep 46, 13 (LABOURT II, 113,24ff): *Samariam pergere et Ioannis baptistae Helisaeque et Abdiae pariter cineres adorare?* Ep 108, 13 (LABOURT V 174,10f); Comm in Abd 1,1 (CChr.SL 76, 352, 4f); übernommen von Petrus Comestor (PL 198, 1403C); vgl. JEREMIAS 1958, 31. Vgl. u. Elisa-Vita, 27. Exkurs. Unter Julian Apostata (361–363) scheint das Grab Obadjas noch nicht in Samaria verehrt worden zu sein, bzw. noch nicht in christlichem Besitz gewesen zu sein, s. Philostorgios, h.e. 7,4 (BIDEZ-WINKELMANN 80,4–8) und die von BIDEZ-WINKELMANN, loc.cit. angeführten Par.

[19] Bei JEREMIAS 1958 nicht vermerkt.

[20] Üs. SCHNEIDER, Reisen, 158. Die Bemerkung über die Mausoleen bezieht sich direkt auf die Gräber Josuas und Kalebs. Das Grab Obadjas kann aber mitgemeint sein.

Die Jona-Vita

Text und Übersetzung

10.1 Ἰωνᾶς ἦν ἐκ γῆς Καριαθμαοῦς
πλησίον πόλεως Ἑλλήνων
Ἀζώτου κατὰ θάλασσαν.

2 Καὶ ἐκβρασθεὶς ἐκ τοῦ κήτους
καὶ ἀπελθὼν ἐν Νινευῇ ἀνακάμψας
οὐκ ἔμεινεν εἰς τὴν γῆν αὐτοῦ,
ἀλλὰ παραλαβὼν τὴν μητέρα αὐτοῦ
παρῴκησε τὴν Σοὺρ χώραν
ἀλλοφύλων ἐθνῶν·

3 ἔλεγε γάρ, ὅτι
οὕτως ἀφελῶ ὄνειδός μου,
ὅτι ἐψευσάμην προφητεύσας κατὰ
Νινευῇ τῆς μεγάλης πόλεως.
4 Ἦν τότε Ἠλίας ἐλέγχων τὸν
οἶκον Ἀχαὰβ
καὶ καλέσας λιμὸν ἐπὶ τὴν γῆν
ἔφυγεν.
Καὶ ἐλθὼν εὗρε τὴν χήραν μετὰ
τοῦ υἱοῦ αὐτῆς·
οὐ γὰρ ἠδύνατο μένειν μετὰ
ἀπεριτμήτων·
καὶ εὐλόγησεν αὐτήν.
5 Καὶ θανόντα τὸν υἱὸν αὐτῆς
πάλιν ἤγειρεν ἐκ νεκρῶν ὁ θεὸς
διὰ τοῦ Ἠλία·
ἠθέλησε γὰρ δεῖξαι αὐτῷ,
ὅτι οὐ δύναται ἀποδρᾶσαι θεόν.
6 Καὶ ἀναστὰς μετὰ τὸν λιμὸν
ἦλθεν ἐν γῇ Ἰούδα,
καὶ ἀποθανοῦσαν τὴν μητέρα αὐτοῦ
κατὰ τὴν ὁδὸν
ἔθαψεν αὐτὴν ἐχόμενα τῆς βαλάνου
Δεββώρας.

10.1 Jona war aus dem Ort
Kariathmaous
in der Nähe der Stadt der Griechen,
Azotos, beim Meer.

2 Und nachdem er aus dem Fisch ausgeworfen worden und nach Ninive
gegangen war, kehrte er (wieder) um und
blieb nicht in seinem Land,
sondern er nahm seine Mutter mit
und wohnte als Fremder (im) Gebiet Sour,
(dem Land) fremder Völker.

3 Denn er sagte:
»So werde ich meine Schande beseitigen,
denn ich habe gelogen, als ich weissagte
gegen Ninive, die große Stadt.«
4 Damals wies Elia das Haus Ahab zurecht.
Und als er eine Hungersnot über das Land
angekündigt hatte, floh er.
Und er kam und fand die Witwe mit ihrem
Sohn,
denn er konnte nicht bei Unbeschnittenen
bleiben,
und er segnete sie.
5 Und als ihr Sohn starb,
erweckte Gott ihn wiederum von den
Toten durch Elia,
denn er wollte ihm zeigen,
daß er Gott nicht weglaufen kann.
6 Und er brach auf nach der Hungersnot
und kam in das Land Juda.
Und als seine Mutter starb am Weg,
begrub er sie in der Nähe der Eiche der
Debora.

7 Καὶ κατοικήσας ἐν γῇ Σαραὰρ
ἀπέθανε καὶ ἐτάφη ἐν σπηλαίῳ
Κενεζέου κριτοῦ γενομένου μιᾶς
φυλῆς ἐν ἡμέραις τῆς ἀναρχίας.

8 Καὶ ἔδωκε τέρας ἐπὶ Ἰερουσαλὴμ
καὶ ὅλην τὴν γῆν,
ὅτε ἴδωσι λίθον βοῶντα οἰκτρῶς,
ἐγγίζειν τὸ τέλος.
Καὶ ὅτε ἴδωσιν ἐν Ἰερουσαλὴμ
πάντα τὰ ἔθνη,
ὅτι ἡ πόλις ἕως ἐδάφους ἠφάνισται
ὅλη.

7 Und nachdem er im Land Saraar
gewohnt hatte, starb er und wurde begraben in der Höhle des Kenezeos,
der der Richter eines Stammes gewesen
war in den Tagen der Anarchie.

8 Und er gab ein Zeichen über Jerusalem
und die ganze Erde:
Wenn sie einen Stein bitterlich schreien
sähen, komme das Ende.
Und wenn sie in Jerusalem alle Heiden
sähen,
(bedeute das,) daß die Stadt bis auf den
Erdboden vernichtet ist gänzlich.

Zum Text

Die Jona-Vita bietet textkritisch keine Anstöße. Torrey schlug vor, den Namen des Heimatortes Jonas als Kariath-maon zu lesen[1]. Doch ist Kariathmaous vorzuziehen. Auch die Streichung von ἐθνῶν am Ende von V. 2 ist nicht not-wendig[2].

Aufbau der Vita

Die Jona-Vita ist in den VP in zwei verschiedenen Versionen überliefert. Die erste Version wird von Hss der anonymen Rezension An1 und Teilen von An2 (Coisl. 224; Vat. 1974), Ep2 und Dor geboten. Die zweite Version wird von Hss von An2 (Coisl. 205; Philadelph. 1141; Paris. 1712; Fragm. Leyd. Voss) und – mit ein paar Abweichungen – von Ep1 überliefert[3].

Aufbau der 1. Version

1. Die Herkunft: Kariathmaous in der Nähe von Azotos
2. Jonas Reisen und Aufenthalt in der Fremde
2.1 Aufenhalt in Ninive und Rückkehr
2.2 Bleibt nicht in der Heimat, nimmt seine Mutter mit und wohnt als Fremder in Sour/Tyrus
2.2.1 Begründung: Scham und Buße des Propheten
2.3 Elia und Jona

---

[1] TORREY, Lives, 41.

[2] TORREY, Lives, 27 Anm. 43 hält ἐθνῶν für eine sekundäre Zufügung. Es fehlt jedoch nur in Ep1 und An2 (Coisl. 205 etc.).

[3] SCHERMANN, Vitae, 82–85 druckt An1 (Vat. 2125 etc.) und An2 (Coisl. 205 etc.) synop-tisch. DENIS, Concordance, 869 fügt An1 die Abweichungen von An2 (Coisl. 205) bei.

2.3.1 Elias Kritik an Ahab, die Hungersnot und Elias Flucht
2.3.2 Elia bei der Witwe
2.3.2.1 Begründung: Elia kann sich nicht bei Unbeschnittenen aufhalten
2.3.2.2 Segen
2.3.2.3 Jonas Tod und Auferweckung
2.3.2.4 Begründung: Gott zeigt Jona, daß er ihm nicht entfliehen kann
2.4 Ende der Hungersnot, Aufbruch Jonas nach Judäa
2.5 Tod und Begräbnis der Mutter
2.6 Ziel der Reisen: Seßhaftwerden in Saraar
3. Tod und Grab
3.1 Die Beisetzung im Grab des Kenaz
4. Das τέρας-Wort des Propheten
4.1 Über das Ende der Welt
4.2 Über die Zerstörung Jerusalems

Aufbau der 2. Version

1. Herkunft: Kariathmaous
2. Elia und Jona
2.1 Kritik an Ahab
2.2 Hungersnot und Flucht
2.3 Aufenthalt am Bach Krith
2.4 Ernährung durch die Raben
2.5 Austrocknen des Flusses, Hunger des Propheten
2.6 Kommen nach Sarepta
2.7 Bei der Witwe und ihrem Sohn Jona
2.7.1 Segen mit Getreide und Öl
2.7.2 Bleiben
2.7.3 Begründung: Elia kann sich nicht bei Unbeschnittenen aufhalten
2.7.4 Tod und Auferweckung
2.7.5 Rückgabe an die Mutter
2.7.6 Begründung: Gastfreundschaft
3. Jonas Reisen
3.1 Auftrag nach Ninive
3.2 Fluchtversuch
3.4 Fisch; Predigt in Ninive; Buße und Erbarmen
3.5 Trauer Jonas und Rückkehr
4. Wohnen mit der Mutter in Sur
4.1 Begründung:
4.1.1 Schmach
4.1.2 Man kann Gott nicht entfliehen
5. Wohnen im Land Saar

6.   Tod und Begräbnis
7.   Typologische Auslegung
8.   τέρας-Wort (eingliedrig)

Daß die kürzere erste Version der längeren zweiten Version zugrunde liegt[4], läßt sich überblicksweise bereits an Folgendem erkennen:

1. Die zweite Version verbessert die Reihenfolge der Episoden in der ersten Version, indem sie 1 Kön 17 folgend die Auferweckung des Propheten Jona durch Elia an den Anfang der Jona-Vita stellt, denn nach 1 Kön 17 war der Sohn der Witwe, den Elia erweckte, ein Kind (V. 21: jäläd; παιδάριον).
2. Für die Vorgeschichte der Erzählung von 1 Kön 17 wird, den Bibeltext referierend, auf die Person des Propheten Elia eingegangen; das ist durchgängig eine sekundäre Tendenz innerhalb der Textüberlieferung der VP.
3. Die Abfolge der Orte in der Jona-Vita, die in der ersten Version ein sinnvolles Itinerar bildet, wird dadurch empfindlich gestört.
4. Die zweite Version verzichtet auf den Bericht von der Reise Jonas durch Judäa und vom Tod und Begräbnis seiner Mutter.
5. Das alte τέρας-Wort des Propheten wird in der zweiten Version gekürzt (so Ep1) oder durch christliche Interpolationen am Ende erweitert (so An2).

Man muß aus diesen Gründen bei der Interpretation auch hier wieder von An1 als Grundtext ausgehen. Die Jona-Vita reiht analog zu den Patriarchengeschichten der Genesis, aber vor allem den Prophetenerzählungen über Elia und Elisa in den Königsbüchern die Abfolge der Episoden einem Itinerar entsprechend aneinander. Die Reihenfolge der genannten Orte in An1 sieht folgendermaßen aus:

Kariathmaous, Azotos, Ninive, (Kariathmaous), Sour, Judäa, Eiche der Debora, Saraar, Grab des Kenaz, Jerusalem.

Vergleich der Rezensionen im Überblick

Die Rezensionen teilen sich in zwei große Familien (s. dazu Aufbau). Darüberhinaus sind folgende Besonderheiten festzustellen:
     In der Jona-Vita fehlt οὗτος als Gliederungssignal, nur Ep1 verwendet es zur Einleitung der christlichen Interpolation. Zwar werden verschiedene Episoden aus dem Leben des Propheten aneinandergereiht, sie werden jedoch wie eine einzige Geschichte behandelt. Die Wiedergabe der Geschichte des Jona ist derart verkürzt und knapp, daß sich wie in der Daniel-Vita die Vermutung

---

[4] SCHERMANN, Legenden, 58 urteilte genau umgekehrt: »Sonderbarerweise ist in der vita des Jonas die Rezension D1 (An1; meine 1. Version) ganz von A (Ep1; meine 2. Version) abhängig, welches so ziemlich vereinzelt dasteht. Zwar ist die Kluft zwischen A und B nicht so groß, wie bereits bei anderen vitae festzustellen war, vielmehr sind sogar wörtliche Berührungen wahrzunehmen, allein die Anordnung der Ereignisse weicht doch von B und Konsorten ab.«

nahelegt, daß wir es mit dem Exzerpt aus einer längeren, in diesem Falle aber ursprünglich hebräisch verfaßten Jonageschichte zu tun haben. Sie wird dem Sammler der Vitae in schriftlicher Form und in griechischer Übersetzung vorgelegen haben, denn dadurch erklären sich am besten verschiedene Eigenheiten der Jona-Vita. So erscheinen in ihr die Semitismen gehäuft[5], ähnlich wie in der Jesaja- und Habakuk-Vita[6]. Hinzu kommt das eigenartige hohe Alter der in der Vita mitgeteilten »Realien«, wie etwa daß Sarepta zu Tyrus (Σουρ) gehört. Diese Einzelheiten werden in der zweiten Version durchgehend korrigiert.

Dor verweist in seinem messianischen Florilegium auf Mt 12,40 und interpretiert den Aufenthalt Jonas im Fisch typologisch auf die drei Tage und Nächte Christi im Grab.

Ep2 kürzt An1 und streicht vor allem das Begräbnis der Mutter unter der Eiche Deboras (wie die zweite Version) und die Erwähnung des Kenazgrabes.

Kommentar

Der Prophet Jona[7], der Held des Jonabuches, so gibt der Verfasser dieser »Novelle«[8] durch die Angabe des Vaternamens zu verstehen, ist Jona ben Amittai. Dieser war aus Gat Hefer (2 Kön 14,25)[9] im Stammesgebiet von Sebulon (Jos 19,13), dem späteren Galiläa.

Das Jona-Buch – ein viel gerühmtes Juwel hebräischer Erzählkunst, das eher aus spätpersischer als frühhellenistischer Zeit[10] stammt – greift auf die Gestalt Jona ben Amittais als den letzten Heilspropheten Nordisraels zurück, um in der Linie der jeremianisch-dtr. Theologie das Problem der Barmherzigkeit Gottes mit den Völkern zu behandeln: Die prophetische Gerichtsbotschaft bewirkt in diesem Falle tatsächlich die Umkehr, ja sogar die Umkehr Ninives, d.h. Assurs. Ohne die Gerichtsbotschaft des Propheten, die ihm Gott aufgetragen hatte und der er sich zu verweigern suchte, wäre es zum

---

[5] Das ist auch an den Konjunktionen erkennbar: Parataxe mit καί ist vorherrschend; dreimal γάρ; Verwendung von ὅτι und ὅτε auffällig, nur einmal ἀλλά.

[6] Vgl. Band I, Jesaja-Vita, Anm. 170.263 u.ö.; u. Sacharja ben Jojada-Vita.

[7] Dor (SCHERMANN, Vitae, 30, 11) deutet den Namen nicht wie üblich als »Taube«, sondern Δέησις κυρίου, ὁ αὐτὸς βαπτιστής. Vgl. WUTZ 1914, 8 »Bitte« in einem arabischen fragmentarischen Onomastikon, das auf eine syrische Vorlage zurückgeht.

[8] Zur Gattung des Jonabuches vgl. ZOBEL, Art. Jona, TRE XVII, 231f; GESE 1991b, 125.135 mit Vorbehalt: »didaktische Novelle«; ROFÉ 1988, 152–170: »Exemplum and Parable«.

[9] Vgl. ABEL 1938, II, 326f; HÜTTENMEISTER/REEG 1977, 143f; REEG 1989, 201f (weitere Lit.).

[10] S. dazu vor allem BICKERMAN 1965, 250; BICKERMAN 1967, 1–49; GESE 1991b. Für die spätere Datierung mit irrtümlichem Hinweis auf Bickerman: WOLFF 1977, 56. Vgl. SMEND 1978, 178; ZOBEL, Art. Jona, TRE XVII, 230.

Untergang Ninives gekommen und der Nordstaat nicht von Assur vernichtet worden[11]. Schon das Jonabuch selbst setzt eine legendär-biographische Überlieferung über den Propheten voraus[12].

1. Die Herkunft Jonas

1.1 Kariathmaous

1 Ἰωνᾶς ἦν ἐκ γῆς Καριαθμαοῦς

Auch wenn der Verfasser des Jonabuches sich bewußt den letzten Heilspropheten des Nordreiches zum Helden seiner »Novelle« wählt, so spricht doch auch er schon ganz anachronistisch aus judäischem Blickwinkel, was sich gerade an der unverfänglichen Einzelheit erkennen läßt, daß der Prophet zu seiner Seereise nach Tarschisch von Joppe[13] aus aufbricht, dem Hafen, der Jerusalem am nächsten lag und der es in persischer Zeit zu besonderer Blüte brachte.

Diese judäische Sicht wird in der legendarischen Überlieferung über den Propheten in den VP weiter ausgestaltet; die VP nehmen dabei aber auch Traditionen aus dem ehemaligen Nordreich auf, die wahrscheinlich in persischer Zeit entstanden sind[14].

Den Herkunftsort bzw. das »Land« – hier wird γῆ als Bezeichnung für die Heimatstadt verwendet – mit der nur schwach gräzisierten Namensform Kariathmaous[15] kennen wir in seiner griechischen Form nur aus der Jona-Vita[16].

---

[11] S. GESE 1991b, 256 Anm. 1.

[12] EISSFELDT 1962, 141; ZOBEL, Art. Jona, TRE XVII, 231; dagegen SMEND 1978, 178: »Zwischenglieder zwischen dieser Notiz (2 Kön 14,25) und unserer Erzählung (sind) ... nicht zu rekonstruieren und auch nicht wahrscheinlich«. Betrachtet man die Jona-Vita der VP genauer, so muß es frühe Überlieferungen über den Propheten gegeben haben, die in persische Zeit zurückgehen und nicht im Jonabuch aufgenommen wurden (s. dazu u.). Das spricht für Eissfeldts und gegen Smends Urteil.

[13] »Für den Galiläer Jona ... wäre der nächstliegende Hafen für eine solche Reise Tyrus gewesen« (KEEL/KÜCHLER 1982, 16). Zu Joppe als Hafen: Esr 3,7; 2 Chr 2,15, s. WOLFF 1977, 79f (mit Lit.); KEEL/KÜCHLER 1982, 12–18: »Judäas Fenster zur Völkerwelt«.

[14] Zu Jonas Aufenthalt in der Chora von Tyrus s.u.

[15] Gebildet aus »kariath-« und »maḥuz«; Qirjat ist eine gut kanaanäische Ortsbezeichnung; vgl. zur Verteilung der Orte mit Qirjat-Namen: KEEL/KÜCHLER/UEHLINGER 1987, 304; vgl. GESENIUS, s.v. maḥuz verweist auf Ps. 107, 30, wo man sinngemäß »Hafen« übersetzen kann; JASTROW, 757 s.v. מחוז, מחוזא, מחוזאה, מחוזי etc.: »harbor, market-place«; »a coast district« (vgl. TO zu Num 22,39): allgemein »large town«. Dieses Mahuz ist nicht zu verwechseln mit dem südöstlich vom Toten Meer gelegenen מחוזא, Μαωζα, Maḥoza (Archiv der Babata, BEYER, Texte, 319). Vielleicht wird, um diese Verwechslung zu vermeiden, der Herkunftsort des Jona so genau beschrieben. Vgl. u. Anm. 19.

[16] Die im Anschluß an TORREY, Lives, 41: »otherwise unknown«, gebotene Auskunft von HARE, Lives, 392: »Identity unknown«, ist irreführend. Deshalb ist es auch nicht nötig, die

Der Name der Stadt wird innerhalb der Textüberlieferung der VP recht variantenreich geboten[17]. Man wird den Ort kaum mit dem bekannten Kirjat Jearim
identifizieren dürfen, wie die varia lectio des Namens nahelegt, denn die
Näherbestimmung, daß der Geburtsort des Propheten in der Nähe von Azotos/
Aschdod und am Meer liegt, verbietet diese Identifizierung[18]. Sie zeigt nur,
daß man, als man nicht mehr wußte, welcher Ort mit Kariathmaous gemeint
war, zu einem bekannten Ort mit ähnlichem Namen griff. Für die Zuverlässigkeit der handschriftlichen Überlieferung der VP spricht, daß sich trotz dieser
naheliegenden › Verbesserung‹ die urspüngliche Namensform (neben gering-
fügigeren Abwandlungen) bei den Hauptzeugen erhalten hat.

Für die Erklärung des Ortsnamens und des Ortes selbst ist immer noch der
Vorschlag von Abel, daß Kariathmaous/m/th die griechische Form von
Qiryath Maḥuz darstellt, das wahrscheinlichste[19]. In der rabbinischen und
späteren arabischen Überlieferung hält sich diese Ortsbezeichnung in der
Form ham-Machuz, bzw. minet maḥḥuz 'eschdud, während dic christlichen
Quellen sonst nur Azotos selbst erwähnen und zwischen ᾿Αζωτος παράλιος
und ᾿Αζωτος μεσόγειος unterscheiden[20]. Mit ᾿Αζωτος παράλιος wird die
Hafenstadt von Azotos bezeichnet[21], die in römisch-byzantinischer Zeit an
Bedeutung das alte, landeinwärts gelegene Aschdod weit überflügelte und das
eigentliche Aschdod wurde.

Der Wortlaut der LXX in 2 Kön 14,25 deutet daraufhin, daß man der Ansicht war oder jedenfalls dem griechischen Text entnehmen konnte, daß kei-

---

Namensform zu ändern, wie TORREY, Lives, 41 Anm. 42 und FERNÁNDEZ MARCOS, Vidas
520 »Nombre desconocido, probablemente › Kiriatmaon‹ originariamente«, vorschlagen;
dagegen wählt SCHMITT (Karte: TAVO BV18) »Kariathmaous« und lokalisiert den Ort an
der Stelle des heutigen an-Nabi Yunus (TAVO-Koordinaten: 116.135).

[17] An1 (Vat. 2125): Καριαθμαοῦς; An2 (Philadelph. 1141): Καριαεμαοῦθ; (Coisl. 205):
Paris. 1712): Καριαμαούθ; (Vat. 1974; Coisl. 224): Καριαθιαρίμ; Ep2 (Coisl. 120):
Καριαθαρμ; (Vindob. theol. gr. 89; Paris 1085; Coisl. 258: Καριαθιαρείμ;
Dor: Καριαθμαοῦς; Ep1: Καριαθμαούμ; Rez. Schol.: Καριαθέμ; Καριαθιαρείμ;
Καραθιαραίμ; syr: Kariathiarim.

[18] Das hat schon HAMAKER 1833, 170 festgestellt. Er plädiert jedoch nach einer langen
gelehrten Erörterung (170–175) dafür, daß Emmaus, das später Nikopolis genannt wurde,
die Heimat des Propheten sei. Seine letzte Ausflucht aus den Schwierigkeiten ist: »Jam,
quod in hac re imprimis animadverti velim, multo melius intelligitur, cur Jonas, Tartessum
navi fugere cupiens, Joppem descenderit, si Emmaunte vixerit, cui Joppe proximus portus
erat, quam si in oppido Gath-Chepher.« (175).

[19] ABEL 1922b, 177f; ABEL 1937, II, 421: »Qiryath Maḥouz rétablit l'original du grec
Καριαθμαοῦς, var. Kariathmaoum, par lequel la légende désigne une localité maritime près
d'Azote où Jonas serait né.« Es handelt sich um »᾿Αζωτος πάραλος des Byzantins«
(ABEL). Vgl. AVI-YONAH 1966, 148: »The area of Azotus seems to have extended over a
strip some eight miles wide, which included the secondary harbour of Cariathmaus (Qiryat
Mahôz – Nabi Yûnîs)«; doch die Annahme eines zweiten Hafens ist überflüssig. Zum המחוז
der rabbinischen Literatur vgl. REEG 1989, 405f s.v. המחוז; hier handelt es sich um den Hafen von Jamnia. Vgl. HENGEL 1983b, 166 Anm. 91.

[20] S. dazu u. Abschnitt 2.1.

[21] Zu Aschdod Jam s. KEEL/KÜCHLER 1982, 39.

neswegs der Prophet Jona selbst, sondern vielmehr sein Vater aus Gat Hefer[22] stammte. Eine andere, positive Auskunft darüber, woher der Prophet Jona nun ›wirklich‹ gebürtig ist, gibt die LXX jedoch nicht.

Zudem widerspricht die Nachricht, daß Jona in Kariathmaous geboren sei, der Legende, daß er der Sohn der Witwe in Sarpat/Sarepta ist (1 Kön 17)[23], und man kann sie – wie die Differenz der beiden Versionen in den VP zeigt – gar nicht so leicht mit der judäischen Herkunft des Propheten in Einklang bringen.

Die Auskunft, der Prophet Jona sei aus Kariathmaous gebürtig, scheint einer jüdischen *Ortstradition* zu entstammen[24]. Die jüdische Bevölkerung, die sich wahrscheinlich, als das Stadtgebiet von Aschdod zum Hasmonäerreich gehörte, zuerst eher hier am Hafen[25] als im heidnisch bestimmten Azotos niederließ, wählte sich als Hafenstadt den weltläufigen, dazu noch see- und schiffahrtserfahrenen Jona zum ›Ortsheiligen‹ und Patron. Ob in dieser Zeit Jona gleichzeitig als Patron von Joppe galt, wissen wir nicht. Erkennbar wird jedenfalls die Tendenz, die dazu führte, daß man den eindeutigen Wortlaut von 2 Kön 14,25 vernachlässigte: Es handelt sich, wie Jeremias[26] vorgeschlagen hat, um eine judäische Konkurrenztradition gegenüber der Überlieferung von einer galiläischen Herkunft des Propheten. Sie hat einen gewissen Anhalt am Text der griechischen Bibel, bzw. der Tradition, aus der diese Übersetzung ihre den hebräischen Text korrigierende Version schöpft, insofern der LXX-Text den Geburtsort des Propheten Jona offenläßt, wenn man die Angabe der Herkunft aus Gat Hefer auf seinen Vater bezieht[27].

Für das Alter dieser Ortstradition, die anscheinend nur in den VP bezeugt ist, spricht, daß sie einer anderen – allerdings erst bei Hieronymus belegten – Lokalisierung entgegensteht: Neben dem galiläischen Gat Hefer galt Gat bei Lydda als Heimat des Propheten[28], wo nach Hieronymus auch sein Grab ge-

---

[22] ABEL 1922b, 181; JEREMIAS 1958, 88 verweisen auf das »Heiligtum des nebi matta«; belegt bei Mudschir ed-Din (um 1496): »Matta, der Vater Jonas« und vielleicht im Hodoeporicon des Willibald (um 724): *sanctum Matthiam.*

[23] Hierzu u. Abschnitt 2.3.

[24] Zur Entstehung solcher Ortstraditionen s. BICKERMAN 1988, 243.

[25] Vgl. SCHÜRER II, 108f (Belege und Lit.); bedeutender war der Hafen von Joppe, s. SCHÜRER II, 111; die Hasmonäer betrieben von Joppe aus Seeräuberei, Strabo, 16,2,28, vgl. HENGEL 1983b, 170.

[26] JEREMIAS 1958, 89ff

[27] Die Rabbinen (zur Diskussion s. BerR 98,11 zu Gen 49,19; ySuk 5, 55a) einigten sich auf einen Kompromiß: 2 Kön 14,25 sei auf den Vater Jonas bezogen und dieser käme aus Sebulon, seine Mutter aber aus dem Stamm Asser. Auf diese Weise wird die Legende, daß Jona der Sohn der Witwe in Sarepta war (1 Kön 17,17–24), mit 2 Kön 14,25 harmonisiert, s. dazu BILL. I, 642f. Eine Herkunft aus Kariathmaous bzw. Judäa ziehen die rabbinischen Gelehrten nicht mehr in Erwägung.

[28] Hieronymus, Comm in Jon, Prol (CChr.SL 76, 378, 18–28; SC 323, 162,37–164,51): *Geth quae est in Opher … Porro Geth in secundo Sapphorim milliario, quae hodie apellatur Diocaesarea, euntibus Tiberiadem haud grandis est uiculus, ubi et sepulcrum eius*

zeigt wurde. Dagegen wird die Jona-Kirche bei Joppe (Tel Aviv), auf Tel Yunis, an den Ausgangspunkt seiner Seereise Richtung Tarschisch erinnern[29].

So wenig befriedigend der Versuch bleibt, den in den VP angegebenen Geburtsort des Propheten aus den alttestamentlichen Angaben zu erschließen, so deutlich zeigt sich die Verwandtschaft mit dem theologischen Konzept, das hinter den hasmonäischen Eroberungen stand: Der Prophet Jona stammt nun nicht nur aus dem Süden, sondern ist aus dem Gebiet einer der ehemals philistäisch-phönizischen, jetzt hellenistischen Städte gebürtig, die die Hasmonäer eroberten, einer Gegend, von der Sir 50,25f um 180 v.Chr. noch sagt:

> Zwei Völkerschaften verabscheut meine Seele,
> die dritte ist kein Volk:
> Die Bewohner von Seïr[30] und die Philister
> und das törichte Volk, das in Sichem wohnt.

Der Prophet Jona[31] ist dagegen im Gebiet der »Philister« geboren, lebte dort auch zeitweise (im Hinterland von Tyrus) und ist im Land »Saraar«= Seir begraben[32]. Die topographischen Angaben zeigen den Spannungsbogen an, in den die Jona-Vita hineingestellt wird. Sehen wir von »Sichem« ab, so wird der Prophet Jona mit den Völkern in Verbindung gebracht, die ben Sira noch ein »Greuel« waren. Deutlicher noch als in der Angabe »Kariathmaous« kommt diese Verbindung zum ehemaligen phönizischen, z.Zt. der Vita hellenisierten Gebiet in der näheren Charakterisierung der Heimat des Propheten zum Ausdruck.

1.2 Die Lage von Kariathmaous

πλησίον πόλεως Ἑλλήνων Ἀζώτου κατὰ θάλασσαν.

Statt wie die meisten Viten die Stammeszugehörigkeit anzugeben, beschreibt die Jona-Vita die Lage des Geburtsortes ungewöhnlich präzise. Er liegt:

---

ostenditur. Quamquam alii iuxta Diospolim, id est Liddam ... quae iuxta Eleutheropolim, sive Diospolim, hodie quoque monstrantur.

[29] Vgl. ABEL 1922b, 180 Anm. 2.4.

[30] Mit der hebr. und lat. Überlieferung gegen LXX. Gegen EGGER 1986, 87–90, die mit unzureichenden Gründen LXX bevorzugt (»die im Bergland Samarias Lebenden«) und den Wandel in der Einstellung zu »Seïr« durch den Anschluß Idumäas und seine Judaisierung im Zusammenhang mit der Eroberung durch Hyrkan (128 n. Chr.) nicht berücksichtigt. Der Enkel aktualisiert das Weisheitsgedicht seines Großvaters durchgehend und paßt es den späteren politischen Verhältnissen an. Gegen diese Sicht spricht allein eine Frühdatierung der Übersetzung direkt in die Zeit nach 132, die jedoch nicht zwingend ist. So im Anschluß an HAACKER jetzt auch DEXINGER 1992, 119–122.

[31] Der Heidenprophet par excellence, s. Mt 12,41; Lk 11,32.

[32] S. dazu u. Abschnitt 2.5 und 3: in der Grabhöhle des Kenaz.

– in der Nähe der Stadt der Griechen,
– namens Azotos,
– κατὰ θάλασσαν, d.h. »in Richtung auf das Meer zu« oder »beim Meer«.

Jede dieser Angaben ist m.E. ernst zu nehmen und je für sich zu untersuchen, nicht nur weil es sich hier um eine topographisch und historisch interessante Notiz handelt, sondern weil sich aus ihr – wie oben gesagt – wichtige Aufschlüsse über die theologische Intention unserer Vita ergeben.

1.2.1 In der Nähe der »Stadt der Griechen«

Durch Voranstellung wird die »Stadt der Griechen« auffällig betont. Dieser Akzent wird innerhalb der Textüberlieferung wieder abgeschwächt, dadurch daß umgestellt und der Name Azotos zuerst genannt wird[33] und schließlich in Ep2 Ἑλλήνων ganz wegfällt. Die nachdrückliche völlig unpolemische Angabe, daß der Heimatort des Propheten Jona in der Nähe einer Stadt der Griechen liege[34], ist ungewöhnlich, wenn man bedenkt, daß nicht nur alte ererbte Feindschaft zwischen den phönizisch-philistäischen Küstenstädten und Judäa bestand, sondern scharfe Auseinandersetzungen seit den makkabäisch-hasmonäischen Brandschatzungen und Eroberungszügen im ehemals phönizisch-philistäischen Gebiet der Küstenstädte immer wieder aufloderten und oft der gegenseitige Haß zu Ausschreitungen führte. Unter den hellenistischen Städten an der Küste bewahrte allein Askalon – unter ptolemäischem Schutz – seine Unabhängigkeit gegenüber dem jüdischen Staat der Hasmonäer und dem des Herodes[35]. In Caesarea entzündete sich nach Josephus im Jahr 66 n. Chr. zu Beginn des 1. jüdischen Krieges der Konflikt zwischen Juden und Heiden, weil die jüdische Bevölkerung der Stadt den Anspruch der heidnischen, Caesarea sei eine »griechische Stadt«, nicht anerkennen wollte[36]. Die nüchterne Angabe über die Nähe zwischen heidnischer Stadt und dem Geburtsort des Propheten macht dagegen weder jüdische Gebiets- und Besitzansprüche für diese geltend, noch zeigt sie Berührungsängste der heidnischen Bevölkerung gegenüber, sondern scheint ein friedliches Verhältnis zu spiegeln. Dabei kann sich der kleinere Ort mit dem hebräischen Namen Kariathmaous rühmen, daß aus ihm einer der bekanntesten und beliebtesten Propheten entsprungen sei.

---

[33] Coisl. 205; Philadelph.1141; Paris. 1712; (Ep2); Dor; Ep1: πλησίον Ἀζώτου πόλεως Ἑλλήνων κατὰ θάλασσαν.

[34] Diese Angabe steht in schroffem Gegensatz zu der Vorschrift von CD xi 14f: »Niemand soll den Sabbat an einem Ort in der Nähe der Heiden (במקום קרוב לגוים) verbringen« (Üs. LOHSE), geschweige denn dort geboren werden oder leben. Der essenische Rigorismus in der Verschärfung der Reinheitsgesetze polemisiert gegen die hasmonäische »imperialistische« Politik, die notgedrungen Verunreinigung durch nähere Berührung mit Heiden mit sich brachte.

[35] S. dazu HENGEL 1984c, 41–44.

[36] Bell 2,266 vgl. Ant 20,173.

Dennoch wird seine Lage nach der bedeutenderen Stadt der Griechen, deren
Namen entsprechend in gräzisierter Form geboten wird, bestimmt.
Man könnte dagegen einwenden, daß an dieser Stelle eher christliche Unbe-
fangenheit gegen heidnische Unreinheit als frühjüdische Frömmigkeit die Fe-
der geführt habe. Aber in einer christlichen Legende des 4. Jh.s n. Chr.[37] hätte
man Azotos nicht als »Stadt der Griechen« bezeichnet, denn das hätte »Stadt
der Heiden« bedeutet[38]. Im Gegenteil: Gerade die Bezeichnung von Azotos
als Stadt der Griechen weist in die Zeit der Auseinandersetzungen zwischen
jüdischer und heidnisch-hellenistischer Bevölkerung im Judäa des 2. Jh.s v.
Chr. – 1. Jh.s n. Chr[39]. Erst als die »Hellenes« im Gegensatz zu den Christen
mit »Heiden«[40] gleichgesetzt wurden, stimmte diese Bezeichnung nicht mehr,
deshalb läßt Ep2 diese nähere Kennzeichnung weg. Denn Azotos paralios war
nun eine bedeutende christliche Stadt, wie die Madeba-Karte für die byzantinische Zeit zeigt[41]. Azotos dann noch als eine Stadt der Heiden zu bezeichnen,
wäre ein Unding gewesen. Die Stadt konnte ihre christlichen Ursprünge bis
auf Philippus (Apg 8,40) zurückführen. Der Bischof von Azotos wird dort seinen Sitz gehabt haben, nicht im zu dieser Zeit weniger bedeutenden Azotos
parageios[42].

1.2.2 Azotos in frühjüdischer Zeit

Azotos[43] war in frühjüdischer Zeit eine »Stadt der Griechen«, obwohl die
Stadt, dem makkabäisch-hasmonäischen Ansturm ausgesetzt, ihm auf die
Dauer nicht widerstehen und ihre Freiheit nicht aus eigener Kraft wiederher-
stellen konnte. Judas Makkabäus zerstörte die Altäre und Götterbilder der
Stadt (1 Makk 5,68). Jonathan gelang es, den Dagon Tempel abzubrennen

---

[37] Auf die Jona-Vita geht SATRAN 1995 nicht näher ein.
[38] In den christlichen Apologien erhält der Titel »An die Griechen« bereits den Sinn von
»Contra gentiles«. Wenn TORREY, Lives, 41 ohne Kommentar »Gentile« übersetzt, so ver-
wischt er die Unterscheidung; FERNÁNDEZ MARCOS, Vidas, wählt im Übersetzungstext »la
ciudad de los gentiles«, vermerkt jedoch in der Anm., daß es die Wiedergabe von Ἑλλήνων
ist.
[39] HENGEL 1989a, 71 Anm. 66 bemerkt zu Jos., Bell 4, 130 »there was evidently a
significant Jewish population in the city«. Beides ist möglich: Entweder spricht die Vita
archaisierend oder sie schreibt eine ältere Quelle aus ohne Korrektur. Ähnlich verhält es
sich mit der Angabe, Sarepta liege in der Chora von Tyrus, was nur für die persische Zeit
stimmt. Dazu u. Anm. 81.
[40] Vgl. auch LAMPE, PGL, 451 s.v. Ἕλλην κτλ.
[41] DONNER/CÜPPERS 1977, 148f. Abb. 144 vgl. 115.
[42] KEEL/KÜCHLER 1982, 47.
[43] Vgl. SCHÜRER II, 108f (ält. Lit); HENGEL 1983b, 147–183 (166f) weist auch daraufhin, daß nach Jos., Bell 4,444 Vespasian »befriedete« Juden in den stärker jüdischen Orten
Jamnia und Lydda ansiedelte, »aber offenbar nicht im stärker heidnischen Azotos« (167
Anm. 96); vgl. AVI-YONAH 1966, 149; KASHER 1990, 298f nimmt (aufgrund von Bell 4,
130.444) an, daß Aschdod und Jamnia nach dem Sieg über Cestius Gallus von den Rebellen
zu rein jüdischen Städten gemacht und die heidnischen Bewohner enteignet und vertrieben

(1 Makk 10,83f vgl. 11,4–6). Johannes Hyrkan zerstörte sie 15 Jahre später ein zweites Mal (1 Makk 16,10), und Alexander Jannai gliederte die zerstörte Stadt und ihr Gebiet seinem Staat an (Jos., Ant 13,395[44]). Pompeius rehellenisierte die Stadt und gab ihr die Unabhängigkeit zurück (Bell 1,156; Ant 14,75). Gabinius baute sie wieder auf (Bell 1,166; Ant 14,88). Sie kam unter Herodes I. wieder zu Judäa. Dieser vermachte sie seiner Schwester Salome (Bell 2,98; Ant 17,189). Danach fiel sie wahrscheinlich der Kaiserin Livia zu. Die VP betrachten sie als πόλις[45], d.h. wohl als Stadt mit eigenem Recht. Wie groß der Anteil der jüdischen Bevölkerung in dieser Stadt war, verschweigen uns die anderen Quellen fast völlig. Immerhin macht auch die Apg die aufschlußreiche Unterscheidung, daß der »Hellenist« Philippus in Azotos und Caesarea missioniert, während der für die Mission unter Juden zuständige Petrus sich zunächst nach Lydda, Joppe und dann erst nach Caesarea wendet[46]. Die Vermutungen darüber, wie stark Aschdod auch unter jüdischer Herrschaft noch eine hellenistisch bestimmte Stadt und wie hoch der jüdische Bevölkerungsanteil in ihr gewesen sein mag[47], beantwortet die Jona-Vita lapidar damit, daß es eine Stadt der Griechen sei. Im ersten jüdischen Aufstand wurde die Stadt völlig zerstört[48]. Die Jona-Vita beschreibt die Verhältnisse vor dem 1. jüdischen Krieg (66–70) und nach dem Wiederaufbau durch Gabinius.

Aber die VP differenzieren: Aus dem Hafen von Azotos ist der Prophet gebürtig, nicht direkt aus der »Stadt der Griechen«. Diese Bemerkung hat ihren eigenen Hintersinn: Der Prophet Jona hatte schon von Kindheit an eine eigenartige Beziehung zu den Völkern, zeigt doch seine Herkunft besondere Nähe zu Heiden. Er wahrt zwar einen gewissen Abstand gegenüber den Heiden, ist aber gleichwohl zum Heidenpropheten kat exochen schon von Geburt an bestimmt. Die VP erzählen uns leider keine Geschichte über die Kindheit des Propheten, doch der Geburtsort deutet schon an, daß Jona nicht nur der Prophet ist, dessen Botschaft die Heiden zur Umkehr bewegt, sondern dessen

---

wurden. Vespasian habe im Jahr 67 die vorherigen Verhältnisse wiederhergestellt. Das würde erklären, warum die Stadt schließlich in diesem Krieg völlig zerstört wurde. Vgl. u. Anm. 48.

[44] In dieser Liste werden nur »wirkliche Hafenstädte« genannt, deshalb ist wohl die Hafenstadt Ἄζωτος παράλιος, das »Kariathmaous« der VP, gemeint. Vgl. KEEL/KÜCHLER 1982, 47.

[45] Zur griechischen Stadtverfassung in hellenistischer Zeit vgl. JONES 1966, der jedoch Aschdod nicht speziell erwähnt. Zur Identifizierung der alten phönizischen Stadtgottheit Dagon mit Kronos, s. KASHER 1990, 41.

[46] Lukas verfügte hier wohl über zuverlässige Quellen, dazu HENGEL 1983b, 164–173.

[47] Er kann nicht gering gewesen sein, denn Vespasian unterwarf die Stadt zu Beginn des jüdischen Krieges 67 v.Chr. und legte eine Garnison hinein, um sie zu sichern, Jos., Bell 4,130; dazu HENGEL 1983b, 167; anders KASHER 1990, 298f (o. zitiert Anm. 43). Auch in Aschdod selbst fand man die für die pharisäischen Reinheitsbestimmungen typischen Steingefäße, s. DEINES 1993, 140.

[48] Dafür fehlen zwar die literarischen Quellen doch sind die Ergebnisse der Ausgrabungen eindeutig, s. EAEHL I, 103–119; vgl. KEEL/KÜCHLER 1982, 47.

Anwesenheit genügt, um die ausländische Region, in der er sich aufhält, insofern ›jüdisch‹ zu machen, als dadurch Juden dort leben können. Das ist eine Fähigkeit, die nicht jeder Prophet besitzt, aber die er mit Jeremia und Ezechiel – und den Patriarchen – gemeinsam hat.

1.2.3 Am Meer

Grammatisch kann κατὰ θάλασσαν sowohl auf Azotos wie auf Kariathmaous bezogen werden. Zudem kann κατά sowohl »in Richtung auf« wie »bei« heißen[49]. Bevorzugt man die Bedeutung »in Richtung auf«, wird man dazu neigen, es auf Azotos zu beziehen; im umgekehrten Fall wird man »beim Meer« eher auf Kariathmaous beziehen. Beide Deutungen sind zwar möglich, doch erst durch die Voranstellung von Azotos innerhalb der handschriftlichen Überlieferung wird κατὰ θάλασσαν eindeutig auf Azotos bezogen. Mit der Abänderung von Kariathmaous in Kirjat Jearim, das man ja, auch wenn man keine konkrete Anschauung von der Geographie Palästinas, sondern nur den Bibeltext besaß, nicht am Meer lokalisiert haben wird, hatte man dann ebenfalls keine Schwierigkeiten mehr.

Die sekundären Verbesserungen der Textvarianten, die Azotos voranstellen, schaffen hier wieder auf ihre Weise Klarheit, indem sie zum Ausdruck bringen, Azotos sei die Stadt der Griechen, die Richtung Meer liege, oder noch weitergehend die Textform von Ep2, die auf die »Griechen« verzichtet. Identifiziert man Kariathmaous mit Azotos paralios, dem heutigen *an-nebi Yunus*, so ist die Beschreibung, Kariathmaous selbst liege »am Meer«, die sinnvollste[50].

2. Jonas Reisen, sein Aufenthalt in der Fremde und die Erweckung vom Tode, seine Rückkehr und seine neue Heimat

2.1 Der Aufenthalt in Ninive

> 2 Καὶ ἐκβρασθεὶς ἐκ τοῦ κήτους
> καὶ ἀπελθὼν ἐν Νινευῇ

Die erste Station auf dem Lebensweg des Jona ist Ninive, d.h. die Schilderung des Jonabuches wird knapp referiert und als bekannt vorausgesetzt. Der An-

---

[49] LSJ, s.v.; vgl. zum Gebrauch von κατά mit Akk. bei Ortsnamen bei Jos.: KASHER 1988, 92.
[50] So entscheiden auch AVI-YONAH 1966 und SCHMITT, TAVO-Karte (s.o. Anm. 16).

kunft in Ninive geht das Ausspeien aus dem großen Fisch voran[51]. Charakteristisch für die Kürze der Jona-Vita ist, daß sie nur den Schlußpunkt dieser berühmten Episode erwähnt, als ob damit schon alles gesagt sei, wo doch gerade Jonas Aufenthalt in der Tiefsee[52] die eindrücklichste Szene des Jonabuchs war, die nicht nur in jüdischen Predigten gerne ausgestaltet und ausführlich dargestellt wurde[53], sondern auch im christlichen Bereich eine besondere Wirkungsgeschichte hatte[54]. Ebensowenig beachtet die Jona-Vita die martyrologische Deutung von Jonas Aufenthalt im Fisch, wie sie in 3 Makk 6,8 und MekhY Pisha 1[55] überliefert ist[56].

Hier reichen drei Worte, um die Geschichte von Jonas Aufenthalt im großen Fisch in Erinnerung zu rufen. Auffällig ist dabei die Wortwahl: während LXX für das »Ausspeien« des Propheten ἐκβάλλω verwendet, gebraucht die Jona-

---

[51] Theodoret von Cyrus wählt ein mögliches Verständnis der VP: Jona sei direkt bei Ninive vom Fisch ausgeworfen worden (Frg. 6 [bei Sulpicius Severus, Chron 1, 48, 4]); vgl. DUVAL 1973, 446 Anm. 17.

[52] Vgl. den Jonapsalm in Jon 2,3–10.

[53] Zwei hellenistisch-jüdische Predigten über Jona sind – eine vollständig und eine sehr fragmentarisch – armenisch erhalten, s. SIEGERT, Predigten, 9–48.49f; Kommentar: SIEGERT 1992, 136–147 u. ö. Zu PRE 10 s.u. S. 71f Anm. 123–125. Zum Problem der bildlichen Darstellung dieser Geschichte in jüdischen Bibelhandschriften vgl. SIEGERT 1992, 141 (gegen GOUDENOUGH II, 225 und V, 29f); christliche Auferstehungshoffnung verwendet das Motiv mit Vorliebe auf Sarkophagen und in der Grabmalerei, vgl. etwa LAWRENCE 1962, 289–296; DUVAL 1973, 19–39.

[54] Vgl. Mt 12,40. Nur in den Hss von An2, die die 2. Version der Jona-Vita enthalten, nicht in Ep1, findet sich die christliche Interpolation: Οὗτός ἐστιν Ἰωνᾶς ὁ γενόμενος εἰς τύπον τῆς τοῦ κυρίου ἀναστάσεως. Dor greift in seinem messianologischen Vorspann die Thematik auf mit einem leicht abgewandelten Zitat von Mt 12,40: Οὗτος Ἰωνᾶς ἕκτος, ὃς οὐ διὰ λόγων, ἀλλ᾽ ἔργῳ καὶ τύπῳ προεμήνυσε τὴν ἀνάστασιν τοῦ Χριστοῦ. Φησὶ γὰρ ὁ κύριος· ὥσπερ Ἰωνᾶς ἔμεινεν ἐν τῇ κοιλίᾳ τοῦ κήτους τρεῖς ἡμέρας καὶ τρεῖς νύκτας· ὥσπερ γὰρ τὸ κῆτος ἀδιάφθορον ἐξήμεσε τὸν Ἰωνᾶν, οὕτω καὶ τὸ τάφος τὸν δεσπότην ἐξήμεσε εἰς κρείττονα ζωήν.

[55] In 3 Makk 6,6–8 wird Jona in eine Reihe von Exempla für aus dem Martyrium Errettete gestellt, »die ihr Leben freiwillig ... preisgaben«, neben den drei Jünglingen im Feuerofen und Daniel in der Löwengrube. Diese Trias ist auch in den frühchristlichen Darstellungen der Auferstehungshoffnung beliebt, s. DUVAL 1973, Index, 720.722.725 s.v. Listes; Daniel; Trois Hébreux. Auch MekhY (LAUTERBACH I, 10f) interpretiert den Aufenthalt Jonas im Seeungeheuer (und den dreimal geäußerten Todeswunsch des Propheten in c. 4) martyrologisch, er sei – wie alle Väter und Propheten – bereit gewesen, sein Leben für Israel hinzugeben. Vgl. De Jona § 59 »und stürzte sich (selbst) ins wütende Meer«, dazu SIEGERT 1992, 134.

[56] Daß die VP diese Auslegung des Jonabuches nicht kennen, zeigt, wie fern sie insgesamt jüdischer *Märtyrertheologie* stehen, auch wenn sie den gewaltsamen Tod einzelner, und da besonders der berühmten Propheten berichten. Wären die VP ein so hervorragender Zeuge dafür, daß Prophet und Märtyrer in eins gesehen wurden, müßte man eine solche Interpretation (wie 3 Makk) von ihnen erwarten; gegen Stauffer; Fischel u.a.

Vita wie Josephus[57] und Justin[58] das stärkere ἐκβράζω[59]. Die Bezeichnung von Jonas ›Walfisch‹ ist dagegen das übliche κῆτος[60].

Die Wendung ἀπελθὼν ἐν Νινευῆ ist eine typische Nachlässigkeit des Koine-Griechischen, das zwischen εἰς und ἐν nicht mehr streng scheidet[61], aber bereits in LXX belegt. Die Anreihung dreier Partizipien im Aorist, die vorzeitig aufzufassen sind, verrät eine gewisse Stilisierung, die trotz des zweimaligen parataktischen καί den Eindruck einer gedrängten Retrospektive hervorrufen[62]. Weder die Buße der Niniviten[63] noch, was Jona in Ninive getan und erlebt hat, wird geschildert, sondern nur betont, daß er von dort wieder zurückgekehrt sei. Damit geht der Bericht bereits über das Jonabuch hinaus, in dem nichts von der Rückkehr des Propheten zu lesen ist[64].

2.2 Die Rückkehr und die Weiterreise des Propheten mit seiner Mutter nach Tyrus

ἀνακάμψας οὐκ ἔμεινεν εἰς τὴν γῆν αὐτοῦ,
ἀλλὰ παραλαβὼν τὴν μητέρα αὐτοῦ
παρῴκησε τὴν Σοὺρ χώραν ἀλλοφύλων ἐθνῶν·

Die Rückkehr des Propheten – hier hätte es sich doch angeboten, ausführlich zu erzählen – wird nur mit der knappen Andeutung kommentiert, der Prophet sei nicht mehr in seiner Heimat »geblieben«, sondern habe seine Mutter mit sich genommen auf seine weitere Reise. Nicht nur Josephus, auch 3 Makk 6,8 erwähnt, daß der Prophet aus Ninive zurückgekehrt sei. In 3 Makk wird das

---

[57] Ant 9,213: καὶ ὁ μὲν χειμὼν ἐστάλη, τὸν δὲ λόγον ὑπὸ τοῦ κήτους καταποθέντα τρεῖς ἡμέρας καὶ τοσαύτας νύκτας εἰς τὸν Εὔξεινον ἐκβρασθῆναι πόντον, ζῶντα καὶ μηδὲν τοῦ σώματος λελωβημένον.

[58] Dial 107,2: τοῦ Ἰωνᾶ κηρύξαντος αὐτοῖς μετὰ τὸ ἐκβρασθῆναι αὐτὸν τῇ τρίτῃ ἡμέρᾳ ἀπὸ τῆς κοιλίας τοῦ ἄδρου ἰχθύος.

[59] Vgl. 2 Esr 23,28; 2 Makk 1,12; 5,8; LSJ, s.v.

[60] Jon 2,1; 2,11 (LXX); Mt 12,40; Jos., Ant 9,213. In der Darstellung der Andromeda-Perseus-Sage auf der korinthischen Amphore (6. Jh. v. Chr.) im Berliner Museum (LIMC I, 774–790) hat das Meerungeheuer bereits die Beischrift ΚΗΤΟΣ; Abb. auch KEEL/KÜCHLER 1982, 15. Vgl. SIEGERT 1992, 135f weitere Belege.

[61] Vgl. BDR § 218 (und 205); ebenso in V. 6 in dieser Vita.

[62] Vgl. BDR § 339,2.

[63] Dieses Thema spielt in den jüdisch-christlichen Auseinandersetzungen in Palästina im 3. Jh. n. Chr. eine große Rolle, s. dazu EGO 1994 (Belege und Lit.). Auch das ist ein Argument gegen die Spätdatierung der VP. Ein christlicher Verfasser hätte zumindest kurz auf die vorbildliche Buße der Niniviten hingewiesen.

[64] Vgl. dagegen auch Jos., Ant 9,214: καὶ ταῦτα δηλώσας ὑπέστρεψε. Die spätere, scharf antijüdische Ausgestaltung des Motivs der Rückkehr bei Ephräm, Sermo de Jona § 35–44 (BARDENHEWER, 153–161), wird in der armenischen Verkündigung Jonas in Ninive verkürzt aufgenommen und mit einem Exzerpt aus der Jona-Vita verbunden. Vgl. SIEGERT 1992, 221.225; EGO 1994; zum Motiv der Schande, s.u. Abschnitt 2.2.1 und 13. Exkurs.

Wunder der Rettung aus der Todesnot hervorgehoben: Gott hat ihn all den Seinen unversehrt wieder gezeigt[65]. Wieder lassen diese verstreuten Nachrichten deutlich erkennen, daß die Jonalegenden vielgestaltig und ausführlicher gewesen sein müssen, als wir heute wissen. Jonas Mutter wird in den VP völlig unvermittelt eingeführt, es fehlt zunächst jede Erklärung. Da diese Mutter als »Witwe« jedoch in der nächsten Episode der Vita vorhanden sein muß, könnte sie hier in die Handlung eingeführt sein, um die Herkunft aus Kariathmaous mit der »Sarepta«-Episode zu verbinden[66]. Daß Jona seine Mutter mitnimmt, läßt seine Pietät erkennen[67].

Mit γῆ wird noch einmal die Heimat(stadt) des Propheten bezeichnet, während das Land in dem er sich nun als Fremder niederläßt χώρα[68] genannt wird. Die Fremdheit dieses Landes wird unüberhörbar durch die Wortwahl hervorgehoben. Mit παροικέω wird der Terminus gewählt, der in den frühjüdischen Schriften den Aufenthalt als »Fremder« bezeichnet[69]. Bei der Kennzeichnung der Bevölkerung des Landes, das sich Jona für seine Fremdlingsschaft wählt: ἀλλοφύλων ἐθνῶν, wollte Torrey[70] ἐθνῶν als unschöne sekundäre Doppelung streichen. Aber gerade darin liegt ein bezeichnender und durch die Parallelbelege aus LXX, Qumran[71] und bei Josephus[72] gesicherter Sprachgebrauch. Wieder tritt die Völkerwelt und die jüdische Abgrenzung von ihr in den Blick, die bereits mit »Azotos, Stadt der Griechen« und »Ninive« angeklungen war. Doch nun richtet sich der Blick auf das nördlich direkt an Israel angrenzende Gebiet: das Territorium von Tyrus.

---

[65] 3 Makk 6,8: τόν τε βυθοτρεφοῦς ἐν γαστρὶ κήτους Ιωναν τηκόμενον ἀφιδὼν ἀπήμαντον πᾶσιν οἰκείοις ἀνέδειξας, πάτερ. Vgl. o. Anm. 55.

[66] Daß diese beiden biographischen Nachrichten über Jona eine verschiedene Entstehungsgeschichte haben müssen, vermerkt schon ABEL 1922b, 178. Zur Herkunft der Übertragung von 1 Kön 17,17–24 auf Jona, s.u.

[67] Vgl. Ex 20,12; Tob 4,3f; Prov 23,22; Sir 7,27f; Jos., Ap 2,206: Γονέων τιμὴν μετὰ τὴν πρὸς τὸν θεὸν δευτέραν ἔταξε καὶ τὸν οὐκ ἀμειβόμενον τὰς παρ' αὐτῶν χάριτας ἀλλ' εἰς ὁτιοῦν ἐλλείποντα λευσθησόμενον παραδίδωσι.

[68] S.u. 12. Exkurs.

[69] 2 Kön 8,1f u.ö. LSJ, 1341 s.v.; BAUER/ALAND, s.v.; dazu ausführlich FELDMEIER 1992, 12–22.51f.55–74 u.ö., der jedoch auf die VP nicht eingeht. Vgl. u. Habakuk-Vita, Anm. 45f.

[70] TORREY, Lives, 27; durch die ›Doppelung‹ und den Gebrauch des Plurals wird unmißverständlich hervorgehoben: es ist ein Land verschiedener fremdstämmiger Heiden. TORREY mißversteht diese Betonung; doch vgl. Gen 17,27 (LXX) ἐξ ἀλλογενῶν ἐθνῶν; TestLevi 9,10, wo ἀλλόφυλος jedoch substantivisch neben ἔθνος gebraucht wird; vgl. Apg 10,28.

[71] 11QTemple lxiv 7 und CD xiv 15: לגוי נכר, was biblisch nicht belegt ist.

[72] Jos., Bell 3,41 kennzeichnet Galiläa mit τοσούτοις ἔθνεσιν ἀλλοφύλοις κεκυκλωμέναι als ein Land, das von vielen fremden Völkern umgeben ist; vgl. Ant 9,16.

12. Exkurs: Die Chora von Tyrus und ihre jüdischen Bewohner

Die Jona-Vita nennt dieses Land χώϱα, »Hinterland, Stadtgebiet«, von Σουϱ. Eigentlich wäre zu erwarten, daß Jona nach Sarepta[73] geht, denn im Nachfolgenden wird ja die Geschichte von 1 Kön 17,17–24 nacherzählt und Jona mit dem Sohn der Witwe, der durch das Gebet Elias wieder zum Leben erweckt wird, identifiziert.

Σουϱ wird zwar in der LXX als Wiedergabe von Eigennamen und als Bezeichnung für die Wüste Schur verwendet[74], an unserer Stelle kann es jedoch nur die hebräische Namensform von Tyrus צור[75] wiedergeben. In unserer Literatur ist bezeichnenderweise sonst nur noch Jdt 2,28 Σουϱ für Tyrus belegt[76]. Der weitere Kontext in An1 setzt voraus, daß eindeutig Tyrus gemeint ist[77].

Auffälligerweise wählt die Jona-Vita wieder den hebräischen Namen der Stadt, so wie sie es beim Geburtsort des Propheten schon getan hatte[78]. Auch wenn man daraus nicht mit letzter Sicherheit auf eine hebräisch/aramäische Quelle zurückschließen kann, ist die Nähe zum semitischen Idiom deutlich. Gerade der Gebrauch der Semitismen fällt in der Jona-Vita sehr viel deutlicher ins Auge als in anderen Viten[79].

Warum das sonst meist in einem Atemzug mit Tyrus genannte Sidon[80], in dessen Gebiet Sarepta fast immer lag, nicht genannt wird, erstaunt ebenso wie das Fehlen von Sarepta. Zu Tyrus gehörte Sarepta nur in persischer Zeit[81]. Das Territorium, die χώϱα

---

[73] Syr korrigiert: »Sarepta in der Gegend von Tyrus und Sidon« (NESTLE, Vitae, 38; TORREY, Lives, 27 Anm. 43); Ep1 schreibt ebenfalls Sarepta, trägt Sour jedoch nach V. 5 – V. 2.3 aufnehmend – nach.

[74] S. HATCH/REDPATH, s.v. II,147; aber auch Assur in Ez 16,28 (A). Tyrus dagegen wird von LXX und Jos., aber auch im NT mit Τύϱος bzw. Τύϱοι, der normalen griechischen Bezeichnung, benannt.

[75] צור wurde in dieser Zeit mit langem »u« gesprochen, s. SCHWEMER 1994a, 75 Anm. 58f. Zu Tyrus s. ABEL 1937, 488f; REEG 1989, 531ff. Zur Geschichte von Tyrus s. WEIPPERT, BRL², 349f (Lit.).

[76] Vgl. ZENGER, JSHRZ I/6, 463; HELTZER 1987, 246–247 vermutet, daß der Übersetzer von Judith das semitische Zur für Tyrus einfach transskribiert hat. Jdt rechnet damit, daß Samaria und Idumäa (9,2 »mein Vater Simeon«) von Hyrkan erobert sind, aber Aschdod (erst am Ende von Hyrkans Regierung annektiert) und Tyrus unabhängig sind; es hat ähnliche Vorstellungen über die Besitzverhältnisse wie die Jona-Vita. Diese Notizen in der Jona-Vita weisen wahrscheinlich, wie das Jdt, in die Zeit nach den großen Erfolgen unter der Regierung Hyrkans (135/134–104 v. Chr.). Zu Hyrkan I. s. Jos., Bell 1, 55–69; Ant 13, 230–300; vgl. SCHÜRER I, 200–215 (ältere Lit.). Vgl. auch u. Nahum-Vita, Anm. 15.18.

[77] Deshalb wird hier allgemein »Tyrus« angenommen, so HAMAKER 1833, 127; TORREY, Lives, 27.41; HARE, Lives, 392; FERNÁNDEZ MARCOS, Vidas, 520. Anders ABEL 1922b, 182, der Sour wie Saar im Süden in der Nähe von Ḥalḥul ansetzt, weil er Ep1 folgt, wo die Sarepta-Episode getrennt vorangestellt ist. Auch die armenische »Verkündigung Jonas in Ninive« folgt Ep1, s. ISSAVERDENS, Deaths, 250; dt. Üs. bei SIEGERT 1992, 225: »der Prophet nahm seine Mutter, ging, nahm Herberge im Land Ismaels«.

[78] HAMAKER 1833, 177 hielt dies für ein Indiz für ein hebräisches Original: »Praeterea observandum Hebraicum originem prodi narrationis voce Σουϱ, hic pro Tyro posita«. M.E. geht die Verwendung des hebräischen Namens auf die Quelle der Jona-Vita zurück. Vgl. Band I, Einleitung, Abschnitt 3.2.

[79] Vgl. den Gebrauch der Konjunktionen, s.o. Anm. 5; weiter o. Anm. 6.

[80] Doch vgl. Mk 7,24 im Gegensatz zu Mt 15,21 und den Textkorrekturen in Mk 7,24.

[81] Zum Gebiet von Tyrus s. EISSFELDT, Art. Tyros (3), PW II 14,2 (1942) 1876–1908; GALLING 1964, 195: Nach Ps-Skylax (ca 2. Hälfte des 4. Jh.s v. Chr.) gehörte Sarepta in

von Tyrus, nördlich und westlich an Galiläa angrenzend und im 1. Jh. n. Chr. südlich bis zum Karmel einschließlich reichend[82], war von einer Mischbevölkerung besiedelt[83]. Die Oberschicht war stark hellenisiert[84]. Das Gebiet von Tyrus galt in alttestamentlicher und frühjüdischer Tradition ebenso wie das der weiter südlich gelegenen ehemals phönizischen Küstenstädte – sofern sie nicht fest in das judäische Gebiet eingegliedert werden konnten[85] – als eine typisch heidnische Gegend, auch wenn hier Juden gelebt haben[86]. Tyrus war immer bestrebt, sein Hinterland auszudehnen. Die Partei der hellenistischen Reformer in Jerusalem pflegte noch betont gute Beziehungen zu Tyrus (2 Makk 4,18–20.32). Wahrscheinlich sind auch jüdische Einwohner in der Stadt selbst für diese Zeit bezeugt[87]. Während der ›Befreiungskriege‹ der Makkabäer dienten die phönizisch-hellenistischen Städte Sidon und Tyrus den Seleukiden als militärische Ausgangsbasis[88]. In der Folgezeit kam es wiederholt vor allem während der Zeit der hasmonäischen Eroberungskriege zu Auseinandersetzungen im und um das Grenzgebiet[89]. Die Bevölkerung war gemischt, es muß in der χώρα von Tyrus auch eine ganze Anzahl verstreuter jüdischer Enklaven gegeben haben[90].

Diese alten Feindseligkeiten[91] brachen in Tyrus verstärkt gleich zu Beginn des 1. jüdischen Krieges aus. Sie verliefen blutig, nur verglichen mit den antijüdischen

---

persischer Zeit zu Tyrus, während in hellenistisch-römischer Zeit die Grenze wieder weiter südlich verlief und Sarepta wie in 1 Kön 17 auf dem sidonischen Territorium liegt. Die Jona-Vita rechnet im weiteren Kontext implizit Sarepta zum tyrischen Gebiet. Jos. lokalisiert Sarepta im Gebiet von Tyrus und Sidon, Ant 8, 320. Hieronymus, spricht von *uiduae Sareptanae* (Comm in Jon Prol [CChr.SL 76, 378; SC 323, 164,38]); zu Ep 108, 8 vgl. DONNER 1979; 150.

[82] Jos., Bell 3,38. Mit χώρα wird auch hier korrekt das Hinterland des Stadtstaates Tyrus bezeichnet.

[83] Jos., Bell 3,38ff.

[84] Vgl. zu Mk 7,24–30 FELDMEIER 1994 (Lit.).

[85] Vgl. o. S. 59 zu Aschdod.

[86] AVI-YONAH 1966, 130; THEISSEN 1989, 69f betont den jüdischen Bevölkerungsanteil vielleicht etwas zu stark. Apg 21,3–6 berichtet von »Jüngern« in Tyrus. Ob es sich dabei um Juden- oder Heidenchristen handelt, sagt Lukas leider nicht.

[87] Jos., Ap 1, 194 zitiert Hekataios, der berichtet, daß Juden nach dem Tode Alexanders während der syrisch-ptolemäischen Kriege nach Phönizien flohen; dazu STERN, GLAJ I, 43 z.St.; vgl. auch 2 Makk 4,49: »Tyrer« bestatteten die drei Mitglieder der jüdischen Gesandtschaft aus Jerusalem, die in einem Prozeß gegen Menelaos vor Antiochus IV. Epiphanes unterlegen und hingerichtet worden waren. Bei diesen »Tyrern« könnte es sich um »in Tyros ansässige Juden« gehandelt haben, so HABICHT, JSHRZ I/3, 224 mit Hinweis auf TCHERIKOVER 1961, 289. Vgl. dagegen GOLDSTEIN 1983, 241: »Jason of Cyrene follows his tendency to cite instances of friendly relations between Jews and gentiles«; MENDELS 1987, 131–143 bes. 142 zu den literarischen Auseinandersetzungen zwischen Tyrus und Jerusalem, die sich in den verschiedenen Darstellungen der phönizischen und jüdischen Historiker über das Verhältnis Salomo-Hiram spiegeln. Zum tyrischen Druck auf Galiläa s. 1 Makk 5,15 u. ö.

[88] Dazu MENDELS 1987, 140ff.

[89] Zur Schlacht in Kadesch, wo Jonathan den Versuch der Tyrer, mit Hilfe von Demetrius II. ihre χώρα auszudehnen, verhinderte, vgl. KASHER 1990, 101. Vgl. 1 Makk 5,15.

[90] Vgl. o. Anm. 86.

[91] Jos. hat zwar in erster Linie die literarischen Auseinandersetzungen und die »boshaften« Berichte ägyptischer und phönizischer Historiker im Blick, wenn er schreibt, daß neben den Ägyptern die Tyrer diejenigen seien, die dem jüdischen Volk am feindseligsten gegenüberstünden, aber hinter den literarischen Invektiven stehen die jahrhundertealten po-

Ausschreitungen in Alexandria im 1. Jh.n. Chr. waren sie glimpflich[92]. Gischala in Galiläa wurde u.a. von tyrischen Truppen zerstört[93]. Wenn Johannes von Gischala danach eine zelotische Streitmacht von 400 ausgesuchten Männern aus den Flüchtlingen aus Tyrus und seiner χώρα sammelte, die ihm treu folgten, kann der bewußt jüdische, nicht an die heidnische Umgebung assimilierte Bevölkerungsanteil in der χώρα von Tyrus nicht gering gewesen sein und der Druck, der von den Tyrern auf sie ausgeübt wurde, muß immens gewesen sein[94].

Im tannaitischen Grenzverzeichnis, das zum ältesten Bestand der Tosefta gehört[95], finden wir dagegen ein deutlich anderes Bild von Tyrus als in der Jona-Vita: Nach 70 n. Chr. dehnte man zunächst die halachische Grenze aus und diskutierte darüber, inwiefern für syrisches Gebiet die gesetzlichen Bestimmungen für Sabbatjahr und Priesterhebe gelten, später nahm man wohl diese erweiterte Grenzziehung wieder zurück, um eine zu starke Abwanderung in syrisches Gebiet zu unterbinden. Auch wenn man nicht mit Klein[96] dieses Grenzverzeichnis bereits in herodianische Zeit ansetzen kann, so spiegelt es doch wohl die jüdischen Siedlungsverhältnisse nach dem Ende des 1. Jh.s n. Chr. Die Vorstellungen, die die Jona-Vita von diesem Land hat, sind deutlich älter.

Unsere Vita interessiert sich – ähnlich wie Mk 7,24–30 – nicht für Politik, kriegerische oder bürgerkriegähnliche Auseinandersetzungen und den Verlauf der Geschichte. Sie wird jedoch auf ihre Weise als ein Zeugnis für die Anwesenheit jüdischer Bewohner im Gebiet von Tyrus zu werten sein[97]. Es ist bezeichnend, daß in Mk 7,24–30 sich

---

litischen Auseinandersetzungen. Ap. 1,70: φαίνονται γὰρ καὶ δὴ μάλιστα πρὸς ἡμᾶς δυσμενῶς διατεθέντες κοινῇ μὲν ἅπαντες Αἰγύπτιοι, Φοινίκων δὲ Τύριοι. Zu den Ausschreitungen in Syrien zu Beginn des jüdischen Krieges: Bell 2,459f.461–465.477f. In den Acta Alexandrinorum, Acta Hermaisci (POxy 1242 i 9f.15f; ed. Musurillo, 32; CPJ Nr. 157), wird bei der alexandrinischen Doppelgesandtschaft an Trajan die Partei der judenfeindlichen griechischen Alexandriner von einem Tyrer als Verteidiger begleitet; die Juden haben einen gebürtigen Antiochener als Rechtsbeistand. Zum antiken Antijudaismus s. Schürer III, 595–609 (Lit.).

[92] Zu Alexandria vgl. Philo, Flacc und Legatio; in den Acta Alexandrinorum spiegeln POxy. 1089 (Congressus cum Flacco), die Acta Isidori, Diogenis und Hermiae (ed. Musurillo, 3–22; vgl. CPJ II, Nr. 156) diese früheren Auseinandersetzungen, die dem großen messianischen Aufstand unter Trajan 115–117 vorausgingen, der nicht nur »ganz« Ägypten, sondern auch die Cyrenaica erfaßte; vgl. dazu Hengel 1983a, 655–686; Hengel 1987c, 153–182.

[93] Jos., Vita 44.

[94] Jos., Bell 2,588; Vita 372; vgl. Hengel 1976a, 381; Theissen 1989, 69f.

[95] tShevi 4,11 par. vgl. dazu Stemberger 1983, 176–199; Hengel 1991a, 229f.279f (Lit.).

[96] Klein 1928, 197–259; dagegen Stemberger 1983, 182.

[97] Wenn in Mk 3,8 die Volksmassen auch aus Tyrus und Sidon zu Jesus zusammenströmen, wird man das nicht nur als ein Indiz dafür werten dürfen, daß in der Gegend von Tyrus und Sidon z.Z. der Abfassung des Evangeliums Christen waren, sondern der Evangelist rechnet mit jüdischer Bevölkerung in dieser Gegend in der 1. Hälfte des 1. Jh.s n. Chr. (gegen Pesch 1984a, z.St.). Ob man daraus jedoch auch für die Jona-Vita wie F. G. Lang für Mk 7 schließen kann, daß »das Überschreiten der Grenze zu den Heiden ... nicht ein einmaliges, sondern ein typisches Verhalten der Gotteszeugen« (Lang 1978, 155) sei, scheint zumindest fragwürdig, denn die VP problematisieren und begründen das Überschreiten gerade dieser Grenze durchaus – sowohl beim Propheten Jona wie beim Propheten Elia. Sie scheinen es nicht als ein typisches, sondern als ein ganz exzeptionelles »Verhalten« eben dieser »Gotteszeugen« in Notsituationen darzustellen.

die Fernheilung(!) der Tochter der Syrophönizierin, die zudem »Griechin« genannt wird[98], in der Gegend von Tyrus[99] abspielt. Diese Erzählung zeigt ebenso deutlich wie die Jona-Vita, wie spannungsvoll das Verhältnis zur heidnischen Mischbevölkerung in diesem Gebiet war[100]. Mk und VP geben hier das Milieu dieser Gegend durchaus treffend wieder, wobei Mk bereits von einer stärkeren Hellenisierung ausgeht als VP, die für Tyrus den hebräischen Namen wählen. Den ganz engen Kontakt durch Berührung mit Heiden vermeidet Jesus – nach den Evangelisten – durch die Fernheilung, eine analoge Haltung und entsprechende ›Verbesserung‹ von 1 Kön 17,17ff belegt die Jona-Vita[101].

Angesichts der wenigen Belege für jüdische Bewohner im Territorium von Tyrus, kommt der Notiz in den VP, die in diesem Zusammenhang in der Literatur – soweit ich sehe – nie genannt wird, besondere Bedeutung zu. Es kann kein Zufall sein, daß Elia und Jona gerade in der χώρα von Tyrus zusammentreffen. Die eigenartige Betonung, die darauf liegt, daß beide – Jona und Elia, der erste und der letzte (Heils-)Prophet des Nordreiches – entgegen dem biblischen Bericht nicht in Sarepta im Gebiet von Sidon zusammentreffen, muß Gründe haben. Vielleicht handelt es sich um eine Aitiologie der jüdischen Bevölkerung im Hinterland von Tyrus, die ihre eigene spannungsvolle Ansiedlung in diesem Gebiet mit einer Legende über die beiden berühmtesten Propheten erklärte. Daß sie bis in die persische Zeit, als Sarepta zu Tyrus gehörte, zurückreicht, ist nicht völlig ausgeschlossen. Das biblische Jonabuch verarbeitet eine judäische Version der Jona-Legenden in *persischer* Zeit. Es ist nicht unwahrscheinlich, daß es eine nördliche Konkurrenztradition gab, die dem Verfasser der VP in schriftlicher Form vorlag.

2.2.1 Begründung: Die Schande ein Falschprophet zu sein

3 ἔλεγε γάρ, ὅτι
οὕτως ἀφελῶ ὄνειδός μου,
ὅτι ἐψευσάμην προφητεύσας κατὰ Νινευῆ τῆς μεγάλης πόλεως.

Die Erzählung wechselt, um Jonas Begründung zu betonen, in die wörtliche Rede[102] und gibt damit den authentischen Wortlaut der subjektiven Einsicht des Propheten wieder: Seine Weissagung in Ninive hat sich nicht erfüllt[103]. Er

---

[98] Vgl. dazu HENGEL 1984b, 45.
[99] Auch hier ergänzt var.l. »Tyrus und Sidon«; vgl. zur Perikope FELDMEIER 1994.
[100] Vgl. FELDMEIER 1994, 211f (Lit.).
[101] Wenn der »Sohn« von 1 Kön 17,17–24 der Prophet Jona war, so ist er ein Jude und kein Heide, dazu u. z.St.
[102] Vgl. den Übergang zur direkten Rede in der Jeremia-, Ezechiel-, Daniel- und Habakuk-Vita. Er ist nicht nur in den von der LXX-Sprache beeinflußten Schriften des Koine-Griechischen beliebt, sondern findet sich z.B. auch in den Acta Alexandrinorum.
[103] Völlig unberührt von der Frage, ob die Prophetie Jonas sich erfüllt hat, zeigt sich die Ersetzung Nahums durch den berühmteren Propheten Jona in Tob 14,4. G I (B A V etc.): ἄπελθε εἰς τὴν Μηδίαν, τέκνον, ὅτι πέπεισμαι ὅσα ἐλάλησεν Ἰωνᾶς ὁ προφήτης περὶ Νινευῆ ὅτι καταστραφήσεται. G II (S etc.) dagegen: ὅτι πιστεύω ἐγὼ τῷ ῥήματι τοῦ θεοῦ

hat sich getäuscht und verspricht sich vom Aufenthalt in der Fremde, daß er seine Schande, als Falschprophet[104] vor seinen Landsleuten dazustehen, beseitigt. Die Worte, die er verwendet, sprach die Ahnmutter Rachel, als sie den ersten Sohn gebar, in dankbarem Lobpreis[105].

Die Jona-Vita sieht – ähnlich wie andere antike Auslegungen[106] – am Ende des Jonabuches ein offenes Problem. Der Prophet hatte Gottes Auftrag sehr wohl verstanden und endlich auch ausgerichtet: Ninive soll wie Sodom und Gomorra zerstört werden[107]. Seine Botschaft traf jedoch nicht ein, denn Gottes Erbarmen mit Ninive machte ihn zum »Lügenpropheten«. Auch wenn die deuteronomistisch-jeremianische Umkehrtheologie[108] schon lange vorher erkannt hatte, daß es nicht auf das Eintreffen der Gerichtsbotschaft, sondern auf die Umkehr, die sie bewirken soll, ankommt: Der Träger dieser Botschaft kann subjektiv und vor dem Auditorium seines Volkes zum Falschpropheten werden[109], denn Gott lügt nicht. So klagt Jeremia, verflucht den Tag seiner

---

ἐπὶ Νινευή, ἃ ἐλάλησεν Ναούμ; dazu HANHART, Tobit, Göttinger Septuaginta VIII,5, 177. Die Frage welche Textform – G I oder G II – ursprünglicher ist, läßt HANHART in der LXX-Ausgabe (33ff) offen; doch in HANHART 1984 zeigt er, daß G II – auch die Qumranfragmente bieten diese Textform – die Priorität zukommt (zu 14,4 s. HANHART 1984, 34). Zu den aramäischen Fragmenten s. BEYER, Texte II, 134–145.

[104] Zum Problem s. vor allem die schönen Ausführungen über Jona von BICKERMAN 1965, 232–264; BICKERMAN 1967, 1–49, der in souveräner Weise neben den antiken Texten auch auf die Auslegung der Kirchenväter und der jüdischen mittelalterlichen Theologen eingeht. Die Jona-Vita berücksichtigte er nicht. Sie fügt sich jedoch wie ein Mosaiksteinchen in das von Bickerman gezeichnete Bild.

[105] Gen 30,23: Ἀφεῖλεν ὁ θεός μου τὸ ὄνειδος; vgl. Lk 1,25; ProtevJak 6,3. Man wird jedoch in den Unterschied, daß Jona selbst seine Schande beseitigen will, während die dankbaren Mütter Gott dafür preisen, daß er die Schmach der Kinderlosigkeit von ihnen nahm, nicht zuviel hineingeheimnissen dürfen.

[106] Ps-Philo, De Jona; indirekt Jos.; Hieronymus, Jona etc. Vgl. die Zusammenstellung der Parallelen bei BICKERMAN 1965; BICKERMAN 1967; DUVAL 1973, 91 und u. Anm. 109.

[107] Die LXX unterstreicht diese Sicht, indem sie bereits in Jon 1,2 mit einem deutlichen Hinweis Gen 18,20f; 19,13 anklingen läßt: ἀνέβη ἡ κραυγὴ τῆς κακίας αὐτῆς πρός με und wie MT in 3,4 ausdrücklich für die Zerstörung Ninives das dem t.t. für Sodoms Zerstörung הפך entsprechende Verb καταστρέφω (Gen 19,21.25.29) wählt, um die Parallelität kenntlich zu machen. Das Epitheton τῆς μεγάλης πόλεως entspricht mit leichter Abweichung LXX.

[108] Aus ihr ist das Jonabuch entstanden, verbunden mit der dtr Sicht des Verhältnisses zwischen Israel und den Völkern und dem dtr-jer Prophetenbild, s. dazu GESE 1991b, 126f; BICKERMAN 1967, 40–45.

[109] Dennoch fällt er nicht aus der *successio Mosaica* heraus, obwohl die Bestimmung in Dtn 18,20ff (vgl. Dtn 13,2–6; Jer 28,16; 29,32) nach wie vor festgehalten wird, daß man den Falschpropheten daran erkennt, daß seine Botschaft nicht eintrifft, und derjenige Prophet sein Leben verwirkt hat und getötet werden soll, der eigenmächtig im Namen Gottes spricht. Die Tempelrolle 61, 2–5 (vgl. 54,8–18 zu Dtn 13) hat leider etwas lückenhaften Text, so daß nicht erkennbar ist, ob in diesem Zusammenhang noch einmal von der Verführung zur Apostasie gesprochen wird wie in Kol 54 zu Dtn 13, oder ob es allein um das »falsche Zeugnis« von Propheten geht, für das die Todesstrafe gilt: »Da sich das Wort nicht verwirklicht und das Wort nicht eintrifft, das ich nicht zu ihm gesprochen habe, hat es der Prophet aus eigenem Vorsatz gesagt. Scheut euch nicht vor ihm (ihn zu töten)« Üs. MAIER, Tempelrolle, 62.

Geburt und wünscht sich den Tod (Jer 20,7–10.14–18). Jona spricht ebenso wie Jeremia[110] von seiner Schande. Er flieht vor ihr ins Ausland – und damit noch einmal in den Tod[111]. Indirekt ist der Wunsch, in den Tod zu gehen, jedoch bereits mit dem freiwilligen Aufenthalt im Land von Heiden, wo Verunreinigung durch Totenunreinheit droht, gegeben[112], wo der Israelit einem Toten gleich geachtet, abgeschnitten ist von der Quelle des Lebens, der Tora und der Schekina. In der Jona-Vita findet man in haggadische Erzählung gekleidet, was die rabbinischen Gelehrten später in ihren halachischen Bestimmungen erörtern:»Jeder, der im Land Israel wohnt, nimmt die Herrschaft des Himmels auf sich. Und jeder, der ins Ausland geht, ist wie ein Götzendiener«[113], oder noch lapidarer im Ausspruch R. Simeons b. Eleazar:»Die Israeliten im Ausland sind Götzendiener«[114]. Jona entfernt sich damit ein zweites Mal aus der Gegenwart Gottes, um ihm zu entfliehen; ihn leitet sein – in Jona 4 geäußerter – Todeswunsch, wie gerade der Fortgang der Geschichte in den VP verdeutlicht.

Wie stark das Problem der nicht eingetroffenen Weissagung die antike Auslegung des Jonabuches beschäftigt hat, zeigen auch die anderen erhaltenen Texte.

13. Exkurs: Frühjüdische und frühchristliche Deutungen der Prophetie Jonas

Josephus vermeidet in seiner Darstellung des Propheten das Problem der Falschprophetie, indem er ihn einfach etwas Wahres ankündigen läßt, nämlich der Stadt Ninos' werde die Herrschaft über Asien genommen werden – ohne eine genaue Angabe der

---

Darauf folgt direkt die Bestimmung (61,6–12) über den »Falschzeugen«, die eine rigorosere Bestrafung vorsieht als das spätere mischnische Recht und sadduzäische Rechtsauffassung spiegelt, s. dazu die Diskussion zwischen Pharisäern und Sadduzäer mMak 1,6. Auch in SifDev 18,19 (HOROVITZ 222) gehört Jona zu den Propheten, die die Todesstrafe verdient hatten: Er hatte seine Prophetie »verborgen«. Vgl. DUVAL 1973, 91 Anm. 112. In 4Q541 24 ii ist »Taube« zu lesen und nicht »Jona« mit PUECH 1992 und GARCÍA MARTÍNEZ, Scrolls 270 gegen EISENMAN/WISE, Jesus, 150f, die annehmen, hier sei von Jonas Trauer über seine Falschprophetie die Rede.

[110] Jer (LXX) 20,8: ὅτι πικρῷ λόγῳ μου γελάσομαι, ἀθεσίαν καὶ ταλαιπωρίαν ἐπικαλέσομαι, ὅτι ἐγενήθη λόγος κυρίου εἰς ὀνειδισμὸν ἐμοὶ καὶ εἰς χλευασμὸν πᾶσαν ἡμέραν μου. 20,18: ἵνα τί τοῦτο ἐξῆλθον ἐκ μήτρας τοῦ βλέπειν κόπους καὶ πόνους, καὶ διετέλεσαν ἐν αἰσχύνῃ αἱ ἡμέραι μου;

[111] Jonas Flucht mit einem Hochseeschiff Richtung Tarschisch war die erste Flucht in den Tod. Die Vita versteht auch Jonas nächsten Tod, denn er ist ja der gestorbene und wiedererweckte Sohn in 1 Kön 17,17–24, als Flucht vor Gott.

[112] Vgl. Bar 3,10f: τί ἐστιν, Ισραηλ, τί ὅτι ἐν γῇ τῶν ἐχθρῶν εἶ, ἐπαλαιώθης ἐν γῇ ἀλλοτρίᾳ, 11 συνεμιάνθης τοῖς νεκροῖς, προσελογίσθης μετὰ τῶν εἰς ᾅδου ... Weitere Belege bei BILL. II, 759f.

[113] Sifra Behar 5,4 (ed. WEISS 109c).

[114] tAZ 4,6 (ZUCKERMANDEL 466), dazu STEMBERGER 1983, 181; vgl. LICHTENBERGER 1994, 92f.

Frist[115]. Josephus insistiert bei seiner Beschreibung der alttestamentlichen Propheten mit derart penetranter Apologetik darauf, daß alle ihre Verheißungen eingetroffen sind, und seine Hochschätzung Daniels beruht ja nicht zuletzt auf dessen genauer Voraussage der Zukunft, daß diese Verbesserung des Jonabuches – bei einer zweimaligen Betonung, daß er sich genau an das in den hebräischen Schriften Mitgeteilte hält – nicht auf einer zufälligen Nachlässigkeit beruhen kann. Zudem weiß Josephus sehr wohl, daß ein Prophet, der meint, er habe sich getäuscht, sich den Tod wünschen muß, wie sein Bericht über einen essenischen Propheten zeigt: Der Essener Judas hatte prophezeit, daß der Hasmonäer Antigonos zu einem bestimmten Zeitpunkt an einem genau bestimmten Ort sterben werde. Judas glaubt sich selbst als Falschpropheten entlarvt, als er eben diesen Antigonos kurz vor dem angekündigten Zeitpunkt an einem ganz anderen Ort lebend erblickt. Recht anschaulich beschreibt Josephus den Schrecken und den Todeswunsch dieses Propheten[116]. Der Irrtum löst sich in diesem Fall dadurch auf, daß es zwei Örtlichkeiten mit demselben Namen gibt und die Vorhersage dennoch eintrifft. In analoger Weise die Jonaprophetie aufzubessern, verbot sich Josephus wahrscheinlich nicht, weil er wußte, daß es zu seiner Zeit eine Stadt namens Ninive gab, sondern eben weil er die Diskussion um die nicht erfüllte Weissagung des Propheten kannte[117].

In der ps.-philonischen Predigt *De Jona*[118] nimmt die Schilderung der Reaktion Jonas auf die Wirkung seiner Gerichtsankündigung breiten Raum ein. Jona sieht sich als Prophet blamiert, doch er wird am Ende von Gott belehrt: Gott schickte ihn in vollem Ernst nach Ninive, aber er änderte seinen Plan, »um Liebe walten zu lassen«[119]. Gott selbst legt ihm danach seine Gerichtspredigt aus und zeigt ihm, daß sie sich dennoch erfüllt hat: zwar wurde die Stadt nicht »zerstört«, doch die Herzen »gewendet«[120]. Zwischen der feinsinnigen Auslegung des alexandrinischen Predigers und der scheinbar naiven Darstellung der Vita liegen Welten[121].

---

[115] Ant 9,208.214: ἀπῆλθεν εἰς τὴν Νίνου πόλιν καὶ σταθεὶς εἰς ἐπήκοον ἐκήρυσσεν ὡς μετ' ὀλίγον πάνυ χρόνον ἀποβαλοῦσι τὴν ἀρχὴν τῆς Ἀσίας. BICKERMAN 1965, 255; BICKERMAN 1967, 37 nahm an, daß Jos. die Prophetie geändert habe, weil es zu seiner Zeit eine neue (griechische) Stadt Ninive gegeben habe; vgl. u. Anm. 117.

[116] Bell 1,78 (vgl. Ant 13,311ff): Θαυμάσαι δ' ἄν τις ἐν τούτῳ καὶ Ἰούδαν, Εσσαῖος ἦν γένος οὐκ ἔστιν ὅτε πταίσας ἢ ψευσθεὶς ἐν τοῖς προαπαγγέλμασιν ... Er ruft aus: παπαί, νῦν ἐμοὶ καλὸν ... τὸ θανεῖν, ὅτε μου προτέθηκεν ἡ ἀλήθεια καί τι τῶν ὑπ' ἐμοῦ προορηθέντων διέψευσται.

[117] Gegen BICKERMAN 1965, 255; BICKERMAN 1967, 37, denn in Ant 9,239–242 berichtet Jos. von der Prophetie Nahums und gibt sogar die Zahl der Jahre an, die zwischen Nahums Prophetie und der Zerstörung Ninives liegt. Allein Jonas Prophetie war seiner rationalistischen Deutung anstößig.

[118] Üs.: SIEGERT, Predigten, 9–48; Kommentar: SIEGERT 1992, 92–225; vgl. dort auch zur armenischen »Verkündigung Jonas in Ninive« und zur frag. erhaltenen Predigt De Jona, 227ff.

[119] De Jona c. 46 §186; Üs. in SIEGERT, Predigten, 42.

[120] Mit diesem Wortspiel nimmt der Prediger die Doppeldeutigkeit von *hpk* – im Griechischen wohl καταστρέφω und ἐπιστρέφω – auf, s. dazu SIEGERT, Predigten, 43f; Kommentar SIEGERT 1992, 211f (Lit.).

[121] Der Unterschied zwischen palästinischer und ägyptischer Haggada spiegelt sich auch in den VP: So weisen die Traditionen der Jeremia- und der Daniel-Vita nach Ägypten, während die anderen Viten stärker palästinisches Kolorit tragen. Eine Sammlung wie die VP konnte beides ineinanderarbeiten, dennoch bleiben Brüche sichtbar.

Die *rabbinische Rechtsauslegung* bestimmt in der Mischna (mSanh 11,1), daß der
»Prophet der Falschheit« (נביא־השקר) erdrosselt werden soll. Das wird in 11,4 genauer differenziert: Der schlichte Falschprophet unterliegt menschlicher Bestrafung,
»aber der, der seine Prophetie unterdrückt und der über Worte eines Propheten hinausgeht und der Prophet, der seine eigenen Worte übertritt, dessen Tod [erfolgt] durch
Gottes Hand«[122]. Die Tosefta (14,13 ed. Zuckermandel 437) führt als Präzedenzfall für
einen Propheten, »der seine Prophetie unterdrückt«, Jona ben Amittai an. An ihn wird
bereits die Mischna gedacht haben: Jonas Bestrafung lag in Gottes Hand, er führte ihn
in den Tod (im Bauch des großen Fisches) und wieder heraus. Jona ist hiernach ein
Falschprophet, nicht weil seine Botschaft nicht eingetroffen wäre, sondern weil er sie
»unterdrückt« hat[123].

Im *Neuen Testament* hat sich dagegen nur die positive Einschätzung des Propheten
niedergeschlagen[124]: Der Galiläer Jesus betont den Erfolg der Jonapredigt und stellt
die bußfertigen Niniviten »diesem Geschlecht« gegenüber. Jona wird als der größte
Prophet angesehen, so wie Salomo als der größte Weise. Jesus beansprucht jedoch
›mehr‹ zu sein. Daß dennoch auch im christlichen Bereich das Problembewußtsein
über Jonas nicht eingetroffene Weissagung erhalten blieb, verdankt sich wohl dem jeweiligen jüdischen Gesprächspartner – so bei *Hieronymus* – und ursprünglich jüdischen Schriften wie den VP.

Daß der Prophet Jona – wenn man an seine Erwähnung im NT und an die
Jonaheiligtümer in Palästina denkt, einer der bekanntesten und beliebtesten Propheten
überhaupt – als ein Pseudoprophet galt, weiß auch noch der sehr viel spätere *Midrasch*.
Er begründet es nur anders und trotzdem noch mit den VP, vor allem dem nur in ihnen
überlieferten τέρας-Wort des Propheten, verwandt, so in PRE 10:

»Am fünften Tag[125] floh Jona vor dem Herrn. Und warum floh er?
Ein erstes Mal sandte ihn (Gott), die Grenze Israels wieder herzustellen, und seine Worte erfüllten sich; denn es heißt: ›Er (Jerobeam) stellte die Grenzen Israels
wieder her von Lebo Hamat ...‹ (2 Kön 14,25).
Ein zweites Mal sandte er ihn (Jona) nach Jerusalem, es zu zerstören. Doch als sie
Buße taten, handelte der Heilige, gepriesen sei er, an ihnen entsprechend der Fülle
seines Erbarmens; ihn reute das Unheil und er zerstörte es nicht. Und da nannten ihn
die Israeliten einen Lügenpropheten.
Ein drittes Mal sandte er ihn nach Ninive. Da überlegte Jona bei sich und dachte:
Ich weiß, daß die Völker zur Buße geneigt sind. Wenn sie nun Buße tun, schickt der

---

[122] Üs. KRAUSS, Mischna. Sanhedrin, 303.305.
[123] Das ist die eine Form der jüdischen Auslegung; vgl. die Zusammenstellung der Parallelen bei BICKERMAN 1965, 234–237; BICKERMAN 1967, 9–13; DUVAL 1973, 91f. Auf der
anderen Seite gilt: »Jona, der Sohn Amittais, war ein wahrer Prophet. ... da sprach Jona: Ich
weiß, daß die Heiden der Buße nahe sind. Und siehe, komme ich (dorthin) und prophezeie
gegen sie und sie tun Buße, dann wird der Heilige, gepriesen sei er, kommen und von Israel
(die Schuld) einfordern! Was muß ich tun? Fliehen!« ySan 11,7 30b,56–63 vgl. TanWa § 8
(185a); PRE 10 (24a); vgl. Hieronymus, Comm in Jon I, 1,3 (CChr.SL 76, 381); dazu
DUVAL 1973, 168.172; EGO 1994, 163 Anm. 29.
[124] Zu Lk 11,31f par Mt 12,41f vgl. etwa REISER 1990, 192–206. Die christliche, antijüdische Polemik greift die Buße der Niniviten als Thema ebenso auf wie die rabbinische
Exegese, s. EGO 1994, 158–176, dort auch (171ff) zu Ephräm, De Jona.
[125] Dem Kontext nach am 5. Schöpfungstag: an diesem Tag wurden die großen Fische
erschaffen; deshalb berichtet der Midrasch an dieser Stelle die Jonageschichte. Wahrschein-

Heilige, gepriesen sei er, seinen Zorn auf Israel. Und nicht genug, daß die Israeliten mich einen Lügenpropheten nennen, sondern auch die Völker der Welt. Ich fliehe also zu einem Ort, an dem seine Herrlichkeit nicht erwähnt wird.«[126]

Der späte Midrasch verwendet alte Tradition und faßt sie zu einer neuen Einheit zusammen. Dabei ist der Midrasch theologisch auf den ersten Blick sehr viel subtiler als die VP. Hier hat alles Hand und Fuß: Nicht der Prophet selbst sieht sich als Lügenpropheten, sondern die kurzsichtigen Israeliten, die zwar umkehrten auf seine Gerichtsbotschaft gegen Jerusalem[127] hin, jedoch den Propheten dafür verspotten, daß seine Weissagung nicht eingetroffen sei. Das dient als Motiv für seine Flucht vor dem Auftrag Gottes, der ihm befahl, nach Ninive zu gehen. Dabei bewegt ihn vor allem die Sorge um die Israeliten, die von den Heiden an Bußfertigkeit übertroffen werden, so daß sich Gottes Zorn gegen sein Volk wendet[128].

Wahrscheinlich ist die anschauliche Beschreibung der Reaktion Jonas in den VP entstanden, als man noch konkrete Vorstellungen davon hatte, in welche lebensgefährlichen Konflikte ein Prophet geriet, wenn seine Weissagung nicht eintraf. Der essenische Prophet Judas gibt ein anschauliches Beispiel, wenn nicht für das 2. Jh.v.Chr., so doch für die Zeit des Josephus. Die Erklärung, die Josephus dem Judas für seinen Todeswunsch in den Mund legt,»daß die Wahrheit vor ihm gestorben sei« (s.o. Anm. 116), ist von Jonas zweiter Flucht ins Ausland, um die Schande auszulöschen, gar nicht so weit entfernt. Jona hofft, durch seinen Tod der Schande zu entgehen, nicht einfach dadurch, daß er sich den Blicken seiner Landsleute entzieht.

Daß die ursprüngliche Version der Jona-Vita sich in An1 und den ihr folgenden Rezensionen erhalten hat, zeigt sich in ihrer Fortführung der Geschichte. Hier greift Gott durch den Propheten Elia noch einmal ein, um dem Todeswunsch des Propheten endgültig zu widersprechen. Die Umstellung in Ep1 und An2 versteht diese Zusammenhänge nicht mehr und korrigiert nach der LXX[129].

---

lich denkt er jedoch auch daran, daß Jona dem Fisch an einem Donnerstag begegnete, s. dazu STEMBERGER 1989, 189.

[126] Üs. STEMBERGER 1989, 186; vgl. GINZBERG, Legends IV, 247.

[127] Diese Tradition findet sich im τέρας-Wort der Jona-Vita s.u.

[128] Vgl. MekhY Pisha 1 (LAUTERBACH, I, 9): Jona ist der Prophet, der sich mehr um den »Sohn« (= Israel) als um den »Vater« (= Gott) kümmert; deshalb versuchte er nach Tarschisch zu fliehen. Dahinter wird ein Wissen darum stehen, wer »Ninive« war: Hätte Jona ben Amittai, der Prophet des 8. Jh.s v. Chr., die Niniviten nicht zur Umkehr gebracht, hätte Assur (Nord-)Israel nicht vernichtet. Der rabbinischen Auslegung war noch bewußt, daß Jonas Flucht der Bewahrung Israels vor der assyrischen Vernichtung dienen sollte; vgl. die o. Anm. 123 angegebenen Stellen. Zu diesem Aspekt im Jonabuch: GESE 1991b. Die martyrologische Auslegung von Jonas Flucht muß nicht erst, wie BICKERMAN vermutet hat, mit den Erfahrungen des 1. und 2. jüdischen Krieges entstanden sein, die der jüdischen Märtyrertheologie einen erneuten Anstoß gegeben hat. Sie ist schon 3 Makk 6 belegt.

[129] Zu dieser Tendenz in der späteren Überlieferung der VP vgl. SCHWEMER 1994a, 90f.

2.3 Elia und Jona

4 ῏Ην τότε ᾿Ηλίας ἐλέγχων τὸν οἶκον ᾿Αχαὰβ
καὶ καλέσας λιμὸν ἐπὶ τὴν γῆν ἔφυγεν.
Καὶ ἐλθὼν εὗρε τὴν χήραν μετὰ τοῦ υἱοῦ αὐτῆς·
οὐ γὰρ ἠδύνατο μένειν μετὰ ἀπεριτμήτων·
καὶ εὐλόγησεν αὐτήν.
5 Καὶ θανόντα τὸν υἱὸν αὐτῆς
πάλιν ἤγειρεν ἐκ νεκρῶν ὁ θεὸς διὰ τοῦ ᾿Ηλία·
ἠθέλησε γὰρ δεῖξαι αὐτῷ,
ὅτι οὐ δύναται ἀποδρᾶσαι θεόν.

Mit conjugatio periphrastica wird als Nachholung das Wirken des Propheten Elia unter Ahab eingeführt. Der Anachronismus, daß Elia das Haus Ahab »tadelte«[130], während doch Jona ben Amittai unter Jerobeam II wirkte, stört unsere Vita ebenso wenig wie die rabbinische Überlieferung, die diese Identifizierung beibehielt[131]. Die schönste (jüdische) Erklärung für die Identität Jonas mit dem Sohn der Witwe von Sarepta scheint sich nur bei Hieronymus erhalten zu haben: Weil die Mutter dem Propheten sagt, sie habe durch dieses Wunder erkannt, daß in seinem Mund »Wahrheit« ist, wird Jona »Sohn der Wahrheit« genannt[132]. Diese Erklärung steht in einem auffälligen Gegensatz zur Meinung, Jona sei ein »Falschprophet«. Die Fassung der Geschichte in den VP ist insofern interessant, als sie ebenfalls zwei Begründungen für diese Identifizierung gibt:

Einmal: Elia findet die Witwe und ihren Sohn, weil er nicht bei Unbeschnittenen bleiben konnte, d.h. das Wunder der Totenauferweckung gilt einem Israeliten in der χώρα von Tyrus, keinem Heiden[133]. Die enge Berührung Elias,

---

[130] ἐλέγχω ist ein Lieblingswort der VP, wenn es sich um das Verhältnis der Propheten zu den gottlosen Herrschern handelt.

[131] Wir haben hier ein besonders gutes Beispiel für die freie haggadische Auslegung, die durch die Verknüpfung biblischer Gestalten miteinander anonymen Gestalten einen bekannten Namen gibt, wie es die Traditionen, auf denen die VP beruhen, insgesamt kennzeichnet; dazu MEYER, Art. Exegese II (Judentum), RAC 6, Sp.1194–1211 (1202). Vgl. zur Legende: Hieronymus, Comm in Jon, Prol (zitiert nächste Anm.); BerR 98,11 (zu Gen 49,13); ySuk 5,1 55a; MTeh 26 § 7 (zu Ps 26,9); PRE 33; vgl. BILL. I, 642f; GINZBERG, Legends, IV, 197; VI, 318; JEREMIAS, Art. ᾿Ιωνᾶς, ThWNT III 410–413; DUVAL 1973, 89 Anm. 92; 328 Anm. 13; 644.

[132] Hieronymus, Comm in Jon, Prol (CChr.SL 76, 378, 13–20; SC 232, 162,37 – 164,44): *Tradunt autem Hebraei hunc esse filium uiduae Saraptanae quem Helias propheta mortuum suscitauit, matre postea dicente ad eum ›Nunc cognoui quia uir Dei es tu: et uerbum Dei in ore tuo est ueritatis‹ et ob hanc causam etiam ipsum puerum sic uocatum. Amathi enim in nostra lingua ›ueritatem‹ sonat: et ex eo quod uerum Helias locutus est ille qui suscitatus est, filius esse dicitur ueritatis.* Davon abhängig: Petrus Comestor, Historia Scholastica, 34 (Ende) (PL 198, 1379 A): *Hunc puerum tradunt Hebraei fuisse Jonam prophetam.* Zu Hieronymus' Kenntnis der Haggada s. STEMBERGER 1993.

[133] Vgl. o. Anm. 101 und Mk 7,24–30, die Fernheilung Jesu.

der sich nach 1 Kön 17 über dem Sohn auf dem Bett ausstreckt (vgl. Est 4,17: LXX diff. MT), kann nach dieser Auslegung der Wundergeschichte nicht von einem unreinen Unbeschnittenen gehandelt haben[134]. Elia, der Prophet priesterlicher Abstammung[135], findet damit zugleich einen koscheren Haushalt, in dem er sich aufhalten kann; er muß die Speisegesetze nicht verletzen im fremden Land[136].

Zum anderen verbindet die Vita den Tod des Sohnes der Witwe ausdrücklich mit Jonas Versuch, vor Gott davonzulaufen (Jon 1,3)[137]. Zudem wird noch ein drittes Motiv genannt: Jonas Flucht Richtung Tarschisch führte in den Tod im Leib des großen Fisches, aus dem er wieder errettet wurde. Nun wird er zum zweiten Mal von Gott ins Leben zurückgerufen[138] durch Elia, mit dem er den Wunsch zu sterben gemeinsam hatte[139]. Jonas Wunsch zu sterben und Elias Verzweiflung werden nicht als explizites Zitat angeführt, sondern dienen als Anlaß, die beiden prophetischen Gestalten noch stärker miteinander zu verbinden[140].

Die Korrektur von Ep1 und An2 (Coisl. 205 u.a.), die die Elia/Sarepta-Episode an den Beginn der Vita stellt und die Geschichte Elias, dem Bibeltext[141] folgend, ausführlicher bringt, hat den Sinnzusammenhang von An1 nicht mehr verstanden. Die Auferweckung des »Kindes« muß nun auch anders begründet werden: Gott will damit nicht Jona zeigen, daß er Gott nicht davonlaufen kann, sondern Elia bedankt sich auf diese Weise für die Gastfreundschaft der Witwe[142].

---

[134] Vgl. zur Totenunreinheit in heidnischem Land Bar 3,10f u.ö. (zitiert o. Anm. 112).

[135] Vgl. Elia-Vita, Abschnitt 1.1.

[136] Dazu o. Abschnitt 1.2.2 (Ende).

[137] TORREY, Lives, 42 Anm. 46 betont dagegen, Elia werde gezeigt, daß *er* Gott nicht entfliehen könne, und von daher habe sich sekundär die Identifizierung des Sohnes der Witwe mit Jona ergeben.

[138] Vgl. die u. Anm. 142 angeführte haggadische Überlieferung vom Sohn der Sunnamitin und Elisa: Der Tote, der wieder lebendig wurde, als er ins Grab des Elisa geworfen wurde, war kein anderer als eben dieser Sohn der Sunnamitin. Er stirbt jedoch gleich wieder, weil er ein Sünder war. Deshalb kann diese Geschichte zur Erklärung von Ps 26,9 dienen: Elisa soll nicht bei Sündern liegen, deshalb geschah das Wunder an seinem Grab.

[139] Jon 4 zitiert mit dem dreimal geäußerten Wunsch Jonas, lieber zu sterben, Elias äußerste Verzweiflung in 1 Kön 19,4.

[140] TORREY, Lives, 42 Anm. 46 hält die Version von An1 für eine Legende, in der Jona noch nicht mit dem Sohn der Witwe identifiziert wird, wohl weil »Sarepta« fehlt.

[141] Es ist eine freie, verkürzende Wiedergabe von 1 Kön 17,1–9, doch gibt es wörtliche Berührungen mit LXX: Elia wird von den Raben ernährt, trinkt vom Wasser des Baches, geht nach Sarepta.

[142] Dabei handelt es sich wahrscheinlich um eine Übertragung dieses Motivs aus der Parallelgeschichte 2 Kön 4,8–17. Später wurde, analog zur Identifikation Jonas mit dem Sohn der Witwe von Sarepta, im Sohn der Sunamitin der Prophet Habakuk gesehen, vgl. dazu DELITZSCH 1844, 14f (Beleg: »Tosafot Baba Mezia 114b«); GINZBERG, Legends, VI, 346 Anm. 10 nennt nur späte Belege.

2.4 Die Rückkehr Jonas ins Heilige Land, das Begräbnis seiner Mutter

6 Καὶ ἀναστὰς μετὰ τὸν λιμὸν
ἦλθεν ἐν γῇ Ἰούδα.
καὶ ἀποθανοῦσαν τὴν μητέρα αὐτοῦ κατὰ τὴν ὁδὸν
ἔθαψεν αὐτὴν ἐχόμενα τῆς βαλάνου Δεββώρας.

Zur Beschreibung des Aufbruchs Jonas in seine judäische Heimat wird deutlich die Sprache der Reiseschilderungen der Genesis[143] aufgenommen, wie es schon die Elialegende und das Jonabuch taten[144]. Es ist jedoch nicht nur die Sprache, die die Patriarchengeschichte aufnimmt: Jonas Mutter stirbt auf dieser Reise »am Wege«, und der pietätvolle Sohn bestattet die Mutter unter dem legendenumwobenen Grabbaum der Debora[145]. Dieser liegt direkt unterhalb von Bethel[146]. In nachexilischer Zeit wurde Bethel von Benjaminiten bewohnt (Esra 2,28; Neh 7,32), in hellenistischer Zeit gehört es zum Staat Juda und wird von den Makkabäern als Festung ausgebaut (1 Makk 9,50). Die besondere Rolle, die Bethel im Jubiläenbuch dadurch erhält, daß Levi dort zum

---

[143] Gen 21,14; 22,3.19; 23,7; 24,10 u.ö.

[144] Vgl. Jon 1,2f; 3,3; 1 Kön 17,10 vgl. Jer 13,5.

[145] Nach TestNaph 1,9 ist Debora die Schwester des Vaters der Bilha. JEREMIAS 1958, 119f zieht die Lesart ἐχόμενα τῆς Λιβάνου βαλάνου (Dor, doch auch diese Rezension ist gespalten: Vindob. theol. gr. 77 bietet nur βαλάνου, SCHERMANN, Vitae, 31) vor, denn die »Eiche der Debora« sei eine sekundäre Angleichung an Gen 35,8. Vgl. JEREMIAS 1966, 137.
Dagegen ist durch Jub 32,30 (dazu nächste Anm.) und TPsJ gesichert, daß der Grabbaum der Amme Rebekkas auch in frühjüdischer Zeit eine besondere Rolle spielte. T gibt אלון הא mit חזיא »Ebene, Erscheinung, Vision« wieder wie in Gen 1ff, denn die Targumim vermeiden die Erwähnung der hl. Bäume und umschreiben sie mit anderen Begriffen; vgl. CHESTER 1986, 35; zu Onkelos s. ABERBACH/GROSSFELD, Targum, 79f.

[146] MT: Gen 35,8 ותקבר מתחת לבית אל תחת האלון ויקרא שמו אלון בכות; LXX Gen 35,8: ἀπέθανεν δὲ Δεββώρα ἡ τροφὸς Ῥεβέκκας κατώτερον Βαιθὴλ ὑπὸ τὴν βάλανον, καὶ ἐκάλεσεν Ἰακωβ τὸ ὄνομα αὐτῆς Βάλανος πένθους. Vgl. Jub 32,30: »Und in der Nacht am 23. dieses Monats starb Debora, die Amme der Rebekka. Und sie begruben sie unterhalb der Stadt (Bethel) unter der Eiche des Flusses. Und sie nannten den Namen dieses Ortes ›Fluß der Debora‹ und auch die Eiche ›Eiche der Klage um Debora‹.« Das Jubiläenbuch macht die Angabe vom Begräbnis der Amme der Rebekka, die in Gen 35 an diese Stelle geriet, weil sie im Zusammenhang mit dem Tod Isaaks – zur selben Generation gehörend – berichtet wurde, dadurch verständlicher, daß auch beim die Reise Jakobs in Bethel anwesend ist. Der Wortgebrauch βάλανος, sonst in den VP für heilige Bäume immer δρῦς, signalisiert die Verbindung zu Gen 35,8. Wahrscheinlich identifizieren die VP diese Eiche auch mit der »Palme (LXX: φοίνικα) der Debora« (Ri 4,5), wohl weil diese zwischen Bethel und Rama stand. Nach LAB 33,6 wird die Richterin Debora »in der Stadt ihrer Väter« begraben. LAB vermeidet die Erwähnung der hl. Bäume wie die Targumim. GINZBERG, Legends V, 317 gibt für die Identifizierung des Grabbaums der Amme mit dem Baum, unter dem die Richterin Debora saß, späte jüdischen Midraschsammlungen an, die auf ältere Quellen zurückgehen sollen. Nach Plinius, n.h. 5,16,74 lag in Skythopolis Nysa, die *Amme* des Dionysos, begraben. Ob hier Querverbindungen bestehen, müßte man näher untersuchen.

Priester eingesetzt wird, könnte antisamaritanische Gründe haben, denn die
Samaritaner nannten den Garizim »Bethel«[147].

Jona befindet sich nun also wirklich im Land Juda, und Jonas Mutter hat
ihre Ruhestatt gewissermaßen nicht nur in der judäischen Heimat, sondern
auch im Herzen der Vätergeschichte gefunden[148].

2.5 Jona wird seßhaft in Saraar

> 7 Καὶ κατοικήσας ἐν γῇ Σαραάρ

Er bewohnt nun das Land (γῇ) Saraar/Saar[149], jedoch nicht mehr als Fremd-
ling wie einst das Hinterland Sur, sondern wie die Wortwahl κατοικέω[150]
zeigt, ließ er sich dort als »Bürger« auf Dauer nieder. Alle Kommentatoren
sind sich einig, dieses Saraar kann nur »Seïr«, d.h. Śaʿīr[151] meinen. Das Gebirge von Edom Śaʿīr hieß seit hellenistischer Zeit šarār[152]. An1 und Dor geben
diese Namenform erstaunlich korrekt wieder. Das macht es wahrscheinlich,
daß die VP ursprünglich an das »Land« šarār denken und nicht an den heutigen Ort Seïr. Zudem steht dieses »Land Saraar« im Gegensatz zum kurz zuvor
genannten »Land Juda«. In das Gebirge von Edom weist die Lokalisierung
des Jonagrabes, die sich in der mohammedanischen Ortstradition in Ḥalḥul
(4,5 km von Seïr entfernt) erhalten hat[153].

3. Tod und Begräbnis in der Höhle des Kenaz

> ἀπέθανε καὶ ἐτάφη ἐν σπηλαίῳ Κενεζέου
> κριτοῦ γενομένου μιᾶς φυλῆς ἐν ἡμέραις τῆς ἀναρχίας.

---

[147] Vgl. MENDELS 1987, 61f

[148] Zur Bedeutung des Grabes in heimatlicher Erde vgl. Band I, 267f; mit dem Grab verbindet sich der Anspruch auf das Land (vgl. Gen 23), und zugleich gibt das Heiligengrab
»Raum und Lebensschutz«, s. Band I, 78 Anm. 340.

[149] Nur Vat. gr. 2125 und Dor (HOESCHEL) haben Σαραάρ. Schol. (Monac. 472; Theo-
doreth): Σαραήρ; Theophylakt: Σαραάμ; Σαάρ (Coisl. 224; Coisl. 205; Paris. 1712;
Frag.Leyd. Voss. 46; Ep2; Dor; Ep1) bieten die meisten Textzeugen.

[150] S. LSJ, s.v. »settle in, colonize, inhabit«; BAUER/ALAND, s.v. »wohnen, in Besitz nehmen« ; in LXX gibt es vor allem יָשַׁב und שָׁכַן wieder.

[151] So HAMAKER 1833, 181f; ABEL 1922b, 182 (hält Σούρ und Σαάρ für identisch, weil
er Ep1 und der Reihenfolge dieser Rezension folgt); TORREY, Lives, 42 Anm. 48 »That is
Edom«; JEREMIAS 1958, 88; HARE, Lives, 392 Anm. 10 f.; KEEL/KÜCHLER 1982, 669f. Zu
»Seïr« als Wohngebiet Esaus und damit der Edomiter/Idumäer vgl. vor allem Jub 29,13;
36,19; 38,9f; dazu MENDELS 1987, 66f.

[152] S. KNAUF 1989, 110 (Lit.).

[153] S. dazu ABEL 1922b, 178; JEREMIAS 1958, 89f; KEEL/KÜCHLER 1982, 669f. Ḥalḥul ist
der am höchsten gelegene Ort in dieser Gegend.

Jona stirbt in diesem Land und wird begraben in der Höhle des Kenezeos, des Richters eines Stammes[154] in den Tagen der Anarchie. In diesem Kenaz sind der Judäer und Bruder/Sohn des Kaleb mit dem Edomiter Kenaz[155] zu einer Gestalt zusammengewachsen. Kenaz ist in der chronistischen Juda-Liste festverankert. Bei Ps-Philo, LAB[156] und Josephus[157] ist Kenaz an die Stelle seines Sohnes Othniel als *erster* Richter getreten. Alle Wahrscheinlichkeit spricht dafür, daß die Entstehung dieser Tradition mit der Eroberung des idumäischen Gebiets um 128 v. Chr. zusammenhängt und den Anschluß der Idumäer an den hasmonäischen Staat verklärt[158]. Aber in den VP ist sicher »der eine Stamm«, über den Kenaz »Richter« war, der Stamm Simeon und nicht Juda oder das ganze Volk wie bei Josephus und LAB, denn Jona wird ja im Land Saraar und nicht in Judäa heimisch. Die positive Sicht der hasmonäischen Landerweiterung und Einbeziehung von Heiden in den jüdischen Staat, steht im Gegensatz zu der Kritik an dieser Eroberungspolitik bei den Frommen in Qumran[159]. Die Jona-Vita dagegen rechtfertigt diese Landeroberung legendär durch das Vorbild Jonas[160]. Man wird also die Entstehung der Vorlage unserer Vita nicht zu spät ansetzen dürfen; die Nähe zur semitischen Sprache (vor allem in den Ortsbezeichnungen) läßt vermuten, daß es einmal eine hebräische(?) schriftliche Fassung dieser Jonalegende gegeben hat. Vielleicht gehört diese Quelle noch in die Zeit um 100 v.Chr. Jedenfalls vertritt die Legende den Eroberungen der Hasmononäer gegenüber ein ähnliches Konzept wie das Jubiläenbuch[161]. Besonders deutlich wird das durch den ehrenvollen Grab-

---

[154] TORREY, Lives, 27f schloß aus dieser Formulierung wieder auf ein hebräisches Original; es sei die Fehlübersetzung von »erstem Richter« אחד שׁפט; s. dagegen schon HARE, Lives, 393 Anm. h.

[155] Kenaz, der Edomiter: Gen 36,11.42; der Judäer: 1 Chron 4,13.15 ; Jos 15,17ff; Ri 1,13: Otniel ist der Sohn des Kenaz. Kenaz selbst ist der jüngere Bruder bzw. Sohn Kalebs. Ri 3,9–11 ist Otniel der Sohn des Kenaz der erste Richter.

[156] LAB 25,2 (SC 229, 194, 16ff): *Et miserunt sortem in tribu Caleph, et exivit sors ad Cenez, et constituerunt eum principem in Israel*; 27,16 (SC 229, 222, 143ff): *Et principatus est Cenez populo quinquaginta et septem annos, et timor eius erat super inimicos eius omnibus diebus suis.*

[157] Ant 5,182–184: Τῆς Ἰούδα φυλῆς τις Κενίαζος ὄνομα ... Κενίαζος δὲ ὡς ἔργῳ πεῖραν αὐτοῦ δεδωκὼς τῆς ἀνδραγαθίας γέρας ὑπὲρ λαμβάνει παρὰ τοῦ πλήθους ἀρχήν, ὥστε κρίνειν τὸν λαόν.

[158] Vgl. dagegen Sir 50, 25f; o. zitiert S. 56.

[159] Vgl. dazu 4QpPs 37; 4QpNah: Nah 2,13f wird polemisch auf Alexander Jannais Eroberungen gedeutet; jedoch vor allem 1QpHab viii 12f: »Und den Reichtum der Völker nahm er, um Sündenschuld auf sich zu häufen, und Wege der Greuel beging er in jeglicher schmutzigen Unreinheit.«

[160] Analog zur Erzählung von Jonas Aufenthalt im Gebiet von Tyrus, mit dem Unterschied, daß Saraar wirklich zur Heimat des Propheten wird.

[161] Dazu MENDELS 1987, 66f.145–154 (ohne die VP zu nennen); zu apologetisch: KASHER 1988, 46–77, der einen völlig freiwilligen Anschluß der Idumäer beweisen will (55). Er verweist weder auf die Belege aus Qumran, noch auf die Jona-Vita, die seine These ja stützen könnte.

platz, den Jona im Grab des Richters Kenezeos erhält. Wahrscheinlich hat J. Jeremias Recht mit der Annahme, daß sich darin die Judaisierung des idumäischen Patriarchengrabes – das dem Edomiter Kenaz gehörte – spiegelt[162]. Die Zeit der Anarchie ist in den VP die Zeit der Richter, wie die Maleachi-Vita zeigt[163].

Jona schließt den Kreis seiner Weltreise, wenn er hier seine Ruhestatt und letzte Heimat findet. So sah vielleicht eine ideale jüdische Wiederbesiedlung des idumäischen Gebiets nach der hasmonäischen Eroberung aus. Hier können diejenigen ihre endgültige Heimstatt finden, die in der Nähe der Griechen aufgewachsen, bis nach Ninive gekommen, sich nach Tyrus (und Sidon) verschlagen hatten und in Judäa wieder Wurzeln bekamen durch ein mütterliches Grab. Sie schließen damit an die Zeit der Gewinnung des Landes unter den Richtern an. Doch die Jona-Vita endet hier nicht. Wie in der Daniel- und Habakuk-Vita ist das τέρας-Wort an den Schluß gestellt.

4. Die eschatologische Prophetie Jonas

> 8 Καὶ ἔδωκε τέρας ἐπὶ Ἰερουσαλὴμ καὶ ὅλην τὴν γῆν,
> ὅτε ἴδωσι λίθον βοῶντα οἰκτρῶς,
> ἐγγίζειν τὸ τέλος.
> καὶ ὅτε ἴδωσιν ἐν Ἰερουσαλὴμ πάντα τὰ ἔθνη,
> ὅτι ἡ πόλις ἕως ἐδάφους ἠφάνισται ὅλη.

Das mit der charakteristischen Einleitungsformel beginnende τέρας-Wort verwendet ὅτε mit Konjunktiv im Sinne von ὅταν[164]. Die beiden Gerichtsworte richten sich mit dem auffälligen ἴδωσι(ν) direkt an die nicht näher bestimmten, aber vorauszusetzenden Angeredeten: die Jerusalemer[165] und Erdenbewohner überhaupt. Beide Ankündigungen sind durch die zusammenfassende Überschrift »über Jerusalem und die ganze Erde« miteinander verbunden und ihr chiastisch zugeordnet. Eine Besonderheit des Jonawortes besteht in der reinen doppelten Unheilsweissagung, ohne ausdrücklichen Verweis auf das auf das Unheil folgende Heil.

---

[162] JEREMIAS 1958, 89f.

[163] Vgl. u. Maleachi-Vita, Abschnitt 3.2. Diese spezielle Verwendung findet sich nicht in LXX, NT und in den anderen griechisch erhaltenen zwischentestamentarischen Schriften, jedoch bei Jos., Ant 6,84: μετὰ δὲ τὴν ἐκείνου (sc. Ἰησοῦ) τελευτὴν ... τὸ πλῆθος αὐτῶν ἀναρχία κατέσχε; Ant 5,185 herrscht ebenfalls nach dem Tod des Richters Kenaz wieder die Anarchie: Τελευτήσαντος δὲ τούτου (sc. Κενίαζος) πάλιν τὰ τῶν Ἰσραηλιτῶν ὑπὸ ἀναρχίας ἐνόσει πράγματα.

[164] Bereits klassisch belegt, s. BAUER/ALAND, s.v.

[165] Von Jonas Weissagung gegen Jerusalem spricht auch noch PRE 10, vgl. o. S. 71f Anm. 123–125.

4.1 Das Zeichen des schreienden Steins

ὅτε ἴδωσι λίθον βοῶντα οἰκτρῶς,
ἐγγίζειν τὸ τέλος.

Das Schreien eines Steins gehört nicht nur in der Jona-Vita zu den Vorzeichen des Endes, aber nur hier finden wir es – abgesehen von Hab 2,11 – als Prophetie eines bestimmten Propheten. Lk 19,40 (par Mt 21,16[166]) bietet für diese Tradition »Steine« im Plural[167], auch der zweite frühjüdische Beleg in 4 Esr 5,5 verwendet den Plural sowohl für die Steine wie für die Bäume[168].

Der schreiende Stein als Vorzeichen geht auf altorientalische Omen-Tradition zurück. Bäume und Steine geben Orakel. Das Klagen der Steine kündet die Ankunft von Göttern an[169]. Dieses Zeichen steht wahrscheinlich ursprünglich in Parallele zu den Baumprodigien und hat wohl ähnliche Bedeutung wie der sich neigende und aufrichtende Baum[170]. Es zeigt nicht nur das Ende der Welt an, sondern auch den, der es mit seinem Kommen bringt. In Hab 2,11 wird das Zeichen schon abgewandelt in einem Wehewort verwendet, um auf das – dem schreienden Unrecht folgende – drohende Gericht JHWHs und seine – für den Gerechten heilvolle – Präsenz zu verweisen[171]. Wenn in Hab 2,11 der Stein schreit und das Holz antwortet, so bleibt diese Parallelität erhalten. Anders als 4 Esr 5,5, aber ähnlich wie Barn 12,1 und Lk 19,40 lösen die VP diese »Doppelheit« auf. In der jüdisch-apokalyptischen Literatur erscheinen –

---

[166] Gegen eine Abhängigkeit von Mt von der in Lk erhaltenen Überlieferung: GNILKA, 1988, 207. Mt gibt eine eigenwillige, theologisch durchdachte Umformung der Q-Tradition durch das Zitat von Ps 8,3, wo Gott sich seinen Tempel auf dem Lob der Unmündigen gründet, s. dazu SPIECKERMANN 1989, 232f; vgl. HENGEL/SCHWEMER 1991, 14f; in 4 Esr 6,21 gehört »Einjährige Kinder werden ihre Stimme erheben und reden« zu den Anzeichen des Endes, die bereits auf das Gericht über die Sünder und das Heil für die Gerechten, d.h. das Ende der Erniedrigung Zions, hinweisen. Vgl. BILL. II, 253: die Rabbinen sahen in dem Stein von Hab 2,11 einen »Warner«. Vgl. auch SCHMITT 1978b, 127.

[167] Den Plural hat auch die hebr. Version von »Signs of the Judgment«, s. STONE, Signs, 47 für den 9. Tag: »On the ninth day the houses will fall and the terraces (or: cliffs) will fall and the trees and stones will cry out as a human cry.« Vgl. die Abwandlung des Motivs in der Baraita bPes 57a, wo der Tempelhof viermal aufschreit wegen der Vergehen der (Hohen) Priester; dazu BREWER 1992, 118.

[168] In der Reihe der Omina von 4 Esr 5,1–13 erscheint das Schreien der Steine in Parallele zum Bluten der Bäume, diese beiden *signa* sind die eindrücklichsten, die Ps-Esra aufzählt. Die Abschnitte über die Zeichen des Endes in 4 Esr wird man nicht als literarisch selbständige Vorlage (so noch GUNKEL in KAUTZSCH, APAT II) ausgrenzen können. Sie zeigen deutlich den systematisch theologischen Duktus des Verfassers. 4 Esr verwendet dazu traditionelle Motive, vgl. STONE 1990, 111. Zu Barn 12,1 und 4QApcrEz vgl. u. Anm. 176.

[169] KTU 1.82 Z. 42f: »I will turn your well into a mud pond if the arrival of the gods [does not make] the trees [trem]ble, if the trees do not give (sound) if the stones do not murmur« (Üs. DE MOOR/SPRONK 1984, 249); vgl. KTU 1.3, III–IV: »a word of the tree and a whisper of the stone«; KTU 1.82 Z. 37: »if the trees do not gi[ve] (sound)«, Üs. DE MOOR/ SPRONK 1984, 247.249.

[170] Vgl. o. Hosea-Vita, Anm. 45ff zu den Baumprodigien.

[171] V. 11 steht also parallel zu V.12f; V. 16b; V. 20 in der Reihe der Weheworte.

wie man öfter beobachten kann – Elemente der altorientalischen Mantik in neuem Gewand[172].

Das Schreien unterstreicht die Erwartung der Wehen der Endzeit, die dem Ende vorausgehen. Wie die Entwicklung von 4QApcrEz zu 4 Esr 5,5 und Barn 12,1 zeigt, unterstrich man zunehmend die unheilvolle Bedeutung dieser althergebrachten Prodigien; diese war beim schreienden Stein schon durch Hab 2,11 vorgegeben. Man kann vermuten, daß es mit diesem Stein, der durch sein *jammervolles* Schreien das Ende der Welt anzeigt, etwas Besonderes auf sich haben muß. Es liegt nahe, an eine Übertragung auf den Grundstein der Welt, den Omphalos auf dem Zion und Grundstein des Altars im Jerusalemer Tempel[173], zu denken, der aber erst in der rabbinischen Literatur eine besondere Rolle spielt. Er ist zugleich der Verschlußstein, der über dem Zugang zur Urflut liegt. Er »hatte die Funktion, diese zurückzuhalten und daran zu hindern, die Welt zu zerstören«[174].

Die christliche Weitertradierung hat das Jonazeichen in den VP, so die Rez. Scholia Patrum[175], mit Hab 2,11 (LXX) verbunden und die Stelle christologisch gedeutet: Der Stein und der Skarabäus, der »vom Holze« schreit, werden mit Christus und dem Golgatha-Felsen(?) identifiziert: »wenn ... der Skarabäus vom Holze zu Gott schreit, dann ist das Heil da«[176]. Zudem wird das Grundsteinmotiv erneut ausgestaltet, wenn weiter gesagt wird, daß »die Steine« nach Westen verlegt werden, womit wahrscheinlich auf den Bau der Grabeskirche angespielt wird[177].

---

[172] Vgl. etwa CHARLESWORTH 1991; GREENFIELD/SOKOLOFF 1989.

[173] Vgl. 4Q522 8 ii: David brachte das erste Opfer auf dem Felsen auf dem Zion dar. Dieser ist der Grundstein des Brandopferaltars, s. dazu PUECH 1992, 676–696 (676).

[174] EGO 1989, 88; vgl. die bei EGO (88–91) aufgeführten Belege und Lit., bes. SCHÄFER 1974a, 122–133. Zu den christlichen Pilgerberichten vgl. JEREMIAS 1926, 74–128; DONNER 1977, 1–11; DONNER 1979, 26f; KRETSCHMAR 1987, 106f: den christlichen Pilgern »aus Plaisance zeigte man um 570 in der Zionskirche ... den ›Stein, den die Bauleute verworfen haben‹.«

[175] SCHERMANN, Vitae, 101:
καὶ κάνθαρον ἀπὸ ξύλου πρὸς τὸν θεὸν φθεγγόμενον,
τότε ἐγγίζειν τὴν σωτηρίαν ...
καὶ μεταθήσουσι τοὺς λίθους κατὰ δυσμὰς ἡλίου,
καὶ ἐκεῖ ἔσται ἡ προσκύνησις τοῦ ἠλειμμένου
διὰ τὸ τὴν Ἰερουσαλὴμ βδελυχθῆναι ἐν ἐρημώσει θηρίων καὶ πάσης ἀκαθαρσίας,
καὶ τότε ἥξει τὸ τέλος πάσης πνοῆς.

[176] Hab 2,11: διότι λίθος ἐκ τοίχου βοήσεται, καὶ κάνθαρος ἐκ ξύλου φθέγξεται αὐτά. Der Skarabäus ist in der ägyptischen Ikonographie Zeichen der Sonne und wird als Christusepitheton verwendet, s. dazu A. STUIBER, Art. Christusepitheta, RAC 3, 24–29. Die Biblia Patristica verweist für Hab 2,11 auf Barn 12,1, doch Barn zitiert nicht diese Prophetenstelle; richtig WINDISCH 1920, 369: Zitatensammlung von »Schreckenswunder(n), die die Nähe des Endes ankündigen«; die vielumrätselte Stelle hat sich jetzt in 4QApcrEz gefunden, dazu o. Hosea-Vita, Anm. 45.47.

[177] Vgl. SCHMITT 1978b, 126 Anm. 10. Interessanterweise hat die Tür der Grabeskirche die gleichen Maße wie das Osttor des Tempels, freundlicher Hinweis von Dr. C. MARK-

4.2 Die Prophetie über die Zerstörung Jerusalems

καὶ ὅτε ἴδωσιν ἐν Ἱερουσαλὴμ πάντα τὰ ἔθνη,
ὅτι ἡ πόλις ἕως ἐδάφους ἠφάνισται ὅλη.

Die Erwartung der endzeitlichen Zerstörung der heiligen Stadt durch den An-
sturm der Völker ist durch alttestamentliche Prophetien vorgegeben[178]. Das
Gerichtswort Jonas der VP bezieht sich deutlich nicht auf die Zerstörung
durch Nebukadnezar[179], sondern auf die letzte Vernichtung Jerusalems am
Weltende, wie die Anspielung auf Sach 14,2 zeigt[180], die durch die Schärfe der
Formulierung noch überboten wird[181]. Nun wurde Jerusalem im Jahr 70 von
Titus bis auf die Türme Phasael, Hippikus und Mariamne tatsächlich eingeeb-
net, aber das Weltende war damit noch keineswegs gekommen. Die Zerstörung durch Titus konnte jedoch, wie besonders 4 Esr zeigt, als Voraussetzung
für das Kommen des neuen Jerusalem verstanden werden, es wird nur eine
heilvolle Zwischenzeit unter messianischer Herrschaft geben, bevor das jüngste Gericht in Jerusalem anbricht. Danach kommt erst der neue Äon, die Welt
der Gerechten. Die Jona-Prophetie ist von solcher Systematik noch weit entfernt, sie rechnet wie Sach 14 nicht mit einer Zwischenzeit nach der Zerstörung Jerusalems, sondern mit dem Endkampf aller Völker gegen die Stadt,
auch wenn das Motiv hier nicht weiter ausgemalt wird. Es besteht kein zwingender Grund, diese Weissagung aus der Erfahrung von 70 n. Chr. als vaticinium ex eventu herzuleiten[182], im Gegenteil: Es verrät sowenig konkrete An-
spielungen auf die Belagerung und Zerstörung, daß man es als eines der
wenig beachteten Zeugnisse für die Erwartung der Zerstörung der Stadt anzusehen hat[183], das wahrscheinlich aus der Zeit vor dem Aufstand stammt. In
seiner Unerbittlichkeit kommt es der inspirierten, essenischen Auslegung von
Nah 2,12 nahe, wo es über Jerusalem heißt: ותרמס חרר[184]. Essenische Pro-

---

SCHIES. Vgl. zur Übertragung von Tempeltraditionen auf den Westhügel und die Grabeskirche: KRETSCHMAR 1987, 94–111.
[178] Vor allem Mi 3,12 vgl. Jer 7,12–14; 26,6.9.18f Zur Wirkungsgeschichte des Micha-
Wortes s. SCHWEMER 1991b, 333.337.343.347.
[179] 2 Kön 25,9; 2 Chr 36,19; Tob 14,4b
[180] καὶ ἐπισυνάξω πάντα τὰ ἔθνη ἐπὶ Ιερουσαλημ εἰς πόλεμον, καὶ ἁλώσεται ἡ πόλις,
vgl. Joel 2,17.
[181] Zu ἀφανίζω und ἕως ἐδάφους s. HATCH/REDPATH, s.v.
[182] Zur Erwartung der Zerstörung Jerusalems vgl. BÖCHER 1974, 55–76; HENGEL 1984b,
21–25. Die atl. Prophetien über den eschatologischen Völkersturm waren neben neuen
Prophetien, Weissagungen und Omina in der Zeit des 1. Aufstandes ungeheuer virulent; diese neuen sind keineswegs alle erst nach der Zerstörung der Stadt entstanden.
[183] So geht auch SCHWIER 1989 nicht auf die VP ein.
[184] 4QpNah i 3: »[aber Gott lieferte Jerusalem nicht aus in] die Hand der Könige von
Griechenland von Antiochus an bis zum Herrschaftsantritt von Herrschern der Kittim; aber
danach wird (die Stadt) zertreten werden« (dt. Üs. und Textrekonstruktion: YADIN 1981,
183). Man wird diese Deutung als essenische Prophetie auf die zukünftige Zerstörung Jerusalems durch die Römer zu verstehen haben.

phetie versteckte sich nicht unter dem Pseudonym eines alten Propheten, sondern kommentierte, selbstbewußt vom Geist der Prophetie erfüllt, die alten
Propheten auf die Ereignisse der Zeit und der Zukunft.

Hare dagegen meint, es gebe wenig Sinn, das Jona-Wort auf eine kriegerische Zerstörung zu beziehen, vielmehr sei gemeint, Jerusalem werde durch
die vielen Heiden, die sich in der Stadt aufhalten, verunreinigt; das habe dann
den Untergang der Stadt zur Folge.

Daß Jona auch die Zerstörung Jerusalems und nicht nur die Ninives angekündigt hat, findet sich in der späteren Haggada wahrscheinlich in Abhängigkeit von älteren Pseudepigraphen aus frühjüdischer Zeit[185].

14. Exkurs: Das Zeichen des Jona in der Logienquelle (Lk 11,29–32; Mt 12,38–42; 16,1–2a.4) und die Ablehnung der Zeichenbitte in Mk 8,11f.

Schmitt[186] hat darauf hingewiesen, daß der rätselhafte Hinweis Jesu auf das »Zeichen
des Jona«, das das einzige sei, das diesem Geschlecht gegeben werde, auf das τέρας-
Wort Jonas anspielt. Dabei haben Lk und Mt wahrscheinlich gegenüber der Ablehnung
der Zeichenbitte in Mk 8,11f ein ursprüngliches Element bewahrt. Die Interpretation
des Jona-Zeichens bei den beiden Seitenreferenten auf die Buße der Niniviten (so Lk)
oder den dreitägigen Aufenthalt in der Unterwelt (so Mt) kann nicht der originale Sinn
dieses Jona-Zeichens gewesen sein. Denn beide Evangelisten entsprechen mit ihrem
Verständnis nicht dem drohenden Unterton, den das Logion anschlägt:

Ἡ γενεὰ αὕτη γενεὰ πονηρά ἐστιν·
σημεῖον ζητεῖ,
καὶ σημεῖον οὐ δοθήσεται αὐτῇ
εἰ μὴ τὸ σημεῖον Ἰωνᾶ.

Sowohl der Hinweis auf den schreienden Stein, der das Ende dieser Welt anzeigt, wie
die Ankündigung der Zerstörung Jerusalems sind »im Munde Jesu« nicht völlig undenkbar. Zumindest handelt es sich um einen Q sehr früh zugewachsenen Zusatz, der
von Lk und Mt verschieden interpretiert wird. Die markinische Apokalypse hat in Mk
13,1 ihren alten Haftpunkt. Auch wenn der Hinweis auf das Jona-Zeichen sekundär
und Mk 8,11f primär wäre, müßte man die ursprüngliche Intention des Jona-Zeichens
eher im τέρας-Wort der VP suchen.

---

[185] Zu PRE 10 s.o. S. 71f Anm. 123–125; vgl. Rofé 1988, 165; Duval 1973, 98–103.

[186] Schmitt 1978b, 123–129, sieht im »Jona-Wort« eine anonyme Prophetie aus der Zeit
um 66–70; sein Vorschlag wurde von Luz 1990, 274 Anm. 11 nicht übernommen; ebenso
Schürmann 1994, 272 Anm. 31. Im letzten Teil meiner Tübinger Dissertation 1993, der
voraussichtlich in ZNW erscheinen wird, ging ich ausführlicher auf das Problem und die
neuere Lit. ein.

Zusammenfassung

Charakteristisch für die Jona-Vita sind ihre semitisierende Sprache und ihr palästinisches Lokalkolorit[187]. Sie spannt einen weiten Bogen von Kariathmaous, dem Geburtsort des Propheten in der Nähe von Azotos, bis hin zu seiner Bestattung im Kenazgrab, dem Grab des edomitischen Patriarchen. Die Traditionen, die sie verarbeitet, sind zum Teil »steinalt«. So weist die eigenartige Weise, in der in den VP die Identifizierung Jonas mit dem Sohn der Witwe von Sarepta beschrieben wird, vielleicht auf Ursprünge dieser Legende in jüdischen Enklaven im Hinterland von Tyrus hin. Die Verbindung all dieser ganz verschiedenen lokalen Überlieferungen zu einem sinnvollen Lebensweg des Propheten zeigt die behutsame, die Traditionen miteinander verbindende Arbeitsweise des Verfassers der VP. Da seine Rekonstruktion mit der biblischen Überlieferung sehr frei umgeht, wurde die Vita später (Ep1 und An2 z.T.) durchgehend korrigiert und umgestellt. Das Problem, ob er ein wahrer Prophet oder ein Falschprophet war, das durch das Jonabuch vorgegeben ist, erscheint auch in den VP. Jona war und blieb trotzdem einer der beliebtesten und interessantesten Propheten. Allein zwei Orte trugen später seinen Namen und die Jona-Kirchen blühten in byzantinischer Zeit[188]. Aber auch in der jüdischen Haggada wurde der Prophet nicht vergessen.

---

[187] Im Gegensatz zur jüdisch-alexandrinischen Predigt De Jona (Üs. bei SIEGERT, Predigten, 9–48). In der armenischen Jonaerzählung werden dann Motive aus der Jona-Vita eingetragen; so die »Eiche Rukel«, unter der Jonas Mutter begraben liegt, die aus der Jesaja-Vita übertragen wurde, s. SIEGERT 1992, 225, den mein Hinweis überzeugt hat.

[188] Vgl. ABEL 1922b. Zur jüdischen und altkirchlichen Auslegung des Jonabuches s. DUVAL 1973 passim.

Die Nahum-Vita

Text und Übersetzung

11.1 Ναούμ ἀπὸ Ἐλκεσὶ πέραν τοῦ Ἰσβηγαβαρὶν φυλῆς Συμεών.

2 Οὗτος μετὰ τὸν Ἰωνᾶν τῇ Νινευὶ τέρας ἔδωκεν, ὅτι ὑπὸ ὑδάτων γλυκέων καὶ πυρὸς ὑπογείου ἀπολεῖται, ὃ καὶ γέγονεν.

3 Ἡ γὰρ περιέχουσα αὐτὴν λίμνη κατέκλυσεν αὐτὴν ἐν σεισμῷ καὶ πῦρ ἐκ τῆς ἐρήμου ἐπελθὸν τὸ ὑψηλότερον αὐτῆς μέρος ἐνέπρησεν.

4 Ἀπέθανε δὲ ἐν εἰρήνῃ καὶ ἐτάφη ἐν τῇ γῇ αὐτοῦ.

11.1 Nahum (war) aus Elkesi jenseits von Isbegabarin aus dem Stamm Simeon.

2 Dieser gab nach Jona Ninive eine Prophetie, daß es von Süßwasser und unterirdischem Feuer zerstört werden wird, was auch geschah.

3 Denn der sie umgebende See überflutete sie in einem Erdbeben und Feuer kam aus der Wüste und verbrannte ihren oberen Teil.

4 Er starb aber in Frieden und wurde in seiner Heimat begraben.

Zum Text

Textkritisch bietet diese Vita keine Probleme. Torrey hat eine Verbesserung vorgeschlagen: Zwischen πέραν und τοῦ Ἰσβηγάβαριν seien »die Berge« ausgefallen, die zwischen Jerusalem und Beth Guvrin liegen[1]. Das ist reine Konjektur.

Aufbau und Vergleich der Rezensionen

Die kurze Notiz über Nahum gibt seine Herkunft an, darauf folgt mit οὗτος eingeleitet ein Referat über seine Prophetie über Ninive und die Beschreibung des Untergangs der Stadt. Die Grabnotiz berichtet von seinem friedlichen Ende und seinem Grab in der Heimat.

Dor stellt als messianische Prophetie Nah 1,14; 2,8f vgl. 1,8; 3,15 voran. Ep2 verbessert nach LXX, Nahum sei der Sohn des Elkesaios gewesen. Ep1 fügt nach πέραν die durch ntlichen Sprachgebrauch veranlaßte Ergänzung τοῦ Ἰορδάνου ein, die ganz und gar nicht zu Beth Guvrin paßt.

---

[1] TORREY, Lives, 42f Anm. 52. Zu Ἰσβηγαβαρίν = Beth Guvrin s.u. Anm. 5. und 6.

Kommentar

1. Die Herkunft

Ναοὺμ ἀπὸ Ἐλκεσὶ πέραν τοῦ Ἰσβηγαβαρὶν φυλῆς Συμεών.

Der Name[2] des Propheten wird vorangestellt und in V. 2 mit οὗτος wieder aufgenommen. Die Nahum-Vita versteht Elkesi (Nah 1,1 הָאֶלְקֹשִׁי) nicht als Gentilicium, sondern verwendet es ungräzisiert als Namen des Heimatortes des Propheten[3]. Sie ist bei dieser Angabe sicher eher von MT als von LXX (τοῦ Ἐλκεσαίου) abhängig. Ein Ort mit diesem Namen wird im AT sonst nicht genannt, auch nicht das aus ha-'älqoši erschlossene »Elqosch«[4]. Wie bereits E. Nestle vorgeschlagen hat, ist das seltsame in den Handschriften auf unterschiedliche Weise variierte »Isbegabarin«[5] als aus »εἰς βητγαβαρίν[6] entstanden zu verstehen[7]. Hieronymus wurde Geburts- und Grabort des Propheten dagegen in Galiläa gezeigt[8]. Spätmittelalterlich ist die Angabe, daß er aus

---

[2] Dor übersetzt »παράκλησις«; eine Ableitung von נחם ist die übliche Deutung, vgl. Schol (SCHERMANN, Vitae, 101, 16): παράκλητος; WUTZ 1914, 130.

[3] Vgl. o. Micha-Vita, Anm. 4 zu Morasthi.

[4] Eine Angabe des Heimatortes der Propheten findet sich im AT bei Elia (1 Kön 17,1), Elisa, Jona (2 Kön 14,25), Jeremia, Amos und Micha, dabei werden für Elia, Micha und Nahum Gentilicia verwendet. Doch nur für Elia steht fest, daß es in frühjüdischer Zeit eine Stadt namens »Thesbe« gab. Für Micha und Nahum sind die VP der früheste Zeuge. Ep2 liest hier wie LXX nicht den Orts-, sondern den Vatersnamen: υἱὸς Ἐλκεσαίου (SCHERMANN, Vitae, 57); T: מבית קושׁי, aus dem Hause (= der Familie) Qoši. Der Ortsname Elqosch könnte auf el qoš zurückgehen (so PROCKSCH 1910, 131; RUDOLPH 1975, 149) und auf die moabitisch/idumäische Gottheit hinweisen; daneben hat man die Ableitung von lqš »Öhmd«, »Spätsaat« vorgeschlagen (HAL, 509), was auf »eine landwirtschaftliche Bezeichnung für einen ... kleinerer Ort« hinweisen könnte (SEYBOLD 1989, 55). Euseb, Onom (KLOSTERMANN 90,12) gibt das Lemma Ἐλκεσέ, fügt hinzu ὅθεν ἦν Ναοὺμ ὁ Ἐλκεσαῖος und verzichtet auf die Lokalisierung; ebenso die Üs. des Hieronymus. Cyrill von Alexandrien (PG 71, Sp. 780 A) nennt den Ort Ἐλκεσέ in Judäa und fügt hinzu, dieser sei nicht vom Vatersnamen abzuleiten.

[5] Vat. 1974, Coisl. 224: Βηταβαρήμ; Philadelph. 1141, Frag. Leyd. Voss. 46: εἰς βιγαβάρει; Coisl. 205: ἐσβινάμαρι; Paris. 1712: ἐσβινάρι; Ep2: ἀπὸ Ἰεσβῆ / ἰεσβή; Dor: εἰς Βηταβαρήν; stärker abweichend Ep1: πέραν τοῦ Ἰορδάνου εἰς Βηγαβάρ. Die verhältnismäßig beste Lesart bieten hier Dor und syr (NESTLE, Grammatik, 99: אלקושׁ und בית חורים = Eleutheropolis), insofern sie das εἰς nicht in den Namen integrieren.

[6] TAVO-Koordinaten: 140.112. Jos., Bell 4,447: Βήγαβρις (var.l. Βήταβρις, Βήταρις; Begabris; vgl. MÖLLER/SCHMITT 1976, 42 (Lit.); zur rabb. Lit. vgl. REEG 1989, 95f: בית גוברין; RÜGER, Benjamin von Tudela, 50.

[7] NESTLE 1878, 222–225; zustimmend JEREMIAS 1958, 101; ABEL 1938, 313 läßt die Frage der Lokalisierung offen. GESENIUS[18], 69 verweist auf die VP und Hieronymus (vgl. u. Anm. 8). Die griechischen Kirchenväter wissen z.T., daß der Ort in der Nähe von Eleutheropolis liegt, s. dazu VAN DER WOUDE 1977, 108–126 (121). Ihre Kenntnis verdanken sie höchstwahrscheinlich den VP. Vgl. etwa Cyrill (dazu o. Anm. 4).

[8] Comm in Naum, Prol (CChr.SL 76A, 526, 4ff): *cum Elkesi, usque hodie in Galilaea uiculus sit, paruus quidem et uix ruinis ueterum aedificorum indicans uestigia, sed tamen*

Alqousch in der Nähe von Mosul am Tigris gebürtig sei und dort begraben liege in der Nähe des Klosters des Rabban Hormuzd, wo auch das Grab des Propheten Jona lokalisiert wurde. Die Gräber wurden von Juden, Christen und Mohammedanern dort verehrt[9]. Moderne Vorschläge versuchten u.a. Kapernaum etc. mit diesem Propheten zu verbinden[10].

Die VP wissen jedoch, wo dieser Ort »Elkesi« zu finden ist und bestimmen seine Lage mit »jenseits« von Beth Guvrin, d.h. doch wohl von Jerusalem aus gesehen weiter südlich. Beth Guvrin übernahm nach der Zerstörung der Stadt Marescha durch die Parther (40 v. Chr.)[11] deren Funktion als Hauptort der vormals idumäischen Gegend[12]. Um 200 n. Chr. erhielt die Stadt den griechischen Namen Eleutheropolis und wurde die bedeutendste Stadt in diesem Distrikt[13]. Die rabbinischen Quellen behalten den Namen Beth Guvrin weiter bei. Weder für Elkosch noch für Elkesi scheint eine genaue Lokalisierung möglich.

Die Stammesangabe Simeon weist ebenfalls in dieses Gebiet. Die Entstehung dieser Stammesangabe gehört wohl in die hasmonäische Zeit. Das ehemalige Stammesgebiet von Simeon (vgl. Jos 19,2–9; 1 Chron 4,28–33.39.42) und von Juda wurde von Hyrkan I. vollständig in den jüdischen Staat eingegliedert, die Bewohner mußten sich beschneiden lassen[14]. Es wurde als legiti-

---

notus Iudaeis, et mihi quoque a circumducente monstratus; das hält LEGENDRE, Art. Elcési, DB(V) 2,2, Sp. 1687f für die ansprechendste und älteste Angabe. Sie spiegelt jedoch eine bestimmte Überlieferungsstufe über die Prophetengräber. Erst nach 135 n. Chr. finden wir die Prophetengräber bevorzugt in Galiläa. Vgl. nächste Anm.

[9] Vgl. KNABENBAUER 1886, II, 1ff; LEGENDRE, Art. Elcési, DB(V) 2,2, Sp. 1647; JEREMIAS 1958, 101. Auch diese Angabe zeigt die Tendenz, die Prophetengräber dahin mitwandern zu lassen, wo Juden wohnen. Die EncBrit 15, 847 führt nur noch das Jonagrab (Nabi Yunus) in der Nähe von Mosul auf. Zum Nahumgrab s.u.

[10] Das gehört zur Hypothesenfreudigkeit des 19. Jh.s: vgl. etwa KNOBEL 1837, II, 208: Kefar-Tanchum oder Kefar-Naḥum entspreche Kapernaum und liege nördlich von Tiberias.

[11] SCHALIT (1962, 109f und 1969, 258 Anm. 382.677ff) vermutete, es hinge mit der Herkunft Herodes' I. aus dieser Stadt zusammen, daß ausgerechnet Marescha zerstört wurde.

[12] Zu Marescha vgl. o. Micha-Vita, Anm. 9 u.ö.; Jos., Bell 4,447: καταλαβόμενος δὲ δύο κώμας τὰς μεσαιτάτας τῆς Ἰδουμαίας, Βήταβριν καὶ Καφάρτοβαν.Vespasian nimmt im Jahr 68 n.Chr. diese beiden »Dörfer« ein, um das idumäische Gebiet zu beherrschen. Vgl. Euseb, Onom (KLOSTERMANN 130,10f) zur Gleichsetzung von Beth Guvrin mit Marescha, das nicht mehr besiedelt wurde.

[13] S. dazu ABEL 1938, 173.198.272. Zu Beth Guvrin in der rabbinischen Literatur s. NEUBAUER 1868, 122–125; bei REEG 1989, 95f auch die Varianten der griechischen Umschreibung: Βαιτογαβρα, Βαιτογαβρει, Βηγαβαρ, Βηγαβρις. In dem späteren Zusatz in Dor zur Sacharja-Vita (SCHERMANN, Vitae, 36,7ff) über die Auffindung der Gebeine dieses Propheten wird selbstverständlich der Name Eleutheropolis verwendet.

[14] Besonders die Jona-Vita (dazu o. Jona-Vita, Abschnitt 2.5 und 3) zeigt, wie frei man – auch gegen den Bibeltext – die alten Propheten mit den durch die hasmonäische Expansion neuerworbenen Gebieten verbinden konnte, in dem man zum Teil ältere Ortstraditionen auf die Propheten übertrug. Die Anwesenheit der Propheten – ähnlich wie die Vätertraditionen – heiligte das Land und machte es für Juden bewohnbar, s. dazu Band I, Einleitung Abschnitt 3.3 und 5.2.

mes Stammesland seit der Zeit der Patriarchen und Propheten betrachtet[15]. Kasher betonte, daß es sich bei der Eroberung Idumäas eher um einen freiwilligen Anschluß gehandelt haben müßte und die »Zwangsbeschneidung« der Idumäer eine polemische Verleumdung sei[16]. Die VP, die Kasher nicht berücksichtigt, unterstützen und begründen zumindest die Tendenz der hasmonäischen Propaganda nicht nur durch die Patriarchenüberlieferung, sondern durch die Lokalisierung der Prophetengräber.

Nahum ist nicht der einzige Prophet in den VP, der aus Simeon stammt, auch Habakuk und Zephania sind Simeoniten. Es sind in den VP bevorzugt Propheten, für die man keine näheren Angaben im AT fand und für die man eine Stammeszugehörigkeit frei erschließen mußte. Es sind die drei Propheten der 2. Hälfte des 7. Jh.s sind, die auch das – chronologisch geordnete[17] – Zwölfprophetenbuch zusammenstellt. Diese werden in den VP noch zusätzlich miteinander verbunden, indem sie alle aus dem Stamm Simeon kommen. Auffällig verwandt ist die Betonung dieses Stammes mit dem Nationalstolz der kriegerischen Heldin Judith, die sich ausdrücklich des Vorbildes ihres Vaters Simeon rühmt[18]. Es war außerdem der Name des jüngsten der makkabäischen Brüder, des Begründers der hasmonäischen Dynastie und des Vaters des Eroberers Hyrkan[19]. Dieser Eigenname war auch deshalb beliebt, weil er sich ohne weiteres gräzisieren ließ[20]. Die Stammesangaben in den VP sind u.a. ein Indiz für die Entstehungszeit der genealogischen Legenden über die Prophe-

---

[15] Jos. Ant 5,82: Josua loste für den Stamm Simeon das Gebiet von Idumäa aus. Es grenzt an Arabien und Ägypten.

[16] KASHER 1988, 46–77; die entsprechende Passage bei Jos. habe dieser seiner hasmonäerfeindlichen Quelle entnommen. Vgl. o. Jona-Vita, Anm. 161.

[17] Auf die sechs Propheten des 8. Jh.s – Hosea, Amos, Micha, Joel, Obadja, Jona (LXX) – folgen die drei des 7. Jh.s, danach die drei (nach)exilischen Haggai, Sacharja, Maleachi, wobei Maleachi, um die Zwölfzahl voll zu machen, abgetrennt wurde; vgl. HESSE, Art. Zwölfprophetenbuch, RGG³, VI, Sp. 1969f. Zur Abwandlung dieser Anordnung in den VP s. Band I, Einleitung, Abschnitt 2.1.2 und die Tabelle S. 28f und o. Micha-Vita, Abschnitt 1.

[18] Jdt 9,2 richtet Judith ihr Gebet nicht an Gott als Gott der Väter Abraham, Isaak und Jakob, sondern spricht: »Herr, Gott meines Vaters Simeon, dem du ein Schwert in die Hand gabst zur Rache an den Fremden ...«, womit sie auf Gen 34, die Rache an den Sichemiten durch Simeon und Levi anspielt. Jdt ist eine »protopharisäische« Schrift, nicht vor dem Ende des 2. Jh.s v. Chr. entstanden. Es ist bezeichnend, daß sich in Qumran diese Schrift nicht gefunden hat. S. dazu HENGEL/DEINES 1995, 49. MENDELS 1987, 51 (Lit.) setzt die Entstehung zu früh an (persische Zeit mit einer Überarbeitung um 134). Vgl. auch die erweiterte Nacherzählung der Gen in Jub 30,4–26: Levi wird für seine Tat mit der Erwählung zum Priestertum belohnt, aber auch Simeon geht nicht leer aus V. 23: »und an dem Tag, da die Söhne Jakobs die Sichemiten töteten, stieg für sie eine Schrift zum Himmel, daß sie Gerechtigkeit taten und Rechtes und Rache an den Sündern und daß es aufgeschrieben werde zum Segen.« In Jub 38,8–14 wird Simeon, Benjamin und dem Ruben-Sohn Henoch die Niederwerfung Edoms zugeschrieben.

[19] Zur Beliebtheit der Namen der frühen Hasmonäer, s. ILAN 1987. Doch schon die Oniaden hießen abwechselnd Onias und Simeon.

[20] S. HENGEL 1988, 120.

ten, die im Anschluß und in Weiterführung des von den Chronikbüchern vorgegebenen Konzepts auch die Herkunft der Propheten erschließen. Der Verfasser der VP verdankt diese Angaben wahrscheinlich den genealogischen
Listen, die er im Schlußwort als Quelle angibt[21]. Das erklärt auch die Abhängigkeit von MT und nicht von LXX bei der Angabe des Geburtsortes unseres
Propheten.

Die Angabe über die Lage von »Elkesi« in Relation zu Beth Guvrin paßt
aber auch vorzüglich in den zeitlichen Rahmen der schriftlichen Fixierung des
Grundbestandes der VP im 1. Jh. n. Chr. Für diese Zeit gibt die Nahum-Vita
ein bezüglich Herkunfts- und Stammesangabe stimmiges Bild.

2. Das τέρας-Wort Nahums

2 Οὗτος μετὰ τὸν Ἰωνᾶν τῇ Νινευὶ τέρας ἔδωκεν,
ὅτι ὑπὸ ὑδάτων γλυκέων καὶ πυρὸς ὑπογείου ἀπολεῖται,
ὃ καὶ γέγονεν.
3 Ἡ γὰρ περιέχουσα αὐτὴν λίμνη κατέκλυσεν αὐτὴν ἐν σεισμῷ
καὶ πῦρ ἐκ τῆς ἐρήμου ἐπελθὸν τὸ ὑψηλότερον αὐτῆς μέρος ἐνέπρησεν.

Betont wird, daß Nahum nach Jona prophezeite, damit wird er chronologisch
eingeordnet[22]. Das τέρας-Wort Nahums wird wie üblich[23] eingeleitet, enthält
aber keine Prophetie über das Weltende, sondern verweist zurück auf die erfüllte Prophetie und das in grauer Vorzeit eingetretene Ende Ninives. Damit
wird ein freies Referat über die biblische Prophetie gegeben. Interessant ist
dabei, wie die Akzente gesetzt werden.

Ninive war im Jahr 612 von den vereinten Streitkräften der Babylonier,
Meder und Skythen nach längerer Belagerung erobert worden. Ob sie die
Stadt einnahmen, indem sie durch die Umleitung der Flüsse Breschen in die
Verteidigungsanlagen rissen (Nah 2,6–9)[24], ist fraglich. Die Stadt lag an der
Mündung des Khasr, der sie in ost-westlicher Richtung durchlief, in den
Tigris, der an der Südwestmauer entlang floß. Es war naheliegend, im Wasser-

---

[21] Dazu Band I, 26f und u. zum Schlußwort der VP: Subscriptio.

[22] SOR § 20 setzt Nahum unter Manasse an, als Zeitgenosse der Propheten Joel und
Habakuk, s. GINZBERG, Legends VI, 314 Anm. 56; 373 Anm. 200; man findet diesen zeitlichen Ansatz aber auch indirekt in AscJes 4,22. Jos., Ant 9, 239 datiert ihn unter Jotham.

[23] Vgl. Band I, S. 83–87 Anm. 239f u.ö.

[24] Dazu die Beschreibung in der babylonischen Chronik (British Museum 21,901); Übersetzung bei LUCKENBILL, Records II, 417–421 (419f: 1178); GRAYSON. Chronicles, 94 Z.
41–45: »41 they marched along the bank of the Tigris. [... they encamp]ed against Nineveh.
... 43 they subjected the city to a heavy siege. ... 44 At that time Sin-sharra-ishkun, king of
Assyria, [died] ... 45 They carried off the vast booty of the city and the temple (and) [turned]
the city into a ruin heap«; Abb. in GBL 2, 1059. Der (in Ausschnitten zitierte) Text ist zwar
lückenhaft, doch was erhalten ist, widerspricht der Schilderung Nahums.

reichtum der Stadt das natürliche Element ihres katastrophalen Endes zu
erwarten. Dieser von Nahum – in der Zukunft (ἀπολεῖται) – vorhergesagte
Untergang wird aus der Sicht der VP als in der Vergangenheit geschehen beschrieben, weshalb das τέρας-Wort bei der Beschreibung dieses Geschehens
in den Aorist übergeht.

An der Erinnerung an die Zerstörung Ninives waren jüdische Autoren[25]
stärker als die griechischen interessiert. Herodot erwähnt sie zwar, beschreibt
sie jedoch – obwohl er es verspricht (I, 150) – nicht ausdrücklich[26].

Das Nahumbuch schildert die Zerstörung Ninives nicht als rein kriegerischen Vorgang sondern in mythischen Bildern, wobei der Akzent deutlich auf
dem universalen Wirken JHWHs liegt, dessen Gerechtigkeit sich in dem »ur-
plötzlichen Untergang« der Stadt erweist[27]. Diesen Zug verstärken die VP. So
beschreibt die Nahum-Vita das Geschehen analog zum Untergang von Sodom
und Gomorra und zur Sintflut. Die Vernichtung der Stadt durch Wasser und
Feuer nimmt Elemente des Nahumbuches auf: Nah 2,7 öffnen sich die Fluß-
tore, 2,9 wird Ninive mit einem sich verlaufenden Teich verglichen und 3,14
erwähnt die – vergebliche – Vorsorge für genügend Wasservorräte als Vorbereitung für die Belagerung, während 2,4; 3,13.15 von der Vernichtung durch
Feuer spricht[28]. Vor allem aber kommt hinzu, daß Feuer- und Wassergericht
schon Nah 1,6.8[29] in der einleitenden Theophanieschilderung genannt werden. Die VP ersetzen die im Nahumbuch schon mit Feuermotiven gekenn-
zeichneten feindlichen Reiterscharen, die Ninive den Untergang bringen,
durch eine Feuerkatastrophe aus der Wüste. Sie betonen dadurch, daß es sich
um ein Gottesgericht, eine »Natur-Katastrophe« handelte. Drückte das Jonabuch durch die Wortwahl *hfk*[30] die Anspielung auf den Untergang Sodoms und
Gomorras aus, so klingt sie hier durch die Beschreibung der Umstände an:
Ninive wird durch Süßwasser überflutet, doch wohl in Analogie zum (Regen-)
Wasser der Sintflut und im Kontrast zum Salzwasser des Toten Meeres. Obwohl Gen 19 und die anderen atl. Stellen weder von einer Flutkatastrophe

---

[25] Vgl. Tob 14; GINZBERG, Legends VII, 346 Index s.v. »Nineveh, the destruction of«; E.
F. WEIDNER, Art. Ninos, PW 17,1, 641.
[26] Griechische Schriftsteller fanden den Romanstoff von Ninos und Semiramis spannen-
der, vgl. E. F. WEIDNER, Art. Ninos, PW 17,1, 634f; H. GÄRTNER, Art. Ninos-Roman, KP 4,
Sp. 134 (Belege und Lit.). Zur Aufnahme des Stoffs in der späteren Melchisedek-Legende
vgl. ROBINSON 1987, 26ff; weitere Belege bei GINZBERG, Legends VII, 346 Index s.v.
Ninus.
[27] Vgl. KELLER 1972, 417; SEYBOLD 1989, 74–83 (weitere Lit.).
[28] Diese Selbstverständlichkeit hatte auch HUETIUS 1765, 322 beobachtet; HAMAKER
1833, 189f betont ebenso, daß die Angaben der Nahum-Vita aus dem Nahumbuch stammen,
und schlägt vor, ἐπιγείου/ὑπογείου zu streichen, weil es dem weiteren Kontext widerspreche.
[29] Vgl. κατακλυσμός in Gen 6 – 11 (LXX). LXX übersetzt Nah 1,8 עבר ובשטף mit ἐν
κατακλυσμῷ ... συντέλεια ποιήσεται. Die Nahum-Vita verwendet als Verb κατέκλυσεν.
[30] Vgl. dazu o. Jona-Vita, Anm. 107.

noch vom Versinken der sündigen Städte sprechen, spekulierte man darüber bereits in der Antike, wie der Bericht Strabos zeigt[31]. Aus dem See, mit dem die zerstörte Stadt in Nah 2,9 verglichen wird, ist in den VP ein See, der die Stadt vor ihrer Zerstörung umgab, geworden, was der Lage Ninives am Tigris widerspricht. Josephus greift ebenfalls dieses Motiv auf, wenn er die Zerstörung Ninives allein auf eine Flutkatastrophe zurückführt[32]. Auch bei ihm fehlt der kriegerische Aspekt völlig.

Das Feuer, das Ninive vernichtete, wird als ein unterirdisches beschrieben. Das kann eine Anspielung auf das Naphta[33] sein, das in der Gegend von Ninive auftrat, man kann aber genauso gut an das leicht entflammbare Erdgas denken, das am Toten Meer zu Tage tritt[34]. Jedoch schließt sich beides nicht gegenseitig aus. Dieses Feuer kommt aus der Wüste und vernichtet die höhergelegenen, d.h. dem Wasser nicht zugänglichen Teile der Stadt. Damit wird eine doppelte, vollständige Vernichtung beschrieben.

Im Gegensatz zum Nahum-Kommentar aus Qumran (4QpNah) wird Nahums Prophetie anscheinend nur historisch und nicht endzeitgeschichtlich ausgelegt. Aber es läßt sich keineswegs auszuschließen, daß der antike jüdische Leser bei dieser Lektüre an die »Hure« (Nah 3,4) Rom gedacht hat. Da die Prophetie Nahums als τέρας-Wort formuliert ist, ist eine eschatologische Nebendeutung nicht völlig unmöglich. Sie klingt bereits in der LXX an. Die Erwartung der endzeitlichen Ekpyrosis verband sich – wie das Graffito in Pompei zeigt[35] – auch bei anderen gewaltigen Naturkatastrophen mit dem Stichwort »Sodom und Gomorra«.

---

[31] Strabo berichtet 16,2,43f (= STERN, GLAJ I, 298), wohl in Abhängigkeit von Poseidonios:»Wegen Erdbeben und Ausbrüchen von Feuer und heißem Wasser, das Asphalt und Schwefel enthielt, hätte der See seine Grenzen gesprengt und Felsen in Feuer gehüllt; was die Städte betrifft, so seien einige verschlungen und andere von denen, die in der Lage waren zu entkommen, verlassen worden.« Zum Versinken Sodoms und Gomorras vgl. Willibrand von Oldenburg 2,13 (ed. LAURENT,189f). Philo, De Abrahamo 139ff und Jos., Bell 4,484ff berichten dagegen nur über die Vernichtung durch Feuer, obwohl Jos. die Lage am See ausdrücklich erwähnt; vgl. KEEL/KÜCHLER 1982, 247–257 (252f).

[32] Ant 9, 239–242 (239): ... προφήτης Ναοῦμος ὄνομα, ὅς περὶ τῆς Ἀσσυρίων καταστροφῆς καὶ τῆς Νίνου προφητεύων ἔλεγεν ὡς ἔσται Νινευὴ κολυμβήθρα ὕδατος κινουμένη. Jos. versteht dabei offenbar ebenfalls σεισμός als Erdbeben. Vgl. u. Anm. 35.

[33] 2 Makk 1,19–22.31–36; Plinius, n.h. 2, 235ff; 35,179 (Akragas, Apollonia); Strabo, 16, 738 (Vorkommen in Arbela); Ammianus Marcellinus 23,6,15 (am Tigris); Dio Cassius 68,27; Strabo, 16, 743 (Babylon); vom Vorkommen von festem Asphalt hat das Tote Meer seinen Namen »Asphaltsee«, s. Plinius, n.h. 5,72; 35,178; vgl. A. NIES, Art. Asphalt, PW 2, 1726–1729; SCHNEIDER (E. STEMPFLINGER), Art. Asphalt, RAC 1, Sp. 799ff. Zum heutigen Erdölvorkommen bei Mosul, s. etwa EncBrit 15, 847.

[34] Bis in die Neuzeit hat man das Feuer in Gen 19 »durch Vulkanausbrüche und den Ausbruch brennender Gase« (KEEL/KÜCHLER 1982, 253) erklärt; so auch WESTERMANN 1979, 374 (Lit.): Am Toten Meer können Erdgase bei Erdbewegungen in Brand geraten sein.

[35] CIL IV, 4976 (= CIJ I², Nr. 567): »*Sodoma Gomora*«; vgl. Sib 4,130–136; dazu und zur Vermutung, daß der Brand Roms im Jahr 64 von Christen als der Beginn des Weltenbrands aufgefaßt werden konnte: LICHTENBERGER 1987, 39ff mit Lit.

Durch ein Erdbeben wurde Rom im Jahr 5 n. Chr. 7 Tage lang vom Tiber überschwemmt[36]; auch wenn das keine Sintflut war, warum sollte es nicht ein Zeichen dafür sein, daß auch Rom wie einst Ninive zugrunde gehen würde? Ob die Nahum-Vita mit solchen Hintergedanken rechnet, läßt sich nur vermuten. Sicher ist jedoch die Wortwahl κατακλύζω nicht zufällig und eine Anspielung auf die Sintflut beabsichtigt[37]. Warum sollte einem Propheten aus dem Stamm Simeon mit seiner so zuverlässig eingetroffenen Verheißung über Ninive nicht zuzutrauen gewesen sein, daß diese Weissagung weiterreichte? Babylon ist als Deckname für Rom geläufig, aber ist ein analoger Gedankengang für Ninive=Rom ausgeschlossen? Josephus berichtet vom schrecklichen Untergang Assurs und Ninives. Entsprechendes von Rom zu sagen, wäre für ihn nicht opportun gewesen. Für eine endzeitliche Deutung des τέρας-Wortes Nahums spricht die Tatsache, daß es als τέρας-Wort formuliert ist und ein solches in den VP normalerweise den Weltuntergang ansagt.

Wie Sodom und Gomorra wurde Ninive allein durch ein Gottesgericht ausgelöscht. Es sind die typischen Gerichtselemente Wasser und Feuer, die Ninive den Untergang bringen[38]. Beides ist durch das Nahumbuch vorgegeben. Es wird jedoch nicht direkt zitiert[39].

3. Die Grabnotiz

Wie bei Hosea wird der friedliche Tod des Propheten hervorgehoben[40]. Die VP sind aus historischem Interesse in diesem Punkt unabhängig von der dtr. Normaltheologie. Nur wenn dem Verfasser konkrete Erzählungen über Martyrien vorgegeben sind, berichtet er von einem gewaltsamen Tod. Nahum liegt begraben in seiner Heimatstadt[41]. Die VP kennen noch nicht die galiläische Ortstradition, die bei Hieronymus belegt ist.

---

[36] Zu σεισμός »Erdbeben« vgl. etwa die Schilderung bei Diodorus Siculus 26,8: Rhodos wird durch einen σεισμός vom Meer verschlungen; Dio Cassius 55,22,3; im Jahr 343 wurde Salamis auf Zypern bei einem Erdbeben zerstört und überflutet (Malalas 313,8f = Cedren. 1,519,10/2); vgl. HERMANN, Art. Erdbeben, RAC 5, Sp. 1070–1113.

[37] Vgl. 2 Petr 3,6–10; κατακλυσμός ist in LXX t.t. für die Sintflut und wird Nah 1,8 in eschatologischem Sinn verwendet, s.o. Anm. 29.

[38] Vgl. die τέρας-Worte der Ezechiel- und Daniel-Vita.

[39] Zum seltenen Vorkommen der expliziten Zitate in den älteren Apokryphen und Pseudepigraphen des AT s. DIMANT 1988; SCHWEMER 1994a, 78–84. Der »Musivstil« herrscht vor, vgl. HENGEL 1994b, 30 Anm. 102.

[40] SEYBOLD 1989, 73 Anm. 26 und 97 wirft die Frage auf, ob Nahum eines gewaltsamen Todes gestorben sein könne, weil seine Prophetie so subversiv gewesen sei, was er aber als zu hypothetisch ablehnt. Dahinter steht immer noch die Suggestivkraft des Bildes vom Märtyrerpropheten in der abgewandelten Gestalt, die es durch Stecks Untersuchung (STECK 1967) gewonnen hat.

[41] Zur Grabtradition vgl. o. Anm. 8 u. 9. Bei Petachja von Regensburg (SCHREINER, Reisen 145) wird das Grab Nahums ha-Elqoschi nur erwähnt, um die Lage des Grabes von R.

Zusammenfassung

Nahum ist der erste der drei simeonitischen Propheten in den VP. Sein τέρας-Wort wird in Analogie zu den eschatologischen τέρας-Worten gebildet, referiert jedoch mit Anklängen an die Sintflutgeschichte und den Untergang Sodoms und Gomorras Nahums biblische Weissagung. Allein, daß diese Prophetie als τέρας-Wort gestaltet ist, läßt die Vermutung zu, daß Nahums Prophetie auch für Rom gilt[42].

Die Herkunft- und Grabtradition im Süden Judäas, in ehemals idumäischem Gebiet, das nun als Gebiet des Stammes Simeon gilt, weist auf eine Entstehung in der Zeit nach 128 n. Chr. und vor 386 n. Chr[43]. Danach wurde Nahums Grab in Galiläa und seit dem Mittelalter in Babylonien gezeigt.

Aricha zu erklären. Das kann auf den Bearbeiter, der Petachjas Reisebericht gekürzt hat, zurückgehen. Für Petachja liegt das Grab jedenfalls in Mesopotamien. Benjamin von Tudela (SCHREINER, Reisen 76) gibt den Ortsnamen mit Ain Sifta an. Für beide Reisenden lag das Grab Nahums östlich von Babylon. In Ninive, der »Stadt Assur«, sah Benjamin dagegen die Synagoge von Obadja, die Jona ben Amittai erbaut hat, und die Synagoge des Propheten Nahum (SCHREINER, Reisen 60). Vielleicht haben diese Synagogen das Jonagrab (in Nabi Yunus) und das Nahumgrab an sich gezogen; zur Lage von Nabi Yunus s. den Plan bei E. F. WEIDNER, Art. Ninos, PW 17,1, 643.

[42] Ähnlich verhält es sich mit dem τέρας-Wort Daniels, s. dazu Band I, Daniel-Vita, Anm. 327.

[43] Zu Hieronymus s.o. Anm. 8.

Die Habakuk-Vita

Text und Übersetzung

12 1 Ἀμβακοὺμ ἐκ φυλῆς ἦν
Συμεὼν ἐξ ἀγροῦ Βηθζουχάρ.
2 Οὗτος ἴδε πρὸ τῆς
αἰχμαλωσίας
περὶ τῆς ἁλώσεως Ἰερουσαλὴμ
καὶ ἐπένθησε σφόδρα.
3 Καὶ ὅτε ἦλθε
Ναβουχοδονόσορ ἐν
Ἰερουσαλήμ,
ἔφυγεν εἰς Ὀστρακίνην
καὶ παρῴκησεν ἐν γῇ Ἰσμαήλ.
4 Ὡς δὲ ἐπέστρεψαν οἱ Χαλδαῖοι
καὶ οἱ κατάλοιποι οἱ ὄντες ἐν
Ἰερουσαλὴμ εἰς Αἴγυπτον,
ἦν παροικῶν τὴν γῆν αὐτοῦ
5 καὶ ἐλειτούργει θερισταῖς
τοῦ ἀγροῦ αὐτοῦ.
6 Ὡς δὲ ἔλαβε τὸ ἔδεσμα,
προεφήτευσε τοῖς ἰδίοις εἰπών·
πορεύομαι εἰς γῆν μακρὰν
καὶ ταχέως ἐλεύσομαι.
Εἰ δὲ βραδύνω,
ἀπενέγκατε τοῖς θερισταῖς.
7 Καὶ γενόμενος ἐν Βαβυλῶνι
καὶ δοὺς τὸ ἄριστον τῷ Δανιὴλ
ἐπέστη τοῖς θερισταῖς ἐσθίουσι
καὶ οὐδενὶ εἶπε τὸ γενόμενον·

8 συνῆκε δὲ ὅτι τάχιον
ἐπιστρέψει ὁ λαὸς ὑπὸ
Βαβυλῶνος.
Καὶ πρὸ δύο ἐτῶν ἀποθνήσκει
τῆς ἐπιστροφῆς.
9 Καὶ ἐτάφη ἐν ἀγρῷ ἰδίῳ
μόνος.
10 Ἔδωκε δὲ τέρας τοῖς ἐν τῇ
Ἰουδαίᾳ,

12.1 Ambakum war aus dem Stamm
Simeon vom Gehöft Bethzouchar.
2 Dieser schaute vor der
Gefangenschaft (eine Vision)
über die Zerstörung Jerusalems
und er trauerte sehr.
3 Und als Nabuchodonosor nach
Jerusalem kam,
floh er nach Ostrakine
und wohnte als Fremder im Land
Ismael.
4 Als aber die Chaldäer zurückkehrten
und die übrigen, die in Jerusalem
waren nach Ägypten (gingen),
lebte er als Fremder in seinem Land
5 und bediente die Schnitter seines
Feldes.
6 Als er aber das Mahl in Empfang nahm,
weissagte er seinen Leuten und sagte:
»Ich werde in ein fernes Land
gehen und schnell zurückkommen.
Wenn ich aber verweile, bringt den
Schnittern.«
7 Und als er in Babylon gewesen war
und Daniel das Frühstück gegeben hatte,
trat er zu den Schnittern, die (gerade)
aßen.
Und er sagte niemandem das Geschehene.
8 Er verstand aber, daß das Volk
schneller aus Babylon zurückkehren
werde.
Und er starb zwei Jahre vor der
Rückkehr.
9 Und er wurde begraben auf seinem
eigenen Gehöft, allein.
10 Er gab aber eine Prophetie denen in
Judäa:

ὅτι ὄψονται ἐν τῷ ναῷ φῶς
καὶ οὕτως ἴδωσι τὴν δόξαν τοῦ
ναοῦ.
11 Καὶ περὶ συντελείας τοῦ ναοῦ
προεῖπεν,
ὅτι ὑπὸ ἔθνους δυτικοῦ γενήσεται.

12 Τότε ἅπλωμά φησι τοῦ
Δαβὴρ εἰς μικρὰ ῥαγήσεται,
καὶ τὰ ἐπίκρανα τῶν δύο
στύλων ἀφαιρεθήσονται
καὶ οὐδεὶς γνώσεται ποῦ
ἔσονται·
13 αὐτὰ δὲ ἐν τῇ ἐρήμῳ
ἀπενεχθήσονται ὑπὸ ἀγγέλων,
ὅπου ἐν ἀρχῇ ἐπάγη ἡ σκηνὴ
τοῦ μαρτυρίου.
14 Καὶ ἐν αὐτοῖς γνωσθήσεται
ἐπὶ τέλει κύριος,
ὅτι φωτίσουσι τοὺς
διωκομένους ὑπὸ τοῦ ὄφεως ἐν
σκότει ὡς ἐξ ἀρχῆς.

»Sie werden im Tempel ein Licht sehen
und so die Herrlichkeit des Tempels[1]
erblicken.«
11 Und über das Ende des Tempels
sagte er vorher:
»Es wird von einem Volk aus dem
Westen geschehen.
12 Dann«, sagte er,»wird der
Vorhang des Debirs in kleine Stücke
gerissen werden,
und die Kapitelle der beiden Säulen
werden weggenommen werden und niemand wird erkennen, wo sie sein werden;
13 sie aber werden in die Wüste
weggetragen werden von Engeln,
(dahin) wo im Anfang das Zelt des
Zeugnisses gebaut wurde.
14 Und durch sie wird am Ende der
Herr erkannt werden,
denn sie erleuchten die von der
Schlange in der Dunkelheit
Verfolgten wie am Anfang.«

Zum Text

Die Habakuk-Vita enthält ein textkritisches Problem. Ep1, An2 (Coisl. 224)
belegen in V. 10 δόξαν θεοῦ statt δόξαν ναοῦ. Da diese beiden Textformen
sonst nicht zusammengehen, fragt es sich, ob das wirklich eine sekundäre Verbesserung ist.

Aufbau und Vergleich der Rezensionen im Überblick

---

[1] Var.l. θεοῦ in Ep1; Coisl. 224.

6.   Tod und Begräbnis
7.   Das τέρας-Wort über den Tempel
7.1   Das Licht im Tempel
7.2   Zerstörung des Tempels
7.2.1 Die Feinde
7.2.2 Der Vorhang
7.2.3 Die Entrückung der Kapitelle der beiden Tempelsäulen zum Sinai
7.3   Die endzeitliche Funktion der Kapitelle

Die Habakuk-Vita entspricht in ihrem Aufbau der Normalform einer Vita mit friedlichem Tod des Propheten, wie etwa der Daniel-, Hosea- und Jona-Vita. Nach der Herkunftsnotiz wird das Leben des Propheten chronologisch in seinem Ablauf durch die entscheidenden Ereignisse beschrieben, deren wichtigste die Episode vom Aufenthalt Habakuks bei »Daniel in der Löwengrube« ist. Danach folgt die Todesnotiz und am Ende steht das τέρας-Wort des Propheten. Die Abweichungen in den anderen Rezensionen sind verhältnismäßig gering.

Ep1 verbessert in V. 3 und 4 die Nachlässigkeiten im Gebrauch von ἐν und εἰς, daß Ostrakine zum Land Ismaels gehören, daß der Prophet in seinem eigenen Land ein Fremder gewesen sein soll, und ergänzt, daß die Chaldäer sich Judäa zur Beute gemacht hatten. Das τέρας-Wort wird christlich ergänzt und die Todes- und Grabnotiz ganz ans Ende gestellt.

An2 ist gespalten: Coisl. 224 usw. geht mit An1, während Coisl. 205 usw. das τέρας-Wort ergänzt.

Ep2 kürzt das τέρας-Wort. In arab fällt es ganz aus.

Dor stellt als messianisches Florilegium Hab 1,5 und Apg 13,41 voran. V. 10 dagegen fehlt in Dor.

Kommentar

1. Die Herkunft des Propheten

12. 1 Ἀμβακοὺμ ἐκ φυλῆς ἣν Συμεὼν ἐξ ἀγροῦ Βηθζουχάρ.

Der Name[2] des Propheten wird in der in der LXX üblichen Form[3] angegeben. Er kommt aus dem Stamm Simeon, während Bel et Draco (LXX: 88; syh; in p967 fehlt die erste Seite mit dem Beginn[4]) für diesen Propheten eine andere Tradition bietet und sowohl den Vaternamen als auch die Zugehörigkeit zu dem Stamm Levi angibt[5]. Die Herkunft aus dem Stamm Simeon verrät judäisch-palästinische Sicht und wird – wie dieselbe Angabe in der Nahum- und in der Zephania-Vita[6] – in die Zeit nach der Gebietserweiterung des judäischen Südens und der Unterwerfung der Idumäer weisen, während die Vorstellung, der Prophet sei Levit gewesen, durchaus älter sein könnte[7], aber nicht sein muß. Letzteres legt auch nicht unbedingt palästinische Herkunft nahe; traditionell gilt die levitische Herkunft als »alexandrinische« Überliefe-

---

[2] Dor (SCHERMANN, Vitae, 32) übersetzt ihn mit περίληψις, was nach STROBEL, Art. Habakuk, RAC 13, Sp.203–226 (224) alte jüdische Tradition darstellt (vgl. Hieronymus, Comm in Abacuc, Prol [CChr.SL 76A, 579,5]; Zohar, beshallah 45a [MARGALIOT 2, 87; SPERLING 3, 135]) und auf der Legende, daß Habakuk der Sohn der Sunamitin sei, beruhe. Diese Deutung, jedoch ohne die Legende, ist bei den Kirchenvätern verbreitet, auch Luther nimmt sie auf: »Habacuc heisst auff Deudsch ein Hertzer oder der sich mit eim andern hertzet vnd in die Arm nimpt« (Die gantze Heilige Schrifft Deudsch, ed. VOLZ 2, 1633). Für die Bedeutung »umarmen« auch KEIL 1888, 408 als Ableitung von חבק. Die Schol. Rez. gibt dagegen den Namen mit πατὴρ ἐγέρσεως wieder (SCHERMANN, Vitae, 102), leitet ihn also von ʾabba und qwm her, was nur bei einem Ausgang von der griechischen Namensform möglich ist, die rückübersetzt wird, vgl. zu den weiteren Belegen STROBEL, op.cit.; WUTZ 1914, 700 u.ö.

[3] Vgl. ZIEGLER (Göttinger LXX), 261: var.l. αββακουμ.

[4] GEISSEN, Septuaginta-Text, 268f.

[5] Ἐκ προφητείας Αμβακουμ υἱοῦ Ἰησοῦ ἐκ τῆς φυλῆς Λευι.

[6] Zur Bedeutung des Stammes Simeon in Jdt und in der Literatur der hasmonäischen Zeit s.o. Jona-Vita, Anm. 76; zum Stammesgebiet Simeons in Jos. Ant 5,82 s. Nahum-Vita, Anm. 15 vgl. 18.

[7] PLÖGER, JSHRZ I/1, 67 vermutet für Bel et Draco eine vom Danielbuch unabhängige Entstehungsgeschichte; es könnte »auf eine Sammlung prophetischer Erzählungen« zurück-gehen, deren Entstehungszeit er im 2. Jh. v. Chr. ansetzt. Bei Bel et Draco nimmt er vorsich-tig an, »daß aus einer Tradition, die sich um den Propheten Habakuk gesammelt hat, ein Erzählkomplex herausgenommen und dem Danielbuch angegliedert worden ist.« Auf die VP verweist er nicht. KOCH 1987, II, 142–148 hält Bel et Draco für eine ältere Parallelüber-lieferung zum protokanonischen Danielbuch; über Bel 1 (LXX) reflektiert er nicht weiter, jedoch die Angabe, daß Daniel Priester sei (in Bel), könne nicht von einem Übersetzer stam-men, da sie der judäischen Herkunft (Dan 1) widerspreche. Die Habakukepisode ist ein spä-terer Einschub in Bel et Draco, das aus persischer Zeit stammt. Wann die Habakukerzählung und der Beginn in LXX verfaßt wurde, läßt sich schwer sagen. Jedenfalls setzt die LXX-Übersetzung von Dan, die etwa um 150 v. Chr. zu datieren ist, beides voraus. Dazu jetzt LUST 1993, 52.

rung[8], jedoch ist die Genese der Notiz Bel 1 (LXX) wohl kaum noch mit Sicherheit aufzuhellen[9].

Der Geburtsort Habakuks, Beth Zouchar[10], wird als eine kleine ländliche Siedlung, ein Gehöft (ἀγρός), bezeichnet. Wenn der Prophet aus Baithsacharia/Beth Sakariya, das ca 10 km nördlich von Beth-Zur und 18 km südlich von Jerusalem liegt und judäisch war[11], gebürtig wäre, würden die VP ihn mit der Geschichte des heldenhaften Freiheitskampfes der Makkabäer[12] verbinden. Doch dieser Ort war kein ἀγρός und gehörte zu judäischem Gebiet. Habakuk aber war nach den VP wie Nahum und Sophonias/Zephania ausdrücklich Simeonit. Das spricht für eine Lage seiner Heimat in der Sicht der VP näher bei Beth Guvrin. Die Namensform ist verwandt mit dem Βετζαχαρ[13] der Madeba-Karte, das eher zum Stamm Simeon paßt und wo sich, obwohl hier 415 das Sacharjagrab gefunden wurde, dennoch Habakuküberlieferungen gehalten haben.

2. Die Weissagung Habakuks und seine Trauer um Jerusalem

2 Οὗτος ἴδε πρὸ τῆς αἰχμαλωσίας
περὶ τῆς ἁλώσεως Ἰερουσαλὴμ
καὶ ἐπένθησε σφόδρα.

---

[8] So DELITZSCH 1844, 19.

[9] Sie könnte mit dem Habakukpsalm Hab 3 zusammenhängen. Nach der Beschreibung des Chronisten (u.ö.) und der Rabbinen waren im Zweiten Tempel die Psalmsänger Leviten. Sie sangen während des Opfergottesdienstes die Psalmen. Vgl. 1 Chr 16; 2 Chr 5,11–14; 7,1–9; Sir 50,5–21; 2 Makk 2,9–12; HENGEL 1987e, 357ff.

[10] Die Variantenpalette der Namensüberlieferung ist – wie in den VP-Hss üblich – reichhaltig: Βηθζουχάρ in An1 (Schermann, Vitae, 85) ist sicher die zuverlässigste Variante. Bei der Lokalisierung schließen sich TORREY, HARE und FERNÁNDEZ MARCOS der Autorität von JEREMIAS 1958, 81 an, der den Ort mit chirbet bet skarije »5 km östlich von dscheb'a« (= Gabatha, vgl. Euseb, Onom 70,22–25), identifiziert. Er meint damit Baithsacharia; dazu nächste Anm.

[11] TAVO-Koordinaten: 161.118. Zur Lage vgl. ABEL 1938, 284; MÖLLER/SCHMITT 1976, 38f (Lit.); auch KEEL/KÜCHLER 1982, 722.789.(823) folgen JEREMIAS. HAMAKER 1833, 193–199 erörtert die verschiedenen Namensüberlieferungen und Lokalisierungsvorschläge breit und identifiziert den Ort ebenfalls mit »Beth Sacharja« ca 10 km nördlich von Beth Zur.

[12] Dieser Ort spielte in der Geschichte der makkabäischen Erhebung eine besondere Rolle (1 Makk 6,32–47): Hier lagerte sich Judas und versuchte von hier aus die Festung Beth - Zur mit einem Ersatzheer zu entsetzen. Dabei unterlag er in der Schlacht, in der der Makkabäer Eleazar fiel, der »sich opferte, um sein Volk zu retten und sich einen bleibenden Namen zu machen«, indem er den Kampfelefanten, den er für den des Königs hielt, von unten durchbohrte und von dem sterbenden Tier erdrückt wurde. Vgl. Jos., Bell 1,41; Ant 12,369; dazu HENGEL 1976a, 268ff; HENGEL 1981b, 77 Anm. 22.

[13] Für das Beth Zachar (ΒΕΘΖΑΧΑΡ) der Madeba-Karte (TAVO-Koordinaten: 136. 119), dem Ort der Sacharja-Kirche in der Schefela, entschied sich schon DELITZSCH 1844, 20, der den Ort richtig mit kefar dikrin identifiziert; ähnlich BEYER 1931, 217–223. Vgl. ausführlicher u. Anm. 101.

Die Zeit, in der Habakuk wirkte, beginnt für die VP schon vor der Epoche des babylonischen Exils[14]. So sah[15] er die Zerstörung Jerusalems voraus und trauerte bereits vor dem Eintreffen der Ereignisse um die Stadt[16]. Diese Angaben sind aus dem Prophetenbuch selbst erschlossen (vgl. bes. 1,6–10); sie gehen aber wesentlich über es hinaus, denn von der Zerstörung Jerusalems ist dort nicht die Rede, wohl aber vom drohenden Ansturm der Chaldäer. Sie zeigen dennoch wie die entsprechenden Passagen in den anderen Viten, daß die VP die Propheten als historische Personen ansehen und sie in ihrer für die Vergangenheit des Volkes wichtigen Rolle ernstnehmen. Sie wollen keine freie Erfindung sein[17]. Das babylonische Exil dient als Orientierungsmarke, nach ihm werden die prophetischen Gestalten datiert. Habakuk stirbt erst zwei Jahre vor dem Ende des Exils. Damit erreicht er ein hohes – aber durchaus im Bereich des menschlich Möglichen liegendes – Alter von ca 90–100 Jahren. Dadurch daß die VP Habakuk nicht unter Manasse ansetzen, zeigen sie wieder, wie wenig sie an der martyrologischen Deutung des Geschicks der Propheten interessiert sind und wie realistisch ihre historische Einschätzung ist[18]. Dagegen hat die konservative Forschung der Neuzeit lange sowohl an einem Ansatz unter Manasse[19] (als Zeitgenossen Jesajas[20]) wie im Exil (vorgegeben durch Bel et Draco) oder wie Huet[21] an diesen beiden antiken Datierungsmöglichkeiten

---

[14] Zu αἰχμαλωσία vgl. Band I, S. 247.

[15] ἴδε statt εἶδε ist zwar schon homerisch, aber in den späten Handschriften kein Hinweis auf jonischen Dialekt, sondern Nachlässigkeit, vgl. BAUER/ALAND, s.v. Zu εἶδε περί vgl. Mi 1,1 (LXX); TestRub 2,1; TestJud 3,10. Vgl. ebenso u. V. 10.

[16] Die Klage des Propheten am Eingang des Prophetenbuches wird als Klage um Jerusalem gedeutet. Zur Trauer um Jerusalem vgl. Band I, Daniel-Vita, Abschnitt 1.2.2.

[17] Die VP lösen auch hier auf ihre Weise das Problem der späteren Fortschreibung des Prophetenbuches. Zur Datierung der verschiedenen Schichten in Hab s. E. OTTO, Art. Habakuk/Habakukbuch, TRE 14, 300–306.

[18] Ähnlich souverän behandelt Hieronymus, Comm in Abacuc, Prol (CChr.SL 76A, 580, 55ff) die Frage der Datierung. Den Ansatz unter Manasse erwähnt er ebenfalls nicht. Er geht jedoch darauf ein, daß Habakuk vom zukünftigen Kommen der Chaldäer spricht, aber zugleich nach der im Hinblick auf ihre Kanonizität umstrittenen Schrift Bel et Draco während der Exilszeit Daniel in der Löwengrube besucht: *Igitur siue quis recipit scripturam illam, siue non recipit, utrumque pro nobis est: aut enim recipit, et iam post factam rem liber Abacuc texitur, aut non recipit, et quasi propheta scribit quae uentura cognoscit.*

[19] So noch KEIL 1888, 410f mit Berufung auf die Bekehrung Manasses (2 Chr 33,15f) und DELITZSCHs Lob der »höchsten Blüte des Prophetentums« für einen Frühansatz. Vgl. dagegen schon KNOBEL 1837, II, 292ff mit guten Gründen gegen die bei »Wolf biblioth. hebr. II, 182« gesammelten Stimmen der jüdischen Gelehrten und GROTIUS, KALINSKY, JAHN, die Habakuk unter Manasse wirken lassen, »damals gab es noch kein für Juda furchtbares Chaldäervolk« (294 Anm. 6). KEIL plädiert für eine Datierung zwischen 606–604. Auch noch E. PHILIPPE, Art. Habacuc, DB(V), 3,1, Sp.373–382 hält zwei Propheten mit diesem Namen für wahrscheinlicher (382).

[20] Vgl. AscJes 2,9; 4,22; weiter die bei GINZBERG, Legends VI, 314 angegebene Stelle SOR 20.

[21] HUETIUS 1765, 323: »geminum fuisse Habacucum, alterum Danielis obsonatorem, alterum Prophetam Manassis coaevum de tribu Simeonis, cum illum Levitica prognatum

festgehalten. Man mußte dann zwei Propheten mit dem seltenen Namen Habakuk postulieren.

3. Die Belagerung Jerusalems und die Flucht des Propheten

3 Καὶ ὅτε ἦλθε Ναβουχοδονόσορ ἐν Ἱερουσαλήμ,
ἔφυγεν εἰς Ὀστρακίνην
καὶ παρῴκησεν ἐν γῇ Ἰσμαήλ.

Man könnte versucht sein, Habakuks Flucht für eine ähnliche Legenden-bildung wie Jeremias bzw. Baruchs Verlassen der Stadt vor der Zerstörung anzusehen[22], doch ist mit keinem Wort die Anwesenheit des Propheten selbst in Jerusalem vorausgesetzt. Die Perspektive ist völlig anders: Der Prophet wohnt in seiner ländlichen Heimat und rettet sich vor dem Ansturm des baby-lonischen Heeres nach Süden, vom Kriegsschauplatz weg. Die Belagerung (und Eroberung) Jerusalems wird (ähnlich wie in 2 Chr 36,5a) umschrieben mit »als Nabuchdonosor nach[23] Jerusalem kam«. Alle genaueren Details der biblischen Berichte[24] werden weggelassen.

Interessanterweise flieht Habakuk nach Ostrakine und läßt sich »im Land Ismaels« als Fremder nieder[25]. Diese Einzelheiten sind stimmig in früh-jüdischer Zeit: Ostrakine ist Ausland, gehört aber nicht zu Ägypten[26], sondern liegt im nabatäischem Einflußbereich. Plinius d. Ä. nennt Ostrakine als Grenz-punkt von »Arabia«, wo auch bald Idumaea beginnt[27]. Der Wortlaut der Vita ist völlig eindeutig, man darf die Zusammengehörigkeit von Ostrakine und dem Land Ismaels, das als archaisierende Bezeichnung für das Nabatäerreich gebräuchlich ist, nicht auseinanderreißen[28]. Die äußerste (fiktive) Ausdeh-nung des jüdischen Staates nach Süden reichte bis Rinochoroura, bis zum »Grenzbach Ägyptens« (Gen 15,18)[29]. Auch noch die rabbinische Definition

---

esse declaret titulus historiae Beli et Draconis, quem ex editione LXX Senum repraesentat Hieronymus.«

[22] syrBar 2,1f; ParJer 1,1–3.7; PesR 131a.

[23] Die Hss bieten wieder »ἐν« statt »εἰς«.

[24] 2 Kön 25,1–21; vgl. Jer 39,1; 52,4f; 2 Chr 36,17ff u.ö.

[25] Zu παροικέω vgl. o. Jona-Vita, Anm. 69.

[26] So TORREY, Lives, 43: »he fled to Ostracina (in Egypt), and then sojourned in the Land of Ishmael«.

[27] Nat. hist., 5,68: *A Pelusio Chabriae castra, Casius mons, delubrum Iovis Casii, tumulus Magni Pompei. Ostracine Arabia finitur, a Pelusio LXV p. Mox Idumaea incipit et Palästina ab emersu Sirbonis lacus ...* (Text auch bei STERN, GLAJ I, 468 Nr. 204). Vgl. zu Ostrakine: PW 18,1, Sp. 1673f, die Stadt war – am Sibaris See liegend – in spätrömischer und christli-cher Zeit bedeutend. Die Madeba-Karte und die Tabula Peutingeriana verzeichnen sie, dazu DONNER/CÜPPERS 1977, 158 Abb. 124. Zu Josephus, Ant 5,82 vgl. o. Nahum-Vita, Anm. 15.

[28] HARE, Lives, 393 schließt sich ohne Kritik TORREY (s.o. Anm. 26) an.

[29] Vgl. REEG 1989, 437f.

der Grenzen des Heiligen Landes nennt diese Südgrenze[30]. Josephus erwähnt Ostrakine nur[31] bei der Beschreibung der Stationen von Titus' Zug von Alexandrien nach Jerusalem. Wahrscheinlich hat Kasher Recht, wenn er vermutet, daß der Aufenthalt des Titus in der Stadt, die selbst nicht genügend Trinkwasser hatte, weshalb es von außerhalb geholt werden mußte, nicht so sehr der Verproviantierung diente als vielmehr der Anwerbung nabatäischer Hilfstruppen[32]. Eine eigenartige Parallelüberlieferung zu Habakuks Flucht findet sich in EkhaR: »Achtzigtausend Priesterjünglinge mit goldenen Schilden brachen durch die Linien von Nebukadnezars Heer. Sie gingen zu den Ismaeliten, die für sie gesalzene Speisen und gefüllte Fellflaschen brachten.«[33]

Daß die VP Ostrakine zum Gebiet »Ismaels« zählen, beruht also auf einer differenzierteren Kenntnis der Zugehörigkeit der Stadt, als sie z.B. Torrey zeigt, der meinte, die Stadt läge in Ägypten[34]. Zwar ist die Flucht nach Ägypten[35] sowohl historisch wie legendär ein beliebtes Motiv, aber man sollte sie nicht einfach in die Habakuk-Vita, die so konkret von Ostrakine und den Ismaeliten spricht, hineinlesen. In der Vorstellung, daß der Prophet sich der Zwangsexilierung nach Babylonien oder nach Ägypten (so Jeremia) durch Flucht zu den Ismaeliten entzog, mag die positive Sicht der Ismaeliten, wie sie sich z.B. auch im Jubiläenbuch[36] zeigt, spiegeln. Sie wäre schwerer möglich gewesen nach den Erfahrungen mit der Grausamkeit nabatäischer Truppen bei der Zerstörung Jerusalems im Jahr 70[37].

---

[30] Vgl. STEMBERGER 1983a, 181.
[31] Bell 4, 661.
[32] KASHER 1988, 200; diese nabatäischen Truppen wüteten bei der Belagerung und Eroberung Jerusalems besonders grausam; vgl. SCHWEMER 1994b, 145f (Lit.).
[33] EkhaR 2,2 § 4. Nach tMen 9,15 wurde Salz von Ostrakine nach Palästina importiert; vgl. APPLEBAUM 1987, 669f.
[34] FERNÁNDEZ MARCOS, Vidas z.St. vermerkt gegen TORREY, daß Ostrakine auf der Sinaihalbinsel liegt.
[35] Dtn 23,8; 1 Kön 11,17.40; 2 Kön 25,26; Jer 26,21; 41,17; 43,7; Sach 10,10; Mt 2,13f; Jos., Ant 14,21; 15,42–49; Bell 7,410.423. Vgl. auch den Brief des Claudius aus dem Jahr 41, der den Juden die Einreise aus Palästina nach Alexandrien (und Waffenlieferungen nach Ägypten, d.h. an jüdische Volksgenossen zur Unterstützung ihres Widerstands gegen heidnische Übergriffe nach dem Pogrom unter Flaccus) verbietet, CPJ II Nr. 153.
[36] Vgl. Jub 15,18.20 und c. 20: Sie werden von Abraham gesegnet, sie verehren den höchsten Gott und sind beschnitten; 23,6ff ist Ismael beim Begräbnis Abrahams anwesend. Paulus geht bei seiner ersten selbständigen Mission in die Arabia, d.h. er wendet sich zu den Söhnen Ismaels als dem Israel am nächsten stehenden Volk. Zu Ismael in der »Verkündigung Jonas in Ninive« (ISSAVERDENS, Deaths, 250; dt. Üs. bei SIEGERT 1992, 225) vgl. o. Jona-Vita, Anm. 77.
[37] Dazu SCHWEMER 1994b, 145f; doch vgl. EkhaR 2,2 § 4.

4. Abzug der Babylonier und Rückkehr des Propheten

4 Ὡς δὲ ἐπέστρεψαν οἱ Χαλδαῖοι
καὶ οἱ κατάλοιποι οἱ ὄντες ἐν Ἱερουσαλὴμ εἰς Αἴγυπτον,
ἦν παροικῶν τὴν γῆν αὐτοῦ

Während das babylonische Heer abzieht und die restliche Bevölkerung Jerusalems sich nach Ägypten wendet[38], kehrt der Prophet schon zurück und wohnt als »Fremder« in seiner eigenen Heimat. Damit wird der Übergang zur nächsten Episode, die Habakuks »Entrückung« aus Judäa zu Daniel in Babylonien schildert, erreicht.

Wieder sind gerade die Details interessant. Zum einen rechnet die Habakuk-Vita damit, daß es eine Restbevölkerung in Judäa auf dem Lande gab und nicht alle Juden exiliert waren (vgl. Jer 39,10.14; 40,5ff.11f), nur Jerusalem sei völlig entvölkert gewesen. Unser Prophet hält sich dabei gewissermaßen an das, was Jeremia geraten hatte: er kehrt wieder zurück und bebaut das Land[39]. Die Wortwahl ἦν παροικῶν betont durch die Conjugatio periphrastica den durativen Aspekt[40]. Überraschend erscheint die Wiederaufnahme gerade des Terminus, der den Aufenthalt Habakuks im Ausland beschrieb, nun für sein Wohnen in der Heimat. Die Jona-Vita unterschied hier zwischen παροικέω im Ausland und κατοικέω in der neuen Heimat Jonas, in Saraar. Der Wortgebrauch von παροικέω für das Wohnen in der Heimat ist jedoch auch an dieser Stelle sinnvoll. Zwar ist παροικέω durchaus auch ohne den Aspekt des »Fremdseins« gebräuchlich im Sinne von »wohnen, bewohnen«[41]. Aber da die VP in der Jona-Vita so genau zu unterscheiden wissen zwischen παροικέω und κατοικέω, wird man in der Habakuk-Vita nicht einfach von der Voraussetzung ausgehen können, daß sie hier völlig ungenau formulieren und nicht mehr differenzieren können. »Man kehrte nach 538 teilweise zurück ins alte Land, aber diese Rückkehr ist eine Rückkehr in eine Diaspora, ist eine Rückkehr in eine neue Fremde«[42]. Das nachexilische Israel erfährt sich »als Minderheit ... und dies in Judäa und außerhalb, (so) ... daß es sich selbst als Diasporavolk versteht«[43]. Die Kategorie der »Fremde«, der »Knechtschaft«, wird zur Metapher für das Leben der Gemeinschaft und des Einzelnen im Lande. Die negativen Erfahrungen der politischen und sozialen Abhängigkeit werden theologisch gedeutet. Nicht nur Texte, die auch für den Verfasser der VP aus der nachexilischen Zeit stammen wie Neh 9,36f, belegen diese Vor-

---

[38] In Jer 43,1–7 sind es die Einwohner von Mizpa, die sich nach der Ermordung Gedaljahs nach Ägypten wenden und den Propheten Jeremia zwingen, mit ihnen zu gehen.

[39] Dazu u. 5.1.

[40] Vgl. BDR § 353: εἶναι mit Part. Präs. dient zur Umschreibung des Imperfekts.

[41] BAUER/ALAND, s.v.

[42] MOSIS 1978, 65f.

[43] MOSIS 1978, 60 vgl. FELDMEIER 1992, 46.

stellung. Die in persischer und frühhellenistischer Zeit verfaßten Schriften, die diese theologische Deutung der Fremdlingschaft im eigenen Land beschreiben, waren für den Verfasser der VP ja längst in vorexilischer Zeit entstanden, wie etwa Lev 25,23; Ps 74 oder 1 Chr 29,10ff[44]. Hier zeigt sich wieder das erstaunlich realistische Geschichtsverständnis der VP. Der Prophet befindet sich damit zwar nicht in einer »inneren Emigration«, jedoch sein Status entspricht in seiner eigenen Heimat immer noch dem eines Fremden[45]. Dieses auffallende Detail berührt sich mit der ›Fehlübersetzung‹ von Hab 3,16 (LXX): τοῦ ἀναβῆναι εἰς λαὸν παροικίας μου. Der Übersetzer der LXX verstand unter dem λαὸς παροικίας wohl die Babylonier[46]. Die sekundäre Lesart τοῦ ἀναβῆναι με[47] εἰς λαὸν παροικίας μου verrät deutlicher eine Bekanntschaft mit unserer Legende.

Schon A. Knobel[48] urteilte über diese Einzelheiten: »Wie wenig diese Nachrichten verbürgt sind, so enthalten sie doch ... nicht grade etwas Unmögliches.« Weniger wahrscheinlich ist dagegen, daß aus der Situation nach 70 das Bild von Habakuks Flucht, Rückkehr und Aufenthalt auf seinem Landgut geprägt wurde. Denn die Römer zogen keineswegs aus Jerusalem ab, sondern ließen die Legio Fretensis dort stationiert. Man würde zudem nach einer frischen Erfahrung der Zerstörung Jerusalems und den Opfern an Menschenleben während der Belagerung und der Versklavung großer Teile der Bevölkerung in der Habakuk-Vita ganz andere Töne erwarten, nicht diesen abgeklärten Rückblick. Die Habakuk-Vita scheint ihre Details nicht dem Eindruck der Katastrophe von 70 n. Chr. wie 4 Esr oder syrBar zu verdanken und erst recht nicht dem zweiten Aufstand 132–135. Die Schilderung der Exilierung in der Habakuk-Vita setzt die ägyptische und babylonische Diaspora voraus, aber nicht das Aufbrechen alter Wunden durch neue Erfahrung. Auch wenn das Thema der Zerstörung des Ersten Tempels nach der des Zweiten erneut ungeheuer wichtig wurde und beide Zerstörungen und »Exilierungen« des

---

[44] Dazu wieder Feldmeier 1992, 46–51.

[45] Feldmeier 1992 geht auf die VP nicht ausdrücklich ein; das Bild, das er vom Gebrauch von παροικέω κτλ. in den Apokryphen und Pseudepigraphen des AT in dem knappen Abschnitt (op.cit., 55ff): »§ 4.1 Die Vermeidung der positiven Aufnahme der Fremdlingsmetapher in der apokryphen und pseudepigraphischen Literatur« zeichnet, erfaßt nur cum grano salis den Wortgebrauch in der Habakuk-Vita. Die Vita versteht auch die Zeit des Exils *in Judäa* als παροικία, der Prophet wartet auf die Rückkehr der babylonischen Gefangenen. Das entspricht eher dem von Feldmeier 1992, 46ff beschriebenen Verständnis.

[46] Vgl. ψ 33,5 (Ps 34,5); Klgl 2,22; dazu Feldmeier 1992, 19: »Auf eine Verlesung von ר zu ד dürfte Hab 3,16 zurückzuführen sein, wo גוד ›feindlich angreifen‹ offensichtlich mit גור verwechselt wurde. So wird aus dem ›Volk, das uns angreift‹, auf dessen Bedrängnis der Prophet wartet, ein λαὸς παροικίας μου. Auch wenn es sich an diesen Stellen um Verwechslungen ... handeln sollte, so ist es doch in allen drei Fällen bezeichnend, daß diese Übersetzung für den damaligen Leser offensichtlich einen Sinn ergab.«

[47] Es ist eine verbreitete Variante, s. Ziegler, Göttinger LXX, 272 z.St.

[48] Knobel 1837, II, 292.

Volkes nicht nur parallel, sondern ineins gesehen wurden, so war das Thema der Zerstörung des Ersten Tempels nie verstummt und die Klage um seinen Verlust ein andauerndes Thema, das nicht nur durch die Lektüre der alten Schriften wachgehalten wurde. Seine Aktualität läßt sich auch an der sogenannten deuterokanonischen und zwischentestamentarischen Literatur ablesen. Es sind nicht nur einzelne Legenden, wie die um die Tempelgeräte[49] oder exilische Gestalten wie Daniel und Jeremia, aus Qumran kennen wir auch nichtkanonische Klagelieder über Zion und last not least spricht hier das Baruchbuch der LXX (wohl Mitte 1. Jh. v. Chr. anzusetzen) eine deutliche Sprache und zeigt, daß dieses Thema immer noch gern als Ausgangspunkt neuer Schriften genommen wurde. Sowohl 4 Esr und syrBar wie die spätere rabbinische Literatur, die dem Aufstand zwischen 132–135 z.T. noch verhältnismäßig nahestehende Traditionen überliefert, sprechen eine völlig andere Sprache[50]. Erst recht paßt diese präzise Beschreibung nicht zu einer genuin christlichen Schrift des 4. Jh.s n. Chr.

5. Habakuk und Daniel

5 καὶ ἐλειτούργει θερισταῖς τοῦ ἀγροῦ αὐτοῦ.
6 Ὡς δὲ ἔλαβε τὸ ἔδεσμα, προεφήτευσε τοῖς ἰδίοις εἰπών·
πορεύομαι εἰς γῆν μακρὰν καὶ ταχέως ἐλεύσομαι.
Εἰ δὲ βραδύνω, ἀπενέγκατε τοῖς θερισταῖς.
7 Καὶ γενόμενος ἐν Βαβυλῶνι καὶ δοὺς τὸ ἄριστον τῷ Δανιὴλ
ἐπέστη τοῖς θερισταῖς ἐσθίουσι καὶ οὐδενὶ εἶπε τὸ γενόμενον·
8 συνῆκε δὲ ὅτι τάχιον ἐπιστρέψει ὁ λαὸς ὑπὸ Βαβυλῶνος.

Die Erzählung geht völlig nahtlos über zu der durch einfache Parataxe angeschlossenen Episode von Habakuks Reise zum Propheten Daniel nach Babel[51], die wir auch durch die Parallelversion in Bel 33–39 kennen[52]. Vorberei-

---

[49] Vgl. die Legenden vom Verbergen der Lade, s. Band I, Jeremia-Vita, Abschnitt 5. und u. zum τέρας-Wort des Habakuk.

[50] Zur historischen Zuverlässigkeit von MekhY, EkhaR usw. vgl. das (teilweise viel zu skeptische) Urteil von SCHÄFER 1981; anders HENGEL 1987c; gegen die verbreitete Tendenz, den rabbinischen Legenden den historischen Kern abzusprechen vgl. auch SCHWEMER 1994b.

[51] Sie hat ihm den Beinamen Discophorus, »Essensträger« eingetragen; vgl. Hieronymus, Comm in Dan, Prol (CChr.SL 75A, 773f); etwas anders Hieronymus, Comm in Abacuc, Prol (CChr.SL 76A, 580): *Daniel ... ad quem in lacum leonum Abacuc cum prandio mittitur, quamquam apud Hebraeos haec ipsa non legatur historia.* Vgl. DELITZSCH 1844, 23; zur Darstellung in der frühchristlichen Kunst s. J. DANIÉLOU, Art. Daniel, RAC 3, 582; zu den Besonderheiten der Holztür in der Basilika S. Sabina in Rom s. G. JEREMIAS 1980, 130f. Da in den bildlichen Darstellungen immer der Engel, der Habakuk am Haarschopf ergreift, erscheint, sind diese von Bel und nicht von den VP abhängig.

[52] S. dazu u. 16. Exkurs.

tet ist diese ländliche Szene durch das Stichwort ἀγρός, das in der Notiz über die Herkunft des Propheten schon verwendet wurde und das in der Notiz über das Begräbnis des Propheten noch einmal aufgenommen wird. Die Verbindung von V. 5 und V. 4 ist derart eng, daß man V. 5 eher zum Vorhergehenden rechnen möchte als zum folgenden Satz[53].

5.1 Habakuks Dienst an den Schnittern

> 5 καὶ ἐλειτούργει θερισταῖς τοῦ ἀγροῦ αὐτοῦ.

Habakuk bedient die Schnitter auf seinem Feld[54]. Das Possessivpronomen weist Habakuk als Besitzer aus. Sein niedriger Dienst an den Schnittern paßt zu den – auch von Josephus[55] hervorgehobenen – ärmlichen Verhältnissen in der Heimat während des Exils. Er hat (gemietete) Schnitter – sie werden ausdrücklich von den οἱ ἴδιοι unterschieden – angestellt während der Ernte, die er mit Essen versorgt[56]. Ungewöhnlich scheint nur, daß der Bauer selbst das Essen aufs Feld trägt[57]. Er nimmt das Essen in Empfang, gekocht[58] haben es wohl die οἱ ἴδιοι, die Familie des Propheten.

5.2 Habakuks Prophetie

> 6 Ὡς δὲ ἔλαβε τὸ ἔδεσμα, προεφήτευσε τοῖς ἰδίοις εἰπών·
> πορεύομαι εἰς γῆν μακρὰν καὶ ταχέως ἐλεύσομαι.
> Εἰ δὲ βραδύνω, ἀπενέγκατε τοῖς θερισταῖς.
> 7 Καὶ γενόμενος ἐν Βαβυλῶνι καὶ δοὺς τὸ ἄριστον τῷ Δανιὴλ
> ἐπέστη τοῖς θερισταῖς ἐσθίουσι καὶ οὐδενὶ εἶπε τὸ γενόμενον·

---

[53] So auch die Interpunktion von Vat. 2125 (SCHERMANN, Vitae, 86; NESTLE, Vitae, 26).

[54] Ep1 setzt als Begründung für Habakuks Dienst hinzu: Ἔσπειρε γὰρ κριθόν.

[55] Ant 10,155: ὁ δὲ στρατηγὸς Ναβουζαρδάνης αἰχμαλωτίσας τὸν τῶν Ἑβραίων λαὸν τοὺς πένητας καὶ αὐτομόλους ἐκεῖ κατέλιπεν ... ἐπέταξε δ' αὐτοῖς τὴν χώραν ἐργαζομένοις τῷ βασιλεῖ τελεῖν φόρον ὡρισμένον. Vgl. Ant 10, 159.

[56] Wenn man zudem die oben betonte Bedeutung von παροικέω im Heiligen Land berücksichtigt, heißt λειτουργεῖν wahrscheinlich hier einfach »dienen«; die Bedeutung »einer (öffentlichen) Verpflichtung nachkommen«, s. LSJ, s.v., ist in der LXX fast völlig auf den kultischen Dienst eingeschränkt. Doch die Versorgung der Erntearbeiter gehört zu den vom Grundbesitzer übernommenen Leistungen. Daß Ep2 verbessert, Habakuk habe die Schnitter »seines Volkes« mit Essen versorgt, ist wohl eine daraus entstandene Übertreibung. Vgl. DALMAN 1933 (Ndr. Hildesheim 1964), 13–19 »Die menschlichen Arbeitskräfte«: »Die gemieteten Schnitter erhalten Beköstigung, die ihnen aufs Feld gebracht wird. Ein Frühstück ... gegen 10 Uhr vormittags und ein Mittagessen gegen 2 Uhr nachmittags ist das übliche.« (14). Vgl. neben Bel et Draco, 33 (LXX und Θ diff): Ruth 2,14; Hiob 24,10; mNed 4,5; mDem 3,1 u.ö.

[57] Dieses Motiv ist jedoch traditionell durch die Habakuklegende vorgegeben, vgl. Bel 33.

[58] In Bel (Θ) 33 »kocht« Habakuk selbst; während LXX schreibt: ἦν ... ἔχων.

Den »Seinen« weissagt der Prophet, daß er in ein fernes Land reisen und schnell zurück sein wird. Wenn er jedoch länger ausbleibe, sollten sie den Schnittern ihr Essen geben. Wortempfang und Vision werden nicht geschildert, nur die Prophetie selbst in direkter Rede wiedergegeben. Habakuk weiß in prophetischer Voraussicht, daß er in ein fernes Land gehen und daß er sich beeilen wird zurückzukommen. Was er nicht weiß, ist, wie lange er brauchen wird. Für den Fall, daß er länger ausbleibt, sorgt er dafür, daß in der Zeit seiner Abwesenheit die Schnitter nicht Hunger leiden[59]. Die Stationen der Reise werden wieder in kurzen beigefügten Partizipialkonstruktionen angegeben[60] und damit die verkürzte Erzählweise gewählt, die wir auch aus anderen Viten kennen. Habakuks Reise führt ihn nach Babylon zu Daniel, dem er das Frühstück gibt. Daß bei seiner Rückkehr die Schnitter gerade am Essen sind, betont die ungeheure *Schnelligkeit* der Reise, enthält aber auch einen kleinen Moment der *Verzögerung*: Man mußte den Schnittern – ganz nach der Anweisung des Propheten – inzwischen zu essen bringen. Doch dann tritt der Prophet plötzlich zu ihnen, wie es sonst von Engeln gesagt werden kann[61]. Auf welche Weise Habakuk die ungeheure Entfernung in derart kurzer Zeit bewältigt, wird nicht beschrieben. Stattdessen wird gesagt, er habe niemandem von dem Geschehenen berichtet. All das überrascht den Leser, wenn er Bel 33–39 kennt[62].

5.3 Habakuks Erkenntnis

> 8 συνῆκε δὲ ὅτι τάχιον ἐπιστρέψει ὁ λαὸς ὑπὸ Βαβυλῶνος.

Das ganze Geschehen zielt auf die *Erkenntnis* des Propheten: Was er erlebt, verschweigt er, doch er selbst weiß durch das ihm Widerfahrene – es hat die Funktion einer prophetischen Zeichenhandlung, deren Sinn dem Propheten nachträglich aufgeht –, daß sein Volk analog zu seiner ungeheuer schnellen Reise auch nicht mehr lange warten muß bis zur Rückkehr aus dem babylonischen Exil.

Die Thematik dieses Abschnittes ist durch das Habakukbuch vorgegeben. Die Reflexion des Propheten über die Dauer, bis seine Schauung eintrifft, und Gottes Antwort in 2,3b wird in haggadische Erzählung umgesetzt. Die LXX übersetzt:

> ἐὰν ὑστερήσῃ, ὑπόμεινον αὐτόν,
> ὅτι ἐρχόμενος ἥξει καὶ οὐ μὴ χρονίσῃ.

---

[59] Vgl. Hiob 24,10.
[60] Vgl. Jona-Vita.
[61] Lk 2,9; 24,4; Apg 12,7; vgl. BAUER/ALAND, s.v. Sp. 668 1a »oft m. dem Nebensinn des Plötzlichen«, vor allem Diodorus S. 1,25,5 (Isis); Lukian, dial.deor. 17,1 (Hephaist); SIG 1168,37; Jos., Ant 3,188.
[62] Zum Problem der literarischen Bezüge s.u. 16. Exkurs.

So klar die sinngemäße Entsprechung zwischen Hab 2,2f und unserer Legende ist, so ist doch erst bei Aquilas[63] Übersetzung auch ein direkter Wortanklang zu finden:

ἐὰν μελλήσῃ, προσδέχου αὐτόν, ὅτι ἐρχόμενος ἥξει καὶ οὐ βραδυνεῖ.

Nun ist zwar längst vermutet worden, daß Aquila mit der Wortwahl βραδύνω ältere Übersetzungtradition aufnimmt, es fehlt aber dafür ein eindeutiger Beleg in den Handschriften[64]. Doch die revidierte Septuaginta-Fassung der Zwölfprophetenrolle aus Naḥal Ḥever kommt, soweit sie erhalten ist, Aquila an dieser Stelle wahrscheinlich recht nahe. Daß sich hier nicht eindeutig erkennen läßt, von welcher Textform die Habakuklegende ausgeht, ist umso bedauerlicher, als sich aus ihr auch ergeben würde, in welchen Umkreis und in welche Zeit man sie einordnen könnte. Eine Spätdatierung und Abhängigkeit von Aquila verbietet sich vom Kontext der Habakuk-Vita und der VP insgesamt. Zudem gehörte in christlichem Bereich diese berühmte Habakukstelle früh zu den dicta probantia unter den messianischen Prophetien, man wird dort kaum Interesse daran gehabt haben, sie auf den Propheten selbst und die Dauer des Exils hin auszulegen[65]. Bereits die LXX-Übersetzung zeigt, daß sie diese Schriftstelle eschatologisch versteht und zumindest auf das endzeitliche Kommen Gottes, wenn nicht einer messianischen Gestalt deutet[66], indem sie nicht mehr vom Eintreffen der Vision spricht, sondern von einem Maskulinum, das sie doch wohl personal faßt. Der breit belegten eschatologischen Auslegung von Hab 2,2ff steht in der Habakuk-Vita eine historisierende gegenüber. Ob sie nun die Schriftstelle exakt auf das Eintreffen der »Schauung«, das Kommen des Volkes aus dem Exil oder auf die wunderbare Reise des Propheten bezieht, bleibt in einer geheimnisvollen Schwebe, ja, man könnte ins Schwanken kommen, ob der Bezug zwischen Vita und Hab 2,2f überhaupt zu Recht vermutet wird. Doch daß in der Habakuk-Vita eine aus einer Prophetenstelle entwickelte Personallegende begegnet, ist innerhalb der VP ja kein ein-

---

[63] Vgl. ZIEGLER, Göttinger LXX, 264; Euseb, Dem. 6,14,2 (HEISE, 268.269).

[64] So die Vermutung von STROBEL 1961, 90: »eine Variante, welche wohl mit Sicherheit schon in älterer Zeit in Umlauf war«, wozu S. auf Sir 32,22 verweist (63). In der Zwölfprophetenrolle aus Naḥal Ḥever ist der Textabschnitt nicht vollständig erhalten, s. Tov, DJD VIII, 52f und Kommentar 93.

[65] Im Gegenteil: Die christlichen Interpolationen in den VP sind gerade dadurch erkenntlich, daß sie auch die »apokryphen« τέρας-Worte der Propheten messianologisch/christologisch interpretieren und (am ausführlichsten in Dor) die christologischen (Schrift-)Prophetien ergänzend anführen. Die Tendenz solche Hinweise einzufügen, steigert sich im Lauf der Überlieferung und Bearbeitung (vgl. zu den vermehrten Hinweisen in der armenischen Üs.: STONE, Armenian Apocrypha, 166ff). Gegen SATRAN 1995, 63–68 (zu den τέρας-Worten, auf deren Erklärung er im Grunde verzichtet); 77f.

[66] Dazu STROBEL 1961; STROBEL, Art. Habakuk, RAC 13, 203–226 (216–221).

maliger Fall, sondern ganz dem Genre und der Auslegungsmethode der »rewritten bible« entsprechend[67].

Daß diese Auslegungsmethode auf eine längere Entwicklung zurückgeht, zeigt das Alter der Geschichte vom Verbergen der Lade durch Jeremia[68], wo wir die verschiedenen Überlieferungsstadien noch am besten kennen und mit Sicherheit wissen, daß sie bereits in der Mitte des 2. Jh.s v. Chr. bekannt war und verwendet wurde. Die Habakuk-Vita kennt sehr wohl auch eine eschatologische Auslegung des Prophetenbuchs, wie ihr τέρας-Wort zeigt. Hier in der Habakuk-Daniel-Episode übernimmt sie eine Legende, die das Prophetenwort historisierend deutet auf den Zeitpunkt des Exilendes.

15. Exkurs: Die Auslegung von Hab 2,2f in Qumran

Der Kommentar zum Habakukbuch aus *Qumran* ist die früheste eindeutig eschatologische Deutung der Stelle, die uns erhalten ist:

> »[1]Und Gott sprach zu Habakuk, er solle aufschreiben, was (da) kommt über [2]das letzte Geschlecht, doch die Vollendung der Zeit tat Er ihm nicht kund. [3]Und wenn es heißt: Damit eilen kann, der darin liest, [4]geht seine Deutung auf den Lehrer der Gerechtigkeit, dem Gott kundgetan hat all die [5]Geheimnisse der Worte Seiner Knechte, der Propheten. Denn noch ist der Schau [6]eine Frist gesetzt, doch sie drängt zum Ende und trügt nicht. [7]Seine Deutung ist, daß die letzte Zeit sich in die Länge zieht und länger braucht als (nach) allem, [8]was die Propheten gesagt haben, denn die Geheimnisse Gottes sind wunderbar.«[69]

Im Vergleich mit unserer Legende wird der Kontrast zwischen der ›sekten‹spezifischen, eschatologischen Auslegung auf den Lehrer der Gerechtigkeit, dem Gott den geheimen Sinn der atl. Prophetie und die tatsächliche Zeitspanne bis zum Ende der Welt offenbart, die den Propheten selbst verborgen geblieben ist, und der scheinbar naiv nacherzählenden legendären Ausschmückung, wie die VP sie bieten, deutlich erkennbar. Gemeinsam ist beiden Auslegungen, daß sie auf »Erkenntnis« zielen und das Problem der Zeitverzögerung zu beantworten suchen. Die Legende läßt jedoch den Propheten seine eigene Prophetie verstehen, was in Qumran allein dem Lehrer der Gerechtigkeit vorbehalten bleibt, auf den hin der Prophet gesprochen hat, denn dieser (allein) wird mühelos interpretieren, was alle Propheten geschrieben haben.

In der Vita besteht das Ziel der Erzählung gerade darin, daß dem Propheten zwar nicht der exakte Zeitpunkt des Endes des Exils gewiß wird, er jedoch Antwort bekommt auf die Frage »Wie lange noch?«, indem er erkennt, daß die Zeit kurz sein wird[70].

---

[67] Vgl. Jesaja und die Entstehung der Siloahquelle; Jeremia und das Verbergen der Lade; Ezekiels große Vision (c. 37) wird umgedeutet in ein Auftreten des Propheten vor heidnischen Herrschern usw.

[68] S. Band I, Jeremia-Vita, Abschnitt 5.1.

[69] 1QpHab vii 1–16 (Üs. MAIER, in MAIER/SCHUBERT 1973, 274f)

[70] Das Problem des kurzen Zeitraums vor dem Ende (in Analogie zur Zeit des Exils erörtert, weil der fiktive »Pseudo-Esra« natürlich aus der Situation des babylonischen Exils spricht) wird ausführlich reflektiert in 4 Esr, vgl. 4,11f.34–46.50; 6,7–10; 14,10ff u.ö.

»Damit eilen kann, der darin liest« wird im Habakuk Pescher ebenfalls auf den Lehrer der Gerechtigkeit gedeutet. Vielleicht spielt unsere Legende auf diese Stelle im
Prophetenbuch an, wenn sie Habakuk sagen läßt: ταχέως ἐλεύσομαι[71].

Daß auch in den VP eine gewisse Verzögerung eintritt, wurde oben schon erwähnt. Der Prophet kehrt »erst« wieder zurück, wenn die Schnitter tatsächlich
beim Essen sind. Er hat sich also etwas »verzögert« und etwas länger aufgehalten. So wird sich auch das Ende des Exils »verzögern«, aber bald eintreffen. Daß diese Erzählung das Verzögerungsproblem von Hab 2,2ff auslegt,
scheint mir die plausibelste Erklärung[72].

16. Exkurs: Habakuk in Bel et Draco (Dan 14,33–39) und die Parallelen

Das »Zusatzkapitel« Bel et Draco, das sich in den griechischen und von ihnen wiederum abhängigen Bibeltexten findet, gehört zu den älteren Daniellegenden, die vollständiger in LXX und Θ als in MT enthalten sind[73]. Die ursprüngliche Septuaginta-Anord-
nung hat sich in p967 erhalten: Daniel, Bel et Draco, Susanna[74]. Leider fehlt in p967
der Beginn von Bel et Draco, aber es spricht nichts dagegen, daß die Hs Bel 1f (LXX:
88; Syh) als Einleitung enthalten hat[75]. Nach dieser Überschrift ist Bel et Draco aus der
»Prophetie des Habakuk, Sohn des Jesus, aus dem Stamm Levi« entnommen[76]. Da diese Angaben denen der VP nicht entsprechen, wird es sich um unabhängige Überlieferungen über Habakuk handeln.

---

[71] Auffallend ist, daß unsere Vita so gar nichts weiß von der Entrückung durch den Engel
(Bel 36); dazu u. 16. Exkurs.

[72] Kochs Frage (Koch 1987, II, 194): »Gab es im Text des Büchleins Habakuk irgendei-
ne Stelle, die als Anspielung auf eine solche Reise nach Babel aufgefaßt werden konnte?«
läßt sich nur über die Version der VP beantworten. Strobel 1961 behandelt allein die
eschatologische Interpretation, die natürlich weitaus häufiger belegt ist und der sehr viel
mehr Bedeutung gerade in ihrer Wirkungsgeschichte zukommt. S. die bei Strobel 1961
passim aufgelisteten ntl., jüdischen und späteren christlichen Auslegungen, die hier nicht
eigens noch einmal aufgeführt werden sollen. Strobel geht auch in Art. Habakuk, RAC, wo
er die VP mitberücksichtigt, nicht auf die Interpretation des Verzögerungsproblems in der
Habakuk-Vita ein.

[73] Weitere außerkanonische Daniel-Überlieferungen kennt man aus Qumran. Vgl. Band
I, Daniel-Vita, Anm. 62 und 7. Exkurs (zu 4QOrNab).

[74] Geissen, Septuaginta-Text, 33 (Kommentar); 276–280 (Text); Koch 1987, II, 147;
38/1, 187 mit Verweis auf Lebram, Art. Daniel/Danielbuch, TRE 8, 343 spricht irrtümlich
davon, daß in p967 Susanna zwischen »Bel« und »Draco« stehe, und begründet damit die
literarkritische Scheidung zweier selbständiger Schriften »Bel« und »Draco«; in p967 ist
Reihenfolge: Dan, Bel et Draco, Susanna. »Theodotion« stellt Susanna vor das Danielbuch
und Bel et Draco dahinter. Zur Reihenfolge in 88 vgl. Ziegler, Daniel, Göttinger LXX, 8f.

[75] Vgl. Geissen, Septuaginta-Text, 276.

[76] Sie fährt fort mit der Einführung Daniels als Priester, was wiederum den Angaben des
kanonischen Danielbuches (und der Daniel-Vita der VP) widerspricht.

Innerhalb der Draco-Geschichte erscheint die Habakuk-Szene in V. 33–39 als verhältnismäßig alter, aber sekundärer Zusatz[77]: Einmal enthält die Parallelversion in Dan 6, die Legende von »Daniel in der Löwengrube«, die Speisung durch Habakuk nicht, zum anderen sperrt sich die Habakuk-Episode gegen den Kontext in Draco, der ohne sie in sich völlig sinnvoll und abgeschlossen wäre. Der sog. Theodotion-Text verzichtet auf den Hinweis auf die Prophetie Habakuks, schließt direkt an Dan 12 an und gibt stattdessen den Namen des babylonischen Königs, unter dem sich das Folgende ereignet, und den seines Vorgängers an. Die LXX-Fassung von Bel et Draco läßt dagegen den babylonischen König völlig namenlos. Dafür, warum LXX angibt, daß Bel et Draco sich aus einer sonst unbekannten »Prophetie Habakuks« stammt, gibt es keine schlüssige Erklärung[78].

Die Erzählung der Habakuk-Episode in Bel et Draco ist deutlich mit unserer Passage in der Habakuk-Vita verwandt, zeigt aber ebenso eindeutig klare Unterschiede:

War in der Vita der Prophet Habakuk der alleinige Aktant der ganzen Erzählung, so treffen wir hier auf einen Wechsel zwischen drei Personen:

Der Prophet Habakuk bereitet Essen vor und will es zu den Schnittern in der Ebene[79] tragen. Auf dem Weg befiehlt ihm der Engel Gottes, diese Speise zu Daniel zu bringen. Der Prophet antwortet stilgemäß, daß ihm das unmöglich sei[80]. Darauf trägt ihn der Engel am Haarschopf[81] zu Daniel in der Löwengrube. Habakuk spricht Daniel an und fordert ihn auf, die Speise, die ihm Gott schickt, zu essen. Daniel preist Gott, der durch dieses Wunder zeigt, daß er diejenigen, die ihn lieben[82], nicht vergißt. Danach bringt der Engel Habakuk sofort zurück.

Kompliziert wird die literarkritische Frage von Bel et Draco dadurch, daß LXX und Theodotion auch hier unterschiedliche Versionen bieten und zudem Draco in Dan 6 eine kanonische Parallele hat[83].

Die literarische Verwandtschaft zwischen Bel 33–39 und der Habakuk-Vita ist nicht sehr eng. Wir haben Wortgleichheit (außer bei den Namen) nur in den Begriffen θερισταί und ἀρίστιον (VP ἄριστον)[84]. Dennoch ist deutlich, daß jedesmal dasselbe Ereignis geschildert wird. Für die Annahme einer direkten Abhängigkeit der VP von Draco 33–39 sprechen folgende Gründe[85]:

---

[77] Gegen KOCH 1987, II, 192ff: »überlieferungsgeschichtlich junger Zuwachs« (193). Zur LXX-Vorlage vgl. LUST 1993, 52, der die Habakuk-Episode in Bel et Draco zur vormakkabäischen Vorlage rechnet.

[78] Vgl. o. Anm. 5. Zur Stichometrie des Nikophorus s.u.

[79] LXX und Θ: πεδίον – ist daran gedacht, daß der Prophet im Bergland wohnt und Schnitter auf seinen Feldern in der Küstenebene zu versorgen hat? Vgl. dazu DALMAN 1933, III,15; KOCH 1987, II, 176 bemerkt nur »Wie ΘG auf ›Ebene‹ statt ›Feld‹ verfallen, bleibt unklar.« Jerachmeel, den KOCH für den der aramäischen Vorlage von Draco entsprechenden Text hält, bietet »Feld«.

[80] Vgl. Lk 1,18.34 und die Ausgestaltung des Motivs in Apg 10,14ff.19–23.28f.

[81] Vgl. Ez 8,3; das Motiv betont wohl mehr die Leichtigkeit, mit der sich die Entrückung vollzieht, nicht so sehr das gewaltsame Hochreißen.

[82] Vgl. ParJer 6,6.

[83] Dazu am ausführlichsten KOCH 1987, dem ich aber nur teilweise folgen kann.

[84] In An2 (Coisl. 224; Philadelph. 1141; Paris. 1712) und Ep1 finden wir die übliche Angleichung an den »Bibeltext« (Θ): καὶ δοὺς τὸ ἄριστον τῷ Δανιὴλ εἰς τὸν λάκκον τῶν λεόντων.

[85] Diese wird vertreten von KOCH 1987, II 186: »Aus dem von einem Engel überraschten Profeten wird hier ein seiner selbst sicherer Gottesmann, der im voraus seine Entrückung

1. Um eine wirkliche Habakuk-Legende zu schreiben, wurde der Prophet Habakuk zur Hauptperson gemacht. Damit fallen alle anderen Personen als Akteure aus; völlig verzichtet wird auf den Engel. Seine Funktion wird durch die Weissagung des Propheten ersetzt.

2. Das Motiv der »Schnitter« wird sekundär verständlich gemacht und ausgestaltet. Für ihre Versorgung wird nicht nur während der Abwesenheit Habakuks gesorgt, sondern um der Geschichte Hand und Fuß zugeben, tritt Habakuk am Ende wieder zu den Schnittern. Die Verwendung von ἐπέστη könnte durch die Streichung des Engels veranlaßt und als Indiz dafür zu werten sein, daß der Vita eine »Engelversion« bekannt war.

3. Daniels Reaktion auf die wunderbare Speisung, sein Lobpreis, wird durch die Erkenntnis des Propheten über die kurze Zeitspanne, die das Exil noch währen wird, ersetzt.

Alle diese Argumente lassen sich umdrehen und für die Priorität der VP-Fassung anführen:

1. Um die Habakukepisode in die Daniellegende einzubauen, wird Daniel bereits durch den Auftrag des Engels eingeführt und auf diese Weise mit der Habakukgeschichte sinnvoller verbunden. Engel und Daniel treten neben Hababuk als Aktanten auf.

2. Während in den VP die Schnitter sinnvoll im Kontext verankert sind, wirken sie in Draco als Blindmotiv.

---

nach Babylonien weissagt und so schnell zurück ist, daß er die Schnitter noch beim Essen überrascht. Dieser Text hat sich überlieferungsgeschichtlich ein gutes Stück weit von der ursprünglichen Erzählung entfernt. Da das Profetenleben wahrscheinlich im 1. Jh. n. Chr. in Palästina in hebräischer oder aramäischer Sprache verfaßt worden ist (TORREY, Lives: 6–12; STECK 1967: 248), wird wahrscheinlich keine griechische Version, sondern Am (= aramäische Fassung von Draco in der Chronik des Jerachmeel) die Grundlage abgegeben haben.« KOCH setzt dabei voraus, daß sich in der Chronik des Jerachmeel der aramäische Text von Draco erhalten habe, der s.E. »direkt abkünftig« ist von der aramäischen Vorlage, die die Theodotion-Version ins Griechische übersetzt. Die LXX sei dagegen sekundär. Daß auch die VP auf eine aramäische Vorlage zurückgreifen, entnimmt er TORREY und STECK. Dagegen ist einzuwenden, daß gerade die LXX-Version Züge enthält, die ursprünglicher erscheinen und dafür sprechen, daß Θ auch hier sekundär ist. U.a. spricht für die Priorität von LXX, daß Habakuk nach LXX den Schnittern einen Mischkrug mit Wein bringt. Denn die Schnitter tunkten auch nach WaR 34,8 (93a) und RutR 5,6 (15a) ihr Brot gern in »Essig«, d.h. den Wein minderer Qualität, der bei der Arbeit getrunken wurde, vgl. den »Essig«, ὄξος, der Passionsgeschichte (Mk 15,36; Mt 27,48; Lk 23,36; Joh 19,29), dazu BAUER/ALAND, s.v. 1164: »Er war zum Stillen nachhaltigen Durstes geeigneter als Wasser«. Wenn Habakuk den Schnittern nicht ὄξος, sondern στάμνον οἴνου κεκερασμένου bringt, so denkt die Erzählung bereits an Daniel, dem nicht der minderwertige Wein, sondern guter gebracht wird. Wenn Theodotion den Wein wegläßt, entspricht das enkratitischer Moral. Von daher ist es wahrscheinlicher, daß der »Wein« primär ist und sekundär gestrichen wurde. Wenn KOCH meint: »G übernimmt die Formulierung von Θ, vergißt aber nicht, einen Mischkrug voll Wein hinzuzufügen, was auf die Trinksitten höherer griechischer Gesellschaftsschichten schließen läßt; die anderen Versionen muten den Arbeitern in der Mittagshitze keinen Rauschtrank zu«, so kennt er bäuerliche Verhältnisse zu wenig und berücksichtigt nicht die Tendenz, die zur asketischen Haltung hinläuft und nicht umgekehrt.

3. Die Entrückung durch den Engel ist eine derart eindrucksvolle Szene, daß es schwer erklärbar scheint, daß die VP sie ausgelassen hätten, wenn ihre Vorlage sie enthalten hätte.
4. In VP wird der Haftpunkt der Legende im Habakukbuch erkennbar. In Bel et Draco erkennt man den Anklang an Ez 8,3 – aber nicht, warum ausgerechnet der Prophet Habakuk zu Daniel entrückt wird und nicht irgendein anderer.

Ich halte die Gegengründe für gewichtiger. Die Verwandtschaft der beiden Erzählungen ist aber nicht durch eine direkte literarische Abhängigkeit der einen von der anderen zu erklären[86]. Beide Texte wurden voneinander unabhängig ausgestaltet[87], aber sie gehen zurück auf eine gemeinsame Quelle. Es ist schwer zu entscheiden, welche unserer beiden Versionen dieser Vorlage nähergestanden hat und ob diese ausführlicher oder gar kürzer war. Für das erstere würde sprechen, daß die VP normalerweise ihre Vorlagen kürzen und raffen, aber auch in Bel et Draco ist der Erzählstil sehr viel knapper gehalten als etwa im kanonischen Danielbuch.

Der »Grundstock« wird die gemeinsamen Motive enthalten haben: Schnitter/ Frühstück, Habakuk in Judäa/Daniel in Babylon und die wunderbare schnelle Reise Habakuks; was darüber hinausgeht, bleibt unbestimmt. Wenn sich jedoch in der Überschrift Bel 1 (LXX) ein ursprüngliches Element erhalten hat, so wäre das ein Hinweis darauf, daß auch die Vorlage von Draco stärker auf den Propheten Habakuk ausgerichtet gewesen sein muß als in Bel 33–39, wo Habakuk zu einer Nebenfigur degradiert ist. Diese Prophetie des Propheten Habakuk ist uns aber aus anderen Quellen nicht mehr bekannt. Da die biographischen Angaben über Habakuk in Bel 1 denen der VP überhaupt nicht entsprechen, muß man annehmen, daß es sich um eine unterschiedliche Entwicklung der Überlieferungen über Habakuk handelt. In der Stichometrie des Nikophorus wird ein Apokryphon des Habakuk abgelehnt, das zusammen mit Baruch, Ezechiel und Daniel aufgezählt wird[88]. Da die Stichometrie jedoch Susanna ebenfalls zu den Apokryphen rechnet, wird es sich bei dieser Habakuk-Schrift um Bel et Draco handeln.

Die Habakuklegende aus Bel et Draco (soweit ich sehe, immer nach Θ) wird verhältnismäßig oft in späteren Werken aufgenommen[89], seltener wird die Version der VP verwendet.

---

[86] Gegen STROBEL, Art. Habakuk, RAC 13, 226: »Es ist deutlich, daß die Legende auf den Anhang zur Danielgeschichte zurückgreift. Alle Details müssen als sekundäre Bildung einer auf Heiligenverehrung ausgerichteten Frömmigkeit gelten. Der jüd. u. christl. Beitrag zur H(abakuk)legende sind nicht immer klar zu trennen.«
[87] STONE, Armenian Apocrypha, 169 Anm. 12: »It ... occurs in an independent form in Gr. Life of Habakuk and was widespread.«
[88] Ohne Angabe der Stichen (Text ed. PREUSCHEN, Analecta II², 64): [ια'] Βαρούχ, Ἀμβακούμ, Ἰεζεκιὴλ καὶ Δανιὴλ ψευδεπίγραφα. Dazu ZAHN 1888, II 1, 297–301; BECK 1959, 489ff; NTApo I⁵, 33.
[89] DELITZSCH 1844 ordnet die Parallelen chronologisch: LXX; Θ; BerR (aus Pugio Fidei III, 3,23 p. 742 ed. VOISIN [p. 9565 – die astronomische Zahl ist zu verbessern in: 956 – ed. Jo.Ben. CARPZOV]); Syr; Jossipon; Pseudo-Saadiam; Habacuc discophorus apud Muhammedanos; ... apud historiographos ecclesiasticos. Hier erwähnt er unsere VP: »Commemoratione vero dignum est, Dorotheum et Epiphanium, et LXX et Theodotium deserentes, rem singulari ac plane diverso modo narrare ... Haec relatio magis cum Jussipone, quam cum LXX et Theod., convenit, at incertum est, quo ex fonte Dorotheus hauserit. Hoc vero ex hac relationis discrepantia certo consequitur, neque Dorotheum neque Epiphaneum divinam

Auf eigenartige Weise sind verschiedene Motive der Legende von Habakuk als Essensträger, die Verschiebung der Zeit, die wunderbare Reise nach Babylon und die Rückkehr des Volkes aus dem Exil in den *Paralipomena Jeremiae* zu einer neuen Erzählung verwoben.

Hier wird von Abimelech und seinen Feigen erzählt, seinem 66-jährigen Schlaf, den er subjektiv als »verweilen, verzögern« interpretiert, bis er erkennt, daß es in Wirklichkeit eine Zeitverkürzung war. Die wunderbare Reise nach Babylon und zurück unternimmt dagegen ein Adler, der den Brief Baruchs und von den Feigen des Abimelech, die von Baruch als ein Zeichen der Auferstehung interpretiert werden, nach Babylon zu Jeremia bringt. Es könnte sein, daß der Vf. der ParJer eine unserer Vita verwandte Geschichte gekannt hat[90], denn für das Problem des Verzögerns und der Zeitverkürzung wird das Motivwort βραδύνω aufgenommen (5,5.26).

Josippon 93–102[91] enthält eine Rückübersetzung des Theodotion-Textes.

In der Historia Scholastica des *Petrus Comestor* steht in der »Historia libri Danielis« als 14. Kapitel »De idolo Belis et Dracone«, an das als 15. Kapitel »De Habacuc« anschließt. Hier wird die Habkuk-Vita mitgeteilt[92], an die mit einem Einleitungssatz für den Übergang das τέρας-Wort der Daniel-Vita angehängt ist[93].

Die Chronik des *Jerachmeel* gibt eine aramäische und eine hebräische Retroversion der Textform von Theodotion, nicht unsere Vita[94]. Der hebräische Text ist Josippon entnommen.

In der *Palaia historica* ist unter dem Namen des Propheten Habakuk und nicht unter Daniel die Legende von der wunderbaren Reise Habakuks zu Daniel in der Löwengrube enthalten als Ergänzung zu eben dieser Geschichte von Daniel. Davor steht die Tobitlegende (Bit) in abgekürzter Form. Diese drei »Legenden« sind aber nicht in allen Hss enthalten. Hier werden Theodotion und VP kombiniert, indem Theodotion die Textgestalt liefert und leichte Ergänzungen nach den VP eingefügt werden[95].

---

apocryphis auctoritatem tribuisse, quam in rem illico accuratius inquiremus.« (44). Danach folgt »Habacuc discophorus apud Patres« (44–47). DELITZSCHs Zusammenstellung der Quellen ist bis heute unübertroffen.

[90] HERZER 1994, 67–72 zeigt, daß ParJer von syrBar abhängig ist. Er geht auf das Problem des »Verzögerns« nicht ein.

[91] In der Ed. von FLUSSER, 29, 12–30, 3. DELITZSCH 1844 hielt diese Version für verwandt mit dem Dorotheustext der VP.

[92] PL 198, Sp. 1469f; die lat. Üs. entspricht Ep1.

[93] Die Ausgabe der Historia Scholastica des Emanuel NAVARRUS, Madrid 1699 (zitiert nach PL 198, 1470C Additio 2) bemerkt zum τέρας-Wort Daniels: »Haec verba sumpta sunt de libro Epiphanii episcopi Cypri, cui spiritu revelata sunt quaedam secreta prophetarum. Plurima enim prophetiae absconduntur, ut quodam dicitur: ›Secretum meum mihi (Isa. xxiv)‹. Et liber ille Epiphanii *Secretum prophetarum* dicitur.«

[94] Ms Bod. Oxf. heb. d. 11, fol 74a–74b (aram.); fol 79a (heb.); Faksimile bei KOCH 1987, I, 188–193. Gegen KOCHs Annahme der Priorität von Jerachmeel und Theodotion vgl. o. Anm. 85.

[95] Text bei: VASSILIEV, Anecdota Graeco-Byzantina I: Palaia historica, 188–292 (Habakuk 291; Daniel 290f): Περὶ τοῦ Ἀβ(β)ακοὺμ τοῦ προφήτου. Ἀββακοὺμ δὲ ὁ προφήτης ὢν ἐν τῇ Ἰουδαίᾳ καὶ αὐτὸς ἔβλισεν ἔβλιμα καὶ ἐνέθρεψεν ἄρτους εἰς τροφὴν καὶ ἐπορεύετο ἀγαγεῖν τοῖς θερισταῖς αὐτοῦ καὶ ἐπελάβετο ἄγγελος Κυρίου τῆς κορυφῆς τοῦ Ἀβ(β)ακοὺμ καὶ ἐβάσταζεν αὐτὸν ἐν τῷ ζήλῳ τοῦ πνεύματος καὶ ἤνεγκεν αὐτὸν ἀπὸ τῆς Ἰουδαίας εἰς Βαβυλῶνα καὶ μετὰ τῆς φακόδου τροφῆς εἰσήνεγκεν αὐτὸν ὁ ἄγγελος εἰς τὸν λάκ(κ)ον τῶν λεόντων λυθέντων τῶν ἐκεῖθεν σφραγίδων· καὶ ἔφαγεν

6. Tod und Grabnotiz

Καὶ πρὸ δύο ἐτῶν ἀποθνῄσκει τῆς ἐπιστροφῆς.
9 Καὶ ἐτάφη ἐν ἀγρῷ ἰδίῳ μόνος.

Wieder bildet die Grabnotiz den Abschluß der Erzählung über den Propheten, dem sich das τέρας-Wort anschließt[96]. Woher die VP so genau wissen, daß der Prophet zwei Jahre vor der Rückkehr der babylonischen Exulanten gestorben sei, begründen sie nicht weiter. Diese biographische Notiz könnte durch eine entsprechende Auslegung von Hab 3,2 veranlaßt sein:

בקרב שנים חייהו בקרב שנים תודיע

wobei statt des Plurals von שָׁנָה entweder ein grammatisch ›falscher‹ Dual gebildet wurde oder die Zahl »zwei« gelesen wurde, ein Verständnis, das – wenn auch mit einer ganz anderen Deutung – durch die freie Übersetzung von LXX belegt ist[97]: Bei dieser Herleitung des Todesdatums können die »zwei Jahre« nur aus dem hebräischen Text herausgelesen sein[98].

Daneben gibt es jedoch noch eine andere Möglichkeit, die »zwei Jahre« zu erklären: Aus der Zeitrechnung und Datierung von Sach 1,1 und 1,12 wird erkennbar, daß der Prophet Sacharja 68 Jahre nach der Eroberung Jerusalems (587) auftritt. Er spricht vom Tod aller früheren Propheten (1,5). Vielleicht beruht die Nachricht vom Tode Habakuks, der der letzte Prophet vor der Gruppe der drei in die nachexilische Zeit hineinreichenden Propheten (Haggai, Sacharja, Maleachi) ist, auf gelehrter priesterlicher Annalistik[99] am Jerusalemer Tempel.

Noch einmal wird ausdrücklich hervorgehoben, daß Habakuk auf seinem eigenen Feld, dem Gehöft, wo er geboren wurde, auch begraben liegt. Das Habakukgrab zählt zu den Prophetengräbern, die verschiedene Lokalisierungen gefunden haben. Euseb gibt im Onomastikon zwei Orte an: Zum einen sagt er zweimal, daß es sich in der Nähe von Keila (Κηλά: 114,15–18; Ἐνκηλά: 88,26ff) befinde und dort sein Grabmal »gezeigt« werde. Eben dort hat es der Bischof Zebennos von Eleutheropolis im Jahr 385[100] aufgefunden.

Δανιὴλ ὁ θεράπων Κυρίου. Καὶ πάλιν Μιχαὴλ ὁ αὐτὸς ἄγγελος ἀπεκατέστησεν τὸν Ἀβ(β)ακοὺμ εἰς τὸν τόπον αὐτοῦ παραδιδοὺς εἰς τὴν ὥραν ἐπέφθασεν καὶ θρέψας ὁμοίως καὶ τοὺς θεριστὰς αὐτοῦ τροφῆς δαψιλέστερον.

[96] Ep1 stellt wieder um und bringt die Grabnotiz am Ende (SCHERMANN, Vitae, 21f).

[97] ἐν μέσῳ δύο ζῴων γνωσθήσῃ, ἐν τῷ ἐγγίζειν τὰ ἔτη ἐπιγνωσθήσῃ; Symmachus dagegen verbessert: ἐντὸς τῶν ἐνιαυτῶν ἀναζώωσον αὐτόν; Theodotion ähnlich: ἐν μέσῳ ἐτῶν ζώωσον. Vgl. dazu u. S. 133.

[98] In derselben Vita finden wir eine Deutung von Hab 3,2, die nur als Interpretation des griechischen LXX-Textes verständlich ist, s.u. S. 133.

[99] Zu Sach 1,5 und 1,12 s. HANHART 1990, 25ff.61f.

[100] Sozomenos, h.e. 7,29,2 (GCS 50, 345): καὶ γὰρ δὴ καὶ τοῦ νομοῦ ταύτης ἥστην Κελὰ ἢ πρὶν Κεϊλὰ ὀνομαζομένη κώμη, καθ' ἣν ὁ Ἀμβακοὺμ ηὑρέθη. Gleichzeitig fand derselbe Bischof die Gebeine des Propheten Micha, vgl. o. Micha-Vita, S. 30f Anm. 53.

Daneben gibt Euseb jedoch auch eine andere Tradition an, die mit der Angabe der VP »Beth-Zouchar« besser übereinstimmt, nämlich daß das Habakukgrab bei Gabatha 12 Meilen von Eleutheropolis gezeigt werde (70, 22–25). Egeria sah ebenfalls das Habakukgrab in der Nähe, bzw. im Gebiet von Eleutheropolis[101]. Die spätere jüdische Überlieferung setzt dagegen das Prophetengrab in Huqoq[102] in Galiläa oder in Babylonien an. Wie auch sonst zu beobachten ist, hat die jüdische Überlieferung die Lokalisierung der Prophetengräber in der Umgebung von Beth Guvrin aufgegeben, als diese Gegend nicht mehr jüdisch besiedelt[103], bzw. die Gräber in christlichen Besitz übergegangen waren.

7. Das τέρας-Wort des Propheten

10 Καὶ ἔδωκε τέρας τοῖς ἐν τῇ Ἰουδαίᾳ,
ὅτι ὄψονται ἐν τῷ ναῷ φῶς
καὶ οὕτως ἴδωσι τὴν δόξαν τοῦ ναοῦ.
11 Καὶ περὶ συντελείας τοῦ ναοῦ προεῖπεν,
ὅτι ὑπὸ ἔθνους δυτικοῦ γενήσεται.

---

[101] Appendix II, V, 8: *In Eleutheropoli autem loco Bycoyca, in qua est sepulchrum Abbacuc prophete* (CChr.SL 175, 99); nach Ps-Antoninus Placentinus wird der Pilgergruppe aus Piacenza um 560 in der Nähe des Sacharjagrabs u.a. der Ort gezeigt, wo Habakuk den Schnittern das Essen brachte (32 CChr.SL 175, 168); neben HARE, FERNÁNDEZ MARCOS halten STROBEL, Art. Habakuk, RAC 13, Sp.203–226 (225f) und KEEL/KÜCHLER 1982, 789 mit JEREMIAS 1958, 81f den Ansatz des Habakukgrabes in Beth Secharja 10 km nördlich von Beth -Zur für die ältere Tradition. Wahrscheinlich kommt diese Lokalisierung aber gar nicht in Frage (vgl. o. Anm. 12). Die Entwicklung verlief eher so: Nachdem der Bischof Zebennos um 385 das Habakukgrab in Kela gefunden hatte, wo es im Onomastikon des Euseb vermerkt ist, mußte die ältere Grabüberlieferung in Beth Zouchar neu identifiziert werden. Das geschah, nachdem Egeria um 400 noch einmal das Grab des Propheten in »Bycoyca« = Βετζαχαρ (Madeba-Karte) = Ceper(Zach)aria (Tabula Peutingeriana vgl. KEEL/KÜCHLER 1982, 821) gezeigt worden war, während der Synode von Lydda 415 gleichzeitig mit der Auffindung der Gebeine des Stephanus. Die spektakuläre Neubesetzung mit dem Propheten Sacharja zog auch die Jesajaüberlieferung an sich, wie sie dann die Pilger aus Piacenza erfahren konnten (CChr.SL 175, 168). Dieses prachtvolle Sacharjagrab ist auf der Madeba-Karte verzeichnet (DONNER 1993, 62). Ganz austreiben konnte der Bischof den örtlichen Pilgerführern die Habakukerinnerung nicht, wie der Bericht der Pilger aus Piacenza zeigt. SATRAN 1995, 49 kündigt eine ausführliche Untersuchung zur Habakuk-Topographie an. Er bezieht die Angabe der VP auf einen Ort in der Nähe von Beth Guvrin.

[102] Dazu hat schon DELITZSCH 1844, 51f die ihm bekannten spätmittelalterlichen und neuzeitlichen Belege gesammelt. Er erkannte:»Praeferenda vero est relatio Patrum utpote antiquior; judaicam pro fabula habeo, quae (id quod plurimis exemplis confirmari possit) ex nominum prophetae et vici illius galilaei assonantia ... exorta est.« (52). Vgl. JEREMIAS 1958, 81f.

[103] yDem 2,1 22c zeigt, daß man Gebiete, die nicht mehr überwiegend jüdisch besiedelt waren, zunächst aus der Gesetzgebung für das Sabbatjahr ausnimmt und daß schließlich diese landwirtschaftlichen Bestimmungen ganz aufgegeben werden mußten, so außer Beth Guvrin: Beth Schean, Caesarea, Kefar Tsemach; dazu STEMBERGER 1983a, 179.

12 Τότε ἅπλωμά φησι τοῦ Δαβὴρ εἰς μικρὰ ῥαγήσεται,
καὶ τὰ ἐπίκρανα τῶν δύο στύλων ἀφαιρεθήσονται
καὶ οὐδεὶς γνώσεται ποῦ ἔσονται·
13 αὐτὰ δὲ ἐν τῇ ἐρήμῳ ἀπενεχθήσονται ὑπὸ ἀγγέλων,
ὅπου ἐν ἀρχῇ ἐπάγη ἡ σκηνὴ τοῦ μαρτυρίου.
14 Καὶ ἐν αὐτοῖς γνωσθήσεται ἐπὶ τέλει κύριος,
ὅτι φωτίσουσι τοὺς διωκομένους ὑπὸ τοῦ ὄφεως ἐν σκότει ὡς ἐξ ἀρχῆς.

Als der einzige Prophet, der während der Exilszeit bereits ins heilige Land zurückgekehrt ist, wendet sich Habakuk in seiner Weissagung an die Bewohner Judäas. Habakuks endzeitliche Prophetie ist auffallend auf den Tempel konzentriert[104]. Das τέρας-Wort ist mehrgliedrig. Es wird in wörtlicher Rede gegeben, seine Untergliederung wird durch drei verba dicendi signalisiert: Die Formel ἔδωκε τέρας bildet wieder die Einleitung, davon ist die Prophetie über das Ende des Tempels abgesetzt, die mit προεῖπεν wieder übergeht zur wörtlichen Rede. Für die Beschreibung der näheren Umstände bei der Zerstörung des Tempels wird mit φησί noch einmal die prophetische Authentizität hervorgehoben[105]. Diese Untergliederung und Wiederaufnahme ist in den τέρας-Worten der VP bisher nur in der Jeremia-Vita begegnet. Kein strenges »wenn ... dann« gliedert dieses τέρας-Wort. Die Ausgestaltung ist hier freier. Ähnlich wie in der Jeremia-Vita wird ein komplexer endzeitlicher Vorgang, in dessen Beschreibung sich verschiedene Konzepte überschneiden, in eine knappe Prophetie zusammengefaßt.

Der Wille zu einer einheitlichen Gestaltung läßt sich nicht nur im Formalen erkennen, er fügt das Ganze auch in eine logische Abfolge: Auf die Ankündigung der Vorzeichens für die Errichtung des Zweiten (bzw. des eschatologischen) Tempels folgt die Prophetie über die Zerstörung des irdischen Tempels, zu der der Bericht über die Rettung bzw. die Vernichtung der Tempelgeräte motivgeschichtlich gehört. Das Lichtmotiv bildet die Inclusio: ὄψονται φῶς wird mit φωτίσουσι und ἴδωσι τὴν δόξαν τοῦ (θεοῦ)[106] mit γνωσθήσεται ἐπὶ τέλει κύριος wieder aufgenommen. Auf diese Weise werden ursprünglich wahrscheinlich selbständige und unterschiedliche Traditionen zu einer sinnvollen Einheit zusammengestellt.

---

[104] DELITZSCH 1844, 20, fand das äußerst passend und mit der Beschreibung des Propheten als Levit in Bel et Draco 1 (LXX) übereinstimmend.
[105] Zur Verwendung von φησίν in den VP vgl. Band I, 201.
[106] Zum textkritischen Problem s.u.

7.1 Die Lichterscheinung im Tempel

ὅτι ὄψονται ἐν τῷ ναῷ φῶς
καὶ οὕτως ἴδωσι τὴν δόξαν τοῦ ναοῦ.

Zum Text: Die Textüberlieferung für diese Prophetie ist gespalten: Vat. gr. 2125 spricht wie die Mehrzahl der Hss von der »Herrlichkeit des Tempels«[107], während nur Coisl. 224 und Ep1[108] überliefern: »und so werden sie die Herrlichkeit *Gottes* erblicken«. Wenn Coisl. 224 und Ep1 gegen die übrige Überlieferung zusammengehen, können sie eine alte Textform bewahrt haben[109]. Die Lesart δόξα θεοῦ ist in diesem Falle aus inneren Gründen vorzuziehen; sie ergibt einen sinnvollen Spruch im Parallelismus membrorum mit Achtergewicht. Weiter spricht für diese Lesart, daß auch die Inklusio zwischen Anfang und Ende stimmiger wird durch die Wiederaufnahme sowohl des Lichtmotivs und wie auch des Motivs der Erscheinungspräsenz Gottes. Zudem kann ναός aus dem vorhergehenden und dem folgenden Halbvers auch an diese Stelle geraten sein, aus Versehen oder als absichtliche Korrektur: Eine absichtliche Korrektur von »Herrlichkeit Gottes« in »Herrlichkeit des Tempels« wäre aus christlicher Sicht – als Abschwächung – nur zu verständlich; sie bezieht dann diesen Teil des τέρας-Wortes auf den Zweiten Tempel. Zudem ist diese Textlesart eine Angleichung an die Prophetie Haggais, der in Hag 2,1–9 die künftige Herrlichkeit des Zweiten Tempels als eine den Ersten übertreffend (V.9)[110] ankündigte, was wie die Üs. der LXX zeigt, auf die Errichtung des eschatologischen Tempels[111] gedeutet werden konnte[112].

Das Erstrahlen von Licht im Tempel zeigt die Präsenz Gottes an. Wahrscheinlich handelt es sich bei diesem Vers um ein ursprünglich selbständiges Orakel

---

[107] Vgl. Jos., Bell 6,267: »Man muß gewiß um ein solches Bauwerk sehr trauern; es war ja von allen Bauten, von denen wir aus Berichten oder eigener Anschauung Kenntnis haben, das Wunderbarste; zunächst wegen seiner Bauart und Größe, dann aber wegen seiner Kostbarkeit in jeder Einzelheit und wegen der Erhabenheit seiner heiligen Räume (τῆς περὶ τὰ ἅγια δόξης)« (Üs. MICHEL/BAUERNFEIND); weiter Bell 5,222 in der Beschreibung des herodianischen Tempels: er strahlte vor Gold und weißem Mamor, daß die Augen geblendet wurden. Doch das τέρας-Wort des Habakuk will doch wohl mehr ausdrücken als die Schönheit und den Glanz des zweiten Tempels.

[108] SCHERMANN, Vitae 21.86. Dor verzichtet auf dieses Element des τέρας-Wortes ganz, wahrscheinlich weil seine Vorlage δόξα θεοῦ hatte. Epi (Dolbeau 1986, 122) geht mit An1. Petrus Comestor, Hist. schol. (PL 198, Sp. 1470): *Signum autem reditus dedit his qui in Judaea erant, quod visuri essent lumen in ruinis templi, ultimamque templi desolationem praedixit* ... löst die Schwierigkeit der Passage, indem er die Lichterscheinung in den Tempelruinen (des 1. Tempels) historisierend als Zeichen für die Rückkehr des Volkes deutet, um dann sofort auf die Zerstörung von 70 n.Chr. zu kommen.

[109] Vgl. das Problem Sinai/Zion in der Jeremia-Vita (V.10); dazu Band I, 211ff.

[110] גדול יהיה כבוד הבית הזה האחרון מן הראשון אמר יהוה צבאות.

[111] Hag 2,7ff: 7 καὶ συσσείσω πάντα τὰ ἔθνη, καὶ ἥξει τὰ ἐκλεκτὰ πάντων τῶν ἐθνῶν, καὶ πλήσω τὸν οἶκον τοῦτον δόξης, λέγει κύριος παντοκράτωρ ... 9 διότι μεγάλη ἔσται ἡ δόξα τοῦ οἴκου τούτου ἡ ἐσχάτη ὑπὲρ τὴν πρώτην, λέγει κύριος παντοκράτωρ· καὶ ἐν τῷ τόπῳ τούτῳ δώσω εἰρήνην, λέγει κύριος παντοκράτωρ, καὶ εἰρήνην ψυχῆς εἰς περιποίησιν παντὶ τῷ κτίζοντι τοῦ ἀναστῆσαι τὸν ναὸν τοῦτον.

[112] Zur eschatologischen Deutung bei der Übersetzung der LXX vgl. SCHAPER 1994.

über den eschatologischen Tempel. Die VP verwenden es historisierend: Der exilische Prophet Habakuk, der die Zerstörung Jerusalems durch Nebukadnezar voraussah und zwei Jahre vor der Rückkehr des Volkes starb, sieht prophetisch die kommende Erscheinungspräsenz der Lichtherrlichkeit Gottes im Zweiten Tempels voraus, erkennt aber auch, was sich am Ende der Zeiten ereignen wird.

Der Beginn des τέρας-Wortes nimmt die Beschreibung von der wunderbaren Selbstentzündung[113] des Altarfeuers bei der Tempelweihe Salomos und die Legende von Nehemias Auffindung des Opferfeuers (2 Makk 1,18–36) auf. Sie diente als Kultaitiologie für das Chanukka-Fest, das »Fest der Lichter«[114] und unterstrich die Kontinuität von Erstem und Zweitem Tempel. Als Gedächtnis für die Neuweihe des Altars am 25. Kislew[115] hatte sie ihren neuen kultischen Haftpunkt gefunden.

Isoliert man die Weissagung, daß »sie die Herrlichkeit Gottes sehen werden«, aus ihrem jetzigen Kontext, so spiegelt sich darin nicht nur das Weiterleben der Tempeltheologie im Zweiten Tempel, sondern es eröffnet sich damit zugleich der Horizont der frühjüdischen Hoffnung auf die Errichtung des eschatologischen Tempels[116], die atl. Verheißungen aufnimmt. Belege für diese Erwartung eines neuen eschatologischen Tempels aus der Zeit, als der Zweite Tempel noch stand, finden wir in Tob 14,5; 1 Hen 90,28f; Jub 1,17; TestBen 9,2[117], aber auch in Schriften aus Qumran, z.B. 4QFlor 1,4f[118], wo die ewige Offenbarung und Erscheinungspräsenz von Gottes Lichtherrlichkeit im eschatologischen Tempel als Deutung von Ex 15,17f belegt ist[119]. 11QTempel xxix 8ff deutet »Jakobs Traum in Bethel« (Gen 28,10–22) auf den irdischen, vergänglichen und zugleich den eschatologischen, ewigen Jerusalemer Tempel:

---

[113] 2 Chr 7,1–3 »Als Salomo sein Gebet beendet hatte, stieg Feuer vom Himmel und verzehrte das Brandopfer und die Schlachtopfer. Die Herrlichkeit Jahwes (LXX: δόξα κυρίου) erfüllte das Haus ...«; der Chronikbericht nennt die »Herrlichkeit JHWHs/des Herrn« an dieser Stelle dreimal. Jos., Ant 8,118f folgt 2 Chr und nicht 1 Kön 8. Er spricht in diesem Zusammenhang jedoch nicht von δόξα κυρίου, sondern ἐπιφανία; an ihr erkennt das Volk, daß Gott im Tempel wohnen wird. Auf die Einweihung des 2. Tempels bezieht sich 2 Makk 1,32: ὡς δὲ τοῦτο ἐγενήθη, φλὸξ ἀνήφθη, τοῦ δὲ ἀπὸ τοῦ θυσιαστηρίου ἀντιλάμψαντος φωτὸς ἐδαπανήθη.

[114] Jos., Ant 12,323–326 (325: καλοῦντες αὐτὴν φῶτα). Die Erklärung, die Jos. für den Namen gibt, das Fest erinnere an die (Religions)freiheit, die unerwartet aufstrahlte, kennzeichnet als alles seine eigene, tiefergehende Deutung des Namens.

[115] Vgl. 1 Makk 4,36–59; 2 Makk 10,1–8; Joh 10,22; vgl. zum Datum auch MegTaan 9,22 (Text bei BEYER, Texte, 357); s. auch BILL. II, 539ff zu mMegTaan 9 mit den unterschiedlichen haggadischen Ausformungen des Öl- und Lichtwunders.

[116] Zum religionsgeschichtlichen Hintergrund der Erscheinung des Lichts (am Morgen) als Zeichen der »Rettungsgewißheit und Epiphanie des Heils« vgl. JANOWSKI 1989.

[117] S. dazu HULTGÅRD 1977, 158f.

[118] כיא קדושו שם יֹנ[ל]ל[ה [וכבוד] עֹולם תמיד עליו יראה

[119] Zum Text s. DIMANT 1986, 165–184 (171); vgl. ausführlicher dazu SCHWEMER 1991a, 75.

»Und ich will heiligen mein [Heili]gtum mit meiner Herrlichkeit,
da ich wohnen lassen werde über ihm meine Herrlichkeit
bis (?) zum Tage des Segens (?),
an dem ich (neu) schaffen werde mein Hei[ligtum (?),]
um es mir zu bereiten für all[ez]eit entsprechend dem Bund,
den ich geschlossen habe mit Jakob in Bethel.«[120]

Wahrscheinlich verwendet die Habakuk-Vita eine apokryphe Prophetie, die
nicht die Errichtung des Zweiten Tempels, sondern die des eschatologischen
Tempels ankündigte, in dem die Lichtherrlichkeit Gottes dem Volk *immer-
während* sichtbar sein wird[121]. Die Gottesschau hatte als konkrete eschatologische Erwartung für das frühe Judentum (und entsprechend für die frühe
Kirche) nicht nur in esoterischen, apokalyptischen Schriften bis hin zur späteren Hekhalotmystik zentrale Bedeutung[122]. Unsere Weissagung zeigt, wie
selbstverständlich das kultische Verständnis von »Gottes Herrlichkeit sehen«
mit dem Jerusalemer Tempel, aber zugleich mit dem dort von Gott »neu« zu
errichtenden verwendet wird[123]. Daß dieses Orakel hier gegen seinen ursprünglichen Sinn historisierend eingesetzt wird, ist nicht ungewöhnlich[124].
Die Möglichkeit mehrfacher, ja gegensätzlicher Deutungen, tragen solche
Texte schon von Haus aus mit sich.

Josephus wird nicht müde, darauf hinzuweisen, wie verhängnisvoll sich die Vieldeutigkeit der alten (!) Prophetien in der aufgeregten Zeit des ersten jüdischen Aufstandes
ausgewirkt habe. Da sich Josephus über solche Prophetien recht kryptisch äußert und
uns keineswegs den Namen des Propheten oder die Schriftstelle nennt, kann er damit
durchaus auch auf apokryphe Prophetien wie unsere τέρας-Worte anspielen.
    G. Schmitt[125] machte darauf aufmerksam, daß es eine interessante Entsprechung
zwischen diesem τέρας-Wort und dem zweiten Vorzeichen gibt, das Josephus in seiner
Prodigienreihe über die Ankündigung der Zerstörung des Jerusalemer Tempels an-

---

[120] Text: YADIN, II, 91f (Hebr. Ed.); Üs. MAIER, Tempelrolle, 39. Vgl. zur Auslegungs-
tradtion von Gen 28,10–22 vor allem Sap 10,10, wo die Weisheit Jakob Einblick gibt in das
himmlische Heiligtum: ἔδειξεν αὐτῷ βασιλείαν θεοῦ καὶ ἔδωκεν αὐτῷ γνῶσιν ἁγίων; s.
dazu SCHWEMER 1991a, 83f. Vgl zu Joh 1,51: PRIGENT 1993, 233–236.240f.
[121] Vgl. Ps 42,3; Jes 1,12 zu »Gott schauen« als Umschreibung für den Eintritt des Beters
(bzw. Festpilgers) in den Tempel.
[122] Vgl. HENGEL 1987b, 349f.
[123] Wie stark die Erwartung der Erscheinung der δόξα Gottes mit dem eschatologischen
Tempel verbunden war, zeigt zudem Apk 21,11.22–25, wo diese Erwartung christlich noch
überboten wird in V. 22f. Die Lichterscheinung ist auch noch in der Apk das Zeichen der
Präsenz Gottes, die in den Apk (zusammen mit dem Lamm) an die Stelle des Tempels überhaupt tritt. Zum »Urlicht« und zum Preis des kabôd Gottes im himmlischen Tempel s. vor
allem das 7. Lied der Sabbatopferlieder aus Qumran (Text: NEWSOM, Songs, 110.224ff).
[124] Vgl. die kunstvolle Verwendung der Vieldeutigkeit eines Orakels über die Zerstörung
des Jerusalemer Tempels in der sog. David-Apokalypse von Hekhalot Rabbati § 122–126,
dazu SCHWEMER 1991b, 309–359.
[125] SCHMITT 1978a, 682–690. Er legt den Text von Ep1 zugrunde nach SCHERMANN, Legenden, 63,16–64,4.

führt, und kommt zu dem Ergebnis: »Josephus und die Habakuk-Vita reden von demselben Ereignis« (685). Josephus berichtet, daß am 25. April 66 n. Chr.

»nachts um die neunte Stunde ein so großes Licht den Altar und den Tempel umstrahlte, daß es schien, als wäre es heller Tag, was eine halbe Stunde anhielt. Den Unerfahrenen schien das zwar etwas Gutes zu bedeuten, die Gelehrten der heiligen Schrift aber deuteten es sofort auf das, was dann gekommen ist.«[126]

Schmitt vermutete in unserem τέρας-Wort eine zelotische Prophetie[127] und sah in der Lichterscheinung im Tempel, die Josephus so genau datieren kann, einen Priesterbetrug. Auch wenn man m.E. nicht so sicher sein kann, daß sich unser τέρας-Wort aus diesem Ereignis *herleitet*, so ist die Beziehung zwischen diesem τέρας-Wort und dem von Josephus berichteten Vorzeichen am Tempel unübersehbar. Die Frage, ob die Habakuk-Vita die Meinung der »Unerfahrenen« oder die der »Gelehrten der heiligen Schrift« widerspiegelt, d.h. ob das τέρας-Wort die Lichterscheinung als Heilszeichen oder als Unheilszeichen interpretiert, wird vom Kontext des τέρας-Wortes her nicht offengelassen. Im jetzigen Textzusammenhang ist es ein Zeichen, das direkt auf die Prophetie über die Zerstörung des irdischen, Zweiten Tempels hinführt. Zelotische Prophetie kann eine solche Weissagung, wie sie in der Habakuk-Vita erhalten ist, durchaus verwendet haben, der Ursprung scheint jedoch weiter zurückzuliegen. Solche Weissagungen, die den Tempel betrafen, müssen gerade in der letzten Phase des Kampfes um den Tempel eine große Rolle gespielt haben.

Die Vita unterstützt weiter die Ansicht, daß die Reihe der sieben Vorzeichen für den Untergang des Tempels bei Josephus nicht aus einer heidnischen Prodigienreihe übernommen und mit stärker typisch jüdischen Omina angereichert ist, obwohl sich ein dem Lichtzeichen entsprechendes Omen auch in der Parallelstelle bei Tacitus[128] findet. Im Gegenteil: Tacitus zeigt gerade in seinem – cum ira et studio geschriebenen – Bericht, wie gut er jüdische Quellen kennt.

Natürlich ergibt sich auch ein geschlossenes Bild, wenn man diesen Vers als vaticinium ex eventu auf die Geschehnisse bei der Tempelzerstörung im Jahr 70 ansieht: Man sah das große Licht[129] im Tempel und erblickte den Tempel in

---

[126] Bell 6,290 (Üs. MICHEL/BAUERNFEIND)

[127] Zu den zelotischen Propheten vgl. Jos., Bell 5,306; 6,285 u.ö.; dazu HENGEL 1976a, 235–251; SCHWIER 1989, 158f.

[128] Hist 5,13: *Evenerant prodigia, quae neque hostiis neque votis piare fas habet gens superstitioni obnoxia, religionibus adversa. visae per caelum concurrere acies, rutilantia arma et* subito nubium igne conlucere templum. *apertae repente delubri fores et audita maior humana vox, excedere deos; simul ingens motus excedentium.* Vgl. dazu HEUBNER/ FAUTH 1982, 149–155. SCHWIER 1989, 239f.298ff plädiert wieder, im Anschluß an FISCHER 1978, 158–167, für die Abhängigkeit des Jos. von einer heidnischen Prodigienreihe, einem »flavianischen Traktat«, der die römischen Soldaten während der Belagerung Jerusalems anspornen und flavischer Propaganda dienen sollte, Jos. und Tacitus hätten diesen Traktat vollständig ausgeschrieben, Sueton und Dio Cassius nur teilweise. Texte wie die VP oder 4QFlor zieht SCHWIER nicht zum Vergleich heran. Vgl. außer der bei SCHWIER genannten Literatur die differenziertere Beurteilung des Quellenproblems für die Prodigienreihe bei KUHN 1989, 70ff.176–180.

[129] Ep1: φῶς μέγα διαλάμψαν; es ist durchaus möglich, daß Ep1 die Josephusstelle kennt.

seiner Herrlichkeit[130], darauf folgte seine Zerstörung durch das Volk aus dem Westen, die Römer. Aber diese einfache Rekonstruktion der Entstehung des Habakuk-Wortes wird nicht allen Aspekten gerecht.

7.2 Die Zerstörung des Tempels

11 Καὶ περὶ συντελείας τοῦ ναοῦ προεῖπεν,
ὅτι ὑπὸ ἔθνους δυτικοῦ γενήσεται.

Dieser Abschnitt scheint inhaltlich eng auf den vorhergehenden bezogen. Dabei können beide Interpretationsmöglichkeiten[131] sinnvoll mit dem Nachfolgenden verbunden verstanden werden. Spricht Habakuk zuerst von der Einweihung des Zweiten Tempels, so fährt er fort, indem er das Ende eben dieses Zweiten Tempels ankündigt. Das ist die einfachste Erklärung.

Wenn jedoch im ersten Teil des τέρας-Wortes von der δόξα, dem *kabôd* Gottes im eschatologischen Tempel die Rede war, dann setzt auch dieses Verständnis die vorherige Zerstörung des irdischen Tempels voraus[132]. Man hat schon länger vermutet, daß es geheimes Priesterwissen um eine endzeitliche Zerstörung des Tempels gegeben haben muß[133]. Die Habakuk-Vita verrät ein solches Wissen, ohne auf einer Geheimhaltung zu insistieren.

Obwohl die Prophetie über das Ende des Tempels im jetzigen Kontext eng mit der vorhergehenden über die Lichterscheinung im Tempel verbunden erscheint, signalisiert der Neueinsatz und der nochmalige Wechsel in die Form des erzählenden Berichts mit einem weiteren verbum dicendi etwas Neues. Gerade das sonst in den τέρας-Worten der VP gern verwendete Schema »wenn ... dann« ist ja hier auffälligerweise vermieden. Dieser Stilwechsel legt es nahe anzunehmen, daß entweder eine »Quelle« zitiert und aufgenommen wird oder daß es sich um eine spätere Erweiterung handelt. Es besteht aber natürlich auch die Möglichkeit, daß ein altes τέρας-Wort nach den Ereignissen umformuliert und neu geordnet wurde.

---

[130] Dann muß man die Lesart δόξα ναοῦ vorziehen. KOESTER 1989, 52 geht auf die Probleme dieser Stelle nicht ein.

[131] Auch die beiden Textvarianten ναός und θεός ergeben jeweils einen Sinn.

[132] S. dazu SCHWEMER 1991b, 349–358. Auch das »Drohwort« Jesu gegen den Tempel ist nicht aus kultkritischer Haltung heraus entstanden, so als ob ein Prophet, vom Lande kommend, ähnlich wie Luther in Rom, von großem Entsetzen über den bunten Tempelbetrieb gepackt, das Haus Gottes zum »Bethaus« machen will. Es geht im Tempelwort Jesu ursprünglich um die Errichtung des eschatologischen Tempels.

[133] S. den Kommentar z.St. in der Üs. von MICHEL/BAUERNFEIND, II,2, 184 Anm. 139; sie verweisen auf yYom 3,9 41a; ySheq 5,2 48d/49a; tYom 2,5, wo es heißt, daß die Priesterfamilie Garmo das Geheimnis des Backens der Schaubrote geheimgehalten hat mit der Begründung: »Es ist eine Überlieferung aus den Händen unserer Väter, daß dieses Haus zukünftig zerstört werden wird, und sie sollen es nicht lernen von uns, damit sie nicht später dies zu ihrem Götzendienst verwenden können« (Üs. MICHEL/BAUERNFEIND); vgl. das Johanan ben Zakkai zugeschriebene Dictum, zitiert u. S. 169.

Letztlich ist bei all diesen Traditionen schwer zu entscheiden, ob sie bereits vor 70 formuliert wurden oder in die Zeit nach 70 gehören. Erwartungen, daß auch der Zweite Tempel – wie einst der Erste – zerstört werden werde, muß es in ganz unterschiedlicher Form gegeben haben[134]. Die Quellenlage macht es jedoch schwer, im Einzelfall zu entscheiden, ob ein Text wirklich noch – und dazu noch »unredigiert« – aus der Zeit vor 70 spricht. Aber das »Ende des Tempels«[135] wird in der Habakuk-Vita analog und im Zusammenhang mit dem Ende dieser Zeit, dieses Äons, erwartet. Nach 70 mußte man hier eine ungewisse Zwischenzeit einschalten.

7.2.1. Das Volk aus dem Westen

Die apokryphe Prophetie Habakuks kann aus dem Rückblick auf die Zerstörung des Tempels im Jahr 70 n.Chr. entstanden sein. Die Auslegungstradition von Hab 1 und 2 auf die Römer ist aber sicher älter. Im Habakuk Pescher aus Qumran werden die »Chaldäer« und der Richtung Osten stürmende Feind (Hab 1,6–9.14–17) durchgehend auf die »Kittäer«, d.h. die Römer, gedeutet[136]. Hätte man diesen Beleg für die Auslegung des Feindes im Habakukbuch auf die Römer nicht, müßte man die Entstehung dieses Elements des τέρας-Wortes auf die Zeit nach 70 datieren. So kann man jedoch noch sicherer als im ersten Glied unserer Prophetie darauf verweisen, daß sich die Erwartung eines erneuten Ansturms der Römer in der Auslegung des Habakukbuches bereits vor 70 findet. Der Habakuk Pescher aus Qumran reflektiert wahrscheinlich die Eroberung Jerusalems durch Pompeius.

---

[134] Der älteste Beleg ist wahrscheinlich 1 Hen 90,28f: »Und ich stand auf, um zu schauen, bis er jenes alte Haus entfernte, und man schaffte alle Säulen und alle (Holz-)Balken hinaus, und aller Zierat dieses Hauses wurde mit ihm entfernt, und man schaffte es hinaus und legte es *an einem Ort im Süden des Landes* nieder. 29 Und ich schaute, bis der Herr der Schafe ein neues Haus brachte, größer und höher als jenes erste, und er stellte es an den Ort des ersten, das entfernt worden war. Und alle seine Säulen (waren) neu und sein Zierat neu und größer als bei jenem ersten alten, das man hinausgeschafft hatte. Und alle Schafe (waren) darinnen.« (Üs. UHLIG, JSHRZ V/6) Der »Süden« des Landes, wo das alte Tempelhaus deponiert wird, scheint eher der Sinai, nicht die Gehenna (so UHLIG) zu sein, denn vom Sinai heißt es im astronomischen Buch (1 Hen 77,1): »und die zweite (Himmelsrichtung) nennt man Süden, weil die Höchste dort herabkam, ja besonders dort steigt der Ewiggepriesene herab.« Vgl. dazu 1 Hen 1,4 und Band I, Jeremia-Vita, Abschnitt 5.2. Zum Ende des 2. Tempels vgl. TestLev c. 14–16 (15,1; 16,4) und die in Hengel/Schwemer 1991 (Hg.), 492 Index, s.v. »Zerstörung des 2. Tempels«, aufgeführten Par.

[135] Zu diesem Gebrauch von συντέλεια vgl. TestLev 10,2; TestSeb 9,9; TestBen 11,3; BAUER/ALAND, Sp.1579: in unserer Literatur wird der Begriff vor allem für das Ende dieser Weltzeit verwendet. Die VP verwenden συντέλεια (2,13; 3,19; 12,11) und τέλος (2,15; 4,7.21; 7,1; 10,8; 12,14; 13,2; 15,5); nur in der Habakuk-Vita finden sich beide Begriffe nebeneinander. Zur Verwendung in LXX s. SCHAPER 1994, 48.58.

[136] 1QpHab ii 12ff; iii 9; vi 1: »Denn siehe ich erwecke die Chaldäer ... seine Deutung geht auf die Kittäer« (Üs. MAIER, in: MAIER/SCHUBERT 1973, 272f).

Während der Beginn der Habakuk-Vita den Propheten nur die Einnahme
Jerusalems durch Nebukadnezar voraussehen läßt, spricht nun seine eschatologische Prophetie direkt von der Zerstörung des Tempels. War es einst der
Ansturm eines Volkes aus dem *Osten*, der den Ersten Tempel zerstörte, so sagt
nun der Prophet für das Ende der Zeit die Zerstörung des Zweiten Tempels
durch ein Volk aus dem *Westen* voraus[137]. Das hat eine innere »apokalyptische« Logik, die unabhängig vom endgültigen Eintritt der Zerstörung des
Tempels als endzeitliche Spekulation, als »inspirierte Schriftauslegung« entstanden sein muß. Seit der Eroberung und Entweihung des Tempels durch
Pompeius im Jahr 63 v. Chr. rissen die römischen Übergriffe auf den Tempel
nicht ab[138].

Ebenso ist das Bewußtsein bei den Frommen lebendig, daß das nur geschehen kann und konnte wegen der Sündhaftigkeit des eigenen Volkes; darin sind
sich die Frommen in Qumran und die Pharisäer einig, wie es in den *Psalmen
Salomos* (17,20) heißt[139]:

ἀπὸ ἄρχοντος αὐτῶν καὶ λαοῦ ἐλαχίστου ἐν πάσῃ ἁμαρτίᾳ,
ὁ βασιλεὺς ἐν παρανομίᾳ καὶ ὁ κριτὴς ἐν ἀπειθείᾳ καὶ ὁ λαὸς ἐν ἁμαρτίᾳ.

Doch auch die Priesterschaft, die an dieser Stelle nicht ausdrücklich erwähnt
wird, ist nicht ausgenommen von dieser Sündenverfallenheit (PsSal 1,8 u.ö.
vgl. TestLevi 10,2). Deshalb erscheint die flehentliche Bitte (PsSal 7,1), daß
Gott von seinen Frommen nicht weichen möge:

Μὴ ἀποσκηνώσῃς ἀφ᾽ ἡμῶν, ὁ θεός,
ἵνα μὴ ἐπιθῶνται ἡμῖν οἳ ἐμίσησαν ἡμᾶς δωρεάν.

Dieselbe Bitte erscheint abgewandelt in PsSal 8,30:

μὴ ὑπερίδῃς ἡμᾶς, ὁ θεὸς ἡμῶν,
ἵνα μὴ καταπίωσιν ἡμᾶς ἔθνη ὡς μὴ ὄντος λυτρουμένου.

und wird aufgenommen im Bekenntnis der Zuversicht (PsSal 7,6):

Ἐν τῷ κατασκηνοῦν τὸ ὄνομά σου ἐν μέσῳ ἡμῶν ἐλεηθησόμεθα,
καὶ οὐκ ἰσχύσει πρὸς ἡμᾶς ἔθνος.

Die PsSal sprechen nicht nur eine allgemeine Befürchtung, sondern konkret
die Bitte aus, daß Gottes Gegenwart nicht weichen möge, d.h. daß seine
Schekhina den Tempel nicht verlassen[140] und ihn nicht dem Untergang preis-

---

[137] Zu den Römern als Volk aus dem Westen vgl. weiter Sib 3,175–176; 8,9–12; Philo,
Flacc 45.

[138] Vgl. die Zusammenstellung der Stellen bei SCHWIER 1989, 90–101.

[139] Die PsSal sind eine einheitliche Psalmkomposition aus frühherodianischer Zeit; der
Dichter gehörte zur pharisäischen »Partei«, wie nicht nur seine politische Beurteilung der
Lage, sondern auch seine Theologie und Frömmigkeit zeigen.

[140] S. dazu HULTGÅRD 1977, 187.

geben möge. Daß atl. Prophetien, die sich auf die Zerstörung des Ersten Tempels beziehen, expressis verbis auf die Zerstörung des Zweiten bezogen werden, kennen wir vor 70 nicht nur aus Qumran (4QFlor); man wird auch TestLevi 15 und 16 zu diesen Belegen zählen können. Konkreter beschreiben die Autoren nach 70 die Katastrophe, so allen voran der Historiker Josephus. Aber auch die Apokalypsen aus der Zeit des Endes des 1. und Beginn des 2. Jh.s n. Chr. reflektieren die jüngste Vergangenheit und tragen diese neuen historischen Erfahrungen in ihre Schilderung von der Zerstörung durch die Babylonier ein[141].

7.3 Der Tempelvorhang und die beiden Kapitelle

Ähnlich wie die Jeremia-Vita bietet das τέρας-Wort Habakuks eine interessante Variante der Überlieferungen über das Verbleiben der Tempelgeräte. Analog zur Zerstörung und Bewahrung der Geräte am ersten Heiligtum, wird die Zerstörung und Bewahrung der Geräte des Zweiten Tempels geschildert. Ihren Ursprung haben die Legenden in den Spekulationen über das Verbleiben der mit dem Untergang des Ersten Tempels verlorengegangenen Bestandteile des Tempels, über die 2 Kön, Jer und Chr entweder schweigen oder sagen, es gebe sie nicht mehr (Lade). Die VP erwarten ihr Wiederauftauchen und schreiben ihnen eine besondere Funktion im eschatologischen Enddrama zu. Finden wir in der Jeremia-Vita die Weiterbildung der Ladelegende, so konzentriert sich die Habakuk-Vita auf den inneren Tempelvorhang und die beiden Säulen Jachin und Boas.

Das Ganze des Hekhal, des Naos, wird mit diesen beiden Bestandteilen in einem typischen Merismus umschrieben: Bildet der innere Vorhang die Abtrennung und den Zugang zum Allerheiligsten, so standen Jachin und Boas vor dem äußeren Eingang des Hekhal. Gleichzeitig wird der Vorhang vor dem Debir als pars pro toto für die σκηνή verwendet; analog sind die Kapitelle von Jachin und Boas der letzte repräsentative »Rest« des das Allerheiligste schützenden, gesamten (salomonischen) Tempelhauses[142]. Es besteht jedoch auch

---

[141] ApkAbr 27,1ff: (die Heiden kommen von der linken, unheilbringenden Seite): »Und ich schaute und sah. Und siehe die Darstellung (das Bild) schwankte, und von der linken Seite kam eine Schar Heiden gelaufen; und sie plünderten diejenigen aus, die auf der rechten Seite waren, Männer, Frauen und Kinder; und sie töteten die einen, die anderen aber behielten sie bei sich ... und sie steckten den Tempel in Brand und plünderten die heiligen Gegenstände, die darin waren.« (Üs. PHILONENKO/PHILONENKO JSHRZ V/5, 448f). Vgl. 4 Esr; syrBar; ParJer. Zu ParJer s. jetzt HERZER 1994, 115.

[142] Während in 2 Makk 2,4–8 Jeremia nicht nur die Lade mit den Gesetzestafeln, sondern auch das Zelt der Begegnung und den Räucheraltar verbirgt, spaltet sich in den VP die Zuweisung der Tempelgeräte auf verschiedene Propheten und Prophetien auf: Die Lade bleibt bei Jeremia; vom Tempelvorhang und den Säulen spricht Habakuk; Urim und Tummim und

ein weiterer kosmisch-symbolischer Zusammenhang gerade zwischen dem inneren Tempelvorhang, der die Erde symbolisiert, und den beiden Säulen, die Sonne und Mond darstellen[143]. Doch das muß genauer begründet werden.

7.3.1 Der innere Tempelvorhang

12 Τότε ἅπλωμά φησι τοῦ Δαβὴϱ εἰς μιϰϱὰ ῥαγήσεται,

Die erneut mit φησι abgesetzte und eingeleitete Fortführung der Weissagung spricht ausdrücklich vom inneren Tempelvorhang[144], nicht dem äußeren. Er bildete die innere Schranke des Hekhal, der das vordere Heiligtum vom hinteren Teil, dem Allerheiligsten, trennte.Wie die LXX übersetzen die VP die Bezeichnung דביר nicht, sondern verwenden sie als Namen[145].

Diesen inneren Vorhang beschreiben Josephus[146] und Philo[147], die beide in hellenistischem Gewand die altorientalische Tempeltheologie weiterführen, die im Tempel das Abbild des Kosmos sah[148] – doch auch daß der Tempel insgesamt als »Himmel« bezeichnet wird, ist belegt[149] –, als eine Art »Scheidewand« zwischen Himmel und Erde, »zwischen Gott und der Welt«[150]. Dabei

---

die Prophetie aus dem Allerheiligsten hören dagegen bereits mit dem Mord an Sacharja ben Jojada auf.

[143] Vgl. zur Symbolik der Säulen u. Anm. 205f.

[144] In MT (und Sir 50,5) immer: פרכת; der äußere Vorhang wird dagegen in MT mit מסך bezeichnet; LXX verwendet für inneren und äußeren Vorhang am häufigsten ϰαταπέτασμα neben dem selteneren ϰάλυμμα (Ex 27,16; 40,5; Num 3,25; 4,25 für מסך) und ϰαταϰάλυμμα (Num 3,25.31; 4,25 für מסך und Ex 40,19 für פרכת); T: פרגודא/פרוכתא für פרכת und פרסא/פרסה für מסך; während die Peschitta sowohl für inneren wie äußeren Vorhang (außer in 2 Chr 3,14) פרסא/פרסה gebraucht. Vgl. zur Terminologie: LÉGASSE 1980, 565.582f. Der Vorhang wird in der Habakuk-Vita wie sonst nur noch in TestBen 9,4 ἅπλωμα (»das, was entfaltet, ausgebreitet ist«) genannt. Jos. bezeichnet den inneren wie den äußeren Vorhang mit dem auch in LXX und im NT für beide Vorhänge verwendeten ϰαταπέτασμα, wobei der innere Vorhang zur Unterscheidung τὸ δεύτεϱον ϰαταπέτασμα (Hebr 9,3) heißen kann; Philo (VitMos II, 101) gebraucht für den inneren Vorhang ϰαταπέτασμα, für den äußeren ϰάλυμμα; vgl. Quaest Ex II, 91. Vgl. BAUER/ALAND, s.v. ϰαταπέτασμα, Sp. 845f; LSJ s.v. ἅπλωμα; LAMPE, s.v. ἅπλωμα; LÉGASSE, op.cit. behandelt ἅπλωμα nicht. DE JONGE 1985, 353 Anm. 11 erklärt ἅπλωμα etwas spekulativ mit der Verwendung von ἁπλόω für das Ausstrecken der Arme bzw. des Leibes Christi am Kreuz.

[145] Ebs. Sacharja ben Jojada-Vita; Jos. dagegen verwendet die andere Bezeichnung »Allerheiligstes« (Bell 5,219 vgl. Ant 3,125): διείϱγετο δὲ ὁμοίως ϰαταπετάσματι πϱὸς τὸ ἔξωθεν. εἴϰετο δὲ οὐδὲν ὅλως ἐν αὐτῷ, ἄβατον δὲ ϰαὶ ἄχϱαντον ϰαὶ ἀθέατον ἦν πᾶσιν, ἁγίου δὲ ἅγιον ἐϰαλεῖτο.

[146] Ant 3, 123: μίμησις τῆς τῶν ὅλων φύσεως; vgl. 180ff: ἀπομίμησις ϰαὶ διατύπωσις τῶν ὅλων; vgl. dazu HOFIUS 1972, 22; FELDMEIER 1993, 224.

[147] VitMos II, 101; Quaest.Ex. II, 91.

[148] JANOWSKI 1990, 37–47.

[149] Vgl. die bei KEEL 1984,151ff aufgeführten Belege, u.a. zum ägyptischen Opferritual und die Steintafel mit Bauinschrift aus Sippur (KEEL Abb. Nr. 239; dort Nachweis der früheren Veröffentlichungen); vgl. dazu auch METZGER 1970, 141–144; doch zumeist ist der Tempel imago mundi und symbolisiert Himmel und Erde zugleich, s. FELDMEIER 1993, 224.

[150] FELDMEIER 1993.

symbolisiert der *innere* Vorhang erstaunlicherweise die *Erde*, während der *äußere* die *Himmelsfeste* darstellt[151]. Auf dem inneren Vorhang sind Blumen, die die Erde hervorbringt, dargestellt[152], auf dem äußeren dagegen ist der ganze sichtbare Sternhimmel, ausgenommen die Tierkreiszeichen[153], eingewebt, er symbolisiert also die Himmelsfeste *raqia*[154]. Beide, Josephus wie Philo, rekurrieren in *diesem* Zusammenhang nicht auf die kultische Bedeutung, die der innere Vorhang hatte: ihn durchschritt nur der Hohepriester einmal im Jahr am Versöhnungstag, um das Blut der Opfertiere nach einem ganz genau vorgeschrieben Ritus[155], nachdem er die heiligen Geräte des Hekhal und den inneren Vorhang besprengt hatte, auch auf die im Zweiten Tempel nicht mehr real existente Lade[156] innerhalb des Debirs hinter dem Vorhang zu sprengen.

Von einem Zerreißen bzw. sich Öffnen des Tempelvorhangs (sie unterscheiden alle nicht so ausdrücklich wie unsere Vita zwischen äußerem und innerem) sprechen im Grunde nur eine gute Handvoll frühe Stellen. Sie stellen der Deutung recht viele Rätsel. Auffallend ist der verschiedenartige Kontext, in dem vom »Reißen« des Vorhangs gesprochen wird. Es sind im Grunde drei Komplexe, die mit einem »Reißen« des Vorhangs verbunden werden.

---

[151] In den späteren rabbinischen Belegen ist das umgekehrt: Baraita der 49 Middot § 3 (Grünhut, Sefer ha-Liqquṭim II [3b–4a]): »R. Nehemia sagte: Das Begegnungszelt, welches Mose in der Wüste machte, entsprechend dem Werk am Anfang; die Vorhänge entsprechend Himmel und Erde.« (Üs. Ego 1989, 21 Anm. 15); vgl. Yalq pᵉqude § 419 (121d); Midrash Tadshe § 2 (BHM III, 169f); BamR 12,13 [49a]; ShemR 33,4 (61c/d); PesK 1,4.5 (Mandelbaum 9,14; 11,1–3) u.ö. Dazu Ego 1989, 21f.40.111f.123.189; vgl. zum inneren Vorhang als Firmament: Hofius 1972, 24f.

[152] Ant 3, 126: ὡραῖον δὲ τὸ φᾶρσος ἄνθεσι παντοίοις, ὅσα γῆθεν ἀνέρχεται, διαπεποικιλμένον τοῖς ἄλλοις ἅπασιν ἐνυφασμένον, ὅσα κόσμον οἴσειν ἔμελλε, πλὴν ζῴων μορφῆς. Vgl. Ex 26,33. Der innere Vorhang trennt zwischen Himmel und Erde; er hat auf seiner Schauseite nach außen in den vorderen Raum des Hekhal eine Abbildung der Pracht der Erde. Daneben kann Jos. auch eine zweite Deutung dieses Vorhangs geben (Bell 5, 212f): Er erklärt die Bestandteile des Gewebes (violette Wolle als Meer, weißer Byssus als Erde, rote Wolle als Feuer). 11QT vii 13 befiehlt dagegen Gott am Sinai Mose für den Vorhang des Debirs:»du sollst machen einen Vorhang aus Gold«; zur Verwendung von Gold für die Tempelgeräte in der rabbinischen Tradition s. die Ausführungen zur Tempelrolle von Yadin, Megillat ham-Miqdas, II, 21 und I, 139. In x 12 ist wahrscheinlich ein Rest der Beschreibung des äußeren Vorhangs (so auch Maier, Tempelrolle, 76) erhalten:»purpurrot, rot«; vgl. Yadin, Temple Scroll, II, 42; Maier, Tempelrolle, 28. Das Programm der Tempelrolle widerspricht (auch) in diesem Punkt deutlich dem im 2. Tempel tatsächlich Vorhandenen.

[153] Bell 5, 214: κατεγέγραπτο δ' ὁ πέπλος ἅπασαν τὴν οὐράνιον θεωρίαν πλὴν ζῳδίων. Die genauere Beschreibung des ehemaligen Jerusalemer Priesters Jos. wird an diesem Punkt zuverlässiger sein als die des Alexandriners Philo. Der Zodiak wird dagegen auf den Mosaikböden der antiken palästinischen Synagogen abgebildet und verbindet die Darstellung der Zwölfstämme und des Himmels, s. dazu Stemberger 1975, 23–56.

[154] Zu den Tempeltoren als »Himmelstoren« s. Keel 1984, 151ff; Janowski 1990, 43f.

[155] Lev 16; mYom 5,1–4 par.

[156] Hierzu Janowski 1982a, 265–276 u.ö.

17. Exkurs: Das Motiv der Spaltung des Vorhangs in den frühen Quellen

1. Das Aufdecken der Vergehen der Priesterschaft in TestLev 10,3

Die Bloßlegung der Schandtaten der Priesterschaft scheint eine singuläre Überlieferung in *TestLev* 10,3 zu sein. Diese unterscheidet nicht zwischen äußerem und innerem Vorhang, sondern spricht kryptisch vom ἔνδυμα des Tempels[157]. Ob dabei überhaupt vom Tempelvorhang die Rede ist und ob damit ursprünglich der äußere oder der innere Tempelvorhang gemeint war, läßt sich schwer entscheiden. Ausscheiden kann man m.E. das Problem, ob an dieser Stelle nicht doch spätere christliche Polemik spricht und es sich um eine der christlichen Ergänzungen in den TestXII handelt[158], zu deutlich ist die Verwandtschaft mit den Vorwürfen und Klagen über die Unreinheit der Priesterschaft, wie wir sie vor allem aus Qumran[159] aber auch aus PsSal kennen; das spricht für jüdischen Ursprung. Damit würde dann assoziierend gewissermaßen das Aufdecken »der Blöße« des Tempels angekündigt, was im Zusammenhang mit dem Tempel und seiner Priesterschaft eine ungeheuer provozierende Ankündigung ist[160], aber in ihrer Drastik durchaus mit entsprechenden Invektiven aus qumranischen Schriften vergleichbar[161] ist.

2. Das Spalten des Tempelvorhangs beim Tod Jesu

Der älteste *Passionsbericht* in Mk 15 setzt zwischen die Schilderung des Todes Jesu und des Bekenntnisses des Centurio zur Gottessohnschaft Jesu die Teilung des Tempelvorhangs[162]. Für die Bedeutung dieses Zeichens werden verschiedene Vorschläge gemacht[163]. Doch im Gesamtkontext von Mk wird man, wie R. Feldmeier vorgeschlagen hat, in Mk 15,37ff das »Reißen« am sinnvollsten als ein sich Spalten und

---

[157] ἀλλὰ σχίσαι τὸ ἔνδυμα τοῦ ναοῦ ὥστε μὴ καλύπτειν ἀσχημοσύνην ὑμῶν; die Rez der Hss chi verbessern: ἀλλὰ σχισθήσεται τὸ καταπέτασμα τοῦ ναοῦ unter Einfluß von Mt 27,51 par; s. dazu HULTGÅRD 1977, 95.

[158] Gegen PESCH 1984b, 498; DE JONGE 1966, 90–114; 257–267; ULRICHSEN 1991, 198; anders und für einen jüdischen Kern: PHILONENKO 1960, 18; HULTGÅRD 1977, 95; auch DE JONGE 1985, 350–362 sieht jetzt in diesem Motiv eine jüdische Wurzel, denn wie DE JONGE hier zu Recht sagt, richtet sich die Polemik gegen die Priesterschaft und nicht gegen Gesamtisrael.

[159] CD v 6–11; 1QpH xii 8; 11QT li 13–15; CD xx 23f; vgl. Jub 30,15f, dazu JANOWSKI/ LICHTENBERGER 1983, 39f.

[160] Vgl. die Vorschriften für die Priesterkleidung Ex 20,26; 28,31.42; Lev 10,6. Der Priester darf sogar den normalen Trauerritus des Kleiderzerreißens nicht vollziehen.

[161] Einen versöhnlicheren, aber deutlich autoritären Ton schlägt hier noch der in die Frühzeit der »Sekte« gehörende Brief Miqsat ma'ase ha-tora (4QMMT, ed. QIMRON/ STRUGNELL, DJD X) an, der wohl noch vor dem endgültigen Bruch mit der Jerusalemer Priesterschaft geschrieben ist.

[162] 15,37 ὁ δὲ Ἰησοῦς ἀφεὶς φωνὴν μεγάλην ἐξέπνευσεν. 38 Καὶ τὸ καταπέτασμα τοῦ ναοῦ ἐσχίσθη εἰς δύο ἀπ' ἄνωθεν ἕως κάτω. 39 Ἰδὼν δὲ ὁ κεντυρίων ὁ παρεστηκὼς ἐξ ἐναντίας αὐτοῦ ὅτι οὕτως ἐξέπνευσεν εἶπεν· Ἀληθῶς οὗτος ὁ ἄνθρωπος υἱὸς θεοῦ ἦν.

[163] Vgl. z.B. GNILKA 1988, 476: »Zwei Deutungen sind möglich: Das Zeichen ist bedrohlich, denn es kündet das Ende des Tempelkultes an. Mit dem Tod Jesu hat dieser seine Bedeutung verloren ... Das Zeichen ist ein verheißendes, denn es veranschaulicht den durch den Tod Jesu gewonnenen freien Zutritt in das Allerheiligste«; dazu die Zusammenfassung der Deutungen bei FELDMEIER 1993, 214f.

Teilen, ein Auftun des äußeren Vorhangs analog zur Öffnung des Himmels in der Taufszene (Mk 1,10f) verstehen müssen[164]. Mk spricht also nicht von einer Zerstörung des Vorhangs, oder gar des Tempels, sondern von einem heilvollen Vorgang:»das Zerspalten des Vorhangs (ist) als ein die Gottesprädikation (Jesu) bestätigendes Handeln Gottes zu verstehen«, denn die Trennwand zwischen Himmel und Erde tut sich von Gott her auf; nur so wird das Bekenntnis des Centurio, der als Zeuge diesen Vorgang sieht, zur Gottessohnschaft Jesu verständlich – im Kontext von Mk 15,37ff, aber auch aufs ganze Evangelium betrachtet[165]. Wahrscheinlich assoziierten schon die Seitenreferenten (nach 70 n. Chr.) dagegen diese Szene im ihnen vorgegebenen Mk-Text mit einer Zerstörung des Vorhangs bzw. der Zerstörung des Tempels; Mt 27,51–53 verbindet damit weitere Vorzeichen der Endzeit, Lk 23, 44f schildert das Zerteilen des Tempelvorhangs in Verbindung mit einer Sonnenfinsternis vor dem Eintritt des Todes Jesu. Mt und Lk könnten eine Tradition gekannt haben, die die Zerstörung des Tempelvorhangs als ein Zeichen der Endzeit auffaßte[166], die im Markustext in diesem Sinne gerade nicht intendiert war. Noch deutlicher verbinden die späteren christlichen Darstellungen die Zerstörung des Tempels mit dem Tod Jesu durch das Wunder des Zerreißens des Tempelvorhangs[167]. Doch auch die positive christliche Deutung auf die Ausgießung des Geistes in TestBen 9,4 wird eine verhältnismäßig frühe Deutung dieses Zeichens sein[168]. Daneben finden wir die Deutung dieses Vorzeichens als Zeichen der Trauer des Tempels bzw. des den Tempel schützenden Engels über den Tod Jesu[169].

3. Rettung bzw. Vernichtung des Vorhangs bei der Zerstörung des Tempels

In diesem Kontext wird einerseits die Bewahrung des Tempelvorhangs betont. In diesem Sinne ist 2 Makk 2,4–8 zu verstehen, wo in der σκηνή[170] der Tempelvorhang mit eingeschlossen ist. Wir finden das Motiv des Bergens des Tempelvorhangs noch deutlicher in der gut 200 Jahre später geschriebenen syrBar-Apokalypse[171], die die Zerstörung des Zweiten Tempels reflektiert. Das etwas ältere 4. Esrabuch dagegen betont, daß das Heiligtum völlig vernichtet wurde. Beide Konzeptionen finden sich in der späteren rabbinischen Diskussion[172] nebeneinander. Jedoch schon in syrBar wird Vernich-

---

[164] S. dazu FELDMEIER 1993, 217f; vgl. dagegen u.a. PESCH 1984b, 498f, der im Anschluß an DE JONGE 1985 auch die frühchristlichen Interpretationen von Mk 15,37ff aufzählt: man interpretierte es vor allem als Vorzeichen für die Zerstörung des Heiligtums, aber auch als Strafwunder, was PESCH auch für die ursprüngliche Absicht von Mk 15,37ff ansieht.

[165] Das hat FELDMEIER 1993, 213–232 gezeigt.

[166] Belegt ist sie jedoch m.W. am frühesten in der Habakuk-Vita, s. dazu u.

[167] Typisch dafür: EvBarth 27,27; EvPt 20 (cf. 25–27); HebrEv (Hieronymus, Ep 120,8 ad Hedybiam); PsClemRg 1,41,3f; ProtevJak 24,3.

[168] καὶ ἔσται τὸ ἅπλωμα τοῦ ναοῦ σχιζόμενον
καὶ μεταβήσεται τὸ πνεῦμα τοῦ θεοῦ ἐπὶ τὰ ἔθνη ὡς πῦρ ἐκχυόμενον.
Vgl. syrDidask 23.

[169] Vgl. DE JONGE 1985, 350–362; er vermutet für diese Tradition judenchristliche Trägerkreise.

[170] ἦν δὲ ἐν τῇ γραφῇ ὡς τὴν σκηνὴν καὶ τὴν κιβωτὸν ἐκέλευσεν ὁ προφήτης χρηματισμοῦ γενηθέντος αὐτῷ συνακολουθεῖν. Vgl. zur Ladelegende Band I, Jeremia-Vita, Abschnitt 5.

[171] syrBar 6,4–10 sieht Baruch einen Engel die Tempelgeräte – u.a. wird ausdrücklich der Vorhang erwähnt – direkt am Ort des Allerheiligsten der Erde übergeben.

[172] S. dazu BÖHL 1976, 67.70–80: Die Diskussion wird vorwiegend in tannaitischer Zeit geführt (73 Anm. 28).

tung und Bewahrung eng verbunden. So heißt es in syrBar 9,18f nicht nur, daß die
Priester dem Himmel die Tempelschlüssel zur Aufbewahrung entgegenwerfen[173], auch
die Jungfrauen, die »feines Leinen und Seide mit Gold und Ophir spinnen« und für das
Instandhalten[174] der Vorhänge verantwortlich sind, übergeben alles dem Feuer, »damit
es die Dinge dem hintragen soll, der es hervorgebracht hat, und daß die Flamme es zu
dem sende, der es geschaffen hat, damit die Feinde sich dessen nicht bemächtigen«.

Die spätere rabbinische Traditonsliteratur vergißt im Zusammenhang mit dem Raub
und der Profanierung der Tempelgeräte bei der Eroberung durch die Römer im Jahr 70
nicht, den Vorhang zu erwähnen (bGit 56b–57a):

> »Titus nahm ein Schwert und durchstach (וגידר) den Vorhang. Und es geschah ein
> Wunder: Blut spritzte empor und Titus meinte, daß er ihn selbst (nämlich Gott) ge-
> tötet habe ... Dann nahm er den Vorhang und machte eine Art Korb daraus, ließ alle
> Tempelgeräte hineinlegen und auf ein Schiff schaffen, um damit in seiner Stadt zu
> triumphieren.«[175]

Vielleicht werden dabei zwei Motivstränge miteinander verbunden: Im Vordergrund
steht die historische Erinnerung daran, daß die Tempelvorhänge tatsächlich zusammen
mit den anderen Beutestücken aus dem Tempel nach Rom geschafft wurden[176]. Aber
vielleicht klingt die Erwartung, daß der Tempelvorhang zerstört wird, ebenfalls noch
nach. Daß es eine solche gegeben hat, zeigt der Fortgang der Habakuk-Vita.

---

[173] Vgl. ParJer 4,3: »zur Sonne«.
[174] Die Parallelstellen in ProtevJak 10 (vgl. tSheq 2,6; ySheq 4,3 48a, 25f; ySheq 5,2
49a, 31f; bKet 106a; PesR 26 [131b]) legen die Vermutung nahe, daß hier an die Jungfrauen
gedacht ist, die den (die) Vorhang (Vorhänge) des Tempels instandhalten. Vgl. GINZBERG,
Legends VI, 393ff.
[175] Üs. nach BILL. I, 1044. Der Titus-Bogen bildet dagegen nur den siebenarmigen
Leuchter und die silbernen Trompeten der Priester ab. Vgl. weiter die bei BILL. aufgeführten
Parallelstellen: tYom 3,8 (ZUCKERMANDEL 186); yYom 5,5 42d,3; bYom 57a; ShemR 50,4
(80a) zu Ex 37,1 u.ö.
[176] Jos., Bell 7,158–162: »Nachdem die Feierlichkeiten des Triumphs vorüber waren und
Vespasian die Lage im römischen Imperium vollkommen gesichert hatte, beschloß er der
Friedensgöttin einen Tempelbezirk auszubauen ... Er setzte einen fantastischen Aufwand
von Reichtum ein und schmückte außerdem den Bau mit Werken der Malerei und Bildhau-
erkunst aus, die in alter Zeit geschaffen worden waren. ... In diesem Tempel wurde alles
gesammelt und aufgestellt ... Hierhin ließ er auch die goldenen Weihegeräte aus dem Heilig-
tum der Juden bringen, auf die er stolz war. Ihre Torarolle und die purpurnen Vorhänge des
Allerheiligsten befahl er im Palast niederzulegen und zu bewachen (καὶ τὰ πορφυρᾶ τοῦ
σηκοῦ καταπετάσματα προσέταξεν ἐν τοῖς βασιλείοις ἀποθεμένους φυλάττειν)« (Üs.
MICHEL/BAUERNFEIND); MICHEL/BAUERNFEIND II, 2, 250 Anm. 89 wird erwogen, ob in
Bell 7,162 »bereits in Abwehr von b.Git 56b in unserem Text die Bewachung der heiligen
Tempelgeräte einen Frevel ausschließen soll«; vgl. op.cit. 175 Anm. 114. Das erscheint heu-
te als unhaltbare Vermutung ebenso wie Eislers Hypothesen. EISLER 1929, 161f vermutete
(spekulativ wie auch sonst), daß hinter Mk 15,38 eine aitiologische Legende stehe, die in
Rom entstanden sei, wo der Tempelvorhang nach 70 n. Chr. als Beutestück des jüdischen
Krieges aufbewahrt wurde.

7.3.2 Das Zerreißen in kleine Stücke

Von all diesen verschiedenartigen Berichten über das sich Öffnen und über die Vernichtung des Tempelvorhangs unterscheidet sich die Prophetie Habakuks durch zwei interessante Details: der Vorhang wird betont »zerrissen« werden und nicht geteilt[177], und zwar »in kleine Stücke«. Diese scharfe Betonung der völligen Vernichtung »in kleine Stücke« ist auffällig. Man könnte darin eine hyperbolische Steigerung des als Zeichen für die Zerstörung des Tempels gedeuteten Motivs der Spaltung des Vorhangs beim Tode Jesu sehen. Bevor man aber – wie de Jonge[178] – an dieser Stelle in der Habakuk-Vita ein Indiz für christliche Verfasserschaft annimmt, muß man ausdrücklich betonen, daß unsere besten Textzeugen nicht vom Evangelienbericht beeinflußt sind[179]. Zudem wird – wie noch einmal betont werden muß – nicht σχίζω als Verb verwendet, sondern ῥήγνυμι. Das Passiv kann man als Passivum divinum auffassen oder an die im nächsten Abschnitt erwähnten Engel als Akteure denken. In die Hände der Feinde fällt der Vorhang jedenfalls nicht.

Auffällig ist dabei, daß die LXX in Hab 3,9 – im Psalm Habakuks, den die Vita als Prophetie auf die endzeitliche Theophanie gedeutet hat – davon spricht, daß die Erde zerspringt (ῥαγήσεται γῆ)[180]. Bei Josephus fanden wir die – sicher zutreffende – Angabe, daß auf dem inneren Tempelvorhang dargestellt sei, was die Erde in ihrer Fruchtbarkeit hervorbringt[181]. Man wird also nicht nur den ganzen Kosmos[182], sondern speziell die Erde in ihrer Schönheit[183] auf diesem Vorhang symbolisiert sehen können. Vielleicht ist das ein Schlüssel für die Verbindung von Hab 3,9 und unserem τέρας-Wort.

Zudem ist die eigenartige Vorstellung, daß der Vorhang in kleine Stücke gerissen und auf diese Weise völlig zerstört wird, also weder von Jeremia noch von den Engeln zusammen mit den beiden Kapitellen in die Wüste getragen

---

[177] Ep1 gleicht hier an den Evangelienbericht an und spricht davon, daß der Vorhang in zwei Teile gerissen wird, s.u. Anm. 179.

[178] DE JONGE 1961/1962, 161–178; auch SCHMITT 1978a beachtet diesen Unterschied nicht.

[179] Deutlicher Einfluß zeigt sich in Ep1: τότε τὸ ἅπλωμα τοῦ Δαβεὶρ εἰς δύο μέρη ῥαγήσεται; Epi (DOLBEAU 1986, 122): *Tunc, inquit, velamen sancti sanctorum scindetur in longum.* Dor dagegen berichtet von der Bewahrung des Vorhangs zusammen mit den beiden Kapitellen.

[180] Die Vita stünde dann der Textform der am hebräischen Text redigierten griechischen Zwölfprophetenrolle aus Naḥal Ḥever Col. 19,36: ποταμοὶ ῥαγήσεται γῆ (Text: Tov, DJD VIII, 56f) näher als LXX, die ποταμῶν ῥαγήσεται γῆ bietet. תבקע verstehen beide als Passivform; 8ḤevXIIgr ist zudem grammatisch nur zu verstehen, wenn man hinter« ποταμοὶ ein Komma setzt, s. dazu Tov, op.cit., 94.147.

[181] Ant 3,126.

[182] Jos. und Philo deuten das vierfarbene Gewebe auf die vier Elemente.

[183] Vgl. Jes 6,3: »Die Fülle der Erde ist sein kabôd«, d.h. Gottes Herrlichkeit.

wird[184] und weder am Sinai noch an der Stelle des Jerusalemer Heiligtums in der Erde verborgen auf seine Auferstehung am Jüngsten Tage harrt, in ihrer Genese leichter verständlich, wenn man sich klarmacht, daß im Aramäischen (und im Hebräischen) ein Wortspiel möglich ist: פרוכתא לפריכא bzw. הפרוכת לפרכה[185], »der Vorhang zur Zerreißung in kleine Stücke« oder ähnlich kann es gelautet haben. Ein solches Wortspiel ist sogar möglich, wenn man nicht die Bezeichnung für den inneren Vorhang, sondern die für den äußeren nimmt: auch פרסא (Vorhang) und die Wurzel פרס 1(zersplittern; brechen; teilen) entsprechen sich. Dabei scheint mir eine nominale Form wahrscheinlicher als eine verbale, denn dafür haben wir einschlägige Parallelen[186]. Interessant ist weiter, daß die Wurzel *prk* 1 im Aramäischen die Grundbedeutung »dörren, rösten« hat. Auf diese Weise ergibt sich völlig problemlos die Verbindung zur Erwartung, daß der Jerusalemer Tempel in Flammen aufgehen wird, wie sie in der Auslegung von Sach 11,1 im Ausspruch Johanan b. Zakkais[187] zu finden ist. Diesem Milieu entstammen auch die τέρας-Worte der VP[188].

Erstaunlicherweise ist Hamaker und Torrey, die jedem Hebraismus in den VP nachspüren, um eine hebräische Grundschrift zu beweisen, diese Stelle entgangen[189]. Sie beweist aber nicht eine hebräisch/aramäische »Grundschrift«, sondern zeigt, daß die VP ältere Überlieferung sammeln, die natürlich einmal hebräisch/aramäisch verfaßt gewesen ist. Wahrscheinlich haben die VP dieses τέρας-Wort aus einem uns nicht erhaltenen Habakuk-Apokryphon entnommen[190]. Die Vermutung, daß die VP ein Habakuk-Apokryphon

---

[184] In Epi wird der Vorhang zweigeteilt; es könnte sein, daß hier nicht nur Mk 15 eingetragen wird, sondern auch daran gedacht ist, daß er zusammen mit den Kapiteln in die Wüste getragen wird, so Dor und die lat. Version bei DOLBEAU, 1986, 122.

[185] פרוכתא kommt von der Wurzel *prk* 2: »sperren, verriegeln«; *prk* 1 »zerreiben« ist biblisch ebenso wie *prk* 2 nur durch ein Derivat (päräk, »Gewalttätigkeit«) belegt, s. GESENIUS, 659 s.v. Doch in der späteren rabbinischen Literatur ist sowohl das Verb wie das davon abgeleitete Abstraktum gebräuchlich: LEVY, Chaldäisches Wörterbuch, 290 s.v.: »etwas dörren, rösten ... d.h. auch zerbröckeln, zerbrechen«, »Pa. zerbröckeln, in Stücke zerbrechen«; (bKet 67a; bAZ 10b: דהבא פריכא, von einer Goldplatte, die in kleine Stücke zerschlagen wurde); ebenso ist die Abstraktform פיכא »Kleingestoßenes, Zerbröckeltes« belegt s. LEVY, Wörterbuch über die Talmudim, IV 114f s.v. פרך; פרך; weiter פריכה »Zermalmen; Zerschlagen«; פריכה wird bSot 11b zur Erklärung von Ex 1,13f verwendet.

[186] S. dazu die bei SCHWEMER 1991b untersuchten Texte, bes. das aramäische Orakel (aus der Zeit um 70 n. Chr.) über die Tempelzerstörung in der sog. David-Apokalypse (HR § 124).

[187] yYom 6,3 43c; bYom 39b, dazu u. Sacharja(XII)-Vita, S. 169; vgl. SCHWEMER 1991b, 350.

[188] Weiter scheint Mk 13,1 ebenso wenig wie Mk 14,48 ein vaticinium ex eventu zu sein; vgl. THEISSEN 1983, 142–159; HENGEL 1984b, 21–25; SCHWEMER 1991b, 356f.

[189] HAMAKER 1833, 191f verwirft ausdrücklich die Lesart εἰς μικρά und hält die Stelle, weil er Ep1 bevorzugt, für eine christliche Interpolation.

[190] Zu Hab 3,9 (LXX): ῥαγήσεται γῆ s.o. Anm. 180. Zum in Bel 1 zitierten Habakuk-Apokryphon s.o. 108f. 111.

als Quelle verwenden, widerspricht also keineswegs der Deutung, daß das Zerreißen des inneren Tempelvorhangs als ein Vorzeichen für das τέλος τῆς γῆς, wie die VP sich gerne ausdrücken, zu verstehen und aus Hab 3,9 herausgelesen ist. Anspielungsreiche Vieldeutigkeit war auch den alten Exegeten interessanter als platte Eindeutigkeit.

7.3.3 Die Rettung der Kapitelle in die Wüste und die endzeitliche Erkenntnis/ Offenbarung Gottes

καὶ τὰ ἐπίκρανα τῶν δύο στύλων ἀφαιρεθήσονται
καὶ οὐδεὶς γνώσεται ποῦ ἔσονται·
13 αὐτὰ δὲ ἐν τῇ ἐρήμῳ ἀπενεχθήσονται ὑπὸ ἀγγέλων,
ὅπου ἐν ἀρχῇ ἐπάγη ἡ σκηνὴ τοῦ μαρτυρίου.
14 Καὶ ἐν αὐτοῖς γνωσθήσεται ἐπὶ τέλει κύριος,
ὅτι φωτίσουσι τοὺς διωκομένους ὑπὸ τοῦ ὄφεως ἐν σκότει ὡς ἐξ ἀρχῆς.

Diese Prophetie läßt noch deutlich, auch wenn es sich nun um Prosa handelt, eine poetische Struktur erkennen: 3 Verse mit jeweils zwei Stichen im Parallelismus membrorum, wobei ein Glied jeweils das vorige erklärend weiterschreitet. Der Passus ist jedoch nicht rhythmisch streng gebaut[191].

Der 1. Vers handelt vom »Raub« der Kapitelle und ihrer Verborgenheit. Der 2. Vers interpretiert den »Raub« als Entrückung und verrät den Ort, wohin die Kapitelle gebracht wurden. Der 3. Vers nimmt das Motiv des Wiederauffindens im Eschaton in etwas abgewandelter Form auf[192]. Die Zusammengehörigkeit der Passage wird zudem durch Stichwortverbindung unterstrichen[193].

Die Perspektive wechselt wieder, denn nun ist von zwei Kapitellen die Rede, die es nur im ersten Tempel gab. In der für die Spekulationen über den Verbleib der Tempelgeräte typischen Weise werden die »Geräte« des Ersten und des Zweiten Tempels (oben war ja von den Feinden aus dem Westen die Rede) in eins gesehen[194]. Auch wenn es um das Ende des irdischen Tempels (die Errichtung des eschatologischen Heiligtums) geht, unterscheidet man nicht mehr zwischen Erstem und Zweitem Tempel[195]. Die Logik richtet sich

---

[191] Zu dieser poetisch geformten Prosa in den »Listen« der Zeichen in 4 Esr 5,1–13; 6,18–29; 7,26–44; 8,52–54; 9,3–12 u.ö. s. den Kommentar von STONE 1990, jeweils z.St.; sie läßt sich – auf andere Weise – auch in den Gleichnissen und den Logien Jesu feststellen s. BURNEY 1925; JEREMIAS 1979, 19–37; vgl. zur Sprache der frühjüdischen Propheten: SCHWEMER 1991b, 355ff.
[192] Es ist die typische Struktur, wie sie auch die Erzählungen von Lade und Tempelfeuer aufweisen. Zur Verwendung in der Legende vom Messias Menachem ben Hiskia s. SCHWEMER 1994b, 132–135.
[193] ἀφαιρεθήσονται entspricht ἀπενεχθήσονται und verbindet 1. und 2. Glied; die zweimalige Verwendung von γιγνώσκω verbindet 1. und 3. Glied; ἐν ἀρχῇ im 2. Glied wird im 3. Glied mit ἐξ ἀρχῆς wieder aufgenommen.
[194] Auch der Hebräerbrief unterscheidet nur ein irdisches Heiligtum vom himmlischen Heiligtum und die Geräte des Allerheiligsten sind die des ersten Tempels (9,4).
[195] So auch 1 Hen 90,28.

dabei allein nach dem Prinzip τὰ ἔσχατα ὡς τὰ πρῶτα, und man weiß, daß die neue Welt, die nach der Drangsal anbrechen wird, in ihrer Herrlichkeit die alte nicht nur in den Schatten stellen wird, sondern daß ihr Licht unermeßlich sein wird. Der Neuanfang beginnt nach der Konzeption des zweiten Teiles des τέρας-Wortes nicht am Ort des Jerusalemer Heiligtums, sondern dort, wo das Zelt des Zeugnisses ἐν ἀρχῇ erbaut wurde[196] am Sinai.

Das eschatologische Konzept am Ende des τέρας-Wortes des Habakuk entspricht darin ganz dem der Ladelegende in der Jeremia-Vita[197]: Es unterscheidet sich von ihm allein dadurch, daß die Jeremia-Vita in ihrer Motivik von Gesetz/Lade bestimmt ist, während in der Habakuk-Vita die Tempelmotivik hervortritt. Die beiden Säulen Jachin und Boas waren mit dem Ersten Tempel zerstört worden. Josephus sagt dazu ausdrücklich, auch ihre Kapitelle, die Lilienblüten glichen, seien nach Babylon verschleppt worden (vgl. u. Anm. 208). In der Habakuk-Vita haben dagegen Engel die Kapitelle entrückt und zum Sinai getragen. Die Engel haben damit die Rolle Jeremias in der Ladelegende der Jeremia-Vita übernommen.

Den Weg zum Sinai führen das Israel der Endzeit die beiden Kapitelle, die die Funktion der Wolken- und der Feuersäule des ersten Exoduszuges übernehmen[198]. Wie Israel vor Pharao in die Wüste floh, so nun vor der Verfolgung durch den Endfeind, die Schlange, wie er hier wie in Apk 20,2 genannt wird[199]. Den Weg zur Rettung weisen hier die beiden Kapitelle der Säulen von Jachin und Boas[200], die den Verfolgten Licht in der Dunkelheit geben[201]; über

---

[196] Die Wendung πήγνυμι σκηνήν ist in LXX geläufig für »ein Zelt aufschlagen«, aber auch der t.t. für den Bau der »Stiftshütte«: Ex 33,7; 38,26; Jos 18,1 (Josua in Silo vgl. ebs. Eupolemos, fr.2 für Silo [Euseb, praep.ev. 9,30,1]); Philo, Leg.All. 2,24; Jos., Ant 3,133; 5,343; 7,86 (David); 8,101; vgl. Hebr 8,2.

[197] S. Band I, Jeremia-Vita, Abschnitt 5; die Anklänge sind überdeutlich: ἀφαιρέομαι entspricht dem ἁρπάζω in VP 2,9 (vgl. 3,15), auch hier wird das »Rauben« im Sinne von »Entrücken« zu verstehen sein; das Motiv, daß niemand weiß, wo sich die »Geräte« befinden, ist schon durch 2 Makk 2,6f vorgegeben.

[198] S. dazu Band I, Jeremia-Vita, Abschnitt 5.6.

[199] Zur Bezeichnung »Schlange« für die Gestalt des Endfeindes/Teufels: Apk 20,2: καὶ ἐκράτησεν τὸν δράκοντα, ὁ ὄφις ὁ ἀρχαῖος, ὅς ἐστιν Διάβολος καὶ ὁ Σατανᾶς, καὶ ἔδησεν αὐτὸν χίλια ἔτη; vgl. Apk 12,9.13–18; 2 Kor 11,3; dann vor allem in christlichen Schriften s. BAUER/ALAND, 1213 s.v. Doch die Vorstellung scheint wesentlich älter zu sein, vgl. 4QAmram 1, i 13: Der Teufel ist der »König der Gottlosigkeit«, Malkireša, und sein »Gesicht ist [wie das einer Schla]nge (שׁ[פ]ה)«, dazu MILIK 1972, 82; CHARLESWORTH 1991, 108; BEYER, Texte, 212, dagegen ergänzt »Seuche« (שׁ[חנ]ה); weiter die Belege bei FOERSTER, Art, ὄφις ThWNT V, 577 Anm. 121 zur Gleichsetzung von ὄφις und Teufel. Zum Endfeind vgl. Band I, Jeremia-Vita, Abschnitt 5.5.

[200] Diese Säulen sind die beiden ersten Kunstwerke, die Hiram von Tyrus aus »Erz« verfertigt für Salomos Tempel; besonders die kunstvolle Ausführung der Kapitelle wird beschrieben: 1 Kön 7,15–22 (LXX:7,3–9). Zu den beiden Säulen in atl. Kontext: KORNFELD 1962, 50–57; NOTH 1968, 148–155; MULDER 1986, 19ff; M. GÖRG, Art. Boas, NBL I, Sp. 312.

[201] Zum Motiv vgl. Jes 9,1; Lk 1,79. In Auslegung von Jes 42,7.16 für die endzeitliche Heidenmission dann in 1 Thess 5,4f; Kol 1,12–14; Eph 5,8; Apg 26,18; 1 Petr 2,9.

ihnen wird sich Gott in der Endzeit erkennen lassen. Diese Vorstellung leitet sich sicherlich aus Hab 3,2 her, wo die LXX übersetzt:

ἐν μέσῳ δύο ζώων γνωσθήσῃ,
ἐν τῷ ἐγγίζειν τὰ ἔτη ἐπιγνωσθήσῃ,

Die Verwendung von »γνωσθήσεται« als Umschreibung für das endzeitliche Heil als immerwährender, gesteigerter Erfahrung der Präsenz Gottes weist eindeutig auf diese Stelle hin. Wieder stehen die VP dem LXX-Text näher als dem MT. Eigenartig uminterpretiert werden die beiden »Lebewesen«, es sind nicht mehr die beiden Cheruben (wie die LXX wahrscheinlich noch den hebräischen Text verstanden hat), sondern die beiden Säulenkapitelle werden als lebendige Wesenheiten betrachtet. Eine solche Auslegung überrascht nicht, wenn man an die Beschreibung des himmlischen Heiligtums in den Sabbatliedern aus Qumran denkt, wo sämtliche Bauteile des himmlischen Heiligtums als belebt beschrieben werden. Die Cheruben des Gottesthrones stellte man sich dagegen nicht mehr unbedingt als »Zweizahl« vor, sie bilden zusammen mit den Seraphim und Ophannim die Myriaden der Engelwesen, die Gott umgeben und aus denen u.a. der göttliche Thronwagen, die Merkabah, besteht[202]. Für die Hajjot, die Tiere, die den Gottesthron tragen, stand die Vierzahl fest. So ist es erklärlich, daß man für die ausdrückliche Zweizahl in Hab 3,2 auf Jachin und Boas zurückgriff[203].

Die Bitte um die Theophanie JHWHs, die der Prophet in seinem Psalm Hab 3 am Beginn ausspricht, wird als seine endzeitliche Prophetie gedeutet und als endzeitliches Geschehen beschrieben[204]. Die Kapitelle können den richtigen Weg in der Dunkelheit zeigen, weil sie leuchten wie die Feuersäule bei der Exodus-Wanderung[205]. Ob unsere Vita zusätzlich schon eine ähnliche Erklärung für Jachin und Boas als Symbolisierung von Sonne und Mond kennt wie Midrasch Tadsche 2[206], läßt sich nicht sicher beweisen, doch liegt

---

[202] Sir 49,8; 1 Hen 14,11; 20,7; 61,10; 71,7; 2 Hen 19,6; 21,1; ShirShab (4Q405 20 ii–21–22 Z. 7.9 u.ö.).

[203] Zu den eigenartigen anikonischen von zwei Säulen flankierten und in den Fels gehauenen Götternischen im nabatäischen Petra, s. GAWLIKOWSKI 1990, 2672ff (Abb. 6). GAWLIKOWSKI bezeichnet sie als »archaïsme«. Die Säulen der einen Nische tragen Halbmonde als »Kapitelle«.

[204] Vgl. o.; die Datierung von Habakuks Tod hängt wahrscheinlich ebenfalls mit Hab 3,2 zusammen.

[205] Die Wolken- und die Feuersäule des Exoduszuges treten in der Endzeit wieder in Funktion; vgl. die andere Verwendung des Motivs in der Jeremia-Vita (dazu Band I, Jeremia-Vita, Abschnitt 5.8). Die Wegführung und die Funktion des ›Quartiermeisters‹ übernimmt in der Jeremia-Vita die Lade den Ladesprüchen entsprechend.

[206] MidTadsche 2 (JELLINEK, BHM III, 164f); dt. Üs. nach WÜNSCHE, Lehrhallen V/2, 89ff: »die Wohnung (משׁכן) wurde gemacht gegenüber der Erschaffung der Welt. Gegenüber den zwei heiligen Namen wurden die zwei Kerube an der Lade des Zeugnisses gemacht ... Und er stellte die rechte Säule auf und nannte sie Jachin. Und er stellte die linke Säule auf und nannte sie Boaz (1 Kön 7,21). Jachin (יכין) gegenüber (dem Mond) ›Wie der Mond wird

die Vermutung nahe. Auch der kurze Hinweis bei Josephus über die Funktion der beiden Edelsteine auf den Schulterstücken des Ephod, die beim Aufleuchten Orakel gaben, legt eine solche Entsprechung nahe[207].

In der Habakuk-Vita werden die Kapitelle der Säulen des Tempels von Engeln in die Wüste zum Berg Sinai verbracht[208]. Wie in der Jeremia-Vita wird es sich dabei um eine Tradition handeln, die entstanden ist, als es das zweite Heiligtum noch gab, die jedoch vor und direkt nach der Zerstörung des Zweiten Tempels die Flucht in die Wüste, um dort das Kommen Gottes zu erwarten, bestärkt hat. Man wird die Prophetie der Habakuk-Vita nicht einfach als aus der Zeit nach 70 entstanden erklären können[209]. Wahrscheinlich handelt es sich um eines der Zeugnisse, die uns für diese eschatologischen Erwartungen aus der Zeit vor 70 noch erhalten sind. Dafür spricht, daß nach der Zerstörung des Zweiten Tempels in der Legende die heiligen Geräte direkt am Ort des Jerusalemer Heiligtums von der Erde verschlungen bzw. dort dem Himmel übergeben werden oder daß man historisch korrekter betont, daß sie nach Rom geschafft wurden. Die Belege aus der Zeit nach 70 spekulieren auch nicht mehr darüber, ob und wie die σκηνή, das Zelt der Begegnung, in die »Wüste« geschafft wurde, denn sie wird nun auch lokal allein mit dem Ort des Heiligtums auf dem Zion verbunden[210]. Damit wollte man nicht nur die Kontinuität des Ortes des irdischen und des eschatologischen Tempels betonen, sondern konnte auch das Konzept der Entsprechung zwischen unterem und oberem Heiligtum erst eigentlich entwickeln[211]. In der Habakuk-Vita finden wir dagegen, wie in der Jeremia-Vita, eine andere Konzeption: Sie verbindet den Anbruch des eschatologischen Heils mit dem Sinai. Es scheint sich dabei

---

er festgestellt sein (כִּין) ewiglich‹ (Ps 89,38). Der Mond aber stellt (מכין) für Israel die Festzeiten und die Jahre fest, wie es heißt (Ps 104,19): ›Er hat gemacht den Mond für die Festzeiten‹. Und Boaz gegenüber dem Sonnenball, welcher in Stärke und Macht (וּבְעַו) herausgeht, wie es heißt (Ps 19,6): ›Er frohlockt wie ein Held zu durchlaufen seine Bahn.‹ Und ihnen gegenüber sind am Körper (des Menschen) zwei Augen. So wie die Augen hoch und an den Kopf gegeben sind, so waren auch die zwei Säulen hoch und dick.« Makro- und Mikrokosmos entsprechen sich, nicht nur Himmel und irdisches Heiligtum, sondern auch der Körperbau des Menschen. Vgl. dazu EGO 1989, 21.

[207] S.u. Sacharja ben Jojada-Vita zu »Urim und Tummim«.

[208] Die Säulen selbst waren nach dem biblischen Bericht dagegen samt ihren Kapitellen zerschlagen und das Erz nach Babylon verbracht worden: Jer 27,19–22; 52,17–23 par 2 Kön 25,13–17; 2 Chr 36,17ff. Nach Jos., Ant 10,145 wurden die Kapitelle unzerstört nach Babylon verschleppt.

[209] Dafür plädieren SCHMITT 1978a, 686; KOESTER 1989, 112. Doch der endzeitliche Drang zum »Zug in die Wüste« brach nicht erst aus, als das Jerusalemer Heiligtum im Jahr 70 zerstört wurde. Vgl. u. Anm. 212.213.

[210] Dazu BÖHL 1976, 63–80, der richtig gegen W. MICHAELIS, Art. σκηνή, ThWNT 7, 373 bemerkt, daß sich σκηνή sehr wohl in eschatologischem Kontext findet; doch geht es ihm um 2 Makk 2,4–8, und er beachtet die Jeremia-Vita; die Habakuk-Vita erwähnt BÖHL nicht. Natürlich lebt auch die ›Wüstentradition‹ auf eine veränderte Weise fort; das »neue Feld« von 4 Esr würde ich hier einordnen.

[211] S. EGO 1989, passim.

um eine Ausformung der Tempelkonzeption zu handeln, die sich z.Z. des noch bestehenden Zweiten Tempels ausgebildet haben muß. Der Zug in die Wüste ist gerade in den aufgeregten Jahren vor dem Ausbruch des jüdischen Aufstandes 40–60 n. Chr. ungeheuer virulent. Die Propheten, die in der Wüste dem Volk »Zeichen und Wunder« versprechen[212], werden sich wohl vor allem an die Sinaitradition angeschlossen haben, die ja seit der Erneuerung der Exodustraditon z.Z. des babylonischen Exils immer wieder im Zentrum der Erwartungen steht. Die Flucht aus Jerusalem heraus in die Wüste im Verlauf des ersten jüdischen Krieges setzt m.E. voraus, daß bereits vorher eine starke endzeitliche Sinai/Wüstenhoffnung lebendig war, sie wurde nicht erst durch die Ereignisse hervorgerufen[213]. Die alttestamentliche Prophetie und ihre prophetische Deutung auf die Zukunft hin wird nicht nur die Frommen in Qumran und die ersten Christen inspiriert haben[214]. Nein, die Flucht in die Wüste bot sich dann auch den Zeloten als Lösung des »eschatologischen« Problems an, nachdem ihre Tempel- und Messias-Konzeptionen sich nicht erfüllt hatten[215]. Belege dafür, wie stark man nicht nur an einem neuen Exodus immer wieder anknüpfte, sondern auch die Sinaikonzeption beibehielt, finden sich ebenfalls in der Henochtradition.

Die Verbindung zum Beginn des τέρας-Wortes findet der Schluß in seiner Betonung des Lichtmotivs[216]. Hier wird die bearbeitende Hand des Verfassers erkennbar, die die verschiedenen Überlieferungen, die ja doch wohl reicher ausgestaltet waren, zusammenfaßt. Zwar sind die Belege z.T. spät, doch das sagt wenig über das Alter der Vorstellungen, in denen gerade Jachin und Boas als Entsprechungen von Sonne und Mond verstanden werden. Nimmt man diese Konnotationen für die VP ernst, so zeigt sich in ihnen ein geschlossenes ›apokalyptisches‹, nicht logisches Bild: Mit dem inneren Tempelvorhang wird die Erde vernichtet. Mit den Kapitellen von Jachin und Boas werden Sonne und Mond entrückt. Dunkelheit breitet sich über die Menschenwelt;

---

[212] Vgl. HENGEL 1976a, 255–261: »Dabei entstand ein gewisser Gegensatz zwischen Tempel und Wüste als zweier verschiedener Orte, an die Gottes Heilsverheißungen geknüpft waren« (261); weniger präzis: BARNETT 1981, 679–697.
[213] Zur Flucht in die Wüste vgl. Band I, Jeremia-Vita, Abschnitt 5.5. Den Aufruf, in die Berge zu fliehen, in Mk 13,14ff, wo ebenfalls Flucht und Endfeind vereint erscheinen, datiert HENGEL 1984b, 25–31, vor 70.
[214] Euseb, h.e. 3,5,3: Die Jerusalemer Urgemeinde floh jedoch bezeichnenderweise nach Pella, in eine hellenistische Stadt, die außerhalb des Zugriffs der aufständischen Zeloten lag; auch wenn sich die Historizität nicht mehr schlüssig nachweisen läßt, handelt es sich dabei sicher um die aitiologische Legende der christlichen Gemeinde von Pella.
[215] Anders SCHMITT 1978b, der unsere Prophetie aus der Zeit des Aufstandes selbst herleitet.
[216] In der Jeremia-Vita wird Licht und Doxa mit dem »Gesetz« verbunden. Zu dem endzeitlichen Erstrahlen des Lichts vgl. weiter etwa »Sein wird es für die Zukünftigen, daß vom gestirnten Himmel / Alle Sterne mitten am Tag allen leuchten / Mit den zwei Lichtern zusammen, wenn die Zeit vordrängt.« (Sib 2,184ff; vgl. dazu COLLINS, OTP I, 349).

diese findet aber zur Erkenntnis Gottes, zur endzeitlichen Theophanie Gottes, wie es der Prophet verheißen hat: Hier über den beiden »Wesenheiten« offenbart er sich. Auf diese Weise erreicht das τέρας-Wort des Habakuk seine Inklusio, auch wenn die Orte sich nun verschoben haben: Nicht mehr am Tempel in Jerusalem, sondern in der Wüste – wie am Anfang – wird Gott erkannt. Wie die LXX-Übersetzung von Ex 24, 10 nicht mehr sagt: »Sie sahen den Gott Israels«, sondern »sie sahen den Ort, wo der Gott Israels stand«[217], so betont die Habakuk-Vita, den Ort, an dem Gott im Eschaton erkannt wird[218].

Zusammenfassung

Die Habakuk-Vita vereint verschiedene apokryphe Überlieferungen über den Propheten. Die Herkunft aus dem Stamm Simeon, den Geburtsort, die Flucht nach Ostrakine und den Aufenthalt im Lande Ismaels hat man dem Propheten wohl in hasmonäischer Zeit ›angedichtet‹. Habakuks Reise zu Daniel nach Babylon wird in einer mit Bel et Draco locker verwandten Textform mitgeteilt. Wahrscheinlich sind beide, Bel et Draco und die VP, von einem nicht mehr erhaltenen Habakuk-Apokryphon abhängig. Auch das im Detail sehr interessante τέρας-Wort scheint einem derartigen Habakuk-Apokryphon zu entstammen, das in aramäischer oder hebräischer Sprache verfaßt war, aber von den VP wohl in griechischer Sprache verwendet wurde. In der christlichen hagiographischen Literatur wurde die erbaulichere Version der Habakuk-Daniel-Episode von Bel et Draco bevorzugt. Durch sie erfreute sich Habakuk, der im NT nicht erwähnt wird, einer Beliebtheit, die fast mit der Jonas vergleichbar ist. So gibt es in byzantinischer Zeit mehrere Orte mit einem Habakukgrab.

---

[217] Ex 24,10f: καὶ εἶδον τὸν τόπον, οὗ εἱστήκει ἐκεῖ ὁ θεὸς τοῦ Ἰσραηλ· καὶ τὰ ὑπὸ τοὺς πόδας αὐτοῦ ὡσεὶ ἔργον πλίνθου σαπφείρου καὶ ὥσπερ εἶδος στερεώματος τοῦ οὐρανοῦ τῇ καθαριότητι. 11 καὶ τῶν ἐπιλέκτων τοῦ Ἰσραηλ οὐ διεφώνησεν οὐδὲ εἷς· καὶ ὤφθησαν ἐν τῷ τόπῳ τοῦ θεοῦ καὶ ἔφαγον καὶ ἔπιον.

[218] Vgl. Band I, Jeremia-Vita, Abschnitt 5.2.2–3; 5.5; weiter zum Problem (ohne auf die VP einzugehen): FRANCIS GLASSON 1988, 258–270 (268). KOESTER 1989, 52 meint, es sei hier nicht daran gedacht, daß der Tempel am Sinai neu erbaut wird, sondern daß – wie in der Jeremia-Vita – das Gesetz den zentralen Platz einnehmen werde. Aber der Sinai ist nicht nur der Ort der Gesetzgebung, er ist auch der Ort, wo Mose das himmlische Tempelurbild erblickte und nach seinem Vorbild die σκηνή errichtete.

Die Zephania-Vita

Text und Übersetzung

13.1 Σοφονίας ἐκ φυλῆς ἦν Συμεὼν
ἀγροῦ Σαβαραθά·
2 προεφήτευσε περὶ τῆς πόλεως
καὶ περὶ τέλους ἐθνῶν καὶ αἰσχύνης
ἀσεβῶν·
3 καὶ θανὼν ἐτάφη ἐν ἀγρῷ αὐτοῦ.

13,1 Sophonias war aus dem Stamm
Simeon vom Gehöft Sabaratha;
2 er weissagte über die Stadt
und über das Ende der Heiden und die
Schande der Gottlosen.
3 Und als er starb, wurde er auf seinem
Gehöft begraben.

Zum Text

Textkritisch bietet die Vita keine Probleme.

Aufbau und Vergleich der Rezensionen im Überblick

Zwischen Herkunfts- und Grabnotiz ist ein kurzer Bericht über das Wirken des Propheten gestellt.

Ep1 erweitert die Vita am stärksten mit deutlich christlichen Akzenten: Zephania prophezeite auch über die Parusie des Herrn und er starb in einer Vision.

Ep2 setzt den Vatersnamen hinzu. Dor führt im messianischen Florilegium Zeph 2,11; 3,9.14 an.

Kommentar

1. Die Herkunft

13.1 Σοφονίας ἐκ φυλῆς ἦν Συμεὼν ἀγροῦ Σαβαραθά·

Zephania/Sophonias[1] ist der dritte Prophet aus dem Stamm Simeon[2], er gehört mit Nahum und Habakuk zu einer Prophetengruppe. Rätselhaft ist die Angabe über seinen Geburts- und Grabort. Aber da es sich um einen ἀγρός, einen kleinen Weiler, ein Gehöft handelt, erstaunt das nicht. Jeremias[3] schlug vor, der Priester Zephania (2 Kön 25,18–21; Jer 52,24–27), der von Nebukadnezar in Ribla getötet wurde, sei mit dem Propheten identifiziert worden, denn LXX (Ρερβλαθα, Δεβλαθα) und Josephus (Ant 10,135 ᾽Αραβαθᾶ; 149 Σαλάβαθα) geben eine ähnliche griechische Namensform. Klein hat Βηραθσάτια vorgeschlagen[4]. J. Jeremias[5] ließ schließlich die Frage, welcher Ort gemeint sein könnte, offen. Satran[6] greift jetzt Jeremias' ersten Vorschlag von 1933 wieder auf. So ganz stimmig ist diese Lösung aber nicht, denn der Prophet ist ja nach den VP Simeonit und nicht Priester. Zudem stirbt er eines friedlichen Todes. Der Lösungsvorschlag von Klein weist eher in die richtige Richtung. Es ist nicht unwahrscheinlich, daß das Prophetengrab in Βηραθσάτια ursprünglich von Zephania ›belegt‹ war und, als es als anonymes Grab in christlichen Besitz überging, dann als das Grab Michas wieder entdeckt wurde[7].

---

[1] Die Namensform Σοφονίας entspricht wieder LXX. Die Überschrift des Prophetenbuches bietet in Zeph 1,1 die Vorfahren des Propheten über 4 Generationen hin. Die VP verzichten wie immer – außer Ep2 – auf solche Angaben. Spätere jüdische Auslegung sieht in Zephania einen Urenkel des Königs Hiskia und den Lehrer Jeremias, s. GINZBERG, Legends VI, 386 Anm. 13.

[2] Zur Bedeutung des Stammes Simeon s.o. zur Nahum- und Habakuk-Vita. Wahrscheinlich war Zephania Jerusalemer, vgl. RUDOLPH 1977, 268.

[3] JEREMIAS 1933a, 253–255.

[4] KLEIN 1937, 202, ein Kastell 3 1/2 km nördlich von Bet Guvrin auf dem tel eddschdede. Die Namensform in der Zephania-Vita sei durch Inversion zustande gekommen. In dem gleichnamigen Ort zu Füßen des Tells hat man die Gebeine des Propheten Micha gefunden (Sozomenos, h.e. 7,29,2 [BIDEZ/HANSEN GCS 50. 345]); vgl. u. Anm. 7. JEREMIAS 1958, 87 hält diesen Vorschlag zwar für geistreich, aber wenig überzeugend.

[5] In JEREMIAS 1958, 87 wird der Aufsatz von 1933 nicht mehr erwähnt. SATRAN 1995, 41 hält das zu Recht für bezeichnend für die Tendenz in JEREMIAS 1958, Grabkult und Wallfahrt möglichst früh zu datieren. Doch davon abgesehen, hat Jeremias m.E. mit guten Gründen seine alte Vermutung fallengelassen.

[6] SATRAN 1995, 41f.

[7] Sozomenos, h.e. 7,29,2 (BIDEZ/HANSEN, GCS 50, 345): Βηραθσάτια χωρίον ἀμφὶ δέκα στάδια τῆς πόλεως (Eleutheropolis) διεστώς· περὶ τοῦτο δὲ ὁ Μιχαίου τάφος ἦν, ὃ μνῆμα πιστὸν ἀγνοοῦντες ὅ τι λέγουσιν οἱ ἐπιχώριοι ἐκάλουν, Νεφσαμεεμανᾶ φωνῇ ὀνομάζοντες; vgl. o. Micha-Vita, Anm. 53.

2. Die Prophetie

2 προεφήτευσε περὶ τῆς πόλεως
καὶ περὶ τέλους ἐθνῶν καὶ αἰσχύνης ἀσεβῶν·

V. 2 gibt sinngemäß den wichtigsten Inhalt des Prophetenbuches wieder. Auffällig ist die Selbstverständlichkeit, mit der Jerusalem nur πόλις genannt wird und das Ende der »Völker« und die Beschämung der Gottlosen mehr angedeutet als aufgeführt werden. Hier mußte Ep1 ergänzen, denn im Prophetenbuch stand ja für Christen viel Wichtigeres[8]. Für uns ist diese Auswahl[9] aus der Prophetie Zephanias wieder ein Indiz für die jüdische Abfassung der Grundschrift.

18. Exkurs: Beziehungen zur Zephania-Apokalypse

Mit der *Zephania-Apokalypse*[10] zeigt unsere Vita auffällige Berührungen:
1. ApkZeph 3,2 nimmt der Engel den Propheten und entrückt ihn auf den Berg *Seir*[11] zur Vision über gerechte und ungerechte Priester. Das ungewöhnlich positive Urteil über die Bewohner Edoms paßt zu einem Propheten aus dem Stamm Simeon.
2. ApkZeph A; B und c. 5[12] beschreibt die Himmelsreise des Propheten und seine Vision des himmlischen Jerusalem[13] und der Myriaden von Engelscharen etc. Das 2. Kapitel beginnt mit: »Now I went with the angel of the Lord, and he took me up

---

[8] Ep1 setzt hinzu, daß Zephania über die Parusie des Herrn geweissagt habe; vgl. Zeph 3,14–20 (LXX); Joh 12,13ff; die ZephApk (12,5; vgl. 10,11 dazu WINTERMUTE OTP, I, 515) bezieht die Stelle auf das endzeitliche Kommen Gottes zum Gericht.

[9] Zeph 1,4.12; 2,1–15.

[10] Üs. der Fragmente zitiert nach WINTERMUTE, OTP I, 508–515; dort Kommentar 497–507. Die ApkZeph ist nicht nur sehr viel stärker christlich überarbeitet, als WINTERMUTE (doch vgl. S. 501) annimmt, sondern wohl eine genuin christliche Schrift, die jüdische Traditionen aufnimmt. Die Anklänge an die Evangelien sind in c. 2 deutlich, ebenso die an Apk in c. 6.9–12 u.a., so die Betonung der »Posaunen« beim Endgeschehen. Sie hat aber wahrscheinlich einen jüdischen Kern. Eben dieser berührt sich mit der Grundschrift der VP. Die ApkZeph wurde in griechischer Sprache wohl in Ägypten verfaßt. Die ApkPl ist von ihr abhängig. Ep1 scheint wiederum ApkZeph zu kennen, s.u. Wenn Clem Alex, Strom 5,11,17 die ApkZeph zitiert, muß sie vorher abgefaßt sein. Für die Zeit, in der wir wenig über die VP wissen, nehme ich eine ägyptische Phase der Überlieferung an (die frühesten christlichen Ergänzungen weisen nach Ägypten, s. Band I, Einleitung, Abschnitt 4.1.1 und 6). Auch die Beziehungen der ApkZeph zur Hekhalot-Literatur und zu Te'ezaza Sanbat müßten untersucht werden. FRANKFURTER 1993, 21.23.28.42 weist darauf hin, daß ApkZeph und ApkEl zusammen in einem Codex tradiert wurden und schon in der Antike als verwandt angesehen wurden.

[11] Vgl. WINTERMUTE, OTP I, 510 Anm. 3b: »Probably Edomite Seir, which is closely associated with Mount Sinai in the theophanies that appear in the Song of Deborah«. WINTERMUTE verweist nicht auf die VP, betont jedoch das Alter dieser Notiz, die mit ihrer positiven Beurteilung Edoms/Idumäas in die Zeit vor 70 n. Chr. weise.

[12] WINTERMUTE, OTP I, 508ff

[13] Ep1 kann bei seinen Erweiterungen die ApkZeph vor Augen haben. Dieses Problem verdient eine eigene Untersuchung.

(over) all my city«[14]. Damit wird der Abschnitt über Jerusalem eingeleitet, der stark christlich interpoliert ist.

3. Breit ausgemalt wird in der ApkZeph die αἰσχύνη der Gottlosen, die unter Qualen im Hades leiden.

4. Das »Ende der Völker« im Jüngsten Gericht wird im fragmentarischen c. 12 angekündigt[15].

Die VP können ihre Angaben über den Propheten einem Apokryphon entnommen haben, das in mehr oder weniger großen Bruchstücken, christlich interpoliert, in der ApkZeph noch erhalten ist. Sie können aber auch u.a. der ApkZeph als Quelle gedient haben, die diese Apokalypse dann sehr frei ausgestaltet[16]. Wenn die VP eine Zephania-Apokalypse mit Himmels- und Höllenreise gekannt haben sollten, hätten sie das apokalyptische Kolorit bis auf ein Minimum gestrichen[17].

3. Tod und Begräbnis

3 καὶ θανὼν ἐτάφη ἐν ἀγρῷ αὐτοῦ.

Der friedliche Tod wird nicht weiter hervorgehoben, nur das Begräbnis in der Heimaterde festhalten[18]. Die Propheten aus dem Stamm Simeon geben der jüdischen Bevölkerung im Süden Judäas, dem ehemaligen Idumäa, das die Hasmonäer eroberten und eng mit ihrem Staat verbanden, die Berechtigung, seßhaft zu werden und zu bleiben. Daß sich diese Graböberlieferung in den Jahrhunderten nach dem Bar Kochba-Aufstand verloren hat und nur noch anonym tradiert wurde, erstaunt nicht. Falls ApkZeph[19] auf das Begräbnis des Propheten anspielt, hat sie sich von der Nüchternheit der VP weit entfernt. Ep1 fügt der Todesnotiz das typisch christliche Element hinzu, daß Zephania in einer Christusvision ἐν ἀποκαλύψει κυρίου starb[20]. Nach dem Vorbild des Stephanus sehen christliche Märtyrer in der Todesstunde ihren Herrn. Dieses Motiv wird schon früh in christlichen Texten auf die alttestamentlichen Propheten übertragen. So wird es in ParJer 9 für Jeremia verwendet. In AscJes 5

---

[14] WINTERMUTE, OTP I, 509.

[15] Vielleicht las hier Ep1 noch etwas über die Parusie des Herrn.

[16] Ein eingehender Vergleich zwischen den koptischen Fragmenten und den VP wäre das Thema einer selbständigen Untersuchung.

[17] Analog zur ›Unterdrückung‹ der Merkabah-Vision in der Exechiel-Vita.

[18] ApkZeph 1 (achmimisches Frg. Üs. WINTERMUTE, OTP I, 509): »... dead. We will bury him like any man. Whenever he dies, we will carry him out playing the cithara before (him) and chanting psalms and odes over his body.« Der sehr fragmentarische Text berichtet vom Vorsatz, den Propheten (durch seine Jünger?) mit den nötigen Ehren zu begraben.

[19] Vgl. o. Anm. 18.

[20] Vgl. dazu Band I, Einleitung, Anm. 325 und S. 258; Ep1 berichtet auch von Joel, daß er in einer Vision (ὁρῶν) starb (VP 8,2).

spricht Jesaja während des Martyriums mit dem heiligen Geist und erst im
2. Teil (c. 6–11) erfährt er eine Himmelsreise. Dieses Element dient ursprünglich dazu, die Bewahrung vor Qualen und zugleich die Leidensunempfind-
lichkeit der Märtyrer zu unterstreichen. Der Superlativ in Ep1 (μονώτατος)
könnte aus der Zephania-Apokalypse herrühren, denn diese beginnt nach dem
achmimischen Fragment mit dem Vorsatz, den Propheten feierlich (?) zu begraben. Die dort beschriebene Szene setzt wohl voraus, daß der Prophet, ähnlich wie Jeremia in ParJer 9, eine Himmels- und Hadesreise unternimmt, während er wie tot daliegt[21].

Zusammenfassung

Die knappe Zephania-Vita zeigt Berührungen mit der Zephania-Apokalypse.
Was dort breit geschildert wird, sagt die Vita mit einem Satz. Sie faßt damit
das biblische Zephaniabuch, nicht die Zephania-Apokalypse zusammen. Eine
direkte Abhängigkeit von der Zephania-Apokalypse muß für die Grundschrift
nicht postuliert werden. Ep1 dagegen scheint die Zephania-Apokalypse zu
kennen. Da die Zephania-Apokalypse wahrscheinlich in Ägypten verfaßt
wurde und dort bekannter war, könnte man das als Indiz dafür anführen, daß
nicht nur die Vorlage für Dor und Ep2, sondern auch die Rezension Ep1 in
Ägypten entstanden ist[22]. Aber Ep1 ist nach dem Gesamtbefund doch eher in
Palästina zu lokalisieren. Den Heimat- und Grabort des Propheten, Sabaratha,
wird man in frühjüdischer Zeit in der Gegend von Bet Guvrin angesetzt haben. Wahrscheinlich ist er identisch mit Berathsatia, dem Ort, wo man in byzantinischer Zeit das Michagrab fand.

---

[21] ZephApk F 1; WINTERMUTE OTP, I, 509 Anm. 1a versteht das Fragment ebenso.
[22] Dagegen spricht auch, daß Ep1 in der Jeremia-Vita (VP 2,3) νεφώθ und nicht ἐφώθ
schreibt; vgl. Band I, Jeremia-Vita, Anm. 69.

Die Haggai-Vita

Text und Übersetzung

14.1 Ἀγγαῖος ὁ καὶ ἄγγελος,
τάχα νέος ἦλθεν ἐκ Βαβυλῶνος εἰς
Ἰερουσαλὴμ
καὶ φανερῶς περὶ τῆς ἐπιστροφῆς
τοῦ λαοῦ προεφήτευσε
καὶ εἶδεν ἐκ μέρους τὴν οἰκοδομὴν
τοῦ ναοῦ.
2 Καὶ θανὼν ἐτάφη πλησίον τοῦ
τάφου τῶν ἱερέων ἐνδόξως ὡς αὐτοί.

14.1 Haggai, der auch Engel (heißt)
kam früh als junger Mann aus Babylon
nach Jerusalem (zurück)
und er prophezeite öffentlich über die
Rückkehr des Volkes
und er sah teilweise den (Wieder)aufbau
des Tempels.
2 Und als er starb, wurde er begraben in
der Nähe des Grabes der Priester,
ehrenvoll wie sie.

Zum Text

Textkritisch enthält An1 keine Probleme.

Aufbau und Vergleich der Rezensionen

Die kurze Vita besteht aus Namenserklärung des Propheten, Datierung seines
Auftretens, einer Inhaltsangabe über seine Prophetie und seinen Bezug zum
Wiederaufbau des Tempels und schließlich der Grabnotiz.

Ep1 ergänzt die Weissagung des Propheten und fügt zweimal hinzu, daß
Haggai zusammen mit Sacharja als erster das Hallel[1] angestimmt habe.

An2 (Coisl. 224 etc.) betont, daß Haggai aus hohepriesterlichem Geschlecht war, deshalb fand er ein ehrenvolles Grab in der Nähe der Gräber der
Priester.

Ep2 kürzt An1 geringfügig.

In Dor wird Hag 2,23 als Weissagung auf Christus gedeutet, καθάπερ καὶ
Ἰωάννης ὁ εὐαγγελιστὴς λέγει: Joh 6,27.

---

[1] Dazu u. 20. und 22. Exkurs.

Kommentar

1. Die Herkunft

1.1 Der Name des Propheten

Ἀγγαῖος ὁ καὶ ἄγγελος

Die Namensform des Propheten entspricht LXX. Die Erklärung, daß er den Beinamen ἄγγελος trägt, findet sich nicht in der inscriptio und subscriptio der LXX-Hss. Sie ist durch Hag 1,13 vorgegeben[2]. Vereinzelt wird jedoch die Übersetzung des Namens »das Fest; der Feiernde; der Gefeierte« angegeben[3]. Hieronymus und Cyrill von Alexandrien, aber auch die rabbinische Tradition beschäftigten sich mit dem Beinamen ἄγγελος bei der Erklärung von Hag 1,13[4]. Auch wenn es sich bei Hag 1,13 in MT um eine nachträgliche Glosse handelt, die jedoch vor der Übersetzung der LXX eingedrungen sein muß, so ist sie im Bibeltext des Verfassers der VP fest verankert[5]. Man könnte annehmen, daß die Notiz, »der auch Engel heißt«, eine Stammesangabe[6] verdrängt hat, die in dieser Vita fehlt[7]. Haggai gehört jedoch mit Sacharja und Maleachi zur letzten Dreiergruppe der Zwölfpropheten[8], die allesamt in den VP keine

---

[2] Vgl. THEN 1990, 143 (Lit.); ausführlicher MACH 1992, 45–48.69ff (zur LXX-Übersetzung von מלאך).115.365f (hier Lit.).

[3] S. Göttinger LXX (ZIEGLER) in der inscriptio (284): ἑορτὴ πανήγυρις 613 und als Korrektur in 86: ἑορτὴ ἢ ἑορταί; in der subscriptio (290): ἑορτὴ πανήγυρις 62–86. Vgl. dieselbe Erklärung in verschiedenen Rez. der VP, s. SCHERMANN, Legenden, 68: Ἑορτή; ἑορτάζων (ἢ ἑορταζόμενος). Vgl. WOLFF 1986, 2.21: »Meine Festtagsfreude«; WUTZ 1914, 131.382 u.ö.

[4] ויאמר חגי מלאך יהוה במלאכות יהוה לעם לאמר, was LXX wiedergibt mit: καὶ εἶπεν Αγγαιος ὁ ἄγγελος κυρίου τῷ λαῷ. Symmachus verbessert: ἐν ἀγγέλοις; sowohl im Hebräischen wie im Griechischen ist die Doppelbedeutung von מלאך und ἄγγελος gegeben. Hieronymus, Comm in Ag 1,13 (CChr.SL 76A, 726): *Quidam putant et Ioannem Baptistam et Maleachiam, qui interpretatur angelus Domini, et Aggaeum, quem nunc habemus in manibus, fuisse angelos, et ob dispensationem et iussionem Dei assumpsisse humana corpora, et inter homines conuersatos*, belegt die christliche Deutung von Hag 1,3.13 als »Engel«, Hieronymus könnte hier jüdische Tradition wiedergeben; WaR 1,1: »R. Jochanan sagt: Von ihrer Funktion her werden die Propheten Engel genannt. Das ist es, was geschrieben steht: Da sprach Haggai, der Engel des Herrn, im Auftrag des Herrn zum Volk: Ich bin bei euch, Spruch des Herrn (Hag 1,13) – da bist du gezwungen, zu folgern, daß die Propheten von ihrer Funktion her Engel genannt werden.« (Üs. SCHÄFER 1975, 227); vgl. u. Anm. 7. Die Angaben von TETZNER 1969, 19 sind unbefriedigend.

[5] HARE, Lives, z.St. weist nur auf dieses inneratliche literarkritische Problem hin.

[6] ZEHNER, Epiphanius, 122 erwähnt zur Erklärung: »Hesychio teste, in Babylonia è tribu Levi natus, ac procul dubio post obitum eam ipsam ob caussam Sacerdotum monumentis illatus fuit.«

[7] Sie wird in An2 bei der Grabnotiz nachgetragen.

[8] Die Bezeichnung »Engel« verbindet ihn näher mit Maleachi; als Zeitgenossen bilden Haggai und Sacharja ein Paar, das für den Tempelaufbau und die Neuinstallation des Kultes

Stammesangabe erhalten, sondern – wie indirekt gesagt wird – *Priester* sind[9].
Die Grabnotiz für Haggai und Sacharja spricht selbstverständlich von der
(hohe-)priesterlichen Grablege in Jerusalem, auch wenn der Name der Stadt
nicht eigens noch einmal genannt wird.

1.2 Geburt in Babylonien

τάχα νέος ἦλθεν ἐκ Βαβυλῶνος εἰς Ἰερουσαλήμ

Haggai wird wie Sacharja[10] als im Exil geborener Prophet, der zu den
Rückkehrern gehörte, beschrieben. Eine gewisse Rolle wird dabei spielen,
daß seine Prophetie im Prophetenbuch nach dem heidnischen Herrscher
Darius datiert wird[11]. Auffällig ist der Gebrauch von τάχα[12], das als Adverb zu
ἦλθεν gehört und die frühe, baldige Rückkehr aus dem Exil unterstreicht.
Man darf τάχα nicht auf νέος beziehen. Wenn in der Maleachi-Vita das ju-
gendliche Alter dieses Propheten hervorgehoben wird, heißt es ἔτι πάνυ νέος.
In beiden Fällen wird man νέος als »Jüngling«[13] verstehen dürfen. Haggais
Jugend steht damit im Gegensatz zu dem hohen Alter, das sein enger Gefährte
Sacharja bereits erreicht hatte, bevor er in die Heimat zurückkehrte[14]. Haggais

---

sorgte, was in den Psalmüberschriften von LXX, Vg und Peschitta zum Ausdruck kommt;
dazu u. 20. und 22. Exkurs.

[9] S. dazu u. zur Maleachi-Vita, in der das »Engel«-Motiv ausgestaltet ist. Bei Sacharja
und Haggai wird die priesterliche Abstammung erkennbar durch das Grab, bei Maleachi
durch die Herkunft von »Sofa«, d.h. dem Skopus. Zur Korrelation Prophet-Engel-Priester
vgl. MACH 1992a, 45–48.115; zur kultischen Gemeinschaft der Priester (und dann der gesamten Gemeinde) mit den Engeln in Qumran s. SCHWEMER 1991a, 48.53f u.ö.; vgl.
Hengel/Schwemer (Hg.) 1991, 483 Index, s.v. Engel, – kultische Gemeinschaft.

[10] Sach 1,17; 1 Esr 5,1; 6,14; vgl. Sacharja (XII)-Vita, Abschnitt 1; Hieronymus versteht
ebenfalls die drei letzten Propheten des Zwölfprophetenbuches als Trias, um das Ende des
Buches zu datieren: *Malachiam vero Aggai et Zacchariae fuisse temporibus«* in: Prologus
duodecim prophetarum (WEBER, II, 1374).

[11] Hag 1,1; Sach 1,1; 1 Esra 4,24; 6,14.

[12] Normalerweise wird τάχα in unserer Literatur im Sinne von »vielleicht« verwendet s.
BAUER/ALAND, Sp. 1608f s.v. Entsprechend übersetzt SATRAN 1995, 127 mit »came ...
perhaps as a youth«. Das Wort »vielleicht« widerspricht aber völlig der sonstigen Diktion in
den VP. So muß τάχα hier zeitlichen Sinn haben wie im klassischen Sprachgebrauch. LSJ,
1762 s.v. verweist auf einen weiteren Beleg im Koinegriechischen bei PREISIGKE, Sammelbuch 7356,25 (2. Jh. n. Chr.): »schicke mir bald«. An2 (Coisl. 224) interpretiert τάχα νέος
als μικρός; bei Ep2 und Dor fehlt τάχα; Ep1 schreibt ἔτι νέος. An2 und Ep1 beziehen τάχα
also auf νέος.

[13] Dagegen schließt man in der Moderne gern aus Hab 2,3, daß Haggai alt war und selbst
den ersten Tempel in seiner Herrlichkeit gesehen habe; dazu WOLFF 1986, 3: »Unsicher ist
auch ein Schluß aus 2,3, Haggai habe selbst zu denen gehört, die im Jahre 520 noch an die
Schönheit des 587 zerstörten Tempels erinnern konnten, die also mehr als siebzig Jahre alt
waren.«

[14] Vgl. Sacharja (XII)-Vita, Abschnitt 1.1. GESE 1974d, 202–230 (206): »Sacharja
scheint zusammen mit seinem Vater, einem Priester, unter Serubabel aus dem babylonischen

lange Wirkungszeit in Jerusalem soll damit unterstrichen werden. Im Prophetenbuch selbst findet sich ja keine Reminiszenz an das Exil[15], und Haggai sucht man vergeblich in den Heimkehrerlisten Esr 2; Neh 7. Daß der Prophet in Jerusalem wirkte, ist dem Prophetenbuch selbst, das zudem das Auftreten Haggais genau datiert, und Esr 5,1; 6,14 entnommen. Der späteren jüdischen Tradition war wichtig, daß Haggai zusammen mit Sacharja und Maleachi Mitglied der Großen Synagoge war[16]. Die VP spiegeln eine ältere Variante der Hochschätzung: Für sie sind diese Propheten priesterlicher Abkunft.

3. Die Botschaft des Propheten

καὶ φανερῶς περὶ τῆς ἐπιστροφῆς τοῦ λαοῦ προεφήτευσε
καὶ εἶδεν ἐκ μέρους τὴν οἰκοδομὴν τοῦ ναοῦ.

Seltsamerweise faßt unsere Vita die Botschaft des Propheten zunächst damit zusammen, daß er öffentlich die ἐπιστροφή, die Rückkehr aus dem Exil[17], wobei mit diesem Wortgebrauch zugleich die Hinwendung des Volkes zu Gott intendiert ist[18], verheißen habe. Man wird beide Bedeutungen nicht auseinanderreißen dürfen und beachten müssen, daß die VP die Rückkehr aus dem Exil als »Bekehrung« interpretieren[19]. Ähnlich wie der Prophet Habakuk weissagt

---

Exil nach Jerusalem zurückgekehrt zu sein und hat sich nun als *junger* Prophet zusammen mit dem *alten* Haggai entschieden beim Wiederaufbau des Tempels (520–515) und der Neubegründung der Kultgemeinde eingesetzt.« (Hervh. v. mir).

[15] Im Gegensatz zu Sach 1,14ff, 2,10ff; 6,15; vgl. WOLFF 1986, 3; zum Problem, ob er nicht vielmehr »Altjudäer« war, d.h. nie zur Gola gehörte, sondern zu denen, die während der Zeit des Exils und beim Neuanfang in der Heimat waren: WOLFF 1986, 21.59.

[16] bMeg 17a–18b. Zur Bedeutung Haggais in der Haggada vgl. GINZBERG, Legends VI, 440 Anm. 31: bZev 62a: Haggai erkennt den Platz, an dem der Altar wiederaufgebaut werden soll, an seiner himmlischen Entsprechung.

[17] In diesem Sinn wird der Begriff als Terminus in den VP verwendet. Vgl. den Gebrauch von ἐπιστρέφω und ἐπιστροφή in der Ezechiel-Vita (VP 3,19); Daniel-Vita (VP 4,22); Habakuk-Vita (VP 12,4.8); Maleachi-Vita (VP 16,1); Asarja-Vita (VP 20,1); einen ähnlichen Sprachgebrauch finden wir ParJer 3,10.11; 4,8; 7,27, wo ἐπιστρέφω für das »Zurückkehren in die Stadt (Jerusalem)« verwendet wird. Dieser Gebrauch von ἐπιστρέφω als Terminus für die Rückkehr aus dem Exil findet sich in LXX (Subjekt kann sowohl das Volk wie Gott sein, der die Umkehr gewährt) häufig: 1 Esr 5,8; 2 Esr 2,1; 10,16; Neh 7,6; 8,17; Tob 14,5; Ps 13,7; 52,7; 125,1.4; 145,4; Am 9,14; Jes 45,13; 49,6; Jer 41,22; 49,12; 51,14.28; Klg 2,14; LUST, GELS, 175 s.v. und BAUER/ALAND, s.v. gehen auf diesen Sprachgebrauch nicht ein.

[18] Vgl. ἐπιστρέφω in LXX und NT als Üs. von שוב in der vorherigen Anm. und vor allem ἐπιστροφή in PsSal 7; 9,10; 16,11.

[19] Dazu paßt gut, daß auf der anderen Seite in der Ezechiel-Vita die Tatsache, daß die 10 Stämme (vor allem jedoch Dan und Gad) noch nicht aus dem Exil heimgekehrt sind, mit ihrem »Irrtum«, ihrem πλανᾶν, erklärt wird. Dagegen fehlt μετανοεῖν in den VP; es erscheint nur Jona-Vita (VP 10,6 [2]) in der sekundär bearbeiteten Version von Ep1, An2.

Haggai in den VP als ›Frühheimkehrer‹ die künftige Rückkehr des gesamten
Volkes. Mit der späteren rabbinischen Ansicht, daß alle Propheten im Land
Israel berufen wurden[20], hat das noch nichts zu tun. Schon Hamaker nahm hier
Anstoß und rekonstruierte einen hebräischen Text, der nur den Wiederaufbau
des Tempels thematisiert, was dann auch dem Prophetenbuch eher entspricht[21]. Doch so verlockend eine solche Lösung ist, derartige Kunstücke
sind nicht beweisbar. Dagegen entspricht die Vorstellung, daß Haggai bereits
während der Exilszeit in der Heimat die künftige Rückkehr des gesamten Volkes angekündigt habe, dem ›historisierenden‹ Denken der VP über die Exilszeit[22].

Daß ein Prophet, der ankündigte, daß der Zweite Tempel an Schönheit den
Ersten übertreffen werde, dessen Wiederaufbau »nur« teilweise sah, müßte
eigentlich als Widerspruch erscheinen. Doch hier gibt die Vita getreu wieder,
was das Prophetenbuch schildert. Das korrigiert Ep1 und streicht ἐκ μέρους.
Weiter fügt Ep1 in V. 1 den Hinweis ein, daß er als erster im Zweiten Tempel
das »Halleluja« und »Amen« »psallierte«[23].

4. Tod und Begräbnis

2 Καὶ θανὼν ἐτάφη πλησίον τοῦ τάφου τῶν ἱερέων ἐνδόξως ὡς αὐτοί.

Die Begräbnisstätte der Priester war schon in der Jesaja-Vita als ein
Orientierungspunkt, um die Lage des Jesajagrabes zu beschreiben, genannt
worden. Die VP denken offensichtlich an die priesterlichen Gräber im Kidrontal[24]. Da die Stammesangabe bei Haggai ebenso wie bei Sacharja und
Maleachi[25], die mit ihm zu einer Dreiergruppe zusammengeschlossen sind,
fehlt, läßt sich nur aus der Lage des Grabes in der Nähe der Begräbnisstätte der
Priester, die priesterliche Abkunft Haggais erschließen. Denn im Kidrontal,
am Fuße des Ölbergs, lagen die für jüdische Verhältnisse[26] prächtig ausgestatteten Familiengräber der Priesterschaft, die sich z.T. bis heute erhalten haben.

---

[20] Vgl. dazu Band I, Ezechiel-Vita, Anm. 39.

[21] HAMAKER 1833, 206f:»Cum de reditu populi ab exilio Aggaeus vaticinatus non sit,
sed de templo instaurando, equidem non dubito, quin ex corruptis codicis nostri verbis sal-
tem illud ναοῦ pro λαοῦ adoptandum sit... Omnia autem patefient, si Hebraice ista tran-
stulero: ויגל ויתנבא להשיב את ההיכל ... , *et revelavit et vaticinatus est* (i.e. φανερῶς
προεφήτευσε) *de restituendo templo.*«

[22] Vgl. Hg 2,18(17): καὶ οὐκ ἐπιστρέψατε πρός με, λέγει κύριος. Wahrscheinlich
schließt sich die Vita mit dem Thema der Rückkehr an diese nach dem Vorbild des Refrains
von Am 4,9 gebildete Glosse an, denn im Kontext des Prophetenbuches, wie es der Verfasser
der VP las, folgt auf die Gottesklage die Verheißung des Segens. Vgl. WOLFF 1986, 40.46.

[23] Dazu u. 20. und 22. Exkurs.

[24] Das spricht gegen die Spätdatierung SATRANS; vgl. Band I, Jesaja-Vita, Anm. 222.

[25] Nicht zu vergessen: Aber auch beim Jerusalemer Jesaja!

[26] Vgl. Band I, Jesaja-Vita, Anm. 205.

19. Exkurs: Die priesterlichen Familiengräber im Kidrontal

Joachim Jeremias hat die Traditionen über die priesterliche Begräbnisstätte in Jerusalem aus der Antike und den späteren christlichen und jüdischen Pilgerberichten bereits gesammelt[27], und Dubois hat im Anschluß an ihn noch einmal die Nachrichten über »Le Tombeau de Zacharie« zusammengestellt; bei Bieberstein/Bloedhorn sind auch die jüngeren Ausgrabungsberichte aufgelistet[28]. So bleibt hier nur die Aufgabe, die Grabtraditionen aus dem Blickwinkel der VP zusammenzufassen und noch ein paar Ergänzungen anzufügen. In der Jesaja-Vita war das Grab der (Hohen-)Priester erwähnt worden, um die Lage des Jesajagrabes in Jerusalem zu bestimmen[29]. In der Sacharja (XII)-Vita wird gesagt, daß dieser Prophet in der Nähe Haggais begraben liegt. Hier in der Haggai-Vita wird dieses Priestergrab indirekt etwas ausführlicher beschrieben, denn Haggais Grab wird ἐνδόξως genannt, es stehe in nichts dem (hohe-)priesterlichen Erbbegräbnis nach. Allein der Prophet und Hohepriestersohn Sacharja ben Jojada wird in den VP in der hohepriesterlichen Grablege selbst beigesetzt: λαβόντες αὐτὸν οἱ ἱερεῖς ἔθαψαν αὐτὸν μετὰ τοῦ πατρὸς αὐτοῦ. Die Vita Sacharja ben Jojadas denkt dabei wohl, weil ihn ja die Priester begraben, an das priesterliche Erbbegräbnis, obwohl nach 2 Chr 24,16 Jojada, der Hohepriester, »in der Stadt Davids mit den Königen« begraben worden ist[30].

Die Angaben der VP sind hier in allen Fällen so unprätentiös und selbstverständlich, daß es erstaunlich ist, daß sie innerhalb der christlichen Überlieferung – verhältnismäßig wenig bearbeitet[31] – erhalten geblieben sind. Sie setzen Lokalkenntnis voraus. An Genauigkeit werden sie nur durch die Kupferrolle übertroffen, die, da sie ein Schatzverzeichnis ist, das Kriegswirren überdauern und für die Zeit nach dem Kriege zur Orientierung dienen soll, penibel die Lage des Grabes von Zadoq mit »unterhalb der Südecke des Tempels« angibt und auch einen zugehörigen Garten erwähnt[32]. Bei diesem Zadoq kann es sich in qumranischem Kontext nur um den Jerusalemer »Urpriester« zur Zeit Davids handeln, auf den sich die qumranische Priesterschaft zurückführt. Vielleicht haben sich um sein Grab herum zunächst die Gräber der Jerusalemer Priesterfamilien geschart, ob es sich dabei historisch korrekt wirklich um das Zadoqgrab handelte, ist in unserem Kontext unwesentlich. Erhalten geblieben sind bis heute nur die eindrucksvollen Grabbauten auf der Ostseite des Kidrontales, so die Grabanlage der bene Hezir (1 Chr 24,15; Neh 10,21)[33], das sogenannte »Zacharias-

---

[27] Jeremias 1958, 65f.67–73; Jeremias 1962, 95–101.

[28] Dubois 1978, 180ff (ältere Lit.). Kartographischer und bibliographischer Nachweis über die archäologischen Untersuchungen im Jerusalem der römischen Zeit bei Bieberstein/Bloedhorn 1994, III, 232–238.

[29] Dazu Band I, Jesaja-Vita, Abschnitt 3.

[30] Dazu u. Sacharja ben Jojada-Vita, Abschnitt 3.

[31] Vgl. die Varianten in der Sacharja (XII)-Vita; dazu u. Sacharja (XII)-Vita, 21. Exkurs.

[32] 3Q15 xi 3.6 (ältere Textrekonstruktion und Lit. bei Allegro 1960, 95; Milik, DJD III, 1962, 199–302; Dubois 1978, 182; Lit. in: Schürer III,1, 468f); dazu jetzt Beyer, Texte II, 230ff. Zum Garten vgl. Joh 19,41. Die Kupferrolle (3Q 15 x 15ff – xi 2f [DJD III, 296; lies mit García Martínez, Scrolls, 463 gegen Beyer, Texte II, 230ff]) beschreibt auch die nähere Umgebung des Zadoqgrabes. Erwähnt werden das Denkmal Absaloms, der Siloah-Teich und mehrere Gräber, in denen Priesterabgaben versteckt sind. Auch wenn es nicht ausdrücklich erwähnt wird, kann es sich eigentlich nur um Priestergräber handeln.

[33] Beschreibung und Lit. bei Bieberstein/Bloedhorn 1994, III, 235ff. Nach Avigad ist diese Grabanlage die älteste und geht in hasmonäische Zeit zurück.

grab«[34], das »Absalomgrab«[35] und das »Josaphatgrab«[36]. Die jüdische Lokaltradition brach nach 135 ab, als es Juden bei Todesstrafe – so nach der christlichen Überlieferung – untersagt war, Jerusalem zu betreten[37]. Wahrscheinlich wurde ein Grab auf der Westseite des Kidrontales in Erinnerung an das Zadoqgrab nach 135 in der christlichen Überlieferung zum Grab des Herrenbruders Jakobus, der den Beinamen »der Gerechte« (צדיק) trug. Nach Hegesipp (um 170) wurde er von der »Zinne des Tempels« herabgestürzt, anschließend gesteinigt, schließlich von einem Walker mit seinem Holz erschlagen und an dem Ort des Martyriums begraben. Seine Grabstele werde – so Hegesipp – noch heute beim Tempel, also im Kidrontal unter der Südostecke des Tempels, gezeigt[38]. Auch dieses Grab ist wie das Jesajagrab später auf die Ostseite des Kidrontales gewandert[39]. Daß die VP in An1 das Jakobusgrab und die Zachariastradition[40] nicht erwähnen, spricht für das Alter und den jüdischen Ursprung der »Grundschrift«[41].

Da die VP – wie besonders an der Jesaja-Vita abzulesen ist – bei ihrer Beschreibung der priesterlichen Grablege in Jerusalem dieselben lokalen Verhältnisse wie die Kupferrolle voraussetzen und nur von dieser an Genauigkeit übertroffen werden, können sie kaum im 4. Jh. n. Chr. abgefaßt sein.

Die nachfolgende Sacharja-Vita betont die Nachbarschaft und die Bedeutung der Gräber von Haggai und Sacharja. An2 (Coisl. 224) fügt hinzu, daß Haggai aus hohepriesterlichem Geschlecht war.

---

[34] Vgl. etwa JEREMIAS 1958, Abb. 1.2.5.6. Es handelt sich um die Nefeš einer vielleicht erst durch den Bau der byzantinischen Jakobuskirche zerstörten Grabanlage, s. BIEBERSTEIN/BLOEDHORN 1994, III, 232–235.

[35] Vgl. BIEBERSTEIN/BLOEDHORN 1994, III, 239f. Es wird in das frühe 1. Jh. n. Chr. datiert.

[36] Dazu BIEBERSTEIN/BLOEDHORN 1994, III, 241f.

[37] Doch hält sich die literarische Erinnerung an die Gräber innerhalb der Stadt, ARN B 39 (SCHECHTER 107): die Könige, Hulda und Jesaja. BIEBERSTEIN/BLOEDHORN 1994, III, 235–238 halten das Verbot für Juden, die Stadt zu betreten, für zu einseitig bezeugt.

[38] Euseb, h.e. 2,23,4–18; vgl. Jos., Ant 20,200. Zu der von Euseb abhängigen und unabhängigen christlichen Überlieferung s. HENGEL 1985, 75–79 und passim. In Hegesipps Bericht hat Jakobus allein Zutritt in das Innere des Tempels, um für die Sünden des Volkes stellvertretend zu beten, und er trug nur Leinen und kein wollenes Gewand. Das deutet bereits daraufhin, daß Jakobus priesterliche Gestalt und Funktion angenommen hat. Bei Epiphanius erhält Jakobus dann expressis verbis die hochpriesterliche Würde (Haer 29,4 (ed. HOLL GCS 1 [25], 324); 78,13f (ed. HOLL GCS 3 [37], 463ff). Die hochpriesterlichen Züge kann Jakobus auch aufgrund seines prominenten priesterlichen Grabplatzes erhalten haben. Die Zadoqgrab-Tradition wird auf ihn übertragen worden sein, weil er als »Zaddiq« und priesterlicher Interzessor angesehen wurde.

[39] Zur byzantinischen Kirche St. Jacobus Minor unterhalb des »Zachariasgrabes« s. BIEBERSTEIN/BLOEDHORN 1994, III, 233f.

[40] Dazu u. Sacharja ben Jojada-Vita.

[41] In der in An2 sekundär angefügten Vita des Herrenverwandten Simon, Sohn des Klopas, fehlt eine Grabnotiz. Ep1 berichtet dagegen vom christlichen Zachariasgrab und davon, daß der greise Simeon, der in der Geburtsgeschichte des Lk das *Nunc dimittis* spricht, in der Nähe des Priestergrabes bestattet sei. Dazu u. »Anhänge«.

20. Exkurs: Die Zusätze in Ep1 und Coisl. 205[42] zu Haggai und den Hallelpsalmen

Ep1: V. 1: ἔψαλλεν ἐκεῖ πρῶτος ἀλληλούϊα, ὃ ἑρμηνεύεται· αἰνέσωμεν τῷ ζῶντι θεῷ· ἀμήν, ὅ ἐστι· γένοιτο, γένοιτο·
V. 2: διὸ λέγομεν ἀλληλούϊα, ὅ ἐστιν ὕμνος Ἀγγαίου καὶ Ζαχαρίου.

Coisl. 205: V. 2: καὶ αὐτὸς[43] ἔψαλλεν ἐκεῖ ἀλληλούια

Zu ψ 145–148 bietet die LXX die Überschrift: Αλληλουια· Αγγαιου καὶ Ζαχαριου[44]. Kraus[45] bemerkt dazu nur: »G bringt das Lied aus unverständlichen Gründen mit Haggai und Sacharja ... in Verbindung.« Doch so unverständlich ist diese Verbindung nicht: Diese späten Psalmen am Ende des Psalters müssen in einer Zeit, als man noch wußte, daß sie jünger als die David-Psalmen sind, als Abschluß des Psalters gekennzeichnet worden sein. Sie werden den letzten Propheten zugeschrieben. Das könnte bereits in einer Zeit geschehen sein, als Maleachi noch nicht als eigenständiger »12. Prophet« vom Sacharja-Buch abgetrennt worden war[46].

Nach Ep1 stimmte Haggai als erster im Zweiten Tempel das Halleluja an; das ist eine »gelehrte« Notiz, was durch die Übersetzung der hebräischen Fremdworte noch unterstrichen wird. Haggai erhält damit eine Funktion wie David bei der Einrichtung des Kults und der Begründung des Ersten Tempels in 2 Chr 16. Bereits in den Chronikbüchern erscheinen die »Seher«, die Propheten, als Psalmdichter und -sänger[47]. In V. 2 wird von Ep1 an die Erwähnung Sacharjas die entsprechende Begründung hinzugefügt, daß »wir Halleluja singen«, und zwar den von Haggai und Sacharja gedichteten Hymnus[48].

Die Hs Coisl. 205 und ihre Verwandten betonen ebenfalls, daß Haggai den Zweiten Tempel mit seinem Halleluja eingeweiht hat[49]. In den VP sind diese Bemerkungen offensichtlich spätere Erweiterungen, die sich nur in Ep1 und einer Handschriftenfamilie von An2 finden.

---

[42] Ebs. Philadelph. 1141 und Paris. 1712; s. SCHERMANN, Vitae, 87.

[43] Paris. 1712: πρῶτος.

[44] Zum Text vgl. RAHLFS, Göttinger LXX, 533–336.

[45] KRAUS 1989, II, 1132 zu Ps 146 (MT-Zählung).

[46] Zur Abtrennung vgl. HENGEL 1994b, 25f. Die LXX-Psalterüberschriften spiegeln liturgische Tradition aus der Zeit des 2. Tempels, – etwa bei den Bemerkungen zu den Wochentagen in ψ 23; 47; 93; 92, wo in MT nur die Überschrift zum Sabbat in Ps 92 erhalten ist.

[47] 1 Chron 25,1.5; 2 Chron 29,30; 35,15; vgl. dazu zuletzt HENGEL 1994b, 31f.

[48] Zum t.t. ὕμνον(ους) λέγειν, *carmen dicere* für den christlichen Psalmengesang, s. HENGEL 1987e, 383 Anm. 91 vgl. 361. Zu Esther und Mardochai als Verfasser des Hallels s. bPes 117a; nach bPes 118a wurde es dagegen von den drei Jünglingen im Feuerofen das erste Mal gesungen (zu den Par. vgl. GINZBERG, Legends VI, 418.477).

[49] Dieselbe Hss-Familie von An2 hat eine entsprechende, aber nicht identische Notiz beim Propheten Sacharja ben Berechja ben Iddo (XII), s.u. 22. Exkurs.

Zusammenfassung

Die in der Haggai-Vita verarbeiteten Traditionen weisen in die Zeit vor dem
Bar Kochba-Aufstand zurück, als die priesterliche Grablege in Jerusalem intakt und in jüdischem Besitz war. Schon im Martyrium des Jakobus, wie es
Euseb nach den Hypomnemata des Hegesipp (um 170 n. Chr.) mitteilt, hatte
der Herrenbruder und erste ›Bischof‹ von Jerusalem an der Stelle der priesterlichen Grablege seine letzte Ruhe gefunden. Wo einst die Gräber der Priester
und das Zadoq-Grab war, sahen die Christen nach 135 n. Chr. die Stele
Jakobus' des Gerechten[50]. Auch dieses Grab wanderte auf die Ostseite des
Kidrontales und Jakobus minor beerbte den Herrenbruder, so wie auf den
Täufervater Zacharias die Grabtradition der Propheten gleichen Namens
übertragen wurde.

---

[50] Vgl. o. Anm. 38.

Die Sacharja (XII)-Vita

Text und Übersetzung

15.1 Ζαχαρίας ἦλθεν ἀπὸ Χαλδαίων
ἤδη προβεβηκὼς
κἀκεῖ πολλὰ τῷ λαῷ προεφήτευσε·
καὶ τέρατα ἔδωκεν εἰς ἀπόδειξιν.

2 Οὗτος εἶπε τῷ Ἰωσεδέκ,
ὅτι γεννήσει υἱὸν
καὶ ἐν Ἱερουσαλὴμ ἱερατεύσει.

3 Οὗτος καὶ τὸν Σαλαθιὴλ ἐφ' υἱῷ
ηὐλόγησε
καὶ ὄνομα Ζοροβάβελ ἐπέθηκε·

4 καὶ ἐπὶ Κύρου τέρας ἔδωκεν εἰς
νῖκος καὶ περὶ τῆς λειτουργίας
αὐτοῦ προηγόρευσεν,
ἣν ποιήσει ἐπὶ Ἱερουσαλὴμ καὶ
εὐλόγησεν αὐτὸν σφόδρα.

5 Τὰ δὲ[1] τῆς προφητείας εἶδεν ἐν
Ἱερουσαλὴμ
καὶ περὶ τέλους ἐθνῶν καὶ Ἰσραὴλ
καὶ τοῦ ναοῦ
καὶ ἀργίας προφητῶν καὶ ἱερέων,
καὶ περὶ διπλῆς κρίσεως ἐξέθετο·

6 καὶ ἀπέθανεν ἐν γήρει μακρῷ
καὶ ἐκλειπὼν ἐτάφη σύνεγγυς
Ἀγγαίου.

15.1 Sacharja kam aus Chaldäa in schon
vorgerücktem Alter.
Und dort hatte er vieles dem Volk
prophezeit und Zeichen zum Beweis
gegeben.

2 Dieser sagte dem Josedek,
daß er einen Sohn zeugen werde,
und (dieser) in Jerusalem Priester sein
werde.

3 Dieser segnete auch den Salathiel um
seines Sohnes willen
und legte (diesem) den Namen Zorobabel
bei.

4 Und über Kyros gab er eine Prophetie
zum Sieg und er weissagte ihm
hinsichtlich seines Dienstes, den er
Jerusalem erweisen werde, und er
segnete ihn sehr.

5 Die anderen (Teile seiner)[2] Prophetie
sah er in Jerusalem;
sowohl (die Prophetie) über das
End(geschick) der Heiden und Israels und
des Tempels
als auch (über) die Untätigkeit der
Propheten und der Priester und über das
doppelte Gericht veröffentlichte er.

6 Und er starb in hohem Alter
und wurde nach seinem Verscheiden nahe
bei Haggai begraben.

---

[1] Vat. gr. 2125 beginnt den Satz mit: σφόδρα δὲ τῆς προφητείας ...; alle anderen Hss
dagegen mit τὰ δέ; in An1 ist τά ausgefallen.

[2] Zur Begründung dieser Übersetzung, s.u. »Zum Text« und z.St.

Zum Text

Textkritische Probleme[3] stellen sich beim Übergang von V. 4 zu V. 5. Vat. gr. 2125 zieht σφόδρα an den Anfang von V. 5. Aber σφόδρα wird normalerweise nachgestellt. Die Mehrheit der Hss haben deshalb σφόδρα als letztes Wort in V. 4 und beginnen V. 5 mit τὰ δέ. Dabei wird es sich um den ursprünglichen Text handeln. Dem δέ entspricht zwar kein μέν, aber ἐκεῖ in V. 1. So wird Sacharjas Prophetie in Chaldäa der in Jerusalem gegenübergestellt.

Aufbau und Vergleich der Rezensionen

1.   Herkunftsnotiz: Datierung durch Exil und Lebensalter
2.   Das Wirken in Chaldäa
2.1 Sohnesverheißung an Josedek
2.2 Segen für Salathiel
2.3 Prophetie an Kyros
3.   Das Wirken in Jerusalem: Prophetien
3.1 über das Endgeschick der Heiden, Israels und des Tempels
3.2 über die Untätigkeit der Propheten und Priester
3.3 über das doppelte Gericht
4.   Tod und Begräbnis
(5. Das »Halleluja« des Haggai und Sacharja)

Wir haben wieder einen klar gegliederten Aufbau entsprechend dem Ablauf des Lebens des Propheten. Zwischen Herkunfts-, Todes- und Begräbnisnotiz steht das Wirken des Propheten[4], zunächst in »Chaldaia« und dann in Jerusalem.

Auffällig ist in der Sacharja-Vita der stark semitisierende Stil. Nicht nur der häufige parataktische Anschluß mit καί ruft diesen Eindruck hervor, sondern besonders der im Griechischen harte, unvermittelte Subjektwechsel im Nebensatz, der jedoch im Hebräischen eine ganz normale Erscheinung ist[5]. Er erscheint immerhin dreimal.

Die Sacharja-Vita enthält – wie die Haggai-Vita – in einem Zweig der Überlieferung (Coisl. 205 etc.) einen Hinweis auf die Zuschreibung der Hallelpsalmen an die Propheten Haggai und Sacharja. Auch hier zeigt die einseitige

---

[3] HARE, Lives, 394 Anm. 15b: »Q puts ›greatly‹ with the following sentence, but the text is badly disturbed, and later recensions make various emendations. What follows in this translation is a rough paraphrase.« HARE dramatisiert die textkritischen Probleme unnötig. SATRAN 1995, 127 zieht σφόδρα zum vorherigen Satz, folgt aber sonst An1.

[4] Wie bei allen eines friedlichen Todes gestorbenen Propheten steht die Todesnotiz erst am Ende.

[5] Zum Einzelnen s.u.

Überlieferung, daß es sich um einen Zusatz handeln muß. Er ist der Sacharja-Vita – wie der Haggai-Vita – im Laufe der christlichen Tradierung zugewachsen (vgl. u. 22. Exkurs).

In Ep2 sind die Viten von Sacharja ben Berechja und Sacharja ben Jojada ineinander gearbeitet. Der Todes- und Grabbericht wird aus der Vita Sacharja ben Jojadas übernommen. Da diese Rezension nur die 16 Viten der Schriftpropheten und die von Elia und Elisa bietet, hat sie die interessanten Details der Vita von Sacharja ben Jojada bei dem Schriftpropheten mit demselben Namen untergebracht.

In Dor werden im christologischen Vorspann folgende Stellen genannt: Sach 9,9 wird auf Serubbabel und Christus bezogen[6], weiter wird Sach 13,6 angeführt mit dem Verweis, daß Christus diesen Vers zitiert habe, bevor er verraten wurde[7].

Kommentar

1. Die Herkunft

15.1 Ζαχαρίας ἦλθεν ἀπὸ Χαλδαίων ἤδη προβεβηκὼς

Wie es schon in der Vita des Haggai[8] zu beobachten war, fehlt auch in der Zacharias/Sacharja[9]-Vita die Stammesangabe und der Name des Geburtsortes in Babylonien, obwohl aus den Angaben des Prophetenbuchs über Sacharja, den Sohn des Berechja des Sohnes Iddos (Sach 1,1.7), und den Heimkehrerlisten (Neh 12,4.16; Esr 5,1; 6,14) klar erkennbar ist, daß er aus einer vornehmen Priesterfamilie stammte[10] und die VP das ebenfalls voraussetzen, wie die

---

[6] Ὑπερβολικῶς μὲν εἰς τὸν Ζοροβάβελ εἴρηκε ταύτην τὴν χρῆσιν· τὴν ἔκβασιν δὲ κυρίως ἔσχεν ἐπὶ δεσπότου Χριστοῦ.

[7] Mk 14,27 par.

[8] Die sachlich völlig parallelen Angaben sind jedoch keine stereotype Wiederholung: bei Haggai ist die Altersangabe vorangestellt und es werden die Städte Babylon und Jerusalem genannt.

[9] Der Name ist sehr häufig. MT: 29 Personen; dazu 1 Makk 5,18 und Lk 1,5–23; 57–80; Jos. erwähnt 6 verschiedene Träger des Namens; bei diesem Namen boten sich Identifizierungs- und Verwechslungsmöglichkeiten in besonders starkem Maße an (vergleichbar mit der Häufigkeit des Namens Johannes, vgl. zum Problem: Hengel 1989c, 109f; Hengel 1993a, 96f.106.118f u.ö.); weiter dazu u. Sacharja ben Jojada-Vita. Den Vaternamen Barachja bieten Coisl. 205; Philadelph. 1141; Paris. 1712; Fragm. Leyd. Voss. 46; Ep1; Ep2; Dor gibt die Namenserklärung: Μνήμη θεοῦ; Rez. Schol.: μνήμη ὑψίστου ἢ νικητὴς λέοντος; vgl. Wutz 1914, 129.664 u.ö.

[10] Hanhart 1990, 19: »Die zweigliedrige genealogische Bezeichnung זכריה בן ברכיה בן עדו, die einhellig überliefert ist ..., hat in erster Linie die Bedeutung, die priesterliche Familie des Propheten auf einen Vorfahren zurückzuführen, der nach dem Verzeichnis von Neh 12 die Priestergeneration der unter Serubbabel und Josua Heimgekehrten repräsentiert (V. 1 und 4, vgl. 16).« Sacharjas priesterliche Würde wird in der Hauptüberlieferung der VP

Angabe über den Grabplatz erkennen läßt. Sacharja gehört als im Exil geborener Priesterprophet mit Haggai eng zusammen. Für die spätere rabbinische Exegese war er mit Haggai zusammen Mitglied der großen Synagoge[11]. Auch bei Sacharja wird wie bei Haggai darauf verzichtet, die genaue Datierung seines Auftretens als Prophet von Sach 1,1 u.ö. zu wiederholen[12]. Stattdessen wird wieder angegeben, in welchem Alter er aus dem Exil in Chaldäa[13] zurückkam. Während alle historische Wahrscheinlichkeit dafür spricht, daß Sacharja als junger Mann mit seinem Vater zusammen zurückkehrte[14], rechnet die Vita mit einer langen Wirkungszeit im babylonischen Exil und hohem Greisenalter[15] des Propheten bei der Heimkehr. Diese völlig andere Einschätzung des Alters und des Wirkens des Propheten in den VP mag daher rühren, daß seine Prophetie sehr viel umfangreicher ist als das knappe Haggaibuch.

Wahrscheinlich steht hinter der Teilung in eine Phase der exilischen und der nachexilischen Wirksamkeit des Propheten die antikem Denken gemäßere ›biographische‹ Erklärung für die Unterschiede zwischen Proto- und Deutero- und Tritosacharja: Die früheren Kapitel mit ihrer optimistischen Heilsansage gehörten danach in die Zeit vor dem Ende des Exils, während die Gerichtsprophetie und die Vorausschau auf das Weltende vom alten Sacharja in Jerusalem nach der Rückkehr gesprochen wurde.

2. Das Wirken in Chaldäa

κἀκεῖ πολλὰ τῷ λαῷ προεφήτευσε·
καὶ τέρατα ἔδωκεν εἰς ἀπόδειξιν.

Entgegen der späteren rabbinischen Doktrin, daß alle Propheten im Heiligen Land mit ihrem Wirken begannen[16], weissagt Sacharja in den VP bereits in Babylonien.

---

nicht erwähnt, sondern indirekt vorausgesetzt (vgl. Schol. [SCHERMANN, Vitae, 103]: Οὗτος ἦν ἐκ γένους Λευί, ἐγεννήθη ἐν Γαλαὰδ καὶ ἐλθὼν ἀπὸ Χαλδαίων ἤδη προβεβηκώς). Wie sein älterer »Paargenosse« Haggai wird er in der Nähe der (hohe)priesterlichen Grablege »ehrenvoll« bestattet, dazu o. Haggai-Vita, 19. Exkurs.

[11] bMeg 17a–18b.

[12] Zum 2. Jahr des Darius vgl. BICKERMAN 1986, 331–336; gegen BICKERMAN: H. W. WOLFF 1986, 56 und HANHART 1990, 67f.

[13] Zu Chaldäa bzw. den Chaldäern in den VP s. 3,1.9 (Ezechiel); 4,1 (Daniel); 12,4 (Habakuk); vgl. Band I, Ezechiel-Vita, Anm. 34.

[14] Neh 12,16: er amtiert unter Jojakim in der Nachfolge seines Großvaters Iddo; Sach 2,8 הַנַּעַר הַלָּז; λάλησον πρὸς τὸν νεανίαν ἐκεῖνον; vgl. L. FILLION, Art. »29. Zacharie«, DB(V) 5,2, Sp. 2516f; KEIL 1888, 528; GESE 1974d, 206.

[15] Vgl. zur Wortwahl 2 Makk 6,18 ἤδη προβεβηκὼς τὴν ἡλικίαν über den alten Eleazar; die LXX gibt προβεβηκώς nie absolut: Gen 18,11; 24,1; Jos 13,1; 23,1f; 1 Kön 1,1 vgl. Lk 1,7.18; für absoluten Gebrauch verweist BAUER/ALAND, s.v. προβαίνω Sp. 1407 nur noch auf Athenagoras, 32,2.

[16] Vgl. Band I, Ezechiel-Vita, Anm. 39.

2.1 Die Prophetie an das Volk

Die Prophetie an das Volk wird in einem summarischen zweigliedrigen Satz zusammengefaßt. Es läßt sich kaum entscheiden, ob πολλά hier im Sinne von »vieles« oder als Adverb »viel, inständig, eifrig, heftig, oftmals«[17] gebraucht wird. Auffällig für die VP ist die Verwendung von τέρας im Plural wie in der Sacharja ben Jojada-Vita[18], aber hier mit ἔδωκεν und nicht mit γέγονεν verbunden. Da der Prophet diese τέρατα zum Erweis[19] der Wahrheit seiner Weissagung gibt, haben wir hier wieder wie in der Nathan-Vita eine Stelle, die die Wendung nicht auf die eschatologische Wortprophetie einschränkt, sondern die Konnotation »Zeichen« stärker hervortreten läßt. Diese Nuance ist durch den LXX-Sprachgebrauch in 1 Kön 13,3–5 ebenfalls vorgegeben[20].

Da nicht näher ausgeführt wird, worauf die Vita mit diesem Summarium anspielt, könnte man vermuten, daß sie etwa an die Aufforderung des Propheten zur Sammlung der Diaspora in 2,10–17; 8,1–15; 10,3–12 oder ähnliche Worte denken mag, die sie sich als in Babylonien gesprochen vorstellt. Jedoch von »Zeichen« und »Wundern« des Propheten wird dort nichts berichtet. Die τέρατα hingegen werden in den nun folgenden drei Weissagungen für Josedek, Salathiel und Kyros mitgeteilt. Dabei wird in der Verheißung an Kyros die Wendung τέρας ἔδωκεν ausdrücklich noch einmal aufgenommen.

2.2 Die Sohnesverheißung für Josedek

2 Οὗτος εἶπε τῷ Ἰωσεδέκ,
ὅτι γεννήσει υἱὸν
καὶ ἐν Ἱερουσαλὴμ ἱερατεύσει.

Der Neueinsatz wird mit οὗτος eingeleitet, das in der Sacharja-Vita zweimal verwendet wird[21]. Aus dem alt- und neutestamentlichen Bereich, aber auch aus der Haggada ist die Bedeutung der Sohnesverheißung und »Geburtsanzeige« wohl vertraut[22]. Direktes Vorbild für dieses Element in der Sacharja-Vita

---

[17] BAUER/ALAND, s.v. πολύς 2.b.β (Sp.1380); Epi (DOLBEAU 1986, 122): *multa*.

[18] Zum Plural τέρατα in den VP vgl. u. zur Vita des Sacharja ben Jojada.

[19] Vgl. 1 Kor 2,4; ebenso Philo, Mos 1,95: ἀπόδειξις διὰ σημείων καὶ τεράτων im Gegensatz zum Erweis durch Worte.

[20] FERNÁNDEZ MARCOS 1980 geht auf diese unterschiedliche Verwendung der Formel in den VP nicht ein. SATRAN 1995, 64ff hält dagegen die Verwendung von τέρας ἔδωκεν/ γέγονεν im Sinne von »Wunder« für primär und die eschatologischen Prophetien insgesamt für sekundär zugewachsen.

[21] Vgl. Band I, Ezechiel-Vita, Anm. 3.

[22] Man denke nur an Gen 16,7–12 (Hagar/Ismael); 17,19ff (Abraham/Isaak); 18,1–18; Ri 13,3ff (Simsons Mutter); 1 Sam 1,20 (Hanna/Samuel); 1 Kön 13,1ff (drohende Ankündigung des künftigen Davididen Josia an Jerobeam); 1 Chr 22,9f (David/Salomo); Jes 7,14–17 (Ahas/Hiskia); Lk 1,11–17.31f; Mt 1,18–25; LAB 4,11 (Melcha/Abraham); 9,7.10 (Mirjam/

mag – neben Sach 6,12f[23] – die Verheißung des Propheten Jesaja an Ahas gewesen sein, der diesem die Geburt Hiskias[24] als »Zeichen« (doch hier verwendet MT אוֹת, was LXX mit σημεῖον wiedergibt) ansagt. Vor allem jedoch beziehen sich die drei Verheißungen an Josedek, Salathiel und Kyros, die im
Grunde alle auf den Wiederaufbau des Jerusalemer Tempels zielen, zurück auf
ihr Gegenbild, die Verheißung über den Untergang des »schismatischen« Heiligtums Jerobeams in Bethel[25], in der der Gottesmann aus Juda[26] Jerobeam die
Geburt des Davididen Josija ankündigt, der dieses Heiligtum zerstören wird.
Diese Geschichte von der Zerstörung des Altars in Bethel wird antitypisch für
den Wiederaufbau des zerstörten Heiligtums in Jerusalem verstanden. Deshalb wird die Wiedererrichtung des Jerusalemer Tempels mit der Ankündigung der Geburt des neuen Hohenpriesters, der Geburt des neuen Davididen
und dem Segen für den neuen Weltherrscher, dessen Sieg in der Weltgeschich-
te allein in seiner Funktion innerhalb der Heilsgeschichte Israels als Dienst an
Jerusalem – als öffentliche Verpflichtung zur Finanzierung dieses Heiligtums
– in den Blick kommt, noch vor der Rückkehr aus dem Exil durch die prophetische Verheißung in die Wege geleitet.

Konstitutiv für die Erzählform der Kindesweissagung ist die Ankündigung
durch einen Boten – ob nun durch einen Engel oder einen Propheten bzw. ein
Orakel (nur bei Abraham spricht Gott selbst) – und die Hervorhebung der zu-

---

Mose); 49,8 vgl. 50,8; 53,12 (Elkana/Samuel); vgl. 1QGenAp xxii 34 (Abraham/Isaak);
4QMes ar 1,10 (BEYER, Texte, 269f). Es handelt sich dann – neben der Ausgestaltung der atl.
Verheißungen – in den frühjüdischen Texten zumeist um eine Geburtsankündigung für eine
prophetisch-priesterlich-messianische Gestalt, dazu u. Elia-Vita, Anm. 77; weiter SCHWE-
MER 1994b zu yBer 2,4 5a; EkhaR 1,16 § 51 und Par. Die VP werden nicht aufgeführt von
ZELLER, Art. Geburtsankündigung, NBL I, 751ff, aber auch – soweit ich sehe – nicht in der
sonstigen Lit.

[23] Diese Stelle wird in den VP entgegen jüdischer und christlicher Tradition nicht messianisch gedeutet. Sie wird nur in Dor erwähnt. Auch das spricht gegen eine christliche Entstehung der VP.

[24] Vgl. die Auseinandersetzung um die messianische Interpretation von Jes 7,14 bei
Justin, Dial 43,8; 67,1; 71,3; 84,1ff; Apol 1,33,1.4; 1,54,8, wo der jüdische Gesprächspartner die Stelle richtig auf Hiskia deutet. Vgl. dazu HENGEL 1992b, 51–61.

[25] Zur komplizierten historischen, überlieferungsgeschichtlichen und literarkritischen
Einordnung von 1 Kön 12,33–13,34 vgl. NOTH 1968, 288–307; GUNNEWEG 1989, 73–81.
Dieser für die VP sehr wichtige Text, dem sie (vgl. o. Einleitung, 2.6) ihre τέρας-Termino-
logie verdanken, geht wohl auf verhältnismäßig frühe Tradition zurück. NOTH nimmt nord-
israelitische Prophetenkreise (vgl. die Elisa-Legenden) als früheste Tradenten an; GUNNE-
WEG plädiert wieder für »eine Verbindung mit der Amos-Tradition und -Rezeption in Juda
um 722, die das Drohwort gegen den Altar in Bethel überliefert haben«. Die Geschichte
hatte vielleicht ihren ursprünglichen Haftpunkt in Betheler Lokaltradition über das Prophetengrab: »Die Erzählung läuft hinaus auf das gemeinsame Grab von Gottesmann und Prophet in der Nähe von Bethel ... Nichts deutet daraufhin, daß es sich etwa nur um eine
Ätiologie dieses Grabes handle; aber das Grab dürfte der Haftpunkt gewesen sein, an den
sich die Weitergabe der Geschichte halten konnte« (NOTH 1968, 295 vgl. 306).

[26] Vgl u. Joad-Vita.

künftigen Bedeutung des Kindes[27]: »er wird ein Großer, ein König, ein Retter«[28]. Die Vita nimmt mit diesem Motiv die Weissagungen unseres Propheten für die beiden »Ölsöhne«, den Hohenpriester Josua und den Davididen Serubbabel, auf und geht zugleich über das Sacharjabuch hinaus[29], indem sie die Verheißung an die zwar oft genannten, aber wenig plastisch werdenden Väter[30] der beiden hervorhebt. So hart der Subjektwechsel[31] innerhalb des Nebensatzes auch anmuten mag, die VP denken sicherlich ursprünglich nicht an eine erneute Amtseinsetzung von Josedek[32] als Hoherpriester, sondern meinen eben die besondere Funktion des Sohnes, dessen Namen nicht genannt wird. Dieser Hohepriester Josua spielt eine besondere Rolle in der überlieferten Prophetie des Sacharja, ihm muß der Prophet persönlich recht nahe gestanden haben. Entsprechend der historischen Entwicklung in der nachexilischen Zeit, in der sich ein davidisches Königtum nicht mehr etablieren konnte, aber das hochpriesterliche Amt das höchste in der jüdischen »Theokratie« wurde, tritt der Hohepriester an die Spitze. Seine Bedeutung übertrifft dann nach dem Verständnis, das sich in der Textüberlieferung in MT durchgesetzt hat, die des königlichen Davididen und »Messias« Serubbabel[33]. Wenn die Anordnung

---

[27] Typisch atl. und frühjüdisch ist, daß nur Söhne verheißen werden: Erst ProtevJak 4,1f kennt die Ankündigung einer Tochter.

[28] WESTERMANN 1979, 294.

[29] Für Josua: Sach 3,1–10; 6,9–14 (ursprünglich mit Serubbabel); zusammen mit Serubbabel: 4,1–14.

[30] Josedek wird nur in 1 Chr 5,40f, vgl. Jos., Ant 10,150.153; 20,231.234 eigenständig genannt als letzter amtierender Hoherpriester am ersten Tempel, der in die babylonische Gefangenschaft verschleppt wurde. Sonst ist von ihm immer nur als dem Vater des ersten Hohenpriesters am 2. Tempel, Josua, die Rede: Hag 1,1.12.14; 2,2.4; Sach 6,11; Esr 3,2.8; 5,2; 10,18; Neh 12,26 vgl. 3 Esr 5,5.47(48).54(56); 6,2(52); 9,19 (10,18); Sir 49,12; Jos., Ant 11,73. Eigenartig ist die LXX-Üs von Jer 23,6, die innerhalb der ursprünglich königlich-messianischen Weissagung die Gottesprädikation »Jahwe unsere Gerechtigkeit« mit dem Namen des eschatologischen(?) Hohenpriesters wiedergibt, der denselben Namen wie der letzte am 1. Tempel amtierende Zadokide erhält: ἐν ταῖς ἡμέραις αὐτοῦ σωθήσεται Ἰουδάς, καὶ Ἰσραηλ κατασκηνώσει πεποιθώς, καὶ τοῦτο τὸ ὄνομα αὐτοῦ, ὃ καλέσει αὐτὸν κύριος Ἰωσεδεκ. Vgl. SCHAPER 1994, 50ff zur personalen Wiedergabe von יהוה in der Psalter-LXX mit Ιουδας und den damit verknüpften messianischen Erwartungen der hasmonäischen Zeit.

[31] Es ist wohl ein Hebraismus; HAMAKER 1833, 209–215 macht darauf nicht aufmerksam.

[32] So ganz eindeutig nur Dor, der das Sohnesorakel streicht: οὗτος εἶπε τῷ Ἰωσεδέκ, καὶ εἰς Ἰερουσαλὴμ ἱερατεύσεις (SCHERMANN, Vitae, 35), was RIESSLER, Schrifttum, 873 ohne Kommentar übersetzt.

[33] In Sach 6,9–14 verdrängt der priesterliche Messias Josua, Sohn des Jehozadak (=Josedek), den Serubbabel. In V. 11 war ursprünglich von der Krönung beider messianischer Gestalten die Rede, s. ALBERTZ 1992, 482 (Lit.) gegen die ältere Ansicht, daß einfach »der Name Zerubbabels durch den Namen des Priesters Josua ersetzt worden« sei, so NOTH 1963, 282 Anm. 2. Zu Sach 3 vgl. HANHART 1992, 166–240; zu Sach 4 vgl. HANHART 1994, der stark betont, daß sich die Vorordnung des priesterlichen messianischen Amtes vor dem königlichen schon bei Protosacharja anbahnt. Zur Bedeutung des Hohenpriesters Josua in der Haggada vgl. GINZBERG, Legends IV, 330.337; VI, 303.402f.426f.440f.447: Daß Josuas

der drei Gestalten, auf die die Prophetie Sacharjas sich bezieht, in absteigender Linie gedacht wäre, so stünde in der Vita die Verheißung an Josuas Vater ganz folgerichtig vor der an den Vater Serubbabels und der an Kyros[34].

2.3 Der Segen für Salathiel bei der Geburt des Serubbabel

Οὗτος καὶ τὸν Σαλαθιὴλ ἐφ' υἱῷ ηὐλόγησε
καὶ ὄνομα Ζοροβάβελ ἐπέθηκε·

Der Bericht über die Vorgeschichte von Sacharjas Prophetie über Serubbabel in Babylonien setzt mit erneuten οὗτος ein. Dabei werden – anders als in der Sohnesverheißung an Josedek – nun die Elemente Segen für den Vater und Namensgebung für das Kind aus der Motivik der Geburtsgeschichten aufgenommen.

Salathiel/Sealthiel[35] war der älteste Sohn Jojachins[36], des letzten »legitimen« Herrschers und Davididen auf dem Thron in Jerusalem. Er steht als Person in den biblischen Erwähnungen völlig im Schatten seines Vaters und seines Sohnes Serubbabel, er bildet gewissermaßen nur das exilische Glied in der Kette des Stammbaums der Davididen[37]. Dagegen wird sein Sohn Serubbabel von den Propheten Haggai und

---

Bedeutung in der jüdischen Haggada wieder zurückgenommen wird, liegt nicht daran, daß die christliche Exegese in ihm einen Typos für Christus sah, so z.B. Tertullian, adv Jud 14; Lactanz, Instit 4,14,16ff, gegen GINZBERG, Legends VI, 426f Anm. 108. Denn auch für die jüdische Exegese galt schon früh Serubbabel als der (Typos des) Messias (so wahrscheinlich schon TJon zu Sach 6,12f); Hag 2,20–23 (dazu u.) wird Serubbabel der »Siegelring« Jahwes genannt, d.h. sein irdischer Stellvertreter. In den VP wird bei Dor im messianischen Vorspann zur Sacharja-Vita (vgl. o. »Zum Aufbau und Vergleich der Rezensionen«) Sach 9,9 ›historisch‹ auf Serubbabel bezogen. Ihre eigentliche Erfüllung findet die Weissagung für Dor aber im Einzug Jesu nach Jerusalem.

[34] Die Klimax gipfelt jedoch wohl bei Kyros, s.u. 2.4.

[35] Die Namensform Σαλαθιήλ wie in LXX und NT. שְׁאַלְתִּיאֵל / Σαλαθιήλ wird nur als Vater des Serubbabel und als solcher auch in den Stammbäumen genannt, Hag 1,1.12.14; 2,2.23 (LXX 21); 1 Chr 3,17; Esr 3,2.8; 5,2; Neh 12,1; weiter nur in LXX: 1 Esr 5,5.47.54; 6,2; vgl. Mt 1,12; Lk 3,2f; Jos., Ant 11,73: Σαλαθίηλος. Über sein Schicksal erfahren wir nicht viel Näheres und auch nur indirekt aus den im Königspalast von Babylon gefundenen Keilschrifturkunden aus der Zeit Nebukadnezars, die neben den Rechnungen für Jojachin, den König von Juda, auch den Aufwand an Sesamöl für »die fünf Söhne des Königs von Juda« aufführen; s. dazu ANET, 380; NOTH 1963, 255f; BICKERMAN 1986, 282–298(293).

[36] Er folgte im Alter von 18 Jahren seinem Vater Jojakim auf den Thron, wurde nach 3-monatiger Regierungszeit mit seiner Familie nach Babylon deportiert (598 v. Chr.) und lebte dort als abgesetzter König in einem eigenen Haushalt. »Die nach Babylonien deportierten Judäer datierten ihre Jahre nach ›der Deportation des Königs Jojachin‹ (Hes 1,2) und betrachteten damit wohl Jojachin als den letzten und eigentlich noch immer rechtmäßigen König von Juda« (NOTH 1963, 256); aber auch Jer 28,1ff spiegelt die Hoffnung auf seine Rückkehr nach Judäa. Jojachin steht im Gegensatz zu seinem – von den Babyloniern eingesetzten – Nachfolger in Jerusalem Zedekia, der als letztes sah, wie alle seine Söhne – als mögliche Thronprätendenten – getötet wurden, bevor er selbst geblendet und in Ketten nach Babylon abgeführt wurde.

[37] Doch 4 Esr 1,1 identifiziert ihn mit Esra und nennt ihn einen Bruder Daniels (12,11).

Sacharja mit eschatologisch messianischer Würde ausstattet. Auf ihn richtete sich die Hoffnung der Rückkehrer und der im Land Verbliebenen beim Wiederaufbau Jerusalems und des Tempels: Er war der Davidide, der den Tempel wieder erbauen sollte und auch baute[38], von ihm spricht Haggai (um 520) als dem »Siegelring« Gottes, d.h. dem Stellvertreter Jahwes auf Erden[39]. Ein bis zwei Jahre später erhält der Priester und Prophet Sacharja eine Vision über die Doppelherrschaft von Serubbabel und Josua, den beiden Gesalbten, und krönt beide in einer prophetischen Zeichenhandlung[40].

Während im biblischen Sacharjabuch der Terminus »*Segen*« selbst nicht fällt, faßt die Vita alle Weissagungen des Propheten über das Kind als künftigen Heilskönig unter diesen Begriff. Segen und Jubel über den Segen, der mit Serubabbels Tempelbau für Israel entsteht, kündigte der Prophet Sacharja einst dem Hohenpriester Josua an (Sach 3,8ff; 6,9–14) und wurde Sacharja selbst durch Vision und Gotteswort offenbart (Sach 4,6–10). Dies ist der biblische Anknüpfungspunkt für die Geburtsgeschichte in den VP, in der der Prophet schon den Vater des Kindes bei dessen Geburt segnet[41]. Wenn dieser Segen in den VP in wörtlicher Rede mitgeteilt würde, könnte man Genaueres darüber erfahren, wie der Verfasser die Rolle Serubbabels gesehen hat. Wahrscheinlich sah er ihn ähnlich wie Sir 49,11f zusammen mit dem Hohenpriester Josua vor allem als Erbauer des Tempels. Daß dies die eigentliche Intention der VP ist, zeigt die Verheißung an Kyros im dritten Glied. Die VP setzen den Hohenpriestersproß deshalb an die erste Stelle, aber auch die davidische Linie erhält ein eigenes Gewicht, denn ihr gilt der Segen[42]. In der

---

[38] Sach 4,9; Esr 5,1–6,22.

[39] Hag 2,6–8.20–23 mit dieser Prophetie hebt Haggai den Fluch Jeremias (Jer 22,24–30) gegen Jojachin auf. Die Kirchenväter verstanden sehr wohl, daß es hier um den Thron Davids ging und rechneten mit der Erfüllung dieser Prophetie an Serubbabel, z.B. Theodor von Mopsuestia, Comm in Hag 1,1 (PG 96,477): κατὰ τὰς ἐπαγγελίας τὰς θείας ἐβασίλευσε τότε τοῦ λαοῦ. Vgl. Cyrill von Alex. PG 72,10.

[40] Sach 4,1–6.10–14; 6,9–14 dazu o. Anm. 33; das wohl schon bei Protosacharja im Gegensatz zu Haggai angelegte Übergewicht des hohepriesterlichen Amtes spielt in der Folgezeit eine besondere Rolle vor allem in den Schriften aus Qumran; die »Krone« als Insignie kommt nach qumranischem Verständnis dem Hohenpriester zu; vgl. z.B. die Verwendung im Hohepriestersegen aus 1QSb iv 1–19: »Und er nehme Anteil an ihm und die Kro[ne. ... Men]schen, (...) ew]ige Segnungen als *Krone* deines Hauptes« (Z. 2f) u.ö.

[41] Zu εὐλογεῖν τίνα ἐπί vgl. LXX in Gen 30,27 (var.l.).30; zum Gebrauch von ἐπί mit Dat. s. BAUER/ALAND, s.v. II,1aγ, Sp. 582. Mit HARE, Lives, 394 und SATRAN 1995, 127 setzt der Segen für Salathiel die Geburt des Kindes voraus.

[42] Die Verwandtschaft mit den lukanischen Geburtslegenden ist – bei allen Unterschieden – deutlich erkennbar; auch dort haben wir die Parallelisierung der Verheißung über zwei Kinder, den Priesterpropheten Johannes und den Messias als David- und Gottessohn. Durch die Parallele in den VP wird der jüdische Hintergrund der lkn Kindheitslegenden anschaulicher und auf der anderen Seite werfen die erzählerisch breiteren lkn Kindheitslegenden ein Licht auf die knappen Angaben der VP. In der Lit. zur lkn Kindheitsgeschichte wird auf die VP – soweit ich die zahlreiche Lit. überblicke – nicht verwiesen: NORDEN 1924; BROWN 1977; SCHÜRMANN 1984, 18–145 (mit Lit.); vgl. u. Anm. 45.

[43] Vgl. dazu u. S. 162.

Dreierreihe Josua, Serubbabel, Kyros[43] steht Serubbabel ›über‹ und zugleich ›nach‹ dem ersten nachexilischen Hohenpriester, und das nicht nur aus Gründen der vom Prophetenbuch vorgegebenen zeitlichen Reihenfolge. Man muß sich diese Reihe sowohl als ab- als auch als aufsteigend vorstellen. Es gibt einen ›Fortschritt‹ in der Darstellung: 1. Verheißung eines Sohnes, 2. Geburt eines judäischen Königs, 3. Verheißung über den Sieg des Weltherrschers. Doch der Sieg des Weltherrschers und der neue Davidide und sein Tempelbau dienen letztlich dazu, daß der in der Sohnesverheißung im 1. Glied angekündigte Hohepriester in Jerusalem im neuerbauten Tempel amtieren kann. So ist dieser – obwohl die Abfolge der Erzählung ein deutliches Achtergewicht setzt – letztlich die Spitze der Klimax.

Die Verheißung an Josedek und der Segen für Sealthiel sind parallel gebaut. War in der Verheißung an Josedek im Nachsatz erklärt worden, daß sein Sohn in Jerusalem amtieren werde, so entspricht dem hier die *Namensgebung* durch den Propheten. Der Davidide trug einen babylonischen Namen *Zer-Babili* / זרבבל / Ζοροβάβελ »Sproß Babels«.

Schon im Prophetenbuch spielt die Bedeutung des Namens eine besondere Rolle. Sach 3,8 spielt auf sie an[44], und in 6,12 nimmt der Prophet den Namen in einem Wortspiel auf und gibt dem Davididen den messianischen Titel »Zemach«[45].

Die Vita erklärt die Bedeutung des Namens »Ζοροβάβελ« nicht, doch daß sie sich seiner Verbindung mit צמח und ἀνατολή nicht mehr bewußt ist, ist eher unwahrscheinlich. Wie die Berührungen mit der Motivik in den neutestamentlichen Kindheitsgeschichten zeigen, enthält der Segen für den Vater des Kindes und die Namensgebung durch den Propheten königlich-messianische Konnotationen[46]. Vor allem aber will sie die Herkunft des fremden, babylonischen Namens begründen, indem sie ihn als einen vom Propheten selbst dem königlichen Kind verliehenen Beinamen[47] versteht und den Anstoß, den der

---

[44] MT: כי הנני מביא את עבדי צמח; LXX: διότι ἰδοὺ ἐγὼ ἄγω τὸν δοῦλόν μου ʼΑνατολήν; vgl. die Aufnahme dieser Verheißung im Benedictus Lk 1,78 für das Messiaskind Jesus; im Täuferbild der lkn Kindheitsgeschichten mischen sich prophetische und messianische Züge; Johannes d.T. entspricht als priesterlicher Prophet und »Vorläufer« dem davidischen Messias. Von daher erhält er seine hohen Prädikate; vgl. zur ἀνάδειξις des Täufers BICKERMAN 1986, 1–6; BICKERMAN 1986, 7–21; weiter RICHERT 1994, die jedoch die messianisch-prophetischen Züge des Täufers zu stark herunterspielt.

[45] Vgl. Jer 23,5f, wo die LXX folgerichtig (aufgrund von Sach 6,12) dann den Namen Ιωσεδεκ liest; vgl. 33,15 (LXX diff. s. ed. ZIEGLER, 379); zu Serubbabel vgl. MEYERS/MEYERS 1987, 82; ROBERTS 1992, 49f; TALMON 1992, 97f; SACCHI 1992, 85ff.

[46] Zu 4QMes ar 1,10 vgl. o. Anm. 22 und u. Elia-Vita, Anm. 77.

[47] Man wird die Wortwahl ἐπιτίθημι ernstnehmen müssen: Neh 9,7; Dan (LXX; Θ) 1,7; (Θ) 5,12; Mk 3,16f; vgl. weiter dazu die BAUER/ALAND, s.v. Sp. 613 1.a.α. angegebenen Stellen: etwa LXX 2 Esr 19,7 (Abraham); Herodot 5,68 (Umbenennung von Phylen). Das Vorbild für die Vorstellung von »Serubbabel« als babylonischem Doppelnamen ist Dan 1; zum Problem der fremden Namen s. Band I, Daniel-Vita, 10. Exkurs. Zum Wechsel zwi-

Name erregen könnte, damit beseitigt[48]. An antirömische und antiherodiani-
sche[49] Hoffnungen – durch den Parthereinfall im Jahr 40 v. Chr. hervorgerufen
– auf einen aus Babel stammenden messianischen »Sproß« scheint die Vita
nicht anzuknüpfen. Im Vordergrund steht – ganz nach dem Vorbild von Jes
7,14f; 9,1ff; 11,1ff, daß der Prophet selbst dem Königskind den (Bei)namen
gab. Das Motiv der Namensgebung und das des Segens an den Vater (bzw. die
Mutter) könnte man auch als Indiz dafür deuten, daß beides *vor* Empfängnis
und Geburt gegeben wird, innerhalb des Kontextes wird es sich wahrscheinlich um eine prophetische Handlung nach der Geburt des Kindes handeln[50].

Besonders auffällig ist an dieser Stelle wieder das Fehlen jeder Ausgestaltung
der messianischen Erwartungen in den VP, die gerade bei einer Gestalt wie
Serubbabel und vor allem bei dem Propheten Sacharja nahegelegen hätten;
sowohl die Verheißung über den Hohenpriester Josua wie über (den Davididen) Serubbabel werden rein ›historisch‹ beschrieben. Erst Dor trägt in seinem messianischen Vorspann nach, was hier ›fehlt‹[51].

Wegen Serubbabels bis heute ungeklärtem plötzlichen Ende trat er in der
biblischen Überlieferung zunächst in den Schatten Josuas. Die Gestalt Serubbabels, an der die nationalen, messianischen Hoffnungen im Jahr 520/519 v.
Chr. Anhalt fanden, ist dennoch nicht in Vergessenheit geraten, sondern lebte
in den Legenden über das Kommen des Messias, das Weltende und die Erklärung der Tora in der zukünftigen Welt in besonderer Weise weiter[52].

---

schen jüdischen theophoren Namen mit JHWH-Element und Namen nach heidnisch-baby-
lonischen Göttern s. BICKERMAN 1986, 299–326: Scheschbazar und Serubbabel hatten noch
»heidnische Namen«, in der nächsten Generation wandelt sich das Selbstbewußtsein.

[48] Anders bSan 38a: Serubbabel ist niemand anderes als Nehemia, dem dieser Beiname
gegeben wurde, weil er in Babylonien geboren ist; vgl. GINZBERG, Legends IV, 352; VI,
438f. Trotz der Häufigkeit von fremden und nichtbiblischen Namen bei Juden, die zeigen,
wie stark sie in ihre Umwelt eingebunden waren, blieb ein gewisser Vorbehalt damit verbunden, der durch Doppelnamen abgeschwächt wurde, vgl. dazu vor allem die Doppelnamen
der Hasmonäer; weiter zum Problem: KIPPENBERG 1990, 258.

[49] Vgl. dazu den Vorschlag von SMITH 1990, 183f; vgl. BAILLET, DJD VII, 26–29; (Nr.
491); dt. Üs. bei HENGEL 1993b, 175; weiter dazu u. zur Elia-Vita.

[50] Vor der Geburt: Gen 16,11; 17,19; Jes 7,14; 1 Kön 13,2; Lk 1,13.31ff. Nach der Geburt: 1 Hen 106,16; LAB 4,11; Lk 1,67–79; 2,25–38. Vgl. D. ZELLER, Art. Geburtsankündigung, NBL I, Sp. 752. Ep1 korrigiert zu einer formgerechten Geburtsankündigung.

[51] Ὑπερβολικῶς μὲν εἰς τὸν Ζοροβάβελ εἴρηκε ταύτην τὴν χρῆσιν (SCHERMANN,
Vitae, 35) in Bezug auf Sach 9,9 als Typos für Christus.

[52] Vgl. GINZBERG, Legends VI, 438 Anm. 25: Alphabet des R. Aqiba 27–28 (JELLINEK
BHM III, 12–64 vgl. V, 31–33; Üs. WÜNSCHE, Lehrhallen IV); Pirqe Mashiah 75 (BHM VI,
63); Maʿase Daniel (BHM V, 128) u.ö.; aber auch das von GINZBERG nicht angeführte Sefer
Zerubbabel, BHM II, 54–57 (Üs. WÜNSCHE, Lehrhallen, II; Text auch: WERTHEIMER II, 495–
505; EBEN-SCHMUEL, Midresche Geulla, 71–88; Geniza-Fragmente: HOPKINS, Miscellany,
10.15.64f.72f); mit STEMBERGER 1992, 320, ist diese Apokalypse ins 7. Jh. n. Chr. zu datieren.

Auffällig ist in den VP, daß die Verbindung Serubbabels mit der liebenswürdigen *Geschichte von den drei Pagen* fehlt, einer Erzählung, die auf ältere orientalische Hofliteratur zurückgeht und in der durch einen redaktionellen Eingriff (in 3 Esr c. 3ff) Serubbabel zum Helden der Geschichte wird. Dieser überzeugt in der Rolle des ältesten Pagen den König Darius von der Notwendigkeit und Legitimität des Tempelwiederaufbaus in Jerusalem. Exil (und damit verhältnismäßig ehrenvolle Versklavung am feindlichen Königshof), Rückkehr und Tempelbau werden in novellistischer Form amüsant-erbaulich ausgeschmückt und begründet.

Josephus nimmt diese Verknüpfung der Pagenerzählung mit Serubbabel auf. Deshalb weiß er auch mehr über ihn zu berichten als die atl. Schriften: Serubbabel[53] wurde von Kyros bereits zusammen mit Mithridates zum Tempelaufbau nach Jerusalem geschickt, und als der Tempelbau ins Stocken gerät, reist er zu Darius[54] in seine Residenz zurück. Bei diesem Aufenthalt am Königshof findet der Wettstreit der »Pagen« statt. Josephus gelingt es auf diese Weise etwas geschickter als 3 Esr 3,13; 5,5f[55], Serubbabel in die Geschichte von den drei Pagen einzubauen[56].

2.4 Die Prophetie für Kyros

4 καὶ ἐπὶ Κύρου τέρας ἔδωκεν εἰς νῖκος
καὶ περὶ τῆς λειτουργίας αὐτοῦ προηγόρευσεν,
ἣν ποιήσει ἐπὶ Ἰερουσαλήμ
καὶ εὐλόγησεν αὐτὸν σφόδρα.

Die Verheißung an den Vater von Josua und der Segen für den Vater Serubbabels werden in einem dritten Glied[57] durch die Prophetie und den Segen für Kyros[58] zum Abschluß gebracht. Noch einmal stellt sich die Frage: Stehen der Hohepriester, der Davidide und Kyros in einer aufsteigenden oder absteigenden Klimax? In der Prophetie für Kyros finden die Weissagungen Sacharjas in Babylon in den VP ihren Gipfel: Mit dieser Prophetie proklamiert Sacharja die universale Macht seines Gottes gegenüber den Völkern der Erde[59], indem

---

[53] Jos., Ant 11,11.13–14 identifiziert ihn (in Abweichung von Esra) mit Scheschbazar und nennt ihn: ὁ ἄρχων τῶν Ἰουδαίων. Die rabbinische Tradition konnte dagegen Serubbabel mit Nehemia (vgl. o. Anm. 48) und Scheschbazar mit Daniel identifizieren. In der späteren Haggada hat die Spekulation über Serubbabels Namen nicht aufgehört.

[54] Darius verdankt die Dauer seiner Herrschaft im Grunde einem Schwur, die noch in Babylon befindlichen restlichen Tempelgeräte nach Jerusalem zu schicken: Ant 11,31. Er ist das positive Gegenbild zum Frevler Belschazzar in Dan 5.

[55] Vgl. dazu POHLMANN 1970, 150f; POHLMANN JSHRZ I/5, 382f.399.402f; HANHART 1974, 109f.

[56] Vgl. R. MARCUS, Josephus VI, 329 Anm. d.

[57] Es ist zwar nicht durch οὗτος erneut feierlich eingeleitet, sondern durch καί angeschlossen, gibt sich aber dennoch deutlich als neues selbständiges Element von Sacharjas babylonischer Prophetie zu erkennen.

[58] KP 3, Sp. 417ff, dort auch die antiken Quellen aufgeführt.

[59] In der Aufzählung der zehn Weltherrscher in PRE 11 steht Kyros an 7. Stelle (1. Weltherrscher ist Gott, dem Adam und alle Kreaturen am 6. Schöpfungstag als König huldigen mit Ps 93,1, dem Psalm, der im Tempel [und in der Synagoge] am 6. Tag der Woche ertönte

er dem künftigen Weltherrscher den Sieg verheißt. Er nimmt damit die dtjes Verkündigung, das Ende des chronistischen Berichts und den Beginn des Esrabuches auf: Danach ist Kyros von Gott beauftragt, den Jerusalemer Tempel wieder aufzubauen[60]. Die VP schalten den Propheten Sacharja als Mittler zwischen Gott und König ein. Das entspricht frühjüdischer Tendenz[61]. Vielleicht enthält die Präposition ἐπί[62] mit Gen. an dieser Stelle präzis die Nuance, daß der Prophet direkt vor dem König seine Verheißung und seinen Segen ausspricht. Man könnte ἐπὶ Κύρου auch als »zur Zeit, bzw. unter der Herrschaft des Kyros« übersetzen. Das ist zweifellos die häufigere Bedeutung. Am Gesamtverständnis würde sich damit nichts ändern, nur das direkte Gegenüber von Prophet und König wäre weniger betont. Keinesfalls bezöge sich die Prophetie damit auf Serubbabel[63]. Dafür daß der letztere mit λειτουργίας αὐτοῦ wieder aufgenommen würde, liegt die Aussage über Serubbabel zu weit zurück, nachdem als neuer Personenname Kyros eingeführt wurde.

Hiermit wird einem anderen Propheten als im AT, wie es auch sonst in den VP[64] zu beobachten ist, die Prophetie über Kyros zugeschrieben[65]. Denn Jesaja lebte für die VP im 8. Jh. in Jerusalem; er war nicht in Babylon.

Auch Josephus muß die Zeitspanne überbrücken. Er erweitert den Esratext, den er referiert: Die Weissagungen mehrerer Propheten hätten den Geist des Kyros inspiriert[66].

---

zum Preis der Königsherrschaft Gottes; der 2. König: Nimrod; der 3. König: Joseph; der 4. König: Salomon; der 5. König: Ahab; der 6. König: Nebukadnezar; der 7. König: Kyrus [2 Chr 36,23]; der 8. König: Alexander; der 9. König: der Messias [Ps 72,8; Dan 2,35]; der 10. König ist wiederum Gott [Jes 44,6; Sach 14,9]). Vgl bMeg 12a; bRHS 3b. In der Aufzählung in T Est Sheni 1,1 wird Kyros nicht genannt.

[60] Zum »prophetisch-messianischen« Auftrag an Kyros s. 2 Chr 36,22f; 1 Esr 1,1–4. Vgl. u. Anm. 70.

[61] Vgl. u. Anm. 67 und 68. Man erinnere sich an das prophetische Selbstbewußtsein, das Jos. aus seiner Verheißung für Vespasian als künftigem Weltherrscher gewann und das ihm sein eigenes Überlaufen zum Feind als über jeden Zweifel erhaben ausgeben ließ, Bell 3,401ff; vgl. 3,6; 4,622; 5,2.367.

[62] LSJ, s.v.: »before, in presence of«; BAUER/ALAND, s.v. 1ad: »vor bei Personen, bes. in der Sprache des Prozesses« vgl. Mt 28,14; Mk 13,9; Apg 23,30 u.ö.; »vor den Augen« vgl. 2 Kor 7,14;

[63] Zur besonderen Wertschätzung des Kyros und seinem Tempelbau s. Sib 3,286–294.

[64] Vgl. Band I, Jeremia-Vita, Abschnitt 4.1.–4.3. Jeremia teilt den ägyptischen Priestern Jes 19,1.20f; 7,14 mit. Das τέρας-Wort Daniels (Band I, Daniel-Vita, Abschnitt 3.2.) nimmt die Babel-Prophetie Jesajas auf. Im NT (vgl. Mk 1,2 u.ö.) gibt es diese Erscheinung auch, aber dort entspringt sie nicht ›historischem‹ Interesse. Man erklärt das meist als Nachlässigkeit. Dahinter steht jedoch auch die Überzeugung, daß das Zeugnis eines Propheten nie allein steht, sondern Gott seinen Willen jeweils durch mehrere (zumindest zwei) Zeugen und oftmals kundgetan hat. Vgl. dagegen Hebr 1,1f die Betonung der Einzigkeit des Sohnes Gottes.

[65] In der Jesaja-Vita wird Kyros nicht erwähnt. Doch Jes 44,26 spricht im Plural von den »Boten« (מלאכים/ἄγγελοι) Gottes, deren Rat Gott gelingen läßt; daran könnte die Sacharja-legende anknüpfen.

[66] Jos., Ant 11,3: Κῦρος ὁ βασιλεὺς λέγει· ἐπεί με ὁ θεὸς ὁ μέγιστος τῆς οἰκουμένης ἀπέδειξε βασιλέα, πείθομαι τοῦτον εἶναι ὃν τὸ τῶν Ἰσραηλιτῶν ἔθνος προσκυνεῖ. καὶ γὰρ τοὐμὸν προεῖπεν ὄνομα διὰ τῶν προφητῶν, καὶ ὅτι τὸν ναὸν αὐτοῦ οἰκοδομήσω ἐν

Ausdrücklich führt er, nachdem er die Prophetie Jeremias erwähnt hat (Ant 11,1), dann nur Jesaja an, dessen Schriften habe Kyros gelesen[67].

Während sich Josephus an der Vorstellung erbaut, daß auch heidnische Könige[68] die Schriften der israelitischen Propheten studieren und dadurch inspiriert werden, halten die VP – auf ihre Weise nicht naiver als Josephus – an der »archaischeren« Vorstellung von der viva vox der wirkmächtigen prophetischen Rede fest[69]. Der Sacharja der VP ist das Werkzeug Gottes, das den schon von (Dt)Jes[70] angekündigten Plan Gottes, Kyros zum Weltherrscher zu machen, damit er den Wiederaufbau Jerusalems und des Tempels befiehlt, mit prophetischer Vollmacht begleitet. Während aber Kyros in Dtjes Jahwes Gesalbter und »Knecht« genannt wird, erhält er diese hohen Prädikate in den VP nicht mehr. Aber er behält dennoch seine hervorgehobene Rolle in der Geschichte Israels: Sein Sieg über das babylonische Reich ist die Voraussetzung dafür, daß er seiner öffentlichen Verpflichtung zur finanziellen Unterstützung für Jerusalem nachkommen kann. Wieder wird der Wortlaut des Segens nicht mitgeteilt, aber auch nicht darauf verwiesen, daß dieser beim Propheten Jesaja nachzulesen ist.

Ep1 hat eine z.T. längere und z.T. kürzere Version dieser Passage[71], die Erweiterung besteht in einer historischen Notiz: Der Sieg, den Sacharja dem

---

Ἱεροσολύμοις ἐν τῇ Ἰουδαίᾳ χώρᾳ. Nikolaos von Damaskus (F 66,8 [FGrH IIA, 362 Nr. 90]) berichtet dagegen wie Herodot vom Traum der Mutter des Kyros.

[67] Ant 11,5; Esra spricht von der Erfüllung der Prophetie Jeremias: 2 Esdr 1,1 (Esr MT=2 Esdr LXX): Καὶ ἐν τῷ πρώτῳ ἔτει Κύρου τοῦ βασιλέως Περσῶν τοῦ τελεσθῆναι λόγον κυρίου ἀπὸ στόματος Ιερεμιου ἐξήγειρεν κύριος τὸ πνεῦμα Κύρου βασιλέως Περσῶν, καὶ παρήγγειλεν φωνὴν ἐν πάσῃ βασιλείᾳ αὐτοῦ καί γε ἐν γραπτῷ λέγων 2 Οὕτως εἶπεν Κῦρος βασιλεὺς Περσῶν Πάσας τὰς βασιλείας τῆς γῆς ἔδωκέν μοι κύριος ὁ θεὸς τοῦ οὐρανοῦ, καὶ αὐτὸς ἐπεσκέψατο ἐπ' ἐμὲ τοῦ οἰκοδομῆσαι αὐτῷ οἶκον ἐν Ιερουσαλημ τῇ ἐν τῇ Ιουδαίᾳ. 1 Esr (LXX=MT [2 Chr 36,22]) 2,1: Βασιλεύοντος Κύρου Περσῶν ἔτους πρώτου εἰς συντέλειαν ῥήματος κυρίου ἐν στόματι Ιερεμιου ἤγειρεν κύριος τὸ πνεῦμα Κύρου βασιλέως Περσῶν, καὶ ἐκήρυξεν ἐν ὅλῃ τῇ βασιλείᾳ αὐτοῦ καὶ ἅμα διὰ γραπτῶν λέγων 2 Τάδε λέγει ὁ βασιλεὺς Περσῶν Κῦρος Ἐμὲ ἀνέδειξεν βασιλέα τῆς οἰκουμένης ὁ κύριος τοῦ Ισραηλ, κύριος ὁ ὕψιστος, καὶ *ἐσήμηνέν* μοι οἰκοδομῆσαι αὐτῷ οἶκον ἐν Ιερουσαλημ τῇ ἐν τῇ Ιουδαίᾳ. Jos. paraphrasiert in Ant 11,1–157 einen Bibeltext, der »auf eine Vorlage von Esdr I zurück(geht)« (HANHART, Göttinger LXX VIII,1, 23). Welcher »Bibeltext« dagegen der Sacharja-Vita-zugrunde liegt, ist schwerer zu entscheiden; jedenfalls berücksichtigen die VP die Besonderheiten von 1 Esdr nicht. Während 1 Esdr die Erfüllung der 70 Jahre des Jeremia betont, Jos. dieses Motiv aufnimmt (Ant 11,1) und in 11,4 ausgestaltet, bringt die Sacharja-Vita den Aufenthalt Sacharjas in Babylon mit Kyros in Verbindung.

[68] Vgl. Jos., Ant 11,337, die Alexanderlegende, nach der Alexander in Jerusalem im Buche Daniel die Verheißung der Weltherrschaft gelesen habe, dazu Band I, Jeremia-Vita, Anm. 126.

[69] Vgl. dagegen dieses Element in der Ezechiel-Vita, wo der Prophet wie Mose den heidnischen Herrschern gegenübertritt, um die Verfolgung abzuwenden.

[70] Jes 44,28; 45,1–6, vgl. ELLIGER 1978, 470–503.

[71] Καὶ ἐπὶ Κύρου τοῦ βασιλέως Περσῶν τέρας ἔδωκεν εἰς νῖκος περὶ Κροίσου τοῦ Λυδίων βασιλέως καὶ περὶ Ἀστυάγους τοῦ τῶν Μήδων βασιλέως καὶ περὶ τῆς

Kyros verheißt, ist nicht etwa – wie zu erwarten wäre – der über das neu-babylonische Reich[72], sondern der Sieg über die Meder und Lyder, dabei wird zuerst Kroisos, der König der Lyder (546 nahm Kyros Sardes ein und setzte Kroisos gefangen), und dann der Sieg über Astyages, den König der Meder (550), genannt. Das ist die Reihenfolge, in der sie bei Herodot vorkommen[73]. Wir haben hier eine für Ep1 typische gelehrte Notiz, die den VP ursprünglich fern lag. Dafür verzichtet Ep1 auf die Erwähnung des Segens über Kyros, auch das erscheint deutlich sekundär.

Ep2 ist nur geringfügig knapper[74]; Dor geht mit der anonymen Rez.

Auch wenn man die Erwähnung von Kroisos und Astyages dem »Grund-text« der VP nicht zutrauen mag, so entbehrt der Zusammenhang von der Sohnesverheißung für Josedek und Salathiel und der Prophetie über Kyros nicht ganz des historischen Sinns: Um 520 waren Josua und Serubbabel er-wachsen, sie müssen also vor (oder spätestens etwa in der Zeit) der Eroberung Babels durch Kyros geboren sein. Deshalb werden ihre Geburtslegenden in Beziehung zur Weissagung an Kyros gesetzt.

Esra und *Josephus* verbinden die Geschehnisse in Jerusalem und Babel unter Darius im Jahr 520/19 mit den Vorgängen unter Kyros, dessen »Edikt« nun endlich ausgeführt wird. Wenn man in 3 Esr und bei Josephus liest, wie eng das Kyros-Edikt mit Darius gekoppelt wird und wie die Berichterstatter eigentlich nur Schwierigkeiten damit ha-ben, die Zeit zwischen Kyros (538) und seinem zweiten Nachfolger und dessen zwei-ten Regierungsjahr 520/519 miteinander zu verbinden, so überrascht die Reihenfolge in den VP (Josua, Serubbabel, Kyros) nicht mehr so sonderlich. Doch während Jose-phus berichtet, daß Kyros nicht nur von Gott inspiriert, sondern auch durch Propheten angeregt und schließlich durch die Lektüre von Jesaja überzeugt, den Beschluß zum Tempelneubau faßte, bringen die VP den Propheten Sacharja nicht nur mit Josua und Serubbabel, sondern auch mit Kyros in direkte Verbindung. Dabei ist das Urteil über die Zusammenhänge gar nicht so sehr von dem des Josephus verschieden.

λειτουργίας αὐτοῦ ἐπροφήτευσεν, ἣν ποιήσει Κύρος ἐπὶ Ἱερουσαλήμ (Schermann, Vitae 22f). Schermann, Legenden, 71, spricht davon, daß Ep1 »die vollere Form bewahrt« habe, die auch Hss der anonymen Rez. Coisl. 205; Philadelph. 1141; Paris. 1712 bieten; er hält diese Version also für den ursprünglichen Text. Es ist eine der typischen Fehlentschei-dungen Schermanns.
[72] 539 v. Chr. Eroberung Babels, s. Jes 14,1–23; 21,1–10; 46,1f; 47,1–5; Jer 50 und 51; vgl. Dan 5,30; Herodot 1,178–188.
[73] Herodot 1,46–56.71–92 (Kroisos).95–130 (Astyages). Ep1 verwendet Herodot oder eine von ihm abhängige Quelle. Weder Kroisos noch Astyages werden in MT und LXX er-wähnt. Josephus nennt beide jeweils nur einmal: Kroisos in seinem Referat über Berossos (Ap 2,131) und Astyages als Vater des Darius in Ant 10,248. Dabei verwechselt Josephus die Vorgänge. Der Perserkönig Darius war kein Sohn des Astyages, sondern des Hystaspes (Herodot 3,70); Darius (520) schlug den babylonischen Aufstand nieder, er war nicht, wie Jos. meint, als Verwandter des Kyros an der Eroberung Babylons (539) beteiligt.
[74] καὶ ἐπὶ Κύρου τέρας ἔδωκεν εἰς νῖκος καὶ περὶ τῆς λειτουργίας αὐτοῦ προηγόρευσεν, ἣν ποιήσει ἐν (!) Ἱερουσαλὴμ καὶ ηὐλόγησεν αὐτὸν ...

Mit der Verheißung an Kyros wird das Thema des Neuanfangs nach dem Exil, der Rückkehr der Exulanten und des Wiederaufbaus Jerusalems und des Tempels noch einmal unter einem dritten Aspekt aufgenommen: Der Sieg des Kyros über »Babel«, sein Antritt der Weltherrschaft dient letztlich ebenso wie die Geburt von Josua, des künftigen Hohenpriesters, und von Serubbabel, des Davidsprosses, der Neuerrichtung des Tempels in Jerusalem. Der Auftrag zum Bau des zweiten Tempels vereint die drei Gestalten. Danach geht die Vita folgerichtig über zur Prophetie Sacharjas nach der Rückkehr in Jerusalem.

3. Das Wirken des Propheten in Jerusalem

5 Τὰ δὲ τῆς προφητείας εἶδεν ἐν Ἱερουσαλήμ

An dieser Stelle weicht die Textform von Vat. gr. 2125 von den Hss von An2, den anderen Rezensionen und Übersetzungen ab[75].

1. Am breitesten bezeugt ist τὰ δέ. Die Textform von Vat. gr. 2125 σφόδρα δέ kann durch Auslassung von τά verursacht sein, da δέ aber nicht am Anfang des Satzes stehen kann, wurde das letzte Wort des vorhergehenden Satzes (σφόδρα) zu diesem Satz gezogen, jedoch nicht als Adverb, sondern als Neutrum Pl. von σφόδρος[76] verstanden. Man müßte dann übersetzen: »Heftiges aber der Prophetie sah er in Jerusalem ...« und es als Umschreibung der Gerichtsprophetie Sacharjas auffassen, die in der folgenden Aufzählung dann näher beschrieben wird.

2. Man kann den Sachverhalt aber auch genau umgekehrt erklären: Da σφόδρα δὲ τῆς προφητείας völlig ungewöhnlich ist, εὐλογεῖν σφόδρα jedoch in LXX belegt ist (Gen 24,35), wurde σφόδρα als Adverb (das in LXX fast immer nachgestellt ist) aufgefaßt, zum vorhergehenden Satz gezogen und τά eingesetzt.

3. Weiter kann man natürlich über Konjekturen spekulieren und einen ursprünglichen Text, der etwa ΣΦΟΔΡΟΤΗΤΑΔΕΤΗΣΠΡΟΦΗΤΕΙΑΣ oder ähnlich gelautet haben könnte, postulieren, was aber völlig unsicher bleibt und nicht weiter führt. Zudem ist das Substantiv σφοδρότης nicht in LXX, NT, sondern in unserer Lit. nur bei Josephus (für die Schwere einer Qual: Ant 17,77; 19,349 vgl. Bell 7,311 für die Heftigkeit eines kriegerischen Ansturms) belegt.

4. Ep2 verzichtet auf den kryptischen Satz.

5. Ep1 setzt zum bessern Verständnis αὐτοῦ hinzu und läßt εἶδεν weg.

6. Die alte lateinische Version (Epi) versteht ihre griechische Vorlage folgendermaßen: *Et quae de his prophetauerat, in Iherusalem uidit impleta*[77]. Das ist wahrscheinlich eine erklärende Umschreibung des unverständlich gewordenen griechischen Textes und bedeutet, daß Sacharja die Prophetien über die drei Personen Josua, Serubbabel und Kyros in Jerusalem in Erfüllung gehen sah. Diese Formulierung stimmt überein mit der Bedeutung von εἶδεν in der Haggai-Vita, wo von diesem Pro-

---

[75] Vgl. o. Anm. 1. Von der griechischen Normalform weicht sonst nur noch Paris. 1712 ab: τὸ δὲ τέλος τῆς προφητείας.

[76] LAMPE, s.v.; LSJ, s.v.

[77] DOLBEAU 1986, 122f.

pheten gesagt wurde, daß er den Wiederaufbau des Tempels nur teilweise »sah«. Es ist nicht ein visionäres Schauen gemeint, sondern ein Sehen des Eintreffens der prophetischen Weissagung. Dieses Textverständnis schließt sich eng an das Sacharjabuch an, was nicht für die Ursprünglichkeit von Epi spricht.
8. Der Syrer (Nestle, Grammatik, 101) geht mit Ep2.

Wahrscheinlich kommt das am breitesten belegte τὰ δὲ τῆς προφητείας dem ursprünglichen Sinn am nächsten. Man muß dann τὰ δέ im Sinne »die anderen Teile seiner Prophetie« verstehen, womit der Gesamtinhalt des Sacharjabuches gemeint sein wird im Gegensatz zur »apokryphen« Weissagung des Propheten in Babylon[78].

3.1 Die Prophetie über das Ende

καὶ περὶ τέλους ἐθνῶν καὶ Ἰσραὴλ καὶ τοῦ ναοῦ
καὶ ἀργίας προφητῶν καὶ ἱερέων,
καὶ περὶ διπλῆς κρίσεως ἐξέθετο·

Sacharjas Prophetie über das Ende wird nicht als τέρας-Wort[79] »stilisiert«, sondern summarisch – und wiederum dreigliedrig – berichtet. Das gewaltige Drama des Endgeschehens, das im Sacharjabuch entfaltet wird[80], reduziert die Vita auf ein paar Stichworte.

Während Vat. gr. 2125 und Ep2[81] den Propheten nicht nur das »Ende« der Heiden und des Tempels weissagen lassen, sondern auch das Israels, haben andere Hss der anonymen Rezension[82] mit Dor und Ep1 dieses Element nicht. Ep1 bietet wieder den glattesten Text[83], der auch eher der Prophetie des Propheten (im heutigen Sinne) entspricht. So hart der Text von Vat. gr. 2125 auch ist, man muß wieder zunächst versuchen, damit zurecht zu kommen.

Mit τέλος wird nicht der Zeitpunkt des »Endes« genannt, sondern das Endgeschehen, insofern es die Völker, Israel und den Tempel betrifft. Man wird es im Deutschen am besten mit »Endgeschick« wiedergeben, um den dramatischen Aspekt zu berücksichtigen[84].

---

[78] Vgl. o. Anm. 3 zur Übersetzung von HARE und SATRAN; zur übertragenen Bedeutung „auseinandersetzen, darlegen, veröffentlichen" des Mediums von ἐκτίθημι s. BAUER/ALAND, s.v. und LAMPE, PGL, s.v.

[79] Vielmehr ist in dieser Vita die Prophetie an Kyros mit τέρας ἔδωκεν gekennzeichnet.

[80] Vgl. GESE 1974d.

[81] Ordnet aber anders zu: Ende der Heiden und Israels, dann Tempel und Untätigkeit der Propheten und Priester (SCHERMANN, Vitae, 59).

[82] Coisl. 205; Philadelph. 1141; Paris. 1712.

[83] Τὰ δὲ τῆς προφητείας αὐτοῦ τῆς ἐν Ιερουσαλὴμ καὶ περὶ τέλους ἐθνῶν καὶ περὶ τῆς τοῦ ναοῦ Ιερουσαλὴμ οἰκοδομῆς καὶ ἀργίας προφητῶν καὶ ἱερέων καὶ διπλῆς κρίσεως ἐξέθετο (SCHERMANN, Vitae, 23).

[84] Vgl. DELLING, Art. τέλος κτλ. ThWNT VIII, 56: »Die Bedeutung *Endgeschick* im Sinn des durch Gottes Urteil bestimmten Ausgangs ist sprachlich ... und sachlich vorbereitet im Alten Testament in den Psalmen, etwa ψ 72,17, und besonders dann im Judentum mit der

3.1.1 Das »Endgeschick« der Völker

Das Thema περὶ τέλους ἐθνῶν finden wir durchgehend in Sach, von der Vision der vier (drei) Reiter, die die Erdteile darstellen, bis hin zu c. 14. Das Sacharjabuch spricht selbst schon vom »Ende«. Obwohl die LXX den Begriff nicht verwendet, ist die eschatologische Ausrichtung der Prophetie Sacharjas nicht erst durch die frühjüdische Interpretation gegeben. Traditionsgeschichtlich gehen die Vorstellungen vom Ende zurück auf den »Tag Jahwes«, der ein »Tag ist für alle Völker«[85]. Das Ende ist *das* Thema der jüdischen Apokalyptik[86], auch die VP geben immer wieder Auskunft darüber, wie es sich vollziehen wird. Das Motiv der Völkerwallfahrt zum Zion[87] schließt auch den heilvollen Aspekt für die Heiden ein.

3.1.2 Das »Endgeschick« Israels

Daß die Vita vom »Ende Israels« ebenso wie von dem der Völker spricht, bestätigt wieder die Einsicht, daß sie τέλος im umfassenden Sinn als Endgeschehen, Endgeschick interpretiert. Da der Inhalt des Prophetenbuchs referiert wird, können wir sicher sein, daß τέλος hier den heilvollen Aspekt mit einschließt. In Dor, An2 und Ep1 wird dieses Element ausgelassen, weil man τέλος als »Ende, Aufhören« interpretiert hat[88]. Dann stimmte die Aussage, der Prophet habe dies geweissagt, nicht mehr. Von einem Auslöschen Israels ist gerade bei Sacharja nicht die Rede.

3.1.3 Das »Endgeschick« des Tempels

Vom Endgeschick des Tempels spricht das Prophetenbuch für naiv-moderne, aber auch schon innerhalb der Textüberlieferung für christliche Augen, die nicht mehr die jüdische Auslegung von Sach 11,1 kennen[89], nicht so eindeutig wie von dem der Völker. Ep1 korrigiert deshalb und berichtet, der Prophet habe den Aufbau des (Zweiten) Tempels verheißen. Doch aus rabbinischen Quellen wissen wir, daß man Sach 11,1 als Prophetie über die Zerstörung des Zweiten Tempels verstand:

Von R. Johanan b. Zakkai, der aus dem belagerten Jerusalem entfloh und wohl zu den vielen Überläufern gehörte, von denen auch Josephus (Bell

---

Verbreitung des Gedankens eines zwiefachen Loses im Jenseits.« Das Letztere klingt hier noch nicht an, stattdessen wird auf das »doppelte Gericht« verwiesen, s. dazu. u. Abschnitt 3.3.

[85] Obd 15; vgl. REISER 1990, 10f.

[86] Vgl. G. DELLING, Art. τέλος κτλ. ThWNT VIII, 53f: »C. Das ›Ende‹ in der jüdischen Apokalyptik«.

[87] Sach 8,20–23.

[88] Vom Textbefund und aus inneren Gründen ist καὶ Ἰσραήλ kein sekundärer Zusatz.

[89] »Libanon« als Bezeichnung für den Tempel ist in der rabbinischen Literatur so geläufig, daß Dalman in seinem Wörterbuch s.v. »Tempel« angibt.

5,420–423) berichtet, erzählen beide Talmudim (yYom 6,3 43c; bYom 39b),
40 Jahre vor der Zerstörung des Tempels – also eine ganze Generation zuvor –
hätten sich die Tempeltore von selbst geöffnet und erst auf die Beschwörung
R. Joḥanan b. Zakkais hin wieder geschlossen. Joḥanan soll gesagt haben:

»Tempel, warum erschreckst du uns?	היכל למה אתה מבהלינו
Wir wissen, daß du schließlich zerstört wirst.	יודעין אנו שסופך ליחרב
Denn es ist gesagt:	שנאמר
›Öffne, Libanon, deine Tore, und Feuer	פתח ליבנון דלתיך תאכל אש בארזיך
fresse deine Zedern‹.« (Sach 11,1)	

Es ist gut möglich, daß dieses Dictum auf Joḥanan selbst zurückgeht[90]. Die
Gleichsetzung von Tempel und Libanon ist nicht erst in der späteren jüdischen
Traditionsliteratur geläufig. Schon 1QpHab xii 3–5 zu Hab 2,17 setzt die
Metonymie Libanon = Tempel voraus und überträgt sie auf die qumranische
Gemeinde[91].

Neben die Traditionen über das Dictum von Joḥanan ben Zakkai, treten damit die VP als zweiter Zeuge aus dem frühen Judentum für die Exegese von
Sach 11,1 auf die Tempelzerstörung.

Doch die Zerstörung des Zweiten Tempels ist nicht das »Ende« des Tempels schlechthin, sondern die Voraussetzung der Errichtung des eschatologischen Tempels durch Gott selbst oder seinen Stellvertreter, den Messias[92].

Es ist gewiß kein Zufall, daß Jesus in seiner prophetischen Zeichenhandlung, die
wahrscheinlich von seinem Tempelwort begleitet wurde[93], die Tische der »Wechsler«
umgestoßen hat, denn das Sacharjabuch endet mit »und keinen Händler wird es mehr
geben im Hause JHWHs Zebaoth an jenem Tage.« Jesus handelt nicht nur nach Sach
14,21, sondern setzt auch voraus, daß alle Beteiligten verstehen, warum er genau dieses tut.

Auch in diesem Teil der τέλος-Bestimmungen sind sowohl der unheilvolle
und als auch der heilvolle Aspekt intendiert.

---

[90] Schäfer 1979, 87f: »ein selbständiges und möglicherweise tatsächlich auf Johanan b.
Zakkai zurückgehendes Dictum«. Schäfer bringt den Ausspruch Joḥanans gegen die
Tempeltore in Verbindung mit der ebenfalls Joḥanan zugeschriebenen Deutung von Jes
10,34 und 11,1: »Der Libanon wird durch einen Mächtigen fallen« und der Fortführung des
Bibeltextes »Doch wird ein Zweig aus der Wurzel Jesse hervorgehen«, d.h. daß Joḥanan die
Zerstörung des Tempels als Voraussetzung für das Kommen des Messias ben David erwartete. Vgl. die Parallelstelle: ARN B7 (ed. Schechter 11a).
[91] »Der Libanon, das ist der Rat der Gemeinschaft,
und das Vieh sind die Einfältigen Judas,
die Täter des Gesetzes.« (Üs. Lohse)
Dazu Vermes 1961, 26–39; Delling 1987, 1–36 (35).
[92] Vgl. die in Schwemer 1991b, 351–356 und 1994b, 131–135 angeführten und erläuter-
ten Belege.
[93] Vgl. Schwemer 1991b, 356f.

3.2 Die »Untätigkeit« der Propheten und Priester

Das Wortfeld von ἀργία ist in der LXX[94] belegt und siebenmal im NT. In den griechischen ›Pseudepigraphen‹ findet es sich nur an dieser Stelle. Das Verb ἀργέω wird in Esra (LXX) als Terminus für das Stocken des Tempelbaus in der Zeit zwischen Kyros und dem 2. Jahr des Darius verwendet[95]. Wahrscheinlich bezieht sich die »Untätigkeit« der Propheten und Priester in den VP nicht auf Verzögerungen bei der Wiederaufnahme der Arbeit am Zweiten Tempel, obwohl Sacharja und der ›Paargenosse‹ unseres Propheten, Haggai, auf raschen Wiederaufbau gedrängt haben.

In Sach 13,1–8 findet sich eine Scheltrede über die Propheten, die das Ende der Prophetie überhaupt ankündigt[96]; von der Kritik an der Priesterschaft ist aber vor allem in Mal 1 und 2 die Rede. Wieder muß man wie bei τέλος entscheiden, ob ἀργία in positivem oder negativem Sinn verwendet wird. Da die Vita das Prophetenbuch referiert, bezieht sich die ἀργία der Priesterschaft auf den eschatologischen Tempel, in dem priesterliche Tätigkeit überflüssig ist, denn »An jenem Tag wird JHWH einzig sein und einzig sein Name«[97], und Sacharjas Prophetie gipfelt in Sach 14,21[98]. Er sieht für die Priesterschaft keine Funktion im eschatologischen Tempel vor. Das Wunder der eschatologischen Reinigung[99] und die Präsenz Gottes machen sie überflüssig[100]. Denn »jeder Topf in Jerusalem und Juda wird heilig sein für JHWH Zebaoth, und *alle* Opfernden werden kommen und davon nehmen und darin kochen« (Sach 14,21). Es gibt dann keinen Unterschied mehr zwischen Laien und Priestern.

3.3 Das doppelte Gericht

Die Formulierung διπλῆ κρίσις begegnet in unserer Literatur nur an dieser Stelle. Es scheint schwierig zu entscheiden, was damit gemeint sein kann. Es könnte sein, daß eine Anspielung auf Sach 9,12b dahinter steht[101].

---

[94] ἀργία: Ex 21,19; 2 Kön 2,24 (v.l.); Jes 1,13; Koh 10,18; Sap 13,13; Sir 30,36. ἀργός: 1 Kön 6,7; Sap 14,5; 15,15; Sir 37,11. LUST, GELS, s.v. 60 verzeichnet als Bedeutung: »inability to work, idleness, rest, leisure, holiday«; und zur Bedeutung von ἀργέω: »to be unemployed, to do nothing ... to keep Sabbath« etc.

[95] 1 Esdr 2,25; 2 Esr 4,24.

[96] Vgl. dazu HENGEL 1994b, 27f.

[97] Sach 14,9, vgl. zur eschatologischen Auslegung dieser für das frühe Judentum wichtigen Stelle: SCHWEMER 1991b, 309–359.

[98] S. dazu o. S. 169.

[99] Sach 13,1: »An jenem Tage wird ein Quell sich öffnen für das Haus David und die Bewohner Jerusalems gegen Sünde und Befleckung.« Vgl. Sach 14,8; Jes 12,3; 44,3; Ez 47,1ff.

[100] Vgl. die Ausgestaltung in Apk 22.

[101] LXX übersetzt: καὶ ἀντὶ μιᾶς ἡμέρας παροικεσίας σου διπλᾶ ἀνταποδώσω σοι. HARE und FERNÁNDEZ MARCOS geben jeweils z.St. diese Stelle im Prophetenbuch an. Vgl. Jes 61,7; weiter u. Anm. 105.

Dabei würde die Vita MT näher stehen als LXX, und Sach 9,12 »auch der (Gerichts)tag wird es offenbaren: doppelt werde ich dir vergelten« oder ähnlich verstanden haben. Auch Paulus scheint in 1 Kor 3,13 auf Sach 9,12 anzuspielen[102].

Zu überlegen ist weiter, ob das »doppelte Gericht« analog zu Mal 3,16–20 und Dan 12,2[103] als eine Scheidung zwischen Frommen und Gottlosen, also als ein Gericht nach zwei Seiten hin zu verstehen ist, wobei das Gerichtsurteil in doppelter Weise ergeht.

Zudem könnte unsere Stelle von der Vorstellung von zwei endzeitlichen Gerichten ausgehen, wie sie in Apk 21–22 erscheint: ein Gericht vor dem Millenium und ein endgültiges letztes Gericht nach der tausenjährigen Zwischenzeit. Doch in den VP fehlt jede Andeutung der Erwartung einer messianischen (Zwischen-)Zeit, so daß diese Lösung mit guten Gründen auszuschließen ist[104].

Zu Beginn des Satzes war vom endzeitlichen Geschick der Völker und Israels die Rede. Die Unterscheidung des Gerichts über die Völker und des Gerichts über Israel ist alt. Wir finden sie nicht nur bei Joel (1,4–2,17; 2,18–4,17[21]), sondern gerade auch in Sach 14[105]. Da es sich hier um eine Inhaltsangabe des Sacharjabuchs handelt, kann eigentlich nur dieses *doppelte* Gericht gemeint sein[106].

---

[102] ἑκάστου τὸ ἔργον φανερὸν γενήσεται, ἡ γὰρ ἡμέρα δηλώσει, ὅτι ἐν πυρὶ ἀποκαλύπτεται· καὶ ἑκάστου τὸ ἔργον ὁποῖόν ἐστιν τὸ πῦρ [αὐτὸ] δοκιμάσει. Vgl. u. Anm. 106.

[103] Vgl. Mt 25; REISER 1990, 11.

[104] TestAbr A 13 (SCHMIDT 136) haben wir ein Gericht mit drei Instanzen: zuerst werden alle Menschen durch Abel, dann bei der zweiten Parusie durch die zwölf Stämme und schließlich »zum dritten« durch Gott gerichtet.

[105] REISER 1990 behandelt die VP nicht. In einer brieflichen Mitteilung vom 2.1.1991 stimmt M. REISER meinem Vorschlag zu: »Die natürlichste Deutung scheint mir wirklich die von Ihnen angedeutete zu sein: ›doppeltes Gericht‹ meint das Gericht über Israel und das über die Heiden. ... An der fraglichen Stelle dürfte ... an Sach 14 gedacht sein, vielleicht in Kombination mit Sach 9,12, das aber anderen Sinn hat (›Ich zahle doppelt zurück‹).«

[106] Vgl. den Rückblick Mardochais auf seinen Traum im LXX-Zusatz zum Estherbuch (F 7ff [HANHART, Göttinger LXX, 207]): 7 διὰ τοῦτο ἐποίησεν κλήρους δύο, ἕνα τῷ λαῷ τοῦ θεοῦ καὶ ἕνα πᾶσιν τοῖς ἔθνεσιν· 8 καὶ ἦλθον οἱ δύο κλῆροι οὗτοι εἰς ὥραν καὶ καιρὸν καὶ εἰς ἡμέραν κρίσεως ἐνώπιον τοῦ θεοῦ καὶ ἐν πᾶσι τοῖς ἔθνεσιν, 9 καὶ ἐμνήσθη ὁ θεὸς τοῦ λαοῦ αὐτοῦ καὶ ἐδικαίωσεν τὴν κληρονομίαν αὐτοῦ. Die beiden »Lose« sind, wie ZENGER, JSHRZ I/1, 55 zu Recht sagt, analog zu den beiden Losen in Qumran (Scheidung in Söhne des Lichts und Söhne der Finsternis) zu verstehen. In Est handelt es sich um ein ›historisches‹, nicht das endzeitliche Gericht. Bei Pls finden wir das doppelte Gericht als Offenbarwerden der Gläubigen vor dem Richterstuhl Christi bzw. Gottes, die damit das endgültige Inkrafttreten ihrer Rettung, ihrer Versöhnung mit Gott erfahren und zum anderen Gottes ὀργή, sein Gericht über die Ungläubigen (Juden und Heiden). Dieses trennt er vom Gericht über die Gläubigen, die wiederum selbst als Stellvertreter Gottes die Welt und die Engel richten werden (1 Kor 6,2f).

Dagegen bahnt sich gegen Ende des 1. Jh.s n. Chr. ein anderes Verständnis des doppelten Gerichts an, einmal als Gericht direkt nach dem Tode und zum anderen als Gericht am Ende der Zeiten. Auch diese Nuance, daß die Vorstellung vom doppelten Gericht nicht aktualisiert wird, spricht für die frühere Abfassung der VP.

4. Tod und Begräbnis

6 καὶ ἀπέθανεν ἐν γήρει μακρῷ
καὶ ἐκλειπὼν ἐτάφη σύνεγγυς ᾽Αγγαίου.

Tod- und Grabesnotiz für Sacharja sind – für die VP ungewöhnlich – ganz an der für den vorhergehenden Propheten Haggai orientiert. Das hohe Alter Sacharjas korrespondiert zudem dem jugendlichen, in dem Maleachi nach seiner Vita starb[107]. Die Zusammengehörigkeit der Trias der (nach)exilischen Priesterpropheten wird damit zusätzlich unterstrichen. In der Haggai-Vita wird das Grab lokalisiert: πλησίον τοῦ τάφου τῶν ἱερέων. Beim Grab »der Priester« handelt sich um die hohepriesterliche Grabanlage, die in der Kupferrolle aus Qumran das Grab Zadoqs genannt wird. Wahrscheinlich gruppierten sich um diese hohepriesterliche Grablege die Jerusalemer Priestergräber im Kidrontal zumindest seit hasmonäischer Zeit. Erhalten sind die Überreste der Grabanlage der Priesterfamilie bene hezir[108].

Durch die spätere Identifizierung des Sacharja aus dem Zwölfprophetenbuch mit dem Propheten von 2 Chr 24 reiht sich um das Grab Sacharjas ein ganzer Legendenkranz und eine breite Überlieferung mit verschiedenen Lokalisierungen.

4.1 Die Todesnotiz in Ep2

Ep2 berichtet nicht vom friedlichen Tod des Propheten, sondern bringt hier, was die VP in den anderen Rezensionen bei Sacharja ben Jojada berichten:

᾽Απέκτεινε δὲ αὐτὸν ᾽Ιωσίας βασιλεὺς ᾽Ιούδα μεταξὺ τοῦ ναοῦ καὶ
θυσιαστηρίου, παραινοῦντα αὐτῷ τε καὶ τῷ λαῷ ἀπέχεσθαι τῆς ἀσεβείας
καὶ ἐπιστρέφειν πρὸς θεόν,
καὶ λαβόντες αὐτὸν οἱ ἱερεῖς ἔθαψαν μετὰ τοῦ πατρὸς αὐτοῦ.
Καὶ ἀπὸ τότε ἐγίνοντο τέρατά τε ἐν ναῷ φαντασιώδη.
Καὶ οὐκ ἴσχυον οἱ ἱερεῖς ἰδεῖν ὀπτασίαν ἀγγέλων θεοῦ,
οὔτε δοῦναι χρησμοὺς ἐκ τοῦ Δαβὴρ
οὔτε διὰ τῶν δηλῶν ἀποκριθῆναι ἐν τῷ λαῷ ὡς τὸ πρίν.
(Schermann, Vitae, 59).

---

[107] Dazu u. Maleachi-Vita, Abschnitt 4.
[108] S.o. 19. Exkurs.

Ep2 enthält außer den Viten von Elia und Elisa keine Berichte über die Propheten der Geschichtsbücher. Vielleicht hat diese Rezension deshalb die farbigere Legende vom Mord an Sacharja ben Jojada auf Sacharja ben Berechja übertragen[109]. Ep2 enthält manchmal gegen An1 die ursprünglichere Version[110]; hier ist Ep2 sicher sekundär.

21. *Exkurs: Die Wiederentdeckung des Sacharjagrabes bei Dor und Ep2*

Schermann verzeichnet bei je einer Hs von Dor und Ep2[111] folgende Erweiterung:

ἐγγὺς Ἐλευθερουπόλεως ἀπὸ σταδίων τεσσεράκοντα ἐν ἀγρῷ τοῦ Νοεμὰν ἐν χρόνοις Ἐφίδου (Αἰφίδου) ἐπισκόπου.
Ἐμφανισθεὶς ὅτι αὐτός ἐστιν Ζαχαρίας υἱὸς Βαραχίου, οὗ μέμνηται Ἡσαίας, ὄνομα δὲ τῷ ἀγρῷ ἔνθα κεῖται Βεθζαρία, μηκόθεν Ἰερουσαλὴμ ἀπὸ σταδίων ϙν'.

Die Lage des Grabes in Bethzaria wird als ca. 7 km von Eleutheropolis und ca. 25 km von Jerusalem entfernt angegeben. Der Hintergrund dieser Ergänzung ist die auch bei Sozomenos[112] in anderer Form belegte Erzählung von der Auffindung des Grabes im Jahr 415. Dabei setzt Sozomenos voraus, daß es sich um das Grab Sacharja ben Jojadas handelt. In den Zufügungen zu Dor und Ep2 ist es jedoch das Grab des Jes 8 erwähnten zuverlässigen Zeugen, denn Mt 23,35 nennt Ζαχαρίας υἱὸς Βαραχίου[113] als Märtyrerpropheten. Dagegen spiegelt die Grundschrift der VP ein wesentlich früheres Stadium der Legendenbildung. Sacharja-Erinnerungen blieben aber auch in Jerusalem erhalten[114].

---

[109] Zur Textform und zum Vergleich mit den anderen Rez. s.u. zur Sacharja ben Jojada-Vita.

[110] Vgl. u. zur Elia-Vita, Abschnitt 3.2.

[111] Dor (Vindob. theol. gr.77), eine Hs aus dem 13. Jh. und die lateinische Üs. dieser Version des Musculus; zitiert nach SCHERMANN, Vitae, 36. Vindob. theol. gr. 89 aus dem 13.–14. Jh gehört zu Ep2; zitiert nach SCHERMANN, Vitae, 59. Abweichungen von Ep2 sind in Klammern gesetzt.

[112] Sozomenos, h.e. 9,16,4 – 9,17 (BIDEZ/HANSEN GCS 50, 407f). JEREMIAS 1958, 73 hält die Ergänzung in den VP für älter und zuverlässiger als Sozomenos. Man wird ihm kaum folgen können.

[113] Daneben hat Ep1 noch einen weiteren Sacharja, Zacharias den Vater Johannes des Täufers, in den Reigen der Propheten aufgenommen (SCHERMANN, Vitae, 23f), der an die Stelle von Sacharja ben Jojada tritt. S. dazu u. Sacharja ben Jojada-Vita.

[114] Vgl. die Band I, Jesaja-Vita, Anm 79 erwähnte Ortstradition, nach der Sacharja in Jerusalem »zersägt« wurde; weiter das Georgische Lektionar, das die Überführung der Reliquien Sacharjas erwähnt; dazu u. Sacharja ben Jojada-Vita, Anm. 102.

22. Exkurs: Der Zusatz in Coisl. 205[115]: Haggai und Sacharja und die Hallelpsalmen

(7) ἀλληλούια Ἀγγαίου καὶ Ζαχαρίου
εἶπεν ὁ πνευματικὸς προφήτης
Δαυὶδ ἐν τοῖς τελευταίοις ψαλμοῖς,
τουτέστιν αἰνεῖτε τὸν θεὸν ἐν
ψαλμοῖς καὶ χοροῖς περὶ τῆς
ἐπανόδου ἀπὸ Βαβυλῶνος.

(7) Halleluja des Haggai und Sacharja
sagt der inspirierte Prophet David in den
letzten Psalmen, das heißt: Lobt Gott in
Psalmen und Chören über die Rückkehr
aus Babylon.

In derselben Handschriftenfamilie von An2 hieß es in der Haggai-Vita, Haggai habe (als erster) die Halleluja-Psalmen angestimmt; eine entsprechende Notiz findet sich dort auch in Ep1[116]. An dieser Stelle wird betont, David habe bereits in prophetischer Inspiration diese Psalmen für Haggai und Sacharja gedichtet, damit sie mit ihnen den Lobpreis für die Rettung aus dem Exil anstimmen konnten. Die Verbindung der beiden Propheten mit den Hallelpsalmen hat sich in LXX zu ψ 145–148[117], aber nirgends in der Textüberlieferung von MT niedergeschlagen[118].

Die LXX bringt nicht nur in Ps 151 ihr verstärktes biographisches Interesse an den Verfassern des Psalters zum Ausdruck[119]. Jüdische Tradition neigte dann eher dazu, das Hallel den drei Jünglingen im Feuerofen zuzusprechen – vielleicht eine Gegenreaktion gegen die ältere Ansicht der LXX, die christlich weitertradiert wurde. In der christlichen Überlieferung wurde David zum alleinigen Verfasser des Psalters[120]. Obwohl die Zuschreibung des »Hallel« an Haggai und Sacharja alt ist, stand dieser Abschnitt wohl nicht in der Grundschrift der VP. In den VP ist auch dieser Hinweis auf den LXX-Psalter eine sekundäre Angleichung an den Bibeltext[121].

---

[115] Ebs. in Philadelph. 1141; Paris. 1712; Frg. Leyden Voss, s. SCHERMANN, Vitae, 88.

[116] Dazu o. 20. Exkurs.

[117] Vgl. o. Haggai-Vita, Anm. 1.

[118] In Qumran sind – soweit ich sehe – die entsprechenden Psalmen nicht erhalten. Die LXX hat auch bei der Zuschreibung der Psalmen als Opferlieder für die Wochentage in ihren Überschriften ältere Tradition aus der Liturgie des 2. Tempels bewahrt, die wir in MT nicht finden. Doch in diesem Fall geben die Parallelüberlieferungen in bTam mehr Sicherheit für das Alter der Zuschreibung. Ausführlicher dazu SCHWEMER 1991a, 49f.

[119] Zu ψ 151, s.o. Einleitung, Abschnitt 2.4.3. Zur Entstehungszeit der Psalterübersetzung vgl. HARL/DORIVAL/MUNNICH 1988, 111: zwischen 210 und 150 v. Chr.; SCHAPER 1994 zeigt, daß die Übersetzung an das Ende der von HARL u.a. vorgeschlagenen Zeit, d.h. in die frühhasmonäische, gehört.

[120] Vgl. etwa Dor in seinem Abschnitt über die Verfasser der kanonischen Schriften: Τίνες μὲν οὖν ἐξ αὐτῶν (Propheten) ἑαυτοῖς συνέγραψαν τὰς ἰδίας βίβλους, οἷον ὁ Δαβὶδ συνθεὶς τὴν βίβλον τῶν ψαλμῶν (SCHERMANN, Vitae, 38, 13ff).

[121] Vgl. zu dieser Tendenz in der Überlieferung der VP allgemein: SCHWEMER 1994a.

Zusammenfassung

Die Sacharja-Vita teilt das Auftreten des Propheten in eine chaldäische und eine Jerusalemer Phase. Für das Auftreten in Babylon berichtet uns die Vita ›apokryphe‹ Notizen über die Sohnesverheißungen an den Hohenpriester Josedek und an den Davididen Salathiel und eine Prophetie an Kyros. Diese Weissagungen zielen auf den Bau des Zweiten Tempels. Für die Prophetie in Jerusalem erhalten wir ein Referat über das Prophetenbuch, das uns eine frühe Auslegung der eschatologischen Partien des Prophetenbuchs gibt (besonders Sach 11,1 als Prophetie über den Untergang des Tempels; nach 14,21 sind die Priester überflüssig geworden). Die nächsten Parallelen dazu finden wir in Qumran und in der frühen rabbinischen Haggada, aber auch in der prophetischen Zeichenhandlung Jesu, der »Tempelreinigung«, die nach der Verheißung von Sach 14,21 die »Wechsler« im Tempel überflüssig macht.

Die Grabnotiz mit dem Verweis auf das (hohe)priesterliche Grab in Jerusalem gehört in die Zeit vor 135 n. Chr. Später ›übernahm‹ der Vater des Täufers, der denselben Namen trägt, das Jerusalemer »Zachariasgrab«, so wie die Jerusalemer Christen für den Herrenbruder Jakobus, »den Gerechten«, das Zadoqgrab beanspruchten[122]. Sekundär wird in Ep2 auf diesen Sacharja das gewaltsame Geschick von Sacharja ben Jojada übertragen. In den Menologien und Synaxarien wird die Sacharja-Vita z.T. vom Bibeltext der LXX verdrängt[123].

---

[122] Nach dem Exzerpt aus Hegesipp bei Euseb, h.e. II 23, 4–18. Vgl. o. Haggai-Vita, 19. Exkurs.

[123] HALKIN, Hagiographica, (9)–11 ediert ein Sacharja-Menologion, das stärker vom AT abhängig ist und die VP kaum berücksichtigt, auch hier sind Sacharja und Haggai zusammen; vgl. dagegen das Sacharja-Menologion BHG 1880b, das nach der Auskunft von HALKIN, Dix textes inédits, 8 Anm. 9 von den VP abhängig ist; vgl. auch EHRHARDT 1943, 440.

Die Maleachi-Vita

Text und Übersetzung

16.1 Μαλαχίας. Οὗτος μετὰ τὴν
ἐπιστροφὴν τίκτεται ἐν Σωφᾷ
καὶ ἔτι πάνυ νέος καλὸν βίον
ἔσχηκε.
2 Καὶ ἐπειδὴ πᾶς ὁ λαὸς ἐτίμα
αὐτὸν ὡς ὅσιον καὶ πρᾷον,
ἐκάλεσεν αὐτὸν Μαλαχί,
ὃ ἑρμηνεύεται ἄγγελος·
ἦν γὰρ καὶ τῷ ἰδεῖν εὐπρεπής.
3 Ἀλλὰ καὶ ὅσα εἶπεν αὐτὸς ἐν
προφητείᾳ,
αὐτῇ τῇ ἡμέρᾳ ὀφθεὶς ἄγγελος θεοῦ
ἐπεδευτέρωσεν,
ὡς ἐγένετο ἐν ἡμέραις ἀναρχίας
ὡς γέγραπται ἐν Σφαρφωτίμ,
τουτέστιν ἐν βίβλῳ κριτῶν.
4 Καὶ ἔτι νέος προσετέθη πρὸς τοὺς
πατέρας αὐτοῦ ἐν ἀγρῷ αὐτοῦ.

16.1 Malachias. Dieser ist nach der
Rückkehr in Sofa geboren worden
und (obwohl er) noch ganz jung (war),
führte er einen guten Lebenswandel.
2 Und da ihn das ganze Volk verehrte als
einen Frommen und Sanftmütigen,
nannte es ihn Malachi,
was übersetzt heißt Engel,
denn er war auch schön anzusehen.
3 Jedoch auch alles, was er selbst sagte in
Prophetie,
wiederholte ein am selben Tag
erschienener Engel Gottes,
wie es geschah in den Tagen der Anarchie,
wie geschrieben steht in Sfarfotim,
das ist im Buch der Richter.
4 Und noch jung wurde er zu seinen
Vätern gelegt in seinem Gehöft.

Zum Text

Die Maleachi-Vita enthält keine besonderen textkritischen Probleme. Die griechische Transliteration des hebräischen Namens für das Richterbuch Σφαρφωτίμ[1] ist eine übliche Entstellung.

Aufbau und Vergleich der Rezensionen im Überblick

Zwischen Herkunfts- und Grabesnotiz steht eine Beschreibung der Person des Propheten und eine über den Vorgang seiner Weissagung. Beides ist aus dem Namen Maleachi, der mit »Engel« übersetzt wird, erschlossen und dient zur Begründung des Namens.

---

[1] S. dazu Band I, Einleitung, Abschnitt 2.6 und u. Anm. 57.

Der Grundstock der Vita ist allen Rezensionen gemeinsam.

1. Zeit und Ort der Geburt
2. Beschreibung des Propheten
3. Erklärung seines Namens
3.1 das Volk nannte ihn so
3.2 ein Engel wiederholt seine Prophetie
4. Lebenszeit und Begräbnis

Ep1 fügt in V. 1 ein christliches Referat über die Weissagung des Propheten zum Erdenleben Jesu, zum Gericht über die Toten und den Hinweis darauf, daß die ἔθη Moses' erfüllt und geändert werden sollen, ein.
Dor führt in seinem messianischen Florilegium Mal 1,11; 3,1.5; 3,19–24; Mt 11,14 und Mal 3,1 an.
Interessant ist hier die längere Fassung, die die Schol.[2] bietet: Hier wiederholt ebenfalls ein Engel die Worte des Propheten. Er erscheint aber sichtbar nur den Würdigen, die anderen hören nur die Stimme.

Kommentar

An der Maleachi-Vita fällt der hebraisierende Sprachduktus besonders stark auf: Verzicht auf den Artikel, Gebrauch des Personalpronomens wie ein Suffix. Wie wir es bisher nur in der Jesaja-Vita einmal fanden, wird in diesem kurzen Text sogar zweimal ein hebräisches Wort mit griechischer Übersetzung geboten. Die Nähe zum semitischen Idiom ist hier ganz auffallend.

1. Die Herkunft

16.1 Μαλαχίας. Οὗτος μετὰ τὴν ἐπιστροφὴν τίκτεται ἐν Σωφᾷ

Die Vita stellt den Prophetennamen[3] voraus und setzt mit οὗτος ein[4]. Maleachi ist für die VP eine greifbare historische Person; von der Entstehung des

---

[2] SCHERMANN, Vitae, 104. Ausführlicher dazu u. Anm. 42.
[3] Er entspricht LXX. Anders als bei Haggai fehlt in den Rezensionen ὁ καὶ ἄγγελος o.ä. Vgl. 4 (5) Esr 1,40: *Malachiae, qui et Angelus domini vocatus est.* Die Erklärung des Beinamens folgt in der Vita erst später. Bei den Kirchenvätern kann der Beiname Ἄγγελος, *Angelus* auch als einziger Name verwendet werden, vgl. Clemens Alex, Strom 1,122,4; 1,127,2; 1,129,3; 1,135,4; aber auch Johannes Chrysostomos, Hom 14,3 in Heb (PG 63, 114) s. dazu und den weiteren Par. bei den Kirchenvätern: HILHORST 1987, 181–184 (182ff seine überzeugenden textkritischen Vorschläge zu Const. Apost. 2,28,7; Hippolyt, Antichrist 46; Amphilochius von Ikonion, Iambi ad Seleucum, 282; Tert., Adv Iud 5,4, wo Ἄγγελος, *Angelus* als Beiname für Maleachi zu lesen ist, bzw. die Doppelnamigkeit Maleachis hervorgehoben wird).
[4] Zum Gebrauch von οὗτος vgl. Band I, Ezechiel-Vita, Anm. 3.

Prophetenbuchs und der Abtrennung der anonymen Prophetie in Sach weiß
unsere Vita sowenig wie Sirach[5].

Die VP setzen Maleachi zeitlich als einzigen Propheten, dessen Wirken nach
der Rückkehr[6] aus dem Exil begann, an. Haggai und Sacharja waren noch in
der »Gefangenschaft« geboren worden. Nach rabbinischer Überlieferung wird
Maleachi mit Esra identifiziert[7]. Danach wäre auch er in Babylon geboren und
käme wie Haggai und Sacharja aus dem Exil in die Heimat zurück.

Der Geburtsort Σωφα[8] läßt sich mit großer Wahrscheinlichkeit identifizieren[9]. Es handelt sich um »Ṣofim«, den heutigen Mons Skopus (Ras al-Musa-

---

[5] Vgl. RUDOLPH 1976, 247–252; SMEND 1978, 186f; ausführlich jetzt STECK 1991,
34f.71.127–136.146.150.154.165.167–177.198, der die Abtrennung Mal's von Sach mit
»zwischen 220 und 201 v. Chr. oder zwischen 198 und 190 v. Chr.« zu spät ansetzt. Bereits
für Sir (um 190–180 v. Chr.) war das Zwölfprophetenbuch eine abgeschlossene Größe. Vgl.
auch HENGEL 1994b, 27 Anm. 94. Die Spätdatierung von Steck wird in den »Mutmaßungen« von KRIEG 1993, 209–212.221 aufgenommen. Krieg datiert Mal extrem spät in die
Zeit zwischen 200 und 180, zeitgleich mit Sir, und sieht in Simeon dem Gerechten den
Schlußredaktor von Mal (221–224) oder gar den Vf. des ganzen Maleachibuches. Um die
Zuschreibung an die Person des Propheten mit Namen Maleachi zu retten, greift sogar Keil,
der die VP sonst stereotyp für »historisch wertlos« erklärt, als Zeugen auf die legendäre
Überlieferung zurück: »Daß sich übrigens die Erinnerung an die Person des Maleachi nicht
ganz verloren hatte, das ersieht man sowol aus der talmudischen Notiz, daß Maleachi mit
Haggai und Zacharja zu den Männern der großen Synagoge gehört habe, als aus den Angaben bei Ps. Doroth., Epiph. u.a. Kchv.« (681). Ähnlich G. MAIER, Art. Maleachi, GBL 2,
916f. Malachi[yahu] ist auf einem Krughenkel von Tell Arad aus dem 7. Jh. v. Chr. als Personenname belegt, s. AHARONI, Arad, 109 (Nr. 97); DAVIES, Inscriptions, 97 (Nr. 2.097).
Das Argument, »Maleachi« sei kein wirklicher Name, hat seine Schlagkraft verloren. Eben
weil es diesen Namen gab, konnte man »Maleachi« als Verfasser des Buches ansehen.

[6] Wie in 12,8 (Habakuk) und 14,1 (Haggai) ἐπιστροφή als t.t. für die große »Wende«;
vgl. zum Sprachgebrauch o. Ezechiel-Vita, Anm. 259.

[7] bMeg 15a; TJon zu Mal 1,1, vgl. GINZBERG, Legends IV, 354; VI, 432.441f.446; Hieronymus, Comm in Mal, Prol (CChr.SL 76A, 901, 22f): *Malachi autem Hebraei Ezram
aestimant sacerdotem, quia omnia quae in libro illius continentur, etiam hic propheta
commemorat ... Igitur et Malachi, id est Ezras ... fuisse credendus est*; Prologus duodecim
prophetarum (WEBER II, 1374): *usque ad Malachiam habent singuli proprietates suas, quem
Ezram scribam legisque doctorem Hebraei autumant*; vgl. Comm in Mal, 3,8 (CChr. SL
76A, 933, 230f) u.ö. Die Identifizierung beruht auf der Haltung Esra-Maleachis zu den Ehe-
gesetzen: des Verbots der Heirat mit heidnischen Frauen (Mal 2,10–12; Esr 9,1) und des
Verbots der Ehescheidung (Mal 2,13–16); vgl. yQid 1, 58b; BerR 18,5; bGit 90b. Darüber,
ob Maleachi und Esra ein und derselbe sind, wurde viel disktutiert (vgl. V. ERMONT, Art.
Malachie, DB[V] 4,1, Sp. 604–610); vielleicht spiegelt diese Auseinandersetzung nicht nur
die beliebte Identifizierung berühmter Gestalten, um mehr biographische Details zu erhalten, sondern auch die Unsicherheit, ob »Maleachi« wirklich der Name und nicht vielmehr
ein Beiname ist.

[8] Die Schreibweise variiert: Paris. 1712: σοφία; Coisl. 120 Σωχά; Vindob. 89: σοχᾶ;
Vindob. theol. gr.77: Σουφᾳ; Ep1: Σοφᾳ; Schol: Σοφιρᾷ; HAMAKER 1833, 216, schlägt für
Σωφᾶ eine Identifizierung mit 1 Sam 9,5 (צוף, vgl. LXX Σιφ) vor; mit der Stammesangabe
Sebulon kann er für die Lokalisierung des Geburtsortes mehr anfangen, hier bietet sich
ihn vor allem Sepphoris (215) an.

[9] Gegen HARE, Lives, 394 Anm. 16a: »Sopha is unknown«. FERNÁNDEZ MARCOS kommentiert den Namen nicht.

rif[10]), auf dem vielleicht schon die alte Priesterstadt Nob lag[11]. Josephus nennt den Ort Σαφα bzw. Σαφειν[12] und Σκοπός[13]. Von diesem Berg aus hatte man nicht nur einen Blick auf die Stadt, er bildete gewissermaßen den Grenzpunkt, wo man Jerusalem endgültig verließ und der Stadt den Rücken kehrte bzw. das Stadtgebiet betrat[14]. Der Geburtsort (vgl. tPar 3,14, dazu Anm. 11) verrät uns, daß man dem Propheten eine priesterliche Herkunft zuschrieb, auch wenn das wie bei Haggai, Sacharja XII und Nathan nur indirekt gesagt wird. Nach Ep1 stammt der Prophet aus dem Stamm Sebulon[15]. Die Scholienrezension vermerkt dagegen auf ihre Weise ›korrekt‹, daß der Prophet aus dem Stamm Levi kam, was entweder der Vita, dem Prophetenbuch oder der Identifizierung mit Esra entnommen ist.

2. Die Beschreibung des Propheten

καὶ ἔτι πάνυ νέος καλὸν βίον ἔσχηκε.

Die Verbindung βίον ἔχω begegnet nicht häufig in unserer Literatur; doch Josephus kann in Ap 1,91 sagen νομαδικὸν ἔχοντες τὸν βίον oder in Sap 15,9 ist βραχυτελῆ βίον ἔχει belegt. Dabei kommt Josephus mit der Bedeutung »ein Leben führen« dem Sprachgebrauch in unserer Vita sehr nahe.

---

[10] TAVO-Koordinaten: 172.134 vgl. MÖLLER/SCHMITT 1976, 175; REEG 1989, 530 (Lit.).

[11] Vgl. 1 Sam 21,2; 22,9.11.18f; Jes 10,32. Neh 11,32 erwähnt Nob als eine der Ortschaften, die nach dem Exil wiederbesiedelt wurden. Auf dem Skopus bewahrte man in frühjüdischer Zeit die Asche der roten Kuh zur Reinigung von Totenunreinheit für die *Priesterschaft* auf (tPara 3,14), s. dazu DEINES 1993, 211. Euseb, Onom 138,8 erwähnt Νοββα (Ri 8,11) als Priesterstadt. Dieselbe Verwechslung bei Hieronymus (Euseb, Onom [KLOSTERMANN 139, 7f]); ebenso Ep. 108, 8 (CUFr V 166, 12f): Der Ort war entweiht: »die ehemalige Priesterstadt Nob, die jetzt als Begräbnisplatz für Erschlagene dient« (Üs. DONNER 1979, 151 vgl. Anm. 27).

[12] Ant 11,329 (var.l. Σαφάν; Σαφιν) vgl. MÖLLER/SCHMITT 1976, 175; REEG 1989, 529f (Lit.); Jos. lokalisiert hier die Begegnung zwischen Alexander dem Großen und dem Hohenpriester Jaddus, der dem König zur Hypantesis entgegenzieht: Πυθόμενος δ' αὐτὸν οὐ πόρρω τῆς πόλεως ὄντα πρόεισι μετὰ τῶν ἱερέων καὶ τοῦ πολιτικοῦ πλήθους, ἱεροπρεπῆ καὶ διαφέρουσαν τῶν ἄλλων ἐθνῶν ποιούμενος τὴν ὑπάντησιν εἰς τόπον τινὰ Σαφεὶν λεγόμενον. τὸ δὲ ὄνομα τούτου μεταφερόμενον εἰς Ἑλληνικὴν γλῶσσαν σκοπὸν σημαίνει. Zur Diskussion um diese Lokalisierung vgl. den Kommentar von MARCUS, z.St. (LCL Nr.326, 472f).

[13] Bell 2,528.542; 5,67.106.108; vgl. MÖLLER/SCHMITT 1976, 175; REEG 1989, 530 (Lit.).

[14] Vgl. den Ölberg, zu dem nach Joh 12,13.18 die Bevölkerung aus Jesusalem Jesus zur Hypantesis entgegenzieht.

[15] ὁ προφήτης ἦν ἐκ φυλῆς Ζαβουλών ... τίκτεται ἐν Σοφᾷ ἐν γῇ Ζαβουλών. (SCHERMANN, Vitae, 23). Ep1 hat dieselbe »galiläische« Stammesangabe *Sebulon* auch bei Amos; vgl. o. Amos-Vita, 11. Exkurs: Aus »Zabulon« (Kabul?) war ein Bischof, der am Konzil von Nicäa teilnahm. Die Bemerkungen zu »Sebulon« werfen ein bezeichnendes Licht auf die Rez. Ep1, die z.T. die Verhältnisse in Palästina ab dem 4. Jh. spiegelt.

»Noch ganz jung«[16] zeichnete sich Maleachi bereits durch seinen guten Lebenswandel aus. Der Gebrauch des Indikativ Perf. wird an dieser Stelle beachtet werden müssen[17]; der resultative Aspekt wird damit hervorgehoben. Er bereitet die Todesnotiz bereits vor, in der Maleachi als einziger unter den Propheten als ein »Frühvollkommener« und deshalb »Frühvollendeter« beschrieben wird. Aus diesem Grunde wird die bewundernswert vorbildliche Lebensführung unseres Propheten geschildert. Man wird unsere Vita nicht überinterpretieren, wenn man καλὸς βίος im Sinne eines vollkommenen Wandels im Gesetz versteht[18]. In Ep1 schließt sich daran – analog zur Sacharja-Vita – ein Bericht über die Prophetie Maleachis, der sich eindeutig als christliche Ergänzung erweist[19], an.

3. Die Erklärung des Namens des Propheten

Die Beschreibung des Propheten wird mit einer Erklärung seines Namens fortgeführt. Wegen seiner jugendlichen (νέος) Schönheit und seiner geistlichen Vorzüge erhält Maleachi den Beinamen »Engel«.

3.1 Das Volk nannte ihn »Engel«

> 2 Καὶ ἐπειδὴ πᾶς ὁ λαὸς ἐτίμα αὐτὸν ὡς ὅσιον καὶ πρᾷον,
> ἐκάλεσεν αὐτὸν Μαλαχί,
> ὃ ἑρμηνεύεται ἄγγελος·
> ἦν γὰρ καὶ τῷ ἰδεῖν εὐπρεπής.

Unserer Vita erscheint es selbstverständlich, daß es sich bei Maleachi um einen bestimmten Propheten in einer bestimmten historischen Situation handelt. Nur der Name Maleachi ist ihr auffällig und erklärungsbedürftig, weiß sie doch, daß er auf ein hebräisches Μαλαχί zurückgeht, was »Engel« bedeute. Hier wird ausdrücklich die hebräische Namensform angeführt, aber das Suffix vernachlässigt[20]. Er stellt für die VP einen ehrenden Beinamen dar, den

---

[16] Vgl. dazu u. S. 182.188f; Haggai kam als ein νέος aus dem Exil zurück, s. dazu o. S. 144.

[17] Vgl. HOFFMANN/SIEBENTHAL, Grammatik § 200; BDR § 340–346; Ep1 verwendet dagegen den Aorist.

[18] Vgl. Aristeasbrief 249,2: τὸ γὰρ καλῶς ζῆν ἐν τῷ τὰ νόμιμα συντηρεῖν εἶναι; vgl. die Anrede des Engels an Baruch in grBar 11,7: ὁ τὰς ἀποκαλύψεις διερμενεύων τοῖς καλῶς τὸν βίον διερχομένοις.

[19] πολλὰ δὲ προεφήτευσε περὶ τοῦ κυρίου ἐπιδημίας (vgl. die zahlreichen einschlägigen Belege bei LAMPE, PGL, s.v.) καὶ περὶ κρίσεως νεκρῶν· καὶ ὅτι τὰ ἔθη Μωυσέως πληρωθήσονται καὶ ἀλλαγήσονται (SCHERMANN, Vitae, 23); vgl. Mt 5,17 (πληρῶσαι); Apg 6,14 (ἀλλάξαι τὰ ἔθη ἃ παρέδωκεν ἡμῖν Μωυσῆς).

[20] Vgl. WUTZ 1914, 471 u.ö. In dieser Unschärfe geht die Vita etwa mit Origenes konform, nicht mit Hieronymus, Comm in Mal, Prol (CChr.SL 76 A, 901, 2ff), der ausdrücklich

das Volk dem Propheten gab[21]. Den eigentlichen Namen des Propheten wird die Vita in der volleren griechischen Form Malachias sehen[22]. Die Eigenschaften des Propheten scheinen den Disputationsworten des Prophetenbuchs wenig zu entsprechen. Das Nebeneinander der beiden Bezeichnungen ὅσιος und πρᾷος ist auffällig, da πρᾷος gewöhnlich mit ταπεινός zusammengestellt wird und nicht mit ὅσιος – neben צדּיק /δίκαιος eine der beliebtesten Selbstbezeichnungen der Frommen in frühjüdischer Zeit[23]. Wir finden das Paar »demütig und fromm« aber als Topos in der Toten-

---

auf das Mißverständnis hinweist, zu dem die Übertragung von LXX mit lateinischem *angelus eius* führt, und betont *rectius et expressius dicitur, angelus, id est nuntius meus*. Zu Hieronymus und der Hebraica veritas, s. MARKSCHIES 1994b.

[21] Priester und Propheten, aber auch Mose erhalten zu Lebzeiten den Ehrennamen »Engel«; vgl. bes. das Amram-Apokryphon aus Qumran (4QAmr; Erstveröffentlichung des entsprechenden Abschnitts: FITZMEYER 1958, 225–227, ohne Photographie), aus dem BEYER, Texte, 214 einen Auszug bietet; s. dazu auch MACH 1992, 239. Dort wird Aaron die ewige Priesterschaft verheißen und er wird angesprochen mit: ומלאך אל תתקרה »Und du (Aaron) wirst Engel Gottes genannt werden«; vgl. jetzt BEYER, Texte II, 86f; zum Beinamen Haggais, s.o. Haggai-Vita, 1.1; zur Beziehung Engel-Prophet-Priester, vgl. MACH 1992, 45–48.209ff, der jedoch – wie THEN 1990 – nur die Elia-Vita der VP kurz zitiert. HILHORST 1987, 174–184 untersucht den Beinamen ἄγγελος/ Angelus bei den Kirchenvätern. Auf die ältere Gleichsetzung von Prophet und Priester mit »Engel« geht er nicht ein. Er ordnet die Beschreibung Maleachis in den VP einem »wohl christliche(n) Redaktor« (180) zu. Die Notiz der VP über Maleachi gehöre zu den »erbauliche(n) Fabeleien«, die »sich offenbar noch eben vertreten (ließen). Wer aber einen Schritt weiter ging und behauptete, Maleachi sei selbst ein Engel gewesen, für den war in der Überlieferung kein Platz.« (180), mit Verweis auf Hieronymus, Comm in Mal, Prol (CChr.SL 76A, 902, 16ff), der Origenes für diese Meinung tadelt. Vgl. weiter u. Anm. 51. Zu den späteren Texten wie Gebet Josephs, Gebet Jakobs, Geschichte der Rechabiten usw., in denen der Gerechte als Engel bezeichnet wird, vgl. CHARLESWORTH 1980, 135–151.
Zur ›Verehrung‹ eines Propheten vgl. Jos., Ant 18, 118 (Johannes der Täufer, wobei die Textüberlieferung gespalten ist in ἤρθησαν und ἤσθησαν); weiter Ant 18,63f, im christlich redigierten Testimonium Flavianum könnte sich ein ursprüngliches Element erhalten haben; oder Ant 15,3.372.378; dagegen Mk 6,4: καὶ ἔλεγεν αὐτοῖς ὁ Ἰησοῦς ὅτι οὐκ ἔστιν προφήτης ἄτιμος εἰ μὴ ἐν τῇ πατρίδι αὐτοῦ καὶ ἐν τοῖς συγγενεῦσιν αὐτοῦ καὶ ἐν τῇ οἰκίᾳ αὐτοῦ (par: Mt 13,57; Lk 4,24 schwächt ab: οὐδεὶς προφήτης δεκτός ἐστιν ἐν τῇ πατρίδι αὐτοῦ; Joh 4,44 vermeidet die doppelte Verneinung: προφήτης ἐν τῇ πατρίδι τιμὴν οὐκ ἔχει u.ö.). Diese ›Sentenz‹ setzt die allgemeine Verehrung des Propheten voraus; vgl. dazu STECK 1967, 213f; PESCH 1984a, 320f; GNILKA 1986, 514ff; LUZ 1990, 384ff; die gegenläufige Parallelstelle in den VP wird in der Literatur – soweit ich sehe – nicht genannt. Zur christlichen Erklärung, s. etwa: Augustin, Civ.Dei 15,23: *Malachiel propheta propria quadam, id est proprie sibi inpertita gratia dictus est angelus*. Weiter die bei J. MICHEL, Art. Engel, RAC 5, 160 und HILHORST 1987 angegebenen Stellen.

[22] Beinamen waren in frühjüdischer Zeit sehr häufig; wir finden sie nicht nur für Johannes »den Täufer« (auch bei Jos.) im NT, das großen Wert darauf legt, daß Jesus selbst den Jüngern die Beinamen gibt; vgl. weiter etwa Jakobus »der Gerechte«; Honi »der Kreiszieher«; Hillel »der Alte«; Abba Tachna »der Fromme« usw. Nach späterer jüdischer und christlicher Tradition wird Maleachi mit Esra identifiziert, also »Maleachi« als Beiname Esras verstanden, s.o. Anm. 7. Davon weiß die Vita (noch) nichts.

[23] Dabei entspricht ὅσιος חסיד; πρᾷος (= πραΰς) ist in LXX vor allem für ענו verwendet (9 mal) und עני (3 mal), während später πτωχός ganz überwiegend das Wortfeld an sich

klage um pharisäische Lehrer: z.B. in der Totenklage um Hillel den Alten und Samuel den Kleinen[24]. Das weist wieder deutlich in palästinisch-pharisäisches Milieu. Die Prädikate, die Maleachi erhält, entsprechen damit sowohl seiner Erscheinung wie ein Engel, wie seinem frühen Tod, der in V. 4 ausdrücklich wieder mit νέος hervorgehoben wird. Hinzu kommt, daß πρᾶος wohl durch die Auslegungsgeschichte von Ri 13[25] vorgegeben ist.

Man könnte zwischen den Bedeutungsnuancen »sanft«, »demütig« und anderem schwanken und darüber streiten, ob und wieweit in der Vita Maleachis in πρᾶος auch Konnotationen aus der frühjüdischen Armenfrömmigkeit anklingen[26]. Doch da diese Bezeichnung im Zusammenhang mit der Simson-Geschichte[27], auf die unsere Vita ebenfalls anspielt, als Bezeichnung für einen Engel verwendet wird, liegt die Bedeutung »mild, freundlich« sehr viel näher. Die ps-philonische Predigt »Über Simson« ist auch hier beredter als die VP und erklärt diese besondere Eigenschaft des Engels als Akkommodation, die dem Menschen den Schrecken vor dem Numinosen nimmt[28]. Die Annahme, daß die Prädikationen unseres Propheten von christlichem Sprachgebrauch beeinflußt sind, ist abwegig[29].

So knapp die Maleachi-Vita formuliert, so versteht sie es doch, mit wenigen Worten das Wichtigste aus dem frühjüdischen Vorstellungsbereich über das

---

zieht und zur Übersetzung des frommen Ehrentitels »Arme« wird (vgl. Num 12,3 [Mose] und die Selbstbezeichnung in Qumran); dazu F. HAUCK/S. SCHULZ, ThWNT VI, 647, 17. Im Griechischen hat πρᾶος jedoch deutlich eine andere Konnotation; späte Üs. wie die der PsSal ziehen deshalb πτωχός vor, wenn עָנָו gemeint ist.
Vgl. PsSal 10,6: καὶ ὅσιοι ἐξομολογήσονται ἐν ἐκκλησίᾳ λαοῦ,
καὶ πτωχοὺς ἐλεήσει ὁ θεὸς ἐν εὐφροσύνῃ Ισραηλ·
Vgl. bes. die Beschreibung Onias' III. in 2 Makk 15, und u. Anm. 26.

[24] tSot 13,3f (ZUCKERMANDEL 319,2–5): »Als er (Hillel um 20 v. Chr.) starb, sagte man von ihm: Wehe, ob des demütigen (עָנָיו), wehe ob des frommen (חָסִיד) Schülers Esras! ... Als Schemuel der Kleine (um 100) starb, sagte man von ihm: Wehe ob des demütigen (עָנָיו), wehe ob des frommen (חָסִיד) Schülers Hillels.« (Üs. BILL. IV, 584); vgl. bBer 6b: »Oh des Demütigen (אֵי עָנָיו), oh des Frommen (אֵי הֶחָסִיד) unter den Schülern unseres Vaters Abraham«.

[25] S. dazu u. zu V. 3.

[26] Vgl. wieder die Kommentare zu Mt 5,5: etwa LUZ 1985, 208: »Das Verständnis der Seligpreisung der πραεῖς ist durch die semantische Offenheit dieses Wortes außerordentlich erschwert«; op.cit. 209: »Ein Blick in die jüdische Paränese zeigt, daß dort die Nuancen der Demut und der Freundlichkeit kaum voneinander getrennt werden können.« Das schlägt sich schon in LXX nieder. So werden πτωχός, ταπεινός, πένης und πραΰς fast austauschbar verwendet.

[27] Zur ps-philonischen Predigt De Sampsone, c. 9.11, s. den Kommentar von SIEGERT 1992, 244–248.

[28] Vgl. SIEGERT 1992, 245.

[29] In TestDan 6,9 handelt es sich um eine christliche Interpolation: ὁ σωτὴρ τῶν ἐθνῶν, ἔστι γὰρ ἀληθὴς καὶ μακρόθυμος πρᾶος καὶ ταπεινός ...; vgl. ebenso TestJud 24,1; eine echte Parallele zu unserer Stelle haben wir dagegen in TestAbr A 1,1 (SCHMIDT, 96): Ἔζησεν Ἀβραὰμ τὸ μέτρον τῆς ζωῆς αὐτοῦ ... πάντα δὲ τὰ τέλη τῆς ζωῆς αὐτοῦ ζήσας ἐν ἡσυχίᾳ καὶ πραότητι καὶ δικαιοσύνῃ. Schol. bietet statt ὅσιος dagegen ἄμεμπτος. Sie nimmt die hohen Prädikationen z.T. zurück.

Verhältnis von Engel und Prophet (und Priester[30]) zusammenzufassen: Zu den Eigenschaften eines Engels gehört Schönheit und Milde/Freundlichkeit[31]. Antikem Schönheitsideal entsprechend sieht er aus wie ein junger Mann, ja ein Knabe[32] und ist zudem ausgestattet mit himmlischer Anmut, die ihn umstrahlt.

Auch von einem urchristlichen »Propheten« konnte man sagen, daß er aussah wie ein Engel. So heißt es in Apg 6,15, daß Stephanus' Antlitz sich veränderte vor seiner großen Rede und er aussah wie ein Engel, denn er war »voll des heiligen Geistes« (7,55)[33]. Dabei wird ausdrücklich betont, daß das Kollegium des Hohenrates, das über ihn zu Gericht saß, diese Veränderung bemerkte.

---

[30] SCHÄFER 1975, 32 Anm. 131 »Zu Lebzeiten wird – außer den *Priestern* (vgl. Jub 31,14; TestLevi 2–5; 18; Test Isaak 5,3–10) – nur Mose mit den Engeln verglichen (Ass.Mos. 11,17), weil er die Gebete Israels vor Gott brachte«, muß man modifizieren, weil durch die Wortgleichheit von Bote/Engel die Beziehung gerade für die Propheten gegeben war. SILBERMANN 1981, 91–101; COHEN 1985, 16–24; THEN 1988, 69 zu Prophet/ἄγγελος; vgl. MACH 1992, 48f (mit Verweis auf Ps 151,4).115.161. Dennoch hat SCHÄFER auch Recht: In der VP erhalten gerade die priesterlichen Propheten Haggai und Maleachi das Prädikat ἄγγελος.

[31] Aber auch strikter Gehorsam der guten Engel (und damit Demut); zum Gehorsam der Engel in ShirShab vgl. SCHWEMER 1991a, 110f.

[32] Dazu J. MICHL, Art. Engel, RAC V, 125. Vgl. 2 Makk 3,26: δύο προσεφάνησαν αὐτῷ νεανίαι. In der gesamten biblischen, frühjüdischen und frühchristlichen Tradition bei der Erscheinung vor Menschen; bes. bei Jos. und im NT werden die Engel bevorzugt als Jünglinge beschrieben; vgl. MACH 1992, 307f, der diesen Aspekt nicht nur bei Jos. etwas zu stark abschwächt und darin eine Besonderheit der »römischen« Autoren (er nennt Mk und Hermas) sehen will. Es handelt sich um einen selbstverständlichen Topos. Vgl. TestAbr A 2,5 (SCHMIDT, 100) wünscht Abraham ausdrücklich von Michael Auskunft darüber: ὅθεν ἔοικεν τὸ νέον τῆς ἡλικίας σου ... τὸ σὸν κάλλος δίδαξόν με. Auch der »schöne Knabe« (παῖς, Acta Pauli 32,13) steht in dieser Tradition. Jos. macht aus dieser Eigenschaft (νεανία καλῷ παραπλήσιον καὶ μεγάλῳ) eine Eifersuchtsgeschichte für Ri 13: Ant 5,276–284 (277;279), um die Doppelung der Erscheinung »rational« zu motivieren, vgl. dazu FELDMAN 1988, 171–214 und u. Anm. 51; in Joseph und Aseneth erscheint der Engelfürst für Aseneth ganz wie der schöne Joseph, er erstrahlt nur zusätzlich in himmlischem Licht (14,9); vgl. Dan 10,6; ApkAbr 17,12; ApkZeph 9,3f; Mt 28,3; Apk 1,13–16; 10,1; in de Sampsone (zu Ri 13) wird ebenfalls die Schönheit des Engels (und die Simsons) betont, dazu SIEGERT 1992, 243f.

Breit ausgeführt wird das Motiv später in der Geburtslegende von R. Yishmael, wo die Schönheit Yishmaels mit der Erscheinung Metatrons vor seiner Empfängnis in Verbindung gebracht wird, um die Ähnlichkeit Yishmaels mit seine außerordentliche Schönheit zu erklären, Geschichte von den Zehn Märtyrern c. 11,10–23; 15,10–19; 22,6–9; 28,1–4; 37,1–4 vgl. c. 22,65–73 und 54 (REEG, 40f; 18*–21*; 30*–31*;46*–47*; 63*;81*). Weiter etwa: BamR zu Nu 6,2: »die Schekina ruht nur auf Männern mit schönem Aussehen«. Auch die Bezeichnung Metatrons als naʿar oder »Kleiner Jahwe« wird mit diesem Aspekt der Engelvorstellung zusammenhängen; anders MACH 1992, 308 Anm. 81, der naʿar von Metatrons Dienerfunktion herleitet (doch dabei handelt es sich wahrscheinlich um eine pejorative Herabsetzung der ursprünglichen »Jünglingsgestalt« als Stellvertreter Gottes und »Kleiner Jahwe«; zu Metatrons Bestrafung in 3 Hen § 20; bHag 15a s. SCHÄFER 1988, 244; SCHÄFER 1991, 127 u.ö.). Vgl. weiter SIEGERT 1992, 243f; MACH 1990, 249.

[33] Vgl. in der jüdischen Tradition z.B.: Henoch (JELLINEK, BHM IV, 129ff); Mose (ARN A 1), dazu FISCHEL 1946–47, 381.

In der rabbinischen Literatur stößt man auf eine Reihe von Belegen, die den Vergleich von Propheten mit Engeln ausführen[34].

Daß das ganze Volk den Propheten ehrte und ihm den Beinamen gab, scheint für die Vita das ideale Verhältnis von Prophet und Volk zu sein. Nachträglich und nachdrücklich wird hinzugefügt, diese Meinung habe sich gebildet, weil Maleachi auch *schön anzusehen* [35] gewesen sei. Die Identifikation des Propheten selbst mit einem Engel ist damit ausdrücklich nicht gemeint[36]. Die Formel ὃ ἑρμηνεύεται, mit der die griechische Bedeutung des hebräischen Malachi eingeleitet wird, entspricht der Erklärung der Jesaja-Vita[37] für den Namen Siloah.

3.2 Ein Engel wiederholt die Prophetie Maleachis

> 3 Ἀλλὰ καὶ ὅσα εἶπεν αὐτὸς ἐν προφητείᾳ,
> αὐτῇ τῇ ἡμέρᾳ ὀφθεὶς ἄγγελος θεοῦ ἐπεδευτέρωσεν,
> ὡς ἐγένετο ἐν ἡμέραις ἀναρχίας ὡς γέγραπται ἐν Σφαρφωτίμ,
> τουτέστιν ἐν βίβλῳ κριτῶν.

Doch diese Begründung genügt nicht. Sofort danach kommt eine ganz andere Motivation zum Ausdruck, die der ersten Erklärung zwar nicht direkt widerspricht, ihr jedoch zumindest – anscheinend – recht unzusammenhängend gegenübersteht. Der Schriftgrund für diese Passage der Vita wird in Mal 1,1 liegen, wo es heißt, daß die Prophetie »Maleachis«, der ja in der Überschrift[38] schon genannt war, בְּיַד מַלְאָכִי »durch meinen Boten/Engel«, bzw. LXX ἐν χειρὶ ἀγγέλου αὐτοῦ »durch seinen Engel« gegeben wurde[39]. Weniger wahrscheinlich ist dagegen, daß sie an Mal 3,1 anknüpft.

---

[34] SCHÄFER 1975, 227ff; weiter dazu u. Anm. 51.

[35] AUGUSTIN 1983, 209f nennt unsere Stelle (mit irreführendem Kommentar). In der Daniel-Vita der VP (dazu o. Daniel-Vita, 1.2.3.) finden wir dieselbe Betonung von innerer Schönheit, aber verbunden mit asketischem Äußeren.

[36] Zu dieser Ansicht s. Hieronymus über Origenes, o. Anm. 21, u. Anm. 51.

[37] Vgl. Joh 1,42; 9,7; Hebr 7,2; μεθερμηνεύω: Mt 1,23; Mk 5,41; 15,22.34; Joh 1,38.41; Apg 4,36; 13,8, dazu BAUER, s.v. Lk bevorzugt daneben διερμηνεύω Apg 9,36; Jos. neben μεθερμηνεύω auch σημαίνω.

[38] Die Entstehung der Legende setzt voraus, daß der Name des Propheten seiner Prophetie in der Bibelhandschrift als Überschrift vorangeht. In der Zwölfprophetenrolle aus Naḥal Ḥever (Tov, DJD VIII) ist nirgends der Beginn eines Prophetenbuches vollständig erhalten, doch der vorhandene Text zeigt, daß genügend Raum für die Inscriptionen da ist. Büchertitel sind alt, s. HENGEL 1984a; HILHORST 1987, 175 bezweifelt das frühe Alter der Überschriften und nimmt den ersten Vers des Buches Maleachi zum Ausgangspunkt seiner Überlegungen.

[39] Vgl. die ältere, eigenartige Formel in Sach 4,1.5; 5,5: »der Engel, der *in mir* spricht«. HANHART 1994, 242f.276.279 geht in seinem Kommentar nicht darauf ein.

Die Wendung »sprechen in Prophetie« ist von Paulus vertraut[40], geht jedoch auf eine entsprechende hebräische Formel zurück[41].

Philo dagegen beschreibt mit Hilfe hellenistischer Inspirationslehre dasselbe Phänomen, das die Vita haggadisch anschaulich auf zwei Personen verteilt. Auch Philo betont das Ansehen, das Abraham durch seine Prophetengabe und Schönheit erhielt (s. Anm. 40).

Die eigenartige Vorstellung, daß ein Engel erscheint[42] und wiederholt, was der Prophet zuvor gesagt hat, mag eine erweiterte Ausformung der Verbindung von Prophet und *angelus interpres* sein. Normalerweise erklärt der Engel dem Propheten, was er gesehen hat; hier »wiederholt, berichtet« der Engel, was der Prophet gesagt hat. Falls das seltene Wort ἐπιδευτερόω[43] an dieser Stelle die (spätere) Bedeutung des hebräischen שָׁנָה, bzw. aramäischen תָּנָא/תְּנִי angenommen hat, wird man es als »lernen, lehren« verstehen können[44]. Man wird

---

[40] 1 Kor 14,6; vgl. Philos Schilderung von Abrahams Verwandlung durch die prophetische Inspiration (Virt 217): »... weil der göttliche Geist, der von oben eingehaucht in seiner Seele einwohnte, den Leib mit auserwählter Schönheit umgab, den Worten Überzeugungskraft und den Hörern Verständnis (gab)«.

[41] Vgl. Sir 44,3; 46,1.20. In 11QPs^aDavComp xxvii 4–11, einem Summarium über die Psalmendichtung Davids, heißt es, daß David 3600 Psalmen, 446 Lieder und vier Lieder, »die über Besessenen zu spielen sind«, dichtete und »redete in Prophetie (בנבואה)«; vgl. dazu HENGEL 1987e, 360; SCHWEMER 1991a, 52 (mit Lit.).

[42] Mit ὀφθείς wird der Terminus der LXX für das Erscheinen Gottes bzw. seines Engels gewählt, der jedoch häufiger in der finiten Form ὤφθη erscheint; vgl. die Aufnahme des Sprachgebrauchs in der urchristlichen Bekenntnisformel 1 Kor 15,5. Die Rez. Schol. (SCHERMANN, Vitae, 104) bietet hier eine interessante Variante: Analog zu Dan 10,6f (vgl. Apg 9,3–7; 22,6–9; 26,13ff) erscheint der Engel nur den Gläubigen, die anderen hören nur eine Stimme: τὸν δὲ ἄγγελον οὐδεὶς ἀνάξιος ἐθεώρει, ἀλλ' ἤτοι φωνὴν αὐτοῦ ἤκουε μόνον· οἱ δὲ ἄξιοι καὶ τὸ εἶδος αὐτοῦ ἐθεώρουν, ὡς ἐγένετο ἐν ταῖς ἡμέραις τῆς ἀναρχίας ... Zur bat qol in der frühjüdischen und rabbinischen Literatur vgl. KUHN 1990; KUHN berücksichtigt die VP nur zu Daniel, doch hätten ihm die Maleachi-Vita – auch abgesehen von dieser späten Stelle in Schol. – einen weiteren Beleg für das Phänomen der Ablösung der »ungebrochenen Prophetie« durch das Erscheinen von Engeln und das Ertönen der Himmelsstimme (er geht darauf im Zusammenhang mit 4 Esr; 2 Bar ein: S. 52) bieten können. Dieser Aspekt ist bei MACH 1992 weniger berücksichtigt. Doch s. MACH 1992, 46ff zum nachexilischen Verständnis des אִישׁ הָאֱלֹהִים von Ri 13 und 1 Kön 13 als »Prophet«. Während bei 1 Kön 13 in der antiken Auslegung niemand daran zweifelt, daß der »Gottesmann« ein Prophet ist, bereitete in Ri 13 das Nebeneinander von אִישׁ הָאֱלֹהִים und Engel Schwierigkeiten. MACH vermutet – wie ROFÉ – eine Entwicklung des Verständnisses von אִישׁ הָאֱלֹהִים, was ursprünglich eine Engelbezeichnung war, hin zu Prophet. Damit löst man die Schwierigkeiten dieser Texte am besten. Zu 1 Kön 13 vgl. u. Joad-Vita.

[43] Es geht zurück auf einen Neologismus der LXX; s. LUST, GELS, 99f s.v. δευτερόω; δευτέρωσις; entsprechend dem Usus der Koine wird das verstärkende Kompositum gewählt. Epiphanius, Haer 66,69 bedeutet es »wiederholen«.

[44] In 4QEnGiants^a 3 (ed. BEYER, Texte, 263): [...]ק ומה תתנונני לכ bedeutet es wohl noch »berichten«, »erzählen«. Die spätere Bedeutung ist jedoch »lehren/lernen« mTaan 4,4: »R. Josua pflegte zu lehren (שׁונה היה) und mAb 2,4: »Ich will lernen« (אֶשְׁנֶה); vgl. JASTROW, s.v. 1681; BACHER 1899, 193f; BACHER 1905, 225f; SCHÜRER I, 70f.77. Im Griechischen wird מִשְׁנָה/שָׁנָה gewöhnlich mit dem Simplex wiedergegeben: δευτερόω/δευτέρωσις; s.

unsere Stelle kaum mit der »Auslegung« der Glossolalie durch den Propheten, wie sie uns Paulus für Korinth als wünschenswert für die Eindämmung des pneumatischen Überschwangs bezeugt, in Verbindung bringen können. Vergleichbar ist dagegen die Überlegenheit des Evangeliums, das Paulus verkündigt, das ein Engel Gottes nur bestätigen kann. Wenn er ihm widerspricht, gilt ihm der Fluch des Apostels[45]. In TestAbr 4,8 übernimmt der Erzengel die Erklärung (und nicht die Wiederholung einer Prophetie) des Traumes Isaaks[46], um Abraham seinen bevorstehenden Tod anzukündigen. Es geht hier um mehr als den Angelus interpres; die Vorstellung ist weiterentwickelt, da der Engel nicht das Gesicht, die prophetische Schau, sondern die prophetische Verkündigung »interpretiert«, was man sich aus dem Synagogengottesdienst, der Schriftlesung, der Übersetzung der Schriftlesung und der Predigt erklären könnte[47], und wiederholend aufnimmt.

Die Vita gibt, um alle Mißverständnisse auszuschließen, den entsprechenden Schriftgrund dafür, wie sie sich dieses Verhältnis zwischen Maleachi und Gottes Engel[48] vorstellt, an. Sie verweist auf Ri 13[49]. Dabei nimmt sie die frühjüdische Auslegungstraditon auf, die die erste Erscheinung des »Gottesmannes« vor Manoahs Frau, in der ihr die Geburt Simsons verheißen wurde, als das Auftreten eines Propheten interpretiert und erst in der zweiten Erscheinung den Engel dem Manoah sich offenbaren läßt. Daß die »Legende« in den VP aus Ri 13 in Kombination mit Mal 1,1 (vgl. 3,1) herausgelesen wurde, scheint plausibel, doch fehlen frühe Belege für die Vorstellung, daß der Engel

---

Hieronymus, Comm in Esaiam 59 (CChr.SL 78A, 685); In Mt. 22,23 (CChr.SL 77,204) u.ö. Mit der Unterscheidung der Kirchenväter zwischen dem wahren Gesetz und der δευτέρωσις des Zeremonialgesetzes, hat die Vita nichts zu tun; δευτέρωσις wurde zur Beschreibung der rabbinischen Lehrweise (Mischna) verwendet, s. HORBURY 1988, 746 Anm. 91 (Lit.); vgl. VELTRI 1994b, 117.128.

[45] Zu Gal 1,8 vgl. SCHWEMER 1994a, 88.

[46] Der Todesengel Michael kommt zu Gott zurück und berichtet, daß er die Seele Abrahams (aus Respekt vor seiner Vollkommenheit) nicht holen kann. Gott sagt darauf zum Erzengel: »Ich werde meinen heiligen Geist auf seinen Sohn Isaak legen, und ich werde den Gedanken an seinen Tod in das Herz Isaaks werfen, damit er selbst im Traum den Tod seines Vaters sehen wird. Isaak wird das Gesicht verkünden, du aber sollst es erklären (διακρινεῖς).«

[47] ELBOGEN 1931, 186–198. Die Evangelien sprechen nicht von ἐπιδευτερόω, sondern verwenden διδάσκειν für die Predigt. Vgl. zur Terminologie ELBOGEN 1931, 194f.

[48] Die Vita spricht ausdrücklich vom Engel Gottes und nicht etwa vom Engel Maleachis als seinem Schutzengel oder himmlischen Doppelgänger, vgl. dagegen Mt 18,10; Apg 12,15. MACH 1992, 142–148 zum Angelus interpres und den Engeln als Reisebegleitern, geht auf unsere Stelle nicht ein, betont jedoch, daß »der ständige Umgang des Propheten mit einem ihn begleitenden Engel als Herabholung der himmlischen Weisheit in die irdische Sphäre zu verstehen« sei. Die Maleachi-Vita setzt die Akzente anders: das Motiv der Plötzlichkeit (ὀφθείς) bleibt in der Angelophanie erhalten, und der Engel steht dem Propheten als Interpret und »Übersetzer« zu Diensten. Vgl. die ganz andere Verwendung des Motivs vom »Dienen der Engel« in Mk 1,13 par, wo Christus – antitypisch zu Adam – nach der Versuchung sich wieder im Urzustand des Paradieses befindet.

[49] Zu den expliziten Bibelzitaten in den VP, s. SCHWEMER 1994a, 84–90.

»wiederholt«[50]. Aber einen Nachklang dieser Auslegung finden wir in einer der frühesten rabbinischen Stellen, die sich mit der Ähnlichkeit zwischen Propheten und Engeln beschäftigt[51].

Ganz anders löst das Problem der doppelten Erscheinung *Josephus*: Manoah war schon von Natur aus eifersüchtig, aufs Äußerste gereizt wurde er jedoch, weil seine Frau so beeindruckt war von der Schönheit und Größe des Engels, der ihr erschienen war. Der Verdacht auf Ehebruch kann dann nur durch eine nochmalige Erscheinung ausgeräumt werden[52]. Ebenfalls ganz anders löst der Prediger in *de Sampsone* das Problem: Hier ist die Frau diejenige, die bereitwilliger glaubte[53]. Wir befinden uns – trotz aller Berührungen – in der alexandrinischen Predigt in einem ganz anderen Milieu[54]

---

[50] In der Ps-philonischen Predigt, De Sampsone c.15 findet sich ein seltsamer enthusiastischer Ausruf: »O göttliche Gespräche im Himmel, wo der Prophet die Heerscharen die göttliche Weisheit lehrt!« SIEGERT 1992, 256 bemerkt, daß »mit der Erklärung dieser Stelle … noch ein Preis verdient werden« kann. Man kann dazu auf die Nähe von ἐπιδευτερόω zu תנה/תני »lehren/lernen« hinweisen; oder etwa auf TestAbr B 11,3, wo Henoch »der Lehrer des Himmels« genannt wird. De Sampsone zeigt auch sonst eine gewisse Nähe (bei großen Unterschieden) zur exegetischen Tradition der Maleachi-Vita.

[51] Der wichtigste (und früheste) Beleg WaR 1,1: »Eine andere Erklärung (zu Lev 1,1): Die Propheten werden Engel genannt. Das ist es, was geschrieben steht: Und er sandte einen Engel und führte uns heraus aus Ägypten (Nu 20,16). War das denn ein Engel und nicht vielmehr Mose?! Warum nennt [der Vers] ihn dann Engel? Vielmehr: Aus dieser Stelle [ist zu ersehen], daß die Propheten Engel genannt werden. Ein weiterer Beleg; Der Engel des Herrn zog hinauf von Gilgal nach Bochim (Ri 2,1). War das denn ein Engel und nicht Pinchas?! Warum nennt er ihn dann Engel? R. Simon sagt: Als der heilige Geist auf Pinchas ruhte, brannte sein Gesicht wie Fackeln. Die Rabbinen sagen: Was sagte die Frau des Manoach zu ihm (ihrem Mann)? Siehe, ein Mann Gottes kam zu mir, und sein Anblick war wie der Anblick eines Engels Gottes (Ri 13,6) – sie hielt ihn für einen Propheten, es war aber ein Engel! R. Jochanan sagt: Von ihrer Funktion her werden die Propheten Engel genannt. Das ist, was geschrieben steht: Da sprach Haggai der Engel des Herrn, im Auftrag des Herrn zum Volk: Ich bin bei euch, Spruch des Herrn (Hag 1,13) – da bist du gezwungen zu folgern, daß die Propheten von ihrer Funktion her Engel genannt werden.« (Üs. SCHÄFER 1975, 227, s. die dort angegebenen Par.).
   Schäfer bemerkt zu dieser Stelle (WaR 1,1), daß Ri 13,6 eigentlich nicht zu den übrigen Belegen paßt, denn »die Frau Manoachs (hat) einen wirklichen Engel mit einem Propheten verwechselt (sonst hätten sie ihm auch nichts zu essen angeboten)«. Unsere Vita spiegelt die Auslegungstradition, die hinter WaR steht: Die Frau des Manoach sah (nur) einen Propheten, ihrem Mann jedoch erschien ein Engel! Dadurch wird erkennbar, warum Ri 13,6 sich in der Reihe der Schriftbelege von WaR 1,1 erhalten hat. In der christlichen Exegese wird Maleachi selbst mit einem Engel identifiziert; das Hieronymus ablehnt: Comm in Mal, Prol (CChr.SL 76A, 901,5ff): *Nec putandum est, iuxta quorumdam opinionem, angelum uenisse de caelo, et assumpsisse corpus humanum, ut Israeli quae a Domino sunt mandata, loqueretur.* Vgl. o. Anm. 21.

[52] Ant 5,276–284; dazu FELDMAN 1988, 171–214.

[53] Dazu SIEGERT 1992, 243.

[54] In den VP begegnen in der Jeremia- und der Daniel-Vita Traditionen, die in der ägyptischen Diaspora ausgebildet wurden. Die Diaspora war frauenfreundlicher – mit Schwankungen. Vgl. etwa in 4 Makk das uneingeschränkte Lob der Frau, wo die Mutter der sieben Märtyrer-Söhne als κιβωτός νόμου (zu dieser Bezeichnung vgl. Band I, Jeremia-Vita, Anm. 236) gepriesen wird (15,31f u.ö.). In der sekundären Einfügung im Schlußkapitel,

als in den VP, die sogar nicht einmal die Prophetin Hulda erwähnen, obwohl deren Grab sich nach breit belegter rabbinischer Tradition in Jerusalem befunden hat[55].

Die Maleachi-Vita weist mit ihrem Schriftbeleg für den letzten Schriftpropheten zurück zu den »Vorderen Propheten«. Die Zeit der Richter wird als »die Tage der Anarchie«[56] umschrieben. Mit einem gewissen Stolz wird an dieser Stelle der hebräische Titel des biblischen Buches[57] angegeben. Auch die Zitationsformel ὡς γέγραπται entspricht hebraisierender Sprache: (כ(א)שר בכתוב בספר[58]; wie im AT zumeist üblich wird damit auf ein anderes Buch ohne explizites Zitat verwiesen. Allgemein griechisch gebräuchlich ist dagegen (und auch häufig in NT) die Formel τουτέστιν[59]. Die Vita weist damit auf ihre Weise vom Ende des Prophetenkorpus auf die Zeit des Anfangs zurück[60].

18,6–19 (gegen KLAUCK, JSHRZ III/6, 658, der mehr zur »Echtheit« neigt), wird dagegen der Vater der Söhne eingeführt, der diese in den heiligen Schriften unterwiesen habe.

[55] tBB 1,11; tNeg 6,2; yNaz 9, 57d, 52; ARN A 35,2; ARN B 39 (SCHECHTER 54a). S. dazu JEREMIAS 1958, 51ff.

[56] Vgl. o. dieselbe Formulierung in der hebraisierenden Jona-Vita (VP 10,7); dazu o. Jona-Vita, Abschnitt 2.5.

[57] Gewählte griechische Prosa vermeidet *verba barbara*; hier dient sie der Betonung der Zuverlässigkeit der Tradition. Die VP übernehmen dabei eine LXX-Gewohnheit, die sich bei Theod. noch verstärkt; vgl. auch den Estherschluß. Die griechisch sprechenden Prediger der Diaspora vermieden es dagegen, solche Worte in den Mund zu nehmen, deren Aussprache ihnen wohl auch schwer fiel; vgl. dazu SIEGERT 1992, 73 Anm. 11. Antijüdische Polemik konnte auf der anderen Seite über die barbarischen Namen der Juden spotten, indem sie breit aufgezählt werden, so z.B. in den Acta Alexandrinorum, wo die Mitglieder der jüdischen Gesandtschaft aus Alexandria nach Rom angeführt werden (POxy 1242 i 13ff, ed. MUSURILLO, 32 = CPJ II, Nr. 157): Σίμων, Γλαύκων, Θεύδης, Ὀνίας, Κόλων, Ἰάκουμβος. SATRAN 1995, 108f Anm. 30 verweist auf das Interesse der christlichen Chronisten (so etwa Sozomenos, h.e. 9,17), die aramäischen Namen zu verwenden und zu erklären.

[58] Vgl. 2 Sam 1,18; 1 Kön 2,3; 21,11; 2 Kön 23,21; Esr 3,2; Neh 10,35.37; 2 Chr 23,18; 25,4; 31,3; 35,12.26 u.ö. Als Einleitungsformel für explizite Zitate dann in Qumran 4QpJes^c 6 ii18; 3 mal in 4QFlor; 11 mal in 4QMMT, dem Brief des Lehrers der Gerechtigkeit (zu den Stellen s. STRUGNELL/QIMRON, DJD X, 217 »Concordance«), der mit der Schrift argumentierend die halachischen Fragen erörtert und schließlich dann im NT, wo sich die Schrift »erfüllt«.

[59] S. BAUER/ALAND, s.v. εἰμί, II,3, Sp. 451.

[60] Vgl. zum Rahmen des Corpus Nebiim durch Jos 1 und Mal 3,22: STECK 1991, 172f; HENGEL 1994b, 15–20.28. Schon Tertullian, Scorp. 8,3 betont zu unserem Propheten: *ipse clausula legis et prophetarum nec prophetes, sed angelus dictus, contumeliosa caede truncatur.* Vom Martyrium Maleachis dagegen weiß unsere Vita nichts. Erst bei Hieronymus erscheint auf der christlichen Seite die jüdische Identifikation Maleachis mit Esra (dazu o. Anm. 7). Die Entwicklung lief z.T. umgekehrt als HILHORST 1987 meint. Bei Hieronymus dringt etwas von der rabbinischen Kritik und Zurückhaltung gegenüber den Propheten in die christliche Exegese ein.

4. Tod und Begräbnis

4 Καὶ ἔτι νέος προσετέθη πρὸς τοὺς πατέρας αὐτοῦ ἐν ἀγρῷ αὐτοῦ.

Der Prophet stirbt als »Knabe, Jüngling«, d.h. im noch nicht heiratsfähigen Alter[61] von höchstens 20 Jahren. Das wird betont, denn nach biblisch-archaischer Vorstellung ist nur der Tod in hohem Alter auch ein Tod ἐν γήρει καλῷ[62], wie er sich in vorbildlicher Weise bei den Erzvätern Israels findet; und der Frevler, der Heide, der sich Götzenbilder macht aus leblosem Ton, bedenkt nicht, daß er ein kurzes, schnell endendes Leben hat. Fern liegt unserer Vita das Vorbild von Kleobis und Biton[63] oder gar das des Achill[64]. Näher kommen wir ihrer Gedankenwelt eher, wenn wir bedenken, daß mit Maleachi die Prophetie »aufhört« und sich in den »letzten« Zeiten die Zeit verkürzt.

Nur bei dem frühverstorbenen Maleachi[65] wird in den VP die traditionelle, alttestamentliche Grabesnotiz »zu seinen Vätern legen« verwendet. Bei den anderen Propheten legte man ja großen Wert auf das ehrenvolle Einzelgrab. Über das Grab Maleachis scheint in der Tradition weiter nichts bekannt zu sein[66]. Auch das zeigt wieder das Alter der VP, denn nach 135 n. Chr. war es – nach christlicher Überlieferung – Juden bei Todesstrafe verboten, Jerusalem zu betreten. Die jüdischen Ortstraditionen für die Gräber in Jerusalem und seiner Umgebung werden nur selten in der rabbinischen Literatur erwähnt, und dann nur die königliche Grablege, das Hulda- und das Jesajagrab. Auch das Grab Esras, das Josephus[67] in Jerusalem voraussetzt und mit dem Maleachi von den Rabbinen identifiziert wurde, geriet in Vergessenheit.

Zusammenfassung

Dem Propheten wird durch seinen Herkunftsort »Sofa« priesterliche Herkunft nachgesagt. Das entspricht auch dem Inhalt des Prophetenbuches. Für den sprechenden Namen Maleachi werden zwei Erklärungen gegeben: Das »Volk« habe ihn wegen seiner jugendlich-schönen Erscheinung so genannt;

---

[61] BAUER/ALAND, s.v. verweist auf SEG VIII, 209. Vgl. νέα von einem neunjährigen Mädchen in einer jüdischen Grabinschrift aus Leontopolis (1. Jh. n. Chr.), bei HORBURY/ NOY, Inscriptions, 154f, Nr. 83. Zum Heiratsalter vgl. HORSLEY, New documents IV, 222–227; 224ff zum Alter unverheiratet Gestorbener.

[62] Gen 25,8 (Abraham); 1 Chr 29,28 (David); TestIs 7,9; TestBen 12,2.

[63] Herodot, 1,29f.

[64] Ilias 8, 114f vgl. Platon, Ap 17c.

[65] In der jüdisch-hellenistischen Sap konnte der frühe Tod des Gerechten metaphorisch als Entrückung beschrieben werden; zu Sap 4,7–19 vgl. SCHMITT 1986, 325–347.

[66] JEREMIAS 1958 geht nicht darauf ein. Ep1 setzt das Grab in »Sebulon« an.

[67] Jos., Ant 11,158: ταφῆναι μετὰ πολλῆς φιλοτιμίας ἐν Ἱεροσολύμοις.

zudem habe ein Engel jeweils seine Prophetie erklärt. Darin spiegelt sich vermutlich das Problem, daß mit Maleachi die unmittelbare Prophetie aufhört.
Gottes Offenbarung wird danach durch Engel gegeben. Das Motiv belegt zugleich die Überlegenheit des Propheten über den Engel, der dessen Prophetie
»nur« auslegt. Mit dem Rückverweis auf das Richterbuch, wo Prophet und
Engel nebeneinander auftreten, trägt die Erzählung nach, was für das Verständnis der Gestalt Maleachis im biblischen Prophetenbuch fehlt, und damit
vollzieht die Vita narrativ nach, was im Maleachibuch angelegt ist: Der Rückverweis auf den Beginn vom Kanonteil »Nebiim«. Daß die Grabtradition
Maleachis in Σωφα, auf dem Skopus bei Jerusalem, nicht weiter bestanden
hat, erklärt sich aus dem Abbrechen der jüdischen Ortsüberlieferungen nach
135 n. Chr.

Die Nathan-Vita

Text und Übersetzung

17.1 Ναθὰν προφήτης Δαυὶδ ἦν ἐκ Γαβᾶ
καὶ αὐτὸς ἦν
ὁ διδάξας αὐτὸν νόμον κυρίου.
2 Καὶ ἴδεν, ὅτι Δαυὶδ ἐν τῇ Βηρσαβεὲ παραβήσεται
καὶ σπεύδοντα ἐλθεῖν ἀγγεῖλαι αὐτῷ ἐνεπόδισεν ὁ Βελίαρ,

ὅτι κατὰ τὴν ὁδὸν εὗρε νεκρὸν κείμενον γυμνὸν ἐσφαγμένον·
3 Καὶ ἐπέμεινεν ἐκεῖ
καὶ ἐν τῇ νυκτὶ ἐκείνῃ ἔγνω,
ὅτι ἐποίησε τὴν ἁμαρτίαν.
Καὶ ὑπέστρεψε πενθῶν
4 καὶ ὡς ἀνεῖλε τὸν ἄνδρα αὐτῆς,
ἔπεμψε κύριος ἐλέγξαι αὐτὸν·

5 καὶ αὐτὸς πάνυ γηράσας ἀπέθανε καὶ ἐτάφη εἰς τὴν γῆν αὐτοῦ.

17.1 Nathan, der Prophet Davids,
war aus Gaba.
Und er selbst war (es),
der ihn das Gesetz des Herrn lehrte.
2 Und er sah, daß David wegen Bersabee
(das Gesetz) übertreten werde.
Und als er sich beeilte, um (zu David) zu
kommen und (es) ihm anzukündigen,
hinderte (ihn) Beliar.
Denn am Wege fand er einen Toten liegen
nackt, erschlagen.
3 Und er blieb dort.
Und in jener Nacht erkannte er,
daß er die Sünde beging.
Und er kehrte trauernd um.
4 Und als er ihren Mann tötete,
schickte der Herr (Nathan), ihn zu
verurteilen.
5 Und er selbst starb sehr alt geworden
und wurde begraben in seiner Stadt.

Zum Text

Rein textkritisch kann man die Probleme der Nathan-Vita nicht lösen. Dazu ist die variantenreiche Überlieferung zu kompliziert. Als Hauptproblem in dieser Vita erscheint, ob die vollere Version, wie sie ein Zweig der Handschriftenfamilie An2 (Coisl. 205 und davon abhängige Hss) bietet, gegenüber der sehr verknappten Ausdrucksweise von An1 vorzuziehen ist.

Aufbau und Vergleich der Rezensionen

In der Nathan-Vita weichen – ähnlich wie in der Jona-Vita – nicht nur die Hauptrezensionstypen voneinander ab, auch die anonyme Rezension ist wie der in sich gespalten: Coisl. 224 (und Vat. 1947) geht sowohl mit An1 wie mit Dor; dagegen bildet Coisl. 205 (mit Philadelph. 1141; Paris. 1712 und Frag. Leyden) eine eigene Gruppe, die teilweise Ep1 ähnelt, Berührungen mit Dor zeigt, aber auch deutlich mit An1 verwandt ist[1].

Dor bietet den kürzesten Text, der wiederum von An1 (und An2 [Coisl. 205]) abhängig ist, An1 kürzt und gleichzeitig stilistisch verbessert[2].

Ep2 fällt als Textzeuge aus, da diese Rezension von den Propheten der Geschichtsbücher nur die Viten von Elia und Elisa enthält.

Ep1 hat dagegen eine ausführliche Fassung, wie auch sonst zumeist. Die literarkritische Frage läßt sich darauf eingrenzen, wie sich das Verhältnis zwischen An1, den beiden längeren Versionen in An 2 (Coisl. 205) und Ep1 gestaltet[3].

Hinzu kommt, daß auch Dor mit An2 (Coisl. 205) in V. 2 z.T. gemeinsam geht[4]. Ep1 verwendet eine Vorlage, die An2 (Coisl. 205) entspricht und ändert diese ab. Zu erwägen ist, ob An1 in diesem Falle eine Vorlage kürzt, die sich in An2 (Coisl. 205) noch vollständiger erhalten hat. Denn gerade die in An1 fehlenden Stücke V. 3 und 4b in An2 tragen typische Züge der palästinischen Haggada[5]. Die Üs. ins Lateinische Epi[6] geht mit An1, Doopa kürzt noch stärker. Syr und arm Üs.[7] sind – soweit ich sie überblicke – von An2 (Coisl. 205) abhängig.

---

[1] Wahrscheinlich ist Ep1 von dieser Version von An2 abhängig.

[2] S. dazu unten: Dativ korrekt nach ἐμποδίζω statt des Akk. von An1 etc.

[3] Der synoptische Vergleich der Versionen ergibt:

a) zum *Kontext*:
– Ep1 stellt die Nathan-Vita an den Beginn; es folgt Achia von Silo.
– In An1 und An2 (mit Ausnahme von Coisl. 224, der Nathan hinter Achia von Silo stellt) steht Nathan als erster der Propheten aus den Geschichtsbüchern nach den 12 Kleinen Propheten; es folgt Achia von Silo.

b) der *Erzählduktus* ist in allen Versionen bis auf Kleinigkeiten derselbe; die wichtigsten Unterschiede: In V 3 weicht An2 in der Reihenfolge von Nathans »Erkennen« und Davids »Tun« von der An1, Dor und Ep1 gemeinsamen Aufeinanderfolge ab. In V. 4 bringt Ep1 einen Ausführungsbericht, während An2 (Coisl. 205) in einer Rückblende die Reaktion Gottes auf Nathans Trauer schildert, um dann einen kürzeren Ausführungsbericht als Ep1 anzufügen. Beides fehlt in An1.

c) Der *Wortbestand* (gezählt werden auch die Artikel) von An1 ist in Ep1 und An2 (Coisl. 205) (fast) vollständig enthalten: 30 Worte sind in allen Versionen form-und folgeidentisch; 7 Worte sind zusätzlich gemeinsam mit An2; 30 Worte zusätzlich gemeinsam mit Ep1. Gesamtbestand von An1: 74 Worte.
An2 und Ep1 gehen gegen An1 mit 12 Worten gemeinsam.
Wortbestand von Ep1: 152; von An2: 171.

[4] Var.1: Γαβαών/Γαβαῷ; V. 2: ἐρχόμενος.

[5] S. dazu u. z.St.

[6] DOLBEAU 1986, 123.

[7] STONE, Armenian Apocrypha, 137f.

Schermann[8] und Torrey[9] versuchten auf verschiedene Weise, mit den Schwierigkeiten der Überlieferung fertig zu werden. Ep1 jedenfalls erweist sich sicher – wie auch sonst – als spätere, erbauliche Bearbeitung, die wahrscheinlich die Textform von An2 (Coisl. 205) voraussetzt und diese erweitert.

Der Aufbau

1.	Herkunft
2.	Nathan und David
2.1	Nathan ist Davids Lehrer im Gesetz
2.2	Nathan sieht als Prophet Davids Sünde mit Bathseba voraus
2.3	Er eilt, es ihm anzukündigen
2.4	Beliar hindert ihn
2.5	Er legt ihm einen Toten auf den Weg
2.6	Nathan bleibt (um den Toten zu begraben)
2.7	Nathan erkennt, daß David die Sünde begeht
2.8	Trauernd geht er zurück
2.9	David tötet den Mann Bathsebas
2.10	Gott befiehlt Nathan, David zurechtzuweisen

An2 (V. 4b):

2.10.1	Gott erbarmte sich über Nathans Trauer
2.10.2	Sendung des Propheten
2.10.3	Ausführungsbericht

Ep1 (V. 4a.b):

2.10.1.1	Nathan führt den Auftrag aus
2.10.2.1	David läßt sich überführen
2.10.3.1	Er ehrt den Propheten
3.	Todes- und Grabesnotiz

Wie der Aufbau zeigt, bietet die Vita außer der Herkunfts- und Grabesnotiz allein eine zu einer knappen Erzählung geraffte Erklärung für die Hintergründe von 2 Sam 11. Ob der Nachtrag in V. 4b in An2 (Coisl. 205) zum ursprünglichen Bestand der VP gehörte, muß im Kommentar näher untersucht werden.

---

[8] SCHERMANN, Legenden, 102 gibt ein Stemma; er sieht in Dor den Text, der direkt die jüdische Vorlage (»Jüdische Grundschrift«) wiedergibt. V. 3b und 4 sei eine christliche Glosse in An1 aus der An1 und Ep1 gemeinsamen Vorlage (Längere griechische Rez.), An2 (Coisl. 205) sei von Ep1 und An1 abhängig. So stellt er sich auch die Abhängigkeitsverhältnisse bei den anderen Viten der Propheten aus den Geschichtsbüchern vor. Dieses rein schematische Verfahren entspricht nicht dem traditionsgeschichtlichen Befund in den Viten.
[9] TORREY, Lives, 30.45 hält die Stammesangabe in Ep1 für ursprünglich. Er verfährt eklektisch.

1. Die Herkunft des Propheten

17.1 Ναθὰν προφήτης Δαυὶδ ἦν ἐκ Γαβᾶ

An1 gibt im Stenogrammstil an, daß Nathan der »Prophet Davids« war. Alle Parallelüberlieferungen setzen zumindest den Artikel, um die grammatischen Verhältnisse zu klären. Ep1 verbessert nach Sir 47,1 (LXX) ἐν ἡμέραις Δαυίδ, »in den Tagen Davids«, denn Nathan war ja nicht der einzige Prophet Davids; es gab ja noch zumindest den in den VP nicht erwähnten Propheten Gad[10].

Ep1 und An2 (Coisl. 205) bieten zusätzlich – voneinander abweichend – die Stammesangabe. Ep1 berichtet, Nathan sei aus dem Stamm Θωή[11], was vielleicht auf 1 Chr 6,19[12] oder 6,22 bzw. 1 Sam 1,1[13] zurückgeht. Man fand dann Nathan, den Propheten, unter den Leviten (vgl. 1 Chr 25,2 bzw. 25,12) aufgeführt; bereits nach chronistischem Verständnis sind alle »Sänger« Propheten (1 Chr 25,1). An2 (Coisl. 205) betont ausdrücklich, daß der Prophet aus priesterlichem Stamm (φυλῆς ἱερωσύνης) war[14].

Einen Geburtsort gibt auch An1 an: Gaba[15]. An welches der vielen Gaba, Geba, Gibeon, Gibea An1 dabei denkt, wird nicht näher spezifiziert. Gibeon bzw. das Gibeon Sauls wird in An1 in der Jesaja-Vita als Γαβαών erwähnt und dessen Lage mit »20 Stadien von der Stadt (Jerusalem)« entfernt beschrieben[16]. Vielleicht unterscheidet An1 zwei Orte: Das Γαβαων in der Jesaja-Vita, von wo ein unterirdischer Gang zum Zion geführt habe, und Γαβα als Geburtsort des Nathan. Damit kann eigentlich nur das auch bei Josephus erwähnte Gaba(a) nördlich von Jerusalem gemeint sein[17]. Dor und An2 schreiben

---

[10] Den auch Sirachs »Lob der Väter« übergeht.

[11] HAMAKER 1833, 22 liest mit PETAVIUS Θωκ und kombiniert das mit der Stammesangabe in Ep1: »quod si Graece legeretur ἐκ Θ. φ., putarem Hebraice scriptum fuisse מתוך הכהנם שבט, e medio tribus sacerdotum, ... vel e medio tribus sacerdotii; nunc potius credam in aliis exemplaribus fuisse משבט, e tribu, in aliis מתוך, e medio, et voce תוך margini adscripta, duas lectiones coaluisse.« TORREY, Lives, 30.45 nimmt das als Beweis für eine hebräische Grundschrift und rekonstruiert: ἐκ φυλῆς 'Εωή; von HARE, Lives, 395 Anm. a ebenfalls abgelehnt.

[12] B: Θιε; AV θοουε, θοου pl (RAHLFS)

[13] Θοκε.

[14] In den VP wird ἱερωσύνη von derselben Hs in 18,2 (Achia-Vita) in einem sekundären Zusatz verwendet. Ob der vollere Wortlaut in An2 (Coisl. 205) in der Nathan-Vita den ursprünglicheren Text bietet, ist deshalb fraglich. In unserer Literatur wird ἱερωσύνη in LXX (1 Chr 29,22; 1 Esdr 5,38; Sir 45,24; 1 Makk 2,54; 3,49; 7,9.21; 4 Makk 5,35; 7,6), aber vor allem in TestXII, bei Philo, Jos. und in Hebr 7,11 verwendet.

[15] Die Varianten: Ep1: Gabath, An2: Gabaon; »Gibea/Geba/Gibeon, ›Hügel‹ (von der Wurzel gbʿ)« gehört zu den typischen Namen für eisenzeitliche »Siedlungen im Bergland«, die sehr häufig sind (KEEL/KÜCHLER/UEHLINGER 1984, 295; vgl. 304f: Karte 130).

[16] Vgl. Band I, Jesaja-Vita, Anm. 237.

[17] Wobei wieder fraglich ist, ob die VP in An1 (wie Jos.) ihr Gaba in Geba (= Jos 21,17; TAVO-Koordinaten 1749.1405), das LXX als Gaba/Gabee/Gaba anführt, ansetzt oder auf

dagegen Γαβαων, denn 1 Chr 16,39; 21,29 gibt an, daß damals die Lade in Gibeon war bei Zadoq und »seinen Brüdern«[18]. Auf diese Angabe geht auch das Wissen darum, daß Nathan aus priesterlicher Familie war, zurück[19]. Jedenfalls denkt keine Rezension daran, das Verhältnis der beiden in der Jesaja- und in der Nathan-Vita erwähnten Orte zu klären.

Ep1 wird mit der Angabe Γαβαθ an Γαβαθα denken, wo nach LXX und Josephus die hochpriesterliche Familie (Eleazar, Pinchas) in »vorstaatlicher Zeit« begraben wurde[20]. Dieses wird nach dem Onomastikon des Euseb nicht mehr nördlich von Jerusalem, sondern in der Gegend von Eleutheropolis gezeigt. Wahrscheinlich hat Ep1 diese südliche Lokalisierung vor Augen. Jeremias wies auf die späteren, mittelalterlichen Pilgerberichte hin, die den Heimat- und Grabesort Nathans ebenfalls südlich von Jerusalem fanden, und legt auch das Gaba/Gabaon/Gabath der VP in diese Gegend[21].

Ursprünglich denken die VP jedoch wahrscheinlich an eine der Priesterstädte nördlich und in der Nähe von Jerusalem, entweder an Gaba oder an Gabaon oder an das Gabatha des Josephus.

Tal al-Ful (TAVO-Koordinaten 172.136), wodurch es dann mit Gibath Saʿul identisch wäre. Zu Jos. s. MÖLLER/SCHMITT 1976, 55. Beide Orte waren in frühjüdischer Zeit besiedelt. In beiden hat man die für diese Zeit typischen Steingefäße gefunden, die aufgrund der pharisäischen Reinheitsbestimmungen nicht mehr allein von der Priesterschaft verwendet wurden. Dazu DEINES 1993, 68.133. Geba war nach Jos 21,17 Levitenstadt.

[18] Im Anschluß an KLEIN 1937, 190 nimmt JEREMIAS 1958, 80 an, daß der Heimatort Nathans aus den Chronikstellen erschlossen ist. Dann hat An2 (Coisl. 205) den ursprünglicheren Text bewahrt. In Γαβαων lagerte das Heer des Cestius (Jos., Bell 2,516; Ant 7,283 vgl. die Quelle von Γαβαων Ant 5,11). Γαβαων war ab dem 1. Jh. v. Chr. wieder jüdisch, nach 135 n. Chr. dagegen römisch besiedelt, auch hier fanden sich Steingefäße, s. DEINES 1993, 131. Euseb, Onom (KLOSTERMANN, 66,11–16) dagegen kennt ein Γαβαων in die Nähe von Bethel (westlich, beim vierten Meilenstein).

[19] Origenes, In Luc Hom. 28 (GCS 9 [35] 174) meint dagegen wie An2 (Coisl. 224), der Prophet und der Davidsohn Nathan (2 Sam 5,14; 1 Chr 3,5; Lk 3,31) seien identisch; das lehnt bereits ZEHNER, Epiphanius, 12 ab, der die Angabe von An2 (Coisl. 205) »priesterliche Familie« für historisch zutreffend hält. Origenes war auf jeden Fall der bessere Bibelkenner, denn nach 2 Sam 8,18 waren alle Söhne Davids Priester.

[20] Jos., Ant 5,119: θνῄσκει δὲ ὑπ' αὐτὸν τὸν καιρὸν καὶ Ἐλεάζαρος ὁ ἀρχιερεὺς Φινεέσῃ τῷ παιδὶ τὴν ἱερωσύνην καταλιπών, καὶ μνημεῖον αὐτῷ καὶ τάφος ἐν Γαβαθᾶ πόλει τυγχάνει. Dabei handelt es sich um Tal al-Ful; TAVO-Koordinaten 172.136. Euseb, Onom (KLOSTERMANN 70, 22ff) setzt dagegen das Eleazar/Pinchasgrab zwölf Meilen von Eleutheropolis an und fügt hinzu, daß hier auch das Grab Habakuks gezeigt werde. Ep1 zeigt sich auch hier mit den späteren Lokalisierungen vertraut. Die Prophetengräber in der Umgebung von Jerusalem waren aufgegeben bzw. neu belegt worden, vgl. Band I, Jesaja-Vita, Abschnitt 3. Die Christen setzten dann bevorzugt solche Grabtraditionen in der Gegend von Eleutheropolis an. Unter dem Lemma Γαβαων zählt Euseb, Onom (KLOSTERMANN 70, 7–13) die verschiedenen Γαβα/Γαβαθα auf.

[21] JEREMIAS 1958, 80: Zwischen Rachelgrab und Hebron: »Schemuel bar Schimson (1210)«; »Isaak Helo (1334)«; »Benjamin ben Elia (1776)«; der moderne Führer von KEEL/KÜCHLER/UEHLINGER 1982 vermerkt nichts zu einem Nathangrab in dieser Gegend. Es handelt sich um das bei Euseb, Onom (KLOSTERMANN 70,10) erwähnte Γαβα/Γαβαθα im Sü-

2. Nathan und David

2.1 Nathan als Davids Lehrer

καὶ αὐτὸς ἦν ὁ διδάξας αὐτὸν νόμον κυρίου.

Als Auftakt wird berichtet, daß Nathan David im Gesetz unterrichtet habe[22]. Dieser starke Anachronismus verrät uns etwas über den Verfasser der VP. Er paßt vorzüglich in das pharisäisch schriftgelehrte Milieu, dem der Verfasser, soweit man ihn einer religiösen Partei zuordnen kann, angehört[23]. Das Problem, warum David sich nicht an das Gesetz hielt, sondern ein so schlimmes Vergehen wie den Ehebruch mit Bathseba und den Mord an ihrem Mann Uria beging, beschäftigte die Gemüter offensichtlich in frühjüdischer Zeit[24]. Eben deshalb erwarteten die pharisäischen Frommen, daß der kommende Messias, der Sproß Davids, von Gott selbst belehrt sein werde und ohne Sünde sei[25], so daß er das Volk gerecht richten, führen und belehren kann[26].

Aus *Qumran* ist eine für die Gemeinde typische Beschreibung von Davids großer Sünde erhalten. Die Damaskusschrift erklärt sich das Vergehen damit[27], daß zu dem Zeit-

---

den: κώμη ἐν ἀνατολαῖς τοῦ Δαρωμᾶ. Eine Nathan-Grabtradition kennt Euseb an diesem Ort nicht.

[22] Spätere jüdische Tradition sieht in Nathan (entsprechend 2 Sam 12,25) den Lehrer Salomos, s. GINZBERG, Legends VI, 279 (nur im Zohar); vgl. Ps-Hieronymus, Quaestiones zu 1 Kön 1,8: *Semel ipse est Nabath, pater Jeroboam, qui fuit magister Salomonis* (PL 23, 1427C); dazu GINZBERG 1900, 69f.

[23] Zum Tora-Studium und der Stellung der Soferim vgl. SCHÜRER II, 322–336 (Lit.); weniger instruktiv SAFRAI 1987, 958–969.

[24] Der Chronist unterschlägt die Bathseba-Episode und berichtet nur von der Volkszählung Davids, so anstößig war ihm die Geschichte. Sir 47,11 betont ausdrücklich, Gott habe David seine Sünden vergeben. Vgl. weiter Anm. 27.

[25] PsSal 17,32.36. Vgl. den entsprechenden messianischen Psalm, den BAILLET noch für einen Zusatz zur Kriegsrolle aus Qumran hielt (4Q491, ed. BAILLET, DJD VII, 26–29). Wahrscheinlich spricht hier ein in den Himmel unter die Engel erhöhter Mensch, wohl der endzeitliche messianische Hohepriester oder der Messias aus Israel. Zur Diskussion vgl. SMITH 1990, 183f; HENGEL 1993b, 175ff. Inzwischen rechnet man diesen Psalm zu den Hodajot; vgl. u. Elia-Vita, Anm. 106.

[26] PsSal 17,43; vgl. PsSal 18. Weitere Belege bei RIESNER 1984, 304–330.

[27] Zur Auslegung von Dtn 17,17 in Qumran vgl. CD v 1–6: »...Und über den Fürsten steht geschrieben: ›Er soll sich nicht viele Frauen nehmen‹ (Dtn 17,15ff). Aber David hatte nicht in dem versiegelten Buch des Gesetzes gelesen, welches in der (Bundes)lade war, denn es war in Israel nicht geöffnet worden seit dem Tage, da Eleazar und Josua und die Ältesten starben, da man den Astarten diente. Und es wurde verborgen [und nicht] entdeckt, bis Zadok auftrat. Davids Taten wurden aufgehoben(?) mit Ausnahme des Blutes Urias und Gott erließ sie ihm.« (zur Üs. s. MAIER/SCHUBERT 1973, 174; LOHSE, Texte, 75). Weiter: 11QTemple lvi 18f: »Und er soll sich nicht viele Frauen halten, daß sie nicht sein Herz entfernen von mir.« Nach dem »Königsgesetz« der Tempelrolle (lvi 11-lx) wird dem König am Tag seiner Inthronisation sein Gesetz übergeben: »Und wenn er sich auf den Thron seines Königtums setzt, schreibt man für ihn diese Tora auf eine Buchrolle vor Priestern ...« (lvi

punkt das Buch des Gesetzes noch in der Lade verschlossen war; erst der Ahnherr der qumranischen Frommen, der (Hohe)priester Zadoq, hat es hervorgeholt, und – so kann man sinngemäß ergänzen – danach hielt sich David an das Gesetz, so wie es ihn der Hohepriester lehrte. Jedoch daß David seine Sünden vergeben wurden, wird im Gegensatz zu Sirach[28] und Josephus eingeschränkt: Nicht vergeben wurde ihm die Blutschuld an Urija[29].

Josephus stellt diese Episode im Leben Davids verhältsmäßig wenig beschönigend seinem Bibeltext folgend dar; er betont jedoch, daß David sonst ein »von Natur aus gerechter, frommer und die väterlichen Gesetze streng einhaltender« Mann war[30] und nur diese eine Sünde beging. Dem Propheten Nathan erscheint Gott jeweils im Traum (Ant 7,92 zu 2 Sam 7 und Ant 7,147 zu 2 Sam 12) und sagt ihm, was er David mitzuteilen hat. Die Nathan-Parabel versteht Josephus als eine psychologisch geschickte Diplomatie gegenüber dem von seiner Leidenschaft beherrschten König[31]. Daraus spricht Josephus' eigene Erfahrung und seine historische Kenntnis (und die seiner Zeitgenossen) über die Herrscher der hellenistisch-römischen Zeit[32].

In den VP befinden wir uns deutlich in einem anderen Milieu als in Qumran. Während dort der König nach dem Diktat der Priesterschaft zu herrschen hat[33], unterweist hier der persönliche »Hofprophet« den König in der Tora, d.h. dem Gesetz und seiner Auslegung[34].

20f; zur Üs. vgl. MAIER, Tempelrolle, 58). Die Tora, die ihm übergeben wird, wird nicht der Pentateuch sein, sondern eben dieses Königsgesetz, das das Königsgesetz des Deuteronomiums aktualisiert. Zur Datierung vgl. CHARLESWORTH/MENDELS/HENGEL 1986, 28–38.

[28] Sir 47,11.

[29] Weniger rigid ist bShab 30: »David sprach vor Gott: Herr der Welt, vergib mir jene Sünde. Gott antwortete ihm: Es soll dir Vergebung zuteil werden. So tu, fuhr David fort, an mir ein Zeichen während meines Lebens. Darauf Gott: Während deines Lebens mache ich es nicht bekannt, aber während des Lebens deines Sohnes Salomos ...«. Das Zeichen besteht dann darin, daß sich die Tempeltore, die sich verschlossen hatten, als Salomo die Lade ins Allerheiligste des neuerbauten Tempel bringen will, von selbst öffnen, weil Salomo sagt »gedenke an die Gnade Davids deines Knechtes«. Wir haben hier die Umkehrung der Geschichte vom Öffnen der Tempeltore als Zeichen für die Zerstörung des 2. Tempels, s. oben Sacharja (XII)-Vita, S. 169 Anm. 90. Vgl. Ps.-Hieronymus, Quaestiones zu 2 Chr 7,10: *Quia David, dimisso peccato Uriae Ethaei, regnum concessit in sempiternum.* (PL 23, 1456C); vgl. GINZBERG 1900, 101.

[30] Ant 7,130 beginnt die Episode mit: Δαυίδη ... ὄντι φύσει δικαίῳ καὶ θεοσεβεῖ καὶ τοὺς πατρίους νόμους ἰσχυρῶς φυλάσσοντι. Jos. endet (153): ... ἦν γὰρ ὁμολογουμένως θεοσεβὴς καὶ μηδὲν ἁμαρτὼν ὅλως περὶ τὸν βίον ἢ τὰ περὶ τὴν Οὐρία γυναῖκα.

[31] Ant 7,147: Τοῦτον οὐχ ἡδέως ἐπειδὴ ὁ θεὸς τὸν γάμον, ἀλλὰ δι' ὀργῆς ἔχων τὸν Δαυίδην, τῷ προφήτῃ Νάθᾳ φανεὶς κατὰ τοὺς ὕπνους ἐμέμφετο τὸν βασιλέα. ὁ δὲ Νάθας ἀστεῖος καὶ συνετὸς ὢν ἀνήρ, λογιζόμενος ὡς οἱ βασιλεῖς ὅταν εἰς ὀργὴν ἐμπέσωσι ταύτῃ πλέον ἢ τῷ δικαίῳ νέμουσι, τὰς μὲν παρὰ τοῦ θεοῦ γεγενημένας ἀπειλὰς ἡσυχάζειν ἔκρινεν, ἄλλους δὲ λόγους χρηστοὺς πρὸς αὐτὸν διεξῆλθε.

[32] Im Vergleich etwa mit Herodes dem Großen ist David ja auch ein wahres Unschuldslamm.

[33] Vgl. etwa SCHÜRER II, 323; WEINFELD 1986, 19ff.

[34] Die Zuordnung bestimmter Propheten zu den jeweiligen Königen ist im dtr Geschichtswerk angelegt; aktualisiert finden wir sie beim Chronisten (2 Chr 9,29): Nathan und Achia von Siloh sind die »Chronisten« Salomos; Jedo (=Joad in den VP) ist der des Jerobeam; ebenso verfährt das Lob der Väter (Sir 44 – 50). Vgl. u. Achia- und Joad-Vita.

Mag uns die Vorstellung der VP, daß Nathan David im Gesetz unterrichtete, naiv und anachronistisch anmuten, so finden wir doch bei *Philo* von Alexandrien ähnliche Gedankengänge. Philo wünscht sich, daß alle Herrscher sich im Gesetz des Mose unterweisen ließen und danach regierten[35]. Philo denkt dabei wohl an Privatunterricht für die Herrscher.

Die alttestamentlichen Propheten hatten persönliche Schüler[36]. Doch daß sie diese im *Gesetz* unterwiesen hätten, ist ein typischer Anachronismus. In Palästina kennen wir Weise als Schriftausleger und Lehrer im Gesetz seit ben Sira. Im 1. Jh. n. Chr. wird die Synagoge zum Ort der διδαχὴ νόμου[37]. Die Vita stellt sich das Lehrer-Schüler-Verhältnis zwischen Nathan und David wie das zwischen einem bedeutenden Gesetzeslehrer und seinem prominentesten Schüler vor[38]. Die ständige Beschäftigung mit dem Gesetz und das Studium des Gesetzes bewahrt nach Josephus vor der Sünde[39]. Wir haben für die vorrabbinische Phase vor allem bei Josephus, aber auch im NT Belege für den Unterricht im Gesetz und die Rolle bedeutender Lehrer[40]. Zudem bahnt sich in dieser Zeit schon, wie man an der Nathan-Vita erkennen kann, die spätere Gleichsetzung der Propheten mit den Gesetzeslehrern an[41].

Daß auch die Damaskusschrift zu einer entsprechenden Erklärung greift, um zu begründen, wie es überhaupt möglich war, daß ausgerechnet der König David sich nicht an das Gesetz hielt, zeigt, daß unsere Vita keineswegs ohne schriftgelehrte Kenntnis und nicht einfach »volkstümlich« ist. Die frühjüdischen Parallelen bei Sirach, in CD, Philo und Josephus zeigen den Kontext, in den unsere Vita gehört. Sie erzählt jedoch freier als Josephus die Hintergründe von 2 Sam 11 und 12 in typisch haggadischer Manier[42].

---

[35] Dec 40f; Spec. 4,176; VitMos 2,241. Der ideale König soll nach seiner Thronbesteigung den Gesetzesanhang (= Dtn) lesen: Spec 4,160ff; vgl. UMEMOTO 1991, 244.

[36] Vgl. die Zusammenstellung etwa bei SATO 1988, 314–371. Dabei wurden diese »Jünger« ursprünglich historisch richtiger selbst als Propheten verstanden. Die VP verwenden dieses Modell etwa für das Verhältnis von Elia und Obadja, dazu o. Obadja-Vita, Abschnitt 2.1.

[37] Vgl. die Theodotos-Inschrift aus Jerusalem, s. weiter dazu HENGEL 1971. Der Unterricht im Gesetz ist in frühjüdischer Zeit eine Selbstverständlichkeit. Von Kindesbeinen an wird der Jude im väterlichen Gesetz unterwiesen, so daß wie Jos. stolz hervorhebt, sich in diesem Volk kaum einer findet, der das Gesetz übertritt (c Ap 2, 178.204); zu Jos.' Gesetzesapologie in c. Ap vgl. LICHTENBERGER 1985, 286–291; NIEBUHR 1987, 39–72 (dort u.a. Vergleich mit Philo und Ps-Phokylides). Zu den pharisäischen Lehrhäusern in Jerusalem, vgl. HENGEL 1991a, 215–225.

[38] Vgl. Apg 22,3; weiter die Traditionskette Lehrer-Schüler von Mose, Josua, den Propheten bis in die tannaitische Zeit in mAb 1.

[39] Ant 4, 209; 16, 43: τῇ μαθήσει τῶν ἡμετέρων ἐθῶν καὶ νόμου ... δι' ὧν οὐχ ἁμαρτησόμεθα. Vgl. Ap 2, 204.276ff u.ö.

[40] Vgl. RIESNER 1984, 276–297. Die Bezeichnungen Prophet und Lehrer können ineinander übergehen.

[41] Zum Sprachgebrauch von TJon, wo נביא mit ספרא wiedergegeben werden kann, vgl. RIESNER 1984, 296 Anm. 143. Die spätere rabbinische Zurückhaltung gegenüber apokalyptisch-enthusiastischen Strömungen und die rabbinische Prophetenkritik greift auf das Modell zurück, daß die Propheten Gesetzeslehrer waren, so daß »(schließlich) die Funktion der Propheten auf die von bloßen Torahauslegern reduziert (wurde)« (RIESNER 1984, 296f).

[42] JEREMIAS 1958, 80: »Es verdient vermerkt zu werden, daß der Kontext völlig die Art des Midrasch trägt ... Dieser Midrasch ist deshalb bemerkenswert, weil er ein besonders

2.1.1 Nathans prophetische Vision: Davids Sünde

2 καὶ εἶδεν, ὅτι Δαυὶδ ἐν τῇ Βηρσαβεὲ παραβήσεται

Da Nathan doch bereits in 2 Sam 7 David die große Verheißung gegeben hatte und in 2 Sam 12 wieder auftritt, um David seiner Schuld zu überführen, fragt unsere Haggada, was der Prophet wohl in der Zwischenzeit gemacht hat und warum er diese Sünde nicht verhindern konnte. Als Prophet mußte Nathan doch zumindest die Gefahr vorher erkennen. Der Sprachgebrauch von παραβαίνω ἔν τινι ist etwas ungewöhnlich, doch kennt die Koine kausales ἐν, und so wird man die ungewöhnliche Wendung mit »wegen Bersabee«[43] übersetzen können. Sinngemäß ist τὸν νόμον bzw. τοὺς νόμους zu ergänzen. Diese knappe Wiedergabe der Liebesgeschichte zwischen David und Bathseba wird in Ep1 nur durch die Prädikation Davids ὁ βασιλεύς ergänzt und der Aorist παρέβη statt des Futurs[44] verwendet. Demnach wäre es für Nathans Eingreifen von vornherein zu spät gewesen. Beliars List wäre gar nicht nötig gewesen. Wieder erweist sich Ep1 als sekundär.

2.1.2 Beliars List: Der nackte Erschlagene am Wege

καὶ σπεύδοντα ἐλθεῖν ἀγγεῖλαι αὐτῷ ἐνεπόδισεν ὁ Βελίαρ,
ὅτι κατὰ τὴν ὁδὸν εὗρε νεκρὸν κείμενον γυμνὸν ἐσφαγμένον·
3 καὶ ἐπέμεινεν ἐκεῖ

An1 läßt offen, wo sich Nathan befindet, als er das Unheil kommen sieht. Jedenfalls sitzt ihm David in dem Augenblick nicht als Schüler zu Füßen[45]. Der Prophet gibt sich jedoch alle Mühe und eilt so schnell er kann, David zu warnen. Ep1 berichtet dagegen An2 folgend »richtig«, daß Nathan von seinem Heimatort aus nach Jerusalem eilen muß; zudem will hier Nathan nicht nur Kommendes »ankündigen«, sondern Drohendes »verhindern«. Ep1 verbindet damit ein Wortspiel: der Prophet will David an der Gesetzlosigkeit hindern (κωλύω), ihn selbst hindert (κωλύω) jedoch wiederum Beliar. An1 und An2

---

deutlicher Beleg dafür ist, daß die Vitae Prophetarum auf jüdische Überlieferung zurückgehen.«

[43] LXX: Βηθσαβεε. Die Namensform in den VP entspricht Luc. in LXX. Zum häufigen Wechsel von *Bethsabee* und *Bersabee* s. Un Sermon inédit de Rathier pour la fête de Saint Donatien (Anal. Boll. 98 [1980] 358 Anm. 47); vgl. etwa »Bersabe« in Jub 41,7 statt »Batsua«, bzw. »Tochter des Schua« Gen 38,12; der äth. Text hat »Bedseel, Bedsuel«, s. BERGER, JSHRZ II/3, 522; VANDERKAM, Jubilees II, 230.268.363.

[44] In LXX wird als Futur von παραβαίνω das normale παραβήσομαι gebraucht.

[45] Vgl. den rabbinischen Grundsatz: לעולם ידור אדם במקום רבו »Man soll sich stets am Wohnort seines Lehrers aufhalten« (bBer 8a; Tg J zu 1 Kön 2,46); in bBer 8a heißt es als Begründung dafür: »... denn solange Schimi lebte, hat Salomo die Tochter Pharaos nicht geheiratet«; dazu GINZBERG 1900, 70. Adam und Eva wurden im Paradies von zwei Engeln bewacht und sind, »als diese hinaufgingen und den Herrn anbeteten«, der Gewalt des Feindes ausgeliefert (VitAd gr. c. 7; Adae et Evae lat. c. 33).

(Coisl. 205) sind schlichter und weniger präzis: Beliar hindert (ἐμποδίζω)[46] den Propheten, seine Botschaft auszurichten (ἀγγέλλω). Daß sich die beiden Rezensionen umgekehrt zueinander verhalten und An1 (und An2 [Coisl. 205]) ein Exzerpt aus Ep1 darstellen würde, scheint nach dem Wortlaut dieser Stelle eher unwahrscheinlich[47], denn das Wortspiel hätte man nachträglich kaum entfernt.

Beliar wird eingeführt als neue Person, die verhindert, daß Nathan seine Mission zu Ende bringt. Damit ist der Prophet, aber nicht David entschuldigt. Dabei kann An2 (Coisl. 205), wo auch die Absicht Nathans mitgeteilt wird: ὥστε φυλάξασθαι ἀπὸ τῆς ἀνομίας, die ältere Textform bewahrt haben[48].

Beliar bedient sich dabei einer besonderen List. Der schlaue Teufel kennt das »Gesetz« besser als David und weiß, daß für einen Lehrer im Gesetz das Gebot, einen Toten zu begraben und ihm diesen Liebesdienst zu tun, allem anderen vorangeht, auch dem Gebet und dem Studium der Tora[49], vor allem jedoch wenn es sich um einen Toten handelt, dessen Angehörige ihm diese letzte Pflicht nicht erfüllen können[50]. »Sich mit einem Toten befassen« (vgl. bes. MekhY Besh 1)[51] galt nicht nur im Judentum als Pflichtgebot menschlicher Pietät, der חסד, als Summe der Liebeswerke, sondern ist gemein antik[52].

---

[46] Die Konstruktion von ἐμποδίζω mit Akk. ist ungewöhnlich; vielleicht hat Ep1 deshalb in κωλύω verbessert.

[47] Auch An2 hält an ἀγγέλλω und ἐμποδίζω an dieser Stelle fest.

[48] Dafür spricht auch die Wortwahl in V. 3 ἀνομία statt ἁμαρτία.

[49] Das Begräbnis gilt als selbstverständliches »Gebot der Achtung vor dem Toten«, Görg, Art. Begräbnis, NBL, I, Sp. 262ff (263). Die Tora selbst regelt nur die Grenzfälle: Auch der hingerichtete Verbrecher ist am Tage seines Todes zu beerdigen (Dtn 21,23); der Hohepriester und der Naziräer dürfen sich nicht mit Leichen verunreinigen – auch nicht der ihrer Eltern (Lev 21,11; Num 6,7 vgl. Lev 21,2f). Nach rabbinischer Gesetzesauslegung ist die Totenbestattung ein Pflichtgebot מצוה , gehört aber auch zu den Liebeswerken גמילות חסדים; die Bestimmungen über den sog. Pflichttoten מת מצוה heben sogar Lev 21,11 und Num 6,7 auf (s. die Belege bei Bill. I, 487ff und IV, 559.578–607). Vgl. Lieberman 1977, 387–424; dazu bes. tMeg 4 (3),16: »R. Akiba: ›Erweise (den Toten Ehre), damit man (sie auch) dir erweise! Geleite (die Toten), damit man (auch) dich geleite! Halte Totenklage, damit man (auch) dich beklage! Begrabe (andere), damit man (auch) dich begrabe‹.« (Lieberman 357; Zuckermandel 226; Üs. nach Beyer, Texte, 361).

[50] Tob 1,17f; 2,3–8; 12,12f; vgl. Ps.-Phokylides 99: γαῖαν ἐπιμοιρᾶσθαι ἀταρχύτοις νεκύεσσιν (ed. Denis, PsVT III, 152), »Laß unbestattete Leichen der Erde teilhaftig werden«; vgl. van der Horst 1978, 180f (Belege und Lit.); die Leichenbestattung gehört zu den »ungeschriebenen Gesetzen«, s.u. Anm. 52.

[51] Lauterbach I, 176–182 (176). In MekhY wird vor allem – im Zusammenhang mit der Überführung der Gebeine Josephs – die Verdienstlichkeit der Totenbestattung hervorgehoben.

[52] S. den Konflikt in Sophokles' Antigone und die Berufung auf die »ungeschriebenen Gesetze« Antigone, 454f: ἄγραπτα κἀσφαλῆ θεῶν νόμιμα. Der Streit, ob dieses Element in den Gesetzesepitomen Philos, Hyp 7,21f und Jos., Ap 2, 211 (zu Ps-Phok s.o. Anm. 50) aus dem griechischen Bereich stammt, ist müßig, s. dazu Niebuhr 1987, 48.53ff.

Auf der anderen Seite kann ausgemalt werden, wie der Fluch der bösen Taten sich vollzieht, dadurch daß der Frevler kein Begräbnis findet[53]. Wahrscheinlich hat Beliar sogar das Buch Tobit (12,12f vgl. 2,2–8) ›gelesen‹: Während dort der Engel Raphael Tobits Frömmigkeit auf die Probe stellt, indem er ihm einen erdrosselten Toten auf den Marktplatz der Stadt legt, als er gerade beim Festmahl sitzt, und Tobit diese Prüfung – wie alle anderen – glänzend besteht, weiß der Teufel, wie sich der Prophet in diesem Konflikt entscheiden wird. Die Selbstverständlichkeit, mit der in der Vita der מה זות מצוה als zwingender Grund eingeführt wird, um zu erklären, warum Nathan David nicht warnen konnte, beleuchtet auch, auf welch ungewöhnliche Weise der Ausspruch Jesu Mt 8,22 = Lk 9,60a »gegen Gesetz, Fömmigkeit und Sitte verstößt«[54].

Sowohl An2 als auch Ep1 haben einen etwas längeren Text. In An2 findet der Prophet den Toten nicht nackt und erschlagen »am Wege« daliegen, sondern als er nach Jerusalem kommt[55]. Er zieht sein Gewand, seine priesterliche στολή aus, legt sie um den Toten[56] und bleibt, weil er den Toten begraben will. Nur in An2 (Coisl. 205) finden wir auch den wirklichen Grund für Nathans Bleiben bei dem Toten: θέλων θάψαι τὸν νεκρόν· καὶ μὴ φθάσας ἐλθεῖν πρὸς Δαυὶδ τῇ νυκτὶ ἐκείνῃ. Deshalb gelingt es ihm nicht, zu David zu kommen. Ep1 nennt ebenfalls einen Grund: Der Prophet will den Toten an Ort und Stelle bestatten, damit ihn die wilden Tiere nicht fressen[57]. Das Letztere ist sicher die spätere Begründung, die vom מה זות מצוה nichts mehr weiß.

Daß Nathan bleiben muß, um den Toten zu begraben, wird in An1 gar nicht erwähnt. Entweder wird es als selbstverständlich vorausgesetzt, dann tragen die längeren Rezensionen, das, was sie in An1 vermissen, nach und ergänzen. In diesem Falle würde es sich in An2 (Coisl. 205) nicht um eine typisch christliche Ergänzung handeln, sondern um eine, die ganz im Geist der ursprünglichen Geschichte erzählt.

Unten zu V. 4 stellt sich dieselbe Frage, ob An2 in der Nathan-Vita den ursprünglicheren Text bewahrt haben kann. Mit Sicherheit läßt sich diese Frage nicht mehr entscheiden. Daß die VP wahrscheinlich ein Exzerpt aus längeren Erzählungen darstellen, steht auf einem anderen Blatt[58].

---

[53] Vgl. zu Dtn 28,26: PsSal 2,27 über Pompeius: »sein Leichnam trieb auf den Wellen unter großer Schmach, und es war keiner, der (ihn) begrub, weil er ihn in Schande gering achtete«; 4,19f: »mögen die Leichen der Menschendiener von wilden Tieren zerrissen werden und die Knochen der Gesetzlosen geschändet in der Sonne liegen. Mögen Raben die Augen der Heuchler aushacken.«

[54] Dazu HENGEL 1968a, 9–17 (16).

[55] Dieses »Kommen« hat sich auch in Dor erhalten. »Jerusalem« wird in Ep1 vorgezogen.

[56] Vgl. zum Bekleiden von Lebenden: Ez 18,7.16; Mt 25,36 (vgl. 38.43): γυμνὸς καὶ περιεβάλετέ με; zu den Parallelstellen vgl. GNILKA 1988, 373. Tote hüllte man vor dem Begräbnis in Tücher; vgl. Mk 15,46 par. Zur priesterlichen στολή, die die Pharisäer übernahmen, vgl. Mk 12,38 par.

[57] Vgl. wieder Dtn 28,26; PsSal 4,19f.

[58] S. dazu Band I, Einleitung, Abschnitt 3.2.

2.1.3 Die Erkenntnis Nathans

καὶ ἐν τῇ νυκτὶ ἐκείνῃ ἔγνω,
ὅτι ἐποίησε τὴν ἁμαρτίαν.
Καὶ ὑπέστρεψε πενθῶν

Den Bibeltext ergänzend wird berichtet, daß Nathan bereits in dieser Nacht erkennt[59], daß sein Schüler sündigt, und er geht trauernd wieder heim. Die Trauer über den begangenen Frevel braucht hier in An1 sowenig eine Erklärung wie in Mt 5,4[60].

Nach An2 (Coisl. 205) verdankt Nathan seine Erkenntnis τῷ πνεύματι und er trauert πάσας τὰς ἡμέρας. Auch das wird man nach der grundsätzlichen Einsicht in die Genese der Rezensionen für eine christliche Ergänzung ansehen müssen, obwohl sie natürlich auch im jüdischen Bereich völlig üblich wäre. Wäre An2 (Coisl. 205) an dieser Stelle ursprünglich, so hätten wir hier die einzige Erwähnung von πνεῦμα in der Grundschrift der VP[61]. Ep1 setzt den Zusatz von πνεῦμα in An2 (Coisl. 205) voraus und wandelt diesen ab[62].

2.1.4 Nathans prophetisches Gericht über David

4 καὶ ὡς ἀνεῖλε τὸν ἄνδρα αὐτῆς,
ἔπεμψε κύριος ἐλέγξαι αὐτόν·

In An1 wird der Übergang zu 2 Sam 12 und der Inhalt des Kapitels knapp umschrieben. Das für die VP typische Motivwort ἐλέγχω[63] genügt, um den Auftrag Gottes an den Propheten zur Gerichtsrede wiederzugeben[64]. Auch der Mord an Uria braucht nicht erneut erzählt zu werden, er findet sich ja schon in der Schrift. Zugleich dient dieser Satz als Schlußpunkt unter die ganze Geschichte. Im Kernbestand der VP zeigt sich durch die Auswahl des Stoffs und

---

[59] Zum Wissen der Propheten vgl. Band I, Daniel-Vita, Abschnitt 2.2.2. Zu ἐν τῇ νυκτὶ ἐκείνῃ vgl. 2 Sam 7,4 (LXX).

[60] »Die alte Streitfrage, was Grund und Inhalt der Trauer sei in Mt 5,4, läßt sich vom jüdischen Hintergrund her ... beantworten: Er besteht – dem matthäischen Universalismus entsprechend – in der Macht des Bösen in der Welt, die den Tod und die eigene Sünde miteinschließt«, HENGEL 1987b, 356. Vgl. die Trauer Esras in 4 Esr 8,16f u.ö. über die Sünde.

[61] Vgl. Daniel-Vita (Ep1: 4,10 πνεῦμα Σατάν; Dor 4,21); Joel-Vita (Dor: Prol.); Sacharja XII-Vita (An2: 15,7 πνευματικός προφήτης). Es handelt sich bei all diesen Stellen um christliche Ergänzungen.

[62] Zum Verhältnis von An2 und Ep1 vgl. o. Jona-Vita (S. 49ff).

[63] Vgl. Band I, Ezechiel-Vita, Anm. 58 und u. Index s.v.

[64] Vgl. vor allem 2 Sam 7,14 in der Nathanverheißung. Mit Lev 19,17 hat der Sprachgebrauch der VP nur indirekt zu tun. Doch die Zurückhaltung der Rabbinen in der Auslegung von Lev 19,17 (im Gegensatz zu Mt 18,15), die die Demut über das Zurechtweisen stellt und die BILLERBECK tadelt, entspringt vielleicht nicht nur psychologischer Einsicht, sondern auch dem Bewußtsein, welcher Anspruch hinter einem solchen »Zurechtweisen« steht: Wirklich zurechtweisen kann nur Gott. Er tut es durch seine Propheten und schließlich und endgültig beim Endgericht.

seine Anordnung eine scharfe Kritik gegenüber Israels Königen[65], aber nicht an der Priesterschaft[66]. Auch mit David macht der Verfasser keine Ausnahme. An diesem Punkt kommt ebenfalls die ›Parteizugehörigkeit‹ des Verfassers und seine Kenntnis des dtr. Werkes zum Tragen[67].

Ep1 verbessert ἔπεμψε zu ἀπέστειλεν (vgl. 2 Sam 12,1 LXX), erweitert und bietet nicht nur die Namen und fügt zum ἐλέγχω[68] noch περὶ τῆς ἁμαρτίας αὐτοῦ hinzu, sondern schildert auch den Erfolg, den Nathan mit seinem ἐλέγχειν hatte: Nachdem vorher zweimal von Nathan in dieser Rez. gesagt wurde »er erkannte« (ἔγνω)[69], ist es nun David, der »erkennt« (ἔγνω). Seine Erkenntnis tritt ein, nachdem er Gott fürchtete, weil er überführt worden war (ἠλέγχθη)[70]. Die Erkenntnis Davids bezieht sich auf Nathan: Er erkennt, daß der *heilige Geist* auf Nathan ruht, und er ehrt den Propheten wie einen Frommen Gottes. Auf diese Weise erhält die Geschichte einen würdigen auf den Propheten wieder hinlenkenden Schluß. Alle Ergänzungen entsprechen der erbaulichen, christlichen Tendenz in Ep1, die auch den Schluß der Jesaja-Vita streicht. Dem Bearbeiter von Ep1 sind alle diese schönen Zutaten und die Feinheit in der Komposition in seiner Nathan-Vita durchaus zuzutrauen.

In An2 (Coisl. 205) finden wir einen – auch für die palästinische Haggada – typischen Nachtrag über die Gründe, die dazu führten, daß Nathan in 2 Sam 12 zu David geschickt (auch hier statt ἔπεμψε mit LXX ἀπέστειλεν) wird. In An2 trauert Nathan, indem er sich Selbstvorwürfe macht ἔλεγε γὰρ, ὅτι δι' ἐμοῦ γέγονεν ἡ ἀσέβεια αὕτη[71]. In Trauer und Fasten sühnt der Fromme für eigene und fremde Sünden[72]; wir kennen dieses pharisäische Denken vor allem aus den PsSal und dem NT. Es ist aber auch ein christlicher Grundsatz[73]. Über die Trauer Nathans erbarmt sich Gott, er muß den Propheten trösten. Gott greift ein mit einem Zwiegespräch: Nathan selbst, durch den diese »Wunde« geschlagen wurde, darf sie auch wieder heilen. Auch diese Argumentation kennen wir aus der palästinischen Haggada[74].

---

[65] Vgl. das Ende der Jesaja-Vita, das Ep1 streicht.

[66] Vgl. die Vita von Sacharja ben Jojada. In den christlichen Ergänzungen der τέρας-Worte erscheint die Kritik an der Priesterschaft, so etwa in der Daniel-Vita V. 21 oder in der Achia-Vita, die zu einer Eli-Vita umgestaltet wird in An2 (Coisl. 205).

[67] Zur pharisäischen Kritik an den irdischen Königen, vgl. SCHWEMER 1991b, 344 (Lit.).

[68] Das ist in den VP der Terminus für die prophetische Gerichtsrede, die das Urteil schon impliziert.

[69] An1 hat in V. 2 εἶδεν und in V. 4 ἔγνω; An2 (Coisl. 205) verbessert an beiden Stellen: γνούς; nur Ep1 enthält die Feinheit des dreimaligen ἔγνω.

[70] Medium und Passiv sind nicht immer deutlich zu trennen. Hier wird man die passivische Bedeutung vorziehen, ebenso wie in der Ezechiel-Vita und in Lk 3,19f, wo sicher passivisch zu übersetzen ist, da Herodes Antipas wie der Führer des Volkes in der Ezechiel-Vita wohl »zurechtgewiesen« wurden, aber nicht zur Einsicht kamen.

[71] Vgl. dagegen den berechtigten Selbstvorwurf Vita Adae (gr.) 32,2.

[72] PsSal 3, die Beschreibung der Reaktion des Gerechten auf eigene Sünde und die seiner Angehörigen: er fastet und demütigt sich, d.h. er trauert.

[73] Zum Problem, wie schwer es ist, bei diesem Aspekt zwischen christlichen und jüdischen Schriften zu unterscheiden, s. Band I, Daniel-Vita, Abschnitt 2.2.5.2.

[74] yBer 2,4 5a (par EkhaR 1,16 § 51) sagt der Prophet Elia (in Gestalt eines Händlers) über den Messias Menahem ben Hiskia: »Wir sind dessen sicher, wenn um seinetwillen der Tempel zerstört wurde, so wird er um seinetwillen wieder aufgebaut.« S. dazu SCHWEMER 1994b, 113.131–135.

So könnte man annehmen, die längere Textform von An2 (Coisl. 205) werde in An1 abgekürzt. Dagegen spricht, daß An2 (Coisl. 205) sonst immer eine sekundäre Textform vertritt. An2 denkt innerhalb der alten Geschichte zwar folgerichtig weiter und gestaltet sie erbaulich aus. Die spätere Hand aber verrät sich in diesem Zusatz, der die unbefriedigende Kürze von An1 beseitigt, dadurch daß sie von der *Absicht*[75], den Toten zu begraben, spricht. Den מֵת מִצְוָה erwähnte An1 nicht expressis verbis. Daß dies für Nathan ein schlechthin zwingender Grund zum Bleiben war, scheint erst Ep1 nicht mehr zu wissen.

3. Die Todes- und Grabesnotiz

5 καὶ αὐτὸς πάνυ γηράσας ἀπέθανε
καὶ ἐτάφη εἰς τὴν γῆν αὐτοῦ.

Das hohe Alter, das Nathan erreichte, ist aus dem hohen Alter, in dem David starb, erschlossen. Denn Nathan regelte ja noch die Nachfolgefrage zugunsten Salomos. Daß Nathan in seiner Heimat(stadt)[76] begraben wurde, ist selbstverständlich, aber entspricht auch dem von ihm Erzählten. Obwohl es Beliars List war, die ihn so pietätvoll den Erschlagenen am Wege behandeln ließ, gilt: Wer einen *met mizwa* begräbt, der erhält ebenfalls ein würdiges Begräbnis, d.h. eines in der Heimat[77]. Ep1 fügt der Ordnung halber den Ort noch einmal hinzu und verbessert das lässigem Koine-Sprachgebrauch entsprechende εἰς mit Akk. von An1 in ein korrekteres ἐν mit Dativ.

An2 (Coisl. 205) berichtet wieder ausführlicher: Nathan prophezeite bis ins hohe Alter und entschlief in Frieden.

Zusammenfassung

Auffallend ist zunächst, daß die Vita kein Wort über das Nathanorakel (2 Sam 7) verliert und sich darauf beschränkt, die Erklärung dafür nachzuliefern, warum David eine so große Sünde begehen konnte, wo ihm doch Nathan als Prophet zur Seite stand, der um das Kommende wissen mußte. Eine solche ›Nachlieferung‹ über die Hintergründe der biblischen Geschichte ist typisch für die palästinische Haggada, aber auch für die VP. Denkbar wäre, daß man derartige

---

[75] Doch θέλων könnte eine spätere Verbesserung sein, denn in arm, die An2 (Coisl. 205) übersetzt, fehlt dieses θέλων. S. STONE, Armenian Apocrypha, 137 Anm. 3 zu V. 4. Ep1 hat finalen Infinitiv (τοῦ θάψαι).

[76] Zur Verwendung von γῇ in den VP s. Band 1, Ezechiel-Vita, S. 245.

[77] Vgl. o. Anm. 49.

erbauliche Geschichten den Palästinapilgern aus der Diaspora erzählt hat. Wahrscheinlich ist in diesem Falle in An2 (Coisl. 205) eine Textform erhalten, deren Vorlage von An1 gekürzt wurde. Es gibt gute Gründe dafür; nur der Gesamtcharakter von An2 (Coisl. 205) spricht dagegen.

Der Anachronismus, daß Nathan als Lehrer Davids im Gesetz beschrieben wird, weist in das pharisäische Milieu. Auch das Interesse an Davids Vergehen mit Bathseba paßt in pharisäisches Denken; so erwähnt Josephus ebenfalls bei seinem Lob Davids diese eine Sünde als Ausnahme. Diese Sünde war erklärungsbedürftig. Die gesetzesstrengen Frommen in Qumran gingen andere Wege. Hier wird Davids Sündenfall nicht entschuldigt, nur sein Harem erhält eine Erklärung.

Die Grabüberlieferung der VP für Nathan verliert sich nach 135 n. Chr. und in byzantinischer Zeit. Erst die mittelalterlichen jüdischen Pilgerberichte erzählen vom Besuch seines Grabes in der Gegend von Beth Guvrin. Wahrscheinlich hatten in den Jahrhunderten davor Christen im Gabath(a) dieser Gegend – aufgrund der VP – das Prophetengrab ›gefunden‹.

Die Achia von Silo-Vita

Text und Übersetzung

18.1 Ἀχία ἀπὸ Σηλώμ,
ὅπου ἦν ἡ σκηνὴ τὸ παλαιὸν
ἐκ πόλεως Ἠλί.
2 Οὗτος εἶπε περὶ Σολομών,
ὅτι προσκρούσει κυρίῳ·
3 καὶ ἤλεγξε τὸν Ἰεροβεάμ,
ὅτι δόλῳ πορεύσεται μετὰ κυρίου·

εἶδε ζεῦγος βοῶν πατοῦντα τὸν λαὸν
καὶ κατὰ ἱερέων ἐπιτρέχοντα·
4 προεῖπε Σολομῶντι,
ὅτι αἱ γυναῖκες αὐτὸν ἐκστήσουσι
καὶ πᾶν τὸ γένος αὐτοῦ·
5 καὶ ἀπέθανε καὶ ἐτάφη
σύνεγγυς τῆς δρυὸς Σηλώμ.

18.1 Achia (war) aus Silom,
wo das Zelt war in alter Zeit,
aus der Stadt Elis.
2 Dieser sagte über Salomo,
daß er den Herrn zum Zorn reizen werde.
3 Und er überführte den Jerobeam,
weil er mit Trug wandeln werde gegen
den Herrn.
Er sah ein Joch Rinder das Volk zertreten
und gegen die Priester heranstürmen.
4 Er sagte dem Salomo vorher,
daß die Frauen ihn verleiten werden
und sein ganzes Geschlecht.
5 Und er starb und wurde begraben
nahe bei der Eiche Silom.

Zum Text

Textkritisch bietet diese Vita keine besonderen Probleme. An1 liest in V. 2 und 4 Σαλωμών. Die Partizipien in V. 3, die sich auf ζεῦγος beziehen, werden maskulin statt neutrisch konstruiert. Die Hs setzt bevorzugt das Maskulinum[1].

Aufbau und Vergleich der Rezensionen im Überblick

Zwischen Herkunfts- und Grabesnotiz ist in allen Rezensionen (außer Dor) ein Bericht über das Wirken des Propheten eingeschaltet. Dor dagegen bietet nur die Herkunfts- und Grabesnotiz, an die eine Nebenbemerkung angefügt ist. Die kurze Vita gliedert sich folgendermaßen:

---

[1] Vgl. etwa Jeremia-Vita V. 10f.

Wieder könnte man überlegen, ob Ep1 eine Erweiterung von An1 darstellt oder ob nicht doch umgekehrt An1 eine Kurzfassung von Ep1 darstellt. Sicher erscheint, daß Dor An1 kürzt und sich auf Herkunfts- und Grabesnotiz beschränkt. Nur am Ende hat Dor einen interessanten Zusatz, der von allen anderen Rez. abweicht. An2 ist wieder gespalten: An2 (Coisl. 224) geht mit An1. An2 (Coisl. 205 usw.) dagegen berichtet nicht von Achia von Silo, sondern schreibt eine Vita über Eli, den Priester von Silo, indem sie die Achia-Vita verwendet[2].

Dor gibt für die Propheten aus den Geschichtsbüchern keine messianischen Florilegien, sondern nur eine gesonderte Überschrift.

Kommentar

1. Die Herkunft

18.1 Ἀχία ἀπὸ Σηλώμ,
ὅπου ἦν ἡ σκηνὴ τὸ παλαιὸν ἐκ πόλεως Ἠλί.

Die biblische Herkunftsangabe des Propheten wird beibehalten, aber sinngemäß umgewandelt und nur erläutert durch die Erklärung der Bedeutung Silos[3] als Stadt des Heiligtums »in alter Zeit«[4], als es noch die Stadt Elis war. An2 (Coisl. 205) enthält den Namen Achia gar nicht[5] und Σηλωμ[6] wird als Zweit-

---

[2] Vgl. u. Anm. 5 und 7.

[3] Die Form Σηλωμ entspricht LXX, wo es häufig neben Σηλω verwendet wird (s. HATCH/REDPATH II, Anhang A 144); Jos. zieht dagegen die Gräzisierung Σιλους und Σιλω vor. GALLING, Art. Silo, BRL², 307f hält »Silon« für die ursprüngliche Namensform (Lit.). Dieselbe Schreibweise Σηλωμ finden wir in der Hosea-Vita, s. dazu o. Hosea-Vita, Anm. 61.

[4] Die Rezensionen bieten alle Möglichkeiten der grammatischen Verbindung An1 und Ep1: τὸ παλαιόν; An2: τὸ πάλαι und Dor löst das Problem attributiv: ἡ παλαιά.

[5] Wahrscheinlich hat eine der Vorlagen von An2 einmal aus Versehen den Namen des Propheten »Achia« nicht enthalten. Sekundär wurde dann die Vita auf den Priester Eli ausgerichtet.

[6] In den Onomastika gibt es mehrere Erklärungen für Σηλωμ: 1. ἐπηρώτησις ἢ ὑπόλυσις αὐτῶν ἢ ἐκσπασμός (WUTZ 1914, 675); 2. τόπος ὅπου ἡ σκηνή (WUTZ 1914, 344.699); 3. ἀνομία (WUTZ 1914, 689.937.1041). Die Übersetzung mit ἀνομία geht wahrscheinlich auf einen Fehler in den onomastischen Listen zurück, s. WUTZ 1914, 68. Mit der letzteren

namen für den Priester Eli aufgefaßt. An2 (Coisl. 205) spiegelt die spätere Lokaltradition in Silo[7]. Ep1 formuliert wieder gewählter und näher an MT- und LXX-Text[8] und setzt die Stammesangabe »Juda« hinzu. Diese Angabe ist natürlich nicht »falsch«[9], denn politisch gehörte das in seleukidischer und byzantinischer Zeit bewohnte Silo zu Judäa[10].

Josephus erwähnt ebenfalls ausdrücklich, daß die σκηνή von Josua nach Silo gebracht wurde[11] und spricht nicht von der Lade. Diese wiederum wird von Ep1 ausdrücklich zur Kennzeichnung der σκηνή in Silo genannt, wenn es heißt ἡ σκηνὴ τῆς κιβωτοῦ[12]. Weiter fügt Ep1 hinzu, Achia sei aus der Stadt Elis, des Priesters, nämlich aus Armathaim, gewesen. Aus dieser Stadt kam jedoch Samuel[13], dessen Vater war aus Armathaim. Es könnte sein, daß Ep1 eine Notiz vorlag, daß nicht nur Samuel, sondern auch Eli aus Armathaim kam, oder daß eine Notiz über Samuel einmal eingefügt war und zugunsten Elis wieder gestrichen wurde[14].

Erklärung könnte die Auffassung, daß es sich bei Σηλωμ um einen Beinamen Elis handelt, zusammenhängen.

[7] Das Eli-Grab in Silo ist – im Gegensatz zum Achia-Grab in Silo, das in Vergessenheit geriet – im Mittelalter verhältnismäßig breit bezeugt. Wir finden es (vielleicht) bereits bei Egeria, denn der Bericht des Petrus Diaconus ist an dieser Stelle wahrscheinlich von ihr abhängig: *Milario autem vicesimo a Sychan est templum destructum in Sylo, ubi est et sepulcrum Heli sacerdotis* (CChr.SL 175, 99); dann in jüdischen Pilgerschriften bei Jakob von Paris (1258) und Isaak Helo (1334), s. dazu Jeremias 1958, 43. Auch die arm. Version, die Stone, Armenian Apocrypha, 150f abdruckt, folgt der Rez. An2. Diese Überlieferung berührt sich mit samaritanischen Nachrichten, wie sie in einer samaritanischen Chronik und in c. 43 des samaritanischen Josuabuches belegt sind: Eli habe das Heiligtum am Garizim verlassen und in Silo »ein dissidentes Heiligtum« errichtet, s. Dexinger 1992, 74.

[8] 1 Kön 11,29 (LXX): Αχιας ὁ Σηλωνίτης und 1 Kön 12,24k (LXX): εἰς τὴν πόλιν πρὸς Αχια τὸν Σηλωνίτην, vgl. 2 Chr 9,29, die Stelle an der die drei Propheten Nathan, Achia und Iddo (LXX: Joel; VP: Joad) zusammen genannt werden, die auch in den VP zusammen gestellt werden: Καὶ οἱ κατάλοιποι λόγοι Σαλωμων οἱ πρῶτοι καὶ οἱ ἔσχατοι ἰδοὺ γεγραμμένοι ἐπὶ τῶν λόγων Ναθαν τοῦ προφήτου καὶ ἐπὶ τῶν λόγων Αχια τοῦ Σηλωνίτου καὶ ἐν ταῖς ὁράσεσιν Ιωηλ τοῦ ὁρῶντος περὶ Ιεροβοαμ υἱοῦ Ναβατ. 10,15: Αχια τοῦ Σηλωνίτου. Zum Propheten Iddo, s.u. Joad-Vita.

[9] So moniert Zehner, Epiphanius, 14, daß die richtige Angabe »Ephraim« fehle.

[10] Bei Salomo von Basra kann man eine vollständige Konfusion beobachten: Achia ist vom Löwen getötet worden (sonst wird in den VP der anonyme Prophet von 1 Kön 13 immer mit Joad/Iddo/Addo identifiziert) und liegt begraben »neben der Eiche, die im samarischen Siloh« ist; vgl. dazu Schermann, Legenden, 103; das könnte darauf zurückgehen, daß die Apost.Const. 1,4,7,2 (Funk I, 227, 26) den vom Löwen getöteten Propheten »Adonias« statt Joad nennen, was nun wiederum in Rez. Dor der Beiname Achias ist.

[11] Ant 5, 68: Ἰησοῦς δ' ἐκ τῶν Γαλγάλων ἀναστρατοπεδεύσας εἰς τὴν ὄρειον ἱστᾷ τὴν ἱερὰν σκηνὴν κατὰ Σιλοῦν πόλιν, ἐπιτήδειον γὰρ ἐδόκει τὸ χωρίον διὰ κάλλος, ἕως οἰκοδομεῖν ναὸν αὐτοῖς τὰ πράγματα παράσχῃ.

[12] Der Tempel in Silo war Wallfahrtstätte (1 Sam 1,3.9); dort stand die Lade (Jos 18,1; 19,51; 22,19.29 vgl. Jos., Ant 5,68). Auch das »Zelt der Begegnung« war nach 1 Sam 2,22 in Silo (diff. LXX).

[13] 1 Sam 1: Ἄνθρωπος ἦν ἐξ Αρμαθαιμ Σιφα ἐξ ὄρους Εφραιμ.

[14] Wahrscheinlich haben wir es wieder mit einer ›Verbesserung‹ zu tun.

2. Die Prophetie Achias

2.1 Die Prophetie an Salomo

> 2 Οὗτος εἶπε περὶ Σολομών,
> ὅτι προσκρούσει κυρίῳ·

Während in den Königsbüchern kein Prophet außer Nathan mit Salomo direkt in Verbindung gebracht wird und Achia von Silo nur Jerobeam ankündigt, daß Gott Salomos Sohn die Herrschaft über einen einzigen Stamm lassen werde[15], wird Achia mit Salomo bereits in 2 Chr 9,29 (MT und LXX) verbunden, als der zweite »Chronist« des Königs neben Nathan.

Josephus erzählt von einem Propheten, der Salomo zurechtgewiesen habe[16], läßt diesen jedoch namenlos. Die spätere jüdische Tradition identifiziert ebenfalls diesen Propheten als Achia von Silo[17]. Die nähere Ausführung darüber, warum Salomo Gottes Zorn hervorrief[18], wird in An1 und Ep1 erst in der zweiten Erwähnung Salomos berichtet. Nur An2 bringt bereits hier den vollständigen Bericht über Salomo und motiviert in der zweiten Nennung Salomos dessen »Verwerfung« mit der Übertretung des Gesetzes.

2.2 Die Kritik an Jerobeam

> 3 καὶ ἤλεγξε τὸν Ἰεροβεάμ,
> ὅτι δόλῳ πορεύσεται μετὰ κυρίου·
> εἶδε ζεῦγος βοῶν πατοῦν τὸν λαὸν
> καὶ κατὰ ἱερέων ἐπιτρέχον·

Achia von Silo verheißt mit einer eindrücklichen Zeichenhandlung in 1 Kön 11 Jerobeam die Königsherrschaft über Israel und gibt ihm analog zur Nathanverheißung in 2 Sam 7 eine Verheißung für die Dauer seines Hauses mit einer bezeichnenden Abwandlung: Während dem Haus Davids zugesichert wird, daß seine Sünden vergeben werden, ist die gesamte Verheißung über die Fortdauer des Hauses des Jerobeam unter die Bedingung gestellt, daß er die Gebote

---

[15] 1 Kön 11,31–39.

[16] Ant 7,197: ἧκεν οὖν εὐθὺς ὁ προφήτης ὑπὸ θεοῦ πεμφθείς.

[17] Im Zusammenhang mit der Hochzeit Salomos mit der Tochter Pharaos, s. GINZBERG, Legends IV, 128f.170; VI, 281f.294 Anm. 59.

[18] Vgl. 1 Kön 11,9f; NOTH 1968, 250: »Das Verhalten Salomos rief den berechtigten Zorn (אנף hitp. sonst nur noch Dt 1,37; 4,21; 9,8.20; 2 Kö 17,18, alles Dtr) hervor (9abβ), zumal Salomo zweimal (3,4–15 und 9,1–9) einer Gotteserscheinung gewürdigt (9bβ) und ausdrücklich (vgl. 9,6b) vor der Nachfolge ›anderer Götter‹ gewarnt worden war (10a), allerdings leider vergeblich (10b)«. LXX gibt in 11,9 אנף hitp. korrekt mit ὠργίσθη wieder. Zum Stand der Diskussion um die dtr Redaktion vgl. ALBERTZ 1992, 407f.

Gottes erfüllt[19]. Von der Verheißung in 1 Kön 11 sieht unsere Vita völlig ab. Die Formulierung über die Sünde, deretwegen Jerobeam getadelt wird[20], ist ganz vom LXX-Sprachgebrauch her gefärbt. Hatte im Bibeltext Jerobeam versucht, den Propheten selbst zu betrügen, indem er seine Frau verkleidet zum Propheten schickt, als ihr Sohn schwer erkrankt war, so wird Jerobeams Gottesverhältnis hier als »Wandeln mit Betrug gegenüber Gott« beschrieben. Zwar belegt die LXX die Wendung nur im Verhältnis zu Menschen, nicht aber Gott gegenüber, doch ist die Entstehung der Phrase verständlich, wenn man daran denkt, daß Jerobeams Betrug gegenüber dem Propheten eigentlich ein Betrug gegenüber Gott ist. Die Formulierung wird dabei im Gegensatz zu φόβῳ κυρίου πορεύομαι o.ä.[21] geprägt worden sein. Der Begriff δόλος dient im AT zur Kennzeichnung des gottabgewandten, »trügerischen« Menschen im Kontrast zum Gottesfürchtigen[22] und begegnet in frühjüdischer Zeit in den paränetischen Reihen, die vor dem Götzendienst warnen; er kann auch mit πλάνη/πλανᾶν zusammengestellt werden[23]. Jerobeams betrügerische Verführung zum Götzendienst wird mit δόλῳ πορεύσεται μετὰ κυρίου besonders scharf gegeißelt.

Worin der »Betrug« Jerobeams bestand, wird nicht mit einem Referat von 1 Kön 12, sondern durch den Bericht über eine Vision des Propheten ausgeführt.

2.2.1 Die Vision

εἶδε ζεῦγος βοῶν πατοῦντα τὸν λαὸν
καὶ κατὰ ἱερέων ἐπιτρέχοντα·

---

[19] 1 Kön 11,38. GINZBERG, Legends, VI, 305 Anm. 4 vermerkt irrtümlich, die LXX habe die Verheißung an Jerobeam nicht Achia von Silo, sondern dem Propheten »Shemaiah«, der nach 1 Kön 12,22; 2 Chr 12,5.7.15 der Prophet Rehabeams ist, zugeschrieben. Der Prophet Schemaja wird in den VP nicht berücksichtigt.

[20] Zu δόλῳ πορεύομαι (μετά) s. LXX: Lev 19,16: οὐ πορεύσῃ δόλῳ ἐν τῷ ἔθνει σου, οὐκ ἐπισυστήσῃ ἐφ᾽ αἷμα τοῦ πλησίον σου· ἐγώ εἰμι κύριος ὁ θεὸς ὑμῶν. 1 Makk 13,31: Ὁ δὲ Τρύφων ἐπορεύετο δόλῳ μετὰ ᾽Αντιόχου τοῦ βασιλέως τοῦ νεωτέρου καὶ ἀπέκτεινεν αὐτόν. Der betrügerische, arglistige Umgang mit Menschen führt zum Mord, das entsprechende Verhalten Gott gegenüber zum Götzendienst.

[21] Vgl. ἐν νόμῳ κυρίου πορεύομαι etc.

[22] OBERLINNER, Art. δόλος, EWNT 1, 830ff.

[23] Zu TestIs 1,12; 7,4 und der listigen Verführungskunst der Frauen in TestRub 5,1.5; TestJos 3,9; 4,1 s. NIEBUHR 1987, 118ff; δόλος im Zusammenhang mit Götzendienst: Sib 3,36; Sap 14,25 (dazu NIEBUHR 1987, 172ff.213f) in der Beschreibung des Gesetzlosen: PsSal 12,1 u.ö.

Die Deutung der Vision ist recht durchsichtig: Das Joch Rinder[24] stellt die beiden goldenen Stierbilder in Bethel und Dan dar[25]. An2 macht die Anspielung noch deutlicher βοῶν θηλείων, denn die LXX gab die Stierbilder mit dem despektierlichen »δάμαλις«[26] wieder, was auch im Dimunitiv »Kalb/Kälber« bereits angelegt ist. »Sie zertreten das Volk« zeigt bildhaft den Untergang des Nordstaates an. Daß dieses Paar Rinder gegen die Priester anläuft, spielt auf die »Vertreibung« der (Jerusalem treuen) Priesterschaft durch Jerobeam an, wie sie die Chronik berichtet[27]. Jerobeams Kultpolitik führte schon nach der dtr Sicht zum Untergang des Nordreiches.

2.3 Die zweite Prophetie an Salomo

4 προεῖπε Σολομῶντι,
ὅτι αἱ γυναῖκες αὐτὸν ἐκστήσουσι
καὶ πᾶν τὸ γένος αὐτοῦ·

Die Gerichtsprophetie an Salomo wird noch einmal aufgenommen. Das ist insofern sinnvoll, als der Untergang des davidischen Staates Juda nach dem Untergang des Nordstaates erfolgte. Man wird jedoch γένος hier nicht als »Volk« verstehen können, sondern an die direkte Nachkommenschaft Salomos denken müssen. Die VP nehmen die im chronistischen Geschichtswerk gegenüber 1 Kön 11,4 noch verstärkte dtr. Kritik an den vielen ausländischen Frauen der judäischen Könige auf[28].

Für Ep 1 sind die Davididen die Vorfahren Christi, wie sie in den ntl. Stammbäumen aufgezählt werden. Diese Rezension ist nicht mehr an der Kritik an den judäischen Königen interessiert. Hier bezieht sich τὸ γένος (σου) auf die Bevölkerung des Nordstaates, die in die Sklaverei gerät, denn nach Salomo kommt Ep1[29] in einer erneuten Wiederaufnahme noch einmal auf

---

[24] Die Achia-Vita geht von einem Paar der Stierbilder aus und scheint nichts von der δάμαλις in Gilgal der Elisa-Vita zu wissen. S. unten zur Elisa-Vita, Abschnitt 2.

[25] Daß sie das Volk »zertreten« (πατοῦν /καταπατοῦν) könnte eine Anspielung auf das vierte Tier in Dan 7,7 sein; vgl. dazu Band I, Daniel-Vita, Anm. 169, wo diese Stelle allegorisch auf Nebukadnezars Verwandlung bezogen wird.

[26] Vgl. MICHEL/BAUERNFEIND/BETZ 1958.

[27] 2 Chr 11,13–17 und vor allem die Rede Abijas in 2 Chr 13,4–12, womit die Notiz 1 Kön 15,7 wesentlich erweitert wird. Ob der Chronist wirklich einen »Midrasch des Propheten Iddo« (2 Chr 13,22) als Quelle zur Hand hatte, ist nicht gesichert.

[28] Dtn 17,17; 2 Chr 11,23 über Rehabeam; 2 Chr 13,21 über Abijahu. Vgl. 11Q Temple lvii 15ff: »Er (der König) darf sich keine Frau nehmen aus all den Töchtern der Völker, sondern aus seinem Vaterhaus soll er sich eine Frau nehmen, aus der Sippe seines Vaters. Und er darf zu ihr keine andere Frau hinzunehmen, sondern sie allein soll mit ihm sein alle Tage ihres Lebens. Und wenn sie stirbt, nehme er sich eine andere Frau aus seinem Vaterhaus, aus seiner Sippe.« (Üs. MAIER).

[29] In dieser Anordnung: Salomo, Jerobeam, Salomo, Jerobeam könnte sich in Ep 1 ein ursprüngliches Element erhalten haben; ich halte das allerdings für wenig wahrscheinlich.

212 Kommentar zur Achia von Silo-Vita

Jerobeam zurück. Die Erzählung wechselt in die wörtliche Rede und nimmt Elemente auf, die in An1 ebenfalls bereits vorher schon angesprochen wurden: Nicht nur Salomo ruft den Zorn Gottes hervor, sondern Jerobeam ebenfalls durch seinen »Stierkult«.

3. Die Todes- und Grabnotiz

4 καὶ ἀπέθανε καὶ ἐτάφη σύνεγγυς τῆς δρυὸς Σηλώμ.

Obwohl die LXX berichtet, daß Achia bereits 60 Jahre alt war, als Jerobeam seine Frau zu unserem Propheten schickte, erwähnen die VP das Alter des Propheten bei seinem Tod nicht[30]. Im Gegensatz zur (sehr viel) späteren Haggada wissen die VP noch nichts vom gewaltsamen Tod dieses Propheten[31].

Während sich die Grabtradition in Silo für den Priester Eli auch an anderer Stelle findet, haben nur die VP die Lokalisierung für das Grab unseres Propheten in der Nähe der Eiche von Silo[32] bewahrt[33]. Das τέρας-Wort des Hosea in den VP zeigt, daß man in frühjüdischer Zeit durchaus um die Bedeutung dieses Baums wußte, und daß der Prophet Achia, der die Teilung des Volkes ankündigte, sinnvoll bei diesem heiligen Baum, der am Ende der Weltzeit die Vollversammlung des Volkes (zum Gericht) anzeigen wird, begraben liegt.

Im Zusatz von Dor am Ende ὁ δὲ αὐτὸς καὶ Ἀδωνίας λέγεται sah J. Jeremias[34] wie in der Legende von der Zersägung Jesajas ein Element des »Adonis- bzw. Osirismythos« sichtbar werden. Zwar erscheint die Bezeichnung Ἀδωνίας für einen Propheten passend, dessen Grab durch einen heiligen Baum ausgezeichnet ist, doch die mythischen Hintergründe sind in diesem Fall kaum noch belegbar[35].

---

[30] Nur An2 verzeichnet entsprechend für Eli, daß er in hohem Alter, aber οὐκ ἀγαθῶς verstarb.

[31] Vgl. den Hinweis bei GINZBERG, Legends VI, 305 auf MAg zu Num 30,5 (BUBER 271f), wo Achia von Abijah, dem König von Juda, umgebracht wird, während Schemaja der Gottlosigkeit von Bascha von Israel zum Opfer fällt.

[32] Zu diesem heiligen Baum und Jos 24,26 (LXX) s.o. Hosea-Vita, Abschnitt 3.2.

[33] JEREMIAS 1958, 43: »Das sieht nicht nach freier Erfindung aus, da die sagenumwobene Eiche in Siloh auch an anderer Stelle erwähnt wird ... wir haben es mit einer sehr alten Überlieferung zu tun, da die Vitae Prophetarum der einzige Zeuge für das Achiagrab in Silo sind ... die mittelalterliche jüdische Tradition (Isaak Helo, 1334) suchte das Achiagrab in Bethel.«

[34] JEREMIAS 1958, 137f nennt daneben die Legende von Moses' schwimmendem Sarg (MekhY Beshallah zu Ex 13,19 [LAUTERBACH II, 176f]). In den Onomastika scheint dieser Beiname nicht verzeichnet zu sein, s. WUTZ 1914.

[35] Vgl. Band I, Jesaja-Vita, Abschnitt 1.2.2.4.

Zusammenfassung

Die Achia-Vita ist in den Rezensionen An2 (Coisl. 205) und Ep1 gestört. Hier wird auf verschiedene Weise nachgetragen, was für spätere Pilger interessanter war: Eli, der Priester (und Prophet) und Samuel. Deren Gräber zeigte man in Palästina in byzantinischer Zeit und im Mittelalter, nicht das Grab Achias. Wenn man am Alter von An1 zweifelt, so hat man hier den schönsten Beweis des Gegenteils. Diese Rezension hat die Grundschrift insgesamt am besten bewahrt.

Die Achia-Vita übergeht die positive Verheißung Achias an Jerobeam und berichtet nur von dessen Abfall. Entsprechend wird auch an Salomo nur Kritik geübt. Hier fällt der harsche Ton auf, mit dem auch dieser berühmte König, den etwa Sirach noch ausdrücklich lobt, bedacht wird. Hier spiegelt sich wahrscheinlich die negative Erfahrung mit den Hasmonäern[36] und vielleicht auch die mit dem herodianischen Königshaus.

Achias Grabbaum ist die Eiche von Silo (Jos 24 LXX), die in der Hosea-Vita das Vorzeichen gibt für das endzeitliche Kommen Gottes zum Gericht.

---

[36] Die LXX des Psalters konnte dagegen die positiven Erwartungen, die sich nach dem Befreiungskampf der Makkabäer mit den hasmonäischen Herrschern verbanden, noch ohne Kritik in die Übersetzung aufnehmen, s. SCHAPER 1994. Zur pharisäischen Kritik an den Königen vgl. SCHWEMER 1991b, 344f.

Die Joad-Vita

Text und Übersetzung

19.1 Ἰωὰδ ἐκ τῆς Σαμαρείμ·
Οὗτός ἐστιν, ὃν ἐπάταξεν ὁ λέων
καὶ ἀπέθανεν,
ὅτε ἤλεγξε τὸν Ἱεροβοὰμ ἐπὶ ταῖς
δαμάλεσι·
2 καὶ ἐτάφη ἐν Βεθὴλ σύνεγγυς τοῦ
ψευδοπροφήτου
τοῦ πλανήσαντος αὐτόν.

19,1 Joad aus Samarim.
Dieser ist (es), den der Löwe schlug, so
daß er starb,
als er den Jerobeam zurechtwies wegen
der »Kühe«.
2 Und er wurde in Bethel begraben nahe
bei dem Falschpropheten,
der ihn in die Irre führte.

Zum Text

Wie verhältnismäßig zuverlässig die Textüberlieferung in An1 ist, zeigt sich
auch in dieser Vita. Der Name des Geburtsortes des Propheten Σαμαρείμ in
An1 und An2 (Coisl. 205) wird bei Dor in Σαμαρίν, in An 2 (Coisl. 224) und
bei Ep1 in Σαμαρεία abgewandelt, was eindeutig sekundär ist.

Aufbau und Vergleich der Rezensionen

In dieser Vita wird wieder zwischen Herkunfts- und Grabesnotiz kurz berichtet, um welchen Propheten es sich handelt. Alles, was die Vita erzählt, ist in
1 Kön 13 enthalten außer dem Namen des Propheten, der dem Chronisten entnommen ist.

Der Vergleich der vier griechischen Rezensionstypen ergibt wieder dasselbe Bild wie in den Viten von Nathan und Achia von Silo. Dor bietet den kürzesten Text, geht jedoch mit An1 und Ep1 in den Details zusammen. Ep1 zeigt
sich am ausführlichsten mit einem Referat aus 1 Kön 13 und berichtet vom
Grab in »Bether«, was eine normale Nebenform von »Bethel« ist[1]. Daneben
tradiert An2 (Coisl. 224 etc. in ihrem Anhang nach Sacharja ben Jojada) noch

---

[1] Vgl. diese Abwandlung von Bethel etwa auch beim Pilger von Bordeaux (GEYER 20;
CChr.SL 175, 14; DONNER 1979, 53).

eine Jadok-Vita (dazu u.»Anhänge«), ohne zu erkennen zu geben, daß es sich dabei um den Propheten Joad handelt.

Kommentar

1. Name und Herkunft

19.1 Ἰωὰδ ἐκ τῆς Σαμαρείμ·

Nicht erst in»den Vitae Prophetarum hat der im AT anonyme Gottesmann aus Juda einen Namen erhalten«[2]. Der in 1 Kön 13 namenlos erwähnte Gottesmann wird höchstwahrscheinlich schon vom Chronisten»Iddo« genannt und dreimal erwähnt in den Quellenverweisen auf die Geschichte der judäischen Könige Salomo (2 Chr 9,29), Rehabeam (12,15) und Abija (13,22)[3]: Dieser Identifizierung folgen nicht nur die VP, sondern auch Josephus[4] und die rabbinische Tradition[5]. Sie wird übernommen in der christlichen Auslegung[6]. Wie eng sich die VP am Chroniktext orientieren, läßt sich auch daran erkennen, daß sie die drei in 2 Chr 9,29 genannten Propheten Nathan, Achia von Silo und Iddo (= Joad) aufeinanderfolgen lassen. Dieser Stelle war ja wahrscheinlich auch die Beziehung zwischen Achia von Silo und Salomo entnommen[7].

---

[2] Gegen JEREMIAS 1958, 51.
[3] Dazu MICHEEL 1983, 73f.77f. In 2 Chr 9,29 ist sein Name im MT verschrieben, s. MICHEEL 1983, 77f.126 Anm. 59 mit Hinweis auf den Konsens der Kommentatoren, dem nur WILLI 1972, 236 Anm. 76 widerspricht. Die Namen werden folgendermaßen überliefert:

2 Chr 9,29	MT	LXX	Jos., Ant 8	VP	Vg	PesK 2,6
	יעדו	Ιωηλ	Ἰάδων	Ἰωάδ	Iaddo	יעדו
			Ἰάδος	Ἰωάβ		
			Ἰώαδος	Ἰωάμ		
			Ἰάιδος	Ἰωάθ		
2 Chr 12,15	עדו		Αδδω		Addo	
2 Chr 13,22	עדו		Αδδω		Addo	

[4] Ant 8, 230–245 gibt Jos. eine ausführliche Paraphrase von 1 Kön 13 mit einigen Ausschmückungen (dazu u. Abschnitt 2.2). Der Prophet trägt bei Jos. den Namen Ἰάδων usw. s. obige Anm. (Ant 8,231.235.240f.408). Jos. hält sich zudem breit bei der Schilderung von Jerobeams Gottlosigkeit auf; vgl. dazu G. MEYER, Art. Exegese II (Judentum), RAC 6, Sp. 1194–1211 (1208).
[5] PesK 2,6 (MANDELBAUM 25; BRAUDE/KAPSTEIN 29f):»Die Worte ›die Zunge des Gerechten gleicht kostbarem Silber‹ (Prov 10,20) beziehen sich auf den Propheten Jedo und die Worte ›das Herz des Gottlosen ist wenig wert‹ beziehen sich auf Jerobeam ...«; SOR 20 »Der Prophet Iddo prophezeite am Altar zu Bethel«; ebs. T z.St.; vgl. Ross 1970, 7 Anm. 23.
[6] Außer VP vgl. Hieronymus, Comm in Zach 1,1 (CChr.SL 76A, 749, 27ff); Isidor von Sevilla, De ortu et obitu patr. 55 (GÓMEZ 183) nimmt die VP auf; Ps.-Hieronymus, Quaest. zu 2 Chr 9,29 (PL 23, 1457A): *Jaddo ipse est prophetes, qui ad arguendum Jeroboam pro altari quod fecerat, a Deo missus est in Samariam.* Die Apost.Const. 1,4,7,2 nennen ihn Adonia statt Addo, wie die lat. Üs. normalerweise »Iddo« wiedergeben.
[7] S. oben Achia-Vita.

In späterer Zeit war man stärker an den Verwandtschaftsverhältnissen der Propheten untereinander interessiert: Nun wird »Jaddo« ausdrücklich zum Vater (= Oded) des in 2 Chr 15,1 erwähnten Propheten Azarja[8], dessen Vita auch in den VP auf die Joads folgt, während die VP Azarja und Oded gleichsetzen[9]. Dabei richten sich die VP – wie Josephus – nach dem Chroniktext und noch nicht nach der Regel »Überall, wo bei einem Propheten der Name und der Name seines Vaters angegeben wird, da ist es sicher, daß er ein Prophet und der Sohn eines Propheten ist« (bMeg 15a).

Joad stammt aus der Stadt *Samareim*[10]. Dabei handelt es sich um den in Jos 18,22; 2 Chr 13,4 erwähnten Ort צמרים, Zemaraim[11]. Die Herkunft des Propheten ist aus 2 Chr 13,4 und 13,22 erschlossen und diente wohl der Erklärung, warum der König Abija in Zemaraim einen gewaltigen Sieg über Jerobeam errang. Damit beginnt die Prophezeihung des Propheten Joad am Altar von Bethel in Erfüllung zu gehen. Hamaker ging von Ep1 als Textgrundlage aus: Da es undenkbar sei, daß der »Gottesmann aus Juda« aus der Hauptstadt des Nordreiches Samaria gebürtig ist, schlägt Hamaker vor, hier wie in 1 Makk 5,66 Samaria in Marisa zu verbessern[12]. Diese Konjektur erübrigt sich.

---

[8] Ps.-Hieronymus, Quaest. gibt zu 2 Chr 15,1f (Vg: *Azarias autem filius Oded facto in se spiritu Dei egressus est in occursum Asa ...*) an: *Odeth ipse est Jaddo, qui ad Jeroboam est missus* (PL 23, 1458A); vgl. dazu unten Azarja-Vita und GINZBERG 1900, 130. KNOBEL 1837, 67ff schlägt ebenfalls diese Identifikation vor (sicher nach älterem Vorbild, ohne es anzugeben): »Iddo ... Sein Name wird verschieden geschrieben ... aber es ist nicht zu zweifeln, dass in allen Fällen derselbe Prophet gemeint ist. Ja es ist nicht unwahrscheinlich, dass der 2 Chron 15,1.8 genannte עֹדֵד ... identisch mit Iddo ist. Dieser Oded hatte einen prophetischen Sohn Asaria«. Dessen Rede wird in 15,8 »eine ... Prophetie Odeds genannt und es ist anzunehmen, dass Oded seinen Sohn beauftragte, dieselbe zu halten«.

[9] S. unten Azarja-Vita.

[10] An2 und Ep1 bieten das bekanntere Samaria. Sie verstehen den Zusammenhang mit 2 Chr 13 nicht mehr, dazu nächste Anm.

[11] LXX: Σομορών; Jos., Ant 8,274: Σαμαρῶν. Der Ort liegt etwas südlich von Bethel. TAVO-Koordinaten: 172.147. TORREY, Lives, 46, erkennt hier ebenfalls Zemaraim (mit Verweis auf BUHL). HARE, Lives, 395 Anm. 19b, lokalisiert Zemaraim dagegen 8 km nordöstlich von Jericho (ohne Quellenangabe). In Zemaraim hält Abija, der König von Juda, nach 2 Chr 13,4 seine große Rede vor der Schlacht gegen Jerobeam, in der er die Rechtmäßigkeit des judäischen Königtums und des Jerusalemer Kultes im Gegensatz zur illegitimen Herrschaft Jerobeams und dem »Kälberkult« Jerobeams und seiner nichtswürdigen Anhängerschaft darstellt. Am Ende dieses Kapitels heißt es, daß die Geschichte Abijas im »Midrasch des Propheten Iddo« (=Joad) aufgezeichnet sei (V. 22).

[12] HAMAKER 1833, 54; vgl. W. KAPPLER, Maccabaeorum I, 82 (Göttinger LXX): Μαρισαν scripsi cum La^{LXGB}Jos.XII353: deBr.p.p.105, ... σαμαρ(ε)ιαν codd.gr.La^{V}SyIetII.

2. Die Umstände beim Tod des Propheten

2.1 Der gewaltsame Tod durch den Löwen

Οὗτός ἐστιν, ὃν ἐπάταξεν ὁ λέων καὶ ἀπέθανεν,

Zur Identifizierung des Propheten wird auf die bekannte Geschichte (1 Kön 12 und 13) verwiesen. Der im Griechischen harte Subjektwechsel: »den der Löwe schlug und (so daß) er starb« mit καί consecutivum ist in semitisierender Koine nicht ungewöhnlich[13]. Wie in den anderen Viten, die einen ungewöhnlichen, gewaltsamen Tod des Propheten berichten, steht auch hier die Todesart direkt bei der Herkunftsnotiz (vgl. Jesaja-, Jeremia-, Ezechiel-, Micha-, Amos- und Sacharja ben Jojada-Vita). Formal wird kein Unterschied zwischen einem »Märtyrertod« und dem Unglücksfall, der eine Strafe Gottes war, gemacht.

2.2 Die Gerichtsbotschaft an Jerobeam

ὅτε ἤλεγξε τὸν Ἱεροβοὰμ ἐπὶ ταῖς δαμάλεσι

Die Notiz folgt 1 Kön 12,33–13,34, wo vom Auftritt unseres Propheten gegen Jerobeam[14] berichtet wird, als dieser am Altar in Bethel opfern will, und zwar den »Kälbern«, wie es entsprechend 1 Kön 12,32 heißt[15]. Sie werden in den VP als pars pro toto für den Fremdkult Jerobeams angeführt[16]. Von der Erfüllung und Wiederaufnahme der Weissagung in 2 Kön 23,15–20 schweigt unsere Vita[17].

Wie ausführlich man erzählen konnte, wenn man keine kurze Vita schreiben wollte, zeigt der Vergleich mit *Josephus*. Er macht aus der – auch ihm offensichtlich im biblischen Bericht ergänzungs- und erklärungsbedürftigen – Erzählung in 1 Kön 13 eine psychologisch motivierte Geschichte[18]. Wenn es dort heißt (1 Kön 13, 32), daß der

---

[13] Vgl. BDR § 442 2.a. Abrupten doppelten Subjektwechsel mit καί consecutivum verwendet Lk z.B. in Apg 9,27: »Barnabas aber nahm ihn mit und führte ihn (Paulus) zu den Aposteln, so daß (καί) er (Paulus) ihnen erzählen konnte, wie er auf dem Weg den Herrn gesehen hatte und daß er (der Herr) mit ihm gesprochen hatte ...«. HARE, Lives, 395 und SATRAN 1995, 128 verbessern TORREYS paraphrasierende Üs. ohne Kommentar.

[14] Zum Gebrauch von ἐλέγχω in den VP vgl. Band I, 251; weiter Jona-, Nathan- und Achia von Silo-Vita; o. 25f.202f.209.

[15] 32 καὶ ἐποίησεν Ιεροβοαμ ἑορτὴν ἐν τῷ μηνὶ τῷ ὀγδόῳ ἐν τῇ πεντεκαιδεκάτῃ ἡμέρᾳ τοῦ μηνὸς κατὰ τὴν ἑορτὴν τὴν ἐν γῇ Ιουδα καὶ ἀνέβη ἐπὶ τὸ θυσιαστήριον, ὃ ἐποίησεν ἐν Βαιθηλ, τοῦ θύειν ταῖς δαμάλεσιν, αἷς ἐποίησεν, καὶ παρέστησεν ἐν Βαιθηλ τοὺς ἱερεῖς τῶν ὑψηλῶν, ὧν ἐποίησεν.

[16] An2 und noch ausführlicher Ep1 (1 Kön 13 folgend) gestalten das Motiv aus.

[17] Diese Lücke füllt die Nachtrags-Vita in An2 (Coisl. 224 usw.): Jadok (24).

[18] Ant 8, 230–245. Vgl. auch seine Verwendung des Eifersuchtsmotivs in der Geburtsgeschichte Simsons, dazu o. Maleachi-Vita, Abschnitt 3.2.

Betheler Prophet ankündigt, daß die Verheißung des judäischen Propheten eintreffen wird, so läßt Josephus den »Falschpropheten«[19] zum Hofpropheten Jerobeams werden, der den judäischen Propheten aus Eifersucht betrügt und in den Tod treibt, um danach vor Jerobeam zu erscheinen und ihm zu sagen, daß der jüdaische Prophet gelogen habe. Jerobeams Hinweis auf das Wunder seiner verdorrten Hand erklärt dieser ihm rationalistisch-medizinisch und bringt den König zum Abfall von Gott[20].

Die Kürze unserer Vita ist umso erstaunlicher, als die VP gerade dieser Geschichte (nach dem LXX-Text) eine ihrer spezifisch eigenen sprachlichen Prägungen entnehmen: τέρας ἔδωκεν.

An2 bietet eine Parallelüberlieferung unter dem Namen Jadok, die die Begegnung zwischen dem Gottesmann und Jerobeam aus 1 Kön 13 breiter schildert und recht entstellt, aber ebenfalls auf die uns heute interessierenden Züge von 1 Kön 13 gar nicht eingeht[21].

3. Das Grab des Propheten

2 καὶ ἐτάφη ἐν Βεθὴλ σύνεγγυς τοῦ ψευδοπροφήτου
τοῦ πλανήσαντος αὐτόν.

Die Geschichte vom Propheten aus Juda, der in Bethel vom Löwen erschlagen wurde, hatte ihren alten Haftpunkt wahrscheinlich am gemeinsamen Grab der beiden Propheten[22]. Dabei stützen sich die VP wohl nicht nur auf 1 Kön 13, sondern kennen vielleicht eine Lokaltradition[23]. Im Fragment einer Liste mit Pseudopropheten aus Qumran erscheint deutlich lesbar Bethel. Hier wird der (Falsch-)Prophet aus Bethel nach Bileam, Sohn des Beor, und vor einem Sohn Korachs (?) und Zedekia, Sohn des Josia, erwähnt[24]. Es handelt sich dabei um den Beginn einer Namensliste, die mit: נביא[ש] קרא[קרא די קמו בנ]ישׂראל »Falschpropheten, welche aufstanden in Israel«, anfängt, die aber – soweit erhalten – abgesehen vom Vatersnamen keine weitere Angaben über diese macht.

---

[19] Zum Gebrauch von Pseudoprophetes vgl. REILING 1971, 146–156 und u. Anm. 25.

[20] Zu 4Q339 s.u. Anm. 24.

[21] ROFÉ 1988, 170–182 datiert 1 Kön 13 ins 5. Jh. v. Chr. und schreibt die Erzählung einem Verfasser zu, der zu (dtr?) Kreisen gehört habe, die die Angelologie vermeiden und Züge alter Engelgeschichten auf Gottesmänner und Propheten übertragen. Damit erklärt ROFÉ die seltsamen Vorschriften, die der Gottesmann erhält: nicht essen, nicht trinken und nicht (auf dem gleichen Weg) zurückkehren; die Begegnung unter dem heiligen Baum etc. Zustimmend MACH 1992, 61.63.

[22] NOTH 1968, 306.

[23] JEREMIAS 1958, 51 führt als weiteren Zeugen Petrus Diaconus an, der Egeria referiert: *ibi est etiam et sepulchrum prophete, qui prophetaverit adversus Ieroboam* (GEYER 114,8f; CChr.SL 175, 99, 49f). Zum Pilger von Bordeaux (CChr.SL 175, 14), der anders als die VP den Pseudopropheten als Propheten Jerobeams bezeichnet und die Übertretung des Gebots, nichts zu essen, ausdrücklich erwähnt, aber das Grab nicht nennt, vgl. DONNER 1979, 53.

[24] 4Q339; Foto, Umschrift und Kurzkommentar bei BROSHI/YARDENI 1993, 48ff.

Die spätere Haggada hat das Verhältnis zwischen dem judäischen Propheten und dem samaritanischen Falschpropheten weiter beschäftigt. Neben Jona
und den Gefährten Michas (1 Kön 22; 2 Chr 18,18–27) gehört dann auch
»Iddo/Joad« zu den Falschpropheten, die ihre Botschaft »unterdrückt« haben
und deshalb Gottes Hand verfallen sind[25].

Zusammenfassung

Die Joad-Vita folgt eng den biblischen Berichten in 1 Kön 13 und 2 Chr 13
und harmonisert beide. Aus dem chronistischen Bericht sind Name und Heimatstadt des in 1 Kön 13 namenlosen Propheten entnommen. Bei Josephus
und in der rabbinischen Literatur ist dieselbe Identifikation belegt.

---

[25] ySan 11,7 30b,63; SifDev 18,19 (HOROVITZ 222); vgl. DUVAL 1973, 91 Anm. 91; dazu
o. Jona-Vita, Anm. 109.

Die Azarja-Vita

Text und Übersetzung

20,1 Ἀζαρίας ἐκ γῆς Συβαθά,
ὃς ἐπέστρεψεν ἐξ Ἰσραὴλ
τὴν αἰχμαλωσίαν Ἰούδα·

2 καὶ θανὼν ἐτάφη ἐν ἀγρῷ αὐτοῦ.

20,1 Azarias aus dem
Land(gebiet) Sybatha,
welcher zurückführte aus Israel
die Gefangenschaft Judas.

2 Und er starb und wurde
begraben in seinem Gehöft.

Zum Text

Textkritische Probleme enthält die Vita nicht.

Aufbau und Vergleich der Rezensionen

Zwischen Herkunfts- und Grabesnotiz ist ein knapper Bericht über das Wirken des Propheten eingeschaltet.

Nur Ep1 erweitert und macht aus dem Propheten einen, der die Gefangenschaft Judas nach Israel durch Gebet zurückführte, d.h. das babylonische Exil beendete. Zudem habe der Prophet vieles über das Kommen Christi geweissagt.

Kommentar

1. Name und Herkunft

20,1 Ἀζαρίας ἐκ γῆς Συβαθά,

Azarias/Azarja ist der in 2 Chr 15,1–8 erwähnte Prophet Asarjahu[1], der in V. 1 Asarjahu Sohn Odeds und in V. 8 (MT) Oded, jedoch nur von LXX (A)[2] folgerichtig Azarja, genannt wird. Da die VP den Propheten Oded nicht erwähnen, jedoch sein erfolgreiches Einschreiten (2 Chr 28) für die jüdischen Kriegsgefangenen dem Propheten Azarja zuschreiben, gehen sie von der durch 2 Chr 15,8 hervorgerufenen Identifikation von Azarja und Oded aus[3].

Dem Auftritt Azarjas geht in 2 Chr 14,8–14 die Schlacht und der Sieg Asas über die Ägypter »im Tal Zephatha«[4] voraus. Daraus hat man den Heimatort des Propheten erschlossen. Doch muß die topographische Bezeichnung nicht nur schriftgelehrte Fiktion – aufgrund eines korrupten Textes – sein. Da die VP hier das Grab des Propheten lokalisieren, können sie wie Josephus eine Ortstradition von dieser Schlacht[5] und dem Propheten des Königs Asa kennen. Daß sich die Herkunfts- und Grabtradition aus der Stelle in der Chronik herausge-

---

[1] Nach MICHEEL 1983, 45f (46): »ist ... für Asarja anzunehmen, daß er eine Schöpfung des Chronisten« darstellt; der Name »Asarja« ist z.Zt. des Chronisten geläufig und wohl wie der Name Oded typisch chronistisch. Vgl. die Tabellen bei KEGLER 1993, 487.

[2] A gibt hier einen korrigierten Text wieder. B hat Αδαδ.

[3] Vgl. HARE, Lives 396 Anm. 20b.

[4] MT: לְמַרֵשׁ צְפַתָה בְּנִיא; LXX: καὶ ἐξῆλθεν Ασα εἰς συνάντησιν αὐτῷ καὶ παρετάξατο πόλεμον ἐν τῇ φάραγγι κατὰ βορρᾶν Μαρισης; LXX setzt also צפונה »nördlich von Marisa« voraus; s. dazu JEREMIAS 1933a, 253–255, der vorgeschlägt, MT nach LXX zu verbessern; ebenso WELTEN 1973, 129ff. Doch auch Jos. nennt dieses Tal mit Namen (Ant 8,292f): καὶ μέχρι πόλεως Μαρίσας, ἔστι δ' αὕτη τῆς Ἰούδα φυλῆς, ἐλάσαντος αὐτοῦ μετὰ τῆς οἰκείας δυνάμεως ἀπήντησεν Ἄσανος, καὶ ἀντιπαρατάξας αὐτῷ τὴν στρατιὰν ἔν τινι φάραγγι Σαφαθά (Σαβαθα RO; Σαφθα SP) λεγομένῃ τῆς πόλεως οὐκ ἄπωθεν ...; auch wenn LXX einen guten Grund hat, צפונה zu lesen und κατὰ βορρᾶν zu übersetzen, so ist die Herkunftsangabe unseres Propheten durch die Parallelüberlieferung des Ortsnamens bei Jos. gesichert. Jos. und VP können auf einen an MT korrigierten LXX-Text zurückgehen, also einen weder im Sinn des »Verfassers« noch der Benutzer »korrupten Text«. Vg (14,10) ebenfalls: *in valle Sephata*; während Vetus Latina *in convalle ad aquilonem Maresae* bietet. HARE, Lives stimmt JEREMIAS zu: »the corrupt reading of MT has given rise to the spurious place-name Zephathah« (396 Anm. 20a). SATRAN 1995, 42 kehrt ebenfalls zum Ergebnis von JEREMIAS 1933a zurück und betont, daß es den Ort nicht gegeben habe.

[5] Ob diese Schlacht wirklich »historisch« ist, steht dabei auf einem anderen Blatt. Zum Problem der chronistischen Geschichtsdarstellung s. WELTEN 1973, 129–140, der aufgrund sprachlicher und historischer Indizien keine alte Quelle für diese Passage annimmt und den Abschnitt dem Chronisten zuspricht; vgl. KEEL/KÜCHLER 1982, 857: »Nach einer recht apokryphen Erzählung in 2 Chr 14,8–14 drang unter Asa (911–870a) ein Heer von einer Million (!) Kuschitern in Juda ein, wurde aber vom frommen König ... in einem Tal n(ördlich) von Marescha (vgl. LXX) geschlagen.«

bildet hat, ist das Wahrscheinlichste[6]. Doch wenn man Gräber an Ort und Stelle finden wollte, fand man sie auch – und das nicht erst in christlicher Zeit. Da die VP nicht für alle Propheten (auch die der Chronikbücher) Viten und biographische Daten bieten[7], werden sie ihre Angaben nicht frei erfunden haben.

2. Die Rückführung der Gefangenschaft von Juda

ὃς ἐπέστρεψεν ἐξ Ἰσραὴλ τὴν αἰχμαλωσίαν Ἰούδα·

Von dem Propheten »Oded«[8] wiederum berichtet 2 Chr 28,9–11, daß er die Nordisraeliten aufforderte, die gefangenen Judäer zurückkehren zu lassen, und mit den Worten endete: »... Nun hört auf mich, schickt die Gefangenen zurück, die ihr von eueren Brüdern forgeschleppt habt! Sonst kommt JHWHs Zornesglut über euch«. Die Israeliten folgen nach einer Beratung seinem Wort, jedoch der Anstoß geht von dem judäischen Propheten aus. Die nordisraelitischen Führer, die dann die Aktion in die Hand nehmen, werden namentlich aufgezählt. Darunter befindet sich auch ein Ephraimit namens Asarjahu (LXX A: Ἀζαρίας; Vg Azarias filius Johanan) der Sohn Jehochanans (MT)[9], der mit anderen die Gefangenen Krieger der Judäer nicht nur frei ließ, sondern sie vorbildlich versorgte, sie bekleidete, die Verwundeten verpflegte und nach Jericho brachte. Wahrscheinlich identifizieren die VP jedoch nicht den Ephraimiten Azarja mit unserem Propheten, sondern den Propheten namens Oded, der nach 2 Chr 15,1 der Vater unseres Azarja war[10], des Azarja, der in 2 Chr 15,8 (MT) einfach nur Oded genannt wird.

Dabei mag zur Identifikation der beiden Propheten beigetragen haben, daß der König Asa von Juda mit dem König Ahas von Juda verwechselt wurde, so unwahrscheinlich das auf den ersten Blick erscheinen mag. Beide Passagen (2 Chr 14–15; 28) gehören zum Sondergut des Chronisten.

---

[6] Nach derselben Methode ist die Heimat Joads aus 2 Chr 13,4.22 erschlossen. S. dazu o. Joad-Vita. Zu γῆ als Bezeichnung für den Heimatort vgl. Band I, Ezechiel-Vita, Anm. 24–26.

[7] S. die *subscriptio* der VP.

[8] MICHEEL 1983, 60–62 hält auch diesen Propheten »aller Wahrscheinlichkeit nach (für) eine Schöpfung des Chronisten« (62). Der Name Oded begegnet im AT nur in der Chronik. Wie oben (Joad-Vita, Anm. 8) angeführt, meinte KNOBEL 1837, auch dieser Prophet sei schon beim Chronisten mit Iddo identisch. Daß die Azarja-Vita auf 2 Chr 28 anspielt, war schon HAMAKER 1833, 38, selbstverständlich. TORREY, Lives, 31.46f nimmt eine Verwechslung von Juda und Israel an und übersetzt: »who turned away from Juda the captivity that befell Israel«. HARE, Lives 396 Anm. 20b nimmt eine Konfusion von 2 Chr 15 und 28 an, denn »it is the latter, not the former, who reverses Israel's enslavement of Juda in the war between Pecah and Ahaz«. HARE lehnt ebenfalls TORREYs Textverbesserung ab.

[9] LXX A hat wieder einen nach MT korrigierten Text und schreibt: αζαριας und nicht wie die Hauptüberlieferung von LXX: Ουδια, s. App. von RAHLFS; vgl. BROOKE-MCLEAN, II/III, 504.

[10] Vgl. o. Anm. 3.

Auch Josephus nimmt für seine Darstellung dieser Zeit den Chroniktext auf. Dabei interpretiert er 2 Chr 15,1–8 wie die spätere jüdische Haggada[11] als Warnung vor dem Abfall und als Prophetie über die künftige Zerstörung Judäas und das babylonische Exil[12]. Der Prophet Azarja wird bei Josephus auch nicht mit der Gegend um Marescha in Verbindung gebracht, sondern tritt dem König Asa, als dieser nach Jerusalem zurückkehrt, entgegen.

Josephus' Bericht[13] über den Propheten Oded folgt 2 Chr 28[14], und er vergißt auch nicht, die ungewöhnliche Großherzigkeit zu betonen: Vier angesehene Nordisraeliten übernahmen es, die Gefangenen gut zu versorgen und bis nach Jericho zu begleiten.

3. Die Grabnotiz

2 καὶ θανὼν ἐτάφη ἐν ἀγρῷ αὐτοῦ.

Wahrscheinlich hat der Sammler und Verfasser der VP gerade diesen Propheten aus den zahlreichen im chronistischen Werk erwähnten in seine Sammlung aufgenommen, weil er eine Grabtradition in Συβαθά kannte. Mit ἀγρός wird der ländliche Besitz des Propheten bezeichnet. Ep1 denkt an einen Propheten zur Zeit des Exils, der dann in der palästinischen Heimat in Frieden »entschlief«.

Zusammenfassung

Aus heutiger Sicht ist der Prophet Azarja der unbekannteste und unbedeutendste in den VP. Seine Aufnahme in die VP verdankt er wohl dem Umstand, daß der Verfasser für ihn über eine Quellennotiz verfügte, die über den chronistischen Bericht hinausging. Neben der Ausrichtung der VP am Bericht der Chronik fällt die Auswahl von Propheten, die mit Samarien zu tun hatten, auf. Auch diese Perspektive mag in frühhasmonäischer Zeit ihre Ursprünge haben[15].

---

[11] GINZBERG, Legends VI, 309 Anm. 21 verweist auf WaR 19,9: »the words adressed by the Prophet Azariah to Asa and his people ... contain a prophecy and are to be translated: And for long seasons Israel will be without the true God.«

[12] Ant 8, 295f.

[13] Ant 9, 248–251.

[14] Doch bei ihm ist der Prophet ein Samaritaner, kein Judäer (Ant 9,248). Er tritt aus Samaria dem siegreich aus Judäa zurückkehrenden Heer entgegen.

[15] Hier war das chronistische Geschichtswerk noch völlig anders ausgerichtet. Nur Oded wendet sich an (Nord-)Israel. Elia schickt nur einen Brief an Ahab; vgl. KEGLER 1993, 493ff.

Die Elia-Vita

Text und Übersetzung

21.1 Ἠλίας Θεσβίτης ἐκ γῆς
Ἀράβων,
φυλῆς Ἀαρών, οἰκῶν ἐν Γαλαάδ,
ὅτι ἡ Θεσβεὶ δόμα ἦν τοῖς ἱερεῦσι.

21.1 Elias, (der) Thesbiter, (war) aus dem Land der Araber, (aus) dem Stamm Aaron, wohnhaft in Galaad, denn Thesbe war Geschenk für die Priester.

2 Ὅτε εἶχε τεχθῆναι,
ἴδεν Σοβαχὰ ὁ πατὴρ αὐτοῦ,
ὅτι ἄνδρες λευκοφανεῖς αὐτὸν
προσηγόρευον,
καὶ ὅτι ἐν πυρὶ αὐτὸν ἐσπαργάνουν,
καὶ φλόγα πυρὸς ἐδίδουν αὐτῷ
φαγεῖν.

2 Als er geboren werden sollte, sah Sobacha sein Vater, daß glänzendweiß scheinende Männer ihn begrüßten, und daß sie ihn in Feuer wickelten und ihm eine Feuerflamme zu essen gaben.

3 Καὶ ἐλθὼν ἀνήγγειλεν ἐν
Ἰερουσαλὴμ
καὶ εἶπεν αὐτῷ ὁ χρησμός·
μὴ δειλιάσῃς·
ἔσται γὰρ ἡ οἴκησις αὐτοῦ φῶς
καὶ ὁ λόγος αὐτοῦ ἀπόφασις
καὶ κρινεῖ τὸν Ἰσραήλ.

3 Und er ging und meldete (es) in Jerusalem, und das Orakel sagte ihm: »Fürchte dich nicht, denn seine Wohnung wird Licht sein und sein Wort Urteil, und er wird Israel richten«.

4 Τὰ δὲ σημεῖα ἃ ἐποίησεν, εἰσὶ
ταῦτα·
ηὔξατο Ἠλίας καὶ οὐκ ἔβρεχεν ἐπὶ
ἔτη τρία
καὶ πάλιν ηὔξατο μετὰ τρία ἔτη καὶ
γέγονε πολὺς ὑετός.

4 Die Wunder aber, die er tat, sind folgende: Elias betete und es regnete drei Jahre nicht. Und er betete wiederum nach drei Jahren und es gab viel Regen.

5 Ἐν Σαρεφθοῖς τῆς Σιδωνίας
ἐποίησε διὰ ῥήματος κυρίου τὴν
ὑδρίαν τῆς χήρας μὴ ἐκλεῖψαι
καὶ καψάκην τοῦ ἐλαίου μὴ
ἐλαττωθῆναι·
τὸν υἱὸν αὐτῆς ἀποθανόντα ἤγειρεν
ὁ θεὸς ἐκ νεκρῶν εὐξαμένου αὐτοῦ.

5 In Sarefta (in der Gegend) von Sidon bewirkte er durch das Wort des Herrn, daß der Krug der Witwe nicht versiegte und der Ölkrug nicht weniger wurde. Als ihr Sohn starb, erweckte ihn Gott von den Toten, nachdem er gebetet hatte.

6 Προβλήματος γενομένου παρ'
αὐτοῦ καὶ τῶν προφητῶν τοῦ Βάαλ,
τίς ἂν εἴη ὁ ἀληθινὸς καὶ ὄντως
θεός,

6 Als die Frage entstand zwischen ihm und den Propheten des Baal, wer der wahre und in Wirklichkeit seiende Gott sei,

ἤρησε γενέσθαι θυσίαν παρά τε
αὐτοῦ κἀκείνων
καὶ μὴ ὑποθεῖναι πῦρ,
ἀλλ' ἕκαστον εὔξασθαι καὶ τὸν
ἐπακούοντα αὐτὸν εἶναι θεόν.
7 Οἱ μὲν οὖν τοῦ Βάαλ ηὔχοντο
καὶ κατετέμνοντο ἕως ὥρας ἐνάτης
καὶ οὐδεὶς αὐτοῖς ἐπήκουεν·
ὁ δὲ Ἡλίας καὶ ὕδατος πολλοῦ
πληρώσας τὸν τόπον, ἔνθα ἦν ἡ
θυσία, ηὔξατο· καὶ εὐθὺς ἐπέπεσε
πῦρ καὶ ἀνήλωσε τὴν θυσίαν,
καὶ τὸ ὕδωρ ἐξέλειπεν·
8 καὶ πάντες τὸν μὲν θεὸν
εὐλόγησαν,
τοὺς δὲ τοῦ Βάαλ ἀνεῖλον ὄντας
τετρακοσίους πεντήκοντα.
9 Τῷ βασιλεῖ Ὀζίᾳ ἀποστείλαντι
μαντεύσασθαι παρὰ εἰδώλων
προεφήτευσε θάνατον καὶ ἀπέθανεν.

10 Δύο πεντηκοντάρχων
ἀποσταλέντων ἐπ' αὐτὸν παρὰ
Ὀχοζίου τοῦ βασιλέως Ἰσραὴλ
ἐπεκαλέσατο τὸν κύριον καὶ πῦρ ἀπ'
οὐρανοῦ κατέβη κἀκείνους ἀνήλωσε τὸ
πῦρ ἐκ προστάγματος κυρίου.
11 Κόρακες ἔφερον αὐτῷ ἄρτους τὸ
πρωί, δείλης δὲ κρέα·
12 τῇ μηλωτῇ ἐπάταξε τὸν Ἰορδάνην
καὶ διῃρέθη
καὶ διέβησαν ξηρῷ τῷ ποδί,
αὐτός τε καὶ Ἐλισαῖος·
τὸ τελευταῖον ἀνελήμφθη ἅρματι
πυρός.

wählte er, daß ein Opfer dargebracht
würde von ihm und jenen
und man kein Feuer daran legen sollte,
sondern jeder beten solle und der, der ihn
erhören würde, sei Gott.
7 Die nun des Baal beteten
und zerschnitten sich bis zur neunten
Stunde, und niemand erhörte sie.
Elias aber füllte den Ort, wo das Opfer
war, mit viel Wasser
und betete. Und sofort fiel Feuer vom
Himmel und verzehrte das Opfer und das
Wasser verdampfte.
8 Und alle lobten Gott,
die (Priester) des Baal aber töteten sie, es
waren vierhundertfünfzig.
9 Dem König Ozias prophezeite er, als er
sandte, um sich Orakel von den Götzen-
bildern geben zu lassen, den Tod und er
starb.
10 Als zwei Fünfzigschaftsführer vom
König Ochozias von Israel gegen ihn
geschickt wurden, rief er den Herrn an,
und Feuer fiel vom Himmel und das Feuer
vernichtete jene auf Befehl des Herrn.
11 Raben brachten ihm Brote am Morgen,
am Abend aber Fleisch.
12 Mit dem Mantel schlug er den Jordan,
und er zerteilte sich,
und sie gingen trockenen Fußes hinüber,
er und Elisa.
Am Ende wurde er aufgenommen mit
einem Feuerwagen.

Zum Text

Mit An1 (Vat. gr. 2125) ist der Ortsname Θεσβεί zu lesen. Alle anderen Rezensionen haben Θέσβις bzw. Ep2 Θεσβίς. Ep2 schreibt statt δόμα in V.1b δῶμα.
In V. 3 – 12 weichen die anderen Rezensionen stärker von An1 ab. Doch das
ist ein Problem der Literar- und nicht der Textkritik.

Aufbau und Vergleich der Rezensionen

In der Elia-Vita stehen uns wieder die fünf griechischen Hauptzeugen zur Verfügung. Als Gliederung von An1 ergibt sich:

1. Die Herkunft
2. Geburtslegende
2.1 Die Vision des Vaters
2.2 Die Auskunft des Orakels
3. Die Wunder Elias
4. Elias Entrückung

Die Rezensionen haben einen gemeinsamen Grundbestand, der in An1 durch ein langes Referat über die Wunder des Propheten von 1 Kön 17 bis 2 Kön 2 ergänzt ist[1]. Den kürzesten Text bietet Dor (abgesehen vom christlichen Vorwort[2]). Die Überschüsse, die über den mit Dor und An1 gemeinsamen Grundbestand in An2, Ep1 und Ep2 hinausgehen, scheinen jedoch altes Material zu enthalten[3]. Es ist gut denkbar, daß in An1 diese Angaben sekundär durch das ausführliche[4] Schriftreferat (V. 4–12a) über die Wunder des Propheten verdrängt wurden. Das wird schon früh geschehen sein, denn die lat Übersetzung Epi enthält diesen Zusatz und bringt die Wunder Elias nach einer altlateinischen Bibelübersetzung. Das erlaubt mit einiger Wahrscheinlichkeit, diese Üs. vor die Durchsetzung der Vulgata des Hieronymus zu datieren[5].

Im Chronikon Paschale und bei Cosmas Indicopleustes wird die Elia-Vita an den Beginn der VP bzw. des Exzerpts aus dem Chronikon Paschale gestellt[6]. Der Elia-Vita wird hier wie den Viten der Schriftpropheten ein Vorwort vorangestellt, doch in diesem Falle ist es ein regelrechtes Enkomion, das die Bedeutung Elias in der alten Kirche zusammenfaßt:

»Über Elia.
Dieser ist Elia, der als Erster von den Menschen die Menschen lehrte in den Himmel aufzufahren.
Der als Erster die Menschen lehrte,
der es erlangte, die bewohnte Erde und den gesamten Himmel zu durchlaufen,
der, obwohl er sterblich war, mit den Unsterblichen wetteiferte,
der auf der Erde wandelte und wie ein Geist mit den Engeln den Himmel bewohnt.
Der durch seinen Mantel seinem Schüler Elisa doppelte Gnadengaben schenkte.
Der langlebige und alterslose Mann,
der ewiglebende Kämpfer gegen den Antichrist,

---

[1] Es wird allgemein als sekundär angesehen; TORREY, Lives läßt den Abschnitt in seiner Textausgabe und Übersetzung weg; ebenso FERNÁNDEZ MARCOS, Vidas und SATRAN 1995, 128, während HARE eine Üs. bietet.
[2] Üs. s.u.
[3] Die arm. Üs., die STONE, Armenian Apocrypha, 140–143 wiedergibt, folgt (mit geringen Abweichungen) Ep2.
[4] Damit fällt An1 in der Elia- und in der Elisa-Vita ganz aus dem sonst in den VP überhaupt und vor allem im Marchalianus üblichen Rahmen.
[5] Vgl. DOLBEAU 1986, 92.124. SATRAN 1995, 51.128 dagegen erwähnt dazu die lat. Üs. nicht.
[6] Auch Isidor von Sevilla ordnet chronologisch. Nach David (33) und Salomo (34) kommen Elia und Elisa (35; 36), dann Jesaja (37) usw. S. die Edition von GÓMEZ, 157ff.

der ihm entgegentritt und seine Täuschung und seinen Hochmut widerlegt,
der alle Menschen aus dessen Verführung am Ende zu Gott wendet.
Dieser ist es, der gewürdigt ist, der Vorläufer der zweiten und offenbaren
Wiederkunft des Herrn zu sein,
der im Maß des Dienstes mit den Engeln wetteiferte.«[7]

Kommentar

So zahlreich für den Propheten Elia die frühjüdischen, aber auch die neutestamentlichen und erst recht die späteren jüdischen Quellen[8] fließen: Die VP enthalten Einzelheiten, die recht ungewöhnlich sind und die diese Vita für die ntl.
Zeit sowohl historisch als auch religionsgeschichtlich besonders wertvoll erscheinen lassen. Sie bieten auch manches missing link zwischen den atlichen
und den sehr viel späteren rabbinischen Erzählungen.

1. Name und Herkunft des Propheten

21.1 Ἠλίας Θεσβίτης ἐκ γῆς Ἀράβων,
φυλῆς Ἀαρών, οἰκῶν ἐν Γαλαάδ,
ὅτι Θεσβεὶ δόμα ἦν τοῖς ἱερεῦσι.

Die Schreibweise des Namens des Propheten kann wechseln. In den VP haben
wir die Namensform, die in den späteren Hss üblich ist[9].
Elias Herkunft wird durch fünf Angaben bestimmt:

1. Der Thesbiter
2. Land der Araber
3. der Stamm Aaron
4. wohnhaft in Gilead
5. Thesbe als Priesterstadt

---

[7] Zur Interpretation vgl. u. Abschnitt 5.1.
[8] Vgl. die bei JEREMIAS, Art. Ἠλ(ε)ίας, ThWNT II, 930–943; GINZBERG, Legends IV,
195–235; VI, ; VII, 133ff (Index s.v.); Bill. IV 2,764–798; K. WESSEL, Art. Elias, RAC 4,
1141–1163; M. ABERBACH, Art. Elijah, EJ 6, Sp. 632–642 (635–638); THOMPSON, MIFL 5,
V 200-V 299; SATORI, Handwörterbuch des deutschen Aberglaubens, 2, 781–785 aufgeführten Belege. Keine Gestalt scheint so wie die Elias die Legendenbildung angeregt zu haben.
Zu knapp: LEVINSOHN 1929; BERLIN 1976, 69–76; umfassender: WIENER 1978; bes. der
Sammelband zu Elia, hg.v. WILLEMS 1988.
[9] Zur Schreibweise vgl. J. JEREMIAS, Art. Ἠλ(ε)ίας, ThWNT II, 931 Anm. 1; sie entspricht in allen Rez. der seit dem 6. Jh. n. Chr. allgemein üblichen ...ίας, die sich jedoch
auch in älteren Handschriften findet. Schreibweise mit spiritus asper verzeichnen die VP-
Hss (wenn die Ausgaben von SCHERMANN zuverlässig sind) nicht, obwohl sie die häufigere
war. Bei JEREMIAS, op.cit. ist auch die zahlreiche ältere Literatur zu Elia im Judentum aufgeführt. Zur Deutung des Namens in den Onomastica s. WUTZ 1914, 396.433: θεῖον πῦρ; 692:
ἰσχυρὸς τοῦ κυρίου μου usw. Hieronymus, Comm in Mal 4,5.6 (CChr.SL 76A, 942, 16f)

1.1 Der Thesbiter

Ἠλίας Θεσβίτης

Elia, den »Thesbiten«[10], nennen An1, An2 und Ep2 unseren Propheten wie die
LXX[11], dabei setzt nur Ep2 den Artikel. Ep1 verzichtet dagegen auf den »Beinamen« und schreibt stattdessen – wie auch sonst[12] – »der Prophet«. Das Gentilicium ha-Tischbi wird von LXX in 1 Kön 17,1 bereits als Name der Ge-
burtsstadt des Propheten aufgefaßt. Diesen Namen verwendet die Vita unten
bei der Wiederaufnahme des Ortes. Auch Josephus rechnet mit einer bestehenden Stadt dieses Namens in der Galaaditis[13]. Die Lage des Ortes läßt sich
noch einigermaßen bestimmen. Wahrscheinlich ist das Thesbe/Thesbis der
VP und des Josephus identisch mit Lištib oder dem in der Nähe gelegenen
Mar Ilyas bzw. mit *hirbet el-hedamus*[14], die nahe beieinander etwa auf halbem
Wege zwischen Pella und Gerasa angesetzt werden können und zum Stadtgebiet von Gerasa gehörten[15].

1.2 Das Land der Araber

ἐκ γῆς Ἀράβων,

Alle Rezensionen außer Ep1 fügen hinzu, daß Elia aus dem »Land der Araber«[16] stammte. Nun gehörte Gilead bereits in biblischer Zeit (vgl. Gen
37,25.27f.36; 39,1; 1 Chr 5,9f.25f) zum Aktionsgebiet arabischer Stämme.
»Land der Araber« war Transjordanien auch im 2. Jh. v. Chr. und später[17].

Nach 1 Makk 5,9–13 veranlassen die Ausschreitungen gegen die jüdische Bevölkerung in Gilead Judas Makkabäus zu seinem Feldzug ins Ostjordanland im Jahr 163 v.
Chr. Die kriegerischen Auseinandersetzungen spielen sich weiter im Norden »am

---

verweist auf die jüdische und judenchristliche Deutung von ἠλειμμένον auf Elia. Bei Aquila
ersetzt ἠλειμμένος die Übersetzung der LXX von משיח mit χριστός. Vgl. HANHART 1984a,
410. Zu Aquila als Targum s. VELTRI 1994a.
  [10] Zur Lage von Thesbe/Thesbis s.u.
  [11] 1 Kön 17,1 (B); 18,27; 20,17; 2 Kön 1,3.8; 9,36; Mal 4,4 (3,23).
  [12] Vgl. Azarja-Vita; Joad-Vita u.ö.
  [13] Ant 8,319.
  [14] Vgl. MITTMANN 1970, 222 Anm. 34; THIEL 1990, 119–134.
  [15] TAVO-Koordinaten für Lištib: 217.197; Mar Ilyas: 218.196. Ausführlicher dazu
SCHWEMER 1994b, 139f.
  [16] Ἀραψ ist in LXX in Jes 13,20; 15,7.9; Ps 71,10 (MT שבא); 2 Chr 17,11; 21,16; 22,1;
26,7; 2 Esr 14,1 (Neh 4,1); 1 Makk 5,39; 11,17.39; 12,31; 2 Makk 5,8; 12,10.11 belegt. Vgl.
auch HATCH/REDPATH, 2. Suppl., 18, s.v. Ἀραβία.
  [17] Dazu MENDELS 1987, 149ff: »the author of Jubilees accepts, and even finds it natural
that TransJordan (or most of it) is not Jewish, but is settled by Arabs.« (149); vgl. PETERS
1977, 263ff; BOWERSOCK 1983, chap. 2.

Winterbach«, d.h. dem Jarmuk, ab[18]; dort stellten sich dem Makkabäer auch nicht näher bezeichnete Araber entgegen (V. 39). Der Parallelbericht 2 Makk 12,10–26 spricht dagegen von einer regelrechten Schlacht mit nomadischen Arabern beim Feldzug Judas' Makkabäus nach Transjordanien. Diese Campagne umging jedoch, den in 1 Makk 5 und 2 Makk 12 genannten Ortsnamen zufolge, die eigentliche Galaaditis.

Dagegen konnte Johannes Hyrkan wohl schon das ostjordanische Gebiet südlich des Jabbok beherrschen. Alexander Jannai führten in den Jahren 103 und 101; 83–80 und 78–76 Feldzüge gerade auch in das mittlere Ostjordanland[19]. Er unterwarf es und machte es tributpflichtig.

Nach Jubiläen 20,12–13 lebten in Gilead einige Araberstämme, die gute Beziehungen zu den Juden hatten[20]. Dazu gab es im 1. Jh. n. Chr. sowohl arabisch-nomadische Bevölkerung als auch nabatäischen Einfluß in Transjordanien. Es besteht somit kein Grund, die Notiz unserer Vita in der Zeit nach 106 n. Chr. anzusetzen, als unter Trajan Transjordanien zur römischen Provinz Arabia geworden war[21].

Während Elia nach dem AT aus bäuerlichem Milieu stammt[22], versteht man seine ungewöhnliche Erscheinung mit Fellmantel und Ledergürtel und sein plötzliches Auftreten und Verschwinden in frühjüdischer Zeit als diejenige der nomadischen Bewohner im »Land der Araber«[23]. Hinzu kommt, daß die Raben[24], die den Propheten am Bach Kerit ernährten, dieselbe Vogelart sind, deren Sprache gerade die mantisch begabten Araber nach den antiken griechisch-römischen Autoren verstehen[25].

---

[18] 1 Makk 5,26: Bozra, Bosor, Alemo, Kaspho, Maked, Karnain; 28: Bozra; 29: (Dathema); 35: Maapha; 36: Kaspho, Maked, Bosor; 37: Raphon; 43f: Karnain; 46: Ephron; von 1 Makk abhängig: Jos., Ant 12, 344–355; etwas abweichend der Parallelbericht in 2 Makk 12,10–26; dazu KASHER 1988, 29–33 (mit Hinweis auf ältere Lit.); bes. S. 30: »Map 4: Judas Maccabaeus' Campaigns to Transjordan (163 BCE)«. Diese Städte liegen alle nördlich des eigentlichen Gilead, des ostjordanischen Gebiets beiderseits des Jabbok. In hellenistischer Zeit hatte Gilead eine Mischbevölkerung, s. auch SCHUNK, JSHRZ I/4, 1980, 318.

[19] KASHER 1988, 104: »his frequent and numerous wars in Transjordan sowed the seeds for generations of enmity which developed between the Nabataeans and the Jews.« Jannais Eroberungszüge stießen sowohl bei den Pharisäern als auch in Qumran auf scharfe Kritik. Ausführlicher dazu SCHWEMER 1994b, 140f.

[20] MENDELS 1987, 69; doch er datiert Jub etwas zu spät.

[21] TORREY, Lives, 11f argumentiert anders herum, vom »Land der Araber« hätte man nur sprechen können, solange es die Provinz Arabia noch nicht gab; dagegen zu Recht SATRAN 1995, 20 Anm. 54. Ähnlich SCHWEMER 1994b, 138–143.

[22] Vgl. STAUBLI 1991, 156f.252.257; zur Kleidung Johannes des Täufers, der statt des priesterlichen Leinengewandes den Kamelhaarmantel und den Ledergurt Elias trägt, s. SCHWEMER 1994b, 109.

[23] Daß »Araber« als Deckname für Elia in der späteren jüdischen Haggada verwendet werden kann, ist auf die Vorstellung, daß er aus dem Land der Araber stammte, zurückzuführen, s. SCHWEMER 1994b, 108–151. Zur Nachwirkung dieser Notiz in den VP bei MICHAELIS 1785, 75f, s. Band I, Einleitung Anm. 393.

[24] 1 Kön 17,4: הערבים; LXX: τοῖς κόραξιν. Im Hebräischen haben »Rabe« und »Araber« denselben Konsonantenbestand ערב. Vgl. weiter u. Abschnitt 3.1 zu der Notiz in An2 (Coisl. 224), daß Elia mit den Vögeln lebte.

[25] Zur Ausgestaltung des Motivs und den Belegen s. SCHWEMER 1994b, 136ff.

Weiter wirft die Notiz der VP wieder etwas Licht auf den religiösen Impuls, der *auch* hinter den Eroberungszügen der Hasmonäer stand. Sie wollten das Gebiet des Zwölfstämmevolkes wiederherstellen. Ihre Vorbilder im Eifer für das Gesetz und seine Durchsetzung, die Reinigung des Landes von aller heidnischen Unreinheit, waren Pinchas und Elia. Ob aber Jannai noch vom »Eifer« erfüllt war, scheint nach dem Bericht des Josephus unwahrscheinlich[26]. Im ehemaligen Gebiet Gileads führte Jannai seine letzten Kriegszüge (83–80 und 78–76 v. Chr.). Er legte der Bevölkerung einen Tribut auf[27] und versuchte vielleicht bei seinem letzten Feldzug, das ehemalige Gilead in sein Staatsgebiet einzugliedern, was ihm nicht gelang. Er starb während dieses Krieges in der Nähe von Gerasa. So blieb Gilead »das Land der Araber«, ganz den Angaben der VP entsprechend, obwohl dort Juden wohnten[28]. Analoge Notizen finden sich in der Jona-Vita, wo jedoch das ehemalige Idumäa und die Umgebung von Aschdod als Heimat betrachtet, Aschdod selbst dagegen als »Stadt der Griechen« und das Stadtgebiet von Tyrus als »Fremde« bezeichnet werden.

Paulus begibt sich nach seiner Bekehrung vor Damaskus und dem Aufenthalt dort zunächst in die »Arabia« (Gal 1,17), nicht um sich in die Stille der Wüste zurückzuziehen, sondern um das Evangelium zu verkündigen, das Amt, zu dem er berufen worden war (Gal 1,16.23). Er hielt sich wahrscheinlich nicht in der Gegend des alten Gilead auf, sondern stiftete mit seiner Mission im nabatäischen Gebiet Unruhe. Vermutlich lebte er in dieser Zeit in Reqem bei Petra und versuchte von dort aus, die nächsten Verwandten Israels unter den Völkern, die Ismaeliten, zu bekehren[29]. Seine Sinai-Hagar-Typologie wird von dort und aus dieser Phase seiner Mission stammen[30].

1.3 Der Stamm Aaron

φυλῆς ᾽Ααρών

Die priesterliche Abstammung des Propheten wird feierlich auf Aaron, den ersten »Hohenpriester« zurückgeführt[31]. »Söhne Aarons« ist der alttestament-

---

[26] KASHER 1988, 103f u.ö. führt das auf die hasmonäerfeindliche Quelle des Jos. (Nikolaos von Damaskus) zurück.
[27] Bell 1, 89; Ant 13,374.
[28] S.u. S. 232 zum Wohnen Elias in Gilead.
[29] Eine ausführliche Studie zu »Paulus zwischen Damaskus und Antiochien. Die unbekannten Jahre des Apostels« von M. HENGEL/A. M. SCHWEMER ist in Vorbereitung.
[30] Vgl. GESE 1974a, 49–62.
[31] Epiphanius, Haer 55,3,4f (GCS Epiphanius II, ²1980, 328): τοῦ δὲ ᾽Ηλία φύσει καὶ πατριαρχίαν ὡσαύτως ηὕραμεν, ἥντινα καὶ καθ᾽ εἱρμὸν ὑφηγήσομαι οὕτως· ᾽Ηλίας ὁ Θεσβίτης ἀδελφὸς γέγονεν ᾽Ιωδαὲ τοῦ ἱερέως. ἐξ ἱερέων δῆθεν καὶ αὐτὸς ὑπάρχων, υἱὸς δὲ τοῦ ᾽Αχιναάμ· ᾽Αχιναὰμ δὲ υἱὸς τοῦ Σαδώκ, Σαδὼκ δὲ τοῦ ᾽Αχιτὼβ τοῦ ᾽Αμορία usw. ZEHNER, Epiphanius, 14f hatte versucht, die Stammbäume bei Epiphanius und in den VP zu harmonisieren. Aufgrund dieser Stelle in den VP kommt jedoch auch er zu der Ansicht, die VP könnten nicht von Epiphanius verfaßt sein. Beachtenswert ist, daß auch in dem Stamm-

liche Ehrentitel der Priesterschaft; damit unterscheiden sich die Priester von den Leviten[32]. Vom »Stamm Aaron« scheint eine seltene Analogbildung zur Bezeichnung »Stamm Levi«[33] zu sein[34]. Die VP sprechen in ihren Herkunftsnotizen immer von der φυλή, nicht von den »Söhnen« oder dem »Haus«[35]. Eine analoge Hervorhebung des Stamms Aaron enthält die Bezeichnung »Messias aus Aaron« in den qumranischen Schriften. Daß dieser Titel mit der Gestalt Elias zusammenhängen muß, hat man schon längst angenommen[36].

Die Elia-Vita gehört zu den frühen Zeugnissen für die priesterliche Abstammung Elias[37]. Die Identifikation Elias mit Pinchas erwähnen die VP anscheinend nicht[38]. Elia und Pinchas waren die Vorbilder im »Eifer für das Gesetz«. Die Identifikation der beiden betonte zunächst ihren Eifer, dann aber auch ihre priesterliche Funktion[39]. Wahrscheinlich wird die priesterliche Herkunft Elias

---

baum der Melchisedekianer die Linie von Elia zurück zu Aaron über Pinchas führt; vgl. Origenes, In Joh VI 83 (123, 19ff ed. PREUSCHEN); Für die Identifizierung der beiden priesterlichen (und prophetischen) »Eiferer« Pinchas und Elia ist der früheste Beleg LAB 48,1ff; dazu u. Abschnitt 3.1.

[32] Vgl. G. W. N. NICKELSBURG, Art. Aaron, RAC Suppl. Lieferung 1/2, 1985, 1–11 und bes. die dort angeführten Belege aus Sir, Qumran, der rabb. Lit und NT, aber vor allem auch die aramäische in althebräischen Buchstaben geschriebene Grabinschrift aus Giv'at ha-Mivtar (Ende 1. Jh. v. Chr/Anfang 1. Jh. n. Chr.): »Abba, Sohn des Priesters Eleaz[ar], Sohn Aarons des Großen ...«, s. BEYER, Texte, 346f. Vgl. GRÄSSER 1990, 285f zu Hebr 5,4.

[33] In LXX ist φυλὴ ’Ααρών nicht belegt. Auch DENIS, Concordance, s.v. verzeichnet keine andere Stelle. In An1 der VP wird dagegen nie der Stamm Levi erwähnt.

[34] Vgl. MTeh 43,1 (BUBER 134a): »›Sende dein Licht ...‹. Dein ›Licht‹, das ist der Prophet Elia *aus dem Haus Aaron*, von dem es heißt: Die sieben Lampen sollen nach der Vorderseite des Leuchters Licht werfen (Num 8,2).«

[35] In der Vita des Sacharja ben Jojada ist »aus dem Haus Davids« eine sekundäre Umbildung.

[36] GINZBERG 1922, 324ff.333–384; VAN DER WOUDE 1957, 60 vgl. 73f vermuteten, die eigenartige Bezeichnung »Messias aus Aaron« in CD vii, 10–21a u.ö. gehe auf Elia als eschatologischen Hohenpriester zurück; aufgenommen und mit Mal 2,17 – 3,5; 3,23f verbunden bei VIALLOLÓN 1972, 59–62: Elia werde in Qumran zwar (nach den damals zugänglichen Texten) namentlich nicht erwähnt, aber seine Gestalt stehe hinter dem »Messias aus Aaron«. Inzwischen ist ein Text, der Elia erwähnt, zugänglich. In 4Q558 wird Mal 3,23 zitiert, s. dazu BEYER, Texte II, 93f.

[37] GINZBERG 1900, 79ff nennt unsere Stelle (zitiert nach PG 43, 396 B); weiter Aphrahat, Dem 15,5 (WRIGHT, Hom 314, 10; PARISOT, 745, 13–25): »Von wo denn sonst brachten die Raben Elijas Speise, wenn nicht aus Jerusalem? Seine ihm zustehende Gabe legten die Priester zurück und übergaben sie vertrauensvoll den Raben.« (Üs. BRUNS, 400); bBM 114b; SER 18; T (LAGARDE) zu 1 Kön 17,13; dazu MMish 9,2 (31a); HENGEL 1976a, 168 verweist ebenfalls auf die VP als frühesten Beleg und datiert sie als »um die Zeitwende« entstanden. Bei N. OSWALD, Art. Elia II (Judentum), TRE 9, 502ff fehlt ein Hinweis auf die VP.

[38] Doch wird die ältere Überlieferung in der Notiz von An2 (Coisl. 205) erhalten sein: »Sein Leben wird mit den Vögeln sein«. In An1 wurde dieser Abschnitt durch die Aufzählung der Wunder verdrängt. S. dazu u. Abschnitt 3.1.

[39] LAB 48,1ff; PERROT/BOGAERT, Pseudo-Philon les Antiquités Bibliques II, SC 230, 161.208ff (hier weitere jüdische Belege); vgl. HENGEL 1976a, 168–172.

in Mal 3,23f schon vorausgesetzt, denn Mal 3,23f nimmt Mal 3,1 (2,7) auf[40]. Die spätere Haggada erklärte sich u.a. die priesterliche Abstammung aus der Anweisung Elias an die Witwe in Sarepta, sie solle *zuerst ihm* ein Stück Brot backen: Damit sei die priesterliche Teighebe gemeint[41]. In der jüdischen und christlichen Überlieferung wird Elia als Hoherpriester[42] beschrieben.

1.4 Das Wohnen in Gilead

οἰκῶν ἐν Γαλααδ,

Daß Elia in Gilead beheimatet war, ist durch das AT vorgegeben[43]. Die Betonung, daß er nicht etwa nur ein »Beisasse« in Gilead war, wie MT punktiert, entspricht dem Verständnis von 1 Kön 17,1 in LXX und bei Josephus[44] und zeigt ebenfalls, daß die Punktation in MT eine sekundäre Textverbesserung darstellt. Denn warum angegeben werden muß, daß Elia in Gilead *wohnte*, mutet etwas seltsam an. Wir kennen den Propheten ja als einen, der weit herum kam und wenig seßhaft vor allem im Nordstaat wirkte. Wahrscheinlich kommt mit dieser Verstärkung gegenüber 1 Kön 17,1 wieder der Anspruch auf das Land in den VP zur Geltung, wie er besonders in der Jona-Vita für die Chora von Aschdod und für Idumäa begegnet[45].

---

[40] Vgl. Zeron 1973, 168. Sir 48,1–10 interpretiert Mal 3,19.23f, ohne direkt auf das Priestertum Elias hinzuweisen, wohl weil es selbstverständlich war.

[41] SER 18 (Üs. bei Bill. IV,2, 782); TFrg zu 1 Kön 17,13; und Ginzberg 1900, 79.

[42] Vgl. Epiphanius, Haer 55,3 (s.o. Anm. 31); Isidor von Sevilla, De ortu et obitu patrum 35, dazu u. Anm. 203. Zum Priestertum Elias in der rabbinischen Literatur vgl. Willems 1988, 91–114 (99); zu Elia als himmlischer Hoherpriester, s. die bei Ego 1991, 272–274 genannten Belege. Vgl. jetzt Beyerle 1995, 59.67.

[43] 1 Kön 17,1. Petavius (PG 41, 975ff Anm. 81) zitiert zu Epiphanius' Bemerkung über die Herkunft Elias: Tertullian (Marc III,13,8 [CChr.SL 1,1, 525]) rechne Damaskus zu Arabien, und Hieronymus sage (Comm in Abd 19 [CChr.SL 76, 370f]): »Arabien, das früher Gilead genannt wurde und jetzt Gerasa benannt wird«; vgl. MShem 32,3 (Buber 70b): »Gilead ist גרש;« dazu Reeg 1989, 197f. Schwemer 1994b, 142 Anm. 166.

[44] Ant 8, 319: Προφήτης δέ τις τοῦ μεγίστου θεοῦ ἐκ πόλεως Θεσβώνης τῆς Γαλαδίτιδος χώρας. Ungewöhnlich scheint, daß Jos. Elia ohne Namensnennung einführt. Das beruht wohl nicht auf Textausfall, sondern wird wie bei Sir 48,1 (im hebräischen Text, vgl. dazu u.) bewußte Stilfigur für den Übergang zur Passage über den bekanntesten alttestamentlichen Propheten sein. Vgl. Hebr 11,33–38. Zu προφήτης τοῦ μεγίστου θεοῦ vgl. Jos., Ant 9,211: So stellt bei ihm der Prophet Jona – in Abwandlung von Jon 1,9 (MT und LXX) – den Schiffsleuten vor.

[45] Dazu o. Jona-Vita, Abschnitt 1.2 und 2.5.

1.5 Thesbe als Priesterstadt

ὅτι Θέσβει δόμα ἦν τοῖς ἱερεῦσι.

Anders als die Haggada und die zelotische Pinchas-Elia-Tadition, begründet die Vita die priesterliche Herkunft Elias damit, daß seine Heimatstadt »Thesbe/Thesbis«[46] eine Priesterstadt gewesen sei[47]. Dabei geben An1, An2 (die meisten Hss) und Ep1[48] an, daß die Stadt δόμα = »eine (verbriefte) Schenkung« für die Priesterschaft war[49], während An2 (nur Paris. 1711), Dor (mit Ausnahme von Vindob. theol. gr. 77) und Ep2 δῶμα = »Wohnsitz« überliefern[50]. Beide Lesarten geben einen guten Sinn. Doch das abschwächende δῶμα wird bewußte Korrektur sein, denn Thesbe wird nicht in den Listen der Priesterstädte im AT aufgeführt[51]. Die Eigenart der VP kommt darin zum Ausdruck, daß der Verfasser nicht einfach auf die Opferprobe des Elia (1 Kön 18)[52] verweist, um dessen priesterliche Abkunft näher zu begründen. Vielleicht nimmt er eine Lokaltradition von Thesbe auf. Es könnte sein, daß die jüdischen Bewohner des Ortes Thesbe stolz waren auf den großen Sohn ihrer Stadt und daraus, daß Elia Priester war, den Rang ihrer Heimat als Priesterstadt in grauer Vorzeit erschlossen[53]. Daß der Ort zur Zeit der Abfassung der VP keine Priesterstadt mehr war, zeigt die Verwendung des Imperfekts (ἦν).

---

[46] Nur An1 überliefert Θεσβεί, was eine direkte Transliteration des hebräischen Ortsnamens von 1 Kön 17,1 ist, während die anderen Hss Θεσβίς schreiben. LXX belegt ἐκ Θέσβων, was Jos. nicht als Genetiv auffaßt und als ἐκ πόλεως Θεσβώνης (vgl. Anm. 36) gräzisiert. Euseb, Onom (KLOSTERMANN 102, 6) verzeichnet: Θεσβά. ὅθεν ἦν Ἡλίας ὁ Θεσβίτης. Hieronymus übernimmt in der Üs. diese Namensform (KLOSTERMANN 103, 7); anders Hieronymus, Comm in Mal 4, 5.6 (CChr.SL 76A, 942, 1): *est de oppido Thesbi, quod conuersionem et paenitentiam sonat*. Zur Deutung des Namens vgl. WUTZ 1914, 249: Θεσβων ἐπιστροφή; 206.599: *Thesbi captivans sive convertens*; u.ö.
[47] SCHWEMER 1994b, 139: »Es könnte eine ad-hoc-Kombination in den VP sein, um die priesterliche Herkunft des Propheten mit der biblischen Vorgabe auszugleichen.«
[48] So die Hss; SCHERMANN, Vitae, 6,14 nimmt δῶμα in den Text; ebenso zu Dor (SCHERMANN, Vitae, 53,2).
[49] Vgl. Gen 47,22 (LXX) dazu den Kommentar: HARL, Bible d'Alexandrie 1, 300f
[50] Arm und syr »Geschenk« (NESTLE, Grammatik, 104) gehen mit An; anders Epi *quia Thesbis sacerdotum fuit aedificium* (DOLBEAU 1986, 124).
[51] Zu den Levitenstädten vgl. Lev 25,32–34; Nu 35,1–8; Jos 21,1–42; 1 Chr 6,39–66. Daß hier nirgends Thesbis genannt wird, merken schon ZEHNER und HAMAKER kritisch an. HAMAKER verweist zudem für die Bestimmung der Lage von Thesbis auf Tob 1,1. Zur Lage von Thisbe vgl. o. Anm. 13.14.
[52] Sie findet sich jedoch in TPsJ zu Dtn 33,11: »und das Opfer der Hände des Priesters Elia, der opfert auf dem Berge Karmel, nimm entgegen mit Wohlgefallen.« SCHALLER 1972/73, 52–60 nimmt an, daß diese Stelle ein Relikt aus hasmonäischer Zeit darstellen könnte. Vgl. BEYERLE 1995, 66f.
[53] Solcher Lokalpatriotismus begegnet in den VP öfter, so bes. in der Jeremia- und Jona-Vita.

2. Die Geburtslegende

Nur in der Elia- und Elisa-Vita finden wir innerhalb der VP Geburtslegenden für die jeweiligen Propheten. Die Geburtankündigungen für Serubbabel und Josua in der Sacharja ben Berechja-Vita[54] sind wesentlich knapper gehalten. Etwas ausführlicher ist nur die Geburtslegende für den Messias in der Jeremia-Vita[55], aber auch sie bleibt kryptisch kurz.

Die Elia-Vita korrespondiert mit der Elisa-Vita, wo ebenfalls das Vorzeichen, das sich bei dessen Geburt ereignete, mitgeteilt wird. Dabei sind Visionen und Orakel nicht nur typisch für viele heidnische Viten[56], sondern auch in den atl. Erzählungen der Vätergeschichte fehlen sie nicht in den Geburtserzählungen[57]. Eine besondere Beliebtheit scheinen sie jedoch in frühjüdischer Zeit bekommen zu haben[58]. Die Geburtserzählungen über Elia und Elisa finden sich aber anscheinend nur in den VP und in von ihnen abhängigen Texten und Darstellungen. Sie müssen alt sein, da die Legende vom Messias Menahem ben Hiskia sie voraussetzt und umwandelt[59].

2.1 Die Vision des Vaters

2 ὅτε εἶχε τεχθῆναι,
εἶδε Σοβαχὰ ὁ πατὴρ αὐτοῦ,
ὅτι ἄνδρες λευκοφανεῖς αὐτὸν προσηγόρευον,

---

[54] Vgl. o. Sacharja (XII)-Vita, Abschnitt 2.2. und 2.3.

[55] Vgl. Band I, Jeremia-Vita, Abschnitt 4.

[56] Wir finden sie etwa für Homer, Platon, Pythagoras, Vergil: Das dem gerade geborenen zukünftigen »Helden« Typische zeigt sich in den Begleitumständen der Geburt und wird durch Orakel interpretiert. Vgl. u. Anm. 77; Elisa-Vita, Anm. 34.42.

[57] Dabei wird man keinen so großen Unterschied zwischen den Erzählungen, die die Schwangerschaft einbeziehen, und den Erzählungen, die durch die Umstände bei der Geburt den Namen erklären, sehen müssen. Der berühmteste Fall: Rebekkas Beschwerden bei der Schwangerschaft mit den sich streitenden Zwillingen Esau und Jakob (Gen 25,22f). Rebekka wendet sich an das Orakel, um Antwort auf ihre Klage zu finden. Während MT dafür nur יי שׁרד verwendet und LXX recht wörtlich übersetzt: ἐπορεύθη δὲ πυθέσθαι παρὰ κυρίου, 23 καὶ εἶπεν κύριος αὐτῇ ..., paraphrasieren die Targume freier: Rebekka wendet sich zum Bet midrasch des großen Sem; die christlichen Kommentatoren lassen sie einen Priester um Rat fragen (Theodoret, QG 76 [PG 80, 188A]: Melchisedek würden manche sagen); Joh. Chrysostomos, Hom in Gen z.St.; vgl. HARL, La Bible d'Alexandrie 1, 208.

[58] Anders läßt sich die rasche Entstehung der ntl. Kindheitslegenden, wie sie bei Mt und bei Lk – auch für Johannes den Täufer – an den Anfang der Evangelien gestellt werden, nicht erklären. Die Ausflucht, die J. GNILKA 1986, 30 für die mt Geburtslegende erwägt, daß Familientradition dahinter stehe (»Die Vorgeschichten des Mt und Lk sind spät entstanden und ein eigenes literarisches Genre [sic!], aber nicht alles in ihnen ist midraschartige Reflexion oder Dichtung. Historisch könnte man die Überlieferung von der Jungfrauengeburt Jesu ... nur als Familientradition plausibel machen«), ist zu durchsichtig aus dogmatischer Apologetik heraus formuliert.

[59] Hierzu SCHWEMER 1994b.

καὶ ὅτι ἐν πυρὶ αὐτὸν ἐσπαργάνουν,
καὶ φλόγα πυρὸς ἐδίδουν αὐτῷ φαγεῖν

Zum Text: Auffällig ist in An1 und An2 die Sprachform εἶχε τεχθῆναι[60]: »als er geboren werden sollte«. Dagegen bieten Ep2 und Dor ἔμελλε τεχθῆναι[61], was denselben Sinn ergibt. Ep1 verbessert rationalisierend: »als ihn seine Mutter geboren hatte«.

Die Entstehung unserer Geburtslegende ist leicht nachzuvollziehen: Da Elia nicht gestorben, sondern im Feuerwagen gen Himmel gefahren ist, so ist auch sein Eintritt in diese Welt mit der himmlischen verbunden: Stehen in unseren Märchen die Feen an der Wiege des Kindes, bestimmen in der hellenistischen Umwelt des Judentums die Moiren und Parcen dem Kinde sein Schicksal bei der Geburt[62], so übernehmen Engel[63] schon vorweg die Rolle der Hebamme bei Elia. Sie begrüßen[64] ihn vor der Geburt[65], sie wickeln ihn in Feuer als Windeln[66] und geben ihm als erste Speise eine Feuerflamme[67]. Damit verleihen sie dem Kind sowohl Unsterblichkeit[68] als auch das Wesen und die Gestalt eines Engels[69]. Auf diese Weise verbinden sich alte mythische Motive mit den cha-

---

[60] Schon HAMAKER 1833, 45 war diese Stelle aufgefallen: » ὅτε δὲ εἶχε τεχθῆναι, quod lingua recentiore Graeca idem valet, atque ὅτε δὲ ἐτέχθη.« Er meint, es ersetze ein Plusquamperfekt; dagegen hält er ἔμελλε τέχθῆναι für unerträglich (Nec, ut puto, ferri potest), da es dem Kontext widerspreche und man von einem noch nicht geborenen Kind nicht sagen könne, der Vater sehe, wie Engel es mit feurigen Windeln wickelten. Doch so rationalistisch darf man unsere Viten nicht beim Wort nehmen. Zudem hat auch ἔχω mit Inf. aor. futurische Bedeutung, s. LAMPE, s.v. 589 B iii »ought to have«. FERNÁNDEZ MARCOS, Vidas, 525 Anm. 22,2 schreibt zutreffend, doch ohne Stellenangaben: »Obsérvese la perífrasis de ἔχω con infinitivo para expresar el futuro, construcción popular muy desarrollada ya en los *Apophtegmata Patrum*.« Von der klassischen Bedeutung von ἔχω mit Inf. = »sollen« zum Futur ist es nur ein kleiner Schritt.

[61] Zu μέλλω mit Inf. Aor. s. BAUER/ALAND, Sp. 1015 bα: »im Begriffe stehen ...«. Das ist bereits im klassischen Griechisch durchaus möglich für unmittelbar Bevorstehendes.

[62] Zur Rolle der Moiren bei der Geburt etwa Homer, Il XX 127f.336; Od VII 197f u.ö.; vgl. W. PÖTSCHER, KP, Art. Parcae, 4, 509.

[63] Dadurch daß sie weiß leuchten, sind sie als Engel ausgewiesen, weiter muß nichts erklärt werden; vgl. W. MICHAELIS, Art. λευκός, ThWNT IV, 255; MACH 1992a, 58f (zum Leuchten der Engel).170f (zum Leuchten der verwandelten Gerechten) führt die entsprechenden Belege auf.

[64] Zu προσαγορεύω vgl. LXX: Dtn 23,6; Sap 14,22; 1 Makk 14,40; 2 Makk 1,36; 4,7 (10,9); 14,37; LSJ s.v. »adress«, »greet«; BAUER/ALAND, s.v. 1 »begrüßen« mit par. Zum Begrüßen des neugeborenen Kindes vgl. bes. die Magiererzählung von Mt und die Hirtenerzählung von Lk.

[65] Nur bei Ep1 bei der Geburt.

[66] Zu den Windeln vgl. SCHWEMER 1994b, 125f.

[67] Es ist himmlische Speise; vgl. auch die breite Verwendung des Licht- und Feuermotivs in Joseph und Asenath bei der Erzählung von Aseneths Begegnung mit dem Engel, nicht nur bei der Beschreibung des Engels, sondern auch der himmlischen Speise und der Verwandlung Aseneths, JosAs 14,1–18,10. Selbstverständlich erscheint auch in ProtevJak 19, 2f ein großes Licht bei der Geburt Jesu.

[68] Zu dem verbreiteten Motiv, daß durch Feuer Unsterblichkeit verliehen wird, vgl. den Demeter-Hymnus der Homerischen Hymnen (2,231–291), wo Demeter als Amme den klei-

rakteristischen Eigenschaften des biblischen Propheten. Der Prophet, der Feuer vom Himmel fallen ließ und im feurigen Wagen zum Himmel auffuhr, wird schon von Sirach entsprechend charakterisiert:

»ein Prophet wie Feuer«[70].

---

nen Demophon im Feuer unsterblich und göttlich machen will, doch von der leiblichen Mutter gestört und gehindert wird:

ὁ δ' ἀέξετο δαίμονι ἶσος

οὔτ' οὖν σῖτον ἔδων, οὐ θησάμενος· Δημήτηρ

χρίεσκ' ἀμβροσίῃ ὡς εἰ θεοῦ ἐκγεγαῶτα ...

νύκτας δὲ κρύπτεσκε πυρὸς μένει ἠΰτε δαλὸν ...

καὶ κέν μιν ποίησεν ἀγήρων τ' ἀθάνατόν τε (235–242).

Vgl. Apollod. Bibl. 1,5,1; Triptolemos anstelle von Demophon: Ovid, Fast 4, 549–560:

inque foco corpus pueri vivente favilla

obruit, humanum purget ut ignis onus;

Die reinigende Kraft des Feuers nimmt die »menschliche Schwere« (atl. Par. dazu: Jes 6,6f); weiter Hygin. Fab. 147; Serv. Georg. 1,19. Bereits HAMAKER 1833, 46, weist etwas unwillig daraufhin, daß andere die Geburtslegende Elias »cum fabulis de Cerere Demophontem, et de Thetide Achillem, in ignem deponentibus, ut ista lustratione divinae naturae participes fierent«, verbunden hätten. Es gibt jetzt auch einen Beleg in einer Weisheitsschrift, die in Qumran gefunden wurde, der für die Geburtslegende Elias interessant ist: 4Q417 2 i 16.17 heißt es, daß Henoch (אנוש) in seiner Gesinnung bzw. seinem Willen den Engeln gleicht (כתבנית קדושים יצרו). Der Text ist bei WACHOLDER/ABEGG, Scrolls II, 66, nicht korrekt wiedergegeben, freundlicher Hinweis von Herrn Dr. Armin Lange.

[69] Ps 104(103),4: »und seine Diener zu loderndem Feuer (macht)«. Engel sind aus himmlischem Feuer erschaffen, vgl. (2) syrBar 21,6; 2 Hen c. 29.36; besonders ausgestaltet wird dieses Motiv in ShirShab und den Hekhalot-Texten. Die Feuergestalt der Engel hat ihren Ursprung darin, daß Gott selbst wie verzehrendes Feuer ist: Dtn 4,24; 9,3 vgl. Jes 10,17; Jes 33,14; Ps 104(103), 2: »Der Licht anzieht wie ein Gewand«; Philo, Somn I 75: Θεὸς φῶς ἐστιν, u.ö., vgl. SIEGERT 1988, 45. Eine sehr viel spätere Ausformung solcher Geburtslegenden begegnet in der Geschichte von den Zehn Märtyrern, wo Gabriel (bzw. Metatron) von Gott geschickt wird, um der Mutter R. Yishmaels nicht nur die Geburt eines Kindes anzukündigen, sondern der Engel durch seine wunderbare Erscheinung bewirkt, daß das von den menschlichen Eltern in der folgenden Nacht gezeugte Kind in seiner Schönheit dem *Engel* gleicht (und freien Zugang zur himmlischen Welt erhält); vgl. den Text nach der Ausgabe von REEG, Geschichte von den Zehn Märtyrern, 30*;31*; Üs. 63.

Nach Epiphanius, Haer 64,64,2 (ed. HOLL/DUMMER II, 503, 12–18) hatte Elia (wie Henoch) erst nach der Entrückung eine σὰρξ πνευματική und hatte es dann nicht mehr nötig wie bei seinem Erdenleben, sich von Raben ernähren zu lassen, aus dem Bach zu trinken und einen Mantel zu tragen, ἀλλὰ τρέφεται ἑτέρᾳ τινὶ τροφῇ πνευματικῇ, ἧς ἐστι χορηγὸς ὁ τὰ κρύφια γινώσκων καὶ ἀόρατα κτίσας θεός.

[70] In poetischer Prägnanz ersetzt diese Bezeichnung bei ben Sira den Namen des Propheten. Erst der Enkel fügt ihn in der griechischen Übersetzung hinzu. Vgl. die Edition von VATTONI, 260f:

עד אשר קם נביא כאש

ודבריו כתנור בוער

Καὶ ἀνέστη Ἠλιας προφήτης ὡς πῦρ,

καὶ ὁ λόγος αὐτοῦ ὡς λαμπὰς ἐκαίετο·

Der »Prophet wie Feuer« ist Zitat aus Mal 3,2; der »feurige Ofen« ist Zitat aus Mal 3,19 und zeigt, daß für ben Sira die gesamte Prophetie von Mal 3,1–24 auf Elias Wiederkunft zielt.

Nur in Ep1 sieht der Vater in einem *Traum* die Szene, wie Engel das Kind *nach* der Geburt begrüßen. Damit wird die Betonung, die darauf liegt, daß der Prophet schon »vom Mutterleibe« an mit der himmlischen Welt in Verbindung steht[71], abgeschwächt und als normaler Vorgang, der nun durch den Priester interpretiert und gedeutet wird, aufgefaßt[72].

Diese Geschehnisse *vor* der Geburt[73] schaute der Vater des Kindes, Sobacha[74], und nach der Nebenüberlieferung in Ep2 die Mutter[75], die nun den (ursprünglich) männlichen Namen Sobacha trägt.

23. Exkurs: Frühjüdische Geburtslegenden im Vergleich mit der Elia-Vita

Auf die ntl. Geburtslegenden können wir in diesem Zusammenhang nur allgemein verweisen. Diese nehmen Motive auf, die sich schon längst vorher in der jüdischen Haggada ausgebildet haben[76]. Vor allem die Rolle der Engel wird in den ntl. Kindheitslegenden anders beschrieben als in der Elia-Vita. Diese müssen ja nicht ein irdisches Kind mit himmlischem Feuer umgeben, sondern preisen die Geburt des himmlischen Kindes durch eine irdische Mutter.

Kindheitslegenden hat man bevorzugt über die berühmten Gestalten der Vergangenheit erzählt. So kennen wir aus 1 Hen 106–107,3 und dem Genesis Apokryphon (1QGenAp) aus Qumran eine Erzählung von der *Geburt Noahs*, die manche Züge mit

---

THEISOHN 1975, 193 weist dazu nicht auf Elia hin, so wie er auch sonst die Richterfunktion Elias nicht beachtet. Zu den unhaltbaren »Mutmaßungen« von KRIEG 1993 s.u. Anm. 181. Vgl. jetzt BEYERLE 1995, 61 Anm. 22.

[71] Vgl. die mt und lkn Kindheitsgeschichten, die ebenfalls die Zeit vor der Geburt einbeziehen.

[72] Zu den Traumvisionen in der Antike vgl. HANSON 1980, 1395–1427 (Typ 3); GNUSE 1989, 358–390 (Lit. 366 Anm. 22).

[73] Vgl. Jer 1,5: »bevor du aus dem Mutterschoß hervorgingst, habe ich dich geheiligt« (קדשׁ; ἁγιάζω).

[74] Der Name erscheint als Männername in 2 Sam 10,16ff; 1 Chr 19,16ff. Zur Darstellung von Elias träumendem Vater und dem Bericht des Vaters in Jerusalem auf einer Ikone des 13. und einer des 16. Jh.s s. VOORDECKERS 1988, 188f.

[75] Deshalb braucht hier der Vater auch einen anderen Namen; er heißt nun Asom. Der für die Zukunft des Kindes bedeutungsvolle Traum der schwangeren Mutter ist ein überaus häufiges Motiv in der Antike: Nicolaos von Damaskus (FGrH 3, 399) – s. dazu o. Sacharja XII-Vita; Herodot, 6,131; Artemidor, Onirocr. 1,18; 1,20; 4,67; 4,83; Plutarch, Pericles 3; Wenn Cic. Div. 1,39 von den »oracula« zu den »somnia« übergeht, nennt er als erste Art von Träumen gleich den der schwangeren Mutter (Mutter des Dionysios von Syrakus); 1,42, (zu Hekuba/Paris): *Sit sane etiam illud commenticium quo Priamus est conturbatus, quia mater gravida parere ex se ardentem facem, visa est in somnis Hecuba ...*; vgl. nur zu Paris etwa: Pindar fr. Paean. 8,30 [POxy 5,652]; Euripides, Tr. 920ff; Schol. zu Euripides, Andr. 294; Hyginus, Fab. 91; Apollodor, Bibl. 3,12,5, 2–4; Dict. Cret. 3,26; Vergil, Aeneis 7,320; 10,704–705; Ovid, Her., 17,237–240 etc.; Cic. Div. 1,46; 2, 136 und die in der Edition von A. S. PEASE aufgelisteten Stellen. Seltener ist im paganen Bereich der Traum des Vaters: Artemidor, Onirocr. 5,8; Evagr., Hist.Eccl. 5,21 vgl. PEASE, op.cit, 163. Die Übertragung auf die Mutter wird auch aus diesem Grund sekundär sein.

[76] Zur Vorgeschichte der mt Kindheitslegende vgl. Band I, Jeremia-Vita, Abschnitt 4.

der Elialegende unserer Vita gemeinsam hat, auch wenn die Unterschiede zunächst
stärker ins Auge fallen:

>[1]Und nach einigen Tagen nahm mein Sohn Methusalem seinem Sohn Lamech
eine Frau. Und sie wurde von ihm schwanger und gebar einen Sohn. [2]Und sein
Körper war weiß wie Schnee und rot wie eine Rosenblüte, und das Haar seines
Hauptes und seine Locken weiß wie Wolle, seine Augen waren schön. Und wenn
er seine Augen öffnete, erhellten sie das ganze Haus wie die Sonne, so daß das
ganze Haus überall hell wurde. [3] Und als er sich von der Hand der Hebamme
aufrichtete, öffnete er seinen Mund und sprach mit dem Herrn der Herrlichkeit.
[4]Und sein Vater Lamech fürchtete sich vor ihm und floh und kam zu seinem
Vater Methusala, [5]und er sprach zu ihm: ›Ich habe einen sonderbaren Sohn ge-
zeugt, er ist nicht wie ein Mensch, sondern er gleicht den Kindern der Engel des
Himmels ...«[77].

Gemeinsam ist die Lichterscheinung, die Betonung des »weißen« Kindes bei Noah und
der weißen Männer bei Elia. Beidemal muß der Vater sich Auskunft darüber holen, was
die seltsamen Erscheinungen bei bzw. vor der Geburt des Kindes bedeuten: Lamech
fragt seinen Vater Methusalem und der wiederum geht zu seinem Vater Henoch, der
»die Geheimnisse der Heiligen«[78] kennt. Der Vater des Elia wendet sich nach Jerusalem, um ein Orakel einzuholen. In der Geburtslegende Noahs erregt das ungewöhnliche
Aussehen des Kindes, seine Lichtgestalt[79], den Verdacht des Vaters, es könnte sich ja
um ein mit einem Engel »ehebrecherisch« erzeugtes Kind handeln. Die Motivik ist hier
Gen 6 (und seiner Nachgeschichte) entnommen. In der Elialegende wäre das Motiv des
Verdachts des Vaters gegenüber der Mutter des Kindes fehl am Platz[80].
   Eine andere Ausprägung findet die Henochtradition in der Schilderung von *Mel-
chisedeks* Geburt in 2 Hen 71.72[81]. Melchisedek wird ohne Vater aus einer toten Mut-

---

[77] 1 Hen 106,1–107,3 (Üs. UHLIG, JSHRZ V/6, 743ff); vgl. den aramäischen (4QHen^c)
und den hebräischen (1Q 19,3.8) Text bei BEYER, Texte, 250f. In 4QMes ar wird die Geburt
des »Erwählten Gottes« angekündigt (1,10), dessen Handeln wie das Handeln von *Engeln*
sein wird (2,16), aber sein Aussehen ist menschlich; zum Text s. den Nachweis der bisherigen Veröffentlichungen bei BEYER, Texte, 269–271; BEYER, Texte II, 125f, der an dieser
Stelle jedoch die Geburt Noahs und nicht die einer messianischen Gestalt angekündigt sieht.
Es wird sich jedoch um Henoch, Elia oder den Messias handeln. Dazu GRAPPE 1993, 210.
   [78] 1 Hen 106, 19, d.h. die Geheimnisse der Engel.
   [79] Vgl. dazu vor allem die Beschreibung Simsons in De Sampsone, 1.13.16.19.20; dazu
SIEGERT 1992, 236f.251f.269ff. Auch Simson hat einen Strahlenkranz von Haaren wie Helios und Herakles. Das Motiv ist verbreitet, vgl. Plutarch, Moralia, De fortuna Romanorum
§ 10 (323 B/C: NACHSTÄDT, II/2,65,16ff; LCL IV BABBITTS 360); BERGER/COLPE, Textbuch, 59f führen diese Plutarchstelle neben 1 Hen 106 und unserer Vita als Par. zu Mk 9,2–
8 auf. Zum traditionsgeschichtlichen Hintergrund von Mk 9,2–8 par vgl. MACH 1992b, 177–
198. Der Berg bei Caesarea Philippi ist der Hermon, an dem die Henochüberlieferung
haftet. In der ntl. Verklärungsgeschichte tritt Elia an die Stelle Henochs. Vgl. zum umgekehrten Vorgang, daß Jeremia für die jüdische Diaspora Ägyptens an die Stelle Elias tritt,
die Jeremia-Vita der VP; dazu Band I, Jeremia-Vita, Abschnitt 6.
   [80] Vgl. nicht nur die Legenden von Noahs Geburt, sondern auch die Manoah-Erzählung
bei Jos., dazu o. Maleachi-Vita, Anm. 52, und Josephs Verdacht in der Kindheitsgeschichte
des Mt und die Ausgestaltung des Motivs in ProtEvJak c.13–16. In LAB fehlt in der
Simsongeschichte ebenfalls das Verdachtsmotiv.
   [81] Engl. Üs. von ANDERSEN, OPT I, 204–211; vgl. BÖTTRICH 1992, 204–209; zur christlichen Fortschreibung vgl. BÖTTRICH 1992, 120–130. Vgl. Ps 110,4; Hebr 5,6.9; 7,2f

ter geboren, bei seiner Geburt sieht er bereits wie ein Dreijähriger aus. Er trägt von Geburt an das Siegel der Priesterschaft auf der Brust, wird ins Paradies entrückt und steht dort bereit, um in der Endzeit Priester und Haupt aller heiligen Priester sein. Da in 11QMelch und wahrscheinlich auch in den Sabbatliedern aus Qumran[82] Melchisedek der oberste aller Engel(priester) ist, gründet diese Ausgestaltung der Überlieferung in der ägyptischen Diaspora auf älteren, palästinischen Traditionen[83].

Die Geschichten von der Geburt *Moses* und *Abrahams* zeigen mehr Verwandtschaft mit der in der Jeremia-Vita der VP mitgeteilten messianischen Passage[84].

In der späteren Kindheitslegende yBer 2,4 5a par werden auf den Messias *Menahem* ben Hiskia, hinter dem die historische Gestalt des Zelotenführers Menahem ben Juda ben Hiskia steht, Motive der Elia- und Elisa-Legenden übertragen[85]. Aus der Elia-Legende entnimmt die Menahem-Legende die Motive »Araber«, »Windeln« und »Entrückung« durch Sturmwinde. Daß die Menahemlegende mit dem Stoff der Elia-Vita zusammenhängt, zeigt weiter das antonyme Auftreten Elias als Araber. Hinzu kommt eine deutliche Abhängigkeit von der Elisa-Legende und zwar von der Form, wie sie nur noch in den VP erhalten ist.

Die Geburtslegende des Elia ist am nächsten mit der des Noah in 1 Hen verwandt. Daß ursprünglich an Henoch haftende Überlieferungen auf Elia übertragen werden können, zeigt u.a. die Verklärungsperikope der synoptischen Evangelien[86].

2.2 Die Befragung des Orakels

3 καὶ ἐλθὼν ἀνήγγειλεν ἐν Ἰερουσαλὴμ
καὶ εἶπεν αὐτῷ ὁ χρησμός·
μὴ δειλιάσῃς·
ἔσται γὰρ ἡ οἴκησις αὐτοῦ φῶς
καὶ ὁ λόγος αὐτοῦ ἀπόφασις
καὶ κρινεῖ τὸν Ἰσραήλ.

Der Vater geht nach Jerusalem, um zu berichten, bzw. den Priestern[87] als der zuständigen Behörde das Geschehene zu melden[88] und um die Bedeutung seiner Schau zu erfragen[89]. Durch dieses Element wird die private Familiengeschichte zu einer öffentlichen Angelegenheit[90]. Auskunft gibt ihm das Ora-

---

[82] Vgl. SCHWEMER 1991a, 89 Anm. 127.
[83] Zum Urpriestertum Melchisedeks in 2 Hen s. BÖTTRICH 1992, 196–204. Zur Wirkungsgeschichte vgl. Epiphanius, Haer 55 und den Traktat Melchisedek aus Nag Hammadi (NHC IX,1).
[84] Vgl. Band I, Jeremia-Vita, Abschnitt 4.
[85] Ausführlicher SCHWEMER 1994b.
[86] Vgl. zur Verklärungsgeschichte o. Anm. 79.
[87] So Ep1; das ist wohl christliche Ergänzung; vgl. o. Anm. 57 zur Auslegung der Kirchenväter von Gen 25,22.
[88] Vgl. den Gebrauch von ἀναγγέλω in Joh 5,15.
[89] Vgl. Gen 25,22; Ex 18,15.
[90] Das ist sicher beabsichtigt, denn die Engel hätten ja von sich aus dem Vater des Elia Auskunft über ihr Handeln geben können. Analog dient in der Elisa-Vita der Schrei des

kel[91]. Der Orakelspruch beginnt mit der gattungsgemäßen Einleitung des Heilsorakels »Fürchte dich nicht«[92] und nennt dem Vater drei künftige Funktionen des Kindes, die durch diese Erscheinung angekündigt werden.

2.2.1 »Seine Wohnung wird (das) Licht sein«

ἔσται γὰρ ἡ οἴκησις αὐτοῦ φῶς

Damit wird Elias Entrückung[93] angekündigt. Zugleich wird aber auch mit »seine *Wohnung* wird Licht sein«[94] seine künftige Seinsweise beschrieben und angedeutet, daß er zu den Engeln zählen wird[95]. Elia erhält hier eine unge-

---

»goldenen Kalbes« als öffentliche Ankündigung der Geburt und Bindeglied zum Jerusalemer Heiligtum.

[91] Zur Einholung von Orakeln über Kinder vgl. o. Anm. 57 zu Rebekka und o. S. 238 Anm. 77 zu Noah in 1QGenAp und 1 Hen 106–107,3; besonders häufig erscheint das Motiv in den griechischen Sagen (Ödipus etc.). Zum Aufhören der Orakel aus dem Debir des Jerusalemer Tempels, s.u. Sacharja ben Jojada-Vita, Abschnitt 4.2.2.

[92] Vgl. seine Verwendung in den lkn Geburtsgeschichten mit μὴ φοβοῦ; zu δειλιάω vgl. BAUER/ALAND, s.v.

[93] 2 Kön 2,1–12; Sir 48,9:»Der du entrückt wurdest im Sturm nach oben und in Feuerscharen in die Höhe«. Das Motiv ist weit verbreitet; auch bei der Entrückung des Empedokles erstrahlt himmlisches Licht: ἑωρακέναι φῶς οὐράνιον καὶ λαμπάδων φέγγος (Diogenes Laertius VIII 68). Vgl. BERGER/COLPE, Textbuch, 62 führt als Par. zur ntl. Verklärungsgeschichte die Elia-Vita an, doch verdirbt die Übersetzung und der Kommentar die eigentliche Pointe des Vergleichs: nicht von »Feuer«, sondern vom »Licht« spricht die Vita hier.

[94] Das entspricht der Beschreibung (des entrückten) Henoch in 1 Hen 106,7: »zu unserem Vater Henoch gehen ..., denn sein *Wohnsitz* ist bei den Engeln«; vgl. 1 Hen 58,3–6; 37,4; bes. 89,52, wo Henoch über Elia sagt:»aber der Herr der Schafe rettete es vor den Schafen und brachte es zu *mir* herauf und ließ es (da) *wohnen*« (Üs. UHLIG); 1QGenAp 2,19–21:»er (Henoch) ist ein Geliebter und [... und bei den Heiligen(?)] befand sich sein Los, und sie zeigten ihm alles«; zur Lichtterminologie vgl. den (in vielem unbefriedigenden) Art. φῶς κτλ. von CONZELMANN in ThWNT IX, 302–349. Eigentlich ist Gottes Wohnung »Licht«; unter den vielen Belegen, die hier anzuführen wären, bes.: ShirShab (NEWSOM, 390, Index s.v. אור‎, אורתום‎); vgl. weiter das jüdischer Gebetssprache entstammende Zitat in 1 Tim 6,16:

ὁ μόνος ἔχων ἀθανασίαν,

φῶς οἰκῶν ἀπρόσιτον,

Hier werden Unsterblichkeit und »Wohnen in unzugänglichem Licht« als Gottesprädikationen zusammengestellt. Berossos sagt vom entrückten Xisuthros, daß er »in der *Wohnung* der Götter wohne« (bei Euseb, Chron [GCS 20, 11, 13–28]). Berossos bearbeitet den babylonischen Mythos in hellenistischer Zeit; doch vgl. auch vom irdischen Priester (= Propheten): Philo, Spec leg IV 192 (zitiert u. Sacharja ben Jojada-Vita Anm. 184); oder vom Patriarchen Joseph: JosAs 6,6: ὅτι πᾶσαν ἀποκρυβὴν αὐτὸς ὁρᾷ καὶ οὐδὲν κρυπτὸν λέληθεν αὐτὸν διὰ τὸ φῶς τὸ μέγα τὸ ὂν ἐν αὐτῷ. Vgl. den Kommentar von BURCHARD JSHRZ II/ 4, 646f: Joseph erhält hier prophetische und keine göttlichen Prädikationen.

[95] Die Lichterscheinung der Engel ist ein Topos, den nicht nur das NT, sondern gerade spätere frühjüdische Schriften gerne betonen s. JosAs 14,2f; 2 Hen 1,5; TestHiob 3,1; 4,1. MACH 1992a, 58 vermerkt, daß die biblischen Angelophanien die Lichtsymbolik selten verwenden. Bei den späteren christlichen und jüdischen Exegeten finden wir die Vorstellung, Elia sei ein Engel gewesen. GINZBERG, Legends VI, 325 Anm. 39 kann dafür nur sehr späte jüdische Zeugen anführen: Jalkut Reubuni zu Gen 1,26, 52a (G. zitiert 9a, ed. Amsterdam

wöhnlich hohe Prädikation. Aber die späteren Spekulationen darüber, ob Elia zu den zuerst geschaffenen Engeln gehörte, oder über seine Beziehung zum Sonnengott Helios im griechischen Sprachbereich darf man hier nicht eintragen[96]. Es geht hier darum, daß Elia von Mutterleibe an für sein Amt mit himmlischen Gaben ausgestattet ist und daß sich dies in der Zukunft erweisen wird. In MTeh 43,1 (134a) wird das Motiv aufgenommen und mit der Bitte um die eschatologische Sendung des Propheten verknüpft[97].

2.2.2 Sein Wort ist Urteil

καὶ ὁ λόγος αὐτοῦ ἀπόφασις

Der Terminus ἀπόφασις, »Erklärung, Urteil«, ist in LXX[98] und NT nicht belegt. Doch das Verb ἀποφαίνομαι wird in LXX verwendet[99]. Torrey und Fernández Marcos übersetzen mit »Offenbarung«, Rießler und Satran mit »Prophetenspruch«[100]. Auch der Sprachgebrauch in den alttestamentlichen

---

1700). S. den Kommentar von van Loopik, The Ways of the Sages, 209 zu DEZ I 20: »Only in the late mystical tradition in Jalq. Re´ub. on Gen 1 (52a) concerning Eliah's and Enoch's becoming angels does it say that they did not die. There one finds a relationship between becoming an angel and being immortal.« Daß antike jüdische Traditionen in der jüdischen Literatur z.T. erst wieder im Mittelalter auftauchen, ist keine Seltenheit. Ginzberg weist bereits darauf hin, daß Ambrosius, De fide III 11, 88 (PL 15, 607; CSEL 78, 140) die Irrlehren der Melchisedekianer für jüdischen Ursprungs hält, und Epiphanius, Haer 55,3 (PG 41, 976B; GCS II, 327ff) führt ebenfalls die Ansicht, Elia sei ein Engel, als Meinung der Melchisedekianer an. Zum Motiv, daß menschliche Gestalten unter die Engel »entrückt« werden, vgl. den Psalm 4Q491 frag. 11, obwohl dort von Entrückung nicht expressis verbis geredet wird; dazu u. Anm. 106. Die VP, die mit einer erstaunlichen Konsequenz fast alle messianischen Erwartungen vermeiden, schreiben alle hohen Würden den Propheten zu. Zur Verbindung vom Sein-wie-ein-Engel und Unsterblichkeit vgl. das sog. Gebet Jakobs 19f (in: PGrM 2, 149, 24f Nr. XXII.b): ὡς ἄγγελον ἐπ[ίγ]ειον, ὡς ἀθάνατον [γε]νάμενον; vgl. dazu Charlesworth, OTP II, 715–723; weiter das Gebet Josephs (überliefert bei Origenes, Comm in Joh II, 31, 189–190 [GCS 10, 88,24 –89,3]): Ὁ γὰρ λαλῶν πρὸς ὑμᾶς ἐγὼ δὲ Ἰακὼβ καὶ Ἰσραὴλ ἄγγελος θεοῦ εἰμι ἐγὼ καὶ πνεῦμα ἀρχικόν, καὶ Ἀβραὰμ καὶ Ἰσαὰκ προεκτίσθησαν πρὸ παντὸς ἔργου· ἐγὼ δὲ Ἰακώβ, ὁ κληθεὶς ὑπὸ ἀνθρώπων Ἰακώβ, τὸ δὲ ὄνομά μου Ἰσραήλ, ὁ κληθεὶς ὑπὸ θεοῦ Ἰσραήλ, ἀνὴρ ὁρῶν θεόν, ὅτι ἐγὼ πρωτόγονος παντὸς ζῷου ζωουμένου ὑπὸ θεοῦ ... κἀγὼ Ἰσραὴλ ἀρχάγγελος δυνάμεως κυρίου καὶ ἀρχιχιλίαρχος εἰμι ἐν υἱοῖς θεοῦ οὐχὶ ἐγὼ Ἰσραὴλ ὁ ἐν προσώπῳ θεοῦ λειτουργὸς πρῶτος, καὶ ἐπεκαλεσάμην ἐν ὀνόματι ἀσβέστῳ τὸν θεόν μου; dazu Smith, Prayer of Joseph, OTP II, 699–714; Hengel 1977a, 76ff.

[96] S. dazu u. Anm. 187.
[97] Zitiert o. Anm. 34.
[98] Doch vgl. Symmachus zu Koh 8,11 als Übersetzung von מחפ, »Strafurteil«.
[99] LXX: Hiob 27,5; 32,2; 2 Makk 6,23; 15,4 im Sinne von »erklären«; s. Lust, GELS, s.v. 58 »declare«, »prove«; dagegen wird Diog 8,3 von Bauer/Aland, s.v.; Wengst, Apostolische Väter, 327; Lindemann/Paulsen, Apostolische Väter, 317, mit »offenbaren« übersetzt. Doch auch an dieser Stelle ist die Bedeutung »erklären«, »behaupten« vorzuziehen.
[100] Torrey, Lives, 47; Fernández Marcos, Vidas, 525 »revelación«. Riessler, Schrifttum, 879 »Prophetenspruch«; dagegen richtig Hare, Lives, 396: »judgment«, Anm. 21c: »Or ›verdict‹«; Satran 1995, 128 »oracle«.

Pseudepigraphen stützt diese Bedeutung nicht[101]. Das Gerichtsmotiv, das in der nächsten Passage thematisiert wird, kündigt sich bereits an[102]. »Sein Wort ist Urteil« entspricht Sir 48,1: »Sein Wort ist ein brennender Ofen«[103] vgl. Sir 48,7[104], aber auch LAB 28,3, wo es von Pinchas, der mit Elia identifiziert wird[105], heißt:

> *exeat de ore eius veritas et de corde eius lumen refulgens.*

Vergleichbare Aussagen finden sich in Fragmenten aus *Qumran*, in der eine menschliche, priesterliche Gestalt, die in den Himmel unter die Engel erhöht ist, spricht. In 4Q491 frag. 11[106] sagt die nicht namentlich genannte Gestalt:

> »Und wer greift mich an mit dem Öff[nen des Mundes],
> und den Fluß meiner Lippen, wer faßt ihn?
> Und wer fordert von mir Rechenschaft und kommt mir gleich?
> In meinen *Rechtsentscheiden* – keiner steht gegen mich.
> Ich, unter die Göttlichen werde ich gerechnet[107],
> und meine Herrlichkeit ist bei den Söhnen des Königs.
> Nicht Feingold und nicht Gold von Ophir
> [gleicht meiner Weisheit ...]«

Hinzu kommt ein weiterer Text, der noch deutlicher an Elia, »die Sonne der Gerechtigkeit«, erinnert. Hier wird die Erwartung einer eschatologischen priesterlichen Gestalt beschrieben (4Q541 [Aaron A]):

> »............................ seine Weisheit [wird groß sein.]
> Und er wird entsühnen alle Söhne seiner Generation,
> und er wird gesandt zu allen Söhnen seiner [Generation.]
> Sein Wort wird wie das Wort des Himmels sein,

---

[101] Zu ἀπόφασις vgl. weiter Jos., Bell 1,542; Ant 2,70; Vita 79; TestLevi 6,8; TestGad 4,6; TestAbr A 13,7 und B 11,5f.8.

[102] Zeph 3,5; Jes 51,4.

[103] Ben Sira nimmt die Gerichtsthematik von Mal 3,2ff.19 (vgl. Dtn 9,3; Ps 21,10) und bezieht sie auf Elia (vgl. o. Anm. 70). Der Enkel gibt dies ohne das Gerichtsmotiv wieder: καὶ ὁ λόγος αὐτοῦ ὡς λαμπὰς ἐκαίετο. Zur Metapher vgl. Lev 26,26; Jes 3,1; Ez 4,16; Ps 105,16.

[104] »Und er hörte am Sinai Zurechtweisung (תוכחת, ἐλεγμόν), am Horeb Urteile der Vergeltung (בקם משפטי, κρίματα ἐκδικήσεως).« So interpretiert jetzt auch BEYERLE 1995, 61.

[105] Diese Identifizierung klingt auch in der in An2 (Coisl. 205) erhaltenen Passage, die das Ende des Orakels bildet, an. Dazu u. 3.1.

[106] Früher 4QMᵃ, ediert von BAILLET, DJD VII, 26–29; Baillet identifizierte die Gestalt mit Michael, doch es muß sich um einen Menschen handeln. So zu Recht: SMITH 1990, 183f, der jedoch mißverständlich von »deification« spricht, statt von Erhöhung unter die Engel; PUECH 1992, 489 interpretiert den Thron, den diese Person bekommt, in Analogie zu 4Q521 kollektiv (für die Armen), aber das ist hier unwahrscheinlich; vgl. jetzt COLLINS 1994, der ebenfalls betont, daß es sich um eine priesterliche Gestalt handeln muß. Zur alten Hypothese von VAN DER WOUDE 1957, daß die Beschreibung des »Messias aus Aaron« in Qumran auf der Beschreibung Elias beruht, s.o. Anm. 36 und u. Anm. 127.199. 4Q491 frag. 11 gehörte auch nicht zur Kriegsrolle; es gibt Überlappungen mit 4Q427 7 und 4Q471b, man ordnet den Text jetzt den Hodajot zu, s. COLLINS 1994, weiter dazu u. Anm. 110.

[107] Niph.

und seine Lehre wie der Wille Gottes.
Die *Sonne* seines Äons[108] wird entbrennen,
gesprengt[109] wird Feuer bis an alle Enden der Erde
und über alle Finsternis wird es entbrennen.
Dann wird die Finsternis vergehen [von] der Erde
und das Dunkel vom Trockenen (Erdboden).
Aber viele Worte sprechen sie gegen ihn,
...«[110]

Der Text fährt fort mit den Anfeindungen, die die beschriebene Person von »seiner bösen Generation« erfahren wird. Diese Aussagen passen vorzüglich für Elia, weniger für den Gottesknecht von Jes 52–53 (und noch weniger für den Menschensohn von Dan 7).

Man kann nicht völlig sicher sein, daß in den qumranischen Texten der entrückte und wiederkehrende Elia beschrieben wird; sicher aber stehen die Verheißungen von Mal 3 im Hintergrund[111] der Beschreibungen der eschatologischen Gestalt in den qumranischen Texten, die bei Sir, LAB, Mt 3,11 par und in den VP Elia ist.

Zudem ist mit ἀπόφασις vielleicht schon die Erwartung, daß Elia alle strittigen Fragen der Gelehrten in der Schriftexegese lösen wird, angesprochen[112].

2.2.3 Er wird Israel richten

καὶ κρινεῖ τὸν Ἰσραήλ.

Zum Text:
In An1 und An2 (Coisl. 224) ist ἐν ῥομφαίᾳ καὶ πυρί ausgefallen. Der Grund wird sein, daß An1 die »Wunder« Elias im Folgenden detailliert den Bibeltext paraphrasierend aufnimmt. Hier wird innerhalb der Aufzählung der Wunder Elias sein ›histori-

---

[108] Übersetzung von Prof. H. Gese in einer brieflichen Mitteilung an Prof. Hengel vom 14. 1. 1977; oder: »Seine ewige Sonne«, so entscheidet sich BEYER, Texte II, 79.

[109] Von der Wurzel נזה: wᵉjittazze. Vorschlag von H. Gese (s. vorige Anm.): »Der Terminus *nzh* ist das Besprengen bei Reinigungs- und Entsühnungszeremonien. Anstelle des normalen Wassers erscheint hier Feuer.« Die Übersetzung bei EISENMAN/WISE, Jesus, 151 überzeugt nicht. Die von Gese vorgeschlagene Deutung scheint mir die richtige; so jetzt auch GARCÍA MARTÍNEZ, Scrolls, 270. Deshalb unterstreicht diese Stelle die Verbindung mit Elia, dem »Feuerrichter«, den Johannes der Täufer erwartete; vgl. u. 24. Exkurs.

[110] Mit Photographie, Transskription und Übersetzung auch der anderen Fragmente von 4QTestLev^{c–d} (4Q540; 541; 537) mitgeteilt von PUECH 1992, 449–501. Puech rechnet diese Texte alle zu einem Testament Levis, das muß nicht unbedingt gegen einen Bezug auf Elia sprechen. Vgl. auch COLLINS 1994, der diesen Text ebenfalls mit 4Q491 frag. 11 in Verbindung bringt. Weiter BEYER, Texte II, 78f: »Das Testament Levi II«.

[111] Für Elia als endzeitlichen Hohenpriester würden die Berührungen mit der Eliatradition der VP und des NT sprechen; im NT finden wir im Gegensatz zu den VP und Sir auch deutliche Aussagen über das *Leiden* des Elia (Mk 9,13 par und wahrscheinlich Apk 11,3–13).

[112] Vgl. die bei GINZBERG, 1922, 304 Anm. 1 zum locus classicus mEd 8,7 gesammelten Belege. Zum Problem, ob Elia als endzeitlicher Interpret der Tora oberhalb der Toranische in Dura Europos (IV) abgebildet ist, vgl. KRAELING 1979, Pl. LXXVII und 146–150: The Elijah Cycle; PRIGENT 1990, 193; DEQUEKER 1988, 144f.153; vgl. dazu Band I, Jeremia-Vita, Anm. 304.

sches‹ Richten mit Schwert und Feuer beschrieben. Deshalb ist die Notiz ἐν ῥομφαίᾳ καὶ πυρί überflüssig. An2 (Coisl. 224) ist von An1 abhängig.

Daß Elia Israel richten wird, klingt schon in Sir an[113]. Nach dem Wortlaut von An1 und An2 (Coisl. 224) kann man κρινεῖ nicht im Sinne von zum Recht verhelfen, »jemandem (τινι) Recht schaffen«[114] verstehen, denn durch den Artikel τόν ist das nicht deklinierte »Israel« als Akkusativ aufzufassen[115]. Zudem wird – wie An2 (Coisl. 205), Ep1, Dor und Ep2 hier zuverlässiger als An1 und An2 (Coisl. 224) überliefern – Elia in der Endzeit »mit Schwert und Feuer« richten. An1 bezieht das »Richten« des Propheten auf das historische Wirken des Propheten. Mit dem *Schwert* hatte Elia die Baalspropheten »gerichtet« (1 Kön 19,1 vgl. 18,40), und das Gotteswort am Horeb kündigt ihm, als Antwort darauf, daß alle Jahwepropheten außer Elia mit dem Schwert getötet wurden[116], an: Es werden nur diejenigen vom »Schwert« verschont bleiben, die ihre Knie nicht vor Baal gebeugt haben. Nach 2 Kön 1,10ff ließ Elia auf seine Verfolger *Feuer* vom Himmel fallen[117].

Doch hier war wohl ursprünglich mehr gemeint: Wie Gott selbst am Tag des Gerichts Israel richten wird, so auch Elia als Stellvertreter Gottes[118]. In der späteren Haggada wird das Bild Elias z.T. sehr viel freundlicher; hier ist er der

---

[113] Vgl. Sir 48,10f: ὁ καταγραφεὶς ἐν ἐλεγμοῖς εἰς καιροὺς
κοπάσαι ὀργὴν πρὸ θυμοῦ,
ἐπιστρέψαι καρδίαν πατρὸς πρὸς υἱὸν
καὶ καταστῆσαι φυλὰς Ιακωβ.
μακάριοι οἱ ἰδόντες σε
καὶ οἱ ἐν ἀγαπήσει κεκοιμημένοι·
καὶ γὰρ ἡμεῖς ζωῇ ζησόμεθα.
Elia ist hier der endzeitliche richterliche Retter des Volkes Israel vor dem Zornesgericht Gottes. Vgl. zum Zusammenhang zwischen Endgericht und der Wiederherstellung der Stämme o. zum τέρας-Wort des Hosea (Hosea-Vita, Abschnitt 3.). Zugleich ist Elia bei Sir der Seelenbegleiter, freundlicher Hinweis von Prof. H. Gese; vgl. u. 25. Exkurs zu Elias »Hermes-Hut«.
[114] S. BAUER/ALAND, s.v. 5.
[115] Zu Elias endzeitlichem Richten s. die schon von BILL. gesammelten Belege IV,2, 764–798 (Exkurs ›Der Prophet Elia nach seiner Entrückung aus dem Diesseits‹, bes. 793ff).
[116] 1 Kön 19,17 καὶ ἔσται τὸν σῳζόμενον ἐκ ῥομφαίας Αζαηλ θανατώσει Ιου, καὶ τὸν σῳζόμενον ἐκ ῥομφαίας Ιου θανατώσει Ελισαιε. 18 καὶ καταλείψεις ἐν Ισραηλ ἑπτὰ χιλιάδας ἀνδρῶν, πάντα γόνατα, ἃ οὐκ ὤκλασαν γόνυ τῷ Βααλ, καὶ πᾶν στόμα, ὃ οὐ προσεκύνησεν αὐτῷ.
[117] An1 zitiert die Stelle; Ep1 faßt das Feuer bei der Opferprobe mit diesem Feuer zusammen und spricht davon, daß Elia dreimal Feuer vom Himmel fallen ließ.
[118] Zum Endgericht mit Feuer und Schwert vgl. »Schwert«: Jes 13,15; 34,5f; Jer 46,10; »Feuer«: Ez 30,14.16; Joel 2,3; 3,3; Obd 18; Nah 1,6 Zeph 1,18; die Reinigung durch Feuer: Sach 13,9; Mal 3,2f; 1 Kor 3,13ff; vgl. Sib 3, 673; 689 (μάχαιρα und πῦρ); 4, 173f; von der eschatologischen Friedenszeit heißt es Sib 3, 780ff: πᾶσα γὰρ εἰρήνη ἀγαθῶν ἐπὶ γαῖαν ἱκνεῖται ῥομφαίαν δ᾽ ἀφελοῦσι θεοῦ μεγαλοῖο προφῆται· αὐτοὶ γὰρ κριταί εἰσι βροτῶν βασιλεῖς τε δίκαιοι. Wahrscheinlich sind mit den προφῆται hier nicht die eschatologischen Frommen gemeint, so REISER 1990, 86 (Lit.).

Nothelfer Israels, aber auch sein Eifer klingt noch an[119]. Die Vita war wohl noch sehr viel »apokalyptischer«, jedoch keineswegs so detailliert, daß sich etwa behaupten ließe, sie stelle sich das endzeitliche Gericht Elias in der Weise vor, wie es Apk 11,3ff[120] beschrieben wird. Sie nimmt die Elia-Vorstellung von Mal und Sir auf – und zwar ohne den versöhnlichen Schluß[121].

24. Exkurs: Elia und Johannes der Täufer

Im *NT* ist die Elia-Gestalt eng mit Johannes dem Täufer verbunden. Die christliche Überlieferung macht Johannes als *Elias redivivus*[122] zum Vorläufer und Wegbereiter und letzten großen atl. Zeugen für den Messias Jesus[123]. Doch lassen die Partien bei den Synoptikern über Johannes durchaus noch etwas von dem eigenwilligen Charakter dieses »letzten Rufers« in der Wüste erkennen.

Der *Feuertäufer*, von dem Johannes spricht und den er expressis verbis von sich selbst als dem Wassertäufer unterscheidet, wird recht verschieden gedeutet. Manches spricht dafür, daß der historische Johannes meinte, nach ihm komme Gott selbst zum Gericht[124]. Doch die eigenartige Verbindung, die er in der christlichen Überlieferung mit Elia eingegangen ist und die schon sein eigenes Auftreten[125] geprägt hat, läßt sich

---

[119] Vgl. etwa bBer 6b: »Ein Mann betete einmal hinter einer Synagoge, ohne sein Gesicht der Synagoge zuzuwenden. Es ging Elija vorüber, indem er in seinem Aussehen einem Araber glich; er sprach zu ihm: ›Ist es jetzt erlaubt, vor deinem Herrn zu stehen?‹ Er zog sein Schwert und tötete ihn.« (Üs. BILL. IV,2, 776).

[120] Die Probleme, die diese schwierige Stelle aufwirft, gehören – glücklicherweise – nur sehr indirekt in den Kontext unserer Vita, obwohl BERGER 1976, 91f und KEARNS 1986, 149 auch die VP für ihre Hypothesen heranziehen. Die Elia-Vita bezieht das Gericht Elias m.E. höchstwahrscheinlich auf die Endzeit, aber von einer Auseinandersetzung mit dem Endtyrannen, dem gewaltsamen Tod Elias etc., wie wir es in Apk 11 (vielleicht!) und expressis verbis in der späteren koptischen EliaApk, im Vorwort von Dor (in Chron. Pasch. und Cosmas Indicopleustes), bei Lactanz, Div. inst. u.ö. finden, weiß sie schlechterdings noch nichts. Das kann man als Indiz für das Alter der Traditionen, die die VP verarbeiten, aber auch für die Zeit der Entstehung der VP werten. 4 Esr, eine Schrift, die mit einiger Sicherheit um 100 n. Chr. zu datieren ist, rechnet mit der Wiederkunft Elias, Henochs und Esras. Dazu SCHRAGE, JSHRZ V/3, 257f.

[121] Doch Ep2 ergänzt, was hier fehlt, mit einem wörtlichen Zitat von Mal 3,22f (LXX): 22 καὶ ἰδοὺ ἐγὼ ἀποστέλλω ὑμῖν Ἡλίαν τὸν Θεσβίτην πρὶν ἐλθεῖν ἡμέραν κυρίου τὴν μεγάλην καὶ ἐπιφανῆ, 23 ὃς ἀποκαταστήσει καρδίαν πατρὸς πρὸς υἱὸν καὶ καρδίαν ἀνθρώπου πρὸς τὸν πλησίον αὐτοῦ, μὴ ἔλθω καὶ πατάξω τὴν γῆν ἄρδην. Zum Rätsel um den Namen Taxo in AssMos, der vielleicht auch an dieses πατάξω anknüpft, vgl. u. Anm. 127.

[122] Auffälligerweise nicht Lk. Bei Lk sind dagegen die Himmelfahrtsperikopen von Anklängen an die Entrückung Elias durchzogen, s. dazu KELLERMANN 1994. Vgl. die völlig anders ausgerichtete Verwendung der Entrückung Elias in der Legende von Menahem ben Hiskia, dazu SCHWEMER 1994b.

[123] Mk 1,2 vgl. Mal 3,1.23 (Ex 23,20) par; vgl. DE GOEDT 1988, 74 (Lit.) und passim.

[124] So die neueren Untersuchungen: HUGHES 1972, 191–218; VON DOBBELER 1988, 144–147; ERNST 1989, 59–51; REISER 1990, 170–175.

[125] Mit Kamelhaarmantel und Ledergürtel statt priesterlicher στολή kleidet sich Johannes wie Elia, d.h. wie ein nomadischer »Araber«, vgl. SCHWEMER 1994b, 109 (Lit.).

am einfachsten erklären, wenn man annimmt, der Priestersohn Johannes habe den priesterlichen Propheten Elia als Feuerrichter erwartet[126]. Nachträglich hat man ihn dann selbst – schon früh in der christlichen Überlieferung – als *Elias redivivus* angesehen. Gewiß, Gott selbst ist der eigentliche Richter, doch dem widerspricht nicht, daß sein Stellvertreter Gericht hält[127]. »God's agent in the coming judgment was a well-known Jewish concept prior to the NT and included the idea that this agent was a historical figure from the past reserved in heaven for the time of the final judgment.«[128]

Nicht nur Henoch, Melchisedek, Michael, Abel, der Menschensohn, der Messias oder das Richterkollegium der Stammväter oder das der eschatologischen Frommen und dementsprechend in der christlichen Überlieferung Jesus, der auch seinen zwölf Jüngern das Richten über die Stämme Israels verheißt, werden als Gottes Stellvertreter beim letzten Gericht genannt. Gerade auch Elia erhält die Funktion des endzeitlichen Richters. Das wird weniger beachtet, weil die VP nicht zum Vergleich herangezogen werden[129].

---

[126] REISER 1990 lehnt m.E. zu Recht ab, daß der von Johannes erwartete Feuerrichter der »Menschensohn« sei, so BECKER 1972 u.a. Die Menschensohngestalt spielt in der Überlieferung über Johannes den Täufer gar keine Rolle. Dagegen wird über seine Beziehung zu Elia in allen frühen Quellen spekuliert. Das muß historische Gründe haben. Schließlich war der Ort, wo Johannes taufte, nicht nur die Stelle des Eisodos Jos 3 und 4, sondern auch die Stelle, von wo aus Elia entrückt wurde (2 Kön 2,1–13). Die Annahme, daß Johannes Elia als Feuerrichter erwartete, findet sich z.B. schon bei A. Schweitzer. Den christlichen Pilgern war diese Traditionshäufung (wobei Christen an dieser Örtlichkeit an erster Stelle natürlich an die Taufe Jesu dachten) bewußt. So heißt es bei Hieronymus, Ep 108,12 (Üs. nach DONNER 1979, 163; KEEL/KÜCHLER 1982, 530): »Kaum war die Nacht vergangen, kam sie (Paula) mit glühender Inbrunst an den Jordan, hielt am Flußufer inne und gedachte bei Sonnenaufgang der ›Sonne der Gerechtigkeit‹ (Mal 3,20). Sie dachte daran, wie die Priester trockenen Fußes mitten im Flußbett standen (Jos 3,12–17) und wie auf Befehl des Elia und des Elisa das Wasser sich zu beiden Seiten aufgetürmt hatte und die Wellen den Durchgang gestatteten (2 Kön 2,8.13). Sie erwog, wie der Herr die durch die Sintflut verunreinigten und durch den Untergang des ganzen Menschengeschlechtes befleckten Gewässer durch seine Taufe gereinigt hat.« Der Pilger von Bordeaux ist der erste Zeuge für den »Hügel des Propheten Elia« in dieser Gegend. Erst gegen Ende des 6. Jh.s wandert die Lokaltradition auf das Westufer. Dann tritt die von den Mönchen gepflegte Elia-Johannes-Tradition zurück, vgl. KEEL/KÜCHLER 1982, 527–532 (530f [Lit.]).

[127] Die VP erwarten grundsätzlich das Kommen Gottes zum Gericht und zum Heil auf Erden, dennoch erhalten Jeremia (mit Mose und Aaron) und Elia wichtige Funktionen beim Endgeschehen. Die eigenartige Gestalt des Taxo und des *nuntius* (nicht *angelus*) in AssMos, die Züge des »Engels« von Mal 3,1.23f; Sir 48,10 trägt, wurde von MANSON 1945, 46; J. JEREMIAS, Art. Ἠλ(ε)ίας, ThWNT II, 930–943 (934f); VAN DER WOUDE 1957, 85f.248f zu Recht auf Elia gedeutet. TROMP 1990, 200–209 lehnt diese Interpretation mit wenig überzeugenden Gründen ab. Der *nuntius* in AssMos 10,2 korrespondiert mit dem Titel Moses' *magnus nuntius* in 11,17.

[128] KOBELSKY 1981, 136; vgl. BLACK 1989, 9; LINDARS 1976, 59.

[129] REISER 1990, 146 erwähnt in seiner Aufzählung Elia nicht. J. JEREMIAS, Art. Ἠλ(ε)ίας, ThWNT II, 938, 29f betonte, daß Elia »nirgendwo als ... Richter erwartet wird«. Anders HARE, Lives 383 z.St.; darauf verweist KARRER 1991, 265, Anm. 134. Zu Elia als Richter in Sir 48 s. BEYERLE 1995.

3. Die Nebenüberlieferung zu V. 3–12 in An2 (Coisl. 205) und Ep2

An2 (Coisl. 205)

καὶ ἡ ζωὴ αὐτοῦ μετὰ τῶν πετηνῶν
καὶ ὁ ζῆλος αὐτοῦ ἄρεστος ἐνώπιον κυρίου

Ep2

Καὶ γὰρ ζηλωτὴς καὶ φύλαξ τῶν τοῦ θεοῦ ἐντολῶν ἀκριβὴς γεγονὼς
καὶ μεγίστων μυστηρίων καὶ χαρισμάτων θείων ἀξιωθεὶς

...

ὃς πάλιν ἐλεύσεται πρὸ τῆς συντέλειας,

Zum Text: Da An1, unser sonst zuverlässigster Zeuge, in der Elia-Vita (und der Elisa-Vita) mit ihrem Referat über die Wunder des Propheten (dazu u.) ganz aus dem bei ihr sonst gewohnten Rahmen fällt und ein Exzerpt aus dem Bibeltext von 1 Kön und 2 Kön bringt, sind die anderslautenden Überlieferungen in An2 und Ep2 in die Überlegungen über die ursprüngliche Textform heranzuziehen.

Nur in Ep2 und in An2 ist ein Element der Elia-Vita erhalten, das zum ursprünglichen Bestand gehört haben muß: Elia als Eiferer und Hüter der Gebote Gottes[130].

Weiter hat sich nur in Ep2 eine Notiz über die besonderen Offenbarungen Elias und über seine Wiederkunft vor dem Ende erhalten[131].

3.1 Das Leben mit den Vögeln und der Eifer in An2 (Coisl. 205)

Nach An2 (Coisl. 205) gehört dieser Vers noch zum Orakel, das der Vater erhält[132]. Wenn mit »sein Leben wird mit den Vögeln sein« nur die Episode von Elias Ernährung durch die Vögel am Bach Kerit gemeint wäre, könnte man schlecht verstehen, warum gerade das Orakel dies mitteilen muß. Es ist möglich, daß hier auch auf die Identifikation Elias mit Pinchas angespielt wird. Nach LAB 48,1 wird Pinchas befohlen:

> *Et nunc exsurge et vade hinc, et habita in Danaben in monte, et inhabita ibi annis plurimis. Et mandabo ego aquile mee, et nutriet te ibi ... superveniat tempus ... et tu claudas celum tunc, et in ore tuo aperietur. Et postea elevaberis in locum ubi*

---

[130] Vgl. HENGEL 1976a, 151–234, der in diesem Zusammenhang auch auf die Elia-Vita verweist (168 Anm. 5). Seit der Makkabäerzeit gelten Pinchas und Elia als Vorbild im »Eifer« für das Gesetz, der spontane gewaltsames Einschreiten bei Gebotsverletzung einschloß. Epoche gemacht hat dieses »Eifern« für Gott und das Gesetz nicht nur bei den Zeloten, auch Paulus war ein ehemaliger pharisäischer »Eiferer«; dazu u. Anm. 141.

[131] STONE/STRUGNELL, Books of Elijah, 91–97 haben diese interessanten Passagen in Ep2 und den messianologischen Vorspann von Dor abgedruckt.

[132] Sowie auch die Entrückung Elias in dieser Textform durch das Orakel angekündigt wird.

elevati sunt priores tui, et eris ibi quousque memorabor seculi. Et tunc adducam
vos, et gustabitis quod est mortis[133].

LAB 48,1 gilt als der früheste Beleg für die Vorstellung, daß Pinchas und Elia
ein und dieselbe Person sind. Die lange Lebensdauer des Pinchas wird als ein
Leben in der Einsamkeit auf dem Hermon, dem Henoch-Berg, der im Gebiet
von Dan liegt, erklärt. Dort ernährt ihn Gottes Adler ohne Kontakt zu den Menschen. An2 (Coisl. 205) verrät keine literarische Abhängigkeit von LAB. Wenn
An2 (Coisl. 205) hier ein ursprüngliches Element erhalten hat, hätten wir hier
einen weiteren frühen Beleg für die Identifikation Elias mit Pinchas. Daß an
diese wohl ursprünglich gedacht ist, unterstreicht der nächste Satz, denn der
»Eifer« verbindet Elia und Pinchas, beide waren schon Vorbilder im makkabäischen Befreiungskampf. Die eigenartige Identifikation beider Gestalten geriet später auf christlicher Seite eher in Vergessenheit[134]. Wahrscheinlich ist
deshalb diese Passage nicht nachträglich eingefügt worden, sondern gehörte
zum jüdischen Kern der VP, wobei es offen bleiben muß, ob ursprünglich nur
an Elias Raben[135] gedacht war. Gegen die Ursprünglichkeit spricht, daß die
Identifizierung Elias mit Pinchas sich mit der Geburtslegende Elias in den VP
nicht vereinbaren läßt. Andererseits ist es für die VP typisch, daß sie aspekthaft
denken und konkurrierende Traditionen unverbunden nebeneinander stellen.
Auch das mag ein Grund für die Textverbesserung in An1 sein.

Daß Elias Eifer »vor dem Herrn wohlgefällig« sein werde[136], erscheint fast
als eine zu blasse Kennzeichnung für den Propheten, dessen »Wohnung das
Licht sein wird«. Als rühmende Prädikation war das ausreichend und hinrei-
chend verständlich in einer Zeit, wo der »Eifer« noch etwas galt. Nach der
Niederlage der *zelotischen* Eiferer im ersten jüdischen Krieg konnte man ihn
nicht mehr so unbeschwert positiv sehen[137]. Dennoch geriet Elias Eifer nicht
in Vergessenheit[138].

---

[133] Zum Text s. HARRINGTON (SC 229, 320).

[134] Zu den rabbinischen Belegen, vgl. HENGEL 1976a, 170–175 u.ö.; Aphrahat erwähnt
zwar öfter das Priestertum und den Eifer Pinchas', aber setzt ihn nicht mit Elia gleich.

[135] Der Vogel auf der Yehud-Münze BMC Palestine S. 181, Nr. 29 Rückseite, ist m.E. der
Rabe Elias, vgl. u. 25. Exkurs.

[136] Die Formulierung ist gutes LXX-Griechisch, vgl. Dtn 12,8; Neh 9,24; Jes 38,3; Tob
3,6; 4,21; 14,8f (S). In späterer Sprache wäre zumindest εὐάρεστος zu erwarten, vgl. Sap
4,10; 9,10; Heb 13,21 u.ö.

[137] S. HENGEL 1976a, 21f.160ff zur rabbinischen Kritik an den Zeloten.

[138] Vgl. die Betonung von Elias Eifer bei den Kirchenvätern; eine Auswahl von Stellen
gibt LAMPE, PGL, s.v. Ἠλίας.

3.2 Der Eifer in Ep2

In *Ep2* gehört diese Passage nicht mehr zur wörtlichen Rede, sondern begründet die Entrückung Elias[139]. Man kann versuchen, beide Textformen (An2 [Coisl. 205] und Ep2) miteinander zu harmonisieren. Dann wäre auf die Ankündigung des Eifers im Orakel die Erfüllung durch Elias tatsächlichen Eifer gefolgt[140]. Der abgekürzte Partizipialstil in Ep2 paßt zur Sprache der Grundschrift der VP. Die Wortwahl ζηλωτής[141], φύλαξ ... ἐντολῶν[142] und vor allem ἀκριβής[143] weist in frühjüdischen Sprachgebrauch und spricht für Ursprünglichkeit. Wenn die Grundschrift der VP den Eifer Elias nicht erwähnen würde, müßte man sie zu den antizelotischen Schriften rechnen. Von einer solchen Tendenz ist sonst nichts zu spüren.

3.3 Die »großen Geheimnisse« in Ep2

Nicht ganz so sicher auf einen jüdischen Ursprung geht der nächste Satz in Ep2 zurück. Die μέγιστα μυστήρια[144], »größten Geheimnisse«, und χαρίσματα θεῖα, »göttlichen Gnadengaben«, wurden Elia bei der Gotteserscheinung am Horeb zuteil. Neben Elias Eifer begründen sie die Entrückung.

Wenn Ep2 nur von θεῖα μυστήρια sprechen würde, wäre die Entscheidung, ob wir an dieser Stelle auf jüdischem oder christlichen Boden stehen, etwas einfacher. Von Jub 4,18 ist ein griechisches Fragment erhalten: Dort heißt es von Henoch, daß er als erster der Enthüllung der göttlichen Geheimnisse gewürdigt wurde (θείων μυστηρίων ἀποκαλύψεως ἀξιοῦται). Ebenso finden wir θεῖον χάρισμα im griechischen Fragment von Jub 3,1[145]. Das Streben

[139] Vgl. 1 Makk 2,58: Ηλιας ἐν τῷ ζηλῶσαι ζῆλον νόμου ἀνελήμφθη ὡς εἰς τὸν οὐρανόν.

[140] Hier wird die Edition von M. Petit hoffentlich Klärung der Abhängigkeitsverhältnisse bringen. Aufgrund der hier zur Verfügung stehenden Textüberlieferung läßt sich diese Frage nicht entscheiden.

[141] HENGEL 1976a, 168 Anm. 5; zum Eifer für das Gesetz bei Paulus s. HENGEL 1991a, 273–293.

[142] LXX: φυλάσσω τὰς ἐντολάς neben φυλάσσω τὸν νόμον; vgl. Adam 23,3; 39,1; TestRub 4,5; TestLev, 10,1; TestIss 5,1; TestZeb 5,1; TestJos 19,6; TestBen 3,1; 10,5; JosAs 10,5; 12,2 u.ö. Vgl. VP 3,17. BAUER/ALAND, 1731f, s.v. φυλάσσω, 1f. Oder etwa νομοφύλαξ in 4 Makk 15,32, dazu Band I, Jeremia-Vita, Anm. 236.

[143] Zur ἀκρίβεια in der Gesetzesauslegung der Pharisäer, s. Jos., Bell 2,162; Vita 191 u.ö.; vgl. Apg 22,3; 26,5. Dazu HENGEL 1991a, 239f.

[144] Vgl. Band I, 1. Exkurs (zu μυστήριον in den VP).

[145] Bei Georgius Syncellus; zum teilweise erhaltenen hebr. Text s. MILIK 1973, 77–78; MILIK 1976; VANDERKAM 1977, 30; VANDERKAM 1978, 228–251; VANDERKAM, Jub (CCSO.SA, 87.88) z.St.; BERGER, JSHRZ II/1, 332f und WINTERMUTE in OTP II, 62 verzeichnen diese Variante nicht. Daß wir so wenig frühjüdische Belege in griechischer Sprache haben, mag daran liegen, daß viele der einschlägigen Schriften wie Jub, Henochzyklus

nach »Höhere(r) Weisheit durch Offenbarung« bezeichnete Hengel zu Recht »als Wesensmerkmal spätantiker Religiosität«[146]. Die Beschreibung der Elia zuteil gewordenen Geheimnisse und Gnadengaben fällt nicht aus dem Rahmen des frühjüdischen Elia-Bildes. Vom neutestamentlichen Sprachgebrauch ist diese Passage nicht beeinflußt.

Elias Gottesaudition am Horeb wird im frühen Judentum vor allem in der *Liturgie*, wenn sie den himmlischen Gottesdienst beschreibt, aufgenommen. Sie wird verwendet als ein Kennzeichen für das höchste Geheimnis der himmlischen Liturgie. So erscheint das tiefe Schweigen in den ShirShab als קֹול דממ[ת אלוהים[147], und schließlich wird die leise, sanfte Stimme[148] zur Bezeichnung einer Engelklasse.

Josephus[149] kürzt und streicht die Naturphänome bei der Beschreibung von Elias Gotteserscheinung am Horeb. Aber er steigert zugleich das wunderbar Geheimnisvolle durch das Erstrahlen des Lichtglanzes und das Hören der φωνὴ ἐξ ἀδήλου und φωνὴ θεία[150].

Seine besonderen Offenbarungen kennzeichnen Elia zudem wieder als Priester. Die Aufgabe Levis ist nach TestLev 2,10, die Geheimnisse Gottes den Menschen anzukündigen[151].

Wie oben schon betont, wurde in An1 diese Passage wahrscheinlich sekundär[152] durch ein Referat über die Wunder Elias ersetzt[153]. Die Bemerkungen über Elias Eifer in Ep2 und An2 (Coisl 205) scheinen auf jeden Fall älter zu sein als das Enkomion in Dor, in dem Elia »der ewiglebende Kämpfer gegen den Antichrist« genannt und Elias Eifer als Wetteifer »mit den Unsterblichen ... im Maß des Dienstes mit den Engeln« beschrieben wird[154].

---

usw. auf Griechisch nur in kurzen Zitaten erhalten sind. LAMPE, PGL, 619 s.v. θεῖος gibt an: θεῖα χαρίσματα Origenes, Frg. 44 in Jo (GCS 4, 512,14); Cyrill, Thes. 34 (PG 51, 355C); θεῖον μυστήριον Serap. Euch 20,1; θείων μυστηρίων Theodoret, Lect. h.e. 2,34 (PG 86,201A); bei den Kirchenvätern handelt es sich bevorzugt um eucharistische Terminologie.

[146] HENGEL 1988, 381 (Titel des »Exkurs Nr. 4«).

[147] 4Q405 20ii–22 Z. 8, dazu SCHWEMER 1991a, 108f. Vgl. zur Wirkungsgeschichte von קֹול דממה דקה in 1 Kö 19,12 (vgl. Hi 4,12–16): ALLISON Jr. 1988, 189–197.

[148] 1 Kön 19,12. In Ma'aseh Merkavah (HR § 592) erscheint eine Engelklasse mit dem davon abgeleiteten Namen: »Silent Gentle Creatures stand before Your throne of Glory« (Üs. SWARTZ 1992, 157.247).

[149] Ant 8,350ff.

[150] Vgl. dazu KUHN 1989, 189ff

[151] σὺ ἐγγὺς κυρίου στήσῃ καὶ λειτουργὸς αὐτοῦ ἔσῃ καὶ μυστήρια αὐτοῦ ἐξαγγελεῖς τοῖς ἀνθρώποις. Vgl. etwa zur Bedeutung von רז in den qumranischen Schriften jetzt auch die neuen Belege in dem weisheitlichen Text 4Q417 2 i (WACHOLDER/ABEGG, Scrolls II, 55) u.ö.

[152] Vgl. o. S. 226.

[153] Die Form der Schriftzitate gibt hier Aufschluß über die Schriftbenutzung in der(n) frühen christlichen Bearbeitung(en) der VP. Zur relativen Datierung s.u.

[154] Vgl. o. S. 226f; Text: SCHERMANN, Vitae, 52, 10–24; weiter STONE/STRUGNELL, Books of Elijah, 93; in meiner Textsynopse ist der Abschnitt ebenfalls aufgeführt.

4. Die Wunder Elias

4 Τὰ δὲ σημεῖα ἃ ἐποίησεν, εἰσὶ ταῦτα·

An1 (Vat. 2125) enthält in V. 4–12bβ zusätzlich und abweichend von allen anderen griechischen Hss[155] eine Zusammenfassung des Elia-Zyklusses von 1 Kön 17 – 2 Kön 2,8[156] mit einer Reihe von 8 Wundern. Dieser Passage entspricht im Marchalianus ein entsprechender Teil in der Elisa-Vita, der mit derselben Formel eingeleitet wird[157]. Der Abschnitt hält sich an den griechischen Bibeltext, kürzt ihn jedoch recht frei und setzt andere Akzente. Daß dieser Abschnitt in An1 sekundär zugewachsen ist, zeigt sich schon an zwei ganz einfachen Beobachtungen. Der Terminus σημεῖον statt τέρας erscheint in den VP erst in den der frühesten Schicht der christlichen Redaktion zugehörenden Partien[158]. Der Wechsel von den apokryphen Prophetennachrichten zu den (halb)wörtlichen Bibelparaphrasen setzt sich erst im Lauf der Zeit durch. Dennoch darf man diesen Zusatz in An1 nicht allzu spät ansetzen. Die lateinische Übersetzung der VP Epi[159] verwendet bei der Übersetzung dieser Partie noch einen altlateinischen Bibeltext, nicht die Vulgata.

4.1 Das erste Wunder

ηὔξατο Ἠλίας καὶ οὐκ ἔβρεχεν ἐπὶ ἔτη τρία
καὶ πάλιν ηὔξατο μετὰ τρία ἔτη καὶ γέγονε πολὺς ὑετός.

Wenn es in der Vita heißt, daß Elia betete und es dann nicht regnete und daß er nach drei Jahren wieder betete und es dann viel regnete, so faßt sie die Regenthematik von 1 Kön 17,1 – 18,45 in einem Satz zusammen. Nun ist zwar die Zeitdauer durch 18,1 vorgegeben, aber es wird nicht ganz wörtlich zitiert. Damit daß Elia betet, daß es nicht regnen soll, wird ein etwas anderer Akzent als im Bibeltext gesetzt, denn dort sagt Elia in seiner Scheltrede an Ahab: »Es soll diese Jahre weder Tau noch Regen fallen, es sei denn auf das Wort hin, das ich spreche.« Am Ende der Dürre beobachtet Elia, wie sich die Gewitterwolken bilden, dann betet er siebenmal[160].

---

[155] Soweit sie in der Ausgabe von Schermann erfaßt sind.
[156] Von Epi übernommen und ausgestaltet.
[157] Vgl. u. Elisa-Vita, Abschnitt 4.
[158] Dazu Band I, Jeremia-Vita, Abschnitt 5.2.3.
[159] S. DOLBEAU 1986, 92.
[160] Zum Gebet um Regen vgl. die Riten an Sukkot; aber auch die Geschichten von Onias dem Kreiszieher, von dem wohl auch Jos., Ant 14, 22 berichtet.

4.2 Das zweite Wunder

5 ἐν Σαραφθοῖς τῆς Σιδωνίας[161] ἐποίησε
διὰ ῥήματος κυρίου τὴν ὑδρίαν τῆς χήρας μὴ ἐκλεῖψαι
καὶ καψάκην τοῦ ἐλαίου μὴ ἐλαττωθῆναι·

Daran schließt sich in V. 5 die Sarepta Episode 1 (3) Kön 17,7–16, ohne Rückverweis auf die Jona-Vita[162]. Die Szene wird mit leichten Abwandlungen gekürzt dem LXX-Text folgend erzählt. So wird aus τάδε λέγει κύριος und der wörtlichen Rede in 1 (3) Kön 17,14: διὰ ῥήματος κυρίου mit folgendem AcI[163].

4.3 Das dritte Wunder

τὸν υἱὸν αὐτῆς ἀποθανόντα
ἤγειρεν ὁ θεὸς ἐκ νεκρῶν εὐξαμένου αὐτοῦ.

Man kann für Sarepta zwei Wunder zählen[164]: Einmal das Mehlwunder und zum anderen die Auferweckung des Sohnes der Witwe, obwohl beides in einem Satz gesagt wird. Zwar spricht in 1 (3) Kö 17,17 nur die Mutter subjektiv vom *Sterben* ihres Sohnes, und MT und LXX vorsichtiger vom Weichen des (Lebens)atems (נשמה/ πνεῦμα). Doch schon Sir 48,5 nennt das Kind eindeutig einen Toten[165].

4.4 Das vierte Wunder

6 Προβλήματος γενομένου παρ' αὐτοῦ καὶ τῶν προφητῶν τοῦ Βάαλ,
τίς ἂν εἴη ὁ ἀληθινὸς καὶ ὄντως θεός,
ᾔρησε γενέσθαι θυσίαν παρά τε αὐτοῦ κἀκείνων
καὶ μὴ ὑποθεῖναι πῦρ,
ἀλλ' ἕκαστον εὔξασθαι καὶ τὸν ἐπακούοντα αὐτὸν εἶναι θεόν.
7 Οἱ μὲν οὖν τοῦ Βάαλ ηὔχοντο
καὶ κατετέμνοντο ἕως ὥρας ἐνάτης

---

[161] Die wörtlichen Übereinstimmungen mit LXX werden im Folgenden kursiv gekennzeichnet, auch diejenigen, die nicht formidentisch sind. Folgeidentisch ist durch die geraffte Darstellung kaum eine Passage.

[162] Der Ortsname ist nun auch der LXX folgend angegeben.

[163] Die griechische Version von Sir 48,3.5: ἐν λόγῳ κυρίου/ὑψίστου wird nicht aufgenommen.

[164] Da An1 nicht numeriert, könnte man die Sarepta-Episode als ein Wunder rechnen und käme dann mit der Entrückung als 8. Wunder ebenfalls zur Zahl 8. Doch wahrscheinlicher ist, daß die 8 Wunder als Reihe vor die Notiz der Entrückung eingeschoben sind.

[165] Vgl. die Edition von VATTIONI, 260f: ὁ ἐγείρας νεκρὸν ἐκ θανάτου/ καὶ ἐξ ᾅδου ἐν λόγῳ κυρίου.

καὶ οὐδεὶς αὐτοῖς ἐπήκουεν·
ὁ δὲ Ἠλίας καὶ ὕδατος πολλοῦ πληρώσας τὸν τόπον, ἔνθα ἦν ἡ θυσία,
ηὔξατο· καὶ εὐθὺς ἐπέπεσε πῦρ καὶ ἀνήλωσε τὴν θυσίαν,
καὶ τὸ ὕδωρ ἐξέλειπεν·
8 καὶ πάντες τὸν μὲν θεὸν εὐλόγησαν,
τοὺς δὲ τοῦ Βάαλ ἀνεῖλον ὄντας τετρακοσίους πεντήκοντα.

Das Opfer am Karmel (V. 6–8) als viertes Wunder wird zunächst – sachlich richtig und in gewählter Sprache – als eine theologische Streitfrage[166] darüber dargestellt, wer der wahre und wirklich seiende Gott sei[167]. Daß in An1 οὐσίαν statt θυσίαν steht, ist ein Schreibfehler. Im knappen Bericht über den Vorgang selbst werden termini der LXX-Erzählung aufgenommen[168], doch vor allem weniger drastische Worte als im Bibeltext gewählt. Von der in der rabbinischen Literatur und in der Synagoge von Dura Europos dargestellten Legende von Hiel und der Schlange[169] und dem Trost für den dem Baal dargebrachten Ochsen fehlt jede Spur.

4.5 Das fünfte Wunder

9 Τῷ βασιλεῖ Ὀζίᾳ ἀποστείλαντι μαντεύσασθαι παρὰ εἰδώλων προεφήτευσε θάνατον καὶ ἀπέθανεν.

Als nächste Szene (V. 9) schließt sich daran 2 Kön 1,1–6 an, wobei der Name des Königs[170] in der Hs verschrieben ist und der Name des fremden Gottes[171] mit παρὰ εἰδώλων umschrieben wird.

4.6 Das sechste Wunder

10 Δύο πεντηκοντάρχων ἀποσταλέντων ἐπ' αὐτὸν παρὰ Ὀχοζίου τοῦ βασιλέως Ἰσραὴλ ἐπεκαλέσατο τὸν κύριον καὶ πῦρ ἀπ' οὐρανοῦ κατέβη κἀκείνους ἀνήλωσε τὸ πῦρ ἐκ προστάγματος κυρίου.

---

[166] Zu πρόβλημα vgl. Aristoteles, Top 101b 28; 104b 1; Mete 363a 24 u.ö.; Justin, Dial 65,5; Clemens Alex., Strom 6,4 (450,7; PG 22, 317B); Chrysostomos, Hom. in Mt 62,1 (PG 7, 619E); Euseb, h.e. 5,13,8. Der Optativ mit ἄν ist grammatisch hier gar nicht nötig. Wenn man ihn ernst nimmt, käme heraus: »Wer möchte/könnte/dürfte wohl der wahre Gott sein?« Das widerspricht dem eigentlichen Sinn.

[167] Die Formulierung weicht von LXX ab, berührt sich in der Diktion aber mit Philo und den christlichen Apologeten, s. LAMPE, s.v. 965.

[168] 18,28: κατετέμνοντο; 18,38: ἔπεσεν πῦρ; 18,21.40: Βααλ; 18,19: τετρακοσίους καὶ πεντήκοντα.

[169] Vgl. PRIGENT 1990, 227ff. Den Kirchenvätern war die jüdische Legende bekannt.

[170] 2 (4) Kön 1,2: Οχοζιας.

[171] 2 (4) Kön 1,2: Βααλ μυῖαν θεὸν Ακκαρων.

V. 10 referiert 2 Kön 1,9ff verweist jedoch nicht auf den dritten Fünfzigschaftsführer und seine Identifikation mit dem Propheten Obadja in den VP[172]. Die
wörtlichen Berührungen betreffen vor allem 2 Kön 1,10.12[173].

4.7 Das siebte Wunder

11 *Κόρακες ἔφερον αὐτῷ ἄρτους τὸ πρωί, δείλης δὲ κρέα·*

Seltsamerweise nimmt erst V. 11 die wunderbare Speisung durch die Raben in
1 Kön 17,6 auf, die oben im Zusammenhang mit den drei regenlosen Jahren
nicht erwähnt wurde. Die Berührung mit dem LXX-Text ist hier besonders
eng, da auch dieser schon knapp ist[174].

4.8 Das achte Wunder

12 *τῇ μηλωτῇ ἐπάταξε τὸν Ἰορδάνην*
καὶ διῃρέθη
καὶ διέβησαν ξηρῷ τῷ ποδί,
αὐτός τε καὶ Ἐλισαῖος·

V. 12 geht zum Schluß des Elia-Zyklus über und berichtet vom Jordanwunder
Elias[175], der Teilung des Flusses mit dem Mantel etc. als achtes Wunder, um
dann nahtlos überzugehen zu der von allen Rez. außer Dor berichteten Entrük-
kung Elias[176].

5. Die Entrückung

τὸ τελευταῖον ἀνελήμφθη ἅρματι πυρός.

Bei Elia tritt an die Stelle der Todes- und Grabesnotiz natürlich – dem Schrifttext entsprechend – die Angabe von seiner Entrückung[177]. Sowohl im alten

---

[172] Vgl. oben Obadja-Vita, Abschnitt 2.3.

[173] *καὶ κατέβη πῦρ ἐκ τοῦ οὐρανοῦ.*

[174] *καὶ οἱ κόρακες ἔφερον αὐτῷ ἄρτους τὸ πρωὶ καὶ κρέα τὸ δείλης, καὶ ἐκ τοῦ
χειμάρρου ἔπινεν ὕδωρ.*

[175] 2 Kön 2,8.

[176] Die rabbinische Tradition sprach von den 8 Wundern des Elia im Gegensatz zu den 16
des Elisa, s.u. Elisa-Vita, Anm. 73. Epi verzeichnet dagegen 12 Wunder des Elia, s. DOL-
BEAU 1986, 124f, indem das Dürre- und das Regenwunder als zwei (das 1. und das 6.) Wunder gezählt werden, als 7. Wunder das 40 tägige Fasten, als 11. die doppelte Gabe des Geistes an Elisa angegeben und schließlich die Entrückung Elias als 12. Wunder ausdrücklich
unter die Wundertaten gerechnet wird. Epi numeriert die Wunder, so daß kein Zweifel an der
Anzahl bestehen kann. Die Reihenfolge entspricht genauer als in An1 dem Bibeltext.

[177] Vgl. A. SCHMITT, Art. Entrückung, NBL I, 543–547 (Lit.). Zur Entrückung mit Blitz
und Wagen und Apotheose vgl. etwa neben Medeas Flucht mit dem Sonnenwagen ihres

Orient wie in der hellenistisch-römischer Zeit war die Entrückung in die himmlische Welt ein oft literarisch und ikonographisch ausgestaltetes Thema. Für Elias Entrückung finden wir besonders viele christliche Darstellungen[178]. Frühe jüdische scheinen dagegen zu fehlen. In der Synagoge von Dura Europos deutet im Elia-Zyklus nichts daraufhin, daß eine Szene mit Elias Himmelfahrt vorhanden war[179]. Das entspricht der Ablehnung und Vorsicht, mit der die rabbinischen Gelehrten von Henochs und Elias Entrückung sprachen.

25. *Exkurs: Elia auf dem Flügelrad*

Die früheste bildliche Darstellung Elias findet sich auf der Yehud-Münze BMC Palestine S. 181, Nr. 29 Rückseite, deren Bildprogramm m.w. bisher nie überzeugend gedeutet werden konnte. Diese rätselhafte Silber-Drachme oder Viertelschekel aus (spät)persischer Zeit stellt m.E. (den entrückten) Elia auf dem Flügelrad dar[180] mit den Attributen, die den irdischen Elia auszeichneten: Fellmantel und Rabe. Wahrscheinlich trägt er auch den »Hermes«-Hut als Gottesbote und Psychopomp (vgl. Sir 48,11).

Großvaters Helios (Euripides, Med 1136ff) auch den Mythos vom *Seher* Amphiaraos, der wohl eine urspünglich chthonische Gottheit war, die entsprechend von einem Erdspalt verschlungen wird (Pindar, Nemeen 9,24ff.10,8ff; Olympien 6,14ff; Euripides, Suppl 925ff; Diodorus Siculus, 4,65,8; Pausanias, 2,23,2 etc.) vgl. W. FAUTH, Art. Amphiaraos, KP 1, 308ff (Lit.). Amphiaraos' Heiligtümer waren Orakel- und Heilstätten, s. dazu u. Elisa-Vita, Anm. 85.

[178] Elia wird u.a. (schon die griechische Üs. von Sir 48,9 erwähnt die feurigen Pferde vgl. u. Anm. 182) mit Quadriga bzw. Biga in den Himmel auffahrend dargestellt. Zur Ikonographie s. H. LECLERQ, Art. Élie – Élisée, Dictionnaire d'archéologie chrétienne, IV, 2670; KÖTZSCHE-BREITENBRUCH 1976; GUTMANN 1984, 1316; Zu Sta. Sabina in Rom: Gisela JEREMIAS 1980, 40–45 (Tafel Nr. 16; Abb. 34–37). VOORDECKERS 1988, 156ff. Schon Lk verwendet das Vorbild der alttestamentlichen »Himmelfahrt« Elias, um die »Himmelfahrt« Christi zu beschreiben, s. KELLERMANN 1994.

[179] DEQUEKER 1988, 144f; PRIGENT 1990, 332.

[180] Abb. u.a. bei KIENLE 1975, Tafel II. MESHORER 1982, Nr. 1, 21–26. KIENLE 1975 (dort Diskussion der älteren Lit.) schlug vor, es sei eine synkretistische JHWH-Abbildung. Aber *alle* Elemente der Darstellung lassen sich nur verstehen, wenn man sie auf Elia bezieht. Ich werde das in einer ausführlicheren Untersuchung begründen. MILDENBERG 1979, 186, datiert die Münze in die Zeit 380–360 v. Chr. MESHORER 1982, 26, stimmt ihm zu. Den Vogel deutete man als Adler (z.B. Kienle), Habicht oder Falken (so etwa Mildenberg, Meshorer); er hat jedoch nichts Raubvogelhaftes, es fehlt der gekrümmte Schnabel. Die neueste Veröffentlichung zu dieser Münze: BARAG 1992, 97ff (mit Abb.) geht m.E. in die falsche Richtung. Er referiert die alten Aporien und schlägt vor, die Münze sei zwischen 345 und 343 von Bagoas, dem Feldherrn Artaxerxes III., geprägt worden, die Gestalt auf dem Flügelrad sei eine JHWH-Darstellung, das bärtige Gesicht zu Füßen der Gestalt sei vermutlich der Prophet Ezechiel als Empfänger der Thronwagenvision. Doch hierbei handelt es sich, wie Mildenberg in einem Tübinger Vortrag im Rahmen der Philipp-Melanchthon-Stiftung im WS 93/94 anhand des Vergleichs mit den Münzen aus Gaza gezeigt hat, eindeutig um einen Bes-Kopf mit der charakteristischen Stupsnase.

Er blickt hinab auf einen typischen Bes-Kopf als Zeichen seines Sieges über die Baalspropheten. Diese Münze ist etwa in dieselbe Zeit zu datieren wie Mal 3,1.23f[181].

Auch wenn die Rezensionen in ihrem Wortlaut schwanken, so nehmen sie doch deutlich die LXX-Fassung von 2 Kön 2,11[182] und Sir 48,9[183] auf und variieren sie[184]. Die Erwähnung des Feuerwagens wird zum ursprünglichen Bestand gehören. Dieser Feuerwagen kann in frühjüdischen Schriften zum himmlischen Gefährt schlechthin werden, das die Sonne, aber auch die Engel als »Fahrzeug« benutzen, ohne daß ausdrücklich von Elia die Rede ist[185]. Schon in hellenistischer Zeit nähert sich die Beschreibung dieses Wagens dem des Sonnengottes, erkennbar an den feurigen Pferden[186]. Hinzu kommt der Gleichklang von Ἠλίας/Ἡλίας und Ἥλιος in der griechischen Sprache[187].

---

[181] Das ist ein soliderer Datierungsvorschlag als die »Mutmaßungen« von KRIEG 1993, 209–212.221, der Mal in die Jahre 200–180 datiert und im Ernst erwägt, ob Simeon der Gerechte der Verfasser war. Vgl. o. Maleachi-Vita, Anm. 5.

[182] MT ויעל wird in LXX mit passivum divinum wiedergegeben: καὶ ἐγένετο αὐτῶν πορευομένων ἐπορεύοντο καὶ ἐλάλουν, καὶ ἰδοὺ ἅρμα πυρὸς καὶ ἵπποι πυρὸς καὶ διέστειλαν ἀνὰ μέσον ἀμφοτέρων, καὶ ἀνελήμφθη Ἡλιου ἐν συσσεισμῷ ὡς εἰς τὸν οὐρανόν.

REISER 1990, 255 äußert sich bedenklich gegenüber einem unkritischen Gebrauch von »Passivum divinum«; aber vgl. zur Herleitung aus dem »Hofstil« MACHOLZ 1990. Nimmt ein Text MT auf, wird das Aktiv verwendet: PesK 1,4 (MANDELBAUM 9,5ff): »Oder ›Wer steigt in den Himmel hinauf?‹ Das ist Elia, von dem geschrieben steht ...« (Üs. WÜNSCHE 6).

[183] Sir 48,9 nimmt das Pass. wie LXX in 2 Kön 2,11:

הנלקח בסערה מעלה ובגדודי אש מן[רום]

ὁ ἀναλημφθεὶς ἐν λαίλαπι πυρὸς ἐν ἅρματι ἵππων πυρίνων·

[184] Dabei schließt sich nur Ep1 deutlicher an Sir 48,9 (LXX) an.

An1	An2	Ep1	Ep2
τελευταῖον ἀνελήμφθη ἅρματι πυρός	καὶ ἀναληφθήσεται ἐν συσσεισμῷ ἐκ τῶν οὐρανῶν.	καὶ εἰς οὐρανὸν ἀναλημφθεὶς ἐν λαίλαπι πυρός	ἀνελήφθη ἐν ἅρματι πυρίνῳ,

[185] Vgl. JosAs 6,2 (Josef/Sonne); 17,8; Vita Adae gr. 22,3; 33,2f; TestAbr A 9,8; 10,1.12; 11,1; TestAbr B 14,6; grBar 6,2 (Sonne); 9,3; grEsra 7,6 (Elia) und natürlich im TestHiob, dabei kann dieses himmlische Gefährt eine selbstverständliche Verbindung mit dem Cherubenwagen eingehen, der ja eigentlich Gottes Thronwagen darstellt.

[186] So die griechische Üs. von Sir 48,9; vgl. o. Anm. 183. Vgl. zur Darstellung Elias mit Quadriga bzw. Biga vgl. o. Anm. 178.

[187] Vgl. J. JEREMIAS, Art. Ἠλ(ε)ίας, ThWNT II, 930–943; weiter die Darstellung des Zodiak mit der Gestalt, die dem Sonnengott ähnelt, in der Mitte des Tierkreises auf den Bodenmosaiken der palästinischen Synagogen. STEMBERGER 1975, 45f erklärt die Zentralgestalt als »Helios«: »Helios in seiner Mitte stellt den Aufsteigenden dar, der durch die Sphären dringt, Abraham, Isaak und mit ihnen jeden Israeliten«, denn den »Auffahrenden im traditionellen Bild des Helios zu sehen, liegt wegen der biblischen Erzählung von der Entrückung des Elija im Feuerwagen nahe«. 2 Kön 2,11 wird in 3 Hen 6,1 (P. SCHÄFER, Synopse zur Hekhalot-Literatur, § 9 und § 890) zitiert bei der Beschreibung von Metatrons (=Henochs) Himmelfahrt: »Er führte mich empor in großer Herrlichkeit, auf einem Feuerwagen (אש רכב) und mit feurigen Pferden.« Weiter HR 19–20 (SCHÄFER, Synopse § 231); die feurigen Pferde erscheinen auch in »Die sieben (Bitten oder Beschwörungen) des Elia«, wo der Hekhalot-Mystiker nach dem Vorbild Elias in die himmlische Welt »eindringt« (die Verbindung zu Elia zeigt der Titel, und in 1a Z. 11 wird 1 Kön 19,12 zitiert): G 13 (Z. 19) bei

Auf jeden Fall gehören die VP nicht zu den Stimmen, die den himmlischen »Spekulationen« skeptisch gegenüberstehen, wie wir sie etwa aus der tannaitischen Haggada kennen[188].

5.1 Die Wiederkunft Elias in Ep2 und Dor

In einem weiteren Zusatz am Ende von Ep2 wird erwähnt, daß Elia vor dem Weltende wiederkommen wird. Von Elias gewaltsamem zukünftigem Geschick, seinem siegreichen Kampf mit dem Antichristen, scheinen die VP in ihrem ursprünglichen Kern nichts zu wissen. Das Motiv erscheint erst in dem Enkomion, das Dor (Chron Pasch; vgl. Cosmas Indicopleustes) der Elia-Vita voranstellt[189].

Nach dem Bericht über die Entrückung Elias bringt Ep2 einen Schlußabschnitt über die Wiederkunft Elias. Eingeleitet wird er mit:

ὃς πάλιν ἐλεύσεται πρὸ τῆς συντέλειας.

Dem folgt als Begründung ὥς φησιν ὁ θεὸς διὰ Μαλαχίου, worauf sich das wörtliche Zitat von Mal 3,24 (4,5)[190] anschließt. Das explizite Schriftzitat und seine Einleitung »wie Gott durch Maleachi sagt« wird in Ep2 wahrscheinlich

---

SCHÄFER, Geniza-Fragmente, 143; vgl. G 15 (op.cit. 151). STEMBERGER, op.cit. erörtert die verschiedenen Deutungsmöglichkeiten der Helios-Gestalt u.a. als Messiaskönig, der er den Vorzug gibt. DEQUEKER 1986, 2–30; DEQUEKER 1988, 149f betont, daß es sich beim Zodiak in Beth Alpha um Elia/Helios handeln muß.

[188] So etwa R. Jose in MekhY, Yitro Bahodesh 4 (ed. LAUTERBACH II, 224). Jos. drückt sich vorsichtig aus (Ant 9, 28): κατ' ἐκεῖνον δὲ καιρὸν Ἠλίας ἐξ ἀνθρώπων ἠφανίσθη, καὶ οὐδεὶς ἔγνω μέχρι τῆς σήμερον αὐτοῦ τὴν τελευτήν· ... περὶ μέντοι γε Ἠλία καὶ Ἐνώχου τοῦ γενομένου πρὸ τῆς ἐπομβρίας ἐν ταῖς ἱεραῖς ἀναγέγραπται βίβλοις ὅτι γεγόνασιν ἀφανεῖς, θάνατον δ' αὐτῶν οὐδεὶς οἶδεν. Er liebt die skeptische Attitude hellenistischer Historiker, die gerne mit einem gewissen Abstand solche ›Mythen‹ berichten. Aber er vermeidet auch sonst, was mit apokalyptischen Vorstellungen zusammenhängt, auszumalen. Das wäre dem Pensionär der Flavier, der sich u.a. gegen die Anschuldigung, die ägyptischen Sikarier zu unterstützen, wehren mußte, schlecht bekommen. Man darf Jos. nicht wie VAN LOOPIK (The Ways of the Sages, 210) in einem Atemzug mit MekhY, Yitro Bahodesh 4 (LAUTERBACH II, 224) und bSuk 5a nennen. Das Verdikt gegenüber Spekulationen über Entrückungen und Himmelsreisen ist im Rabbinat verschärft. Die übersteigerten endzeitlichen Erwartungen, die zu drei blutigen Aufständen gegen Rom geführt hatten, standen als Menetekel an der Wand. So übersetzt TO zu Gen 5,24 einfach »und Henoch starb«. Die rabbinischen Gelehrten werden zudem die christliche Auslegung vor Augen haben. In Ps-Epiphanius, Hom 4 (PG 43,481B) heißt es dann wieder im Gegenzug: οὔτε Ἠλίας οὔτε ἕτερός τις ἀνέβη εἰς τὸν οὐρανόν, εἰ μὴ μόνος ... ὁ ... τοῦ θεοῦ υἱός. Vgl. Chrysostomos, Ascens 5 (MONTFAUCON 2, 455B) u.ö.

[189] Vgl. o.S. 226f, Anm. 7. Die von BERGER 1976, 91–98 u.ö. aufgelisteten Parallelen erweisen sich alle als später als Apk 11; KEARNS 1986, 147ff versucht recht hypothetisch, die Vorstellung vom leidenden Elia im Anschluß an Berger aufzuhellen. Vgl. o. Anm. 120.

[190] Mit ἐλθὼν πατάξω folgt Ep2 der Textform von Sc-V usw. vgl. Göttinger LXX, 339 z.St.

sekundär zugewachsen sein[191]. In den VP sprechen die Propheten ihre Worte sonst immer selbst und nicht Gott durch den Propheten. Explizite längere Schriftzitate treten dem Text der VP *immer* nachträglich hinzu[192]. Aber das Element der Wiederkunft Elias wird wohl ursprünglich im alten Kern der VP genannt worden sein. Es wird in An1 durch die Aufzählung der Wunder des Propheten verdrängt worden sein.

Die ursprünglich jüdische (aber christlich interpolierte[193]) Passage in der *Sibylle* (2,187–214) enthält eine ausführliche Schilderung von Elias Kommen vor dem Endgericht. Elia wird drei Zeichen für das Weltende geben:

> »Und dann wird der Thisbite vom Himmel den himmlischen Wagen
> Lenken, auf die Erde gelangt, gibt er drei Zeichen
> Der ganzen Welt dafür, daß alles Leben endet ...«[194]

Die drei Zeichen bestehen in den kosmischen Katastrophen[195]: Dunkelheit (194f), Ekpyrosis (196–200) und Sternenfall mit Verschwinden von Sonne und Mond (200ff)[196]. V. 203–213 schildern dann die Auswirkung der kosmischen Katastrophen auf alle Elemente der Schöpfung und Menschen, Tiere und Pflanzen. Darauf folgt ein Abschnitt über die Auferstehung der Toten und das Endgericht.

Im Enkomion auf Elia in Dor kehrt Elia vor der Parusie Christi zurück. Dieser Passus ist betont an das Ende gestellt.

> »Dieser ist es, der gewürdigt ist, der Vorläufer der zweiten und offenbaren
> Wiederkunft des Herrn zu sein,
> der im Maß des Dienstes mit den Engeln wetteiferte.«

Der Schlußsatz nimmt die vorherige Beschreibung Elias als des ersten, der lebend in die himmlische Welt entrückt mit den Engeln wetteifert, wieder auf. Es ist das Ziel der apokalyptischen Literatur zu zeigen, wie die Ferne Gottes von einzelnen Erwählten überwunden wird[197]. Dem ursprünglichen Kern der VP lag eine solche starke Betonung der apokalyptischen Sicht fern, auch wenn der Verfasser nicht verschweigt, welche Rolle Mose und Aaron, Jeremia und Elia beim Endgeschehen haben werden.

---

[191] Doch auch 4Q558 zitiert die wichtige Elia-Verheißung wörtlich.

[192] Vgl. SCHWEMER 1994a, 84–90.

[193] So auch COLLINS, OTP I, 320; die genuin christlichen Schriften sprechen von drei ganz anderen endzeitlichen Zeichen, vgl. Did 16,6 καὶ τότε φανήσεται τὰ σημεῖα τῆς ἀληθείας· πρῶτον σημεῖον ἐκπετάσεως ἐν οὐρανῷ, εἶτα σημεῖον φωνῆς σάλπιγγος καὶ τὸ τρίτον ἀνάστασις νεκρῶν, u.ö., dazu Band I, Jeremia-Vita, Anm. 273.

[194] Üs. U. TREU in NTApo II⁵, 597.

[195] Sib 2,190–192 ist christliche Interpolation.

[196] Vgl. auch das τέρας-Wort der Habakuk-Vita.

[197] Vgl. HIMMELFARB 1991, 89f: »It is not only what God reveals to the visionary that is important, but the very fact that God is willing to bring a human being near to him. ... human beings can cross the boundary and join the angels.« (90).

Zusammenfassung

Der alte Kern der Elia-Vita zeichnet das Bild des großen Propheten in wenigen Worten. Die Vision des Vaters vor der Geburt des Kindes und deren Deutung durch das Orakel in Jerusalem erfaßt komprimiert schon alles, was es von diesem Propheten Bedeutendes zu berichten gab. Die Aufzählung seiner Wunder ist ein Nachtrag, der den LXX-Text von 1 Kön 17 – 2 Kön 2 stark kürzend referiert. Dieser Nachtrag hat wichtige Elemente der Elia-Vita verdrängt, die sich nur in An2 (Coisl. 205) und Ep2 erhalten haben, so seinen Eifer und seine Einsicht in die göttlichen Geheimnisse.

Elia erhält sehr hohe Prädikationen, die ihn als Richter und Stellvertreter Gottes in der Endzeit beschreiben. Das kommt nach Mal 3,23f[198] und Sir 48,1–10 nicht überraschend. Für die neutestamentliche Exegese ist die Elia-Vita nicht nur für die Verklärungsgeschichte und die Kindheitsgeschichten zum Vergleich heranzuziehen, sondern auch für die umstrittene Frage, wen Johannes der Täufer für den »Feuerrichter« hielt. Ebenso wird man erneut die qumranischen Belege[199] über den Messias aus Aaron, die unter die Engel entrückte Gestalt in 4Q491 frag. 11 und den Feuerrichter in 4Q541 in ihrem Zusammenhang mit Elia untersuchen müssen.

In der späteren Elia-Haggada erhält – nach einer Phase der rabbinischen Prophetenkritik – die Gestalt Elias wieder ihre hohen Funktionen. In der christlichen Ikonographie des Propheten zeigt sich u.a. auch die Nachwirkung der VP.

Das Enkomion auf Elia in Dor[200] unterstreicht, was in der Elia-Vita für christliche Augen fehlte: Elias Kampf mit dem Antichristen und seine Wiederkunft vor der Parusie Christi. Der in der koptischen Elia-Apokalypse (3. Jh. n. Chr.) breit ausgemalte endzeitliche Kampf Elias (und Henochs) mit dem Endtyrannen dringt damit erst spät in die Textüberlieferung der VP ein[201]. Auch das zeigt wieder das Alter der VP. Isidor von Sevilla greift für Elia ebenfalls zum Enkomien-Stil; den Text der VP hat er nur spurenhaft aufgenommen[202]. Elia wird vom Antichristen getötet, diesen besiegt erst Christus selbst bei der Parusie[203]. Elia stirbt zusammen mit Henoch, wie es Apk 11 angekün-

---

[198] In dieselbe Zeit wie Mal 3,23f gehört die Elia-Darstellung auf der Silberdrachme (Yehud-Münze BMC Palestine S. 181, Nr. 29 Rückseite), vgl. o. 25. Exkurs.

[199] Den Ansatz von GINZBERG 1922 und VAN DER WOUDE 1957 sollte man modifiziert wieder aufnehmen.

[200] S. die Üs. o. S. 226f.

[201] Vgl. dazu FRANKFURTER 1993, 103–140.

[202] De ortu et obitu patrum 35,1: *Helias Thesbites, sacerdos magnus atque propheta ...* (GÓMEZ 157ff).

[203] De ortu et obitu patrum 35,3: *... uenturus iuxta Malachiam prophetam in finem mundi, praecessurus Christum et nuntiaturus ultimum eius aduentum cum magnis uirtutibus prodigiisque signorum, ita ut etiam bellum geret Antichristus aduersus eum uel qui cum eo*

digt wurde. Petrus Comestor dagegen nimmt außer dem Bibeltext fast nur Josephus als zusätzliche Quelle für seine Elia-Darstellung auf, verweist jedoch mit *tradunt Hebraei* auf die Jona-Legende[204]. Da Elia im NT verhältnismäßig oft genannt wird, erscheint er entsprechend häufig in der altchristlichen Literatur[205].

Ebenso fehlen in der Elia-Vita die asketischen, christlichen Züge, die doch gerade diesem Vorbild der Eremiten nachgesagt wurden. Es erscheint kein Verweis auf seine Jungfräulichkeit, der doch nahe gelegen hätte[206]. All das weist auf das Alter der jüdischen Grundschrift hin, die zwar keinem der Propheten eine Frau zuschreibt, aber nur bei Daniel und eben nicht bei Elia ausdrücklich die Keuschheit betont[207]. Im christlichen Bereich spielte Elia zwar nicht die überragende Rolle, die er im Judentum hatte und behielt, aber auch im Christentum wurde die eschatologische Funktion Elias je und je besonders hervorgehoben [208].

---

uenturus est, et occidet eos, cadauera quoque eorum in plateis insepulta iacebunt. Dehinc suscitata a Domino regnum Antichristi plaga magna percutient. Post haec ueniet Dominus et interficiet Antichristum gladio oris sui et eos qui adorauerunt eum, et regnabit Dominus cum omnibus sanctis suis in gloria sempiterna (GÓMEZ, 159). Gómez verweist auf Vg, Hieronymus, Ep 121,11 und Tertullian, De anima 35.50 als zusätzliche Quellen des Isidor. Doch vgl. auch ApkElia 34,7,5ff; 42,10 (SCHRAGE, JSHRZ V/3, 257ff.272).

[204] 34 (PL 198, 1379A) zu 1 Kön 17,18: *Hunc puerum tradunt Hebraei fuisse Jonam prophetam.* 35 (PL 198, 1380D) zu 1 Kön 19,3: *Et timens Elias fugit in Bersabee et dimisit ibi puerum suum Jonam ut tradunt et solus intrauit in desertum.*

[205] Vgl. die Belege bei LAMPE, PGL, 603ff, s.v. Ἡλίας, die sich vermehren lassen.

[206] Vgl. etwa Aphrahat, Dem 18,7 (Über die Jungfräulichkeit und Heiligkeit): »Mose liebte die Heiligkeit ..., Josua bar Nun liebte die Jungfräulichkeit ... Elia ragte heraus durch seine Jungfräulichkeit, wohnte in der Einöde ... Elisa blieb allein und war keusch ... Jeremia hat gesagt ... (Jer 16,2)« (Üs. BRUNS II, 436f); vgl. 18,8: »Bei keinem von ihnen war eine Frau, von ihren Jüngern ließen sie sich bedienen« (BRUNS II, 437).

[207] Vgl. Band I, Daniel-Vita, 6. Exkurs.

[208] Zum Bild Elias bei den Kirchenvätern gaben die Karmelitinnen eine Textsammlung in französischer Übersetzung heraus (Le saint prophète Élie, SpOr 58, 1992). Die armenische »Kurze Geschichte des Propheten Elia« ist ebenfalls in französischer Übersetzung von ROSENSTIEHL/MÉLIK-HACOPIAN in SpOr 59, 1993, 395–416 erschienen.

Die Elisa-Vita

Text und Übersetzung

22.1 Ἐλισαίος ἦν ἐξ Ἀβελμαοὺλ γῆς τοῦ Ῥουβήν·
2 καὶ ἐπὶ τούτου γέγονε τέρας,
ὅτι, ἡνίκα ἐτέχθη
ἐν Γαλγάλοις ἡ δάμαλις ἡ χρυσῆ
ὀξὺν ἐβόησεν,
ὥστε ἀκουσθῆναι εἰς Ἱερουσαλήμ·
3 καὶ εἶπεν ὁ ἱερεὺς διὰ τῶν δήλων,
ὅτι προφήτης ἐτέχθη Ἰσραήλ,
ὃς καθελεῖ τὰ γλυπτὰ αὐτῶν καὶ τὰ χωνευτά·
4 καὶ θανὼν ἐτάφη ἐν Σαμαρείᾳ.

5 Τὰ δὲ σημεῖα, ἃ ἐποίησεν, εἰσὶ ταῦτα·
ἐπάταξε καὶ αὐτὸς τὸν Ἰορδάνην τῇ μηλωτῇ τῇ Ἠλίου
καὶ διῃρέθη τὸ ὕδωρ καὶ διέβη καὶ αὐτὸς ξηρῷ ποδί·
6 τὰ ὕδατα ἐν Ἱεριχὼ πονηρὰ ἦν καὶ ἄγονα·
καὶ ἀκούσας παρὰ τῶν τῆς πόλεως ἐπεκαλέσατο τὸν θεὸν καὶ εἶπεν·
ἴαμαι τὰ ὕδατα ταῦτα καὶ οὐκ ἔσται ἔτι ἐκεῖθεν θάνατος καὶ ἀτεκνουμένη·
καὶ ἰάθησαν τὰ ὕδατα ἕως τῆς ἡμέρας ταύτης.
7 Παίδων ἀτακτούντων κατ' αὐτοῦ κατηράσατο ἐν αὐτοῖς
καὶ ἐξελθοῦσαι δύο ἄρκοι ἐνέρρηξαν ἐξ αὐτῶν μβ'.
8 Γυνὴ προφήτου τελευτήσαντος ὀχλουμένη ὑπὸ δανιστῶν

22.1 Elisaios war aus Abelmaoul (aus dem) Land Rubens.
2 Und bei diesem ereignete sich ein Vorzeichen,
denn als er geboren wurde,
schrie in Gilgal das goldene Kalb gellend,
so daß es in Jerusalem gehört wurde.
3 Und der (Hohe)priester sagte durch die Orakelsteine:
»Ein Prophet wurde (in) Israel geboren,
der ihre geschnitzten und ihre gegossenen (Götterbilder) zerstören wird«.
4 Und als er starb, wurde er in Samaria begraben.

5 Die Wunderzeichen, die er tat, sind folgende:
Es schlug auch er den Jordan mit dem Mantel des Elia,
und das Wasser teilte sich, und auch er ging hindurch trockenen Fußes.
6 Die Wasser in Jericho waren schlecht und unfruchtbar,
und als er es hörte von denen in der Stadt, rief er Gott an und sagte:
Ich habe diese Wasser geheilt
und es wird dort nicht mehr sein Tod und Unfruchtbarkeit.
Und geheilt wurden die Wasser bis auf diesen Tag.
7 Als Kinder sich ihm gegenüber ungezogen verhielten, verfluchte er sie.
Und es kamen zwei Bären und zerrissen von ihnen zweiundvierzig.
8 Die Frau eines verstorbenen Propheten kam,

καὶ μὴ ἔχουσα ἀποδοῦναι προσῆλθε
τῷ Ἐλισαίῳ,
9 καὶ ἐνετείλατο αὐτῇ συναγαγεῖν
ἀγγεῖα καινά,
ὅσα δύναται, καὶ τὸ ἔχον ὀλίγιστον
ἔλαιον ἐκκενοῦν εἰς αὐτά,
ἕως ἀποσχῇ τὰ ἀγγεῖα·
10 Καὶ τοῦτο ποιήσασα ἐπλήρωσε τὰ
ἀγγεῖα καὶ ἀποδέδωκε τοῖς
δανισταῖς καὶ τὸ περισσεῦον ἔσχεν
εἰς διατροφὴν τῶν παιδίων.
11 Εἰς Σουμὰν ἀπελθὼν ἔμεινε παρά
τινι γυναικὶ
καὶ μὴ ποιοῦσαν αὐτὴν παίδιον,
ἐπιθυμοῦσαν δὲ σχεῖν εὐξάμενος
πεποίηκε συλλαβεῖν καὶ τεκεῖν·
12 εἶτα ἀποθανόντα τὸν παῖδα
εὐξάμενος πάλιν ἤγειρεν ἐκ νεκρῶν.

13 Εἰς Γάλγαλα ἐλθὼν κατήχθη παρὰ
τοῖς υἱοῖς τῶν προφητῶν
καὶ ἑψεθέντος προσφαγίου
καὶ θανατικῆς βοτάνης συνεψεθείσης
τῷ προσφαγίῳ
καὶ παρ' ὀλίγον κινδυνευόντων
πάντων πεποίηκεν ἀβλαβὲς καὶ ἡδὺ
τὸ βρῶμα·
14 τῶν υἱῶν τῶν προφητῶν
κοπτόντων ξύλα παρὰ τὸν Ἰορδάνην
ἐξέπεσε τὸ δρέπανον καὶ
κατεποντίσθη·
ὁ δὲ Ἐλισαῖος εὐχόμενος πεποίηκεν
ἐπιπολάσαι τὸ δρέπανον.
15 Ναιμὰν ὁ Σύρος δι' αὐτοῦ
ἐκαθερίσθη ἀπὸ τῆς λέπρας.
16 Τὸν παῖδα αὐτοῦ Ἐλισαῖος
λεγόμενον Γιεζεί, ἀπελθόντα κρύφα
παρὰ γνώμην αὐτοῦ πρὸς Ναιμὰν
καὶ αἰτήσαντα ἀργύριον, ὕστερον
ἐλθόντα καὶ ἀρνούμενον ἤλεγξε
καὶ κατηράσατο αὐτὸν καὶ γέγονε
λεπρός.
17 Βασιλέως Συρίας πολεμοῦντος
τὸν Ἰσραὴλ

als sie von Gäubigern bedrängt wurde und nichts hatte zum zurückzahlen, zu Elisa.
9 Und er befahl ihr, neue Gefäße zusammenzutragen, soviel sie könnte, und das (Gefäß), das äußerst wenig Öl enthielt, in sie zu gießen, bis die Gefäße voll seien[1].
10 Und sie tat das und füllte die Gefäße und gab den Gläubigern zurück und behielt das Übrige zur Ernährung ihrer Kinder.
11 Nach Sunam kam er und blieb bei einer Frau.
Und weil sie kein Kind geboren hatte, aber begehrte (eines) zu haben, betete er und machte, daß sie empfing und gebar.
12 Dann als das Kind starb, betete er wiederum und erweckte (es) von den Toten.
13 Nach Gilgal kam er und kehrte ein bei den Söhnen der Propheten.
Und als das Essen gekocht war und ein tödlich(giftiges) Kraut in dem Essen mitgekocht war, und alle kurze Zeit in Lebensgefahr waren, machte er die Speise unschädlich und süß.
14 Als die Söhne der Propheten Holz schlugen am Jordan, fiel das Beil (in den Jordan) und versank. Elisa aber betete und bewirkte, daß das Beil an der Oberfläche schwamm.
15 Naiman, der Syrer, wurde durch ihn vom Aussatz gereinigt.
16 Seinen Knecht, der Giezei hieß, der heimlich hingegangen war gegen seinen Willen zu Naiman, Geld forderte, (zurück)kam und leugnete, überführte Elisa und verfluchte ihn, und er wurde aussätzig.
17 Als der König von Syrien Krieg gegen Israel führte,

---

[1] ἀπέχω LSJ, s.v. IV »have, to receive in full«.

καὶ ἠσφαλίζετο τὸν βασιλέα Ἰσραὴλ
ἀπαγγέλλων αὐτῷ τὰς σκέψεις τοῦ
ἐχθροῦ·
18 τοῦτο μαθὼν ὁ βασιλεὺς Συρίας
πέμπει δύναμιν ἀγαγεῖν τὸν
προφήτην·
ὁ δὲ εὐξάμενος πεποίηκεν αὐτοὺς
καταχθῆναι ἀορασίᾳ
καὶ ἀπήγαγεν εἰς Σαμάρειαν παρὰ
τοὺς ἐχθρούς,
ἀβλαβεῖς τε αὐτοὺς φυλάξας διέσωσε
καὶ ἔθρεψεν·
19 τοῦτο μαθὼν ὁ βασιλεὺς Συρίας
ἐπαύσατο τοῦ πολεμεῖν.
20 Μετὰ θάνατον Ἐλισαίου ἀποθανών
τις καὶ θαπτόμενος
ἐρρίφη ἐπὶ τὰ ὀστᾶ αὐτοῦ
καὶ μόνον ὡς ἥψατο τῶν ὀστέων τοῦ
Ἐλισαῖου, ὁ νεκρὸς εὐθὺς ἀνέζησεν.

bestärkte er den König von Israel, indem er ihm die Pläne des Feindes ankündigte.

18 Als der König von Syrien dies erfuhr, schickte er eine (Streit)macht, den Propheten zu holen. Der aber betete und bewirkte, daß sie in Verblendung (Finsternis) abgeführt wurden und er führte sie nach Samaria zu den Feinden, aber er bewahrte sie unversehrt, rettete sie und nährte sie.

19 Als der König von Syrien das erfuhr, hörte er auf Krieg zu führen.

20 Nach dem Tod des Elisa starb einer und als er begraben wurde, wurde er auf seine Gebeine geworfen. Und wie er nur die Gebeine des Elisa berührte, lebte der Tote sofort wieder.

Zum Text

Außer in Dor fehlt – nach den bisherigen Editionen – in V. 2 ein Komma nach ἐτέχθη in den Hss (vgl. u. Anm. 26). In V. 3 wird von Dor und Ep2 im Orakel statt von Ἰσραήλ, für das (An1) bzw. in dem (An2 [Coisl. 224]) der Prophet geboren wird, von Ἰερουσαλήμ als dem Geburtsort des Propheten gesprochen. Ep1 verbessert das und läßt die Ortsangabe ganz weg.

Aufbau und Vergleich der Rezensionen im Überblick

Der Grundstock ist wieder allen Rezensionen gemeinsam. Während Dor nur Herkunft, Vorzeichen bei der Geburt, Tod und Begräbnis registriert, haben alle anderen Rezensionen einen mehr oder weniger langen ›Einschub‹, in dem die Wunder Elisas nach dem Bibeltext berichtet werden. Ep2 beschränkt sich dabei auf die Angabe, daß Elisa mit dem doppelten Geist Elias begabt wurde. Ep1 berichtet kurz von den wichtigsten Wundern Elisas, während An1 wieder wie in der Elia-Vita eine ausführliche Schriftparaphrase bietet. Diese Paraphrase stellt An1 hinter die Todes- und Grabnotiz, während Ep1 und Ep2 ihre kurzen Andeutungen vor der Grabnotiz einfügen. Ep2 erweitert die Grabnotiz mit dem Wunder nach Elisas Tod wie An1 (Vat. gr. 2125).

Es ergibt sich folgender Aufbau:

1. Herkunft
2. Vorzeichen bei der Geburt
3. Deutung durch den Hohenpriester
4. Todesnotiz
5. Die Wunder

Kommentar

1. Die Herkunft

22.1 Ἐλισαίος ἦν ἐξ Ἀβελμαοὺλ γῆς τοῦ Ῥουβήν·

Elia wird am Horeb von Gott befohlen, Elisa[2] den Sohn Schaphats[3] aus Abel Mechola/Abelmaoula[4] zu seinem Nachfolger zu salben (1 Kön 19,16). Allgemein nimmt man als das Wahrscheinlichste an, daß es sich bei der Heimat Elisas um die ca 14–15 km südlich von Beth She'an im Stammesgebiet von Issachar in der Jordanebene liegende Stadt handelt, die nach 1 Kön 4,12 zum fünften Gau Salomos gehörte und nach Ri 7,22 am Jordan lag. Die genaue Ortslage läßt sich aber dennoch nicht mehr mit völliger Sicherheit bestimmen, die Stadt könnte auch östlich vom Jordan gelegen haben[5]. Die VP geben den Namen der Heimatstadt des Propheten wie der Alexandrinus in 1 Kön 19,16 ohne das Schlußalpha wieder.

Die VP indentifizieren diese Stadt interessanterweise nicht mit dem Ort desselben Namens[6] an den Jordanquellen zu Füßen des Hermon, an dem sich nach 1 Hen und

---

[2] Vgl. zur Gestalt des Propheten im AT und zum Zyklus der Elisa-Erzählungen: Art. Elisha, EJ 6, 665ff (667 zur Haggada); K. Wessel, Art. Elisa, RAC 4, 1163–1171; Stipp 1987; Stipp, Art. Elischa, NBL I, 522f; Rofé 1988, 55–74.

[3] Nur Ep2 gibt den Vaternamen an, doch etwas abweichend von LXX (Σαφατ): Ἰωσαφάτ.

[4] Die Namensform der VP ist in A in 1 Kön 19,16 belegt: MT אבל מחולה; LXX: Αβελμαουλα; Αβελμαουλ (A); vgl. Ri 7,22 אבל מחולה; Αβελμεουλα (AS); Αβωμεουλα (B); 1 Kön 4,12 אבל מחולה; Εβελμαωλα (S); αβελμαωλα (L); αβελμαουλα (O). Jos., Ant 8, 352 nennt die Heimatstadt des Elisa Ἀβέλα(ς). Ob er die Stadt Ἄβελα in Peräa meint (vgl. Bell 2, 253) ist nicht sicher, aber auch nicht ausgeschlossen.

[5] Vgl. Euseb, Onom (Klostermann 34,20): »Stadt eines Präfekten Salomos, Heimat des Elisa, jetzt ein Dorf von Gor 10 Meilen südlich von Skytopolis, genannt Bethmaela oder Bethmaulua«; Vgl. Abel 1938, 234; Noth 1971, 524–531; Noth 1968, 71; H.-C. Schmitt 1972, 188. Daneben gibt Euseb, wie die VP, einen Ort mit ähnlichem Namen im Stammesgebiet von Ruben an; dazu u. Anm. 10. Hieronymus folgt Euseb, Onom (Klostermann 35, 17ff): *Abelmaula urbs unius de principibus Salomonis, unde fuit Elissaeus profeta. est autem nunc uicus in Aulone, de quo supra diximus, in decimo a Scytopoli miliario contra australem plagam nomine Bethmaula.* Er nennt ebenfalls Beelmeon als (zweiten) Herkunftsort des Propheten.

[6] Vgl. 2 Chr 16,4.

TestLev (aram und XII) so aufregende Geschehnisse ereignet haben: Hier trauerten die gefallenen Engel, und hier verkündigt ihnen Henoch ihr Urteil, das er von Gott selbst bei seiner Entrückung im Schlaf vor den Thron Gottes erfahren hatte[7]. Während Henoch seine Traumvision nicht direkt in Abel Mahola empfing, jedoch in der Nachbarschaft in »Dan, das rechts an der Westseite des Hermon liegt«[8], empfängt der Patriarch Levi seine himmlische Berufungs- und Einsetzungsvision ins hohepriesterliche Amt in Abel Men/Abelmaoul, das nach TestLev 2,3.5 in der Gegend des Hermon, des Berges Aspis[9], zu suchen ist.

Die VP setzen ihr Abelmaoul im Stammesgebiet von Ruben an und belegen damit eine Lokalisierung, die sich auch in Eusebs Onomastikon und in der Übersetzung des Hieronymus findet[10]. Doch daß die VP ihr Abel Mechola mit Ba'al Me'on einfach verwechseln, wie es das Lemma bei Euseb nahelegt, ist kaum anzunehmen. Es gab in Peräa in vorhasmonäischer Zeit jüdische Siedlungen. Vielleicht schlug Judas Makkabäus in der Nähe von Medaba/Madeba »die Söhne Bajans«[11]. Die Gegend wurde von Johannes Hyrkan I. erobert[12], aber schon Hyrkan II. und Antipater mußten sie den Nabatäern zurückgeben[13]. Herodes I. nahm den Nabatäern (31 v. Chr.) das Gebiet wieder ab[14]. So gehörte Ba'al Me'on im 1. Jh. n. Chr. wohl zunächst zum jüdischen Peräa, dann zum Gebiet Aretas' IV. und nach 106 n. Chr. wahrscheinlich zur Provinz Arabien[15]. Da die VP – anders als bei Elia – die Heimat Elisas im Gegensatz zu Euseb und Hieronymus nicht mit Arabien in Verbindung bringen, werden sie die politischen Verhältnisse zwischen der Eroberung durch Herodes I. und der Einrichtung der Provinz Arabien widerspiegeln. Dabei ist es nicht ausge-

---

[7] 1 Hen 13,7–10 (Ende).

[8] Üs. UHLIG, JSHRZ V/6, 535

[9] In TestLev (XII) 2,3.5 geht das griechische ᾽Αβελμαουλ auf ein aramäisches אבל מין zurück, s. TestLev aram aus 4Q213 bei BEYER, Texte, 194; BEYER, Texte, 193 lokalisiert diesen Ort an der Jordanquelle (=Abelmen) in der Nähe des Hermon (=Aspis).

[10] Euseb hat für die Heimat unseres Propheten eine zweite Lokalisierung im Onom (KLOSTERMANN 44,21–46,2): Βεελμὼν (Nu 32,38) πέραν τοῦ ᾽Ιορδάνου ἦν ᾠκοδόμησαν οἱ υἱοὶ ῾Ρουβὶν ... τῆς ᾽Αραβίας Βεελμαοὺς καλουμένη ... ἐντεῦθεν ἦν ᾽Ελισσαῖος ὁ προφήτης. Ebenso Hieronymus (KLOSTERMANN 46,25–47,2): *Beelmeon trans Iordanem, quam aedificauerant filii Ruben. est autem uicus nunc grandis iuxta Baaru in Arabia, ubi aquas calidas sponte humus effert, cognomeno Beelmaus, distans ab Esbus milibus nouem, unde et Elissaeus profeta fuit.* Weiter dazu ABEL 1938, 259 s.v. Ba'al Me'on; DONNER 1982, 176 Anm. 10 sieht in diesen Angaben bei Euseb, Hieronymus und in den VP eine Verwechslung. Die Madeba-Karte setzt die Kirche Elisas nördlich von Jericho an, wo Elisa die Wasser heilte (TAVO-Koordinaten: 192.142).

[11] 1 Makk 5,4. Zur Gleichsetzung von »Bajan« mit Ba'al Me'on vgl. SCHUNCK, JSHRZ I/4, 318 Anm. 4a; KASHER 1988, 28.36.

[12] Jos., Bell 1,63; Ant 13,255; vgl. KASHER 1988, 44ff.

[13] Nach Jos., Ant 13,397 gehören ᾽Εσσεβὼν und Μήδαβα zum Reich Alexander Jannais; zur Rückgabe durch Hyrkan II. s. Ant 14,18; vgl. KASHER 1988, 108–125.

[14] Vgl. KASHER 1988, 147.

[15] Wohl zusammen mit dem Gebiet von Heschbon/Esbus, von dem aus Euseb und Hieronymus die Meilendistanz für Ba'al Me'on angeben; vgl. BOWERSOCK 1983, 92.

schlossen, daß diese Tradition wie andere Überlieferungen in den VP in die Zeit der hasmonäischen Eroberungen zurückgeht.

Elisas eigenständiges Wirken begann nach 2 Kön im Süden: Er schreitet von der Stelle östlich des Jordans, von der Elia entrückt wurde, hinüber über den Jordan und kommt zunächst nach Jericho, wo er sein »zweites Wunder«, die »Heilung der Wasser«, wirkt[16]. In der Nähe von Baal Meon gab es heiße und kalte Quellen[17]. Von daher erscheint es nicht als völlig absonderlich, daß der Geburtsort im Gebiet des Stammes Ruben gesucht und dort auch »gefunden« wurde. Da sich in den VP die Tendenz ablesen läßt, daß man die nordisraelitschen Propheten möglichst mit dem Staatsgebiet Judäas in Verbindung brachte[18], könnte das der Hauptgrund für die Lokalisierung des Geburtsortes sein[19]. Daß man Elisas Heimat hier ansetzte, könnte auf einer jüdischen Ortsüberlieferung beruhen. Diese Lokalisierung hat sich gehalten, wie der Beleg bei Euseb und Hieronymus zeigt, obwohl man die richtigere kannte.

2. Das Vorzeichen bei der Geburt Elisas

2 καὶ ἐπὶ τούτου γέγονε τέρας,
ὅτι, ἡνίκα ἐτέχθη ἐν Γαλγάλοις
ἡ δάμαλις ἡ χρυσῆ ὀξὺν ἐβόησεν,
ὥστε ἀκουσθῆναι εἰς Ἰερουσαλήμ·
3 καὶ εἶπεν ὁ ἱερεὺς διὰ τῶν δήλων,
ὅτι προφήτης ἐτέχθη Ἰσραήλ,
ὃς καθελεῖ τὰ γλυπτὰ αὐτῶν καὶ τὰ χωνευτά·

Für Elisa bieten die VP analog zu Elia eine Geburtslegende, die den Propheten ebenfalls wie Elia – beide Propheten hatten im AT beileibe nichts mit Jerusalem zu tun – mit Jerusalem, seiner Orakelstätte im Tempel und der dortigen Priesterschaft in Verbindung bringt[20].

Bei der Geburt Elisas ereignete sich ein eigenartiges Vorzeichen, τέρας[21]. Zwar verbessert hier Ep1 τεράστιον, was man wie in der Ezechiel-Vita eher

---

[16] S.u. Abschnitt 4.2.

[17] 4,5 km nordwestlich von Machärus. Dazu Jos., Bell 7, 178–189; vgl. DONNER 1982, 175f.

[18] Das ist am deutlichsten in der Jona-Vita abzulesen.

[19] Nach Ep2 kommt er zwar auch aus dem Land Rubens, aber aus dem Stamm Levi, was wahrscheinlich eine sekundäre Verbesserung ist. Der Ort des Grabes in Samaria stand dagegen fest.

[20] Vgl. o. Elia-Vita, Abschnitt 2.2.

[21] ZEHNER, Epiphanius, 38 meint: »Caeterum de ipso prodigio nec sacrae literae, nec alii è vetustioribus quicquam annotarunt. Quae procul dubio caussa fuit, cur nonnulli hanc narrationem ut fabulosam in dubium vocarint.« Entsprechend verzeichnen auch die anderen Kommentatoren keine Parallelen. Doch gibt es eine sehr interessante Parallele in der Haggada, s.u.

mit »Wunderzeichen« wiedergeben könnte. Doch widerspricht der Gebrauch der festen Verbindung von ἔδωκε τέρας dem von γέγονε τέρας an dieser Stelle wirklich so völlig dem, was man sonst in den VP beobachten kann?[22] Wenn τέρας zur Einleitung der endzeitlichen Prophetien verwendet wird, so werden dabei doch immer »Vorzeichen« aufgezählt. Dem entspricht die Verwendung von ἐγένετο τέρας/τέρατα, wenn sich wirklich »Vorzeichen« ereignen wie bei der Geburt Elisas und nach dem Mord an Sacharja ben Jojada[23]. Dieser ungewöhnliche Sprachgebrauch in den VP legt ebenfalls nahe, daß sie von einem Verfasser bzw. Sammler zusammengestellt wurden[24].

Der Inhalt des Vorzeichens ist jedoch ungewöhnlich: Bekanntlich waren Jerobeams »Kälber« in Bethel und Dan. Warum schreit nun hier die δάμαλις in Gilgal[25] schmerzlich auf? Da man von einer δάμαλις in Gilgal sonst nichts weiß, die »Kälber« Jerobeams vielmehr fest mit Bethel und Dan verbunden sind (1 Kön 12,29), bezog man die Ortsangabe ἐν Γαλγάλοις gern auf ἐτέχθη[26]. Aber das ist nicht nötig. Die Geschehnisse bei der Geburt des Propheten werden umso wunderbarer, wenn er in Abelmaoul geboren wird, das goldene Kalb

---

[22] So FERNÁNDEZ MARCOS, Vidas z.St.: »Unico caso en toda la colección en que el término conserva su sentido originario de ›portento‹, no ›presagio‹.« Er faßt nicht nur den Sprachgebrauch in den VP zu eng, sondern erkennt auch nicht, daß die Vita von Sacharja ben Jojada ἐγένοντο τέρατα ganz analog zu unserer Stelle verwendet, um eine Reihe von Omina aufzuzählen, s.u. Sacharja ben Jojada-Vita, Abschnitt 4.

[23] Anders SATRAN 1995, 63–71, der die eschatologischen τέρας-Worte insgesamt für sekundär hält.

[24] Vgl. Band I, Einleitung, Abschnitt 2.6. und 4.3.

[25] Wo die VP Gilgal lokalisieren, geben sie nicht an. Doch da sie den Propheten aus dem Stamm Ruben kommen lassen, werden sie eher an das Γαλγαλα τοῦ Ιορδάνου von Jos 22,10 und dort errichteten Altar denken als an eine Lokalisierung in der Nachbarschaft von Bethel. ABEL 1938, 336ff zählt drei Gilgal und möchte Elisas Gilgal bei Dschildschulije, 12km nördlich von Bethel, ansetzen; HARE, Lives, 397 Anm 22b, plädiert ebenfalls für das Gilgal in der Nähe von Bethel; vgl. dagegen KEEL/KÜCHLER 1982, 526f; die Lagebeschreibung bei Jos. ist eindeutig: 10 Stadien von Jericho (Ant 5,20).
In LAB 22 wird die Kultzentralisation anachronistisch streng durchgeführt. Danach war das erste »gesamtisraelitische« Heiligtum nach der Landnahme in Gilgal. Doch bereits Josua zerstört den dortigen Altar und wählt Silo als Nachfolgeheiligtum, das dann erst von Jerusalem als der endgültigen Stätte abgelöst wird. Ebal- und Garizimtraditionen werden konsequent auf Gilgal und Silo übertragen. Vgl. weiter OTTO 1975, 351–365 zur Übertragung der Ladetradition von Gilgal auf Jerusalem.

[26] Die lat. Üs. Epi bezieht Gilgal auf ἐτέχθη, s. DOLBEAU 1986, 125, was durch die seltsame Stellung von ἐν Γαλγάλοις verursacht ist; entsprechend berichtet die Historia Scholastica, wo die Legende vom Vorzeichen bei Elisas Geburt als Kommentar zu 2 Kön 4,38 nachgetragen wird (PL 198, 1390D vgl. 1381 D, Additio): ... *reversus est in Galgala. Hunc locum saepe frequentabat Elisaeus, tum pro religione loci, tum quia ibi natus est, et in ortu ejus tale ibi contigit prodigium, ut imago una ex vitulis aureis mugiret acute. Quo audito in Jerusalem sacerdos divino nutu ait: Propheta natus est in Israel, qui sculptilia eorum destruet et fusilia.* Dor dagegen setzt das Komma richtig hinter ἐτέχθη. Anders HARE, Lives, 397, der übersetzt: »for when he was born in Gilgal, the golden calf bellowed shrilly«, obwohl er in Anm. 22b vermerkt: »Although the phrase ›in Gilgal‹ is awkwardly placed, it is apparently to be taken with the following clause.«

dagegen in Gilgal so schrill schreit, daß man es in Jerusalem hört. Das letzte Element ist eine typische Übertreibung, wie wir sie analog etwa in mTamid 3,8 finden, wo das Motiv jedoch, um den Tempel zu verherrlichen, ins Phantastische gesteigert wird[27].

Nun hatte der Prophet Elisa keineswegs gegen den »Bilderkult« polemisiert, sondern sich in Gilgal (2 Kö 2,1; 4,38), Bethel und am Karmel noch ganz unbefangen mit den »Prophetensöhnen« an den alten Jahweheiligtümern versammelt. In den Prophetenerzählungen der Königsbücher über Elia und Elisa wird im Gegensatz zu 1 Kön 13 die Kultkritik aus späterer dtr Sicht noch nicht in die Berichte selbst eingetragen. Doch die dtr Doktrin vom *einen* legitimen Heiligtum in Jerusalem und dem »Stierkult« des Nordreichs, in der die prophetische Kultkritik ab dem 8. Jh. ihren Niederschlag findet und die als stereotyper Refrain die Königsbücher durchzieht, klingt späteren Lesern unüberhörbar im Ohr. So ergänzt die Legende anachronistisch, was in den atl. Elisageschichten »fehlt«, in der für die »schöpferische Geschichtsschreibung«[28] der Haggada typischen Weise. Denn in Gilgal, wo sich der Prophet nach 2 Kön 2,1; 4,38 längere Zeit aufhielt, aber auch die Anhänger Elias und Elisas sich zu versammeln pflegten, befanden sich ja nach Ri 3,19.26 »Schnitzbilder«[29]. Zudem richteten Amos (4,5; 5,5) und vor allem Hosea scharfe Invektiven gegen das Heiligtum in Gilgal: Hos 4,15 verbietet die Wallfahrt dorthin; beim »Gilgal« sah Gott die ganze Bosheit Israels (9,15)[30]. Hos 12,12 kritisiert Stieropfer[31] in Gilgal und kündigt die Zerstörung der Altäre in Gilgal an.

Torrey und N. Fernández Marcos[32] verweisen allgemein darauf, daß die Kirchenväter der Ansicht waren, in Gilgal und nicht in Dan hätte Jerobeam

---

[27] mTam 3,8: »Von Jericho hörte man das Knarren (קֹול) des großen Tores, das sich öffnete; von Jericho hörte man den Klang (קֹול) der Magrefah; von Jericho hörte man das Knarren (קֹול) des Holzes, das der Sohn Qatins als Einrichtung bei dem Becken angebracht hatte; von Jericho hörte man die Stimme (קֹול) des Ausrufers Gebini; von Jericho hörte man den Ton (קֹול) der Flöte; von Jericho hörte man den Ton der Zymbel; von Jericho hörte man den Schall des Lieds; von Jericho hörte man den Ton (קֹול) der Posaune, und manche sagen, auch die Stimme (קֹול) des Hohenpriesters in der Stunde, da er am Versöhnungstag den Namen aussprach. Von Jericho roch man den Duft des Weihrauchfettes. Rabbi Eleazar ben Dilgai sprach: (Mein) Vater hatte Ziegen in den Bergen von Machärus; die mußten niesen vom Duft des Weihrauchfettes.«

[28] STEMBERGER 1989, 24 als Übersetzung des von HEINEMANN 1954 geprägten Terminus für die haggadische Auslegung.

[29] MT: 3,19 הפסילים אשר את הגלגל; 3,26: הפסילים; LXX: 3,19: τῶν γλυπτῶν (τῶν) μετὰ τῆς Γαλγαλ; 3,26: τὰ γλυπτά.

[30] T übersetzt:»Ihre ganze Bosheit wurde offenbart vor mir in Gilgal« (vgl. CATHCART/ GORDON 50).

[31] T zu Hos 12,12: »if in Gilead there were oppressors, truly in the house of Gilgal they have sacrificed bullocks *to idols*« (Herv. von mir; Üs. CATHCART/GORDON, 57).

[32] FERNÁNDEZ MARCOS, Vidas, hält unsere Stelle für den ältesten Beleg der »creencia manifestada en los escritos de algunos Padres de la Iglesia« (op.cit. [525] Anm. zu 23,2).

das zweite Stierbild des Nordreichs errichtet. In Ep1 befindet sich das Goldene Kalb in Silo, in An2 (Coisl. 205) dagegen in Bethel. Das sind nachträgliche Korrekturen.

Im biblischen Bericht wurde Elisa durch Elia zum Propheten berufen. Dieser bricht mit seinem bisherigen Leben als reicher Bauer(nsohn), indem er die zwölf Joch Ochsen, mit denen er gepflügt hatte, nimmt und sie schlachtet zum Opfermahl für seine Knechte[33].

Josephus malt in seiner Paraphrase der Berufung Elisas nicht die Ochsengeschichte aus, sondern bringt hier bereits die prophetische Begabung Elisas ein, denn in dem Bericht von Elias Entrückung, wo die Geistbegabung ihren biblischen Ort hat, zeigt er sich ja äußerst zurückhaltend[34]. In Bezug auf die kultischen Verhältnisse der damaligen Zeit hält er sich enger an den Bibeltext, wenn er berichtet, daß Jehu die Priesterschaft und die Propheten des Baal umgebracht, jedoch die »Kälber« leider nicht beseitigt habe[35].

Die Vita betont dagegen, daß Elisa von Geburt an, nicht erst seit seiner Berufung[36] als Prophet galt. »Das dem Knaben gegebene Vorzeichen«[37] gehört in die Erzählungen von der Geburt des Helden bzw. in die Geburtsankündigungen auch der hellenistisch-römischen Viten berühmter Männer. Der (Hohe-) Priester[38] in Jerusalem erklärt durch die Befragung mit den Urim und Tummim[39] die Bedeutung des Vorzeichens. Wie sich die VP den Vorgang vorstellen, wird man durch εἶπεν διά erklären müssen[40]: Er prophezeite mit Hilfe der

---

Weder Torrey noch Fernández Marcos nennen Stellenangaben; wir finden ein goldenes Kalb in Gilgal etwa bei Hieronymus, Comm in Hos 2,9,15 (CChr.SL 76A, 102, 34f): *quia Galgala idolatriae locus est*; Cyrill, Comm. in Hos z.St. mit Verweis auf 1 Kön 12,29 (PG 71, 297C).

[33] Für die Jüngerberufung Jesu stellte die Berufung Elisas durch Elia das atl. Vorbild dar, s. dazu Hengel 1968a, 18ff.

[34] Vgl. o. Elia-Vita, Anm. 188.

[35] Jos.' Interesse an Elisa ist besonders groß. Er beschreibt das Wasserwunder des Propheten und, wenn er auf seinen Tod zu sprechen kommt, bricht er in ein regelrechtes Enkomion aus, dazu u. Anm. 64.

[36] Prophetenberufungen spielen in den VP ja keine Rolle. Sie stehen in der Schrift.

[37] Leo 1901, 28; vgl. Band I, Einleitung, Abschnitt 2.4.4.

[38] Der Titel hak-kohen für den Hohenpriester ist neben hak-kohen hag-gadol auf Münzen des letzten Hasmonäers Mattathias belegt. S. Meshorer 1982, 60–63;124–126; vgl. Schürer I, 605. Nur der Hohepriester darf Urim und Tummim befragen.

[39] So übersetzt Fernández Marcos, Vidas, 525: »*urim* y los *tummim*«. Zu δῆλοι in LXX vgl. Num 27,21; Dtn 33,8; 1. Sam 14,41; 28,6; Hos 3,4; Sir 36,3; 45,10; der Terminus steht für Urim; die LXX gibt Urim und Tummim aber auch mit δήλωσις καὶ ἀλήθεια (Ex 28,30; Lev 8,8; 1.Esdras 5,40) wieder; vgl. die Bedeutung von Urim und Tummim (*veritas et demonstratio*) in LAB 22,8f; 25,5; 46,1; 47,2. Die Suda, s.v. (ed. Adler, II, 38) erklärt den Terminus in LXX (in Abhängigkeit von den VP?) mit ὁράσεις, ἐνύπνια, während LSJ, s.v. δηλόω nur auf δήλωσις in LXX für Urim verweist. Weiter dazu u. Sacharja ben Jojada-Vita, Abschnitt 4.2.4.

[40] Vgl. so auch schon die LXX mit ihrer Wortwahl für die Übersetzung; s. dazu Schleusner, Thesaurus 2, 74f; le Boulluec/Sandevoir, Bible d'Alexandrie II, 288f;

Orakelsteine. Wie schon in der Elia-Vita und wohl auch in der Sacharja ben Jojada-Vita dachte man bei dieser Orakelbefragung an einen verbalen Vorgang, der aber sehr wohl mit einer mantischen Praktik verbunden war, denn man interpretierte das Leuchten der Steine[41]. Dabei ist das Motiv der Zerstörung der Götzenbilder – vom Jerusalemer Heiligtum aus gesehen – ein heilvolles Orakel[42]. In Dor und Ep2 ist wohl durch die Verlesung einer Abkürzung[43] eine zusätzliche Konfusion entstanden. Danach sagt das Orakel, der Prophet sei in (ἐν Ep2; εἰς Dor) Jerusalem geboren[44].

So hell die lkn Geburtslegenden neben den kurzen Notizen in den VP über Elia und Elisa leuchten, so sind sie doch im Grunde recht nah verwandt. Sie stellen in gleicher Weise die Verbindung zum Jerusalemer Tempel her, um das Kind in die Öffentlichkeit einzuführen und seine Bedeutung für Gesamtisrael zu unterstreichen. Doch während in Lk 2 der greise Simeon und die fromme Hanna als leibhaftige Propheten erscheinen, ist es hier der Hohepriester, der durch die zur Zeit der Abfassung der VP längst außer Brauch gekommenen Urim bzw. das Orakel[45] Auskunft über die Zeichen bei der Geburt der Kinder gibt. Wie sich die Erzählung von der Geburt unseres Propheten mit der des Messias auf ganz seltsame Weise mischen kann, zeigt sich in einer verhältnismäßig alten haggadischen Überlieferung: yBer 2,4 5a.

HARLÉ/PRALON, Bible d'Alexandrie III, 113f und die dort angegebenen Erklärungen aus Philo, Jos. etc., die hier nicht noch einmal aufgezählt werden sollen. Nach bYom 73b mußte der heilige Geist durch den Hohenpriester sprechen und die Schekhina auf ihm ruhen, damit man die Urim und Tummim befragen konnte.

[41] S. dazu u. Vita Sacharja ben Jojada.

[42] Zur Bedeutung von Träumen und Orakeln bei der Geburt eines Kindes o. Elia-Vita, Anm. 75. Weiter Plut., Alexander 3; Cic. Div. 1,47: *Qua nocte templum Ephesiae Dianae deflagravit, eadem constat ex Olympiade natum esse Alexandrum, atque, ubi lucere coepisset, clamitasse magos pestem ac perniciem Asiae proxuma nocte natam*; vgl. Cic. N.D. 2,69.

[43] Nomina sacra wurden abgekürzt geschrieben, so kann aus IPΛ für Israel IPΛM, d.h. Jerusalem, entstanden sein.

[44] Das übernimmt Isidor von Sevilla, De ortu et obitu patrum 36,1 (GOMÉZ 161,1): *Hodie in Hierusalem natus est propheta.*

[45] Im χρησμός der Elia-Vita wird noch deutlicher als mit den δῆλοι der Elisa-Vita der Wortcharakter des Jerusalemer Orakels unterstrichen. Zur Bedeutung der δῆλοι vgl. u. Sacharja ben Jojada-Vita, Abschnitt 4.2.4.

26. Exkurs: Die Geburtslegende des Elisa und die Legende vom Messias Menahem ben Hiskia

In der eigenartigen Erzählung von yBer 2,4 5a[46] par EkhaR 1,16 (zu Klg 1,2 ed. Buber 89f) über die Tempelzerstörung und die Geburt des Messias heißt es[47]:

Ein Ereignis geschah mit einem Juden, der beim Pflügen war.
Da brüllte (געת) seine Kuh (תורתיה).
Vor ihm ging ein Araber vorüber
und hörte ihre Stimme (קלה).
Er sagte zu ihm: Sohn eines Juden, Sohn eines Juden, spann deinen Ochsen (תורך)
aus und spann deinen Pflug ab, denn der heilige Tempel wurde zerstört.
Als sie dann ein zweites Mal brüllte (געת), sagte er zu ihm:
Sohn eines Juden, Sohn eines Juden, spanne deine Ochsen (תורייך) wieder ein und
spanne deine Pflüge wieder an, denn der König, der Messias, ist geboren.
Er sagte zu ihm: Wie ist sein Name?
Menahem.
Er sagte zu ihm: Wie ist der Name seines Vaters?
Er sagte zu ihm: Hiskija.
Er sagte zu ihm: Von wo ist er?
Er sagte zu ihm: Aus der Königsstadt Betlehem in Judäa.
Er ging, verkaufte seine Ochsen (תורוי), verkaufte seinen Pflug und wurde ein Händler mit Windeln für Säuglinge. Und er ging von Stadt zu Stadt, bis er in den (richtigen) Ort kam. Da kauften alle Frauen, die Mutter Menahems aber kaufte nicht.
Da hörte er die Stimmen der Frauen, die riefen: Mutter Menahems, Mutter Menahems, komm, kauf doch etwas für deinen Sohn!
Sie sagte: Ich möchte alle Feinde Israels erwürgen, denn an dem Tage, an dem er geboren wurde, wurde der Tempel zerstört.
Er sagte zu ihr:
Wir sind dessen sicher, wenn um seinetwillen der Tempel zerstört wurde, so wird er um seinetwillen wieder aufgebaut.
Sie sagte zu ihm: Ich habe kein Geld. Da entgegnete er ihr: Das macht mir nichts aus, kaufe etwas für ihn; wenn du heute keines hast, so werde ich in einigen Tagen kommen und mir (mein Geld) holen.
Nach einiger Zeit kehrte er in diese Stadt zurück.
Er sagte zu ihr: Wie geht es dem Kind?
Sie sagte zu ihm: Nachdem du mich gesehen hattest, kamen Sturmwinde, warfen mich zu Boden und rissen mir ihn (das Kind) aus den Händen.

---

[46] Text bei SCHÄFER/BECKER, Synopse zum Talmud Yerushalmi, 264; vgl. DALMAN, Dialektproben (in DERS. Grammatik), 14f; Üs. BILL. 1,83; MEYER 1940, 76f; HENGEL 1976a, 301 mit Verw. auf ält. Lit.; BERGER/ COLPE, Textbuch, 129f, wo vor allem das Alter dieser Überlieferung betont wird. Zur Verbindung von Elia und dem Messias s. Justin, Dial. 8,4, vgl. Oracula Leontis (PG 107, 1148); Texte ebenfalls angeführt bei BERGER/COLPE, Textbuch, 164f.
[47] Üs. SCHWEMER 1994b, 112ff.

Darauf sagte R. Bun: Wozu brauchen wir uns von diesem Araber belehren zu lassen? Dies ist doch ausdrücklich aus einem Vers zu entnehmen. (Es heißt doch):»Und der Libanon wird durch einen Mächtigen fallen« (Jes 10,34). Was steht gleich darauf geschrieben:»Und ein Reis wird hervorgehen aus dem Stumpf Isais.« (Jes 11,1).[48]

Da ich an anderer Stelle diese Legende ausführlicher untersucht habe[49], kann ich mich kurz fassen. Diese Erzählung hat einen historischen Kern: Das tragische Geschick des messianischen Zelotenführers Menahem ben Juda ben Hiskia, der zu Beginn des Aufstandes von der priesterlichen Zelotenpartei in der Nähe des Tempels unter der Folter getötet wurde. In der rabbinischen Traditionsliteratur hat sich die Erinnerung an ihn in einer Kindheitslegende erhalten, die u.a. mit Hilfe von Motiven aus den Elia- und Elisalegenden, wie sie sich in den VP erhalten haben, gebildet wurde. Mit»Araber« ist antonym Elia gemeint[50]. Menahem wird von Sturmwinden entrückt wie Elia. Das seltsame Gespann von Kuh und Ochse vor dem Pflug verbindet die Erzählung von Elisas Berufung (1 Kön 19) mit der Geburtslegende des Elisa. Der *Ochse* kommt aus 1 Kön 19,19ff die schreiende *Kuh* dagegen aus der Geburtslegende des Elisa[51]. Während in der Geburtslegende des Elisa die»Kuh« die Geburt des Propheten und den Untergang der Götzenbilder ankündigt, wird ihr doppeltes Schreien in der Menahemlegende als Omen für die Zerstörung des Jerusalemer Tempels und die Geburt des Messias gedeutet. Der Skopos der Menahemlegende ist in der prophetisch-apokalyptischen Verheißung des Juden und Händlers, der zugleich wieder die Funktion Elias hat, zu sehen:

> »Wenn um seinetwillen der Tempel zerstört wurde,
> so wird er um seinetwillen wieder aufgebaut.«

Das Ziel der Erzählung geht über die aus den Prophetenlegenden entnommenen Motive[52] hinaus und betont die Hoffnung auf die Wiederkunft des Messias und die Errichtung des eschatologischen Tempels[53].

In der späteren jüdischen Haggada scheint die Geburtslegende Elisas[54] nur noch in ihrer Umformung in der Menahem-Legende erhalten zu sein. Aber die Auseinandersetzung unseres Propheten mit dem Baalsdienst und den goldenen »Kälbern« wird in zwei Erzählungen reflektiert: Die harte Bestrafung der ungezogenen »Knaben« aus Bethel durch den Propheten wird begründet mit

---

[48] Zur Üs. vgl. MEYER 1940, 76f; auf den Wechsel zwischen Kuh und Ochse gehen weder HOROWITZ, Berakhot, 64f noch GOLDBERG 1979,10f ein. Vgl. SCHWEMER 1994b, 119–124 (119 Anm. 44).

[49] SCHWEMER 1994b, 108–157. Dort auch die späteren Par der Erzählung, in denen dann Elia wieder namentlich in die Legende eingeführt wird, und Diskussion der Lit.

[50] Nach der VP stammt Elia aus dem Land der Araber, dazu o. Elia-Vita, Abschnitt 1.2.

[51] S. SCHWEMER 1994b, 119–124.

[52] Sie verleihen der Legende scheinrealistische Züge. Der Scheinrealismus spielt nicht nur in der Haggada eine Rolle, wir finden ihn besonders ausgeprägt in der Hekhalot-Literatur. Man sollte diese nicht zu stark von der »orthodoxen« rabbinischen Literatur absetzen. Vgl. WEWERS 1986, 3–22 zum scheinrealistischen Konzept der Shiur Qoma-Spekulationen.

[53] Dazu SCHWEMER 1994b, 131–135.

[54] Solche Bezüge zwischen den VP und der späteren Haggada entsprechen dem sonstigen Bild, das wir auch für das Verhältnis zwischen den Pseudepigraphen und dem Midrasch

dem Götzendienst der Einwohner der Stadt. Denn es waren keine Kinder, sondern erwachsene Männer[55].

Phantastischer ist die Begründung für Gehazis Bestrafung: Er hatte mit dem Gottesnamen gezaubert und ihn den Goldenen Kälbern in den Mund geschrieben, so daß sie sagen konnten »Ich bin der Herr dein Gott«[56]. Hier werden trotz der typischen Umwandlungen in der späteren Haggada immer noch zwei Elemente unserer Legende beibehalten: die Goldenen Kälber und die Tierstimme.

3. Das Grab in Samaria

4 καὶ θανὼν ἐτάφη ἐν Σαμαρείᾳ.

Innerhalb der alttestamentlichen Überlieferung werden die Nachrichten über die Gräber der Nationalhelden und die Grabverehrung, wenn nicht völlig unterdrückt, so doch zumindest stark rezensiert[57]. Kultzentralisation und das Verbot des Totenkults lassen nur wenige Reste übrig von dem, was man gerne »Volksreligion« nannte. Auch wenn wir in den VP konzentriert auf die gegenläufigen Überlieferungen stoßen, die an den Personen und Gräbern der Propheten haften[58], so ist die in dieser Hinsicht deutlichste Erzählung durchaus alttestamentlich: 2 Kön 13,14–21 beschreibt eine Totenerweckung am Grabe unseres Propheten, so daß die Rabbinen, die hier z.T. besonders vorsichtig waren, ihre Mühe damit hatten[59]. Die VP sind der früheste Beleg dafür, daß

---

kennen. Wir begegnen in der rabbinischen Haggada häufiger freien Umgestaltungen der Motive als der direkten Wiederaufnahme. Diese setzt zumeist erst ab dem frühen Mittelalter wieder ein.

[55] bSot 46b–47a.

[56] Vgl. bSot 47a; bSan 107b.

[57] Das hat Tradition. So finden wir in Dtn 34,6 die Notiz über Moses Grab: »Und niemand weiß den Ort seines Grabes bis zum heutigen Tag«; doch die Mesa-Inschrift berichtet, daß das israelitische Heiligtum am Nebo durch den König von Moab geplündert wurde (TUAT II, 648f [Z. 14–16:»Geh, nimm Nebo von den Israeliten ein ... Und ich nahm von dort d[ie Ge-]räte Jahwes«). Vielleicht gab es auch in späterer Zeit am Nebo eine samaritanische Kultstätte, die mit den dort gefundenen samaritanischen Inschriften und dem Vorgängerbau der christlichen Kirche zusammenhängt, s. KIPPENBERG 1992, 344. Nur in LXX hat sich in Jos 24,31 erhalten, daß man die Steinmesser, mit denen Josua die Israeliten beschnitten hatte, ihm als Beigabe mit ins Grab legte. Vgl. ROFÉ 1988, 24ff. Am Grab der Tochter Jephtas beklagten die jüdischen Mädchen ihre Jungfräulichkeit, vgl. dazu die ausführliche Darstellung in LAB. Vgl. Band I, Einleitung, Abschnitt 5.2.

[58] Bekanntlich tauchen sie auch in der ntl. Polemik in Q auf, Mt 23 par.

[59] Die Diskussionen der Rabbinen nehmen sich recht akademisch aus, wenn man sich vergegenwärtigt, was sich zu ihrer Zeit wirklich am Elisagrab abgespielt haben muß. S. dazu Hieronymus, Ep 108,13: »Dort liegen Elisa, der Prophet Obadja und der Größte unter den Weibgeborenen, Johannes der Täufer. Dort erzitterte sie (Paula) angesichts vieler erstaunlicher Erlebnisse. Sie sah nämlich, wie Dämonen unter den verschiedensten Qualen

der Prophet in Samaria bestattet wurde[60]. Diese Lokalisierung erscheint erst wieder bei Hieronymus, aber es scheint sich um eine durchgehende Ortstradition zu handeln. Alle anderen Berichte über das Grab des Propheten erzählen über die Wunder, die dort geschahen. In den VP klingt das in V. 20 an. Dazwischen steht in An1 eine lange Aufzählung der anderen Wunder des Propheten.

27. Exkurs: Das Grab des Propheten bei Sirach, Josephus und der späteren Überlieferung

Wenn *ben Sira* über Elisa schreibt »noch aus dem Grab schuf sein Fleisch (neues Leben)«, so gibt der Enkel das wieder mit: »noch aus dem Grabe wirkte sein Leib prophetisch«[61]. Prophetie und Wunderwirken gehören aber schon für Sirach zusammen[62]. Wo die Gräber der Väter liegen, gibt das Laus patrum nie an.

So vorsichtig *Josephus* die »Himmelfahrt« Elias behandelt und die Episode von der doppelten Jordanüberquerung aus nur zu durchsichtigen Gründen[63] völlig übergeht, so weiß er doch zu berichten, daß Elisa prächtig bestattet wurde[64]. Der Grund sind auch

---

brüllten und wie Menschen vor den Gräbern der Heiligen heulten wie Wölfe, bellten wie Hunde, schnaubten wie Löwen, zischten wie Schlangen, brüllten wie Stiere, wie andere den Kopf herumschleuderten und rücklings die Erde mit dem Scheitel berührten und wie einige Frauen am Fuß aufgehängt waren, ohne daß ihnen die Kleider ins Gesicht herabfielen. Sie hatte mit allen Mitleid, und nachdem sie für jeden Tränen vergossen hatte, erflehte sie (für sie) die Milde Christi.« (Üs. DONNER 1979, 165f). Vgl. JEREMIAS 1958, 132. Weiter zu den Tierstimmen Besessener u. Anm. 66.

[60] Ep1 setzt hinzu: ἐν Σεβαστοπόλει, was wieder eine »gelehrte« Notiz darstellt. Samaria war von Herodes I. nach Augustus umbenannt worden in Sebaste.

[61] Sir 48,13. Die lat. Üs. von Sir 49,17 entwickelt diese Sicht weiter, wenn sie über Josephs Grab sagt: *et ossa eius visitata sunt et post mortem prophetaverunt* (VATTIONI, 268). Ben Sira dachte nur an die Überführung der Gebeine Josephs.

[62] Sir 48,13f (hebr.) rühmt gerade diesen Zug am Propheten:
»Keine Sache war ihm zu wunderbar,
noch aus dem Grab schuf sein Fleisch (neues Leben).
Zu seinen Lebzeiten vollbrachte er Wunder,
und bei seinem Tod staunenswerte Taten.«
In der späteren Haggada ist man über den am Grab Elisas Wiederbelebten geteilter Meinung. Er kehrte nur ins Leben zurück, um gleich wieder zu sterben, denn er war ein Sünder, und Elisa sollte nicht bei Sündern begraben liegen. Vgl. GINZBERG, Legends VI, 347 Anm. 21.

[63] Die Jordanüberquerung spielte nicht nur bei Johannes dem Täufer eine Rolle, den Jos. fast völlig zum philosophischen Tugendlehrer stilisiert, sondern auch bei den das Volk irreführenden eschatologischen Propheten vor dem 1. Aufstand, die Jos. am liebsten mit λῃσταί in einen Topf werfen würde.

[64] Ant 9,182f: μετ' οὐ πολὺ δὲ καὶ ὁ προφήτης ἀπέθανεν, ἀνὴρ ἐπὶ δικαιοσύνῃ διαβόητος καὶ φανερῶς σπουδασθεὶς ὑπὸ τοῦ θεοῦ· θαυμαστὰ γὰρ καὶ παράδοξα διὰ τῆς προφητείας ἐπεδείξατο ἔργα καὶ μνήμης λαμπρᾶς παρὰ τοῖς Ἑβραίοις ἀξιωθέντα. ἔτυχε δὲ καὶ ταφῆς μεγαλοπρεποῦς καὶ οἵας εἰκὸς ἦν τὸν οὕτω θεοφιλῆ μεταλαβεῖν. συνέβη δὲ καὶ τότε, λῃστῶν τινων ῥιψάντων εἰς τὸν Ἐλισσαίου τάφον ὃν ἦσαν ἀνῃρηκότες, τὸν νεκρὸν τῷ σώματι αὐτοῦ προσκολληθέντα ἀναζωπυρῆσαι. καὶ τὰ μὲν

für Josephus die Wundertaten des Propheten Elisa. Dafür verschweigt er alle weiteren Details, die uns interessieren: Ob er die Lage des Grabes, in dem Elisa auf das prächtigste bestattet (ταφῆς μεγαλοπρεποῦς) wurde, noch kennt und ob sich zur Zeit des Josephus schon Besessene dort aufgehalten haben[65].

Näheres erfahren wir über die Zustände am Grab des Propheten erst bei *Hieronymus*, der eine regelrechte »antike Irrenanstalt« am Grab des Propheten vorgefunden hat[66]. Nun berühren sich die Motivik der Geburtsvorzeichen des Propheten und der späteren Schilderung der Tierstimmen der Besessenen am Grabe Elisas auf eigentümliche Weise. Man könnte annehmen, daß der Aufenthalt Besessener am Grabe Elisas der Ursprung für die Legende von der schreienden δάμαλις gewesen sein müßte[67]. Doch die Entwicklung verlief wahrscheinlich umgekehrt. Denn für den dämonischen »Kuhschrei« haben wir den Beleg in den VP, und die rabbinische Literatur zeigt, daß dessen Umwandlung in eine schreiende, omengebende Kuh vor dem Pflug in die Zeit nach 70 n. Chr. weist. Für den Aufenthalt von Besessenen an den Gräbern in Samaria kennen wir erst das Zeugnis des Hieronymus.

Hieronymus berichtet auch vom Grab des Propheten Obadja und dem Johannes' des Täufers in der Nähe des Elisagrabes. Das Grab Obadjas liegt in den VP noch in einem Gehöft in der Nähe von Sichem. Das berühmtere Prophetengrab hat wohl das des Kleinen Propheten an sich gezogen, denn beide waren *Schüler* des Elia. Zugleich kam man damit den Bedürfnissen des Pilgerbetriebs entgegen.

Ähnlich könnte es sich mit dem Grab des Täufers verhalten, obwohl es keineswegs unwahrscheinlich ist, daß dessen Jünger ihn tatsächlich in Samaria beisetzten. Das judäische Bergland, aus dem der Priestersohn stammte, lag näher an Machärus, seiner Hinrichtungsstätte. Die Lokalisierung des Johannesgrabes in Samaria und die Bestattung des Täufers gerade nicht im Grab seiner Väter, wirkt eigenartig. Warum sollte man ihn in dem von Gabinius neu gegründeten und von Herodes I. als hellenistisch-römische Stadt prächtig ausgestatteten mit neuem Namen versehenen Sebaste bestatten, zumal die Bevölkerung der Stadt überwiegend heidnisch war?[68] Samaritanische Söldner kämpften im 1. jüdischen Krieg auf Seiten der Römer. Den Aufständischen war es nicht gelungen, die Stadt in ihre Gewalt zu bringen[69]. Wenn der Täufer in Samaria bestattet wurde, dann kann der Grund dafür nur gewesen sein, daß man den letzten

---

περὶ Ἐλισσαίου τοῦ προφήτου, ζῶν τε ὅσα προεῖπε καὶ ὡς μετὰ τὴν τελευτὴν ἔτι δύναμιν εἶχε θείαν, ἤδη δεδηλώκαμεν. Das widerspricht seiner Betonung in Ap 2, 205, daß seine Landsleute keine prächtigen Grabbauten errichten. Vgl. dazu Band I, Jesaja-Vita, Anm. 205. Die Begründung für die ehrenvolle Bestattung Jesajas und Jeremias sind in den VP ebenfalls ihre Wunder, s. Band I, Jesaja-Vita, Abschnitt 2.3; Jeremia-Vita, Abschnitt 2. Zu den Gründen, warum Jos. Elia eher übergeht und Elisa mit einem ausführlichen Bericht und einem Enkomion würdigt, s. FELDMAN 1994.

[65] FELDMAN 1994 geht auf das außerbiblische Detail der prächtigen Bestattung nicht ein. Zum Aufenthalt Besessener *in* Gräbern vgl. Mk 5,1–5 par.

[66] Ep 108 (Üs. o. Anm. 59), s. dazu JEREMIAS 1958 132f; vgl. zu den Tierstimmen von Besessenen: SPEYER 1989, 193–198. Dazu Band I, Daniel-Vita, Anm. 226.

[67] JEREMIAS 1958, 131f erweckt den Eindruck, als ob er die zeitliche Distanz zwischen VP und Hieronymus nicht beachten würde.

[68] Vgl. RIESNER, Art. Samaria, GBL III, 1327 (mit Berufung auf JEREMIAS 1958, 30, der jedoch nur vom Elisagrab spricht). Zu den wenigen Funden der für pharisäische Juden typischen Steingefäße in Samaria s. DEINES 1993, 137f – aber sie fehlen nicht völlig. Die Stadt muß eine jüdische Minderheit gehabt haben.

[69] Vgl. die Zusammenstellung der Belege in SCHÜRER II, 15f.160–164.

»Schüler« Elias bewußt in der Nachbarschaft des Elisagrabes, d.h. neben dem ersten Schüler Elias, beisetzen wollte. Auch die eigenartige Betonung, daß Johannes' *Jünger* ihn bestattet hätten, legt diese Annahme nahe. Wenn dem so wäre, hätten wir neben den VP ein zweites frühes Zeugnis für Elisas Grab in Samaria. Johannes der Täufer wurde etwa im Jahr 28/29 hingerichtet.

Benjamin von Tudela dagegen erwähnt nur die Ruinen von Ahabs Palast, betont, daß es in Samaria keine Juden gebe, und sah offenbar nur das Josefsgrab in Sichem[70] im Besitz der Samaritaner.

4. Die Wunder des Elisa

Τὰ δὲ σημεῖα, ἃ ἐποίησεν, εἰσὶ ταῦτα·

In An1 (Vat. 2125) und in der von dieser Rezension abhängigen Überlieferung haben wir eine Aufzählung der Wunder des Propheten[71], die der ursprünglichen Vita sicherlich sekundär zugewachsen ist[72]. Während die spätere jüdische Tradition 16 Wunder des Elisa zählt[73], werden hier zwölf exemplarische Wunder aufgeführt:

Die Einleitungsformel ist wieder dieselbe wie in der Elia-Vita[74]. Dies und die ähnliche Verwendung der LXX spricht dafür, daß dieselbe Hand für die beiden Zusätze verantwortlich ist.

4.1 Das erste Wunder

ἐπάταξε καὶ αὐτὸς τὸν Ἰορδάνην τῇ μηλωτῇ τῇ Ἠλίου
καὶ διῃρέθη τὸ ὕδωρ καὶ διέβη καὶ αὐτὸς ξηρῷ ποδί·

Die Überschreitung des Jordans nimmt 2 Kön 2,14 auf. Der Bibeltext wird gerafft, der erste vergebliche Versuch Elisas nicht erwähnt. Der Wortgebrauch entspricht der LXX in V. 14. Aber διῃρέθη τὸ ὕδωρ wird aus V. 8 genommen. Mit ξηρῷ ποδί wird deutlich dieselbe Formulierung wie in der Elia-Vita gewählt. In Ep1 heißt es statt dessen: Οὗτος ἐφροφήτευσε περὶ τῆς τοῦ κυρίου παρουσίας. Ep1 verrät jedoch nicht, wo diese Prophetie zu finden sei.

---

[70] Benjamin von Tudela, 15f; s. RÜGER, Benjamin, 37f; SCHREINER, Reisen, 39f.

[71] Zur archaischen Gestalt der Wunder des Elisa im AT, s. ROFÉ 1988, 41–51 u.ö.

[72] Vgl. o. Elia-Vita, Abschnitt 4.

[73] Doppelt soviele wie Elia (MHG I, 19); vgl. GINZBERG, Legends, IV, 239ff; VI, 343f Anm. 3: »Neither the eight miracles of Elijah nor the sixteen of Elisha are enumerated in the Midrashim extant to-day, but ... MHG undoubtedly refers to an old source where they were given in detail.«

[74] Ep1 dagegen schreibt: Πολλὰ δὲ τεράστια ἐποίησεν ὁ θεὸς διὰ χειρὸς Ἐλισσαίου; Ep2 betont die doppelte Gabe des Geistes (Elisas): γέγονεν ἐν αὐτῷ διπλᾶ ἐν πνεύματι καὶ τὰ χαρίσματα καὶ τὰ ἐνεργήματα· ὅθεν οὐ μόνον ἐν τῇ ζωῇ αὐτοῦ ἐθαυματούργει, ἀλλὰ καὶ θανών ... Ep2 gleicht mit χαρίσματα ihren Elisabericht an den über Elia an.

4.2 Das zweite Wunder

6 τὰ ὕδατα ἐν Ἰεριχὼ πονηρὰ ἦν καὶ ἄγονα·
καὶ ἀκούσας παρὰ τῶν τῆς πόλεως
ἐπεκαλέσατο τὸν θεὸν καὶ εἶπεν·
ἴαμαι τὰ ὕδατα ταῦτα καὶ οὐκ ἔσται ἔτι ἐκεῖθεν θάνατος καὶ ἀτεκνουμένη·
καὶ ἰάθησαν τὰ ὕδατα ἕως τῆς ἡμέρας ταύτης.

Hier wird von der in 2 Kö 2,19–22 anschließenden Heilung der Wasser von
Jericho berichtet. Das Referat faßt wieder den biblischen Text kurz zusammen, nimmt Worte aus LXX auf und fügt nur darüber hinaus hinzu, Elisa habe
gebetet[75]. Es könnte sein, daß ursprünglich ein von der LXX unabhängigerer
Bericht in den VP gestanden hat, der durch den Bibeltext verdrängt wurde.
Aber die anderen Rezensionen enthalten keinen Hinweis auf einen solchen.
Völlig mit LXX 2 Kön 2, 21c.22 stimmt jedoch die wörtliche Rede Elisas und
der Bericht vom Eintritt des Wunders überein. Es gibt nur eine leichte Akzentverschiebung dadurch, daß der Prophet im eigenen Namen spricht und nicht
mehr, wie in LXX noch erhalten, mit der »Botenspruchformel« die Gottesrede
zitiert. Wahrscheinlich ist die »Botenspruchformel« in Ep1, τάδε λέγει κύριος,
eine weitere sekundäre Angleichung an LXX; Ep1 kürzt aber insgesamt An1
ab. Ein so ausführliches explizites Zitat fehlt in der Reihe der Wunder des Elia.

4.3 Das dritte Wunder[76]

7 Παίδων ἀτακτούντων κατ' αὐτοῦ κατηράσατο ἐν αὐτοῖς
καὶ ἐξελθοῦσαι δύο ἄρκοι ἐνέρρηξαν ἐξ αὐτῶν μβ'.

Das dritte Wunder nimmt 2 Kön 2,23f auf und kürzt den LXX-Text im ersten
Satz; im zweiten wird wieder mit kleinen Auslassungen[77] und Änderungen[78]
wörtlich zitiert.

4.4 Das vierte Wunder

8 Γυνὴ προφήτου τελευτήσαντος ὀχλουμένη ὑπὸ δανιστῶν
καὶ μὴ ἔχουσα ἀποδοῦναι προσῆλθε τῷ Ἐλισαίῳ,
9 καὶ ἐνετείλατο αὐτῇ συναγαγεῖν ἀγγεῖα καινά,
ὅσα δύναται, καὶ τὸ ἔχον ὀλίγιστον ἔλαιον ἐκκενοῦν εἰς αὐτά,
ἕως ἀποσχῇ τὰ ἀγγεῖα·

---

[75] Vgl. das feierliche Gebet und die Bedingung, die an die Gabe geknüpft wird, bei Jos.,
Bell 4,460–466; dazu Band I, Jesaja-Vita, Anm. 193.
[76] Vgl. zum Bären-Wunder: bSot 46b–47a; Elisa wurde dafür bestraft (bSan 197b); vgl.
GINZBERG, Legends, IV, 239ff; VI, 344 Anm. 5.
[77] Ausgelassen sind: ἰδού, ἐκ τοῦ δρυμοῦ, παῖδες.
[78] Geändert werden ἐξῆλθον in ἐξέλθουσαι und ἀνέρρηξαν in ἐνέρρηξαν.

10 Καὶ τοῦτο ποιήσασα ἐπλήρωσε τὰ ἀγγεῖα καὶ ἀποδέδωκε τοῖς δανισταῖς
καὶ τὸ περισσεῦον ἔσχεν εἰς διατροφὴν τῶν παιδίων.

Damit geht der Bericht zu 2 Kön 4,1–7 über[79]. Hier wird die Geschichte recht
frei paraphrasiert: Es ist nicht ein Gläubiger, der die Frau bedrängt, sondern
eine Mehrzahl. Sie leiht sich auch nicht von ihren Nachbarn leere Gefäße
(σκεύη κενά) zusammen, sondern nimmt ἀγγεῖα καινά, also »neue Gefäße«;
mit ἀγγεῖα wird nicht nur ein Vorzugswort Jeremias in LXX aufgenommen,
sondern wahrscheinlich ein Anklang an Mt 25,4 vgl. Mt 9,17 par hergestellt[80]:
Daß die Gefäße »neu«, καινά, sind, ist wohl 2 Kön 2,20 entnommen. Daß
noch genügend übrig blieb für die Frau und ihre Söhne zum Leben, steht
schon im alttestamentlichen Bericht, mit περισ(σ)εῦον klingt jedoch der
kirchliche Evangelientext (Mt 14,20; 15,37) an.

4.5 Das fünfte Wunder

11 *Εἰς Σουμὰν ἀπελθὼν ἔμεινε παρά τινι γυναικὶ*
καὶ μὴ ποιοῦσαν αὐτὴν παιδίον,
ἐπιθυμοῦσαν δὲ σχεῖν εὐξάμενος πεποίηκε συλλαβεῖν καὶ τεκεῖν·

Es entspricht 2 Kön 4,13–17[81] mit starker Verkürzung. Hinzugefügt wird, die
Frau sei auf das *Gebet* des Propheten hin schwanger geworden und habe geboren.

4.6 Das sechste Wunder

12 εἶτα *ἀποθανόντα τὸν παῖδα εὐξάμενος πάλιν ἤγειρεν ἐκ νεκρῶν.*

Es schließt dem Bibeltext folgend an und faßt den komplizierten Handlungs-
ablauf von V. 18–37 in einen Satz zusammen. In V. 33 ist im Bibeltext ebenfalls des Gebet des Propheten erwähnt.

4.7 Das siebte Wunder

13 *Εἰς Γάλγαλα ἐλθὼν κατήχθη παρὰ τοῖς υἱοῖς τῶν προφητῶν*
καὶ ἐψεθέντος προσφαγίου

---

[79] Die Prophetenwitwe ist in der jüdischen Tradition die Frau des Propheten Obadja; die
Obadja-Vita der VP kennt die Identifikation des Obadja von 1 Kön 18 mit dem Schrift-
propheten Obadja, hier wird sie nicht erwähnt; vgl. GINZBERG, Legends, VI, 344 Anm. 6; o.
Obadja-Vita, Anm. 4.

[80] αἱ δὲ φρόνιμοι ἔλαβον ἔλαιον ἐν τοῖς ἀγγείοις μετὰ τῶν λαμπάδων ἑαυτῶν.

[81] Der Sohn der Sunamitin ist nach der Haggada der Prophet Habakuk; sie selbst ist die
Frau des Propheten Iddo, s. GINZBERG, Legends, VI, 345f Anm. 10–14; vgl. o. Habakuk-
Vita, Anm. 2.

καὶ θανατικῆς βοτάνης συνεψεθείσης τῷ προσφαγίῳ
καὶ παρ' ὀλίγον κινδυνευόντων πάντων πεποίηκεν ἀβλαβὲς καὶ ἡδὺ τὸ
βρῶμα·

Dieses nimmt 2. Kö 4,38–41 auf, wieder mit einem knappen freien Referat.
Auffallend ist dabei nur, daß das anschließende Brotwunder in 2 Kön 4 ausgelassen wird.

4.8 Das achte Wunder

14 τῶν υἱῶν τῶν προφητῶν κοπτόντων ξύλα παρὰ τὸν Ἰορδάνην ἐξέπεσε τὸ
δρέπανον καὶ κατεποντίσθη·
ὁ δὲ Ἐλισαῖος εὐχόμενος πεποίηκεν ἐπιπολάσαι τὸ δρέπανον.

Es führt 2 Kön 6,1–7 an. Der Unterschied zum biblischen Bericht besteht
hauptsächlich in der freien Wortwahl und im Gebet Elisas, das der Schrifttext
nicht enthält.

4.9 Das neunte Wunder

15 Ναιμὰν ὁ Σύρος δι' αὐτοῦ ἐκαθερίσθη ἀπὸ τῆς λέπρας.

Dieses kehrt mit einem einzigen Satz zurück zu 2 Kön 5,1–19[82]. Der Name
Ναιμὰν entspricht LXX. Mit ἐκαθερίσθη wird 5,14 aufgenommen, ἀπὸ τῆς
λέπρας entspricht V. 3.

4.10 Das zehnte Wunder

16 Τὸν παῖδα αὐτοῦ Ἐλισαῖος λεγόμενον Γιεζεί,
ἀπελθόντα κρύφα παρὰ γνώμην αὐτοῦ πρὸς Ναιμὰν
καὶ αἰτήσαντα ἀργύριον, ὕστερον ἐλθόντα καὶ ἀρνούμενον ἤλεγξε
καὶ κατηράσατο αὐτὸν καὶ γέγονε λεπρός.

Hier erscheint 2 Kön 5,20–27[83]. Die ausführliche biblische Geschichte wird
ganz knapp paraphrasiert.

---

[82] Naeman: bSan 107b; bSot 47a; BamidR 7,5; s. GINZBERG, Legends, VI, 346 Anm. 15.
[83] Zu Gehazi vgl. CD viii 20; LOHSE, Texte, 289 Anm. 53 vermutete dahinter eine in den
Text gedrungene Randglosse oder ein uns unbekanntes Pseudepigraphon. Letzteres nahm
schon GINZBERG, Legends VI, 347 Anm. 17 an. Vgl. bSot 47a; bSan 107b; bHul 7b; bSan
46a; PRE 33; SOR 19; anders mit Kritik am Propheten ySan 29b, 41–42:»An zwei Krank-
heiten wurde Elisa krank: eine war landläufiger Art (zum Tode führend), und eine war, daß
er den Gehasi (mit beiden Händen) fortstieß.« (Üs. WEWERS); vgl. MAIER 1978, 104–114.

4.11 Das 11. Wunder

17 Βασιλέως Συρίας πολεμοῦντος τὸν Ἰσραὴλ
καὶ ἠσφαλίζετο τὸν βασιλέα Ἰσραὴλ ἀπαγγέλλων αὐτῷ τὰς σκέψεις τοῦ
ἐχθροῦ·
18 τοῦτο μαθὼν ὁ βασιλεὺς Συρίας πέμπει δύναμιν ἀγαγεῖν τὸν προφήτην·
ὁ δὲ εὐξάμενος πεποίηκεν αὐτοὺς καταχθῆναι ἀορασίᾳ
καὶ ἀπήγαγεν εἰς Σαμαρείαν παρὰ τοὺς ἐχθρούς,
ἀβλαβεῖς τε αὐτοὺς φυλάξας διέσωσε καὶ ἔθρεψεν·
19 τοῦτο μαθὼν ὁ βασιλεὺς Συρίας ἐπαύσατο τοῦ πολεμεῖν.

Dieser Abschnitt geht endlich auch auf Elisas politische Tätigkeit ein und faßt
2 Kön 6,8–23 zusammen. Wörtliche Anklänge an LXX sind nur: δύναμιν
(18= 2 Kön 6,14), ἀορασία (18= 2 Kön 6,18) und ἀπήγαγεν εἰς Σαμαρείαν
(18= 2 Kön 6,19b).

4.12 Das zwölfte Wunder

20 Μετὰ θάνατον Ἐλισαίου ἀποθανών τις
καὶ θαπτόμενος ἐρρίφη ἐπὶ τὰ ὀστᾶ αὐτοῦ
καὶ μόνον ὡς ἥψατο τῶν ὀστέων τοῦ Ἐλισαῖου,
ὁ νεκρὸς εὐθὺς ἀνέζησεν.

Das letzte Wunder ist die Totenerweckung am Grab Elisas (2 Kön 13,20f)[84].
Dieses Wunder wird auch von Ep2 in V.5 in einer wohl ursprünglicheren Form
mitgeteilt, aber auch von Ep1 am Ende referiert. Nur Dor verzichtet darauf.
Dennoch wird es zum ursprünglichen Bestand der Vita gehört haben. Verhältnismäßig selten berichten die VP von Wundern am Grab eines Propheten, so
etwa in der Jeremia-Vita. Bei Elisa ist es durch die Tradition vorgegeben[85].
Ep2 begründet die Wirkung des Elisagrabes mit der doppelten Gabe des Geistes des Elia an den Propheten. Dieses Element fehlt in den anderen griechischen Rezensionen.

---

[84] Vgl. Sir 48,13f; auch Jos. berichtet rühmend von diesem Wunder (dazu o. Anm. 64);
vgl. zur gegensätzlichen Beurteilung: nach QohR zu 8,10; bSan 47a war es ein Gottloser;
nach PRE 33 (FRIEDLANDER 244) Sallum, der nach seiner Auferweckung noch Hanameel,
den Vetter des Propheten Jeremia zeugte (Jer 32,7.9).
[85] Zur Wunderkraft der Erde vom Grab Jeremias vgl. Band I, Jeremia-Vita, Abschnitt
2.3–3.3; weiter: Cic. div. 1,88: *Amphiaraum autem sic honoravit fama Graeciae deus ut
haberetur, atque ab eius solo, in quo est humatus, oracula peterentur.* Zu den Kultstätten des
Amphiaraos vgl. Pausanias, 2,6,6; Apollodor, 3,77 [5], 47f; sie waren Orakelstätten und
»Sanatorien« zugleich, bes. das Amphiareion bei Oropós blühte in hellenistisch-römischer
Zeit. Vgl. W. FAUTH, Art. Amphiaraos, KP 1, 308ff (mit Lit.). Zur heutigen Besichtigung der
beeindruckenden, immer noch idyllischen Anlage vgl. SPEICH 1978, 231ff. Zu Amphiaraos'
Entrückung s. Elia-Vita (o.S. 255). Mit der Gestalt dieses griechischen Sehers haben sowohl
Elia wie auch Elisa deutliche Gemeinsamkeiten.

Dieser Wunderbericht unterscheidet sich in der Sprachform und im Schriftgebrauch genauso wie der der Elia-Vita deutlich vom sonstigen Befund in den VP. Auffallend ist weiter, daß sich keine haggadischen Einflüsse erkennen lassen, auch da nicht, wo sich Anknüpfungspunkte an andere Viten angeboten hätten. Wahrscheinlich sind die beiden Aufzählungen von einer Hand an die Viten angefügt. Ep1 scheint diesen Wunderbericht zu kennen und verkürzt ihn. Die Aufzählung der Wunder ist zwischen Grabesnotiz und der Erwähnung des Wunders an Elisas Grab eingefügt, von dem nur Dor nichts sagt[86]. Nur in der Episode mit dem Ölwunder gleicht der »Interpolator« in den Einzelheiten etwas an das NT an.

Zusammenfassung

Durch die in der rabbinischen Literatur erhaltene Kindheitslegende vom Messias Menahem ben Hiskia, die historisch auf das tragische Geschick des Zelotenführers Menahem zurückgeht und die die Geburtslegende Elisas umformt, können wir den alten Kern der Elisa-Vita aus traditionsgeschichtlichen Gründen in die Zeit vor 70 n. Chr. datieren.

Elisas Grab wird zwar auch von ben Sira und Josephus erwähnt, aber der Ort wird von ihnen nicht angegeben. Zur Zeit des Hieronymus lag es wie in den VP in Samaria und war wohl ein vielbesuchtes ›Sanatorium‹ für Geisteskranke[87]. Nach Philostorgios[88] wurden die Gebeine Elisas und die von Johannes dem Täufer unter Julian Apostata (361/363) von Heiden aus dem Grab genommen, verbrannt, die Asche mit Tierasche vermischt und dann verstreut. Vielleicht erwähnt Dor deshalb das Grab Elisas nicht. Wahrscheinlich sah nicht nur Hieronymus, sondern schon Egeria um 385 die drei Gräber wieder in Samaria/Sebaste[89]. Für Isidor von Sevilla[90] waren die Gräber ebenfalls intakt. Daß die VP das Täufergrab nicht nennen und das Obadjagrab[91] in Samaria

---

[86] Könnte es sein, daß die Vorlage von Dor direkt nach der Schändung des Grabes unter Julian abgefaßt wurde? Vgl. Anm. 88.

[87] Vgl. JEREMIAS 1958, 132 und o. Anm. 59.

[88] Philostorgios, h.e. 7,4 (BIDEZ-WINKELMANN 80,4–8); s. dazu BRENNECKE 1988, 119f. Zum Elisakult in Sebaste s. die weiteren Belege bei KOPP 1959, 177–183; BALDI-BAGATTI, 1980, 72ff (mit Abb.), betonen, der heidnische Charakter der Stadt widerspreche nicht der Nachricht, daß der Täufer in der Nähe der Propheten*gräber* beigesetzt wurde (Hervh. v. mir). Vgl. die Kritik an Bagatti von TAYLOR 1993.

[89] Vgl. KOPP 1959, 177–183.

[90] Isidor von Sevilla, De ortu et obitu patrum 36,3 (GOMÉZ 163, 6f): *cuius sepulcrum usque hodie in Sebastia ciuitate ostenditur, honore satis dignum et magna habitum ueneratione*, ist jedoch abhängig von den VP.

[91] Philostorgios, h.e. 7,4 (BIDEZ-WINKELMANN 80,4–8) berichtet nur von 2 Gräbern. Vielleicht kam das Obadjagrab bei der »Restauration« der Gräber des Täufers und Elisas nach Samaria.

nicht kennen, zeigt wieder das Alter und den ursprünglich jüdischen Charakter der VP.

Auch die Gestalt des Propheten Elisa und die Elisatraditionen gerieten bei den Kirchenvätern nicht in Vergessenheit[92].

---

[92] Über das Bild Elisas bei den Kirchenvätern kann man sich jetzt in einem Sammelband informieren, der die Texte in französischer Übersetzung zusammenstellt. Der Band wurde herausgegeben von den Schwestern des Carmel Saint Élie (POIROT [Hg.], SpOr 59, 1993). An den Anfang ist die Übersetzung der verschiedenen Rezensionen der VP gestellt.

Die Sacharja ben Jojada-Vita

Text und Übersetzung

23.1 Ζαχαρίας ἐξ Ἰερουσαλὴμ υἱὸς
Ἰωδαὲ τοῦ ἱερέως,
ὃν ἀπέκτεινεν Ἰωὰς ὁ βασιλεὺς
Ἰούδα ἐχόμενα τοῦ θυσιαστηρίου·
καὶ ἐξέχεεν τὸ αἷμα αὐτοῦ ὁ οἶκος
Δαυὶδ ἀνὰ μέσον ἐπὶ τοῦ Αἰλάμ·
καὶ λαβόντες αὐτὸν οἱ ἱερεῖς ἔθαψαν
αὐτὸν μετὰ τοῦ πατρὸς αὐτοῦ·
2 ἔκτοτε ἐγένοντο τέρατα ἐν τῷ
ναῷ φαντασίας
καὶ οὐκ ἴσχυον οἱ ἱερεῖς ἰδεῖν
ὀπτασίαν ἀγγέλων θεοῦ
οὔτε δοῦναι χρησμοὺς ἐκ τοῦ
Δαβεὶρ
οὔτε ἐρωτῆσαι ἐν τῷ Ἐφοὺδ
οὔτε διὰ δήλων ἀποκριθῆναι τῷ λαῷ
ὡς τὸ πρίν.

23.1 Zacharias (war) aus Jerusalem, (der)
Sohn Joadas des Priesters,
welchen tötete Joas der König von Juda
in der Nähe des Altars,
und es vergoß sein Blut das Haus Davids
mitten vor dem Ailam.
Und es nahmen ihn die Priester
und begruben ihn bei seinem Vater.
2 Seitdem ereigneten sich Vorzeichen von
erschreckendem Eindruck im Tempel.
Und die Priester konnten nicht (mehr)
sehen die Erscheinung von Engeln Gottes,
noch Orakel geben aus dem Debir,
noch befragen mit dem Ephod,
noch durch die Orakelsteine dem Volk
antworten wie in früherer (Zeit).

Zum Text

An1 enthält keine schwerwiegenden textkritischen Probleme. Deutliche Korruptelen finden sich in V. 1 bei An2 (Coisl. 205 usw.) und Ep1. Da diese Textform von Zacharias, dem Vater des Täufers, berichtet, verstand sie nicht mehr, warum das »Haus Davids« Sacharjas Blut vergossen haben soll, und setzt berichtigend hinzu, Zacharias sei Davidide gewesen[1]. Dieser Zusatz zerstört den Sinnzusammenhang empfindlich.

---

[1] Οὗτος ἦν ἐξ Ἰερουσαλήμ οἴκου Δαυίδ.

Stellung innerhalb der VP, Inhalt, Aufbau und Vergleich der Rezensionen im Überblick

Sacharja ben Jojada beschließt in An1 als letzter Prophet[2] den Zyklus[3] der Prophetenviten. Er ist zugleich der siebte der Propheten aus den Geschichtsbüchern. Für die großen Propheten war die Vierzahl[4] und für die Kleinen Propheten die Zwölfzahl vorgegeben. Mit der Zahl »Sieben« schaffen die VP – auch an diesem Detail zeigt sich, daß An1 den ursprünglichen Umfang der Viten bewahrt hat – eine ideale Auswahl[5] aus den Geschichtsbüchern, die ja von sehr viel mehr Propheten berichten. Dabei bilden die vier Propheten Nathan, Achia von Silo, Azarja und Iddo die erste Untergruppe quasi als Propheten der salomonischen Ära, während Elia, Elisa und Sacharja b. Jojada ebenfalls als »Zeitgenossen« chronologisch zusammengehören[6], aber auch in den VP inhaltlich miteinander verbunden sind. Diese ›Gruppeneinteilung‹ der sieben letzten Propheten ist durch das chronistische Geschichtswerk vorgegeben.

Bei Sacharja ben Jojada wird wieder wie bei allen gewaltsam ums Leben gekommenen Propheten nach der Herkunftsnotiz sofort übergegangen zu den Umständen seines Todes.

Nach der Grabesnotiz folgen keine eschatologischen Weissagungen, sondern eine Aufzählung der erschreckenden, das Ende des Ersten Tempels ankündigenden Vorzeichen.

In der Sacharja ben Jojada-Vita ist die anonyme Rezension wieder gespalten. An1 ist die Textform, die allen anderen Rezensionen zugrunde liegt. Während An2 (Coisl. 224 usw.) An1[7] folgt, ist An2 (Coisl. 205 usw.)[8] recht uneinheitlich, geht aber aufs Ganze gesehen – wie auch sonst in den Viten der

---

[2] Vgl. Lk 11,51 dazu u. Abschnitt 2.2.2.

[3] Das Ergebnis meiner Untersuchung deckt sich nicht mit der Vermutung von DuBois 1978, 162, der annimmt, die Viten von Jesaja, Jeremia, Ezechiel, Daniel und Sacharja ben Jojada bildeten den Grundstock der VP, um den sich die anderen Viten gerankt hätten. Die Quellenlage ist ein anderes Problem; sie war für den Vf der VP bei manchen der Kleinen Propheten nicht günstig. Doch deren Vollzahl war ihm vorgegeben. Da verfuhr er wie vor, neben und nach ihm andere Vitenschreiber: Gibt es keinen βίος, nimmt man eben ein γένος; s. dazu Leo 1901, 132; vgl.o. Einleitung, 2.4.4.

[4] Daniel gehört zu den großen Propheten, s. Band I, Daniel-Vita, Abschnitt 1.

[5] Vgl. die sieben Wundererzählungen im 4. Evangelium. Die Bedeutung der »Sieben« kann gar nicht überschätzt werden, vgl. Band I, Daniel-Vita, 9. Exkurs; zur Siebenzahl in der Liturgie vgl. bes. die Sabbatopferlieder aus Qumran, dazu Schwemer 1991a, 86–104. Zur Anordnung der VP vgl. Band I, Einleitung, Abschnitt 2.1.2.

[6] Der Tod des Königs Joas von Juda wird in 2 Kön 12,21f berichtet, der Tod Elisas fällt nach 2 Kön 13 dagegen erst in die Regierungszeit Joas' von Israel. Jos. ordnet deshalb anders und berichtet zuerst von Sacharja, dann von Elisa.

[7] Vat. 2125; Coisl. 224; Vat. 1974; Ambros. 445

[8] Coisl. 205; Philadelph. 1141; Paris. 1712; Frag. Leyd. Voss. 46; s. App. bei Scher-mann, Vitae, 96f.

Propheten aus den Geschichtsbüchern – mit Ep1[9]. Die Abweichungen der verschiedenen Rez. sind in diesem Fall recht interessant. Während Dor eine Kurzfassung von An1 bietet und V. 2 wegläßt, gehen An2 und Ep1 von der Identität dieses Propheten mit Zacharias, dem Vater des Täufers, aus. Ep2 bietet dagegen die andere Identifikationsmöglichkeit, die mit dem Zwölfpropheten, und hängt an dessen Vita einfach als Todesbericht die Vita des ben Jojada an[10]. Dabei ist es im Grunde erstaunlich, daß sich in An1 der jüdische Kernbestand der Vita ohne christliche Interpolationen erhalten hat, die gerade in dieser Vita sich anboten[11].

Kommentar

1. Die Herkunft des Propheten

23.1 Ζαχαρίας ἐξ Ἰερουσαλὴμ υἱὸς Ἰωδαὲ τοῦ ἱερέως

Auch bei diesem Jerusalemer führt An1[12] – wie bei Jesaja – die Heimatstadt ausdrücklich an. Damit ergibt sich eine inclusio. Der erste und der letzte Prophet der VP werden mit Bedacht als Jerusalemer gekennzeichnet. Der Name des Vaters Ἰωδαέ[13] und dessen priesterlicher Stand[14] müssen angegeben werden, um die Person eindeutig zu bestimmen. Nur so ist gewährleistet, daß es sich um den Propheten Sacharja aus 2 Chr 24,17–22 handelt[15]. Bei diesem

---

[9] Vgl. zu dieser Verwandtschaft die Jona-Vita und die anderen Viten der Propheten aus den Geschichtsbüchern.

[10] Zum Einzelnen s.u.

[11] Zur Begründung, s.u. jeweils z.St.

[12] Vat. gr. 2125; Vat. gr. 1974; Coisl. 224; Ambros. 445.

[13] Epiphanius, Haer 55,3,4 (zitiert o. Elia-Vita, Anm. 31) nennt Elia den Bruder dieses Hohenpriesters. Durch das Verwandtschaftverhältnis wird die Abfolge der Generationen geklärt: Elisa und Sacharja gehören zur selben »Generation«.

[14] Wie in MT wird nicht der Prophet, sondern sein Vater Priester genannt; nach den späteren rabb. Zeugnissen wird Sacharja selbst ausdrücklich an erster Stelle »Priester« genannt: »Sieben (Gesetzes-)Übertretungen wurden von Israel an diesem Tag begangen: Sie töteten einen Priester, einen Propheten und einen Richter; sie vergossen unschuldiges Blut; sie entweihten den heiligen Namen Gottes; sie entweihten den Tempel(hof); es geschah an einem Sabbat, der zugleich der Versöhnungstag war.« S. EkhaR Einl. §23; 2,2 §4; 4,13 §16; yTaan 4,5 (6); PesK 15,7 (MANDELBAUM 258, 7ff; BRAUDE/KAPSTEIN 282); vgl. QohR 3,16 § 1; 10,4 §1; u.ö.; dazu die synoptische Darstellung bei DUBOIS 1978, bes. 309a–312b.

[15] Dem Propheten in 2 Chr 24 gibt MT den Namen זְכַרְיָה; LXX: Ἀζαρίας (Luc. Ζαχαρίας); Jos., NT und VP: Ζαχαρίας; das AT kennt eine ganze Reihe von Personen mit dem Namen זְכַרְיָהוּ/זְכַרְיָה und der Kurzform זְכָר; LXX gibt ihn wieder mit: Ζαχαρίας/ Ζαχαρειά/ Ἀζαρ(ε)ίας/ Ἀζαριά usw.; z.B. vorexilisch: 1 Chr 27,21; 2 Chr 21,2; 17,7; 20,14; 24,17ff; 26,5 (vgl. 2 Kön 15,2f) 2 Kön 14,29 (15,1–7); Jes 8,2; 2 Chr 29,13; 34,12; 35,8; nachexilisch: Sach 1,1.7; 7,1.8 (vgl. Esr 8,3.11.16; 10,26; Neh 11,4f.12; 12,16; 1 Chr 9,21.37; 15,18.24 (vgl. 16,5); 15,20; 24,25; 26,2.11.14. Hinzu kommt vor allem im NT der

Propheten ergeben sich nicht nur durch die Häufigkeit des Namens Sacharja Verwechslungsmöglichkeiten, die Namensgleichheit forderte geradezu zur Identifizierung der verschiedenen Gestalten heraus. Doch die Hauptüberlieferung, repräsentiert durch An1 und Dor, hat die ursprüngliche Intention der VP erhalten und die beiden Propheten mit demselben Namen, den aus dem Zwölfprophetenbuch und den in 2 Chr 24 erwähnten, noch klar unterschieden[16]. Daran läßt sich wieder das Alter des Grundstocks der VP, wie er in An1 im großen und ganzen bewahrt ist, der jüdische Ursprung der VP und die relative Zuverlässigkeit der Überlieferung in An1 erkennen[17].

Christliche Redaktion meldet sich dagegen in Ep1 und An 2[18] deutlich zu Wort:

οὗτος ἦν υἱὸς Ἰωδαὲ ἱερέως,
πατὴρ δὲ Ἰωάννου τοῦ βαπτιστοῦ.

Die Identifizierung unseres Sacharja mit dem Vater des Täufers ist durch zwei verschiedene Überlegungen verursacht: Einmal wurde der gewaltsame Tod unseres Propheten auf den Vater des Täufers übertragen, der mit dem Sohn des Barachias (Mt 23,35) identifiziert wurde[19]. Zum anderen ist sie aus dem Kontext unserer Vita verständlich, denn dem Vater des Täufers erschien ja ein Engel im Tempel, während die Vita behauptet, nach dem Tod »ihres« Sacharjas, hätte es keine Engelerscheinung im Tempel mehr – wie früher – gegeben[20].

Ep2 akzentuiert anders, doch auch deutlich aus christlicher Perspektive: Der Zwölfprophet Sacharja wird »Sohn des Barachias«[21] genannt, um sicherzustellen, daß es sich um den in Mt 23,35 gemeinten Propheten handelt[22]. Auf diese Weise werden die verschiedenen Gestalten eindeutig, wenn auch anachronistisch miteinander identifiziert.

Vater des Täufers (Lk 1,5–23.67; 3,2). »Toutes ces mentions constituent un ensemble impressionnant: de prêtres et de lévites«, sagt DUBOIS 1978, 8 zu Recht.

[16] Eine andere Frage ist, ob der Chronist (2 Chr 24) einen Propheten mit Märtyrerschicksal ›erfindet‹, indem er mit Hilfe des Sacharja ben Berechja ben Iddo des Dodekaprophetons einen Vorgänger desselben Namens einführt, um das unglückliche Schicksal des Königs Joas von Juda zu motivieren. S. dazu BLANK 1937/38, 327–334.

[17] Die christliche Übertragung der Erzählung vom gewaltsamen Geschick unseres Propheten auf den Vater des Täufers findet sich An2 (Coisl. 205 usw.) und Ep1, s. dazu u. S. 296. Die alten lat. Üs. gehen mit An1, doch findet sich z.B. in der Fassung der Prager Hs (Praha, Statni Knihovna CSR, XIV. E. 10), die DOLBEAU 1990, 507–531 veröffentlicht hat, eine Version in lat. Übersetzung aus dem Griechischen, die An 2 (Coisl. 205 usw.) folgt.

[18] Coisl. 205; Philadelph. 1141; Paris. 1712; Fr. Leyd. Voss. 46.

[19] Belegt bei Origenes, Comm in Mt z.St. (GCS 38 [Origenes 11], 42f).

[20] Die Vita meint dabei ursprünglich ›historisch‹ folgerichtig, daß sich die Zerstörung des 1. Tempels, nicht die des 2., mit der Minderung der Offenbarungsqualität ankündigt, s. dazu u. Abschnitt 2.1.7. Die christliche Redaktion denkt an den 2. Tempel.

[21] S.o. Sacharja XII-Vita, Abschnitt 4.1.

[22] Daneben zeigt Ep2 noch weitere Anklänge an Mt, s.u. Abschnitt 2.2.6.

2. Der Tod des Propheten

ὃν ἀπέκτεινεν Ἰωὰς ὁ βασιλεὺς Ἰούδα
ἐχόμενα τοῦ θυσιαστηρίου·
καὶ ἐξέχεεν τὸ αἷμα αὐτοῦ ὁ οἶκος Δαυὶδ
ἀνὰ μέσον ἐπὶ τοῦ Αἰλάμ·

Nur in der Herkunftsnotiz ist in dieser Vita (An1; Dor) vom Propheten im Nominativ die Rede. In der Todes- und Grabesnotiz handeln andere an ihm: Er ist leidendes Objekt. Dennoch wird sein Martyrium nicht ausgemalt, nicht einmal das Schlußwort des Propheten (2 Chr 24,22) wird wörtlich zitiert, sondern Gottes Strafe setzt ein mit den erschreckenden Vorzeichen im Tempel.

Die Todesnotiz erweitert den Bericht in 2 Chr 24,17–22 um einige interessante Elemente. Sie wird feierlich in zwei parallelen Sätzen gegeben, wobei in der »Doppelung« der zweite Satz den ersten präzisierend und steigernd erläutert. Es ist ein synonymer Satzparallelismus, wie ihn die antike jüdische »Erbauungsliteratur«, den typisch atl. Stil nachahmend, gerne auch in Prosaerzählungen verwendet[23]. Doch nicht nur das Satzgefüge entspricht hebräischem Stilempfinden: Auch das Vokabular mit seinen Semitismen[24] macht eine Rückübersetzung ins Hebräische/Aramäische verhältnismäßig leicht[25]. Die Vermutung, daß die VP an dieser Stelle wieder auf eine schriftliche Quelle zurückgreifen, die in diesem Fall ursprünglich in semitischer Sprache formuliert gewesen sein könnte, legt sich sehr nahe[26].

---

[23] JEREMIAS 1979, 29: »Wie schon das Alte Testament verwendet auch das antike Judentum den antithetischen Parallelismus vorwiegend zur Formulierung von Spruchweisheit, Lehrsätzen ... auch in apokalyptischen Worten, während die Erbauungsliteratur den synonymen Parallelismus bevorzugt.« Vgl. Band I, Daniel-Vita, Abschnitt 3.2 u.ö. zur Struktur der τέρας-Worte.

[24] Das ist auch DUBOIS 1978, 171, aufgefallen. Seine Ausführungen lassen sich ergänzen.

[25] Bei HAMAKER 1833, fehlt eine Untersuchung dieser Vita; er streift sie nur kurz bei der Behandlung von Sach XII, da sie für ihn nur in einer Nebenüberlieferung seiner handschriftlichen Zeugen für die Propheten enthalten war. TORREY, Lives, 47 geht darauf nicht ein, weil er nur die Fälle diskutiert, bei denen eine hebräische Grundschrift fraglich ist oder er mit der Retroversion Fehler in der Übersetzung nachweisen zu können glaubt. Eine Rückübersetzung ist hier leicht möglich; vgl. Ez 8,16:

אֲשֶׁר הֲרָגֻהוּ יוֹאָשׁ מֶלֶךְ יְהוּדָה קָרוֹב לַמִּזְבֵּחַ
וַיִּשְׁפֹּךְ דָּמוֹ בֵּית דָּוִד בֵּין הָאֵילָם

[26] Doch fehlt uns in diesem Fall, anders als in der Daniel- und Habakuk-Vita, jede »Vorlage«. Vgl. jedoch vor allem die entsprechenden Semitismen in der Jona- und Maleachi-Vita. Die Alte Kirche kannte noch ein Apokryphon des Sacharja, das heute verloren ist. Wahrscheinlich handelte es sich um eine apokalyptische Schrift. Doch welchem Sacharja war sie zugeschrieben? Zu den neueren Hypothesen, s. DUBOIS 1978, 293–303 (Chapitre X: Les traces d'un apocryphe de Zacharie), der den Charakter dieses Apokryphons analog zu AscJes, ParJer und den Baruchschriften bestimmen möchte. Doch diese sind zeitlich nach den VP anzusetzen. Zu 4QApcrEz s. Band I, Einleitung, Anm. 6 u.ö. Auch das Q-Logion Lk

Da uns die Zwischenstufen zwischen 2 Chr 24 und der Sacharja-Vita fehlen, können wir nur feststellen, wie die Vita den Bericht des Chronisten abwandelt: Sie übergeht die Todesart, die Steinigung[27], betont dagegen, wer für den Mord am Propheten verantwortlich ist und legt das Gewicht auf den Ort des Verbrechens. Für die Legende von Sacharjas gewaltsamem Tod kennen wir nicht nur eine den VP ungewöhnlich nahe ntl. Parallele, sondern können auch eine weitgefächerte christliche und jüdische Wirkungsgeschichte verfolgen, wofür es einschlägige Untersuchungen gibt[28]. Ich beschränke mich deshalb auf drei Punkte, die in den späteren Fassungen der Legende eine besondere Rolle spielen und in der Darstellung der VP in nuce angelegt sind:

2.1 Der Täter und die Todesart

2.1.1 Der Bericht in 2 Chr 24 und VP 23

2 Chr 24 schreibt, daß sie, d.h. die vorher genannten Anführer des Volkes, eine Verschwörung gegen Sacharja anzettelten und ihn steinigten auf Befehl des Königs.

Die Steinigung war ein kollektives Hinrichtungsverfahren[29]. Vollzogen wurde sie in atl. Zeit in Fällen, für die die Blutrache nicht anwendbar war, d.h. für schwere Verge-

---

11,51/Mt 23,35 scheint auf dieselbe Quelle wie die Sacharja-Vita zurückzugehen, s. dazu u. Abschnitt 2.1.2.

[27] Zur Steinigung vgl. Band I, Jeremia-Vita, Abschnitt 1.3. Die Legende der Sacharja-Vita zeigt sich völlig desinteressiert an der Schilderung des Vorgangs als solchem und reflektiert nicht darüber, wie man sich die Steinigung – an diesem Ort! (dazu u.) – vorzustellen hat. Wesentlich detailreicher wird die Steinigung des Stephanus in Apg 7,52ff geschildert, obwohl auch dort nicht das schreckliche Geschehen selbst, sondern die Bewahrung des Stephanus im Leiden hervorgehoben wird. Jos. hält – wie die rabbinischen Juristen – Steinigung mit anschließendem Aufhängen des Leichnams für das rechtmäßige Verfahren, s. Ant 4,202 vgl. mSan 6,4. Die Vita blendet das im Falle Sacharjas unrechtmäßige Hinrichtungsritual aus und betont, den Bibeltext leicht abwandelnd, daß Sacharja im Grab seines Vaters beigesetzt und nicht auf dem Schindanger begraben wurde; vgl. mSan 6,7: »Man begrub sie aber nicht in den Gräbern ihrer Väter, sondern zwei Begräbnis(plätze) waren seitens des Gerichtshofes eingerichtet: das [der] eine für die Gesteinigten und Verbrannten, das [der] andere für die [mittels Schwert] Hingerichteten [לנהרגין] und Erdrosselten.« (Üs. KRAUSS, Gießner Mischna, 205). Das entspricht römischer (und jüdischer) Gepflogenheit. Um die Zeitenwende wurde es üblich, hingerichtete Verbrecher den Verwandten zur Bestattung zu übergeben. S. die Bestattung Jesu Mk 15,42ff par; des Täufers Mk 6,29 par; Apg 8,2; vgl.u. Abschnitt 3. zur Grabesnotiz.

[28] Vgl. BERENDTS 1895; BERENDTS 1904; BLANK 1937/8, 327–346; BILL. I, 967 und GINZBERG, Legends IV, 304; VI, 396; DUBOIS 1978, der das jüdische, christliche und islamische Material monographisch aufarbeitet bis hin zu den mittelalterlichen jüdischen Texten, wie man es sich auch für die anderen Prophetenlegenden wünscht. Diese umfangreiche Arbeit ist jedoch besonders im Abschnitt über die VP z.T. etwas zu kühn und gleichzeitig ungenau, was aber nicht so sehr dem Vf. zuzuschreiben ist, sondern dem damaligen Zustand der Forschung zu den VP.

[29] Vgl. Band I, Jeremia-Vita, Abschnitt 1.3.

hen im religiösen Bereich[30]. Daß man sie in Judäa in hellenistisch-römischer Zeit noch praktiziert hat, zeigen z.b. die Steinigung des Onias ca 65 v. Chr.[31], die des Stephanus ca 31/32 n. Chr.[32] und die Jakobus' des Herrenbruders und anderer Christen im Jahr 62 n. Chr.[33]. Neben den legendären Ausgestaltungen der Steinigung im Martyrium Jeremias[34] und im Martyrium des Jakobus nach Hegesipp[35] bestätigen die ausführlichen gesetzlichen Bestimmungen der Mischna, wie stark man sich mit dieser archaischen Todesstrafe weiterhin beschäftigt hat. Die Steinigung wurde dabei zur ersten der vier mischnischen, d.h. jüdisch legitimen Hinrichtungsarten – gleichgültig, ob sie im 2./3. Jh. n. Chr. noch ausgeführt wurde.

Während die Jeremia-Vita die Steinigung kollektiv[36] versteht, insistiert die Sacharja-Vita auf dem König als Täter. Zum einen wird sein Name ausdrücklich genannt und zum andern nicht das Kollektiv des Volkes, seine Anführer oder die Generation Sacharjas insgesamt, sondern das Haus David allein betont als »kollektiver« Täter beschuldigt[37].

Die Vita unterstreicht damit eine schon in 2 Chr 24 angelegte Tendenz. So heißt es (2 Chr 24,22): »Und Joas gedachte nicht der Huld (חסד), die ihm Jojada sein Vater erwiesen hatte, und er tötete (ויהרג)[38] seinen Sohn ...«. Wieder aufgenommen wird diese Betonung des eigentlichen Täters in der Schilderung der Folge in V. 25, wo es heißt, daß Joas' gewaltsamer Tod durch seine

---

[30] Dazu gehörte auch der sexuelle Bereich. Sie war zugleich eine Tötung auf »Distanz«. Dazu SCHÜNGEL-STRAUMANN 1969, 138ff; zur Steinigung im antiken Griechenland vgl. HIRZEL 1909.

[31] Jos., Ant 14,22ff.

[32] Apg 6,8–15; 7,54–60.

[33] Jos., Ant 20,199–203; vgl. die legendäre Ausgestaltung bei Hegesipp (Euseb, h.e. 2,23,4–18); s. dazu HENGEL 1985, 71–104 (73–79).

[34] In ParJer 9 wird erst einmal ein Stein, der die Gestalt Jeremias hat, an seiner Stelle gesteinigt. Dieser dient ihm hinterher als Grabstein.

[35] Der Bericht des Hegesipp verbindet, um das Martyrium als *passio iusti* auszugestalten, Elemente des Hinrichtungsrituals (Hinabstoßen), Steinigen, Erschlagen mit Motiven aus den Evangelien und dem AT (Tempelzinne, Einschreiten des Rechabiten) und steigert so die Beschreibung der Ausdauer »des Gerechten« im Leiden. Auch hier fehlt das Aufhängen des Leichnams, stattdessen wird das ehrenvolle Begräbnis (vgl. Stephanus, Apg 8,1f und unsere Vita) zu Füßen des Tempels betont.

[36] λιθοβοληθεὶς ὑπὸ τοῦ λαοῦ; dazu Band I, Jeremia-Vita, Abschnitt 1.3.

[37] Nach Jos. geht der Justizmord an Jakobus dem Gerechten auf die Eigenmächtigkeit des Hohenpriesters Hannas zurück, der die Gunst der Stunde nützt, die ihm die Vakanz zwischen den römischen Prokuratoren Festus und Albinus gewährt. Der Protest der Pharisäer richtet sich gegen ihn und sein Vorgehen. Dagegen lastet Hegesipp die Schuld am Tod des Jakobus, nicht nur den Volksführern und einem namenlosen Walker an, der mit seiner Keule dem Herrenbruder gegen den Protest der Rechabiten (in der Legende ein Nachklang des Protestes der Pharisäer, wie ihn Jos. darstellt) den Todesstreich gibt, sondern allen ungläubigen Juden (repräsentiert durch die sieben jüdischen Sekten). Bei Hegesipp folgt diesem Verbrechen die Belagerung Jerusalems auf dem Fuße. S. dazu HENGEL 1985, 81. Auch hier zeigt die legendäre Entwicklung die Tendenz vom einen, konkreten Täter zur kollektiven Schuldzuschreibung.

[38] LXX: καὶ ἐθανάτωσεν; die Vita scheint hier näher an MT als an LXX.

Blutschuld (דְּמֵי, ἐν αἵμασιν)[39] an Sacharja verursacht wurde. Zuvor war nach 2 Chr 24 der Mord am Propheten bereits als Grund für den Einfall der Aramäer genannt worden, die nicht nur »alle Fürsten des Volkes« umbrachten, sondern auch mit einer kleinen Schar das große Heer der Judäer vernichteten[40]. Am Ende wird der König nicht im väterlichen Erbbegräbnis beigesetzt[41]. Seinen Tod wiederum »rächt« sein Sohn und Nachfolger Amazja, der die beiden Schuldigen hinrichten läßt, doch deren Söhne nicht mit ihnen tötet[42]. Damit erscheint für den Chronisten der Fall abgeschlossen.

Dennoch zeigt sich schon der chronistische Bericht für neue, weitere Interpretationen offen, wenn er Sacharja als letztes Wort in den Mund legt: יֵרֶא יהוה וְיִדְרֹשׁ. Damit ruft der Prophet Gott nicht nur als Zeugen des Frevels, sondern auch als seinen Bluträcher an[43].

Das Haus David »bezahlt« nach dem chronistischen Bericht sofort für seine Schuld, die Blutschuld lastet jedoch weiter auf dem Ort des Geschehens[44].

Die Vita verwendet, um zu betonen, daß der König der Täter war, für die Todesart ἀποκτείνω[45] (was הרג entspricht, obwohl LXX in 2 Chr 24,22 anders übersetzt, s. Anm. 38) und spricht nicht von Steinigung. Nun hat man aus dieser Wortwahl geschlossen, eine Steinigung könne in den VP nicht gemeint sein, es sei vielmehr an eine Tötung allein durch den König selbst und infolgedessen mit dem Schwert gedacht[46]. Zwar verwendet die Mischna הרג als Terminus für die Hinrichtung durchs Schwert[47]. Doch zwingend ist der Schluß, daß deshalb die VP bei Sacharja nicht an eine Steinigung denken könnten, sondern mit der Tötung durchs Schwert rechnen, keineswegs. Ebensowenig darf man aus dem Terminus »Blut vergießen«[48] schließen, daß es sich nicht um eine Steinigung handeln könne. Dennoch hat man aus dieser Vermutung weitreichende Schlüsse gezogen, u.a. daß an der Nordwand der Synagoge von Dura Europos das Martyrium des Sacharja dargestellt sei[49].

---

[39] Vgl.u. Abschnitt, 2.3 »Das Blut Sacharjas«.
[40] 2 Chr 24,23f; 2 Kön 12,18–22.
[41] 2 Chr 24, 25f gegen 2 Kön 12,22; tSan 9,9 (ZUCKERMANDEL 429) begründet diese Strafe mit Ps 26,9; sie gilt nach tSan 9,8 (ZUCKERMANDEL 429, 27f) auch für Könige: »Selbst einen König von Königen begräbt man nicht in den Gräbern der Väter, sondern nur in den Gräbern des Gerichtshofes«.
[42] 2 Chr 25,3f mit 2 Kön 14,5f.
[43] Vgl. 2 Kön 9,7–10; Ps 58,11f; Apk 6,9ff; s. dazu ausführlicher u. Abschnitt 2.3.
[44] Dazu u. Abschnitt 2.2.
[45] Vgl. BAUER/ALAND, WB s.v.; LSJ, s.v.; LAMPE, s.v.
[46] DUBOIS 1978, 152.
[47] Strittig ist dabei nur, ob sie »nach Art der Regierung« mit dem Schwert ausgeführt werden soll oder nicht vielmehr (und das wird als humaner angesehen) mit dem Beil auf einem Hackklotz, s. mSan 7,3 vgl. 9,1.
[48] Dazu u. zum Blut Sacharjas, Abschnitt 2.3.
[49] Zuletzt vertreten von DUBOIS 1978, 145–155 (152); vgl. zum Problem Band I, Ezechiel-Vita, 5. Exkurs.

2.1.2 Das Zitat in der Weisheitsrede Lk 11,51 par Mt 23,35

In der Gerichtsrede Jesu (Lk 11,47–51/Mt 23,29–36), die aus der »Logienquelle«[50] stammt und von Lk und Mt in je eigener Weise überliefert wurde, treten die Berührungen mit den Traditionen der VP gehäuft zu Tage. Dabei geht die Überlieferung in Q über den Tod des Sacharja überhaupt nicht auf die Todesart ein, nennt auch nicht einen Täter mit individuellem Namen, sondern insistiert auf der Blutschuld Gesamtisraels. So sagt im Gerichtswort »über dieses Geschlecht« (Lk 11,49ff vgl. Mt 23,34ff)[51] die »Weisheit Gottes«[52], daß das Blut aller Gerechten von Abel an bis zu Sacharja »von diesem Geschlecht«, das damit zum letzten wird, dem das Jüngste Gericht gilt, gefordert (ἐκζητέω entspricht שׁרד[53]) werde, weil das Volk nicht aufgehört habe, die von der Weisheit gesandten Propheten zu verfolgen und zu töten.

Die Erwähnung Sacharjas in Lk 11,51/Mt 23,35 ist wahrscheinlich eine innerhalb der Q-Überlieferung zugewachsene Notiz aus einem Sacharja-Apokryphon[54], durch die die sogenannte dtr. Doktrin vom gewaltsamen Geschick der Propheten und Israel als Täter auch auf den Fall Sacharja ben Jojadas übertragen wird[55]. Während in den VP der Täter historisierend gesehen und beschrieben wird, hebt das Jesuswort in gewisser Weise den Aspekt der Vergangenheit angesichts des direkt bevorstehenden Jüngsten Gerichts auf[56]. Die Rechenschaft für alles Unrecht, das seit dem Beginn der Menschheitsgeschichte geschah, wird von der *jetzt* lebenden Generation gefordert. Deshalb wird weder Kain noch der König Joas erwähnt, und deshalb konnte Mt ohne allzu große Eingriffe aktualisieren und den für ihn wirklich letzten Mord im

---

[50] Im Folgenden abgekürzt »Q« genannt.

[51] Auf einen detaillierten synoptischen Vergleich kann ich hier verzichten, weil der Sachverhalt recht klar ist und sich genügend Untersuchungen dazu finden (auch bei Dubois 1978, 190–227). Nicht ganz einig ist man sich darin, wieweit die Weisheitsrede der Logienquelle noch die ipsissima vox wiedergibt. Während z.B. Steck 1967, 51ff.222–227, im Anschluß an Bultmann 1961, 119f, den Abschnitt für ein »festes jüdisches Traditionsstück« (51) bzw. ein »spätjüdisches Wort der Weisheit« (222) hält, rechnet man heute wieder zunehmend mit der Authentizität von Lk 11,49ff (vgl. z.B. Hengel 1979, 144–188; Gnilka 1988, 306; Reiser 1990, 201), ohne einen großen Beweisgang anzutreten. Vgl. auch die vorsichtigen Überlegungen von v. Lips 1990, 273ff, der hier richtig betont, daß sich an dieser Stelle zwei Konzepte überlagern: einmal die dtr. Doktrin vom gewaltsamen Geschick der Propheten und den Propheten als Gesandten der Weisheit und zum anderen die Vorstellung von der abgelehnten und verschwundenen Weisheit.

[52] Lk 11,49, Mt 23,34: ἐγώ.

[53] Nicht so LXX 2 Chron 24,22: κρινάτω; vgl. Jos., Ant 9,169: δικαστὴν ὧν ἔπασχε τὸν θεὸν ἐποιεῖτο.

[54] V. 51a »vom Blut Abels bis zum Blut Sacharjas, der umkam zwischen Altar und (Gottes)haus« erscheint wie eine nachträgliche Erklärung von V. 50. Vgl. Sato 1988, 156.

[55] Vgl.o. Anm. 51; gegen Steck 1967 33ff; Nebe 1989, 72ff ist mit Gnilka 1988, 306 u.a. die Anstößigkeit dieser Rede insgesamt hervorzuheben.

[56] Wie in der vergleichbaren Rede von Jona und den Niniviten, der Königin von Saba und Salomon in Lk 11,29–32 par; vgl. dazu Reiser 1990, 192–206.

Tempel einsetzen: »der Sohn des Barachias, den *ihr* getötet habt«[57]. In den Augen des Mt, der um 90 n. Chr. schreibt, sieht Jesus die Geschehnisse bei der Tempelzerstörung und das Wüten der Zeloten prophetisch voraus[58].

Lk hat offensichtlich an dieser Stelle weniger in den Wortlaut seiner Quelle eingegriffen[59]. Traditionsgeschichtlich stellt das Logion aus Q eine Weiterentwicklung gegenüber den VP dar, indem es die dtr. Doktrin vom gewaltsamen Geschick der Propheten aufnimmt und schon hinüberweist zur Ausgestaltung der Blutlegende, wie sie – auf ganz andere Weise wiederum – in den späteren rabbinischen Texten begegnet.

Auffällig ist weiter, daß Sacharja ben Jojada auch im Jesus-Logion als *letzter* in der Reihe der Propheten steht wie in der Rezension An1 der VP. Das heißt nicht, daß die VP vom NT abhängig sind, sondern geht darauf zurück, daß mit Lk 11,51/Mt 23,35 in die Jesusrede eine erklärende Notiz eingedrungen ist, die von der Vorstellung ausgeht, daß Sacharja ben Jojada der letzte Prophet sei, weil die Chronikbücher am Ende des pharisäischen Kanons stehen[60].

Auf die Unterschiede zwischen VP und NT an dieser Stelle werden wir im Abschnitt über den Tötungsort noch einmal zurückkommen.

2.1.3 Der Bericht 2 Chr 24 bei Josephus

Josephus paraphrasiert den Chroniktext[61] sinngemäß ohne einschneidende Änderungen, doch mit für ihn typischer Akzentverschiebung. Er hält an der Steinigung im Tempelbereich[62] und dem König als eigentlichen Täter fest[63]. Nur den Anlaß für das Auftreten Sacharjas ändert er ab: Er redet – aus Rücksicht auf seine mögliche heidnische Leserschaft?[64] – nicht direkt von Ido-

---

[57] Was das EvHebr seinerseits wiederum verbessert: *pro filio Barachiae filium Ioiadae* (Hieronymus, Comm in Mt IV zu 23,35ff [CChr.SL 77, 220, 315f]); dazu weiter u. Anm. 125; vgl. Petrus Laodic (HEINRICI 267,6 – 268,1): Ζαχαρίαν δὲ τὸν Ἰωαδὲ λέγει, διώνυμος γὰρ ἦν. εὑρίσκομεν δὲ καὶ Ἀζαρίαν ἐν ταῖς Παραλειπομέναις ἱερέα φονευθέντα μεταξὺ τοῦ ναοῦ καὶ τοῦ θυσιαστηρίου ὑπὸ Ἰωᾶς βασιλέως, ὅν καὶ Ἰωσήπος Ζαχαρίαν καλεῖ ἐξελληνίζων τὸ ὄνομα. τινὲς δὲ Ζαχαρίαν υἱὸν Βαραχίου οὐ τὸν ἐν τοῖς δώδεκα τεταγμένον φασὶν ἐνταῦθα εἰρῆσθαι, ἀλλὰ τὸν Ἰωάννου πατέρα.

[58] Das ist die particula veri, die von Wellhausens heftiger Invektive gegen Moore bleibt (»§12 Zacharias Barachiae«, in: WELLHAUSEN 1911 [zitiert nach Ndr. 1987, 118–123]). Wellhausen hat die Bedeutung der Sacharja-Traditon völlig ignoriert. Ebenfalls für den Sohn des Baris bei Mt: STECK 1967, 33ff; GNILKA 1988, 301f.

[59] So der Konsens der Forschung, wenn man nicht die Zweiquellentheorie bestreitet.

[60] Vgl. HENGEL 1992b, 104–107. Jos. und 4 Esr sind die beiden anderen frühen Zeugen für den pharisäischen Kanon. Esra galt als Verfasser der Chronikbücher, bis zu ihm reichte die *successio prophetica.*

[61] Er verwendet LXX als Vorlage.

[62] S. dazu u. 2.2.3.

[63] Ant 9,168: ἀλλὰ καὶ Ζαχαρίαν υἱὸν τοῦ ἀρχιερέως Ἰώδα λίθοις ὁ βασιλεὺς ἐκέλευσε βληθέντα ἀποθανεῖν ἐν τῷ ἱερῷ.

[64] Bezeichnenderweise fehlt in den Schriften des Jos. auch die Erwähnung des »Goldenen Kalbes« – aus apologetischen Gründen.

latrie, umschreibt aber dennoch recht deutlich: »Der König Joasos vernachlässigte die Gott gebührende Sorgfalt« (Ant 9, 166) und er verführte auch die
Führer des Volkes zur Vernachlässigung der höchsten *Gesetze*. Der Prophet
tritt als Warner vor den Folgen dieser »πονηρία« auf. Sterbend ruft Sacharja
Gott als Richter und Rächer an. Die Folgen werden 2 Chr 24 abkürzend berichtet. Durch die Kürze erklärt sich, warum die Führer des Volkes nicht mehr
erwähnt werden.

2.1.4 Apokalypse Abrahams und die Sacharja ben Jojada-Vita

Ein rätselhaftes Zwischenglied zwischen unserer Sacharja-Legende und der
Auslegung von Ez 8,3.5 in den späteren rabbinischen Texten stellt eine Passage in der ApkAbr 25–27 dar[65]. Abraham erhält in seinem Tiefschlaf (Gen 15)
eine Vision über den zukünftigen Jerusalemer Tempel und seine Entweihung.
Er erblickt in einer »Darstellung«[66] im Tempel das »Eifersuchtsbild« und einen, der da steht und opfert, und geschlachtete *Jünglinge* auf dem Altar. Diese
Jünglinge werden gedeutet: »Das Opfer ist der Mord; sie sind für mich eine
Rechtfertigung für das Endgericht[67] schon von Anfang der Schöpfung an«[68];
der Opfernde wird gedeutet als derjenige, »der (Gott) erzürnt«. Wegen dieser
Schandtat[69] wird der irdische Tempel, in dem Erster und Zweiter Tempel
ineins gesehen sind, zerstört werden: »(... weil) sie mich mit dem Götzen, den
du gesehen hast, erzürnen und mit dem Mord in der Darstellung, (verübt) im
Tempel der Eifersucht.« (27,5)[70]. In der eschatologischen Heilszeit erwartet
die ApkAbr wieder »Opfer und Gaben der Gerechtigkeit« an dem Ort, den

---

[65] DuBois 1978 hat diese Stelle nicht besprochen, deshalb sei sie hier erwähnt. Zum Text
s. bes. die neueren Untersuchungen von Rubinkiewicz 1977; Rubinkiewicz 1979, 137–
151; Rubinkiewicz 1980, 141–148; Rubinkiewicz, Apocalypse of Abraham, OTP 1, 681–
705; Philonenko-Sayar/Philonenko, JSHRZ V/5, 415–455; Rubinkiewicz, L'Apocalypse d'Abraham, 74f datiert ApkAbr in die Jahre 79–81 n. Chr. Sie steht in der Nähe von
Apk, 4 Esr und syrBar; in ihrer Tempel- und Priesterkritik berührt sie sich mit TestBen 2,4 ,
aber auch mit den älteren PsSal und der Kritik der Frommen in Qumran am Jerusalemer
Tempel.
[66] So die Üs. von Philonenko-Sayar/Philonenko, JSHRZ V/5, 446 zu 24,1f; 448f zu
26,5; 27,5; Rubinkiewicz, OTP I, 701f übersetzt »picture«; Rubinkiewicz, L'Apocalypse,
185 »tableau«. Es handelt sich in diesem Fall um das visionäre ›Bild‹ des irdischen Tempels, nicht um den himmlischen oder das himmlische Tempelurbild, gegen Philonenko-
Sayar/Philonenko, JSHRZ V/5, 447 Anm. XXV 3; Ego 1989, 14 Anm. 44. Abraham befindet sich in der himmlischen Welt, von der aus ihm die Zukunft »im Bild« gezeigt wird.
[67] 25,7. Philonenko-Sayar/Philonenko, JSHRZ V/5, 449 übersetzen »Zeugen«;
Rubinkiewicz, OTP I, 702: »testimony of judgement«; ders., L'Apocalypse, 185 »justi-
fication pour le jugement final«. Rubinkiewicz, loc.cit. bezieht den »Mord« auf die Tem-
pelschändung durch Antiochus IV., Pompeius etc. Erst in c. 27 sei von der Katastrophe des
Jahres 70 die Rede.
[68] Vgl. Lk 11,51; Mt 23,35.
[69] Vgl. Apk 6,9–11.
[70] Dt. Üs. Philonenko-Sayar/Philonenko, JSHRZ V/5, 449.

Abraham in der »Darstellung« *zerstört* gesehen hat[71]. Der Name Sacharja wird hier nicht genannt, doch weisen die Verbindungslinien zwischen Ez 8,3.5.16, der Betonung des Mordes im Tempel, der späteren rabbinischen Legende und der gnostischen Behandlung des Motivs in der Genna Mariae[72] daraufhin, daß wir es mit einem Traditionskomplex zu tun haben.

2.1.5 Sacharjas Tod in der Mekhilta de R. Yishmael

In MekhY Amalek 1 (Lauterbach 137) wird 2 Chr 24,22.25 zitiert und ausgelegt als Beispiel für bestrafte Undankbarkeit. Wieder wird auf die Steinigung verzichtet. Der Ton liegt auf Joas als Täter (הרג), der vor seinem gewaltsamen Tod zudem von den Aramäern sexuell mißbraucht wird[73]. Auf diese Weise begründet MekhY die vom Chronisten berichtete Krankheit des Königs, die dort nur als Motiv für seine Wehrlosigkeit den Mördern gegenüber angeführt worden war.

2.1.6 Spätere rabbinische Berichte über Sacharjas Tod

In der gesamten späteren rabbinischen Haggada (außer T zu 2 Chr 24) nimmt die Schuld am Tod Sacharja ben Jojadas das Volk Israel auf sich[74]. Sacharja habe die Tempelzerstörung durch Nebukadnezar vorhergesagt, deshalb wurde er von Israel getötet[75]. In gewisser Weise wird hier in bezug auf die Schuldzuweisung die Sicht von Lk 11,49ff aufgenommen[76]. Nur geschieht es nicht in »prophetischer« Anklage, sondern das Volk bekennt sich selbst schuldig vor Nebuzaradan/Nebukadnezar an dem Unrecht, das Sacharja geschehen ist, und nimmt den Tod als Strafe willig auf sich, ein Schlachten, dem erst Nebuzaradans bzw. Nebukadnezars (und Gottes) Mitleid Einhalt gebietet.

2.1.7 Die christliche Legende vom Tod des Vaters des Täufers

Die christliche Legende verwendet, um das Schicksal des Vaters Johannes des Täufers zu erzählen, Motive der alten jüdischen Sacharja-Legende. Diese

---

[71] 29,17f. Zur Üs. s. Rubinkiewicz, OTP I, 704; Rubinkiewicz, L'Apocalypse, 197; gegen Philonenko-Sayar/Philonenko, JSHRZ V/5, 452, die mißverständlich »leer« übersetzen.

[72] S. dazu u. Anm. 82.

[73] Dieselbe schimpfliche Bestrafung trifft auch Nebukadnezar nach rabbinischer Überlieferung, s. Band I, Daniel-Vita, Anm. 177.

[74] Vgl. yTaan 4,8 69a/b; bGit 57b; bSan 96b; EkhaR Einl. §5; 23; zu 2,2 §4; zu 4,13 §16; QohR 3,16 §1; 10,4 §1; PesK 15 (Mandelbaum 258, 12–259, 7; Braude/Kapstein, 282f); 2T Esther; T Ekha 2,2 usw.; Dubois 1978, 73–118 (Synopse: S. 308a–321b).

[75] Vgl. die griechische Ergänzung AscJes 3,6–10; in den VP fehlt eine solche Begründung für den gewaltsamen Tod eines Propheten. Hier sind es gerade die friedlich entschlafenen Propheten, die solches expressis verbis vorhersehen: Jona, Habakuk.

[76] Dazu wieder u. Abschnitt 2.3.

Übertragung begann wohl schon in der Mitte des 2. Jh.s n. Chr. Eine Anspielung auf die Identifizierung beider Gestalten findet sich bereits im Martyrium Lugdunense (um 177 n. Chr.)[77]. Deutlich kommt sie im sekundären Schluß von ProtevJak[78] zum Ausdruck. In typisch legendärer Kontamination werden die Erzählungen von der Ankündigung der Geburt des Täufers durch einen Engel im Tempel, vom bethlemitischen Kindermord und vom Tod des Sacharja ben Jojada verbunden: Herodes sucht nicht nur Jesus zu töten, sondern auch den kleinen Täufer, der wunderbar gerettet wird. Zacharias wird im Tempel zweimal von den Dienern des Herodes befragt. Zacharias legt schließlich sein Bekenntnis ab:

»Da sprach Zacharias: ›Ich bin ein Märtyrer Gottes, nimm mein Blut hin! Meinen Geist aber wird der Herr aufnehmen (vgl. Lk 23,46; Apg 7,59), denn du vergießest unschuldiges Blut in dem Vorraum des Tempels des Herrn‹. Und um die Morgendämmerung wurde Zacharias ermordet. Und die Söhne Israels wußten nicht, daß er ermordet worden war.«[79]

Der Hinweis auf das Blut[80] und die Örtlichkeit[81] sind in dieser Passage das Indiz für die Abhängigkeit von der Sacharja-Legende. Der Täter ist nun selbstverständlich »Herodes«. Die Übertragung auf den Vater des Täufers stellt eine christliche Sonderentwicklung dar[82], die aber ihrerseits wiederum mit der späteren jüdischen Blutlegende verwandte Züge annimmt[83].

---

[77] Euseb, h.e. 5,1,3–2,8; vgl. KNOPF/KRÜGER/RUHBACH, Ausgewählte Märtyrerakten, 18–28; MUSURILLO, Acts of the Christian Martyrs, 62–85; darauf aufmerksam gemacht hat CAMPENHAUSEN 1963, 307: »Es scheint mir keineswegs undenkbar, daß die später begegnende Kontamination der verschiedenen Zacharias-Martyrien schon im zweiten Jahrhundert begonnen hat ... Aber gleichviel, wie man über diesen Punkt denken mag – ein Martyrium des neutestamentlichen Priesters Zacharias ist durch unseren Brief schon für das Jahr 177 bezeugt.«

[78] S. die Edition von E. DE STRYCKER, Protévangile de Jacques, 188ff; CULLMANN in: NTApo[5], I, 334–349 (337); DUBOIS 1978, 239–250.

[79] Üs. NTApo[5], I, 348. Text nach DE STRYCKER, 180–186: Μάρτυς εἰμὶ τοῦ Θεοῦ Ἔχε μου τὸ αἷμα. Τὸ δὲ πνεῦμά μου ὁ Δεσπότης [μου] δέξεται, ὅτι ἀθῷον αἷμα ἐκχύνεις εἰς τὰ πρόθυρα τοῦ ναοῦ Κυρίου. Καὶ περὶ τὸ διάφαυμα ἐφονεύθη Ζαχαρίας ... Τολμήσας δέ τις ἐξ αὐτῶν εἰσελθεῖν εἰς τὸ ἁγίασμα καὶ εἶδεν παρὰ τὸ θυσιαστήριον Κυρίου αἷμα πεπηγὸς καὶ φωνὴν λέγουσαν· Ζαχαρίας ἐφόνευται, καὶ οὐκ ἐξαλειφθήσεται τὸ αἷμα αὐτοῦ ἕως ἔλθη <ὁ> ἔκδικος ... Καὶ τὸ πτῶμα αὐτοῦ οὐχ εὕρωσαν, ἀλλ' εὗρον τὸ αἷμα αὐτοῦ λίθον γεγενημένον.

[80] S.u. Abschnitt 2.3.

[81] S.u. Abschnitt 2.2 zum Ort des Geschehens.

[82] Zur christlichen Legende: BERENDTS 1895; BERENDTS 1904; vor allem aber DUBOIS 1978, 231–292; dort auch S. 250–255 zur gnostischen »Genna Marias« (Epiphanius, Haer 26,12,1–4 [GCS Holl I, 290f]; vgl. PUECH/BLATZ, in: NTApo[5], I, 316). Vgl. dazu u. Anm. 153 (Esels- statt Engelsvision).

[83] S.u. Abschnitt 2.3. Wenn in der Chronik des Hippolyt von Theben Sacharja über den Tempelplatz geschleift und anschließend ins Kidrontal geworfen wird, geht das sicher eher auf den Einfluß der christlichen Jakobus- und Ezechiel-Martyrien als auf jüdische Tradition zurück; gegen JEREMIAS 1958, 71, der hier nur eine »christlich überlagerte Legende« sieht.

2.1.8 Die Einwirkung von NT und christlicher Zacharias-Legende auf die Textüberlieferung der VP

Ep1:
τοῦτον ἀπέκτεινεν Ἡρώδης ὁ βασιλεὺς
ἐχόμενα τοῦ θυσιαστηρίου καὶ τοῦ οἴκου κυρίου.
Οὗτος δὲ ἦν ἐξ Ἰερουσαλὴμ ἐξ οἴκου Δαυίδ,
ἀνὰ μέσον τοῦ ἐλάμ ἐξ οἴκου κυρίου.
Οὗτος ἐπροφήτευσε περὶ Χριστοῦ γέννας (sic).

Zacharias, der Vater des Täufers, wird in An2 (Coisl. 205 usw.) und Ep1 der christlichen Zacharias-Legende entsprechend von Herodes getötet.

Weiter ist der Text der Todesnotiz in An2 (Coisl. 205 usw.) wie in Ep1 deutlich gestört durch die eingefügte Erklärung:

οὗτος δὲ ἦν ἐξ Ἰερουσαλὴμ ἐξ οἴκου Δαυίδ,

Ep1 setzt noch eine zweite Erklärung, die ebenfalls mit οὗτος beginnt hinzu:

Οὗτος ἐπροφήτευσε περὶ Χριστοῦ γέννας.

Doch der Grundtext, der auf diese Weise »verdorben« wurde, scheint in An1 noch erhalten zu sein. Dabei wurde καὶ ἐξέχεεν τὸ αἷμα αὐτοῦ ὁ οἶκος Δαυίδ durch οὗτος δὲ ἦν ἐξ Ἰερουσαλὴμ ἐξ οἴκου Δαυίδ ersetzt. Paris. 1712 verbessert seinerseits diese Korruptelen sekundär wieder durch die Streichung des in seiner jetzigen Stellung in An2 unsinnigen ἀνὰ μέσον ἐπὶ τοῦ Αἶλάμ (ἀδάμ[84]) ἐν οἴκῳ κυρίου[85]. Umgekehrt lassen sich die Textverderbnisse und die Verbesserung nicht erklären.

Die beiden Zusätze verraten deutlich ihre spätere Entstehung: Nur wenn der dem Leser/Schreiber vorliegende Text vom Vater des Täufers und dem König Herodes sprach, war die Aussage, daß »das Haus David sein Blut vergoß«, un- bzw. mißverständlich geworden[86].

Noch klarer ist die christliche Hand im zweiten Zusatz zu erkennen, denn Zacharias, der Vater des Täufers, prophezeite im Benedictus die Geburt Christi.

---

[84] ἀδάμ bei: Philadelph. 1141; Ambros. 445; Fr. Leyd. Voss. Der Pilger von Bordeaux (um 333) sah das Blut noch auf dem Tempelplatz; dazu u. Anm. 125. Hier ist die christliche Adam-Golgatha-Legende eingetragen. Die älteren Überlegungen von JEREMIAS 1926, 74–128; DONNER 1979, 26f.234.278, sind mit KRETSCHMAR 1987, 88–92 zu korrigieren.

[85] Dazu u. Abschnitt 2.2.

[86] Zudem hat man weitere Schwierigkeiten: Stammt nun Zacharias aus dem Haus Davids oder gar Herodes? Zu Herodes vgl. HORBURY 1991, 103–149; Herodes hat für sich keine davidische Herkunft in Anspruch genommen. Die Vorstellung einer davidischen Abstammung des Zacharias dagegen scheint aus den Spekulationen über die doppelte Abstammung Jesu herausgewachsen zu sein, die aus der Verwandtschaft Marias mit Elisabeth die priesterliche Herkunft der Mutter Jesu erschloß; so auch z.B. ZAHN 1900, 328ff.

2.2 Der Ort des Geschehens

ἐχόμενα τοῦ θυσιαστηρίου ... ἀνὰ μέσον ἐπὶ τοῦ Αἰλάμ

Wesentlich wichtiger als der Täter und die Todesart ist für die weitere Ausbildung der Legende um Sacharjas Tod der Ort des Geschehens.

2.2.1 Der Ort in VP und 2 Chr 24

2 Chr 24 nennt als Ort des Verbrechens allgemein den Tempelhof. Der Chronist berichtet ausführlich, daß der Mord am König Joas nur den Schlußpunkt in einer ganzen Reihe unheilvoller kriegerischer Ereignisse bildet, die sich nach dem Tod des Propheten ereigneten. Dennoch läßt er – zumindest für spätere Sicht – ein Problem offen: Der Mord im Tempelhof mußte auch seine Auswirkung auf den Ort des Geschehens haben. Hier knüpft die spätere Interpretation an.

Unsere Vita präzisiert die Ortsangabe durch eine doppelte Bestimmung: Es geschah »neben dem Altar« und »mitten vor dem Ailam/Ulam«[87], d.h. der Vorhalle des Hekhal, die im Ersten Tempel durch die Anten gebildet wurde. Diese Vorhalle hatte wohl im Zweiten Tempel noch die alten salomonischen Ausmaße, bis sie durch die herodianischen Erweiterungen zu einem großen Querbau vor dem Hekhal ausgebaut wurde. Durch die Höhe des Altars war diese Stelle vom Männervorhof und erst recht vom Frauenvorhof aus nicht einsehbar, d.h. der Mord geschah im Verborgenen[88]. Nach mMid 3,6; 5,1 betrug der Zwischenraum zwischen Altar und Ulam nur 22 Ellen[89], d.h. 10 m, wobei aus der Mischna nicht klar hervorgeht, ob dieser Abstand die 12 Stufen, die zur Vorhalle hinaufführten, miteinbezieht. Dort stand das große Becken (הכיור), in dem die Priester vor dem Dienst im Tempel Hände und Füße reinigten[90]. Nur in der theologisierenden Legende kann dieser Ort zur Stelle für eine Steinigung geworden sein[91]. Ihm kam besondere Bedeutung zu: Hier er-

---

[87] LXX gibt אולם/אילם/אלם (die Pleneschreibung kann in MT mit defektiver wechseln) bevorzugt mit dem Fremdwort αἰλαμ wieder, s. HATCH/REDPATH, 31a.b.; 447c; 448a; 786a; 939a.b. In 1 Chr 28,11; 2 Chr 8,12; 15,8; 29,7.17 wird אולם mit ναός übersetzt.

[88] Vgl. die Ausgestaltung des Motivs in ProtevJak 24.

[89] Vgl. mMid 5,1; der Altar maß dagegen 32 bzw. 28 Ellen im Quadrat: mMid 3,1; vgl. BUSINK 1980, 1064 (Abb. 242).1095 (Abb. 245) u.ö.

[90] Ex 30,17–21; mMid 3,6.

[91] Vgl. die Vorschrift zum Hinausführen aus der Stadt zur Steinigung mSan 6 und Apg 7,58; auch wenn »ein Priester den Tempeldienst in Unreinheit verrichtet«, wobei man auf eine Gerichtsverhandlung verzichtet und er sofort getötet werden muß, »führen ihn Priesterjünglinge außerhalb des Tempels und zerschmettern ihm das Gehirn mit Holzscheiten« (mSan 9,6; vgl. tSan 14,4f [ZUCKERMANDEL 437]; bSan 82b–83a); vgl. dazu HENGEL 1976a, 220 Anm. 2.

blickte Ezechiel[92] den äußersten Frevel der Jerusalemer Priesterschaft. Joel 2,17 berichtet vom Weinen der Priesterschaft an diesem Ort bei der großen Klagefeier[93]. Wohl hier, an dieser Stelle[94], fleht die Priesterschaft nach Nikanors Drohungen um die Erhaltung des Tempels und die Bestrafung des Lästerers, der angekündigt hatte, er werde den Tempel anzünden.

2.2.2 Vergleich der Ortsangabe in VP und NT

Frappierend ist die Übereinstimmung zwischen NT und VP in der genauen Bestimmung des Ortes. Dennoch sind sie beide sicher unabhängig voneinander formuliert. Dabei weichen Mt und Lk geringfügig untereinander ab:

> μεταξὺ τοῦ θυσιαστηρίου καὶ τοῦ οἴκου (Lk 11,51);
> μεταξὺ τοῦ ναοῦ καὶ τοῦ θυσιαστηρίου (Mt 23,35).

Lk scheint wieder den ursprünglicheren Wortlaut von Q bewahrt zu haben: τοῦ οἴκου; Mt verbessert hier und sagt unmißverständlicher τοῦ ναοῦ, auch die Umkehrung der Reihenfolge erscheint als mt Verbesserung[95]. Die Nähe der Vita zum Evangelientext führte nun ihrerseits zu Korrekturen innerhalb der Überlieferung der VP, wo – den Evangelientext im Ohr – christliche Tradenten die Angabe der VP ihrerseits wieder abwandelten[96].

2.2.3 Der Ort bei Josephus

Josephus (Ant 9,168) spielt das Problem herunter, wenn er nur bemerkt, es sei ἐν ἱερῷ geschehen, ohne an dieser Stelle weiter darauf einzugehen, für wie entsetzlich gerade ein Mord im Heiligtum angesehen wurde und welche Auswirkungen solcher Frevel hatte, obwohl er in anderen Zusammenhängen sehr wohl diesen Aspekt zu betonen weiß[97].

---

[92] Ez 8,16 (LXX): ἐπὶ τῶν προθύρων τοῦ ναοῦ κυρίου ἀνὰ μέσον τῶν αιλαμ καὶ ἀνὰ μέσον τοῦ θυσιαστηρίου. Die VP zitieren diese Stelle mit deutlichem Anklang, aber nicht ganz wörtlich.

[93] ZIMMERLI 1969, I, 220: »Wenn Jl 2 17 in der Schilderung einer großen Bußtagsfeier vom Weinen der Priester ›zwischen Tempel und Altar‹ und Mt 23 35 die Unerhörtheit der Ermordung Sacharjas, die nach 2 Ch 24 21 בהצר בית יהוה geschieht, in deutlicher Steigerung ›zwischen Tempel und Altar‹ geschehen sein läßt, so verrät sich darin die herausgehobene Bedeutung gerade dieser Stelle des Hofes.«

[94] DUBOIS 1978, 219 verweist ebenfalls auf 1 Makk 7,36: καὶ εἰσῆλθον οἱ ἱερεῖς καὶ ἔστησαν κατὰ πρόσωπον τοῦ θυσιαστηρίου καὶ τοῦ ναοῦ καὶ ἔκλαυσαν καὶ εἶπον ...; vgl. auch NESTLE 1901/2, 562; STECK 1967, 35f Anm. 3. Nach HR §297.298 stand hier der »Thron der Herrlichkeit«, deshalb warf man sich hier nieder. Vielleicht wird deshalb in der rabbinischen Überlieferung der Mord an Sacharja nicht an diese Stelle gelegt.

[95] Das ist u.a. auch ein Hinweis darauf, daß Lk älter ist als Mt.

[96] Ep2 übernimmt Mt 23,35 und referiert 2 Chr 24. Dazu u. Abschnitt 2.2.6.

[97] Vgl. dagegen Ant 11, 299ff; zudem wird Jos. nicht müde zu betonen, daß das Heiligtum von den Aufständischen durch Blut besudelt wurde und Gott es deshalb verließ: zusammgefaßt in Ant 20,165f; das begegnet als ständiger Vorwurf im Bellum (4,323;

2.2.4 Die Tötungsstelle in der rabbinischen Legende

In der Diskussion der rabbinischen Gelehrten dient die Erwähnung des Ortes, an dem der Mord geschah, der Steigerung von Israels Unrecht[98]: Es geschah weder im Frauen- noch im Männer-, sondern im Priestervorhof. Deutlich ist an eine Stelle in der Nähe des Altars gedacht, obwohl man sie nicht ausdrücklich zwischen Altar und Ulam bestimmt[99]. Man verwendet lieber eine andere Steigerungsreihe, die den Nachdruck auf das priesterliche Amt des Propheten und den kultisch-zeitlichen Aspekt legt: Der Mord geschah nicht nur an einem Propheten, sondern auch an einem Priester. Er geschah nicht nur an einem Sabbat, sondern an einem Jom Kippur, der auf einen Sabbat fiel[100]. Das ist keine Abschwächung gegenüber der örtlichen Angabe in den VP, sondern unterstreicht den ungeheuren Frevel, um die Maßlosigkeit der Vergeltung zu erklären.

2.2.5 Die Tötungsstelle in der christliche Legende

Nehmen wir wieder nur die frühesten Zeugen ProtevJak und den Pilger von Bordeaux, so zeigt sich in ProtevJak eine eigenartige Mischung der Vorstellungen: Zacharias läßt dem Herodes ausrichten: ἀθῷον αἷμα ἐκχύνεις εἰς τὰ πρόθυρα τοῦ ναοῦ Κυρίου (23,3). Deutlich wird mit τὰ πρόθυρα die Lokaltradition der Sacharja-Legende[101] aufgenommen, auch wenn nicht wörtlich zitiert wird. Dagegen wird die Stelle, wo Zacharias »wirklich« getötet wurde, im Anschluß an Lk 1 beschrieben: τις ἐξ αὐτῶν εἰσῆλθεν εἰς τὸ ἁγίασμα καὶ εἶδεν παρὰ τὸ θυσιαστήριον αἷμα πεπηγός (24,2). ProtevJak nimmt es mit den Örtlichkeiten nicht mehr so genau und vereint beide Überlieferungen. So liegt nun der Altar, neben dem Zacharias getötet wurde, innerhalb des Heiligtums selbst[102]. Zwischen Rauchopferaltar und Brandopferaltar zu unterschei-

---

5,19.412f; 6,127.299 u.ö.) und stellt »eine theologische Grundüberzeugung des Jos.« dar (MICHEL/BAUERNFEIND, II,1, 266 Anm. 169). Der Priester Jos. nimmt Ezechiels Prophetie auf.

[98] Vgl. STECK 1967, 251 Anm. 1.

[99] Die anfängliche Schutzbehauptung gegenüber Nebukadnezar lautet, an der Stelle, an der das Blut sprudele, habe man Tiere geschlachtet, dazu die o. Anm. 74 angegebenen Belege.

[100] S. die Stellenangaben o. Anm. 74. Die Verschiebung vom Ort (der nicht mehr existierte) auf die Festzeit, die weiterhin jedem Juden heilig war, ist eine typisch spätere Erklärung.

[101] Abweichend von Mt 23,35; Lk 11,51; der t.t. πρόθυρον ist Ez 8,16 entnommen und bezeichnet »die vordere Tür«, aber auch den »Vorplatz«, s. PAPE, s.v.; LSJ, s.v. »portico«; LAMPE, s.v. »forecourt«; in LXX wird es für »Tor«, »Schwelle«, »Torpfosten« verwendet; es ist jedoch nicht der »Vorraum«, so BAUER/ALAND, s.v. (und CULLMANN in: NTApo⁵, I, 337); vgl. den »Priestervorhof« der rabbinischen Version der Legende.

[102] Lk 1.11 ὤφθη δὲ αὐτῷ ἄγγελος κυρίου ἐστὼς ἐκ δεξιῶν τοῦ θυσιαστηρίου τοῦ θυμιάματος. Dem Breviarius (Anfang 6. Jh.) zeigten die Pilgerführer den Altar, neben dem Zacharias getötet wurde, vor der Grabeskirche (GEYER 154, 12f; CChr.SL 175, 110, 70f).

den, macht sich die Legende keine Mühe mehr. Es wird sich um einen Anachronismus handeln. Analog zum Reißen des Tempelvorhangs beim Tode Jesu, das als Gestus der Trauer verstanden wird[103], klagt beim Mord an Zacharias das Tempelgebälk[104], und die Priester zerreißen ihre Kleider. Das Verbrechen geschah ja im Tempelhaus selbst.

Dem Pilger von Bordeaux (um 333) wird das frische (*hodie fusum*) Blut an der Stelle des Altars auf dem Tempelplatz gezeigt; ob er an einen Altar im Hekhal oder an den Brandopferaltar denkt, wird nicht deutlich erkennbar[105].

2.2.6 Die Einwirkung der Ortsangabe von NT und christlicher Zacharias-Legende auf die Textüberlieferung der VP

In Ep1 und An2 (Coisl. 205) und wieder auf andere Weise in Ep2 verbindet sich mit unserer Sacharja-Legende nicht nur die christliche Zacharias-Legende, sondern es werden auch Anklänge an den mt und lk Evangelientext aufgenommen.

a) Die Abänderungen in An2 (Coisl. 205):
Herodes tötet den Zacharias neben dem Altar und vergießt sein Blut *im* Haus Gottes/des Herrn. Nach der eingeschobenen Bemerkung, daß »dieser ...aus dem Haus David war«[106], folgt noch einmal dieselbe Ortsangabe ἐν οἴκῳ κυρίου[107]. Damit wird die Tötungsstelle der christlichen Zacharias-Legende folgend abgeändert.

b) Ep1 dagegen läßt auf ἐχόμενα τοῦ θυσιαστηρίου sofort καὶ τοῦ οἴκου κυρίου folgen, steht dabei im Wortlaut etwas näher bei Lk als bei Mt. Bei Torinus findet man dann als Ersatz für das im jetzigen Kontext völlig sinnlose ἀνὰ μέσον τοῦ Ἐλάμ ἐξ οἴκου κυρίου einen deutlichen Anklang an ProtevJak: ἐξεχέοτο τὸ αἷμα αὐτοῦ εἰς τὰ πρόθυρα τοῦ ναοῦ κυρίου[108].

c) In Ep2 dagegen verdrängt der Mt-Text μεταξὺ τοῦ ναοῦ καὶ τοῦ θυσιαστηρίου die ursprünglichere Ortsangabe der VP vollständig, was als folgerichtig erscheint, denn die ganze Vita ist ja dem Sohn des Berechja, d.h.

Der »Komplex der Kirche am Hl. Grab (zog) ... Traditionen an sich ..., die eigentlich zum Tempel gehörten« (KRETSCHMAR 1987, 105), was auch durch die Jerusalemer Liturgie nach dem Georgischen Lektionar belegt ist (Nachweis: KRETSCHMAR, loc.cit.).

[103] Bei Mk bildet σχίζω die inclusio zum sich Spalten des Himmels in der Taufperikope, s. dazu FELDMEIER 1993, 213–232. Ausführlicher o. Habakuk-Vita, 17. Exkurs.

[104] Vgl. Am 8,3 (LXX).

[105] Der Pilger erfährt also in Jerusalem die ›jüdische‹ Version vom frisch-sprudelnden Blut als Ortslegende; sie ist schon bei Tertullian, Scorp 8 belegt; vgl.u. Anm. 125.

[106] S. dazu o. Anm. 86.

[107] Zudem bieten Coisl. 224; Philadelph. 1141; Fr.Leyd.Voss. statt Αἰλάμ: Ἀδαμ, was nicht auf einen Schreibfehler zurückgeht, sondern auf dem Einfluß der Legende von Adams Grab auf Golgatha (vgl. o Anm. 84) beruht. Paris. 1712 läßt diesen ganzen Satz weg.

[108] TORINUS, Epiphanius z.St. Vgl. ProtevJak 23 (STRYCKER 180.182): εἰς τὰ πρόθυρα τοῦ ναοῦ κυρίου.

2.3 Das Blut des Sacharja

dem Zwölfpropheten, zugeschrieben, von dem nach der Sicht dieser Version
in Mt 23,35 die Rede ist.

Die Verwirrung in der Textüberlieferung von An2 (Coisl. 205) und Ep1 läßt
sich durch das Eindringen von NT und Zacharias-Legende verstehen. Vollständig verschwunden ist die Ortsangabe des alten VP-Textes nur in Ep2,
weshalb dort der Text wieder »klarer« ist.

2.3 Das Blut des Sacharja

Nur an dieser Stelle in den VP wird das Wort αἷμα[109] im Zusammenhang mit
dem Tod eines Propheten verwendet. Es begegnet zwar »nur« in der festen
Phrase αἷμα ἐκχέω[110], dennoch ist der Wortlaut ernst zu nehmen. Stärker als
mit der Steinigung, die ja an sich ein durchaus rechtmäßiges Verfahren war,
wird mit dieser Wendung zum Ausdruck gebracht, daß Sacharja gewaltsam
und unschuldig starb. Wenn dieser Aspekt beachtet wird, erkennt man einen
sinnvollen Zusammenhang zwischen unserer Vita und den späteren rabbinischen und christlichen Blutlegenden[111]. Die Vita setzt – ebenso wie das NT –
die Blutlegende noch nicht voraus, zeigt jedoch eine Etappe auf dem Weg hin
zu den späteren jüdischen und christlichen Ausgestaltungen des Motivs[112].

Dabei ist das Stichwort »Blut« durch 2 Chr 24 schon vorgegeben[113]. 2 Chr
24,25 begründet die Ermordung des Königs Joas mit seiner »Blutschuld« (דְּמֵי
Pl.; gr. ἐν αἵμασιν)[114] am gewaltsamen Tod des Propheten Sacharja. Doch
nicht nur der König, und damit das »Haus David« – wie unsere Vita sagt –, ist

---

[109] Vgl. sonst nur noch VP 4,22 im τέρας-Wort der Daniel-Vita.

[110] Als Üs. von שָׁפַךְ דָּם in LXX im Verbot des (unschuldigen) Blutvergießens: Gen 9,6;
Dtn 19,10; bes. Jer 7,6 und dann in der proph. Gerichtsrede: Ez 22,3–27 u.ö.; vgl. LSJ, s.v.
ἐκχέω: Aischylos, Eum 653; SIG 1181,5f (Jüd. Rachegebet 2. Jh. v. Chr.); BAUER/ALAND,
s.v. αἷμα und ἐκχέω; BEHM, Art. αἷμα, ThWNT I, 171–175: »Dabei ist die at.lich-jüd.,
doch auch gr Wendung ... für *töten* gebraucht, ohne peinliche Rücksicht auf wirkliches Blut-
vergießen« (172). Weiter 1 Hen 9,1 (9B,2); TestLev 16,3; TestSeb 2,2; PsSal 8,20; Sib
3,311.320.

[111] Gegen DUBOIS 1978, 152; vgl.u. Anm. 116.

[112] In der Jesaja-Vita haben wir einen ähnlichen Fall: Nur sie nennt die Eiche Rogel als
Grabbaum, wodurch wir einen Anhaltspunkt für die verschiedenen Ausgestaltungen der
Baumlegende erhalten.

[113] Das hat bereits STECK 1967, 33ff betont.

[114] Vgl. KOCH 1972, 444: »Es ist zu beachten, daß dam stets *im Plural* steht, sobald es
das gewaltsam vergossene fremde Blut betrifft, das auf dem Mörder lastet, während der Singular benutzt wird, sobald es sich um das dem Menschen eigene Blut handelt. Sobald es
nicht mehr einem geschlossenen Kreislauf zugehört, sondern in Blutlachen, Blutspritzern,
in Blutsphären verteilt ist, heißt es damîm. Die Bedeutung ›Blutschuld‹ stellt eine moderne,
wenn auch sinngemäße Abstraktion dar; der Israelit denkt sehr viel konkreter: bei einem
Mord oder Todschlag überträgt sich mehr unsichtbar als sichtbar das Blut des Getöten auf
den Täter und seine Umgebung, wer solch fremdes Blut an sich trägt, ist dem Verderben
geweiht.«

durch die Blutschuld besudelt. Das unschuldige Blut lastet zudem auf dem Ort des Geschehens, auf dem ganzen Land[115] und macht es unrein. Daß diese das ganze AT durchziehenden Vorstellungen in frühjüdischer Zeit nicht einfach vergessen wurden, zeigen für den Fall Sacharja ben Jojadas sowohl das bei Lk und Mt aufgenommene Q-Logion, wie die Darstellung in den VP.

Aber auch die spätere rabbinische Legende vom unaufhörlich sprudelnden Blut Sacharjas scheint aus diesem Vorstellungskomplex entwickelt. Sie nimmt zusätzlich ein griechisch-hellenistisches Motiv auf[116].

Hinzu kommt ein Zweites: Es war ja nicht irgendein Ort, an dem dieses Unrecht geschah, sondern der Tempel[117]. Wie wir oben gesehen haben, steigert man noch das Unheil, indem man es nicht nur irgendwo im Tempelbereich geschehen sein läßt, sondern eine besonders hervorgehobene Stelle nimmt, die wohl schon früh aus der Auslegung von Ezechiel herausgewachsen ist.

In den rabbinischen Texten wird der Mord an Sacharja als Ursache für die Katastrophe von 587 gedeutet, dabei wird wie auch sonst im Grunde die Zerstörung des Ersten und die des Zweiten Tempels in eins gesehen[118]. Was in den VP[119] bereits anklingt, nämlich daß dieses Unrecht sich auf den Tempel auswirkt, wird nun breit geschildert.

Wichtig ist in unserem Zusammenhang, daß sich auch in diesem Punkt die VP als deutlich älter erweisen als die rabbinischen und christlichen Ausformungen des Stoffes. Sie bilden wie die ntl. Stelle eine frühe Zwischenstufe der erst später voll ausgeprägten Legende.

Diese nun wieder spiegelt – auf jüdischer Seite – offenkundig die Erfahrung der Zerstörung des Zweiten Tempels, wenn sie betont, wie viele Menschen »Nebukadnezar« geopfert habe, um das Blut des Sacharja zu stillen. Dabei

---

[115] KOCH 1972, 445: »Freilich geht nicht das gesamte Blut eines Erschlagenen auf den ihn Tötenden über, ein Teil fließt auf die Erde und wird mit dem Leichnam begraben. Wie konkret, wie dinghaft die israelitische Anschauung vom vergossenen Blut und seinem Weiterwirken ist, zeigt sich daran, daß auch dieser zweite Aspekt berücksichtigt wird ... Hier ist die Aussage von Gen 4,10 vom »Schreien« des unschuldig vergossenen Blutes einzuordnen.« Zum Blut der Gerechten, das von Gott gerächt wird, vgl. etwa 1 Hen 47,1.4; Apk 6,9ff.

[116] Es entstand nicht aus Änderung der Todesart »Steinigen« in »Köpfen«, wie DUBOIS 1978, 152 annimmt. DUBOIS sieht in den VP den ersten Beleg dafür, daß Sacharja von Joas eigenhändig umgebracht wurde. Das wäre völlig singulär; es dient in Dubois' Beweisführung nur dem Zweck, die Darstellung von Dura Europos auf Sacharja zu beziehen. Doch vgl. dazu bereits STECK 1967, 35f Anm. 3. Das Motiv vom »sprudelnden« und »festgewordenen« nach Rache schreienden Blut gewaltsam ums Leben Gekommener ist nicht atl. belegt; auch hier scheint die »hellenistische« Vorstellung erst bei den Rabbinen und auf christlicher Seite aufzutauchen. Vgl. etwa zum Blut Agamemnons Aischylos, Choephoren, 66–74.152–156. Weiter u. Anm. 122.

[117] Nicht nur einmal wurde im Tempel ein Mensch getötet: Jos., Ant 11,299f und wahrscheinlich auch 2 Makk 1,8. Vgl. weiter ApkAbr 25 und zum Mord an dem Zeloten Menachem: HENGEL 1976a, 371ff; SCHWEMER 1994b.

[118] Ausführlicher dazu SCHWEMER 1991a.

[119] Zu den Vorzeichen im Tempel s.u. Abschnitt 4.

wechseln natürlicherweise die (astronomischen[120]) Zahlenangaben; auch geht nicht immer die Reihe der für Sacharjas Blut Hingeschlachteten vom Sanhedrin bis hin zu den Kleinkindern, fast immer sind jedoch die »Priesterjünglinge«[121] dabei.

Wie schon betont, wird in der haggadischen Ausgestaltung[122] nun wirklich das Blut des Sacharja von Israel gefordert. Vielmehr das Blut selbst fordert zur Sühne eine unendliche Menge »unschuldiger« Opfer, bis Nebukadnezar und (bzw.) Gott sich erbarmen.

Die christliche Legende nimmt in abgewandelter Form zusätzlich das Motiv der »Entrückung«[123] auf. Die Priesterschaft findet den Leichnam nicht, nur das zu Stein gewordene Blut[124]. Dieses zu Stein gewordene Blut scheint eine christliche Konkurrenztradition zur jüdischen Vorstellung vom unaufhörlich sprudelnden Blut darzustellen. Doch auch das sprudelnde Blut wird von Christen als Lokaltradition aufgenommen. Dem Pilger von Bordeaux wird jedenfalls »frisches Blut« an Ort und Stelle gezeigt[125].

---

[120] Doch vgl. bereits Jos., Bell 6,420: 97 000 Gefangene wurden während des gesamten Krieges gemacht; doch allein bei der Belagerung Jerusalems sollen 1 100 000 ums Leben gekommen sein.

[121] Dieser Topos findet sich schon in ApkAbr 25,2; 4 Esr 10,22.

[122] Vgl.o. Abschnitt 2.1.6 und wieder yTaan 4,5 69a/b; bGit 57b; bSan 96b; EkhaR Einl. §5; §23; zu 2,2 §4; zu 4,13 §16; QohR 3,16 §1; 10,4 §1; PesK 15 (MANDELBAUM 258f); 2T Est; T Ekha 2,2; dazu DUBOIS 1978, 73–118. Das Motiv vom sprudelnden bzw. festgewordenen Blut wurde wohl aus der griechischen Mythologie entnommen (vgl.o. Anm. 116). Wie Jesajas Flucht in den Baum oder Ezechiels Schleifung durch Pferde erscheint die griechisch-mythische Motivik, wohl durch die griechischen Tragiker vermittelt, erst in der späteren jüdischen (und christlichen) Haggada gehäuft. Wie alt die Übernahme ist, ist schwer zu sagen. Die VP gehen jeweils nicht auf diese Todesdeutung ein.

[123] Zu den Berichten in den Evangelien vgl. A. Y. COLLINS 1992, 119–148; zur Himmelfahrtsperikope KELLERMANN 1994; zur Entrückung Menaham ben Hiskias s. SCHWEMER 1994b.

[124] ProtevJak 24,3f (zitiert o. Anm. 79); dazu DUBOIS 1978, 239–252.

[125] Pilger von Bordeaux (um 333): *Et in aede ipsa, ubi templum fuit, quem Salomon aedificavit, in marmore ante aram sanguinem Zachariae ibi dicas hodie fusum, etiam parent vestigia clavorum militium, qui eum occiderunt, per totam aream, ut putes in cera fixum esse.* Vgl. schon über ein Jahrhundert früher bei Tertullian, Scorp 8,3: *Zacharias inter altare et aedem trucidatur, perennes cruoris sui maculas silicibus adsignans* (PL 2,160; CChr.SL 2,2, 1083, 2); Origenes, Comm in Mt 10, 18,4 (GCS 40 [Origenes 10], 24,10f; PG 13,163); 25 zu Mt 23,35 u.ö.; Origenes unterscheidet einen durchs Schwert hingerichteten von einem gesteinigten Sacharja; ebs. insistiert Hieronymus auf der Unterscheidung der Personen: Comm in Mt IV, 24 zu Mt 23,35 (PL 26,180; CChr.SL 77, 220): *Alii istum uolunt esse Zachariam qui occisus est a Ioas rege Iudeae inter templum et altare sicut Regnorum narrat historia. Sed observandum, quod ille Zacharias non sit filius Barachiae, sed filius Jojadae sacerdotis*; vgl. JEREMIAS 1958, 67–71; DUBOIS 1978, 259–269; zum Pilger von Bordeaux, s. DONNER 1979, 56.

3. Das Grab des Propheten

καὶ λαβόντες αὐτὸν οἱ ἱερεῖς
ἔθαψαν αὐτὸν μετὰ τοῦ πατρὸς αὐτοῦ·

Die Grabesnotiz ist unauffällig und konventionell. So heißt es schon vom dem ebenfalls ›gewaltsam‹ zu Tode gekommenen Simson καὶ ἔλαβον αὐτόν[126].

Beim nicht näher beschriebenen Grab kann an die hohepriesterliche Grablege der Zadokiden gedacht sein, obwohl 2 Chr 24 schreibt, Sacharjas Vater Jojada sei im königlichen Erbbegräbnis beigesetzt worden. Die Lokaltradition hat sich hier vielleicht schon gegen den chronistischen Bericht entwickelt. Bis in die Neuzeit hat sich diese Ortstradition im Osten des Kidrontales gehalten und haftet an der sog. Zachariaspyramide[127].

Ep1 streicht dagegen das väterliche Erbbegräbnis: Zacharias wird an der Stelle seines Martyriums begraben »im Haus Gottes neben dem Tempel des Herrn«[128].

Bereits Abel und Jeremias haben darauf hingewiesen, daß die Auffindung der Gebeine des Herrenbruders Jakobus, Simeons (des ›Priesters‹ aus Lk 2) und Zacharias', des Vaters des Täufers, durch den Eremiten Epiphanius im Kidrontal (um 351), keine christliche Neuschöpfung ist, sondern ältere jüdische und christliche Traditionen aufnimmt und neu belebt[129]. Das Grab unseres Sacharja, aber auch das des Zwölfpropheten, in Jerusalem gerieten durch die christliche Neubelegung im Kidrontal dann in Vergessenheit und mußten aus dem Kidrontal ›weichen‹. Die offizielle Gedenkstätte für den Vater des Täufers war ein Altar vor der Grabeskirche (s. Anm. 128). Kein Wunder für heutige Augen, daß 415 n. Chr. während der Synode von Lydda nicht nur das Grab des Propheten Sacharja ›tatsächlich‹ in Bet Secharja neu entdeckt wur-

---

[126] Ri 16,31 καὶ κατέβησαν οἱ ἀδελφοὶ αὐτοῦ καὶ πᾶς ὁ οἶκος τοῦ πατρὸς αὐτοῦ καὶ ἔλαβον αὐτὸν καὶ ἀνέβησαν καὶ ἔθαψαν αὐτὸν ἀνὰ μέσον Σαραα καὶ ἀνὰ μέσον Εσθαολ ἐν τῷ τάφῳ Μανωε τοῦ πατρὸς αὐτοῦ. Das NT bevorzugt in der Leidensgeschichte (und bei Johannes d. T. Mk 6,29) »ἦρεν«, doch vgl. Joh 19,40.

[127] Aber natürlich auf den Vater des Täufers übertragen; vgl. JEREMIAS 1958, 68–71; zu Hippolyt von Theben s.o. Anm. 83. Zur Ortslage des hohepriesterlichen Grabes in Jerusalem und seiner christlichen Weiterpflege als Jakobusgrab nach 135 n. Chr. s. Haggai-Vita, 19. Exkurs.

[128] JEREMIAS 1958, 68 bemerkt dazu: »völlig phantastisch und töricht ist die Behauptung ..., (denn) ein Begräbnis im heiligen Bezirk (war) eine Unmöglichkeit«. Doch setzt diese Notiz den christlichen Brauch der Bestattung in der Kirche voraus, eine besondere Ehre, die »allerdings nur wenigen gewährt« wurde (B. KÖTTING, Art. Grab, RAC 12, Sp. 366–397 [389]); vgl. KÖTTING 1964. Wahrscheinlich meinen Ep1 und die entsprechenden Hss von An2 die Memorialstätte vor der Grabeskirche für den Vater des Täufers, die erst seit Beginn des 6. Jh.s belegt ist; dazu KRETSCHMAR 1987, 104.

[129] Text in: Catalogus Codicum Hagiographorum Bibliothecae Civitatis Carnotensis, AnBoll 1889, 123ff; vgl. VINCENT-ABEL 1926, II, 854 (lat. Text); ABEL 1919, 485–487; JEREMIAS 1958, 69 (Anm. 1 [Lit.]).

de, sondern sich auch ein altes hebräisches Buch fand, das genaue Aufschlüsse über den unversehrten Leichnam des Propheten und den königlichen Knaben, der zu seinen Füßen beigesetzt war, gab[130]. Damit war auch das Grab des Propheten von 2 Chr 24 wieder gefunden und in christlichem Besitz. Diese Findungslegende hat sich in den VP nur in einem Zusatz in Dor zu Sacharja XII niedergeschlagen[131].

4. Die Vorzeichen im Tempel

2 ἔκτοτε ἐγένοντο τέρατα ἐν τῷ ναῷ φαντασίας
καὶ οὐκ ἴσχυον οἱ ἱερεῖς ἰδεῖν ὀπτασίαν ἀγγέλων θεοῦ
οὔτε δοῦναι χρησμοὺς ἐκ τοῦ Δαβεὶρ
οὔτε διὰ δήλων ἀποκριθῆναι τῷ λαῷ ὡς τὸ πρίν.

Die Vita beschreibt nicht wie die spätere jüdische Tradition die Geschehnisse bei der Eroberung des Tempels durch Nebukadnezar und auch noch nicht wie die spätere christliche und jüdische Tradition die »Blutlegende«. Sie berichtet davon, wie sich seit diesem Mord im Tempel alles zum Schlechteren gewendet hat und daß seitdem die Priesterschaft nicht mehr wie früher dem Volk Auskunft geben konnte.

4.1 Die erschreckenden Vorzeichen

ἔκτοτε ἐγένοντο τέρατα ἐν τῷ ναῷ φαντασίας

Wesentlich seltener als die verschiedenen Überlieferungen von Sacharjas Tod hat man die τέρατα[132], die sich nach seinem Tod im Tempel ereigneten, beachtet und untersucht. Auch zum berühmten Prodigien-Kapitel des Josephus hat man – soweit ich sehe – unsere Notiz nicht zum Vergleich herangezogen[133]. Soweit scheinen diese Texte auseinanderzuliegen.

---

[130] Sozomenos, h.e., 9,17 (ed Bidez/Hansen GCS 50, 407f); Antoninus Placentius (180,1–3; 210,14ff Geyer); vgl. Jeremias 1958, 69.73; Dubois 1978, 301; zur Lage s. Keel/Küchler 1982, 823. Die VP lokalisieren in Bet Sacharja noch das Habakukgrab, s.o. Habakuk-Vita, Abschnitt 1 und 6.

[131] Vgl. zum Zusatz in Dor (Schermann, Vitae, 36) o. Sacharja-Vita (XII), 21. Exkurs.

[132] Zu τέρας γέγονεν/ἐγένοντο τέρατα vgl.o. Elisa-Vita, Anm. 22f; Satran 1995, 65ff verzichtet auf eine Interpretation dieser Stelle.

[133] Bell, 6,288–315. Jos. beginnt: τοῖς δ' ἐναργέσι καὶ προσημαίνουσι τὴν μέλλουσαν ἐρημίαν τέρασιν οὔτε προσεῖχον οὔτ' ἐπίστευον ...; vgl. neben den älteren Untersuchungen von Weinreich 1929 und Michel/Bauernfeind, Bellum II,2, 178–188: Fischer 1978, 161–167; Berger 1980, 1428–1469 (1430f.1457); Schwier 1989, 298ff; und jetzt vor allem Kuhn 1989, 70ff.176–180, dem ich hinsichtlich der Zählung der Prodigien inzwischen Recht geben muß (gegen Schwemer 1991b, Anm. 118). Jos. verwendet τέρας in der Bedeutung: »Wunder (mit Vorzeichencharakter), Omen«, s. Rengstorf, Concordance IV, 179, s.v.

Die Vita nennt diese Omina τέϱατα ... φαντασίας[134], d.h. Vorzeichen, die Erschrecken hervorrufen. Der Begriff φαντασία wird hier wie an den wenigen frühen Parallelstellen in malam partem verwendet[135], was auch dem Kontext der Vita entspricht. Leider verschweigt uns die Vita, worin diese erschreckenden Prodigien konkret bestanden. Weiß sie etwa doch schon etwas von der Blutlegende? Oder spielt sie an auf Omina, wie sie Josephus als untrügliche Vorzeichen für die Zerstörung des 2. Tempels aufzählt? Auf jeden Fall bietet unsere Stelle einen deutlichen Beleg dafür, daß Josephus für seine Prodigienreihe nicht allein von einer römischen Quelle abhängig sein kann, sondern durchaus jüdische Traditionen aufgenommen hat[136].

Eine Ausführung darüber, worin die τέϱατα φαντασίας bestanden, fehlt, denn es werden keine *sichtbaren* Vorzeichen aufgeführt. Man wird sie auch nicht aus der nun folgenden Aufzählung dessen, was von da an im Tempel nicht mehr möglich war, ohne weiteres erschließen können. Natürlich kann man einwenden, der Wortlaut unserer Vita werde überinterpretiert, wenn man zwischen τέϱατα φαντασίας im Tempel, die nicht näher ausgeführt werden und den Folgen für die Priesterschaft, die ausdrücklich genannt werden, so streng trennt. Sicherlich ist der Bezug eng; jedoch das, was wir nach den späteren Quellen erwarten, eine Erwähnung der Blutlegende, wird in keiner der unserer Untersuchung zugrunde gelegten Rez. aufgenommen[137]. Da wir sicher sein können, daß sich die Blutlegende erst nach 70 n. Chr. voll ausgebildet hat, könnte diese Zurückhaltung bei der Darstellung in den VP wieder in die Zeit vor der Zerstörung des Zweiten Tempels zurückweisen.

---

[134] Wahrscheinlich sekundäre Verbesserungen sind in diesem Fall: τέϱατα πολλά ... καὶ φαντασίαι (An2; Ep1); τέϱατα φαντασιώδη (Ep2). HARE, Lives, z.St. übersetzt »visible portents«; TORREY, Lives, 47: »portentous appearances«; FERNÁNDEZ MARCOS, Vidas, dagegen frei im Anschluß an An2 und Ep1 (ohne es zu sagen) »presagios y apariciones«; SATRAN 1995, »apparitions«. Der Pl. ἐγένοντο und die anderen Rez. sprechen für diese Interpretation. Doch Vat. 2125 versteht τέϱατα als Subjekt und φαντασίας als Genetiv. Ungewöhnlich ist die Vernachlässigung der Kongruenz nicht: »In der Koine nimmt die Setzung des Pl. ständig zu« (HOFFMANN/SIEBENTHAL, Grammatik, § 263a, S. 492).

[135] Zu φαντασία vgl. LXX: Hab 2,18f; 3,10; Sach 10,1; Sap 18,17; dazu TestRub 3,7; 5,7; gemeint sind erschreckende Eindrücke. Die übliche Üs. »Gepränge« (REHKOPF, Septuaginta-Vokabular, s.v.; BAUER/ALAND, s.v.) erweist sich hier als unsinnig. Vgl. LSJ, s.v. und den Gebrauch von φαντάζω TestSim 4,9 und φαντάζομαι PMagLon 121; 888: »to be terrified by visions or phantasms« (LSJ, s.v.).

[136] Nach SCHWIER 1989, 299–304 – im Anschluß an FISCHER 1978, 161–167 u.a. – nimmt Jos. (vgl. Tacitus, hist 5,13; Dio Cassius, 65,8,1) einen »flavischen Traktat« auf, der »das einzige literarische Dokument, das die römische Sichtweise präsentiert« (301) sei und von Jos. mit jüdischen Interpretamenten versehen wurde. Dagegen SCHWEMER 1991b, 351f.

[137] Doch vgl. den o. Anm. 108 erwähnten Zusatz bei TORINUS.

4.2 Der Verlust der prophetisch-orakelgebenden Kraft der Priesterschaft

καὶ οὐκ ἴσχυον οἱ ἱερεῖς ἰδεῖν ὀπτασίαν ἀγγέλων θεοῦ
οὔτε δοῦναι χρησμοὺς ἐκ τοῦ Δαβεὶρ
οὔτε ἐρωτῆσαι ἐν τῷ Ἐφοὺδ
οὔτε διὰ δήλων ἀποκριθῆναι τῷ λαῷ ὡς τὸ πρίν.

In der Elia- und der Elisa-Vita wurden noch der Traum des Vaters durch den prophetischen (Hohen)priester bzw. das Omen mit Hilfe der Urim bei der Geburt der Propheten durch den (Hohen)priester im Jerusalemer Tempel gedeutet, jetzt geht wegen des Verbrechens am Priester und Propheten Sacharja die divinatorisch-prophetische Kraft der Priesterschaft im Heiligtum verloren[138].

Völlig phantastisch und aus der Luft gegriffen ist diese legendäre Erklärung nicht. Das AT spricht von der Befragung Gottes durch das Ephod und die Entscheidung durch Urim und Tummim nur bis in die Zeit Sauls und Davids[139]. Insofern konnte sich die Spekulation darüber, wann sie abhanden gekommen seien, ganz folgerichtig ›historisch‹ denkend aus dem Befund der atl. Schriften entwickeln[140].

Setzt die Vita nun voraus, daß die Orakelbefragung völlig unmöglich wurde, oder will sie sagen, daß die Qualität und Häufigkeit nicht mehr dieselbe war »wie früher« (ὡς τὸ πρίν)? Für das Letztere spräche, daß Josephus das Aufhören von »Urim und Tummim« sehr viel später datiert[141] und die prophetische Begabung Johannes Hyrkans sowohl von Josephus als auch in den rabbinischen Quellen überliefert wird. Wir hätten dann hier gewissermaßen eine Dekadenztheorie, nicht ein völliges Verschwinden der Offenbarungsqualität des Ersten Tempels. Mit dieser Beobachtung würde übereinstimmen, daß dann hier wie sonst auch in den VP eine gewisse Zurückhaltung gegenüber dem derzeitigen irdischen Jerusalemer Tempel zum Ausdruck käme, aber keine ausdrückliche Ablehnung, wie wir sie etwa aus Qumran oder ApkAbr 25–27[142] kennen.

---

[138] Ob diese auf die Propheten allein überging, wird nicht ausdrücklich gesagt. Da Sacharja ben Jojada der letzte der Propheten aus den Geschichtsbüchern ist, schließen sich chronologisch sowohl Jesaja als auch Hosea sehr gut an. Das könnte für eine ursprüngliche Voranstellung dieser Gruppe sprechen (wie in Ep1). Dennoch ist es wahrscheinlicher, daß gerade aus diesem Grund einmal diese Prophetengruppe in Ep1 an den Anfang gestellt wurde.

[139] Vgl. GESE 1991c, 249–265 (255).

[140] Vgl. bes. Esr 2,63; Neh 7,65; 3 Esr 5,40 wird die Entscheidung über die priesterlichen Familien, die nach der Rückkehr aus dem Exil ihre Geschlechtsregister nicht beibringen können, vertagt bis zum dem Zeitpunkt, wo »ein Hoherpriester aufstünde, bekleidet mit Urim und Tummim«. Dazu u. Anm. 196.

[141] Dazu u. Anm. 201.

[142] Hier deutlich aus der Sicht nach 70, vgl. ebenso RUBINKIEWICZ, L'Apocalypse d'Abraham, 74f.

Gegen die Annahme, daß nur die Qualität und Häufigkeit der Offenbarungen im Tempel gemeint sei, spricht die *vier*fache Verneinung: καὶ οὐκ ... οὔτε ... οὔτε ... οὔτε. Die vier Elemente[143] der Aufzählung sind einander zugeordnet zu je zwei Paaren: Engelerscheinung im Tempel und Orakelgeben aus dem Debir gehören zusammen; ebenso entsprechen sich das Befragen mit dem Ephod und das Antworten mit den Orakelsteinen. Wieder begegnen wir dem synonymen Satzparallelismus. Auch an dieser Stelle in der Sacharja-Vita ist man versucht, eine Rückübersetzung zu wagen[144].

Die Verunreinigung des Tempels durch den Mord[145] führt dazu, daß Gott der Priesterschaft keine Antwort mehr gibt, die kultische Gemeinschaft mit den Engeln aufhört und Gottes Weichen aus dem Tempel (Ez 11) und die Zerstörung des Heiligtums sich bereits ankündigen.

4.2.1 Das Schwinden der Engelerscheinung

καὶ οὐκ ἴσχυον οἱ ἱερεῖς ἰδεῖν ὀπτασίαν ἀγγέλων θεοῦ

Für die Spätzeit des Zweiten Tempels gehört die kultische Gemeinschaft mit den Engeln zu den tempeltheologischen Grundanschauungen[146]. Als Beispiel für die Engelvision eines Priesters im Tempel bietet sich 1 Sam 3 an. Hier wird bei Samuels Berufung im Hekhal des Tempels[147] eindrücklich die Audition geschildert, doch in der Einleitung[148] und in der Zusammenfassung in V. 15 wird dieses Erlebnis »Gesicht«, חזון bzw. המראה[149], genannt; JHWH bzw. sein Engel tritt selbst hin zu Samuel.

In LAB 53 wird das Motiv der Vision völlig unterdrückt, dafür die Audition breit ausgebaut[150].

Dagegen scheint in der freien Nacherzählung von Samuels Berufung aus Qumran[151] das Element der Vision stärker betont zu werden:

4 [ו]להגי את המשא לעלי ויען עלי ו[ן
5 [הו]דיעני את מראה האלוהים אל]

Samuel will Eli den Gottesspruch verkünden; der fordert ihn auf, ihm zu berichten, und nennt das Ereignis »die Schau Gottes/der Engel«. Der Text ist zu

---

[143] Die Vier ist »Symbolzahl irdischer Vollständigkeit«, dazu GESE 1991d, 191f.

[144] Zur Nähe der Sacharja-Vita zur hebräischen Sprache s.o. Anm. 25.

[145] Vgl. etwa auch Euripides, Ion 1309ff.

[146] Vgl. MACH 1992a, 216–240.

[147] Doch die Erwähnung der Lade im Hekhal in 1 Sam 3,3 konnte man ohne weiteres auf ein Allerheiligstes deuten.

[148] 1 Sam 3,1: אין חזון נפרץ; ebenso LXX, doch verwendet sie denselben Begriff wie in V.15: οὐκ ἦν ὅρασις διαστέλλουσα.

[149] LXX: τὴν ὅρασιν.

[150] S.u. Abschnitt 4.2.2. zu Orakeln aus dem Debir.

[151] 4Q 160 1 Z. 4f (ALLEGRO, DJD V, 9f).

fragmentarisch, um zu entscheiden, ob »Gott« oder »die Engel«[152] gemeint sind. Jedenfalls könnte ὀπτασία ἀγγέλων die griechische Entsprechung von מראה האלוהים sein.

Daß den Priestern Engel im Adyton des Tempels erschienen, wird nicht besonders oft erwähnt[153]. Wohl schreiten Engel ein, hindern Heliodor an der Entweihung des Heiligtums und am Tempelraub und führen in einer erneuten Erscheinung die Bekehrung Heliodors herbei[154]. Doch, da es sich hier nicht um einen Priester handelt, sind die Berührungen mit unserer Vita nicht sehr groß.

Diese Notiz erscheint eher als ein naiver Reflex[155] sehr viel anspruchsvollerer Tempeltheologie, wie sie für uns etwa in den »priesterlichen Apokalypsen«, den verschiedenen Versionen des Testaments Levis und vor allem in den Schriften der Frommen aus Qumran noch erkennbar ist.

Im *Amram-Apokryphon*[156] wird Aaron selbst der Titel »Engel Gottes« verliehen[157]. Der Priester und Vater Aarons und Enkel Levis, Amram, sieht in einer »Traumvision« die Engel des Lichts und der Finsternis über sich streiten, was ihm Michael/Malkizedek als angelus interpres erklärt.

Dieses Konzept begegnet ebenfalls in *TestLev* aram und TestLev (XII), wo der Stammvater aller Priester von einem Engel – im Traumgesicht in Abelmajin am Hermon[158] – nach zweimaliger Ankündigung seiner künftigen Würde vor Gottes Thron

---

[152] אלוהים als Bezeichnung für die Engel ist im qumranischen Schrifttum breit belegt. Der Wechsel von Gott zu seinem Engel wäre nicht nur in dieser Zeit nicht ungewöhnlich, vgl. den Hinweis von WELKER 1987,195 auf den (unveröffentlichten) Vortrag von H. Gese über »Engel im Alten Testament«.

[153] Zu Lk 1,5ff s.u. Wir begegnen diesem Motiv etwa in der polemischen Umkehrung: Die gnostische Genna Mariae (Epiphanius, Haer 26,12,1–4 [HOLL I, 290f]) nimmt für ihre Version des Zachariasmartyriums den alten Vorwurf auf, der Gott im Jerusalemer Tempel habe einen Eselskopf (Jos., Ap 2,80 [Apion]. 112–114 [Mnaseas]; vgl. Diodorus Sic. Frg. 34 [STERN, GLAJ, I, Nr. 63, 182.184]; Tacitus, hist 5,3; dazu BICKERMAN 1980, 225–255; es handelt sich ursprünglich um seleukidische Polemik): »Er sah nämlich ... zur Stunde des Räucheropfers, als er räucherte, einen Menschen stehen, der die Gestalt eines Esels hatte ... Deshalb war es nämlich dem Priester vom Gesetzgeber selbst aufgetragen ..., Schellen zu tragen, damit der Angebetete jedesmal, wenn er (sc. der Priester) zum priesterlichen Dienst einträte, den Klang vernähme und sich verberge, auf daß das Bild seiner Gestalt nicht offenbar würde.« (Üs. PUECH/BLATZ, in: NTApo⁵ I, 316).

[154] 2 Makk 3 (bes. V. 30): οἱ δὲ τὸν κύριον εὐλόγουν τὸν παραδοξάζοντα τὸν ἑαυτοῦ τόπον, καὶ τὸ μικρῷ πρότερον δέους καὶ ταραχῆς γέμον ἱερὸν τοῦ παντοκράτορος ἐπιφανέντος κυρίου χαρᾶς καὶ εὐφροσύνης ἐπεπλήρωτο, wo die Engelerscheinung als die »Erscheinung des allmächtigen Gottes« interpretiert wird). Vgl. die Rettung von Tempel, Stadt und Volk und die Funktion von Judas Makkabäus' Traumgesicht im Nikanorkapitel (15).

[155] Darin ähnelt sie Lk 1; dazu u. Anm. 164.

[156] Fragmente bei BEYER, Texte, 210–214 zusammengestellt. BEYER datiert die Schrift in die 1. Hälfte des 2. Jh.s v. Chr. Vgl. BEYER, Texte II, 79 und u. Anm. 159.

[157] Vgl.o. Maleachi-Vita, Abschnitt 3.1.

[158] Zum »Traum« als Medium des prophetisch-hohenpriesterlichen Offenbarungsempfangs vgl. auch Jos. über Hyrkan (Ant 13,322). Vorbild ist 1 Sam 3.

gebracht wird[159] und Gott selbst ihm im himmlischen Heiligtum seine Bestimmung bestätigt (δέδωκα). Die Schilderung über die Einsetzung des Stammvaters zu seinen vornehmsten Aufgaben nimmt die prophetischen Berufungsberichte auf, wandelt sie ab und steigert sie. Levi wird dann im Anschluß daran in einem zweiten Traum – in Bethel[160] – von sieben Engeln investiert. Im wachen Zustand weiß er dann, daß sich beide Träume entsprechen. Schließlich weiht ihn sein Großvater Isaak in die Vorschriften für den Opferkult ein. Deutlich wird hier die absteigende Linie: Für die Reinheitsgesetze und das Opferritual reicht die menschliche Unterweisung. An erster Stelle steht die prophetische Gabe und die Aufnahme in den Kreis der himmlischen Priesterschaft der Engel. Lange bevor der irdische Tempel in Jerusalem erbaut wurde, waren Israels Priester durch ihren Stammvater Levi im himmlischen Heiligtum eingesetzt worden.

Etwas abgeschwächt finden wir dieses Konzept im *Jubiläenbuch*. Hier setzt Jakob seinen Sohn Levi ein und segnet ihn »in prophetischem Geist«, »daß er diene in seinem Heiligtum *wie* die Engel des Angesichts und wie die Heiligen. Wie sie wird der Same deiner Söhne sein zum Ruhm und zur Größe und zur Herrlichkeit.«[161]

Analog entwickelt die priesterliche Sekte in *Qumran* eine eigene Tempeltheologie und ein eigenes priesterliches Selbstverständnis, wobei nicht nur das Verhältnis zwischen dem – durch Sünde verunreinigten – irdischen Jerusalemer Heiligtum, dem »Heiligtum von Menschen« der Frommen in Qumran, dem himmlischen und dem eschatologischen Tempel, sondern auch die kultische Gemeinschaft zwischen Engeln und Menschen reflektiert (bes. in: 1QSb; 4QFlor; 1QM; 1QH; ShirShab)[162] wird. Deutlich erkennbar wird durch diese Texte, daß in Qumran priesterliche Konzepte, die auf den Jerusalemer Tempel zurückgehen, eigenständig ausgelegt und neue liturgische Formen gefunden werden und daß durch die jubelnde Beschreibung des Gottesdienstes der Engel in den himmlischen Heiligtümern die »Schau« obsolet wird (so bes. in Sabbatopferliedern).

Einen Nachklang dieser priesterlichen Traditionen finden wir in bBer 7a, wo R. Jischmael ben Elischa beim Räucheropfer im Tempel Gott hoch erhaben auf seinem Thron schaut (vgl. Jes 6)[163].

Von einem Engel, der einem Priester im Heiligtum erscheint, erfahren wir expressis verbis vor allem in *Lk 1,5–23*[164] und in den davon abhängigen christli-

---

[159] TestLev aram 6,11–18; 32–33,13; 33,14–40 (Textrekonstruktion bei BEYER, Texte, 188–209 [194–202]); TestLev 2,10: σὺ ἐγγὺς κυρίου στήσῃ καὶ λειτουργὸς αὐτοῦ ἔσῃ καὶ μυστήρια αὐτοῦ ἐξαγγελεῖς τοῖς ἀνθρώποις ... 4,2ff: εἰσήκουσεν οὖν ὁ ὕψιστος τῆς προσευχῆς σου τοῦ διελεῖν σε ἀπὸ τῆς ἀδικίας καὶ γενέσθαι αὐτῷ υἱὸν καὶ θεράποντα καὶ λειτουργὸν τοῦ προσώπου αὐτοῦ. φῶς γνώσεως φωτεινὸν φωτιεῖς ἐν Ἰακὼβ καὶ ὡς ὁ ἥλιος ἔσῃ παντὶ σπέρματι Ἰσραήλ ...5,1f: καὶ ἤνοιξέ μοι ὁ ἄγγελος τὰς πύλας τοῦ οὐρανοῦ καὶ εἶδον τὸν ναὸν τὸν ἅγιον καὶ ἐπὶ θρόνου δόξης τὸν ὕψιστον. καὶ εἶπέ μοι Λευί σοι δέδωκα τὰς εὐλογίας τῆς ἱερατείας ἕως οὗ ἐλθὼν παροικήσω ἐν μέσῳ τοῦ Ἰσραήλ.

[160] Dort sah schon Jakob das himmlische (und eschatologische) Heiligtum und empfing die γνῶσις ἁγίων; in Abwandlung von Gen 28,10–19 belegt in 11QTempel xxix,9f; Sap 10,10; vgl. SCHWEMER 1991a, 83f; MACH 1992a, 26f.140.160.

[161] Jub 31,14ff (dt. Üs. BERGER JSHRZ II/3, 477). Vgl. zur Weiterbildung dieser Vorstellungen in der rabbinischen Literatur: EGO 1991, 361–384.

[162] Vgl. SCHWEMER 1991a, 45–118; SWEET 1991, 368–390.

[163] Vgl. EGO 1993, 328.

[164] Die Par, die BILL. z.St. nennt, sind keine Engelerscheinungen.

chen Schriften. Interessant ist, daß in der Kindheitsgeschichte des Täufers das Volk sofort aus dem langen Verweilen des Zacharias im Heiligtum und seiner Stummheit erkennt, daß er eine »ὀπτασία« im Naos gesehen hat[165], ohne daß Lk noch weitere Erklärungen hinzufügen muß. Er erzählt dieses besondere Ereignis, als ob es sich um eine selbstverständliche, verbreitete Vorstellung handelte[166].

4.2.2 Das Aufhören der Orakel aus dem Debir

οὔτε δοῦναι χρησμοὺς ἐκ τοῦ Δαβεὶρ

Das Allerheiligste des Jerusalemer Tempels wurde analog zu anderen Orakelstätten der antiken Welt[167] als besonderer Ort der Offenbarung angesehen[168]. Dieses Verständnis ist durch die Tora vorgegeben[169].

Beginnen wir mit den späten Belegen: Eine sekundäre Korrektur im *Vaticanus* belegt zu 1 Kön 8,6 χρησμαστηρί[ον] statt δαβ(ε)ιρ[170]. Die *Vulgata* gibt das Fremdwort Dabir mit *oraculum* wieder[171]; ebenso finden wir in yBer 4, 8c[172] die etymologische Herleitung von *dbr* »Wort«.

Doch scheint die Deutung des Debirs als »Orakelstätte«[173] wesentlich älter zu sein. In der *rabbinischen Literatur* ist die Verbindung von Allerheiligstem und Offenba-

---

[165] Entsprechend deuten An2 und Ep1 auf den Vater des Täufers.

[166] Zur kultischen Gemeinschaft mit den Engeln vgl. MACH 1992a, 216–240 (232 Anm. 328), der jedoch auf unsere Stelle nicht eingeht. Vgl. Apg 22,17.

[167] Zu Delphi vgl. Euripides, Ion 91–101; weiter nächste Anm.

[168] HARES Bemerkung: »The practice here alluded to of giving oracles from the holy of holies is nowhere attested« (HARE, Lives, 398 Anm. 23f) ist irreführend. Sicherlich hat Jerusalem als Stätte des Orakels nie eine Bedeutung wie die Delphis für die gesamte antike Welt besessen. Doch auch Poseidonios weiß, daß die Jerusalemer Priesterschaft den Tempelschlaf übte: Frg. überliefert bei Strabo 16,2,35 (= STERN, GLAJ I, 294): ἐγκοιμᾶσθαι δὲ καὶ αὐτοὺς ὑπὲρ ἑαυτῶν καὶ ὑπὲρ τῶν ἄλλων ἄλλους τοὺς εὐονείρους vgl. 14,1,44; 17,1,17; vgl. dazu HENGEL 1988, 470ff. Diese Angabe des Poseidonios erinnert auffällig an die »Berufungsgeschichte« Samuels und ihre Wiedergabe in LAB und in dem Samuel-Apokryphon aus Qumran, aber auch an den Tiefschlaf Abrahams in Gen 15.

[169] Dazu u. S. 314 Anm. 186.

[170] Nach HATCH/REDPATH, 1474 s.v. RAHLFS bietet diese Lesart auch nicht im App.; bei BROOKE MCLEAN II,II, 234 ebenfalls nicht verzeichnet.

[171] S. die Konkordanz zur Vulgata: Novae Concordantiae ... ed. WEBER, IV, 3581 s.v. *oraculum*.

[172] »Das Heiligtum (Debhir): (Darüber sind) R. Chijja und R. Jannai (getrennter Ansicht). Der eine sagte: (Anders vokalisiert ist dieses Wort zu lesen: Debher = die Pest, d.h.) von dort ging die Pest über die Welt aus; der andere sagte: (Dieses Wort ist anders vokalisiert zu lesen Diberot = Gebot, d.h.) von dort gingen die (zehn) Gebote für die Welt aus.« (Üs. nach HOROVITZ, 133).

[173] Zum Streit, ob Orakel »gehört« wurden oder Betrug waren, vgl. die auch bei F. K. MAYER, Art. Hören, RAC 15, Sp.1023–1111 (1038) angeführten Stellen, bes.: Plutarch, De defectu oraculorum 7,413A (BABBITT LCL V, 366ff); De Pythiae oraculis 5,396 (BABBITT LCL V, 266–272), hier auch über das Aufhören der Orakel; vgl. NILSSON 1961, 97–107; BETZ 1961, 57–59.

rungsstimme, bat qol[174], relativ selten belegt. Sie wird jedoch vor allem in Texten bezeugt, die auf alte Traditionen zurückgehen, die auf die Zeit vor der Tempelzerstörung zurückweisen[175].

Für eine dieser rabbinischen Nachrichten besitzen wir immerhin einen Parallelbericht bei *Josephus* in doppelter Überlieferung. Mag es sich dabei auch ursprünglich um hasmonäische Propaganda handeln, die die Legitimität dieses Priestergeschlechts[176] stützen sollte, so belegt gerade sie nachdrücklich, daß man sehr wohl von »Orakeln«[177] aus dem Debir in frühjüdischer Zeit zu berichten wußte: Der Hohepriester Johannes Hyrkan hörte beim *Räucheropfer* im Tempel Gottes Stimme, die ihm den Sieg seiner gegen Antiochus kämpfenden Söhne ankündigte[178]. Auch wenn Josephus nicht expres-

---

[174] Sie »ersetzt« in der späteren rabbinischen Literatur Prophetie und Gottesstimme, s. Kuhn 1989.

[175] Kuhn 1989, 329: Die »Verknüpfung von Offenbarungsstimme und ... Allerheiligstem ... ist in der Überlieferung wohl mit der Zerstörung des Tempels von selbst zurückgetreten«; vgl. die bei Kuhn 1989 besprochenen Texte (T5, aufgelistet, op.cit., 369): tSot 13,5f; bSot 33a; ShirR 8,9 etc. Im Textheft Kuhn, Bat Qol, 17 (in Üs.). Hierher gehört auch die »Stimme«, die Jose b. Halafta nach bBer 3a in der Tempelruine gehört hat. Da Juden das Betreten Jerusalems nach 135 n. Chr. bei Todesstrafe verboten war, weist diese Tradition in die Zeit vor dem Bar Kochba-Aufstand zurück, s. dazu Schwemer 1991b, 346 Anm. 105. Bei Kuhn T 21 (Kuhn, Bat Qol, 33f: Üs.).
Auch das Orakel, das R. Jishmael nach HR §123 (Schäfer, Synopse zur Hekhalot-Literatur, 60f) – im jetzigen Kontext – im Himmel hörte, und dessen Alter und ursprüngliche Unabhängigkeit von der David-Apokalypse ich (Schwemer 1991b, 309–359) zu erweisen suchte, kann man als »Stimme aus dem Debir« verstehen, wenn man das erste מדבר nicht als Partizip, sondern als aus מן + ד(י)בר entstanden versteht. Der Text könnte dann ursprünglich gelautet haben: »Und in der Stunde, da ich herabstieg, hörte ich eine Stimme aus dem Debir (קול מדבר) in aramäischer Sprache, und in dieser Sprache redete sie (והוה מדבר) ...«. Diese Annahme beruht zwar auf einer Konjektur, doch sie fügt sich gut zu dem, was ich auf anderem Wege an der »Stimme« in der David-Apokalypse beobachtet habe. Wenn sie sich weiter erhärten ließe, hätten wir damit einen Bezugspunkt für den ursprünglichen Rahmen des Orakels, bevor es in die David-Apokalypse eingebaut wurde. Wahrscheinlich lassen sich in der rabbinischen Literatur noch einige Stellen finden – außer den bei Kuhn 1989 zusammengestellten –, wo sich »Orakel aus dem Debir« erhalten haben.

[176] Die beiden »Prophetien« Hyrkans, von denen Jos. (Bell 1,64f; 68f; par Ant 13,282f [dazu u. Anm. 178] und Ant 13,322, wo Gott Hyrkan im Schlaf erscheint) berichtet, haben einen dynastischen Skopus. Das wirft ein bezeichnendes Licht nicht so sehr auf die Orakel der Hohenpriester des 2. Tempels insgesamt, sondern auf die Auswahl, die Jos. – selbst stolz auf seine hasmonäische Herkunft – trifft.

[177] Die VP verwenden χρησμός zur Bezeichnung eines prophetischen Orakels in der Jesaja-Vita und in der Elia-Vita für die Prophetie des (Hohen)priesters (1,5; 21,3), wobei es sich nach heutigem Sprachgebrauch – wahrscheinlich jedesmal, nicht nur bei Elia – um ein »Heilsorakel« handelt; δοῦναι χρησμούς umschreibt ganz knapp den prophetisch-priesterlichen Wortempfang und die Wiedergabe der Offenbarung. Die LXX kennt diesen Sprachgebrauch noch nicht, doch vgl. ihre Verwendung von χρηματισμός, χρηματίζειν und χρησμολογεῖν; s. Hatch/Redpath, s.v.; aber etwa auch Sib 5,53 χρησμῶν ἔνθεον ὕμνον.

[178] Ant 13,282f (kürzere Par. Bell 1,66): παράδοξον δέ τι περὶ τοῦ ἀρχιερέως Ὑρκανοῦ λέγεται, τίνα τρόπον αὐτῷ τὸ θεῖον εἰς λόγους ἦλθεν· φασὶ γὰρ ὅτι κατ' ἐκείνην τὴν ἡμέραν καθ' ἣν οἱ παῖδες αὐτοῦ τῷ Κυζικηνῷ συνέβαλον, αὐτὸς ἐν τῷ ναῷ θυμιῶν μόνος ὢν ὁ ἀρχιερεὺς ἀκούσειε φωνῆς ὡς οἱ παῖδες αὐτοῦ νενικήκασιν ἀρτίως τὸν Ἀντίοχον. καὶ τοῦτο προελθὼν ἐκ τοῦ ναοῦ παντὶ τῷ πλήθει φανερὸν ἐποίησε, καὶ συνέβη οὕτως γενέσθαι.

sis verbis sagt, daß die Stimme aus dem Debir kam, so hat er es selbstverständlich so verstanden[179]. Nach der Audition im Hekhal tritt Hyrkan vor den Tempel und verkündigt seine Offenbarung dem Volk. Ausdrücklich vom Allerheiligsten als Ausgangsort der Gottesstimme spricht die Parallelstelle tSot 13,5f[180]. Die rabbinische Literatur stellt neben den Bericht von der Gottesstimme an Hyrkan den von der Gottesstimme an (den Hohenpriester?) Simeon den Gerechten, die wir historisch schwer einordnen können, weil ein entsprechender Bericht bei Josephus fehlt; nur eine Notiz der Fastenrolle könnte damit zusammenhängen[181].

Josephus erklärt zu dieser Episode, daß Johannes Hyrkan das munus triplex innehatte: Das hohepriesterliche, das königliche und das prophetische Amt vereinte er in seiner Person[182]. Kraft seines Amtes in der Nähe Gottes und seiner Engel, nicht durch persönliche Dignität, wird der (Hohe)Priester zum Propheten[183]. Beide Funktionen waren nicht nur für Philo eine untrennbare Einheit[184], und die Prophetie konnte als das wichtigste Kennzeichen des Priesters betrachtet werden. Auch palästinische Quellen, wie die oben angeführten Texte[185] und unsere Vita, wie auch auf seine Art Josephus, sehen im prophetischen Aspekt des priesterlichen Amtes die ganz besondere Würde zum Ausdruck kommen, die ihm die Nähe zur Gottheit verleiht.

---

[179] Dazu ausführlicher KUHN 1989, 192–198; Jos. rechnet mit der Einwohnung von Gottes Engeln im Allerheiligsten, wie vor allem seine Ausführungen über deren Weichen aus dem Tempel zeigen, Bell 1,211; 5,412; 6,288–315 u.ö.

[180] »Jochanan der Hohepriester hörte etwas aus dem Allerheiligsten: Gesiegt haben die Jünglinge, die losgezogen sind, um mit Antioch[us] den Kampf zu wagen. Man schrieb jene Stunde und jenen Tag auf und stellte (später) fest, daß es jene Stunde war, in der sie gesiegt hatten.« (zur Üs. KUHN 1989, 192); vgl. ySot 24b par; Text der aramäischen »Stimme« auch bei BEYER, Texte, 360.

[181] tSot 9,6 par: »Schimeon der Gerechte hörte etwas aus dem Allerheiligsten: Aufgehoben ist das Vorhaben, das der Feind über den Tempel zu bringen sann. Und (tatsächlich) wurde *gsqlgs* (Caligula) getötet, und seine Dekrete aufgehoben. – Er hörte es in aramäischer Sprache.« (Üs. nach KUHN 1989, 305). KUHN hat den Textkomplex ausführlich untersucht, op.cit., 303–329. MegTaan 9,26 »Am zweiundzwanzigsten desselben (Jahres 41 n. Chr.) unterblieb der Götzendienst, den der Feind in den Tempel zu bringen sann.« (Text und Üs. auch bei BEYER, Texte, 357f; dort auch Nachweis der älteren Veröffentlichungen).

[182] Bell 1,68f; Ant 13,299. MICHEL/BAUERNFEIND z.St. und KUHN 1989, 193ff haben darauf hingewiesen, wie wichtig und interessant die Ausführungen zu Hyrkan für das Verständnis der Prophetie bei Jos. sind.

[183] Vgl. Joh 11,51; 18,14. Gegen SCHNACKENBURG 1985, 451f. Die Lit. scheint die VP durchgehend nicht zu berücksichtigen; so etwa KUHN 1989, 194ff (mit Verweis auf R. MEYER 1940, 61f; BAMMEL 1954, 351–356; DODD 1962, 134–142; SCHÄFER 1972, 135f; BLENKINSOPP 1974, 250ff); vgl. SCHWEMER 1991b, 323–329. Dieses Detail zeigt, wie gut sich der 4. Evangelist in Jerusalem auskennt, vgl. HENGEL 1993a, 276–287.306–313.

[184] Auch wenn er sich »platonisierend« ausdrückt: (Spec leg IV 192) ὁ πρὸς ἀλήθειαν ἱερεὺς εὐθύς ἐστι προφήτης, οὐ γένει μᾶλλον ἢ ἀρετῇ παρεληλυθὼς ἐπὶ τὴν τοῦ ὄντως ὄντος θεραπείαν, προφήτῃ δ' οὐδὲν ἄγνωστον, ἔχοντι νοητὸν ἥλιον ἐν αὑτῷ καὶ ἀσκίας αὐγάς, εἰς ἐναργεστάτην κατάληψιν τῶν αἰσθήσει μὲν ἀοράτων διανοίᾳ δὲ καταληπτῶν; vgl. etwa Platon, Ion 534d-e über die Inspiriertheit der Dichter (ὁ δὲ θεὸς αὐτός ἐστιν ὁ λέγων ... οἱ δὲ ποιηταὶ οὐδὲν ἀλλ' ἢ ἑρμηνῆς εἰσιν τῶν θεῶν). Philos Vorbild für den Priester ist Mose, der Gesetzgeber, Priester und Prophet zugleich ist. Zur umgekehrten Vorstellung, daß ein Engel das vom Propheten Gesagte wiederholt, vgl.o. Maleachi-Vita, Abschnitt 3.2.

[185] TestLev aram; TestLev (XII); vgl.o. Anm. 159.

Den Einwand, man dürfe »Orakel geben aus dem Debir« nicht einfach gleichsetzen mit dem »Hören der göttlichen Stimme« etc., kann man getrost zurückweisen: Es steht in der Tora: »Dort (im Zelt=Debir) will ich dir begegnen und mit dir von der Versöhnungsplatte herab zwischen den beiden Keruben, die auf der Gesetzeslade sind, alles *reden*, was ich dir an die Israeliten *auftragen* werde.« (Ex 25,22 vgl. 29,42f; 33,7–11; bes. 24,15f und den Beginn in Lev 1,1)[186].

Ein weiteres Beispiel für den priesterlichen Offenbarungsempfang im Debir ist neben Abrahams Tiefschlaf beim Opfer in Gen 15[187] und seiner Vision beim Opfer auf dem Morija=Zion[188] vor allem die »Berufungsgeschichte« Samuels in *LAB*.

LAB 53 beschreibt – 1 Sam 3 aufnehmend – am detailreichsten, wie man sich in frühjüdischer Zeit diesen Offenbarungsempfang im Debir vorgestellt hat. Um Mitternacht[189] hört Samuel die Stimme, die zunächst wie die Stimme Elis, dann wie die seines Vaters Elkana klingt. Eli lehrt gleichzeitig den achtjährigen Samuel die Regeln, wie eine Dämonenstimme (*spiritus pessimus*), eine Engelsstimme und Gottes eigene Stimme zu unterscheiden sind und wie man erkennt, wer da spricht. Eli beruft sich auf priesterliche Tradition und führt sie auf Pinchas als Autorität zurück[190]. Samuels Scheu, Eli den Unheilsspruch mitzuteilen, ist durch 1 Sam 3 vorgegeben, doch die Begründung, die Eli in LAB gibt, weist wieder auf priesterliche Vorschriften hin.

Auf diesem Hintergrund klingt es außerordentlich scharf, daß unsere Vita der Priesterschaft des Ersten Tempels seit der Zeit des Königs Joas diese Dignität

---

[186] Vgl. zu וַיִּקְרָא RENDTORFF 1985, 22 (Lit.); dort auch zum göttlichen Anruf aus der Wolke heraus in Ex 24,16 bzw. aus dem Dornbusch (Ex 3,4). Analog empfing die Pythia ihre Orakel aus dem *Rufen* des Gottes: Δελφίς, ἀειδουσ' Ἕλλησι βοάς, ἃς ἂν Ἀπόλλων κελαδήσῃ (Euripides, Ion 92f); die Priester geben dann diese Sprüche den Orakelbefragenden weiter. Bestritten wurde dieses »Hören« der Orakel als Betrug von Kynikern und Epikuräern, Plutarch, def orac 7,413A; Pyth orac 5,396; vgl. F. K. MAYR, Art. Hören, RAC 15, Sp. 1023–1111 (1038 mit Lit.).

[187] ApkAbr 9 – 32: Offenbarungsstimme, Opfer, Himmelsreise und Merkaba-Schau; vgl. dazu KUHN 1989, 94–98.

[188] Jos., Ant 1, 226 und die rabbinische Tradition.

[189] Auch die Prodigien, die Jos. aufzählt, sind vorwiegend nächtliche Wunderzeichen: Bell 6,293: κατὰ νυκτὸς ὥραν ἕκτην öffneten sich die Tempeltore von selbst; mitten in der Nacht, als die Priester begannen mit der Vorbereitung für den Tempeldienst am Wochenfest, ertönte Lärm und der »vielstimmige Ruf« μεταβαίνομεν ἐντεῦθεν, den die Engelwesen des göttlichen Thronwagens beim Verlassen des Tempels ausstoßen. Die große Lichterscheinung im Tempel begann (vgl.o. Habakuk-Vita, S. 119, Anm. 126) dagegen in der 9. Stunde der Nacht.

[190] KUHN 1989, 140: »Hinter LAB 53,4 wird in der Vorsicht, mit der die Offenbarungsstimme von Eli aufgenommen wird, möglicherweise eine Tradition sichtbar, die an der Sicherheit, daß eine Offenbarung wirklich von Gott bzw. seinem Engel kommt, ein lebendiges und nicht nur ein antiquarisches Interesse hatte.« Weiter nimmt KUHN an, daß man nicht an Praktiken in Qumran, sondern eher »an den 2. Tempel denken (könnte), wozu dann die eigenartige, auch in LAB ganz vereinzelte Bezeichnung des Heiligtums in Silo als ›templum‹ passen würde.« loc.cit. Anm. 33. Doch darf man hier keinen zu großen Graben aufreißen; priesterliche Traditionen wurden gerade in Qumran gepflegt. Und ob die essenischen Propheten (von denen Jos. so lobend berichtet) ihre Offenbarungen nur der Schriftgelehrsamkeit verdankten, wird man bezweifeln können. Sicherlich ist Kuhn zuzustimmen, daß in LAB »die ›Technik‹ eines ursprünglichen Offenbarungsempfangs« beschrieben wird.

abspricht[191]. Nun könnte man einwenden, in den angeführten Belegen sei wohl vom Offenbarungsempfang im Tempel und vom Prophezeien die Rede, jedoch nicht vom »Orakelgeben«. Doch wie eng beides in der Antike zusammengehört, zeigt der Streit darüber, ob die Orakel von der Priesterschaft »gehört« oder eigenmächtig, d.h. betrügerisch gegeben wurden[192].

Von diesen unmittelbaren Offenbarungsweisen durch die Schau von Engeln (Vision) und das Orakelgeben aus dem Debir (Audition) unterscheidet die Vita die beiden mittelbaren durch Ephod und Urim und Tummim, die ebenfalls eng zusammengehören. Zugleich setzt sie damit eine Gegenüberstellung von Offenbarung Gottes im Verborgenen (im Dunkel des Debirs) und am hellen Tageslicht (durch Ephod und die δῆλοι, die das Sonnenlicht nicht nur reflektieren, sondern überstrahlen). Beide Weisen von Gottes Offenbarung im Tempel und durch die Priesterschaft werden genannt, um die Vollständigkeit des Schwindens zu unterstreichen[193].

4.2.3 Das Schwinden des Befragens mit dem Ephod

οὔτε ἐρωτῆσαι ἐν τῷ Ἐφοὺδ

Das textile Ephod[194], ursprünglich ein tragbares Orakelgerät (bekleidete Kultfigur, die in Prozessionen getragen wurde?) bzw. priesterliches Gewand, hatte nach 1 Sam 21,10 seinen Platz im Heiligtum. Die Priesterschrift (Ex 28; 35; Lev 8,7f) beschreibt es nur (noch) als Bestandteil des hohenpriesterlichen Gewandes. Es wird über den beiden priesterlichen Gewändern getragen, bedeckt den Oberkörper und wird gegürtet. Oben auf den Schultern ist es mit zwei Edelsteinen geschmückt und wird von ihnen zusammengehalten. Am Ephod wird das »Brustschild der Entscheidung« angebracht, auf dem sich die 12 Edelsteine befinden und in dem Urim und Tummim von »Aaron auf dem Herzen getragen werden«, wenn er in das Heiligtum eintritt. In die Edelsteine auf den Schultern und auf dem חֹשֶׁן sind die Namen der zwölf Stämme eingra-

---

[191] Sie berührt sich darin zugleich mit dem antiken Gemeinplatz, daß »früher« die Orakel nicht nur zahlreicher, sondern auch zuverlässiger waren: zu Delphi s. Strabo 9, p.419; Cicero, Div. 1,38: *Idem iam diu non facit. Ut igitur nunc minore gloria est, quia minus oraculorum veritas excellit, sic tum nisi summa veritate in tanta gloria non fuisset*; vgl. 2,116–117; Orosius, 6,15,11f; unter Trajan, Hadrian und Julian gewann das delphische Orakel wieder an Bedeutung. Christliche Apologetik und Polemik erklärt sich diese Klage um den Schwund der Orakel dann daraus, daß durch die Geburt Christi die Dämonen, die aus den heidnischen Orakeln sprachen, ihre Macht eingebüßt hätten. S. dazu die weiteren von PEASE z.St. gegebenen Belege (Cicero, Div., ed. PEASE, 159f).

[192] Hierzu o. Anm. 186.

[193] Vgl.o. S. 308 Anm. 143.

[194] S. K. GALLING, Art. Priesterkleidung, BRL², 256f; M. GÖRG, Art. Efod, NBL, I, Sp. 472f (Lit.). In LXX wird z.T. das hebräische Fremdwort beibehalten (Ri 17,5; 18,14.17f.20; 1. Sam 2,18.28; 14,3.18; 22,18; 23,6.9; 30,7); an den wirkungsgeschichtlich bedeutenderen Stellen wird es mit ἐπωμίς übersetzt (so vor allem in Ex).

viert[195]. Von einer orakelgebenden Bedeutung des Ephods und seiner Edelsteine schweigen die Berichte von Aarons Investitur im Pentateuch, obwohl
das Ephod und erst recht Urim und Tummim in anderen Texten eindeutig diese Funktion haben[196].

Josephus, dem wir – neben Philo[197] und den Texten aus Qumran[198] – die ge-
naueste Darstellung in frühjüdischer Zeit verdanken, beschreibt das Ephod[199]
ebenfalls als eine Art Schultermantel, an dem das ἐσσήν (= חֹשֶׁן; LXX:
λογεῖον) als Brustlatz angebracht war. Josephus verbindet seine Ausführungen über das Ephod in eigenartiger Weise mit dem Phänomen der Prophetie:
Mose richtete das so ein, weil er der (Falsch-)Prophetie keine Gelegenheit
geben wollte[200]. Das plötzliche Aufleuchten des rechten Schultersteins zeigte
die Anwesenheit Gottes bei den gottesdienstlichen Handlungen an, die zwölf
Steine des »Brustschildes« erstrahlten dagegen, um den Sieg in der Schlacht
anzukündigen (Ant 3,216f). Doch dieses Wunder habe aufgehört 200 Jahre,

---

[195] Dazu GRAPPE 1993, 204–212.
[196] In Hos 3,4 übersetzt LXX Ephod mit ἱερατεία, und Teraphim mit δῆλοι; Aquila:
ἀκούοντος (statt καὶ οὐκ ὄντος wird kein unabsichtlicher Fehler sein) ἐπενδύματος καὶ
μορφωμάτων; Theodotion und Symmachus: οὐδὲ ἐφὼδ οὐδὲ θεραφὶμ οὐδὲ ἐπιλύσεως
(ἐπιλυομένου); Sir 45,10f: ben Sira schreibt von: »Ephod und Gürtel«, der Enkel dagegen:
λογείῳ κρίσεως, δήλοις ἀληθείας.
Vgl. Esr 2,63: עַד עֲמֹד כֹּהֵן לְאוּרִים וּלְתֻמִּים = Neh 7,65; 1. (3.) Esra 5,40 καὶ εἶπεν
αὐτοῖς Νεεμιας καὶ Ατθαριας μὴ μετέχειν τῶν ἁγίων αὐτούς, ἕως ἀναστῇ ἀρχιερεὺς
ἐνδεδυμένος τὴν δήλωσιν καὶ τὴν ἀλήθειαν. Diese Stelle ist wichtig für die Vorstellung,
daß es im 2. Tempel keine Urim und Tummim mehr gab.
[197] VitMos II 111ff beschreibt LXX folgend die hohepriesterliche ἐπωμίς. In der allegorischen Auslegung Philos symbolisiert das priesterliche Schultergewand analog zum Tempelvorhang Himmel und Erde, VitMos II 122f; Spec I 86; QE II 108f.
[198] Dazu u. S. 317 Anm. 202–204.
[199] Ant 3,162–170 : Ἐπὶ δὲ τούτοις τρίτον ἐνδύεται τὸν λεγόμενον μὲν ἐφώδην,
Ἑλληνικῇ δ᾿ ἐπωμίδι προσεοικότα ... τῷ δὲ διακένῳ τοῦ ἐνδύματος σύνεισι περίτμημα
σπιθαμῆς τὸ μέγεθος χρυσῷ τε καὶ τοῖς αὐτοῖς τῷ ἐφώδῃ βάμμασι διηνθισμένον· ἐσσὴν
μὲν καλεῖται, σημαίνει δὲ τοῦτο κατὰ τὴν Ἑλλήνων γλῶτταν λόγιον (162f); weiter beschreibt Jos. die beiden Steine, die auf den Schulterstücken des Ephods waren und die nach
Ant 3,215 durch ihren Lichtschein Orakel gaben als Sardonyxe, die Urim und Tummim dar-
stellten, dazu die zwölf Edelsteine mit den Namen der Stämme auf dem λογεῖον. Nach Ex
28,6–14 waren die Namen der Stämme jedoch nur auf den beiden Steinen auf der Schulter,
und das »Orakel« bestand in Urim und Tummim, die im »Brustschild der Entscheidung«
(hoshen = λογεῖον) waren: »und so soll Aaron das Orakel für die Israeliten ständig auf seinem Herzen tragen«.
[200] Ant 3,214f: ... οὐδαμόθεν γὰρ προφητῶν κακουργίας κατέλιπεν ἀφορμήν, εἰ καί
τινες τοιοῦτοι γένοιντο παρεγχειρεῖν τῷ τοῦ θεοῦ ἀξιώματι, αὐτοκράτορα δ᾿ εἶναι τὸν
θεὸν παρατυγχάνειν τοῖς ἱεροῖς κατέλιπεν ὁπότε θελήσειε καὶ μὴ παρεῖναι, καὶ τοῦτ᾿ οὐχ
Ἑβραίοις δῆλον εἶναι μόνον ἠθέλησεν, ἀλλὰ καὶ τῶν ξένων τοῖς παρατυγχάνουσι. τῶν
γὰρ λίθων ... συνέβαινε λάμπειν, ὁπότε ταῖς ἱερουργίαις ὁ θεὸς παρείη, τὸν ἕτερον τὸν ἐπὶ
τῷ δεξιῷ τῶν ὤμων πεπορημένον αὐγῆς ἀποπηδώσης καὶ τοῖς πορρωτάτω φαινομένης,
οὐ πρότερον ταύτης ὑπαρχούσης τῷ λίθῳ.

bevor er selbst schreibe[201]. Josephus denkt dabei wohl, daß nach dem Tode von Johannes Hyrkan (104 v. Chr.), des Hohenpriesters, der das munus triplex besaß und auch kriegerisch der erfolgreichste Hasmonäer war, dieses Wunder aufhörte.

In TestLev 8,2 – bei der Investitur Levis durch die Engel – hält der letzte (siebte?) Engel in der Aufzählung für Levi das ἐφοὺδ τῆς προφητείας bereit. Doch der dritte bekleidet ihn damit (8,6).

In den Sabbatopferliedern aus Qumran[202] erscheint das hohepriesterliche »Ephod«[203] und die »Ephodim«[204] der sieben Priesterfürsten der Engel bei der Beschreibung ihrer Gewänder im 13. Sabbatlied. Während in der ersten Stelle, die den Singular bietet, der Kontext völlig fehlt, enthält die zweite Stelle:

אפודיהם יפריש[נו]... [...]   »...]ihre Ephodim breit[en] aus [...«

wenigsten noch ein finites Verb in Verbindung mit Ephodim. Durch die Parallelstellen Hiob 36,30[205] und Joel 2,2[206] erscheint es sehr naheliegend, als Objekt אוֹר bzw. אוֹרים oder ähnlich zu ergänzen. So kann man annehmen, daß die Sabbatlieder wie Josephus und unsere Vita von ihrer Beschreibung des Ephods sofort übergingen zur Schilderung des Strahlens der Steine des Ephods.

4.2.4 Das Schwinden des Antwortens durch die Orakelsteine

In unserer Vita gehören Ephod und δῆλοι so eng zusammen wie Fragen und Antworten. Das entspricht auch dem sonstigen Befund. LXX kann den Begriff δῆλοι für Urim und (bzw.) Tummim[207], aber auch für die Teraphim ver-

---

[201] Ant 3,218: ἐπαύσατο μὲν οὖν ὅ τε ἐσσὴν καὶ ὁ σαρδόνυξ τοῦ λάμπειν ἔτεσι διακοσίοις πρότερον ἢ ταύτην ἐμὲ συνθεῖναι τὴν γραφήν, τοῦ θεοῦ δυσχεράναντος ἐπὶ τῇ παραβάσει τῶν νόμων. Vgl.u. Anm. 215.

[202] ShirShab: Newsom, Songs, 73 Anm.1 der Nachweis der vorhergehenden teilweisen Veröffentlichungen.

[203] 11QShirShab 8–7 6.

[204] 4Q405 23 ii 5; zur Üs. dieses Abschnittes s. Schwemer 1991a, 113. Das Nebeneinander von Singular und Plural ist für die Sabbatlieder typisch: Sie können sowohl von dem einen himmlischen Heiligtum als auch von einer Siebenzahl sprechen.

[205] הן פרש עליו אורו, »siehe, er breitet über ihnen aus sein Licht«.

[206] כשחר פרש על ההרים, »wie Morgenlicht über die Berge ausgebreitet«.

[207] Num 27,21; Dtn 33,8; 1 Sam 14,41; 28,6; Sir 33,3; 45,10; Hos 3,4. Bei der Beschreibung des hohepriesterlichen Gewandes (Ex 28,26; Lev 8,8) werden Urim und Tummim jedoch mit ἡ δήλωσις καὶ ἡ ἀλήθεια wiedergegeben; eine Mischform finden wir in Dtn 33,8 δότε Λευι δήλους αὐτοῦ καὶ ἀλήθειαν αὐτοῦ. Vgl. le Boulluec/Sandevoir, La Bible d'Alexandrie II, 288f; Harlé/Pralon, La Bible d'Alexandrie III, 113f. Entsprechend verwendet LAB für Urim und Tummim *veritas* et *demonstratio* (22,9; 25,5; 46,1; 47,2) und unterscheidet davon die zwölf Steine des Brustlatzes, denen zwölf andere Steine entsprechen – sie tragen die Namen der zwölf Stämme von einem Engel eingraviert –, die Kenaz in der Lade aufbewahrt, bis sie im Jerusalemer Tempel von Jahel oberhalb der beiden Keruben *in conspectu meo* (Gottes) *in memoriam domus Israel* (26,9–15) angebracht werden. Bei der

wenden: Sauls Verwerfung zeigt sich darin an, daß Gott ihm überhaupt nicht mehr antwortet[208],»weder durch Träume, noch durch die Orakelsteine, noch durch Propheten« (LXX). Ebenso geht es der Priesterschaft, nachdem der Tempel durch den Mord am Propheten entweiht war.

Hosea (3,4) schon kündigt – aus der Sicht der VP – die Zeit des Exils und davor eine lange Zeit ohne δῆλοι an[209]. In Sir 33,3 – der hebr. Text ist nicht erhalten – wählt der Enkel ben Siras[210] δῆλοι für den Vergleich: Dem verständigen Mann erweist sich das Gesetz als so sicher und zuverlässig wie die Befragung durch die δῆλοι[211]. Aus der Übersetzung der Beschreibung des hohenpriesterlichen Gewandes Aarons (45,10) wird deutlich erkennbar, daß der Enkel die δῆλοι ἀληθείας nicht nur anstelle des – für ihn unwichtigeren – »Gürtels« erwähnt, sondern daß er darunter eigentlich nur die Edelsteine des Ephods verstehen kann. Bei der Beschreibung Simeons des Gerechten erwähnt ben Sira das Ephod nicht. Es muß offenbleiben, ob Sirach den Entscheid der δῆλοι als ein Phänomen der Vergangenheit betrachtet, an dessen Stelle nun das Gesetz getreten ist, oder ob er damit rechnet, daß sie noch in

---

Tempelzerstörung werden sie (ohne die Lade) an ihren Herkunftsort gebracht und aufbewahrt bis zum Ende der Zeiten (*Et erunt ibi quousque memor sim seculi, et visitabo habitantes terram. Et tunc accipiam et istos et alios plures valde meliores, ex eo quod oculus non vidit nec auris audivit, et in cor hominis non ascendit, quousque tale aliquid fieret in seculum. Et non indigent iusti opera luminis solis neque splendore lune, quoniam preciosissimorum lapidum lumen erit lumen eorum*); vgl. Apk 21,23. Schon Kenaz erfährt ihre Leuchtkraft: *Et tollebat eos, velut lumine solis diffuso super illos splendebat terra de lumine eorum. Et posuit eos Cenez in arca testamenti Domini cum tabulis, sicut preceptum fuerat ei, et sunt ibi usque in hodiernum diem* (26,15). Vgl. Band I, Jeremia-Vita, Abschnitt 5.3 und 5.4 zur Lade; und o. Habakuk-Vita, Abschnitt 7.3.2, wo die Kapitele von Jachin und Boaz in Analogie zur Funktion der Wolken- und Feuersäule beim Exodus die Aufgabe der Wegweisung und Beleuchtung für die Frommen bei der endzeitlichen Flucht zum Sinai quasi als Sonne und Mond übernehmen.

[208] 1 Sam 28,5: καὶ εἶδεν Σαουλ τὴν παρεμβολὴν τῶν ἀλλοφύλων καὶ ἐφοβήθη, καὶ ἐξέστη ἡ καρδία αὐτοῦ σφόδρα. 6 καὶ ἐπηρώτησεν Σαουλ διὰ κυρίου, καὶ οὐκ ἀπεκρίθη αὐτῷ κύριος ἐν τοῖς ἐνυπνίοις καὶ ἐν τοῖς δήλοις καὶ ἐν τοῖς προφήταις.

[209] Vgl.o. Anm. 196.

[210] Sir 33,3 ἄνθρωπος συνετὸς ἐμπιστεύσει νόμῳ,
καὶ ὁ νόμος αὐτῷ πιστὸς ὡς ἐρώτημα δήλων.
Vgl. die oben Anm. 196 zitierte Stelle 45,10.

[211] Dem entspricht der Vergleich in 4QIsaᵈ (= 4Q 164, ed. ALLEGRO, DJD V, 28f): » ... seine Deutung] sie haben gegründet den Rat der Gemeinschaft [die] Priester und das Volk [...], die Versammlung seines Erwählten (ist) wie der Saphirstein unter den Steinen[...] ›und alle deine Zinnen‹, seine Auslegung betrifft die zwölf[... Steine] leuchtend wie die Entscheidung von Urim und Tummim [... nicht] sich ihnen entziehende, wie die Sonne in all ihrem Licht[...] ihre Auslegung betrifft die Häupter der Stämme Israels am E[nde der Tage], sein Los ...«. Deutlich erkennbar werden Urim und Tummim und die zwölf Steine des Ephods als Vergleichspunkt für das Leuchten und die Erwählung der Gemeinschaft der Frommen in Qumran, als dem endzeitlichen »Zion«, gewählt.

Funktion treten können[212]. Für die spätere Zeit sind jedenfalls die δῆλοι[213] die leuchtenden Orakelsteine des Ephods.

Josephus verwendet die Begriffe Urim und Tummim in den Antiquitates nicht, schildert aber das wunderbare Aufleuchten der Steine des Ephods und das Aufhören dieses Phänomens nach Hyrkan[214].

Auf die Beschreibung bei Josephus fällt durch die Fragmente eines Mose-Apokryphons[215], die in Qumran gefunden wurden, neues Licht. In ihnen wird ein Ritual – vielleicht für Jom Kippur – beschrieben, in dem die beiden Steine auf den Schultern des Hohenpriesters durch ihr Aufleuchten darüber Auskunft geben, wer ein wahrer Prophet ist und wer ein Lügenprophet. Die Beschreibung des Aufleuchtens der beiden Steine scheint gesichert, nur einmal ist jedoch אורים sicher zu lesen. Dieses Apokryphon wird nicht erst in Qumran geschrieben worden sein. Es fehlt das ›sektenspezifische‹ Vokabular, der Hohepriester wird erwähnt, die Sprache entspricht spätalttestamentlicher Zeit und die erhaltenen Reste werden aus paläographischen Gründen in die 2. Hälfte des 2. Jh.s v. Chr. datiert.

Philo dagegen, der nur einmal in Jerusalem war und der den Jerusalemer Kult nicht wie Josephus »von innen« kennt, beschreibt seinem Bibeltext folgend die hohepriesterliche Kleidung und legt sie allegorisch aus. Dabei redet er zwar nicht vom Orakelgeben, doch betont er die Logoshaftigkeit des λογεῖον und faßt δήλωσις καὶ ἀλήθεια als die beiden ἀρεταί des Logos auf[216]: als Logos prophorikos (δήλωσις) und Logos endiathetos (ἀλήθεια). Philos Interpretation wird durch die Wortwahl der LXX ermöglicht. Zwischen ihm und der Sacharja-Vita liegen Welten.

---

[212] Vgl. SMEND 1906, 430f.

[213] S. auch SCHLEUSNER, Thesaurus 2, 47f s.v.; vgl.o. Elisa-Vita, Anm. 39 u.ö.

[214] Text zitiert o. Anm. 200 und 201.

[215] Wahrscheinlich gehören 4Q 375; 376 1Q 22; 29 und zusammen. Sie beschreiben die Funktion von Urim und Tummim am Versöhnungstag, wo diese durch ihr Aufleuchten Orakel geben und zwischen falscher und wahrer Prophetie scheiden. STRUGNELL 1990, 221–256 bringt die Notiz des Jos. (Ant 3, 214–218) in Verbindung mit den qumranischen Belegen und vermutet recht spekulativ, das hochpriesterliche Gewand (mit seiner Orakel gebenden Funktion) sei vom Lehrer der Gerechtigkeit mit nach Qumran genommen worden und deshalb der Priesterschaft in Jerusalem abhanden gekommen. GRAPPE 1993, 208f nimmt an, daß Jos. von einer essenischen Überlieferung abhängig ist.

[216] VitMos II 128: σχῆμα δ᾽ ἀπένειμεν ὁ τεχνίτης τετράγωνον τῷ λογείῳ πάνυ καλῶς αἰνιττόμενος, ὡς χρὴ καὶ τὸν τῆς φύσεως λόγον καὶ τὸν τοῦ ἀνθρώπου βεβηκέναι πάντῃ καὶ κατὰ μηδ᾽ ὁτιοῦν κραδαίνεσθαι. παρὸ καὶ τὰς εἰρημένας δύο ἀρετὰς προσεκλήρωσεν αὐτῷ, δήλωσίν τε καὶ ἀλήθειαν· ὅ τε γὰρ τῆς φύσεως λόγος ἀληθὴς καὶ δηλωτικὸς πάντων ὅ τε τοῦ σοφοῦ μιμούμενος ἐκεῖνον ὀφείλει προσηκόντως ἀψευδέστατός τε εἶναι τιμῶν ἀλήθειαν καὶ μηδὲν φθόνῳ συσκιάζειν ... οὐ μὴν ἀλλὰ καὶ δυσὶ λόγοις τοῖς καθ᾽ ἕκαστον ἡμῶν, τῷ τε προφορικῷ καὶ ἐνδιαθέτῳ, δύο ἀρετὰς ἀπένειμεν οἰκείας, τῷ μὲν προφορικῷ δήλωσιν, τῷ δὲ κατὰ διάνοιαν ἀλήθειαν. Vgl. II 113.122.125; Spec I 87.

In dieser Vita verraten die VP wieder deutlich ihre Nähe zum palästinischen Milieu. Mit der Wortwahl οἱ δῆλοι, die Offenbaren, die Sichtbaren usw., zeigen sie nicht nur ihre Abhängigkeit von LXX, sondern auch, daß sie eine Vorstellung vom Antworten durch die »Orakelsteine« und Befragen mit dem Ephod haben müssen, wie wir sie vor allem bei Sirach, Josephus und in den in Qumran gefundenen Schriften festgestellt haben.

Auch die *Mischna* kommt der Vorstellung der Sacharja-Vita nahe, wenn sie betont, mit den »früheren Propheten« habe diese Art der Befragung aufgehört[217].

Die Antwort durch die δῆλοι wird wohl für die VP noch eine Lichterscheinung gewesen sein. Die spätere jüdische Haggada erklärt sich das Phänomen anders: Der Hohepriester las aus den Buchstaben des Brustschildes das Orakel heraus[218].

Kommen wir auf die zu Beginn dieses Abschnitts gestellte Frage noch einmal zurück: Heißt ὡς τὸ πρίν[219] nur, daß sich die Offenbarungsqualität vermindert hat, nicht mehr so vollkommen war »wie früher«? Die Klage über die Abnahme der Orakel wurde ja überall angestimmt. Nach den VP hat die Priesterschaft ihre prophetische Kraft, soweit sie kultisch verankert war, völlig verloren. Die VP geben uns eine historisierende Erklärung für das Phänomen, das die Mischna in ihren Grundsatz faßt, mit den »Früheren Propheten« habe die divinatorische Funktion des Tempels aufgehört. Die VP stehen damit der tannaitischen Erklärung näher als der des Priesters und Historikers Josephus, der erst mit dem Tode von Johannes Hyrkan die Entscheidung durch das Wunder von Urim und Tummim zu Ende gehen sieht.

---

[217] mSot 9,12: »mit dem Tod der früheren Propheten hörte Urim und Tummim auf«; tSot 13,2 mit der Zerstörung des 1. Tempels; vgl. yMak 2,14 32a, 6–10 (vgl. yHor 47c, 64–68; yTaan 65a, 59–64): »fünf Dinge hatte das letzte Heiligtum weniger als das erste. Und dieses sind sie: das Feuer (auf dem Altar), der Schrein, Urim und Tummim, das Salböl und der Heilige Geist.« Nach bYom 73b mußte der heilige Geist durch den Hohenpriester sprechen und die Schekhina auf ihm ruhen, damit man die Urim und Tummim befragen konnte. Vgl. zu tSot 13 bes. KUHN 1989, 303–329 (dort die ältere Lit. diskutiert; Par bei KUHN 1989, 305). Die entsprechende rabbinische Formel lautet »... מש‏«, »von dem Zeitpunkt an, da x starb, geschah y...«, dazu KUHN 1989, 306.310 (zur pessimistischen Sicht des Geschichtsablaufs und dem Abnehmen der Offenbarungsqualität).

[218] S. dazu GINZBERG, Legends III, 172 und die dazu angegebenen Stellen (VI, 69 Anm. 358): bYom 73a–73b; yYom 7,5 44c,31–35; TPsJ zu Ex 28,30.

[219] Vgl. HATCH/REDPATH, s.v. πρίν: »formerly«. Vgl. 3 Makk 6,31 τὸ πρίν = »früher«.

Zusammenfassung

Der Abschluß im ursprünglichen Kernbestand der VP mit dieser Vita und ihrem pessimistischen Verweis auf den Niedergang des Ersten Tempels erscheint so unbefriedigend wie der des Markusevangeliums: ἐφοβοῦντο γάρ. Deshalb ist es erstaunlich, daß sich überhaupt eine Textform ohne sekundäre (christliche) Anhänge erhalten hat.

Wichtiger als die Beschreibung des Martyriums scheint dem Verfasser der VP die Auswirkung des Mordes am Propheten im Tempel. Mit diesem Mord beginnt der Untergang des Ersten Tempels. Die Priesterschaft verliert die sichtbare kultische Gemeinschaft mit den Engeln und ihre Prophetengabe. Traditionsgeschichtlich steht die Vita etwa auf der gleichen Stufe wie Lk 11,51/Mt 23,35. Sie verzichtet jedoch – wegen ihres historisierenden Blickwinkels – auf eine Reflexion im Sinne der dtr. Doktrin vom gewaltsamen Geschick der Propheten, wie sie das Jesus-Logion zuspitzt. Wahrscheinlich sind beide abhängig von einer gemeinsamen Quelle. Das christliche Zachariasmartyrium dringt später in die Textüberlieferung der VP (An2 [Coisl. 205 usw.], Ep1) ein. Die rabbinische Blutlegende und die legendäre Beschreibung des Untergangs des Ersten Tempels mit den Erfahrungen der Zerstörung des Zweiten Tempels ist in den VP noch nicht vorhanden. Die späteren Ausgestaltungen, wie sie in der Zacharias-Legende, der rabbinischen Blutlegende und in den Pilgerberichten zum Vorschein kommen, sind in den VP und im NT in nuce angelegt. Das Verhältnis wird kaum umgekehrt sein. Eine Spätdatierung der Entstehung der Vita ins 4. Jh. n. Chr. scheint deshalb ausgeschlossen.

Die sekundären Anhänge in An2, Ep1 und Dor

1. Die Anhänge in An2[1]: Jadok- und Simon-Vita

1.1 Die Jadok-Vita

(24) Ἄνθρωπος τοῦ θεοῦ[2] ὁ ἐλθὼν ἐκ γῆς Ἰούδα εἰς Ἱερουσαλὴμ πρὸς Ἱεροβοὰμ Ἰαδὼκ ἐκαλεῖτο. Οὗτος προεφήτευσε περὶ Ἰωσία τοῦ βασιλέως Ἰούδα, ὅτι τὰ ὀστᾶ τῶν ἱερέων τοῦ Βαὰλ κατακαύσει ἐπὶ τοῦ θυσιαστηρίου, [ἔνθα Ἱεροβοὰμ ἔθυε τῷ Βαάλ. Καὶ προφητεύοντος αὐτοῦ ἐξέτεινεν][3] ὁ βασιλεὺς τὴν χεῖρα αὐτοῦ συλλαβεῖν αὐτόν, καὶ ἐξηράνθη ἡ χεὶρ τοῦ βασιλέως παραυτίκα.

(24) Der Gottesmann, der aus dem Land Juda nach Jerusalem kam zu Jerobeam, hieß Jadok. 2 Dieser prophezeite über Josia den König von Juda, daß er die Gebeine der Baalspriester auf dem Altar verbrennen werde, wo Jerobeam dem Baal opferte.

Und während er prophezeite, streckte der König die Hand aus, um ihn zu ergreifen, und die Hand der König vertrocknete augenblicklich.

Diese Vita ist deutlich als Nachtrag erkennbar. Sie ist in drei Hss von An2[4] aufgenommen und zeigt im Aufbau und im ganzen Charakter deutliche Unterschiede zu den sonstigen Viten: Einmal fehlt die Herkunfts-, Todes- und Grabesnotiz. Nur Paris. 1712 stellt den Namen des Propheten voran. Das Ganze ist eine seltsame Mixtur: Der LXX-Text von 1 Kön 13 und 2 Kön 24,17ff hat Pate gestanden. Doch warum geht der Prophet nach Jerusalem und nicht nach Bethel, wenn er zu Jerobeam will? Der »Fremdkult« Jerobeams, den die VP sonst – wie vom Bibeltext vorgegeben – mit den beiden »Kälbern« geißeln, wird zum Baalskult. Jerobeams Priester sind »Baalspriester«. Diese Gleichsetzung geht letztlich zurück auf die Verehrung Baals in Stiergestalt, die in den atl. Berichten durchschimmert[5]. Eine derartige Bezeichnung lag

---

[1] Coisl. 224; Vat. 1974; Paris. 1712; zu den Abweichungen der Hss untereinander vgl. SCHERMANN, Vitae, 97.

[2] Paris. 1712: Ἰαδὼμ ὁ ἄνθρωπος τοῦ θεοῦ. Stattdessen fehlt: Ἰαδὼκ ἐκαλεῖτο.

[3] Auslassung in Paris. 1712; vgl. SCHERMANN, Vitae, 97.

[4] Soweit sie von SCHERMANN erfaßt sind.

[5] Vgl. W. RÖLLIG, Art. Baal, NBL I, Sp. 223.

nahe. Jerobeam wird auch in der rabbinischen Literatur die Einführung des Baalkultes in Israel vorgeworfen[6].

Innerhalb der Rez An2 erscheint klar, wie es zu diesem Galimathias kam: Der Prophet Joad[7] kam für diese Rez. aus Samaria, doch das widersprach nun eindeutig dem Bibeltext von 1 Kön 13, wonach der Prophet doch aus Judäa kam. Deshalb trägt sie dessen »Vita« nach[8].

1.2 Die Vita des Simon Sohn des Klopas

(25) Σίμον ὁ υἱὸς τοῦ Κλωπᾶ, ὁ ἀνέψιος τοῦ κυρίου· συκοφαντηθεὶς ὑπὸ τῶν αἱρέσεων[9] κατηγορήθη ἐπὶ Ἀττικοῦ ὑπατικοῦ. Καὶ ἐπὶ πολλὰς ἡμέρας αἰκιζόμενος ἐμαρτύρησεν, ὡς πάντας ὑπερθαυμάσαι καὶ[10] τὸν ὑπατικόν, πῶς ρκ' ἐτῶν τυγχάνων ὑπέμεινε τὰς αἰκίας· καὶ ἐκέλευσεν αὐτὸν σταυρωθῆναι.

(25) Simon, der Sohn des Klopas, der Vetter des Herrn, wurde von den Häretikern verleumdet und angezeigt beim Statthalter Attikus. Und nachdem er viele Tage (lang) gefoltert worden war, legte er Zeugnis ab, so daß alle (darüber) sehr staunten, auch der Statthalter, wie (ein Mann) von 120 Jahren die Qualen ertrug. Und er befahl ihn zu kreuzigen.

Diese Vita[11] entspricht ebenfalls im Aufbau nicht dem normalen Schema in den VP, denn der gewaltsame Tod wird erst am Schluß erwähnt. Sie stammt entweder aus den verlorengegangenen Hypomnemata des Hegesipp oder aus Eusebs Kirchengeschichte oder aus einer Apostel- und Jüngerliste. Da alle Angaben der Vita in Eusebs Kirchengeschichte enthalten sind und die Vita keine zusätzlichen Informationen über Simeon bietet, ist wohl Euseb die ursprüngliche Quelle.

Der entsprechende Abschnitt lautet bei Euseb als Hegesippzitat (Euseb, h.e. 3,32,6):

Συμεὼν υἱὸς Κλωπᾶ, συκοφαντηθεὶς ὑπὸ τῶν αἱρέσεων ὡσαύτως κατηγορήθη καὶ αὐτὸς ἐπὶ τῷ αὐτῷ λόγῳ ἐπὶ Ἀττικοῦ τοῦ ὑπατικοῦ. Καὶ ἐπὶ πολλαῖς ἡμέραις αἰκιζόμενος ἐμαρτύρησεν, ὡς πάντας ὑπερθαυμάζειν καὶ τὸν ὑπατικόν,

---

[6] BerR 84,14; vgl. GINZBERG, Legends, II, 11; V, 328 Anm. 33.

[7] S. dazu o. Joad-Vita.

[8] Mehr wird man hoffentlich dazu sagen können, wenn alle Hss der VP durch die Edition von PETIT und DOLBEAU u.a. erfaßt sind.

[9] Paris. 1712: αἱρεσιαρχῶν.

[10] Paris. 1712 fügt hinzu: αὐτόν.

[11] Nach SCHERMANN, Vitae, XXVIII enthält Vat. 1974 diese Vita nicht. Coisl. 224 setzt Simon nach dem Schlußwort. Also scheint unter den von SCHERMANN mitgeteilten Hss nur das Chronicon Pseudo-Symeonis Logothetae (Paris. 1712) den Namenspatron seines »Verfassers« direkt zu den atl. Propheten zu stellen.

πῶς ἑκατὸν εἴκοσι τυγχάνων ἐτῶν ὑπέμεινε·
καὶ ἐκελεύσθη σταυρωθῆναι.

Die Abweichungen zwischen der Vita und dieser Passage bei Euseb sind
wahrscheinlich den weiteren Nachrichten über den Sohn des Klopas bei
Euseb (Euseb, h.e., 3,32,3 und 4,22,4f) entnommen:

In 4,22,4f wird Simon ausdrücklich Συμεὼν ὁ τοῦ Κλοπᾶ genannt und als ἀνεψιὸν
ὄντα τοῦ κυρίου angeführt.
In 3,32,3 zitiert Euseb den Bericht des Hegesipp über das Martyrium des Simeon in
etwas anderer Form:

Ἀπὸ τούτων δηλαδὴ τῶν αἱρετικῶν κατηγοροῦσί τινες Συμεῶνος τοῦ
Κλωπᾶ, ὡς ὄντος ἀπὸ Δαβὶδ καὶ Χριστιανοῦ καὶ οὕτως μαρτυρεῖ ἐτῶν ὢν
ἑκατὸν εἴκοσιν ἐπὶ Τραιανοῦ Καίσαρος καὶ ὑπατικοῦ Ἀττικοῦ.

Die Verwandtschaft unserer Texte ist unübersehbar, aber ebenso sind Unterschiede
deutlich.

   1. Simon statt Simeon ist sekundäre Gräzisierung, d.h. Verbesserung.
   2. Die Artikelsetzung bei υἱός und Κλωπᾶ rundet die Angaben von Euseb ab zu
einer ordentlichen »Überschrift«.
   3. ὡσαύτως und καὶ αὐτὸς ἐπὶ τῷ αὐτῷ λόγῳ sind nur nötig im Kontext von
Hegesipp und Euseb. Sie können deshalb in der Vita entfallen.
   4. Der Akkusativ statt Dativ nach ἐπί ist sprachlich besser, um die Dauer zu bezeichnen.
   5. Ebenso ist ὑπερθαυμάσαι schöner als der zu schlichte Infinitiv Präsens bei
Hegesipp/Euseb.
   6. Die wechselnde Abkürzung der Zahl der Jahre sagt nicht viel, doch die Umstellung von ἐτῶν und τυγχάνων ebenso wie das Objekt zu ὑπέμεινε: τὰς αἰκίας lassen
den Vita-Text glatter erscheinen.
   7. Dasselbe gilt vom letzten Satz: καὶ ἐκέλευσεν αὐτὸν σταυρωθῆναι stellt gegenüber der kürzeren und sprachlich wenig schönen Notiz des Hegesipp, den Euseb zitiert, eine ordentliche Narratio dar.

Man kann also mit einiger Sicherheit sagen, daß in dieser »Vita« weder eine der Quellen des Hegesipp erhalten ist noch der Hegesipptext selbst, sondern daß die Vita abhängig ist von Eusebs Kirchengeschichte. Dieser Text wird nach dem Vorbild der anderen Viten umgestaltet. Nur die Schlußstellung des gewaltsamen Todes und die
genauen historischen Angaben entsprechen dem Grundschema der VP nicht. Die
sprachlichen Änderungen gegenüber dem Eusebtext sind leicht zu verstehen, denn in
dessen Hegesippexzerpt ist das Martyrium des Simeon ja auch in seiner ausführlicheren Form (3,32,6) nur in einen Nebensatz eingebaut.
   Die Vita ist nicht mehr daran interessiert, Simon in die Jerusalemer »Bischofsliste«
einzuordnen und die Rechtgläubigkeit der Kirche in dieser Zeit herauszustreichen, was
noch das Hauptanliegen Hegesipps und Eusebs war[12]. Die Altersangabe von 120 Jahren verrät, daß wahrscheinlich schon Hegesipp unseren Simon als einen Vetter Jesu
und nicht als Neffen versteht, d.h. daß Jesus keine leiblichen Brüder hatte.

---

[12] Vgl. v. CAMPENHAUSEN 1963a, 146–151

Gleichgültig, welcher Kl(e)opas[13] in Joh 19,25 und Lk 24,18 genannt wird, für Hegesipp und Euseb stand fest, daß dieser ein Bruder Josephs, des (Zieh)vaters Jesu, war, der einen Sohn namens Simeon hatte. Dieser Simeon übernahm nach Jakobus dem Herrenbruder die Leitung der Jerusalemer Urgemeinde und starb erst unter Trajan (27. Januar 98 – 18. August 117). Daß ihn der Statthalter Attikus kreuzigen ließ, kann auf guter Überlieferung beruhen, denn Titus Claudius Atticus, der Vater des berühmteren Herodes Atticus, war in den Jahren 99/100 – 102/103[14] der 8. Statthalter in Judäa. Ein »Neffe« Jesu kann gut in dieser Zeit noch gelebt haben; die legendären 120 Jahre dagegen sind nötig, um ihn der Generation des κύριος zuzuordnen.

In den Apostel- und Jüngerlisten und in den Synaxarien[15] erscheint die Notiz über Simon, Sohn des Klopas, auch in anderen Varianten. Hier ist »Klopas« der Beiname des Simeon geworden; zudem wird gekürzt und hagiographisch erweitert durch die vielleicht schon bei Origenes belegte Version, daß eben dieser Simeon der ungenannte Begleiter des Klopas auf dem Weg nach Emmaus (Lk 24) war[16].

2. Die Anhänge in Ep1

Ep1 fügt an den Abschnitt über die Kleinen Propheten einen christlich ausgerichteten Schluß an mit einer Dreiergruppe, die eng zusammengehört: Auf Zacharias, den Vater des Täufers, folgt der Priester Simeon (Lk 2). Den Schlußpunkt bildet der letzte Prophet des Alten Bundes, Johannes der Täufer.

---

[13] Vgl. ZAHN 1900, 350ff; BLINZLER 1967, 111–118; HENGEL 1976a, 307 Anm. 6; RIESNER, Art. Kleopas, GBL II, 794 (Lit.).

[14] KP 1, Sp. 1210f.

[15] Indices Apostolorum discipulorum Domini, Pseudo-Dorothei (SCHERMANN, Vitae, 174, 9ff): Κλεοπᾶς ὁ καὶ Συμεών, ὁ ἀνέψιος τοῦ κυρίου γενόμενος καὶ δεύτερος ἐπίσκοπος Ἱεροσολύμων, ὅς καὶ εἶδεν αὐτὸν μετὰ τὸ ἀναστῆναι αὐτὸν ἐκ νεκρῶν; oder etwa in den Synaxarien (SCHERMANN, Vitae, 189): Σίμων ὁ καὶ Συμεών, ὁ καὶ Κλεώπας, υἱὸς Ἰωσήφ, ἀδελφὸς δὲ Ἰακώβου καὶ δεύτερος ἐπίσκοπος Ἱεροσολύμων. Οὗτος ἔζησεν ἔτη ἑκατὸν εἴκοσι, καὶ ὡς συγγενὴς τοῦ κυρίου καὶ τῆς Ἰούδα φυλῆς κατακριθείς, ἰοβόλων θηρίων σκορπίων καὶ ὄφεων καὶ ἑτέρων φαλαγγίων ἐκπιεσθέντων, τὸ ἐκθλιβὲν ἐκεῖθεν ὑγρὸν ὑπὸ Δομετιανοῦ βασιλέως Ῥωμαίων ἀναγκασθεὶς πιεῖν, πέπονθεν οὐδὲν βλαβερόν· ὕστερον δὲ ὑπὸ Τραιανοῦ βασιλέως σταυρῷ παραδοθεὶς τελειοῦται. Diese Texte geben sich deutlich als spätere Kompilationen zu erkennen. Sie setzen die spätere Entwicklung der Traditionen über die Familie Jesu voraus. Vgl. ZAHN 1900, 350ff.

[16] Diese Schlußfolgerung zieht ZAHN 1900, 235–243.350ff aus Origenes, Cels II, 62.68; vgl. ZAHN 1920, 709–713; dazu die Darstellung der Untersuchungen von ZAHN und die Kritik und Zustimmung, die sie erfahren haben, bei SWARAT 1991, 132–145.

2.1 Die Vita Zacharias des Vaters des Täufers

Die Zacharias-Vita wird durch die umgestaltete Sacharja ben Jojada-Vita ge-bildet[17]. Sacharja ben Jojada wird in Ep1 nicht als letzter in dem Abschnitt über die Geschichtspropheten aufgeführt[18]. Man wird hinter dieser Änderung eine bewußte redaktionelle Entscheidung zu sehen haben.

2.2 Die Simeon-Vita

Συμεὼν ὁ ἱερεύς· οὗτος ἦν ἐξ φυλῆς Ἀαρών.	Simeon, der Priester. Dieser war aus dem Stamm Aaron.
Οὗτος ἐχρηματίσθη ὑπὸ πνεύματος ἁγίου τοῦ μὴ ἰδεῖν θάνατον ἕως ἂν ἴδῃ τὸν Χριστὸν ἐν σαρκί.	Diesem wurde prophezeiht durch den heiligen Geist, daß er den Tod nicht sehen werde, bis er Christus im Fleisch gesehen habe.
Οὗτος ἐβάστασε τὸν κύριον εἰς τὰς ἰδίας ἀγκάλας.	Dieser trug den Herrn auf seinen eigenen Armen.
Καὶ ἐδόξασε τὸν θεὸν εἰπών· εἶδον οἱ ὀφθαλμοί μου τὸ σωτήριόν σου.	Und er pries Gott und sagte: »Meine Augen haben dein Heil gesehen.
Νῦν ἀπολύεις τὸν δοῦλόν σου, δέσποτα, κατὰ τὸ ῥῆμά σου ἐν εἰρήνῃ.	Nun lässest du deinen Diener, Herr, nach deinem Wort in Frieden fahren.«
Ἀπέθανε δὲ καὶ ἐτάφη πλησίον τῶν ἱερέων πρεσβύτης πλήρης ἡμερῶν.	Er starb aber und wurde in der Nähe der Priester begraben, ein Alter voll an Tagen.

Diese Vita richtet sich formal ganz nach dem Vorbild der Viten der atl. Pro-pheten. Sie weicht kaum vom lk Bericht (2,25–30) ab und verzichtet auf jede mariologische Ausmalung. Folgende Änderungen gegenüber Lk lassen sich feststellen: Simeon wird als Priester bezeichnet, denn er hielt sich ja nach Lk 2 im Tempel auf. Seine Zugehörigkeit zum Stamm Aaron wird so feierlich wie bei Elia angegeben[19]. Abweichend vom sonstigen usus in den VP wird wörtlich zitiert und das *Nunc dimittis* nur leicht umgestellt angeführt, so daß die Weissagung Simeons auf seinen Tod direkt vor der Todes- und Grabnotiz zu stehen kommt. Wie es einem Priester geziemt, wird er »in der Nähe der Priester« bestattet. J. Jeremias hat im Anschluß an Abel angenommen, diese Bemerkung könne auf eine jüdische Ortstradition vom Grab des Hohen-priesters Simon II, des Gerechten (Sir 50), zurückgehen[20]. Doch diese Annah-me ist recht unwahrscheinlich. Schon im ProtevJak gilt Simeon als Nachfol-

---

[17] S. dazu o. den Kommentar zur Sacharja ben Jojada-Vita. Der Text der Vita ist in der synoptischen Tabelle zu Sacharja ben Jojada aufgeführt.

[18] Die Geschichtspropheten stellt diese Rez. an den Anfang vor die großen Propheten.

[19] VP 20,1 (SCHERMANN, Vitae, 6.53.66.93); dazu o. Elia-Vita, Abschnitt 1.3.

[20] JEREMIAS 1958, 73f.68ff. Vgl. o. Haggai-Vita, 19. Exkurs.

ger des Vaters des Täufers im Priesteramt[21]. Die Eremiten, die im 4. Jh. n. Chr. im Kidrontal lebten, haben die älteren Grabüberlieferungen in veränderter Gestalt weitergepflegt. Die Lokaltradition über Simeon findet sich erst seit der Auffindung des Grabes im Jahr 351. Das ist wohl auch der terminus post quem für die Rez. Ep1.

2.3 Die Johannes-Vita

Den Schluß bildet der letzte Prophet des Alten Bundes, Johannes der Täufer:

Ἰωάννης ὁ βαπτιστὴς υἱὸς Ζαχαρίου καὶ Ἐλισάβετ.

Johannes, der Täufer, Sohn des Zacharias und der Elisabeth.

Οὗτος ἦν ἐκ φυλῆς Λευί.

Dieser war aus dem Stamm Levi.

Οὗτος ἐδήλωσεν ἡμῖν τὸν ἀμνὸν τοῦ θεοῦ τὸν υἱὸν τοῦ πατρὸς τὸν ἄραντα τοῦ κόσμου τὴν ἁμαρτίαν.

Dieser offenbarte uns das Lamm Gott, den Sohn des Vaters, der die Sünde der Welt getragen hat.

Οὗτος εἴσοδος ἡμῖν ἐγένετο τῆς τοῦ θεοῦ βασιλείας.

Dieser wurde uns zum Eingang der Königsherrschaft Gottes.

Οὐδεὶς γὰρ ἐν γεννητοῖς γυναικῶν μείζων ἐστὶν Ἰωάννου τοῦ βαπτιστοῦ.

Denn niemand unter den von Frauen Geborenen ist größer als Johannes der Täufer.

Ἀπέθανε δὲ τμηθεὶς τὴν κεφαλὴν παρὰ Ἡρῴδου, διὰ Ἡρῳδιάδα τὴν γυναῖκα Φιλίππου τοῦ ἀδελφοῦ αὐτοῦ.

Er starb enthauptet durch Herodes, wegen der Herodias, der Frau seines Bruders Philippus.

Der Bericht nimmt Joh 1,29; Lk 7,28 (par Mt 11,11) und Mt 14,3–11 (vgl. Mk 6,17) z.T. wörtlich zitierend auf. Die Angabe, daß Johannes »uns« zum Zugang zur Königsherrschaft Gottes wurde, wird sich auf die βασιλεία-Verkündigung des Täufers bei Mt stützen.

Auffällig ist nur, daß diese Vita so gar nichts vom Grab des Täufers in Samaria berichtet, obwohl dieses Grab durch Egeria, Hieronymus und vor allem durch Philostorgios für die Zeit 361/363 belegt ist[22], als Heiden das Grab des Täufers und des Propheten Elisa schändeten. In der Elisa-Vita hatte Ep1 gegen die anderen Rez. betont, daß Elisa in Sebastopolis (sic) im Land Samarien – und nicht einfach in »Samaria« – begraben liege. Aus dem Schweigen über das Grab des Täufers wird man wahrscheinlich keine Schlüsse für die Datie-

---

[21] ProtevJak 24 (STRYCKER 186ff): Καὶ ἀνέβη ὁ κλῆρος ἐπὶ Συμεών· οὗτος γὰρ ἦν ὁ χρηματισθεὶς ὑπὸ τοῦ ἁγίου Πνεύματος μὴ ἰδεῖν θάνατον ἕως ἂν τὸν Χριστὸν ἐν σαρκὶ ἴδῃ. Die Vita zeigt in den Abweichungen von Lk 2,26 Berührungen mit dieser Stelle.

[22] Philostorgios, h.e. 7, 4 (BIDEZ/HANSEN 80,1–4.30–35; vgl. 228,1f); dazu o. Elisa-Vita, Anm. 88. Philostorgios schrieb um 425; seine Palästinareise fällt wohl in die Zeit um 390 (BIDEZ/HANSEN, CIX).

rung ziehen können. Daß eine Grabnotiz fehlt, erscheint sehr auffällig, denn sie hätte sich ja mühelos an Mt 14,12; Mk 6,29 anschließen lassen.

3. Der Anhang in Dor

Der Schlußsatz gibt an, daß auch Jephta, David und Samuel in ihren Heimatstädten begraben liegen:

> Ἰεφθὰ δὲ Δαυίδ τε καὶ Σαμουήλ, ἕκαστος αὐτῶν, ἐν τῇ ἰδίᾳ αὐτοῦ ἐτάφη πόλει ἀποθανών.

Dieser Nachtrag setzt voraus, daß man die Gräber Jephthas, Davids und Samuels, deren Viten auch in den VP von Dor nicht enthalten waren, identifziert hatte und sie wohl in christlichem Besitz übergegangen waren[23].

---

[23] Vgl. JEREMIAS 1958, 44ff (zu Samuel); Euseb, Onom (KLOSTERMANN 42,10ff) verzeichnet das Davidgrab in Bethlehem, vgl. die weiteren Belege bei JEREMIAS 1958, 77ff. Euseb, Onom (KLOSTERMANN 132,1) gibt Μασσηρά in der Nähe von Kariathjarim als Heimat Jephthas an, nennt aber kein Grab.

Subscriptio

Text und Übersetzung

24,1 Καὶ ἄλλοι προφῆται
ἐγένοντο κρυπτοί,
ὧν τὰ ὀνόματα ἐμφέρονται ἐν
ταῖς γενεαλογίαις αὐτῶν
ἐπὶ βίβλων ὀνομάτων Ἰσραήλ.
2 ἐγράφοντο γὰρ πᾶν τὸ γένος
Ἰσραὴλ κατ' ὄνομα.

24,1 Und es gab (noch) andere Propheten,
(die) verborgen (sind),
deren Namen sind enthalten in ihren
Geschlechtsregistern,
innerhalb der Namensbücher Israels,
2 denn das ganze Volk Israel wurde
einzeln namentlich aufgeschrieben.

Zum Text

Der Schlußsatz: καὶ ταῦτα μὲν μέχρι τούτων[1], den Schermann in den Text
nimmt, ist sicherlich sekundär. Er ist auch in An1 nicht enthalten.

Vergleich der Rezensionen

Eine Sammlung wie die VP braucht einen Rahmen, der Ziel und Zweck und
Umfang der Zusammenstellung angibt[2]. Wie der Titel, so ist auch der Schluß
recht variantenreich überliefert. Fast jede Hs hat ihre eigene Version[3]. In An1
– unserem ältesten Zeugen – hat sich nur die früheste, nicht mit Sicherheit
auch die ursprüngliche Form des Schlusses erhalten[4]. Der Vergleich der Rezensionen zeigt, daß die anderen Formen des Schlusses abhängig von der in
An1 erhaltenen Version sind.

---

[1] Es handelt sich um die gebräuchliche Schlußformel, die aneinandergereihte Texte voneinander abgrenzt.

[2] Grundsätzlich dazu Band I, Einleitung, Abschnitt 2.1.1 und zum Titel S. 93ff.

[3] Vgl. Synoptische Tabellen z.St.; App. bei SCHERMANN, Vitae, 25.55.98f: Vor allem in
An2 zeigen sich Abweichungen. Verhältnismäßig einheitlich ist nur Dor. Diese Erscheinung
ist typisch für die hagiographische Literatur. Dagegen steht die große Einheitlichkeit in Titel
und Subscriptio bei den Evangelien und den anderen kanonischen Schriften, s. HENGEL
1984b, 3.29f; vgl. Band I, Einleitung, Anm. 121 (Lit.).

[4] HARE, Lives, 399 Anm. a ist da optimistischer.

Die Hss von An2 ändern und erweitern An1 auf verschiedene Weise durch unterschiedliche Notizen. Sie fügen eine Abwandlung des Titels als Inhaltsangabe hinzu[5]. Nach der Schlußmarke καὶ ταῦτα μὲν μέχρι τούτων steht das ausführliche Kolophon des christlichen Schreibers mit einer Begründung für die Heiligenverehrung[6]:

> »Ich bitte diejenigen, die mit diesem Werk, vielmehr dieser historischen Darstellung, in Berührung kommen, für uns zu beten als Dank für diese Mühe. Denn ich denke, der Nutzen aus diesem wird nicht gering sein, so daß (sie) nicht unwissend bleiben über das Leben dieser Heiligen und ihr Ende. Denn das Gedenken der Gerechten (geschieht) mit Lobpreis (Prov 10,7), weil ja die Verehrung für die Guten unter den Mitknechten zum Erweis dient für die Liebe zu dem gemeinsamen Herrn.«

Daran fügt Coisl. 205 noch einmal den Titel an. Er hat nicht denselben Wortlaut wie der am Beginn in dieser Hs mitgeteilte, sondern erwähnt auch die Prophetien und Wunder der Propheten.

Dor gibt einen formal ganz konventionellen Schlußsatz, dem Kontext von ChronPasch angepasst. Damit wird das Ende der als Quelle verwendeten VP angezeigt.

Ep2 verzichtet ganz auf eine Subscriptio.

Ep1 kürzt und glättet in diesem Fall nicht nur einfach wie sonst, sondern bietet noch eine Textform, die auf ein Stadium der Überlieferung vor der Zuschreibung an Epiphanius hinweist und sehr nahe mit An1 verwandt ist. Wie altertümlich An1 klingt, läßt sich besonders an einem Vergleich von An1 und Ep1 erkennen.

Ep1 fügt δέ ein, um den Schluß anzuschließen; das vieldeutige κρυπτοί vermeidet Ep1[7].

Ep1 ersetzt den t.t. ἐμφέρονται[8], verbessert den Plural der Constructio ad sensum und wählt ἐγγέγραπται.

Ep1 bietet ἐν γενεαῖς im Sinne von »Geschlechtsregister«[9], was in der frühchristlichen Literatur im Anschluß an Jes 53,8 in dieser Bedeutung verwendet wird.

---

[5] Das könnte dafür sprechen, daß in den VP die Subscriptio ursprünglich wie üblich auch den Titel enthalten hätte.

[6] Die Angaben im Apparat von SCHERMANN, Vitae 98f, sind widersprüchlich. Er nennt Paris. 1712 und Coisl. 205 als Zeugen für diesen Abschnitt. Aber Paris. 1712 ist nach Schermann genauso kurz wie An1 und schließt schon vorher mit dem Satz καθὼς ἡ βίβλος τῶν υἱῶν Ἰσραὴλ περιέχει.

[7] Dazu u. Anm. 17.

[8] Zu ἐμφέρω als t.t. s. LSJ, s.v.(550), ἐμφέρω ἐν λήμματι »enter in an account« PEleph 15,4 (3. Jh. v.Chr.); Pass.: »to be contained in«; PAPE, s.v. »in später Prosa«; LXX und NT, aber auch die anderen griechischen frühjüdischen Schriften, etwa beim Historiker Callisthenes, 28,10; vgl. LAMPE, PGL, s.v. »to bring in«.

[9] Vgl. Jes 53,8; Apg 8,33; 1 Klem 16,8; ältere Lit. in ThWNT X 2, 1022.

Das wird eine christliche Korrektur sein[10] und entspricht dem auch sonst in Ep1 zu beobachtenden Sprachgebrauch. Dagegen ist An1 mit ἐπὶ γενεαλογίαις vorzuziehen[11]. Eine umgekehrte Entwicklung kann man sich kaum vorstellen.

Der Plural ἐπὶ βίβλων scheint ursprünglicher gegenüber dem Singular ἐν βίβλῳ in Ep1, denn der Hinweis auf viele »Namensbücher« entspricht wohl nicht nur der historischen Wirklichkeit und dem frühjüdischen Wortgebrauch, sondern auch dem Übergang zum plerophoren Stil der Hyperbel am Ende des Epilogs[12]. Hinter dem Singular könnte die unrealistische Vorstellung von dem einen Buch stehen, in dem in Jerusalem ganz Israel aufgeschrieben ist. Christlichen Autoren standen zudem *onomastica sacra* zur Verfügung, die, nach dem Umfang der erhaltenen zu schließen, jeweils nicht mehr als einen Kodex umfaßten.

Weiter könnte man vermuten, die Hyperbel in An1: ἐγράφοντο γὰρ πᾶν τὸ γένος Ἰσραὴλ κατ᾽ ὄνομα müsse sekundär sein, denn sie drücke eine gewisse Distanz zu »Israel« aus: »sie schrieben sich ganz Israel namentlich auf«. Doch wie in Zeile 2 wird wieder der Plural in einer Constructio ad sensum verwendet. Man muß übersetzen wie Hare »the hole race of Israel are enrolled by name«.

In Ep1 findet sich dafür keine direkte Entsprechung, sondern die 1. Pers. Pl. ἐμνημονεύσαμεν, »die wir nicht erwähnt haben«[13]. Es wäre verlockend, anzunehmen, daß diese Formel ursprünglicher sei. Sie weist dann zurück auf den Wortgebrauch in der Jeremia-Vita[14]. Doch diese Änderung in Ep1 ist notwendig, weil hier das κρυπτοί der ersten Zeile ausgefallen ist, bzw. berichtigt wurde[15].

Kommentar

Καὶ ἄλλοι προφῆται ἐγένοντο κρυπτοί,

Auch wenn man nicht ganz sicher sein kann, in welcher Form der Verfasser selbst wirklich sein Schlußwort geschrieben hat, erfüllt der Text – so wie er in An1 überliefert wird – genau das, was man von einem solchen Epilog erwartet. Er begründet die Auswahl der Sammlung mit dem Verweis darauf, daß es

---

[10] Durch 1 Tim 1,4 und Tit 3,9 und die Auseinandersetzung mit gnostischen Genealogien hatte das Wort γενεαλογία für »Christen einen schlechten Klang bekommen« (W. SPEYER, Art. Genealogie, RAC 9, Sp. 1145–1268 [1213.1253f]). Vgl. MARKSCHIES 1992, 6 Anm. 81.

[11] Hieronymus, Comm in 1 Tim 1,4 [PL 26,631A] berichtet, daß Juden die Genealogie von Adam bis Serubbabel hersagen konnten, d.h. es war wohl »Schulstoff«. Zum rabb. t.t. »Megillat Juchasin« für Rollen mit Geschlechtsregistern s. bJeb 49b; yTaan 4,2, 68a; BerR 98,10 (THEODOR/ALBECK 1, 259).

[12] Noch die David-Apokalypse verwendet den Plural, wenn sie von den himmlischen Büchern redet, in denen das Volk Israel und seine Nöte aufgeschrieben sind; vgl. SCHWEMER 1991b, 312f.

[13] Diese Bedeutung setzt sich in der christlichen Sprache durch, s. LAMPE, PGL, s.v. 874: »*make mention of*, in prayer, esp. liturg.«; vgl. aber auch schon BAUER/ALAND, s.v. Sp. 1062, 1. »auch – mit fließender Grenze – erwähnen«.

[14] S. dazu Band I, 181.202.

[15] Entsprechend auch HARE z.St.; aber auch schon SCHERMANN, Legenden, 115 sagt, daß Ep1 gegenüber An1 sekundär ist, doch ohne Begründung.

noch andere Propheten gab, über die der Verfasser nichts weiß, d.h. für die er weder ein βίος noch ein γένος angeben kann, bzw. die er nicht erwähnt hat[16].

Das so schwer übersetz- und deutbare κρυπτοί läßt Ep1 mit guten Gründen weg, denn man konnte es ja – in späterer Zeit – als Hinweis auf »apokryphe« Propheten mißverstehen[17]. Wahrscheinlich ist κρυπτός in An1 im Sinne von CD v 4f (יטמון) verwendet[18], und der Verfasser denkt an ihm nicht zugängliche Quellen[19].

ὧν τὰ ὀνόματα ἐμφέρονται ἐν ταῖς γενεαλογίαις αὐτῶν
ἐπὶ βίβλων ὀνομάτων Ἰσραήλ.

Auch den Verweis darauf, daß die Namen der nicht genannten Propheten in ihren »Geschlechtsregistern« »eingetragen«[20] und in den Namensbüchern Israels zu finden sind, muß man historisch ernst nehmen. Zwar bestand sicherlich nur für die priesterlichen Familien die Notwendigkeit, ihre Geschlechtsregister mit akribischer Genauigkeit in Jerusalem führen zu lassen[21], damit es nicht noch einmal zu einer Situation wie nach der Rückkehr aus Babylon kommen konnte, doch auch Familien, die sich auf davidische Abstammung zurückführen konnten – wie die Jesu und die Hillels – hielten ihre Traditionen hoch[22].

Ganz selbstverständlich nennt ein dem hohen Priesteradel entsprossener Mann wie Josephus seine wichtigsten Vorfahren, die die Verbindung zum hasmonäischen Hohenpriester- und Königshaus herstellen[23]. Auch ein aus der Diaspora mit seiner Familie (?) zurückgekommener Jude wie Paulus kann

---

[16] Vgl. dazu das Schlußwort in Joh 20,30 und die Hyperbel in Joh 21,25.

[17] Vgl. OEPKE, Art. κρύπτω, ThWNT III, 996–999; HARE z.St. schlägt vor, es auf die Gräber zu beziehen, und übersetzt: »And other prophets became hidden«; SATRAN 1995, 128: »other prophets were hidden«.

[18] Vgl. zu dieser Stelle Band I, Jeremia-Vita, Anm. 299.

[19] Vgl. die frühen Stellen: Dan 8,26; 12,4.9; 1 Hen 82,1; AssMos 1,16; 4 Esra 12,37; 14,6.26.46f; syrBar 20,3; 77,1f; man kann auch den späteren rabbinischen Sprachgebrauch vom »Verbergen der Bücher« (גנז) heranziehen; vgl. STEMBERGER 1988, 171 Anm. 24: bPes 62b spricht vom »Verbergen« eines Buches der Genealogien (ספר יוחסין), dem also eine bestimmte Heiligkeit zugeschrieben wurde; vgl. ARN A1 (SCHECHTER 2b). Weiter dazu u. Anm. 27.

[20] Vgl. o. Anm. 7.

[21] Jos., Ap. 1,30–36; vgl. JEREMIAS 1962, 242f; BILL. I, 2–6; W. SPEYER, op.cit., (1211); SCHÜRER II, 240–242.

[22] Euseb, h.e. 3,11; 3,32,3.6; zu den vor Domitians Gerichtsstuhl zitierten Herrenverwandten s. Euseb, h.e. 3,19; Philippus Sidetes (DE BOOR 169); Euseb.-Hieron. Chron. zJ 96 (HELM GCS 47, 192e. 411e); vgl. W. SPEYER, op.cit., (1224); zur legendären Weiterbildung des Stammbaums Jesu s. auch ProtevJak 1,3f; zu Hillel: yTaan 4,2 68a, 45; vgl. BILL. I, 4.

[23] Vita 1–6; in 6 verweist Jos. auf die öffentlichen Geschlechtsregister (ἐν δημοσίοις δέλτοις) für seine Abstammung; W. SPEYER, op.cit., 1211f: »Eine so umfangreiche G.(enealogie) weist keine andere antike Selbstbiographie auf.«

seine Herkunft aus dem Stamm Benjamin, wenn es darauf ankommt, in die Waagschale werfen[24].

Das Bestreben, die Familien- und Sippenverbände genealogisch zu erfassen, ist alt und erhält besonderes Gewicht bei der Konsolidierung unter Esra/ Nehemia. Die Genealogien der Chronikbücher sind das wichtigste nachexilische Zeugnis für das Bestreben, Lücken in den Stammbäumen zu füllen. Es hat auch später nicht nachgelassen[25], es begegnete als ein Hauptelement unserer VP. Das Interesse, die Abkunft der wichtigsten Personen der Vergangenheit und der Verfasser der altüberlieferten Schriften festzuhalten, zeigt sich nicht nur im Kolophon der LXX zu Hiob oder ψ 151, sondern etwa auch, wenn Judith sich auf ihren Vater Simeon, den Helden in der Schlacht um Sichem/Samaria, beruft.

Sicherlich sind die Stammesangaben der VP aus den Schriften »herausgelesen«. Die Traditionen, die in den VP dafür verwendet werden, weisen in die hasmonäische Glanzzeit. Auch für das Sammeln der Überlieferung besitzen wir ein, eben weil es eine Fälschung ist, ganz zuverlässiges Zeugnis in 2 Makk 1,10 – 2,18 (2,14): Nur was man um 100 v. Chr. wirklich besaß, konnte man in die Anfangszeit der Restauration unter Judas Makkabäus zurückdatieren.

In den rabbinischen Schriften finden wir den Hinweis auf mehrere »alte Geschlechtsregister« (Megillat Juhasin), auf die die Gelehrten ihre Kenntnisse zurückführen und die in Jerusalem einsehbar waren. Nach bYeb 49a stand ja dort z.B. zu lesen, daß Jesaja von Manasse zersägt wurde[26].

Daneben gibt es die Hinweise auf das »Sefer Juchasin«, einen Kommentar zu den Geschlechtsregistern in den Chronikbüchern, dessen Gelehrsamkeit und Umfang gepriesen wird und das schon früh verloren ging[27].

Diese verstreuten Hinweise passen vorzüglich zum Schlußwort der VP. Der Verfasser gibt uns damit einen Verweis auf seine Quellen. Auch das Nebeneinander von Genealogien und dem »Buch der Namen« bzw. den »Büchern der Namen«, das dem Nebeneinander von Megillat Juchasin und Sefer Juchasin entspricht, weist in diese Richtung. Die Beziehungen zwischen den Genealogien der Chronik und den VP sind für uns noch nachvollziebar, doch auf welche Zwischenglieder die VP zurückgreifen konnten, läßt sich nur vermuten.

---

[24] Phil 3,5 dazu HENGEL 1991a, 221f.

[25] Das zeigt vor allem Jub und LAB.

[26] S. Band I, Jesaja-Vita, S. 106.111.

[27] bPes 62b »Seit der Sefer Juchasin verborgen wurde, ist die Kraft der Weisen erschlafft und ihr Augenlicht stumpf geworden.« Mit der haggadischen Auslegung zwischen den beiden Vorkommen von אצל in 1 Chron 8, 37f und 9, 43f hätte man 400 Kamele beladen können (loc.cit.); vgl. STEMBERGER 1992, 45: »Der Sefer Juchasin scheint ... ein Kommentar zu den Genealogien des Buchs der Chronik gewesen zu sein«; DELITZSCH 1844, 97 vermutete, die Genealogien bei den Kirchenvätern seien einem apokryphen Buch entnommen; vgl. auch SCHERMANN, Legenden, 115f.

Der Bericht bei Euseb (h.e. 1,7,13f), Herodes der Große[28] habe alle Geschlechtsregister der Juden verbrennen lassen, damit sich niemand vornehme-
rer Herkunft als er selbst rühmen könnte, kann bei aller legendären Ausgestaltung als ein Hinweis auf die Bedeutung der in den Jerusalmer Archiven[29]
liegenden Geschlechtsregister gedeutet werden. Daß es private Abschriften
gab, zeigt die Darstellung des Josephus über seine Abkunft[30].

Mit diesem Verweis auf ausführlichere Quellen schließt sich der Verfasser
einer alten Gepflogenheit an: Er verweist – ähnlich wie bereits die Verfasser
der alttestamentlichen Geschichtsbücher – auf diese umfangreicheren Listen,
doch sich selbst hält er bescheiden im Dunkeln und bleibt anonym.

All das spricht dafür, daß Titel und Schluß im Kern nicht nur alt sind, sondern auch von Anfang an zur Schrift gehörten. Sie waren nötig, weil die VP
eine selbständige kleine Schrift waren. Dafür daß sie es waren, spricht die
Auswahl der Propheten: Sie enthalten ja nicht nur die Schriftpropheten, sondern eine sinnvolle Auswahl aus den Geschichtsbüchern. So bildeten sie ein
kleines »Bibellexikon« zu den alttestamentlichen Propheten.

---

[28] SCHALIT 1962, 109–160; SCHALIT 1969, 677f; vgl. HENGEL 1984, 43.
[29] SCHÜRER I, 412.
[30] Vgl. o. Anm. 23.

Stellenregister

1. Altes Testament
(einschließlich der zusätzlichen Schriften der LXX)

---

[1] In Auswahl; die VP sind durch den fortlaufenden Kommentar mit Querverweisen und durch das Sachregister erschlossen. Die römischen Ziffern vor den Seitenangaben beziehen sich auf die beiden Bände.

25,16.21f	I: 231f	18,20ff	II: 68
25,22	II: 314	22,11	I: 224
25,40	I: 287	26,14	I: 348
26,33	II: 125	27	I: 292
27,16	II: 124	28,4.18	I: 155
28	II: 315	28,26	II: 201
28,21	II: 16	28,36	I: 203
28,26	II: 317	29,24ff	I: 291
30,17–21	II: 297	29,27	I: 291
33,7–12	II: 314	32,24	I: 342
33,7	II: 132	33,1f	I: 213, 224
33,20	I: 111	33,2	I: 212f, 224; II: 10
35,9.27	II: 315	33,3 (LXX)	I: 224
40,34ff	I: 229, 231	33,8	II: 317
		33,27.29	I: 224
Leviticus		34,6	II: 273
1,1	II: 314	34,10ff	I: 219
8,7f	II: 315		
8,8	II: 317	*Josua*	
11,22 (LXX)	I: 191ff	1	II: 188
11,29 (LXX)	I: 174	3,12–17	II: 246
16	II: 125	3,13.16 (LXX)	I: 276
19,16	II: 210	4,10–18	II: 246
19,17	II: 202	4,3	II: 16
21,11	II: 200	13,17	II: 4
25,23	II: 102	15,59	II: 34
25,32ff	II: 233	16,5	I: 305
		17,11	II: 3f
Numeri		18,1	II: 12, 208
1,5	I: 26	18,22	II: 216
6,7	II: 200	19,2–9	II: 86
9,20	I: 229	19,13	II: 52
10,33–36	I: 205, 215, 219, 221, 231	19,33	II: 14
		19,51	II: 208
17,17	I: 151	21,1–42	II: 233
19,11–16	I: 154	21,17	I: 150; II: 194f
20,22ff	I: 64, 230	21,18	I: 165
21	I: 174ff, 292	22,10	II: 267
21,8	I: 365	24 (LXX)	I: 64, 117; II: 10–14, 213
27,21	II: 317		
33,31–38	I: 230	24,1	I: 85; II: 12
35,1–8	II: 233	24,25ff	I: 85; II: 10–14, 18, 212
		24,31	II: 273
Deuteronomium		24,32	I: 117, 189
4,7	I: 111	24,33	I: 72
4,24	II: 236		
9,3	II: 236	*Richter*	
10,6	I: 64, 230	1,6 (Vg)	I: 335
11,30	II: 8	3,19.26	II: 268
13,1f	I: 269	4,4f	I: 117; II: 75
13,2–6	II: 68	7,22	II: 264
17,17	II: 196	9,6.37	II: 12
18	I: 219		

13	II: 182f, 185f
13,3ff	II: 155
13,6	II: 187
16,31	II: 304
17–18	II: 23, 25
17,1	I: 24, 31
18,30	I: 293
18,31	II: 12

Rut

2,14	II: 104

1. Samuel

1,1	I: 72, 306; II: 194, 208
1,3.9	II: 12, 208
1,17.20	II: 155
2,12–17.22–25	I: 48
2,22	II: 208
3,1–18	II: 308f
6,4	I: 292
6,11	II: 8
9,5	II: 178
9,37	II: 8
10,16ff	II: 237
14,25	I: 358
14,41	II: 317
15,1–35	I: 245
21,10	II: 315
22,18f	II: 179
28,5	II: 318
31,13	I: 117

2. Samuel

1,18	II: 188
5,24	II: 8
7	II: 197, 199, 209
7,4	II: 202
7,14	II: 202
8,18	II: 195
11	II: 198
12	II: 197ff, 202f
12,1 (LXX)	II: 203
12,31	I: 107f
12,25	II: 196
20,20	I: 358
21,20	I: 306
23,8	I: 26
23,17	I: 358
23,24 (LXX)	I: 26

1. Könige

1,9ff	I: 115

2,28–35	I: 258
4,12	II: 264
6,8	I: 266
7,15–22	II: 132
8,6	II: 311
8,56	I: 283
10,1–13	I: 150f
10,2	I: 153
11	II: 209f
11,4	II: 211
11,9f	II: 209
11,26	I: 243
11,29 (LXX)	II: 208
11,43 (LXX)	I: 243, 245f; II: 6
11,31–39	II: 209
12	II: 210
12,22	II: 210
12,24 (LXX)	I: 243–247; II: 6, 208
12,29	II: 267, 269
12,32	II: 217
12,33–13,34	II: 156, 217
13	I: 6, 80; II: 185, 214–219, 268, 322f
13,1ff	II: 155, 161
13,3ff (LXX)	I: 53, 269, 155
17–2. Kön 2,8	II: 251–254
17,1–9	II: 74
17,1	II: 85, 228, 232f
17,4	II: 229
17,10	II: 75
17,17–24	I: 281; II: 51, 55, 63ff, 67, 73f
17,21	II: 74
18,3–16	II: 44ff, 278
18,12	II: 44f
18,20–40	II: 233
18,27	II: 228
18,31	II: 16
19,1	II: 244
19,4	II: 74
19,12	II: 250
19,16	II: 264
19,17	II: 244
19,19ff	II: 272
20,17	II: 228
20,35–43	II: 25
22	II: 22f, 26, 219
22,8	II: 25
22,24	II: 24
22,28b	II: 24, 32
22,26ff	I: 81

2. Könige

1,3	II: 228

28,9–11	II: 221ff	10,7	I: 304
29,30	II: 149	10,21	II: 147
30,1	II: 6	12,4	II: 153
30,11	II: 6f	12,16	II: 154
30,18	II: 6f		
32	I: 130ff	*Tobit*	I: 253
32,3f.30	I: 120, 121, 123, 132	1,1	II: 233
32,4	I: 132	1,17f	II: 200
32,27–31	I: 152	2,3–8	II: 200f
32,31	I: 155	3,7	I: 363
33,1–20	I: 103	4,3f	II: 63
33,15f	II: 98	5,6	I: 363
35,15	II: 149	6,6.10	I: 363
36,5a	II: 99	7,1	I: 363
36,17ff	II: 99, 134	12,12f	II: 200f
36,19	II: 81	13,5.13	I: 274
36,22f	II: 163f	14	I: 141
		14,1	I: 369
Esra (= 2. Esdras)		14,4	II: 67, 81, 89
1,1–4	II: 163f	14,5	II: 117
2	II: 145	14,12ff	I: 363
2,26	I: 72		
2,28	II: 75	*Judit*	I: 72, 308; II: 3, 5,
2,63	II: 307, 316		87
4,24	II: 144, 170	1,1–5	I: 363
5,1–6,22	II: 159	2,28	II: 64
5,1	II: 144f, 153	4,4	II: 3f
6,2–5	I: 363	7,4	II: 3f
6,14	II: 144f, 153	8,3f	II: 3f
6,16	I: 364	8,6f	I: 318
7,25	I: 207	8,7	I: 306
8,2	I: 304	9,2	II: 87
9,1f	II: 178		
19,7 (Neh)	II: 160	*Esther*	I: 265, 362
23,28 (Neh)	II: 62	LXX	I: 245
		2,8	I: 253
3. Esra (= 1. Esdras)	II: 165	4,17 (LXX)	II: 74
2,25	II: 170	5,3	I: 354
3,6ff	I: 354	7,2	I: 354
3,13	II: 162	10,7ff (LXX)	II: 171
5,5f	II: 162	Kolophon (LXX)	I: 57; II: 188
5,40	II: 307, 314		
		1. Makkabäer	I: 308
Nehemia		1,1	I: 184
2,3.5	I: 63	1,32	II: 117
2,10.19	I: 305	2,9–12	II: 97
3,15	I: 119, 123, 147	2,21	I: 358
7	II: 145	2,27ff	I: 227
7,30	I: 72	2,58	II: 249
7,32	II: 75	3,10–26	I: 305
7,65	II: 307, 314	3,30	II: 309
9,7	II: 160	4,36–59	II: 117
9,36	II: 101	4,38	II: 14

7,14–17	II: 155, 161
7,14 (LXX)	I: 62, 85, 195f, 199;
	II: 156, 163
8,2	II: 173
8,6	I: 122, 123, 129,
	136
8,23	II: 35
9,1	II: 132, 161
9,5f	I: 357
10,17	II: 236
10,34	II: 169, 272
11	I: 174
11,1	II: 169, 272
11,1ff	II: 161
11,10	I: 99
11,11ff	I: 291
11,12	I: 365
11,15f	I: 274
12,3	I: 140, 145; II: 170
13f (LXX)	I: 62
13,1f (LXX)	I: 365
14,1–23	II: 165
14,31 (LXX)	I: 366
18,3	I: 365
19,1 (LXX)	I: 62, 85, 195, 198f;
	II: 163
19,4	I: 195
19,5f	I: 271
19,18	I: 167
19,20	I: 123, 194, 195f;
	II: 163
21,1–10	II: 165
22,1–14	I: 102
22,8b–11	I: 130
22,11	I: 119
26,1	I: 287
26,15	I: 84
26,19	II: 12
28,16	I: 99
33,11f	I: 366
33,14	II: 236
36–39	I: 99, 102, 130, 132
36,2	I: 131
36,16	I: 131
38	I: 332
39,1–8	I: 152
39,2.4	I: 152
39,5–8	I: 155f
39,7	I: 304, 307
42,7.16	II: 132
44,26	II: 163
44,28	II: 164
45,1–6	II: 164
46,1f; 47,1–5	II: 165

52,13–53,12	I: 102, 113ff
53,3.7ff.12	I: 99, 145
53,8	II: 330
55,1	I: 145
55,6	I: 111
56,4ff	I: 307
57,2	I: 370
58,11	I: 271
61,1	I: 99
61,2f	I: 313
65,11	I: 293
66,24	I: 292
66,14	I: 48, 77, 82

Jeremia

1,5.10	I: 171
1,7.9	I: 234
1,14f	I: 184
1,18	I: 119
2,16	I: 171
3,6.9.13 (LXX)	I: 216
3,16f (LXX)	I: 204, 212
7,12ff	II: 81
8,16	I: 225, 292
8,17	I: 292
10,2 (LXX)	I: 216
13,12	II: 75
14,1ff	I: 135
15,4	I: 103
15,2	I: 368
18,2f	I: 164
18,7.9 (LXX)	I: 201f
19,11	I: 164
20,7–10.14–18	II: 69
20,8	II: 69
23,6 (LXX)	II: 157, 160
25 (33),26	I: 366
26,6.9.18f	II: 81
26 (33),18 (LXX)	II: 21ff, 26
27,19–22	II: 134
28,12.27 (LXX)	I: 365
28 (35),15f	II: 68
29 (36),32	II: 68
30,3	I: 291
31,31–34	I: 164
32,6–9	I: 164
33(40),15 (LXX)	II: 160
34 (41),3	I: 249
34 (41),18f	I: 109
36,7	II: 6
39,1	II: 99
39,10.14	II: 101
40,5ff.11f	II: 101
41,5 (LXX)	I: 369

42 (50),8–15	I: 81
43 (49)	I: 167f
43,11	I: 368
46 (26),15	I: 195, 199
46 (26),16 (LXX)	II: 6
50 (27),3.9.41	I: 366
50 (27)	II: 165
50 (LXX)	I: 168f
50(27)–51(28)	I: 367
50,8f (LXX)	I: 168–171
51(28)	II: 165
51(28),25	I: 366
51(28),41	I: 366
51(28),42	I: 367
51,29 (LXX)	I: 83, 123, 194
52,4ff	II: 99
52,17–23	II: 134
52,24–27	II: 138

Klagelieder

2,11	I: 343
2,22	II: 102

Baruch   I: 42; II: 103

3,4	I: 143
3,10f	II: 69, 74
11f	I: 320, 356

Epistula Jeremiae   I: 42, 235

72	I: 251

Ezechiel

1,1	I: 247
1,3	I: 246
3,12	I: 287
3,16–21	I: 250, 286
8	I: 252, 285
8,1	I: 276, 285
8,3	I: 285, 286; II: 109, 111, 293f
8,5	II: 293f
8,16	II: 294, 298f
10–11	I: 212f; II: 308
10,18a.19b	I: 289
11,15	I: 286
11,23	I: 211; II: 308
12,13	I: 249
14	I: 252
14,1	I: 276, 285
18,7.16	II: 201
18,21–30	I: 280
20,1	I: 276, 285
23,33	I: 272

24,24	I: 259
33,1–20	I: 286
33,1–9	I: 250
33,10f	I: 280
33,23–29	I: 286
33,30–33	I: 276, 285
34,23ff	I: 242, 248
37	I: 258, 280; II: 107
37,1–14	I: 242, 275, 284, 301
37,3	I: 267
37,9–10a	I: 280
37,11	I: 242, 282–285, 295
40–48	I: 287, 291; II: 13
41,1	I: 289
41,5	I: 287
42,15 (LXX)	I: 287
42,15–20	I: 288
43,7ff	I: 252f
43,10	I: 285
44,1–3	I: 242
44,2.3	I: 289
47,1–12	I: 274f, 367
47,1ff	I: 140, 145; II: 170
47,8f	I: 242, 275
47,10	I: 279
48	I: 290f, 294; II: 16

Daniel

1,3	I: 304
1,5.20	I: 367
1,6f	I: 307f, 355f
1,7 (LXX, Θ)	II: 160
1,12	I: 315, 351f
1,16	I: 315, 352
2	I: 303, 371
2,9.21	I: 344
2,10 (LXX)	I: 335
2,18.20–24	I: 319
2,18f.27–30.47	I: 331, 346
2,21(LXX, Θ)	I: 345
2,44	I: 284
2,45	I: 302
3	I: 280, 308, 359, 370f
3,19	I: 334, 344
3,27 (LXX)	I: 344
3,94.95 (Θ)	I: 344
4	I: 38, 55, 58, 79, 299, 301f, 319–361, 370f
5	I: 324, 324f, 354
5,6	I: 344
5,12 (Θ)	II: 160

14,2	II: 81
14,4	I: 367
14,5	I: 367
14,8	I: 140, 145; II: 170
14,9	II: 170
14,21	II: 169f, 175

Maleachi

1,1	II: 184, 186
1,11	II: 177
2,10ff	II: 178
2,13–16	II: 178

2,17–3,5	II: 231
3,1–24	II: 236, 243
3,1	II: 177, 184, 186, 232, 245f, 256
3,2	II: 236, 242
3,5	II: 177
3,16–20	II: 171
3,19–24	II: 177
3,19	II: 232, 236, 242
3,22	II: 188, 245
3,23f	I: 4; II: 228, 231f, 245f, 256f, 259

2. Pseudepigraphen zum Alten Testament

Apokalypse Abrahams

9–32	II: 314
9,11–14	I: 109
17,12	II: 183
25–27	II: 293, 307
25,2	II: 302f
27,1ff	II: 123
27,5	II: 293
29,17f	II: 293f
31,3 (5)	I: 292f

Apokalypse Elias I: 88, 89; II: 259

23,8–16	I: 350f, 353
34,1–9	I: 292
34,7,5ff	II: 260
42,10	II: 260

Apokalypse Esdras

2,2	I: 179
4,9–12.20f	I: 293
4,36	I: 77

Apokalypse Zephanias I: 89; II: 140f

1	II: 140
3,2	II: 139
5	II: 139
6,9–12	II: 139
9,3f	II: 183
10,11	II: 139
12	II: 140
12,5	II: 139
A, B	II: 139
F	II: 141

Apokalypse des Zosimus II: 181

23,2–5	I: 99

Apokryphon des Ezechiel

F 3	I: 290

Ascensio Jesaiae I: 56, 61, 82, 87, 104, 108; II: 287

1,2	II: 34
1,7	I: 105
2,8	II: 27
2,9	II: 98
2,12–15	II: 27
3,6–19	I: 110
3,17	I: 104
4,22	II: 27, 34, 45, 88, 98
5	I: 336; II: 140f
5,2–10	I: 104, 105, 110
5,10	I: 126
5,7	I: 71
5,14	I: 114
6–11	II: 141
6,7	II: 27

Griechische Legende (v. Gebhardt) I: 89, 104, 115

1,14	I: 104, 123
3,14ff	I: 155
4,1–10	I: 39, 104

Assumptio Mosis

1,5	I: 78
1,16	II: 332
3,4–6	I: 291
4,9	I: 291
8	I: 225
9,6–10,3	I: 81
10,1–10	I: 224, 225

3. Texte aus Qumran und der judäischen Wüste

4. Jüdisch-hellenistische Literatur

2,241	II: 198	Philo, Epiker	
		F 3	I: 36, 38f
Ps.-Philo, Predigten			
De Jona	II: 68, 70, 83	Ps.-Phokylides	
§59	II: 61	76	I: 313
§115	I: 209	99	II: 200
§186	II: 70	100ff	I: 154
		103–108	I: 77, 144
De Sampsone	I: 60; II: 182f, 238	104.148	I: 189
c. 9 u. 11	II: 182		
c. 15	II: 187	Ps.-Sophokles	
		F 1027	I: 366

5. Neues Testament

Matthäus		23,29ff	I: 5, 48, 55, 142, 145
1,11	I: 247		
1,18–25	II: 155	23,35	I: 33; II: 173, 286, 288, 291ff, 298, 301f, 321
2	I: 199ff		
3,11	II: 243		
3,12	I: 273	24,15	I: 311
4,13	II: 35	24,30	I: 67, 216
5,2	II: 182	24,45–51	I: 109
5,4	II: 202	25	II: 171
5,17	II: 180	25,4	II: 278
5,18	I: 232	25,36	II: 201
6,16ff	I: 318	27,9f	I: 164
8,5–13	I: 320	27,45–50	II: 42
8,22	II: 201	27,51ff	II: 127
9,37f	I: 273	28,3	II: 183
11,5	II: 13		
11,8f	I: 316	*Markus*	
11,27	I: 218	1,2	II: 163
11,29f	I: 336	1,10f	II: 127
12,32	I: 284	1,13	II: 186
12,39	I: 124	3,6	I: 309
12,40	II: 61f	3,8	II: 66
12,41f	II: 56, 71	4,29	I: 273
14,3–11	II: 327	5,1–5	II: 275
14,12	II: 328	5,3	I: 218
14,20	II: 278	5,9.15	I: 342
15,21	II: 64	5,22–24.34–43	I: 281
15,37	II: 278	6,4	II: 181
16,1–2a.4	II: 82	6,17	II: 327
16,14	I: 170, 235	6,29	I: 141; II: 288, 304, 328
18,10	II: 186		
19,12	I: 309	7,24–30	II: 64ff, 73
19,28	II: 16	8,11f	II: 82
23,15	I: 71	8,20ff	I: 142
23,29–36	II: 291f	9,1	I: 213

6. Apokryphen zum Neuen Testament

7. Apostolische Väter

8. Kirchenväter, christliche Schriften und Schriftsteller

Hieronymus

Comm. in Esaiam
zu 1,10   I: 106
zu 8,5.8   I: 122
zu 56,4.5   I: 307
zu 57,1–2   I: 105
zu 59   II: 186

Comm. in Ieremiam
zu 26   I: 135
zu 26,10f   I: 122

Comm. in Hiezechielem
zu 47,6–12   I: 279

Comm. in Danielem
Prologus   II: 103
zu 1,3   I: 308
zu 6,4   I: 308

Comm. in Osee
zu 9,15   II: 269

Comm. in Amos
Prologus   II: 34
zu 7,13   II: 37

Comm. in Abdiam
zu 1,1   II: 47
zu 19   II: 232

Comm. in Ionam   II: 68
Prologus   I: 59; II: 55f, 65, 73
zu 1,3   II: 71

Comm. in Michaeam
Prologus   II: 22

Comm. in Naum
Prologus   II: 85f

Comm. in Abacuc
Prologus   II: 96, 98, 103

Comm. in Agaeum
zu 1,13   II: 143

Comm. in Zachariam
zu 1,1   II: 215

Comm. in Malachiam
Prologus   II: 178, 180f, 187
zu 3,8   II: 178
zu 4,5.6   II: 227f, 233

Comm. in Mathaeum
zu 22,23 (PL 26,170) II: 186
zu 23,35   II: 292, 303

Comm. in Titum
zu 1,4   II: 331

Prologus duodecim prophetarum
(Weber 1374)   II: 144, 178

Adversus Iovanianum
1,25   I: 308

Adv. Rufinum
2,22   I: 56
3,6   I: 56

Vita Hilarionis
11 (PL 23, 33C)   I: 352

Epistulae
18A,11.13   I: 106
22,11   I: 341
22,17   I: 318
46,13   II: 47
108   I: 79
108,8   I: 305; II: 65, 179
108,12   II: 34; II: 246
108,13   II: 14, 47, 273f, 275
108,14   II: 22, 30
120,8   II: 127
121,11   II: 260

Ps.-Hieronymus

Quaestiones hebraica I: 59
in 1 Sam 5   I: 336
in 1 Kön 1,8   II: 196
in 1 Chr 28,1   I: 309
in 2 Chr 7,10   II: 197
in 2 Chr 9,29   II: 215
zu 2 Chr 15,1   II: 216

Hilarius

Liber contra Constantinum
4   I: 108

Hippolyt

De Christo et Anti-
christo   I: 56
14,2–15,5   I: 225, 292
30   I: 88, 106
31   I: 88
46   I: 88; II: 177

Benedictiones Isaac
et Iacob   I: 292

Chronicon
670 (284) (ed. Helm
100,10–13)   I: 88, 105, 168

Comm. in Genesim
F 35   I: 294

Comm. in Danielem
I 12,4   I: 166, 168f
II 27   I: 334

Ps.-Hippolyt

De consummatione mundi
42   I: 168

Hippolyt von Theben

Chronik   II: 295, 304

Historia Monachorum
in Aegypto   I: 36, 67

  8,1 (Apollo)   I: 198
  8,9 (Apollo)   I: 315
  15,3 (Pityrion)   I: 342

Irenaeus

Adversus Haereses
V 30,2   I: 225, 292

Isidor von Sevilla

De ortu et obitu patrum
                          I: 19, 226
35   II: 232
35,1   II: 259
35,3   II: 259f
36,1   II: 270
36,3   II: 281
37,2   I: 111
55   II: 215

Itinerarium Burdigalense
(Pilger von Bordeaux)

588,8   II: 214
589   II: 218
591   II: 296, 300, 303
592   I: 122, 129
595   I: 147, 157
598   I: 262

Jacobus de Voragine

Legenda aurea   I: 90
  6   I: 198; II: 15
  10,1   I: 198
  44   I: 312

Johannes Chrysostomos

Ad Theodorum
  6,10–21   I: 319

De stat. hom
(PG 49,53)   I: 314

In Epist. ad Hebr.
Hom 14,3
(PG 63,114)   II: 177

Ps.-Chrysostomos

Ascetam facetiis uti non debere
(PG 48, 1056)   I: 316

Johannes Moschus

Pratum Spirituale
§ 80   I: 129
§1; 24; 25; 95; 145;
201   I: 306

Josephus Christianus (Joseppus)

Hypomnestikon   I: 89
  4,47   I: 106
  4,75   I: 106
  4,75–95   I: 27

Justin

Apologia
  1,33,1.4   II: 156
  1,41,4   I: 217
  1,54,8   II: 156

Dialogus cum Tryphone
  8,4   II: 271
  12,2   I: 214
  14,3   I: 214
  43,8   II: 156
  73,1.4   I: 217
  118,2   I: 289
  107,2   II: 62
  120,5   I: 87, 106, 115
  139,2ff   I: 263

Lactanz

Divinae Institutiones
  4,14,16ff   II: 158
  7,24,6   I: 200

Lambert von Saint Omer

Liber floridus
Gent UB Hs 92,
fol. 62r, 62v   I: 341

Märtyrerakten

Acta Carpi
4 (Musurillo 30)   I: 71
39 (Musurillo 26)   I: 71

Acta Pionii
7,5 (Musurillo 144)   I: 126

Martyrium des Polykarp
18,3 (Musurillo 16)   I: 141

Martyrium orientale   I: 27

Melito von Sardes   I: 88

Homilia in Passionem Christi
72   I: 36, 67
94   I: 36, 67
96   I: 369

Michael der Syrer

Chronik   I: 20

Nikephoros Xanthopulos

(PG 145, 919B)   I: 189

Nilus von Ankyra

Epistularum libri quattuor
4,3   I: 314

Opus imperfectum in Matthaeum

Hom 1   I: 106
Hom 33   I: 106
Hom 41   I: 106
Hom 46   I: 106

Origenes

Catena Regia in Prophetas
(PG 13, 808)   I: 308

Contra Celsum
2,62,68   II: 325
4,51f   I: 114
6,34   I: 217; II: 29
7,8   I: 291

In Matthaeum
zu 13,53   II: 303
zu 13,57   I: 106
zu 19,12   I: 307, 308
zu 23,35   II: 303
zu 23,37   I: 106, 256

In Joannem
zu 1,21   II: 231

Homilien
Hom 15 in Jer 2   I: 106, 256
Hom 14 in Jer 14   I: 106
Hom 20 in Jer 9   I: 106
Hom 28 in Lucam   II: 195
Hom 4 in Ez 4,8   I: 308
Hom 14,3 in Ez   I: 289
Hom 1 in Ps 37   I: 106, 256

Epistula ad Africanum
9   I: 106

Palaia historica

(Vassiliev)
290f   II: 112

Palladius

Historia Lausiaca
18,1 (Macarius)   I: 352

Paulinus von Nola

Epistulae
23,19   I: 319

Petrus von Laodicea

Matthäus-Katene   II: 292

Petrus Comestor   I: 90, 299, 348

Historia Scholastica
(PL 198, 1379A)   II: 260
(PL 198, 1380D)   II: 260
(PL 198, 1390D)   II: 267
(PL 198, 1381D)   II: 267
(PL 198, 1403B)   II: 44
(PL 198, 1403C)   II: 47
(PL 198, 1414C)   I: 126
(PL 198, 1446C)   I: 257, 356, 358
(PL 198, 1447)   I: 304f
(PL 198, 1452f)   I: 326ff, 353
(PL 198, 1452B)   I: 330, 336
(PL 198, 1470C)   I: 93; II: 112, 116

Philippus von Side

Christianice Historia II: 332

Philostorgios

Hist.eccl. 7,4   II: 47, 281, 327

9. Rabbinica

9.2 Rabbinische Literatur

9.3 Hekhalot-Literatur

3. Henoch

9.4 Weitere mittelalterliche jüdische Texte

10. Übrige griechische und lateinische Literatur

Suppl.		36	I: 279
925ff	II: 255	135	I: 277f

Hegesias

Livius

| (FGrH 142 F 5) | I: 256 | 43,135f | II: 8 |

Herodot

Lukian

1,29f	II: 189	*Alexander* 7f	I: 191
1,46–56.71–92	II: 165		
1,95–130	II: 165	*Dial. deorum* 17,1	II: 105
1,150	II: 89		
1,178–188	II: 165	Lukios von Patrai
2,68ff	I: 174		
2,75	I: 192	*Lukios oder der Esel*	
3,70	II: 165	(F bei Phot. c. 129)	I: 333
3,107	I: 192		
5,68	II: 160	Nikolaos von Damaskus	
7,38,1–40,4	I: 113	F 135 (FGrH 2 A 90)	I: 336

Hippokrates

| | | Ovid | I: 44 |

Über Achtmonats-

Fasti

| kinder | I: 348 | 4,549–560 | II: 236 |

Ps.-Hippokrates

		Metamorphoses	I: 329
Über die Nahrung		1,238f	I: 333
49–55	I: 339	1,334	I: 341
		2,800	I: 341
		4,498	I: 341
De septimanis 1	I: 347	8,808	I: 341
		10,90–105	I: 118
Homer		11,731ff	I: 333
Ilias		13	I: 127
8,114f	II: 189		
20,127f.336	II: 235	Pausanias	
24,18ff.417–423	I: 256	1,26,5	I: 266
		2,6,6	II: 280
Odyssee		2,23,2	II: 255
7,197f	II: 235	8,16,5	I: 36

Philostrat

Homerische Hymnen

Vita Apollonii

Demeter

| IV 38 | I: 334 |
| 2,231–242 | II: 235f |

| Pindar | I: 45 |

Horaz

Nemeen

Epistulae

| 1,39ff | I: 193 |
| 2,1,31 | I: 3 | 9,24ff.10,8ff | II: 255 |

Jamblich

Platon

De Vita Pythagorica

Apologia

| 24,109 | I: 351 | 17c | II: 189 |

11. Papyri und Inschriften

Sammelbuch griechischer Urkunden
7356,25 — II: 144

Papyri
Pap. Berol.
Westcar 3033 — I: 199
Pap. Dura 26 — I: 147
Pap. Haun 6 — I: 46
Pap. Heid. G. 1101 — I: 278
Pap. Herc. 1021 — I: 48
Pap. Qxy.
1367 — I: 44
1800 — I: 47–50, 54
UPZ I 116 — I: 148

Corpus Papyrorum Judaicarum
CPJ I Nr. 5 — I: 193
CPJ II Nr. 153 — I: 61, 202; II: 100
CPJ II Nr. 156 — II: 66
CPJ II Nr. 157 — I: 196; II: 66, 188
CPJ II Nr. 158a — I: 196

Papyri Graecae Magicae (Preisendanz)
PGrM I, 103ff — I: 279
PGrM IV, 3036f — I: 179
PGrM XXIIb — II: 241

Aberkios-Inschrift — I: 128

BASOR
187 (1967) 27–32 — I: 208
235 (1979) 31–66 — I: 42, 357

Babylonische Chronik
(BM 21,90) — II: 88

Beyer, Texte
I, 339–348 — I: 42
I, 346f — I: 42, 260f

Bieberstein/Bloedhorn, Jerusalem (1994)
III, 177f — I: 157f
III, 331 — I: 158

Corpus Inscriptionum Graecarum
2445 — I: 357

Corpus Inscriptionum Judaicarum
I, 567 — II: 90
I, 775–780 — I: 154f
II, 1395 — I: 154
II, 1404 — I: 61; II: 198
II, 1513 — I: 306
II, 1530 — I: 227

Guarducci, Epigrafia graeca
III, 738 — I: 208

Horbury/Noy, Jewish Inscriptions — I: 167, 176, 180, 227
Nr. 83 — II: 189

Kanaanäische und aramäische Inschriften
(Donner/Röllig; TUAT ed. O. Kaiser)
KAI 13 — I: 151, 155f
KAI 14 — I: 156
KAI 181 — I: 230; II: 273
KAI 191 — I: 156
KAI 225 — I: 156
KAI 226 — I: 156
TUAT II, 478 — I: 156

Keilalphabetische Texte
KTU 1.3, iii–iv — II: 79
KTU 1.82 Z. 37 — II: 79
KTU 1.82 Z. 42f — II: 8, 79

Orientis Graeci Inscriptiones Selectae
I, Nr. 90,3–4 — I: 200

Supplementum Epigraphicum Graecum
VIII, 13 — I: 156
VIII, 209 — II: 189
XXVI, 1684 — I: 293

Sylloge Inscriptionum Graecarum
II, 1168,37 — II: 105
II, 1181,5f — II: 301

Synagoge von Engedi I: 153

Tell Arad
(Davies Nr. 2.097) — II: 178

Münzen s. Sachregister

Register der antiken Namen und Orte, der Sachen und Motive
(in Auswahl)

Licht/Finsternis I: 189, 212; II: 132ff, 309
Lichtherrlichkeit Gottes I: 229, 231f
Lukuas (Andreas) I: 70, 109, 196

Machous s. Kariathmaous
Madeba-Karte I: 167; II: 12, 22, 30f, 39,
   58, 97, 99, 114, 265
Makkabäer II: 14, 75, 248
Makkabäerzeit I: 23, 40, 81; II: 16, 37
Maleachi I: 28f, 31, 72, 74f; II: 16, 35, 78,
   143f, 149, 172, 176–190
– Grab II: 188f
– Martyrium II: 188
Mamre I: 37, 42, 63, 65, 116, 118, 261f;
   II: 14f
Manasse
– Stamm II: 6f
– König I: 48, 80, 88, 98, 102–114, 129,
   155, 336; II: 26, 98
Mantik, mantisch I: 79, 83f
Maour I: 63, 65, 75, 259–262
Marescha, Marisa II: 22f, 30f, 86, 221, 223
Märtyrer I: 40, 71, 88, 141, 368; II: 37f
– christliche I: 71, 88
– Märtyrerberichte I: 126, 284
– Märtyrerlegende I: 41
– »Märtyrerpropheten« I: 6, 8, 79–82,
   142, 169; II: 39, 91, 173
Martyrium I: 48, 79–82, 87, 104, 126;
   II: 61, 321
– s.a. jeweils zu den Propheten
Melchisedek I: 79, 263; II: 234, 238f, 246
Melchisedekianer II: 231
Menachem ben Hiskia (Zelot) I: 79;
   II: 234, 239, 277f, 302f
Menologien I: 18, 39, 52, 89, 237; II: 175
Messias, messianisch I: 5, 11, 15, 34, 66f,
   70, 78f, 82, 85f, 90, 114, 145, 194–200,
   218, 220f, 225, 258, 283, 288f, 292,
   311, 336, 340, 368; II: 13, 18f, 157,
   160f, 169, 231, 242, 246, 270ff
Micha (XII u. Micha ben Jimla) I: 17, 18,
   28f, 31, 33f, 48, 74f, 79, 82; II: 3, 20–
   32, 35, 85, 138, 219
– Grab II: 23, 29–32, 113, 141
– Martyrium II: 20f, 26–29
Michael, Erzengel II: 183, 246, 309
Mora(s)thi I: 74ff; II: 20ff
Mose I: 42, 78f, 83, 85, 110f, 163, 169,
   172, 178, 190, 192, 195, 199f, 213f,
   218ff, 227, 231–235, 240f, 277f, 282f,
   306, 318; II: 136, 156, 181, 183, 198,
   239, 258, 316
– „Der Erwählte Gottes" I: 220

– Grab I: 36, 230f; II: 273
Mose-Apokryphon I: 4
Münzen I: 218, 222f, 358; II: 255f, 269

Nabatäer II: 100
Nahum I: 18, 28f, 69, 72, 74f, 100; II: 5,
   70, 84–92, 97, 138
– Grab II: 85, 91f
Namenslisten I: 26, 43, 94f
Nathan I: 28ff, 70, 72, 74f, 116; II: 179,
   191–205, 208f, 214, 284
Nebo I: 62, 64, 166, 230, 273
Nebukadnezar I: 88, 103, 206, 233, 296–
   360, 364; II: 81, 99, 294, 299, 305
– Besessenheit I: 302
– Stummheit I: 302
Nehardea I: 254f
Nehemia II: 161f, 333
Nero I: 53
Ninive I: 75, 85, 245; II: 48–53, 61f, 65,
   68, 70, 88ff
Nisibis I: 254f
Noah I: 79, 263f; II: 18, 237ff
Nob II: 179
Notariqon I: 166

Obadja I: 28f, 74f; II: 35, 43–47, 198
– Grab I: 63; II: 47, 273, 275f
Oded II: 221
Offenbarung I: 330; II: 131–136, 189f,
   250; 315
Omen I: 83f, 269, 364; II: 272f, 305, 307
Onomastikon I: 16, 27, 43, 50, 88; II: 207,
   227, 331
Opfer I: 47; II: 225, 233, 244, 253
– Opferholz II: 16f
Orakel I: 47, 64, 83f, 86, 122, 124, 144ff,
   187, 195; II: 79f, 134, 156, 224f, 234,
   239f, 240, 247, 259, 266–270, 314f
– im Jerusalemer Tempel II: 307, 311–315
– des Ammon I: 185
– von Baalbeck I: 334
– von Delphi II: 311, 314
– Oracula Leontis II: 271
– Orakellisten I: 84
Osiris I: 112f, 117f, 185
Ossuar I: 42, 70, 222f
Ostrakine I: 75; II: 93, 95, 99f, 136

Pachomius-Viten I: 306
Palästina, palästinisch I: 7, 54, 57, 59, 61,
   67, 71, 163, 262f, 309
Parther I: 274, 276; II: 30
Parusie I: 67, 163, 212, 171

Sappho I: 46f
Saraar I: 74ff; II: 49–51, 56
Sarepta II: 52, 55, 224, 232
Satan I: 292, 302, 340ff
Satyros I: 45
Saul I: 64, 117, 245, 307; II: 307, 318
Scheschbazar I: 364
Schlange(n) I: 162, 173–180, 186–193, 292, 368; 131f
Schilfmeer(wunder) I: 78, 119, 241, 276ff, 291
Schönheit I: 317f; II: 180–184
Sebulon
– Stamm I: 72, 74f; II: 6f, 24, 33ff, 179
– Stammesgebiet II: 189
Sem I: 63, 262–268
Semitismen I: 54, 58, 70, 99, 125f, 236, 370; II: 52, 287
Serubbabel I: 85, 364; II: 144, 151, 157–166, 331
Siebenzahl I: 346–349; II: 284, 317
Siegel, versiegeln I: 178f, 188, 207, 219, 228f
Sichem I: 63, 73f, 76, 117f; II: 12, 43f, 47
Silo(h) I: 68, 74ff, 85, 117; II: 2, 11–19, 206ff, 212f, 267, 269
Siloah I: 48, 75, 79ff, 98, 119–146; II: 2
– Kirche I: 146, 157
Simeon
– Stamm I: 63, 72ff; II: 5, 23, 77, 86f, 91f, 93, 96f, 138ff
– Stammesgebiet II: 87, 92
– Stammvater II: 87, 333
Rabban S(ch)imeon ben Gamliel I: 142
Simeon, (Lk 2) I: 28, 30, 33; II: 148, 325ff
Simeon, der Gerechte (Hoherpriester) I: 33f; II: 313, 318, 326
Simeon, Vater des Johannes Hyrkan I: 73, 142
Simon, Sohn d. Klopas I: 28, 30, 33, 88; II: 148, 322–325
Simson I: 60, 307; II: 155, 182, 186ff, 238
Sinai I: 62, 64, 68, 75, 83, 85, 163, 203, 210–216, 230f, 235; II: 13, 121, 125, 130, 132, 134ff
Sintflut I: 283, 366; II: 89f, 92
Sobacha, Vater Elias II: 224
Sodom und Gomorra I: 85; II: 68, 90ff
Sofa (= Skopus) I: 72, 74ff; II: 35, 176–179, 189f
Stämme, zwölf S. Israels I: 63f, 66, 68, 72–75, 82; II: 15f, 19, 171, 230, 317
Steinigung I: 110f, 168f; II: 29, 288ff

Stephanus I: 258, 307; II: 114, 140, 183, 288f
Successio Mosaica, prophetica II: 68, 292
Sühne, sühnend I: 47f, 152, 154, 218f; II: 28, 203, 242f
Sukkot (Laubhüttenfest) I: 145f
Sünde I: 320ff, 346–350; II: 191, 202f
Sündenvergebung I: 323, 346, 349f
Susa I: 63, 74, 264, 361–364; II: 7
Susanna I: 166, 303, 326
Sybatha I: 74ff; II: 220f, 223
Symmachus II: 113
Synagoge I: 51, 61, 208f, 219; II: 198
Synaxarien I: 18, 20, 50, 89, 157, 237; II: 175, 325

Tabula Peutingeriana II: 99, 114
Taphnas/Tachpanches I: 62, 65, 74f, 79, 81, 165–171, 180, 186, 189, 262
Taxo II: 245f
Tempel
– ägyptische I: 66, 85f, 195f
– in Jerusalem I: 16, 74f, 285
– 1. Tempel II: 13, 307
– Zerstörung I: 167, 204f, 249; II: 102f, 123, 144, 284, 293f, 302, 321
– Wiederaufbau II: 115, 117ff, 142, 146, 159f, 162–166, 170
– 2. Tempel I: 11, 218, 320; II: 13f, 146, 149
– Bibliothek I: 61
– herodianischer I: 69
– Kritik am Tempel I: 69, 70
– Zerstörung I: 68, 85f, 167, 206, 210, 218, 226, 248f, 288; II: 102f, 118f, 127–130, 168f, 175, 197, 271f, 293, 302, 306, 321
– eschatologischer I: 69, 287f; II: 117f, 131, 151, 169f.310
– himmlischer 287f; II: 13, 310
– in Leontopolis I: 227
– in Silo II: 12, 14, 208
Tempelgeräte I: 166, 203–207, 210, 222, 229; II: 103, 123, 128, 131, 162
– s.a. Jachin und Boas, Lade
Tempelvorhang II: 123–131, 300
Testimonien s. Florilegien
Tetragramm I: 228f; II: 273
Thekoa I: 74ff; II: 31, 33–39
Theophanie I: 212, 215, 224; II: 10, 18, 89, 133, 136
Therapeuten I: 310ff, 332
Thesbis, Thesbe I: 74, 76; II: 224f, 227f, 233

Register der griechischen und hebräischen Begriffe und Wendungen (in Auswahl)

Synopse

Die Synopse beruht auf den Textausgaben von:

Constantin Tischendorf, Anecdota sacra et profana, Leipzig 1855, 110–119
  (= PG 43,3, 415ff)

Eberhard Nestle, Die dem Epiphanius zugeschriebenen Vitae Prophetarum in
  doppelter griechischer Rezension, in: ders., Marginalien und Materialien, II
  Materialien, Tübingen 1893

Theodor Schermann, Prophetarum vitae fabulosae indices apostolorum disci-
  pulorumque domini Dorotheo, Epiphanio, Hippolyto aliisque vindicata inter quae nonnulla primum edidit recensuit schedis vir. cl. Henr. Gelzer usus
  prolegomenis indicibus testimoniis apparatu critico instruxit, Teubner,
  Leipzig 1907. Nachdruck mit Genehmigung von B.G. Teubner, Stuttgart
  und Leipzig

Kapitel- und Verszahlen richten sich nach:

Albert-Marie Denis, Concordance Grecque des Pseudépigraphes d'Ancien
  Testament, Louvain-la-Neuve 1987, 868–871

Inhaltsverzeichnis

Titel

An1 Vat. gr. 2125	An2 Coisl. 205	An2 Philadelph. 1141	An2 Vat. 1974	An2 Coisl. 224	An2 Paris. 1712
Ὀνόματα προφητῶν	ὀνόματα τῶν προφητῶν	τὰ τῶν προφητῶν ὀνόματα,	τὰ ὀνόματα τῶν ἁγίων προφητῶν	ἐνθαῦθα ἀναγράφονται τὰ ὀνόματα καὶ αἱ προσηγορίαι τῶν ἁγίων καὶ ἐνδόξων προφητῶν	ἀναγκαῖον δὲ προστθῆναι τούτοις καὶ τὰ τῶν προφητῶν ὀνόματα,
καὶ πόθεν εἰσὶ	καὶ πόθεν εἰσὶ	καὶ πόθεν ἦσαν	καὶ ποίας χώρας εἰσὶν ἕκαστος	καὶ ὁποίας χώρας ἕκαστος αὐτῶν ὑπάρχει,	πόθεν δὲ ὑπῆρχον
					καὶ πῶς ἕκαστος τούτων προεφήτευσε
καὶ ποῦ ἀπέθανον καὶ πῶς	καὶ ὅπως ἀπέθανον	καὶ πῶς ἀπέθανον		καὶ ὅπου ἐτελειώθη	καὶ ὅπως ἐτελειώθη.
καὶ ποῦ κεῖνται.	καὶ ποῦ κεῖνται.	καὶ ποῦ κεῖνται.	καὶ ποῦ κεῖνται ἐν σώμασιν.	καὶ ἔνθα κατετέθη τὰ τίμια αὐτῶν λείψανα	

Titel

Ep1	Dor Vindob. theol. gr. 77	Dor Chron. pasch.	Ep2: Coisl 120; Laurent. plut IV; Paris. 1085; Coisl. 258	Ep2 Vindob. theol. gr. 89	Ep2 Fragmenta cod. Augustani
Τοῦ ἁγίου Ἐπιφανίου ἐπισκόπου Κύπρου περὶ τῶν προφητῶν,	περὶ τῶν προφητῶν ‹Δωροθέου›	Δέον ἐν συντόμῳ μνημονεῦσαι καὶ τῶν προφητῶν καὶ δεῖξαι καὶ αὐτοὺς περὶ τοῦ κατὰ Χριστὸν μυστηρίου προειρηκότας, καὶ ὅτι πάντες ἀπὸ τοῦ πρωτοπλάστου Ἀδὰμ μέχρις Ἰωάννου τοῦ βαπτιστοῦ εἰς τὴν μέλλουσαν κατάστασιν ἀφορῶσιν.	τοῦ αὐτοῦ περὶ τῶν ιστ΄ προφητῶν	περὶ τῶν ἓξ καὶ δέκα προφητῶν	Ἐπιφανίου περὶ τῶν ιστ΄ προφητῶν
πῶς ἐκοιμήθησαν			πόθεν ἦσαν	καὶ πόθεν ἦσαν	πόθεν ἦσαν
καὶ ποῦ κεῖνται.			καὶ ποῦ ἐτελειώθησαν.	καὶ ποῦ ἐτελειώθησαν.	καὶ ποῦ ἐτελειώθησαν.

Jesaja-Vita

An1(Vat. 2125)	Ep1	Dor	Ep2	An2 (Coisl. 224)
		Εἰς τὸν Ἡσαΐαν. Οὗτος ὁ μέγας Ἡσαΐας ὁ υἱὸς τοῦ Ἀμώς, ὃς τύπῳ μὲν εἶδε τὰ κατὰ τὸ μυστήριον τοῦ Χριστοῦ, ὅτε εἶδε τὸν κύριον καθήμενον ἐπὶ θρόνου ὑψηλοῦ ... κτλ.		
1.1 Ἠσαΐας ἀπὸ Ἱερουσαλὴμ	1.1 Ἠσαΐας ὁ προφή-της· ἐγεννήθη μὲν ἐν Ἱερουσαλὴμ ἐκ φυλῆς Ἰούδα·	1.1 Ἠσαΐας ἦν ἀπὸ Ἱερουσαλὴμ·	1.1 Ἠσαΐας υἱὸς Ἀμὼς ἦν ἀπὸ Ἱερουσαλὴμ·	1.1 Ἠσαΐας ὁ μέγας προφήτης ἦν ἀπὸ Ἱερουσαλὴμ
θνήσκει ὑπὸ Μανασσῆ πρισθεὶς εἰς δύο καὶ ἐτέθη ὑποκάτω δρυὸς Ῥωγὴλ ἐχόμενα τῆς διαβάσεως τῶν ὑδάτων ὧν ἀπώλεσεν Ἐζεκίας ὁ βασιλεὺς χώσας αὐτά.	θνήσκει δὲ ὑπὸ Μανασ-σῆ τοῦ βασιλέως Ἰούδα πρισθεὶς εἰς δύο καὶ ἐτέθη ὑποκάτω δρυὸς Ῥωγὴλ ἐχόμενα τῆς διαβάσεως τῶν ὑδάτων ὧν ἀπώλεσεν Ἐζεκίας ὁ βασιλεὺς χώσας αὐτά.	θνήσκει δὲ ὑπὸ Μανασ-σῆ πρισθεὶς εἰς δύο, καὶ ἐτέθη ὑποκάτω δρυὸς Ῥωγὴλ ἐχόμενα τῆς διαβάσεως τῶν ὑδάτων ὧν ἀπώλεσεν Ἐζεκίας ὁ βασιλεὺς χώσας αὐτά.	ἀναιρεθεὶς δὲ ὑπὸ Μα-νασσῆ, πρισθεὶς εἰς δύο, ἐτάφη ὑποκάτω δρυὸς Ῥωγήλ, πλησίον τῆς διαβάσεως τῶν ὑδάτων ὧν ἀπώλεσεν Ἐζεκίας χώσας αὐτά.	θνήσκει δὲ πρισθεὶς ὑπὸ Μανασῆ βασιλέως υἱοῦ Ἐζεκίου καὶ ἐτέθη ὑποκάτω δρυὸς Ῥωγὴλ ἐχόμενα τῆς διαβάσεως τῶν ὑδάτων ὧν ἀπώλεσεν Ἐζεκίας ὁ βασιλεὺς κατασχώσας αὐτά.
2 Καὶ ὁ θεὸς τὸ σημεῖ-ον τοῦ Σιλωάμ διὰ τὸν προφήτην ἐποί-ησεν, ὅτι πρὸ τοῦ θανεῖν ὀλιγωρήσας	2 Ὁ δὲ θεὸς τὸν Σιλωάμ διὰ τὸν προφήτην ἐποί-ησεν, ὅτι πρὸ τοῦ θανεῖν ὀλιγωρήσας	2 Καὶ ὁ θεὸς τὸ σημεῖον τοῦ Σιλωάμ ἐποίησε διὰ τὸν προ-φήτην, ὅτι πρὸ τοῦ ἀποθανεῖν ὀλιγωμψύχησας	2 Καὶ ὁ θεὸς τὸ σημεῖον τοῦ Σιλωάμ διὰ τὸν προφήτην ἐποί-ησεν, ὅτι πρὸ τοῦ ἀποθανεῖν ὀλιγωρήσας	2 Καὶ ὁ θεὸς τὸ σημεῖ-ον τοῦ Σιλωάμ ἐποίησε διὰ τὸν προ-φήτην, ὅτι πρὸ τοῦ ἀποθανεῖν ὀλιγωρήσας

An1(Vat 2125)	Ep1	Dor	Ep2	An2 (Coisl. 224)
ηὔξατο πιεῖν ὕδωρ καὶ εὐθέως ἀπεστάλη αὐτῷ ἐξ αὐτοῦ·	προσηύξατο πιεῖν ὕδωρ· καὶ εὐθέως ἀπεστάλη αὐτῷ ἐξ αὐτοῦ ζῶν ὕδωρ.	ηὔξατο πιεῖν ὕδωρ· καὶ εὐθέως ἀπεστάλη αὐτῷ ἐξ αὐτοῦ·	ηὔξατο πιεῖν ὕδωρ, καὶ εὐθέως ἀπεστάλη αὐτῷ ἐξ αὐτοῦ.	ηὔξατο πιεῖν ὕδωρ, καὶ εὐθέως ἀπεστάλη αὐτῷ ἐξ αὐτοῦ.
διὰ τοῦτο ἐκλήθη Σιλωάμ, ὃ ἑρμηνεύεται ἀπεσταλμένος.	Διὰ τοῦτο ἐκλήθη τὸ ὄνομα Σιλωάμ, ὃ ἑρμηνεύεται ἀπεσταλμένος.	διὰ τοῦτο ἐκλήθη Σιλωάμ, ὅπερ ἑρμηνεύεται ἀπεσταλμένος·	Καὶ διὰ τοῦτο ἐπεκλήθη Σιλωάμ, ὅ ἐστιν ἀπεσταλμένος.	Διὰ τοῦτο ἐκλήθη Σιλωάμ, ὃ ἑρμηνεύεται ἀπεσταλμένος
3 Καὶ ἐπὶ τοῦ Ἐζεκία πρὸ τοῦ ποιῆσαι τοὺς λάκκους καὶ τὰς κολυμβήθρας	3 Καὶ ἐπὶ τοῦ Ἐζεκίου βασιλέως πρὸ τοῦ ποιῆσαι αὐτὸν τοὺς λάκκους καὶ τὰς κολυμβήθρας	3 καὶ ἐπὶ τοῦ Ἐζεκία πρὸ τοῦ ποιῆσαι τοὺς λάκκους καὶ τὰς κολυμβήθρας	3 Καὶ Ἐζεκίας ἐπὶ τῶν εὐχῶν τούτου ἐποίησε τοὺς λάκκους καὶ τὰς κολυμβήθρας.	3 Καὶ ἐπὶ τοῦ Ἐζεκίου δὲ πρὸ τοῦ ποιῆσαι αὐτὸν τοὺς λάκκους καὶ τὰς κολυμβήθρας.
ἐπὶ εὐχῇ τοῦ Ἡσαΐου μικρὸν ὕδωρ ἐξελήλυθεν,	ἐπὶ εὐχῇ τοῦ προφήτου Ἡσαΐου μικρὸν ὕδωρ ἐξελήλυθεν,	ἐπὶ εὐχῇ τοῦ Ἡσαΐου μικρὸν ὕδωρ ἐξῆλθεν,	Μικρὸν γὰρ ἦν ὕδωρ ἐξεληλυθός,	ἐπὶ τῇ εὐχῇ τοῦ Ἡσαΐου μικρὸν ὕδωρ ἐξελήλυθεν,
ὅτι ἦν ὁ λαὸς ἐν συγκλεισμῷ ἀλλοφύλων	ὅτι ἦν ὁ λαὸς ἐν συγκλεισμῷ τῶν ἀλλοφύλων	ὅτι ἦν ὁ λαὸς ἐν συγκλεισμῷ ἀλλοφύλων,	ὅτε ἦν ὁ λαὸς ἐν συγκλεισμῷ ἀλλοφύλων·	ὅτι ἦν ἡ πόλις ἐν συγκλεισμῷ ἀλλοφύλων
καὶ ἵνα μὴ διαφθαρῇ ἡ πόλις ὡς μὴ ἔχουσα ὕδωρ.	καὶ ἵνα μὴ διαφθαρῇ ἡ πόλις ὡς μὴ ἔχουσα ὕδωρ.	καὶ ἵνα μὴ διαφθαρῇ ἡ πόλις ὡς μὴ ἔχουσα ὕδωρ.	καὶ ἵνα μὴ διαφθαρῇ ἡ πόλις ὡς μὴ ἔχουσα τοῦτο.	καὶ ἵνα μὴ διαφθαρῇ ἡ πόλις ὡς μὴ ἔχουσα ὕδωρ.
4 Ἠρώτων γὰρ οἱ πολέμιοι πόθεν πίνουσιν;	4 Ἠρώτων γὰρ οἱ πολέμιοι πόθεν πίνουσιν; οὐ γὰρ ᾔδεισαν.	4 Ἠρώτων γὰρ οἱ πολέμιοι πόθεν πίνουσιν;	4	4 Ἠρώτων γὰρ οἱ πολέμιοι πόθεν πίνουσιν,
καὶ ἔχοντες τὴν πόλιν	Ἔχοντες γὰρ τὴν πόλιν	καὶ χαρακώσαντες τὴν πόλιν		διὸ καὶ ἐχαράκωσαν τὴν πόλιν,

An1(Vat. 2125)	Ep1	Dor	Ep2	An2 (Coisl. 224)
παρεκαθέζοντο τῷ Σιλωάμ. Ἐὰν οὖν οἱ Ἰουδαῖοι ἤρχοντο, ἐξήρχετο ὕδωρ· ἐὰν δὲ ἀλλόφυλοι, οὐ.	παρεκαθέζοντο τῷ Σιλωάμ. ὁπότε οὖν οἱ Ἰουδαῖοι ἤρχοντο, ἐξήρχετο ὕδωρ· οἱ δὲ ἀλλόφυλοι οὐχ εὕρισκον. Ἔφευγε γὰρ τὸ ὕδωρ.	παρεκαθέζοντο τῷ Σιλωάμ. Ὅταν οὖν ἤρχοντο σὺν τῷ Ἡσαίᾳ οἱ Ἰουδαῖοι, ἐξήρχετο τὸ ὕδωρ·	Καὶ ὅταν οὖν ἤρχοντο οἱ πολέμιοι ἀντλῆσαι, οὐκ ἤρχετο ὕδωρ· ὅταν δὲ Ἰουδαῖοι ἤρχοντο, ἤρχετο καὶ τὸ ὕδωρ·	καὶ παρεκαθέζοντο τῷ Σιλωάμ. Ὅταν οὖν ἤρχοντο σὺν τῷ Ἡσαίᾳ οἱ Ἰουδαῖοι, ἄφνω ἐξήρχετο τὸ ὕδωρ· εἰπᾶν δὲ οἱ ἀλλόφυλοι ἤρχοντο, οὐκ ἐξήρχετο τὸ ὕδωρ.
Διὸ ἕως σήμερον αἰφνιδίως ἐξέρχεται,	Διὸ καὶ ἕως τῆς σήμερον αἰφνιδίως ἐξέρχεται,	διὸ ἕως τῆς σήμερον αἰφνιδίως ἐξέρχεται,	ὅθεν ἕως τοῦ νῦν αἰφνίδιον ἐξέρχεται τὸ ὕδωρ,	Διὸ καὶ ἕως σήμερον αἰφνιδίως ἐξέρχεται, καὶ κατὰ τὴν ὥραν ἣν ἤρχετο Ἡσαίας τότε σὺν τοῖς Ἰουδαίοις, ἵνα δειχθῇ τὸ μυστήριον.
ἵνα δειχθῇ τὸ μυστήριον.	ἵνα δειχθῇ τὸ μυστήριον.	ἵνα δειχθῇ τὸ μέγα τοῦτο μυστήριον.	ἵνα δειχθῇ τὸ μυστήριον τοῦ θεοῦ.	
5 Καὶ ἐπειδὴ διὰ τοῦ Ἡσαίου τοῦτο γέγονε, μνήμης χάριν καὶ ὁ λαὸς πλησίον αὐτὸν ἐπιμελῶς ἔθαψε καὶ ἐνδόξως,	5 Καὶ ἐπειδὴ διὰ τοῦ Ἡσαίου τοῦτο γέγονε, μνήμης χάριν καὶ ὁ λαὸς πλησίον αὐτὸν ἐπιμελῶς ἔθαψεν καὶ ἐνδόξως,	5 Καὶ ἐπειδὴ διὰ τοῦ Ἡσαίου τοῦτο γέγονε, μνήμης χάριν καὶ ὁ λαὸς τῶν Ἰουδαίων πλησίον αὐτῶν τὸν Σιλωάμ ἔθαψαν ἐπιμελῶς καὶ ἐνδόξως,	5 Καὶ ἐπειδὴ διὰ τοῦ Ἡσαίου τοῦτο γέγονε, μνήμης χάριν καὶ ὁ λαὸς πλησίον αὐτὸν ἔθαψεν ἐνδόξως,	5 Καὶ ἐπειδὴ διὰ τοῦ Ἡσαίου τοῦτο γέγονε, μνήμης χάριν καὶ ὁ λαὸς πλησίον τοῦ Σιλωάμ ἐπιμελῶς ἔθαψεν αὐτὸν καὶ ἐνδόξως·
ἵνα δι' εὐχῶν αὐτοῦ καὶ μετὰ θάνατον αὐτοῦ ὡσαύτως ἔχωσι τὴν ἀπόλαυσιν τοῦ ὕδατος,	ἵνα διὰ τῶν εὐχῶν αὐτοῦ ἕως τέλους ἔχουσι τὴν ἀπόλαυσιν τοῦ ὕδατος.	ἵνα διὰ τῶν ὁσίων αὐτοῦ προσευχῶν καὶ μετὰ θάνατον αὐτοῦ ὡσαύτως ἔχωσι τὴν ἀπόλαυσιν τοῦ ὕδατος,	ἵνα διὰ τῶν εὐχῶν αὐτοῦ ὡσαύτως ἔχωσιν τὴν ἀπόλαυσιν τοῦ ὕδατος,	ὅπως διὰ τῶν εὐχῶν αὐτοῦ καὶ μετὰ θάνατον αὐτοῦ ἔχωσι ὡς αὐτὸς τὴν ἀπόλαυσιν τοῦ ὕδατος·
ὅτι καὶ χρησμὸς ἐδόθη αὐτοῖς περὶ αὐτοῦ.	Καὶ χρησμὸς γὰρ ἐδόθη αὐτοῖς περὶ αὐτοῦ.	ὅτι καὶ χρησμὸς ἐδόθη αὐτῷ περὶ αὐτοῦ τοῦ ποιῆσαι οὕτως.	ὅτι χρησμὸς ἐδόθη αὐτοῖς περὶ τούτου.	ὅτι καὶ χρησμὸς ἐδόθη αὐτοῖς περὶ τοῦ ὕδατος.

An1(Vat. 2125)	Ep1	Dor	Ep2	An2 (Coisl. 224)
6 Ἔστι δὲ ὁ τάφος ἐχόμενα τοῦ τάφου τῶν βασιλέων	6 Ἔστι δὲ ὁ τάφος Ἡσαΐου τοῦ προφήτου ἐχόμενα τοῦ τάφου τῶν βασιλέων	6 Ἔστι δὲ ὁ τάφος ἐχόμενος τοῦ τάφου τῶν βασιλέων,	6 Ἔστιν δὲ ὁ τάφος ἐχόμενα τοῦ τάφου τῶν βασιλέων,	6 Ἔστι δὲ ὁ τάφος αὐτοῦ ἐχόμενα τοῦ τάφου τῶν βασιλέων,
ὄπισθεν τοῦ τάφου τῶν ἱερέων ἐπὶ τὸ μέρος τὸ πρὸς νότον.	ὄπισω τοῦ τάφου τῶν ἱερέων ἐπὶ τὸ μέρος τὸ πρὸς νότον.	ὄπισθεν τοῦ τάφου τῶν Ἰουδαίων ἐπὶ τὸ μέρος τὸ πρὸς νότον.	ὄπισθεν τοῦ τάφου τῶν ἱερέων ἐπὶ τὸ μέρος τὸ πρὸς νότον.	ὄπισθεν τοῦ τάφου τῶν ἱερέων ἐπὶ τὸ μέρος τὸ πρὸς νότον.
7 Σολομὼν γὰρ	7 Σολομὼν γὰρ οἰκοδομῶν τὴν Ἱερουσαλὴμ ἐποίησε τοὺς τάφους τῶν βασιλέων τοῦ Δαυὶδ διαγράψαντος αὐτούς·	7 Σολομὼν γὰρ	7 Σολομὼν γὰρ	7 Σολομὼν γὰρ
ἐποίησε τοὺς τάφους τοῦ Δαυὶδ διαγράψαντος	ἔστι δὲ κατ' ἀνατολὰς τῆς Σιών,	ἐποίησε τοὺς τάφους τοῦ Δαβὶδ διαγράψας	ἐποίησεν τοὺς τάφους τοῦ Δαυὶδ διαγράψαντος	ἐποίησε τοὺς τάφους τοῦ Δαυὶδ διαγρά- ψαντος
κατ' ἀνατολὰς τῆς Σιών, ἥτις ἔχει εἴσοδον ἀπὸ Γαβαών	ἥ τις ἔχει εἴσοδον ἀπὸ Γαβαών	κατὰ ἀνατολὰς τῆς Σιών, ἥτις ἔχει εἴσοδον ἀπὸ Γαβαών	κατὰ ἀνατολὰς τῆς Σιών, ἥτις ἔχει εἴσοδον ἀπὸ Γαβαών	κατὰ ἀνατολὰς Σιών, ἥτις ἔχει εἴσοδον ἀπὸ Γαβαών
μηκόθεν τῆς πόλεως σταδίους εἴκοσι.	μηκόθεν τῆς πόλεως σταδίους κ'.	μηκόθεν τῆς πόλεως σταδίους εἴκοσι.	μηκόθεν τῆς πόλεως σταδίους κ'	μηκόθεν τῆς πόλεως σταδίους κ'.
Καὶ ἐποίησε σκολιάν, σύνθεσιν ἀπονόητον·	Καὶ ἐποίησε σκολιάν, συνθέτην ἀπονόητον·	Ἐποίησε δὲ ταύτην σκολιάν, σύνθετον, ἀνυπονόητον·	καὶ ἐποίησεν σκολιάν σύνθεσιν ἀνυπονόητον,	καὶ ἐποίησε σκολιάν καὶ σύνθετον τὴν εἴσοδον καὶ ἀνυπονόητον τοῖς πολλοῖς.
καὶ ἔστιν ἕως σήμερον τοῖς πολλοῖς ἀγνοουμένη, ὅλου δὲ τοῦ λαοῦ.	καὶ ἔστιν ἕως σήμερον τοῖς πολλοῖς ἀγνοουμένη,	καὶ ἔστιν ἡ εἴσοδος ἕως τῆς σήμερον τοῖς πολλοῖς ἀγνοουμένη, τῶν ἱερέων καὶ ὅλῳ τῷ λαῷ.	καὶ ἔστιν ἕως τοῦ νῦν τοῖς πολλοῖς ἀγνοουμένη.	Καὶ ἔστιν ἕως τῆς σήμερον τοῖς πολλοῖς ἀγνοουμένη τῶν ἱερέων καὶ ὅλῳ τῷ λαῷ.
8 Ἐκεῖ εἶχεν ὁ βασι- λεὺς τὸ χρυσίον τὸ ἐξ		8 Ἐκεῖ εἶχεν ὁ βασι- λεὺς Σολομὼν τὸ χρυσί-	8 Ἐκεῖ εἶχεν ὁ βασι- λεὺς τὸ χρυσίον τὸ ἐξ	8 Ἐκεῖ εἶχεν ὁ βασι- λεὺς τὸ χρυσίον τὸ ἐξ

An1(Vat. 2125)	Ep1	Dor	Ep2	An2 (Coisl. 224)
Αἰθιοπίας καὶ τὰ ἀρώματα.		οὐ τὸ ἐξ Αἰθιοπίας καὶ τὰ ἀρώματα.	Αἰθιοπίας καὶ τὰ ἀρώματα.	Αἰθιοπίας καὶ τὰ ἀρώματα.
9 Καὶ ἐπειδὴ ὁ Ἐζεκίας ἔδειξε τοῖς ἔθνεσι τὸ μυστήριον Δαυὶδ καὶ Σολομῶντος		9 Καὶ ἐπειδὴ ἔδειξεν Ἐζεκίας τὸ μυστήριον Δαβὶδ καὶ Σολομῶντος τοῖς ἔθνεσι	9 Καὶ ἐπειδὴ ὁ Ἐζεκί-ας ἔδειξε τοῖς ἔθνεσι τὸ μυστήριον Δαυὶδ καὶ Σολομῶντος	9 Καὶ ἐπειδὴ Ἐζεκίας ὁ βασιλεὺς ἔδειξε τὸ μυστήριον Δαυὶδ καὶ Σολομῶντος τοῖς ἔθνεσι τοῖς Βαβυλωνίοις
καὶ ἐμίανεν ὀστᾶ τό-που πατέρων αὐτοῦ,		καὶ ἐμίανεν ὀστᾶ τῶν προπατόρων αὐτοῦ,	καὶ ἐμίανεν ὀστᾶ πατέρων αὐτοῦ,	καὶ ἐμίανε τὰ ὀστᾶ τοῦ τόπου τῶν πατέρων αὐτοῦ,
διὰ τοῦτο ὁ θεὸς ἐπ-ηράσατο εἰς δουλείαν ἔσεσθαι τὸ σπέρμα αὐτοῦ τοῖς ἐχθροῖς αὐτοῦ, καὶ ἄκαρπον αὐτὸν ἐποίησεν ὁ θεὸς		διὰ τοῦτο ὁ θεὸς ἐπ-ηράσατο εἰς δουλείαν ἔσεσθαι τὸ σπέρμα αὐτοῦ τοῖς ἐχθροῖς αὐτοῦ, καὶ ἄκαρπον αὐτὸν καὶ ἄγονον ἐποίησεν ὁ θεὸς	διὰ τοῦτο ὁ θεὸς ἐπ-αράσατο εἰς δουλείαν ἔσεσθαι αὐτοῦ τοῖς ἐχθροῖς αὐτοῦ, καὶ ἄκαρπον ἐποίησεν ὁ θεὸς	διὰ τοῦτο ὁ θεὸς συν-εχώρησεν εἰς δουλείαν ἔσεσθαι τὸ σπέρμα αὐτοῦ τοῖς ἐχθροῖς αὐτοῦ, καὶ ἄκαρπον αὐτὸν ὁ θεὸς ἐποίησεν
ἀπὸ τῆς ἡμέρας ἐκείνης.		ἀπὸ τῆς ἡμέρας ἐκείνης.	ἀπὸ τῆς ἡμέρας ἐκείνης.	ἀπὸ τῆς ἡμέρας ἐκείνης.

Jeremia-Vita

An1 (Vat. 2125)	Ep1	Dor	Ep2	An2 (Coisl. 224)
		Εἰς τὸν Ἰερεμίαν. Οὗτος Ἰερεμίας ἀξιω-θεὶς καὶ αὐτὸς προει-πεῖν περὶ τοῦ κατὰ Χριστὸν μυστηρίου λέγων οὕτως· καὶ ἐλα-		

An1 (Vat. 2125)	Ep1	Dor	Ep2	An2 (Coisl. 224)
2.1 Ἰερεμίας ἦν ἐξ Ἀναθὼθ καὶ ἐν Τάφναις Αἰγύπτου λίθοις βληθεὶς ὑπὸ τοῦ λαοῦ ἀποθνήσκει.	2.1 Ἰερεμίας ὁ προφήτης ἦν ἐξ Ἀναθὼθ καὶ ἐν Τάφναις Αἰγύπτου τοῦ λιθοβοληθεὶς ὑπὸ τοῦ λαοῦ ἐτελεύτησε.	βου τὰ τριάκοντα ἀργύρια τὴν τιμὴν ... κτλ. 2.1 Ἰερεμίας ἦν ἐξ Ἀναθὼθ καὶ ἐν Τάφναις Αἰγύπτου τοῦ λιθοβοληθεὶς ὑπὸ τοῦ λαοῦ ἀποθνήσκει.	2.1 Ἰερεμίας ἦν ἐξ Ἀναθὼθ καὶ ἐν Τάφναις τῆς Αἰγύπτου λίθοις βληθεὶς ὑπὸ τοῦ λαοῦ ἀποθνήσκει.	2.1 Ἰερεμίας ἦν ἐξ Ἀναθὼθ καὶ ἐν Τάφναις Αἰγύπτου λίθοις βληθεὶς ὑπὸ τοῦ λαοῦ ἀποθνήσκει.
2 Κεῖται δὲ ἐν τῷ τόπῳ τῆς οἰκήσεως Φαραώ, ὅτι οἱ Αἰγύπτιοι ἐδόξασαν αὐτὸν εὐεργετηθέντες ὑπ' αὐτοῦ.	2 Κεῖται δὲ ἐν τῷ τόπῳ τῆς οἰκήσεως Φαραώ, ὅτι οἱ Αἰγύπτιοι ἐδόξασαν αὐτὸν εὐεργετηθέντες ὑπ' αὐτοῦ.	2 Κεῖται δὲ ἐν τόπῳ τῆς οἰκήσεως Φαραώ, ὅτι οἱ Αἰγύπτιοι ἐδόξασαν αὐτὸν εὐεργετηθέντες δι' αὐτοῦ.	2 Κεῖται δὲ πλησίον τῆς οἰκίας Φαραώ, ὅτι οἱ Αἰγύπτιοι ἐδόξασαν αὐτὸν εὐεργετηθέντες δι' αὐτοῦ.	2 Κεῖται δὲ ἐν τόπῳ τῆς οἰκήσεως Φαραώ, ὅτι οἱ Αἰγύπτιοι ἐδόξασαν αὐτὸν εὐεργετηθέντες ὑπὸ τοῦ θεοῦ δι' αὐτοῦ.
3 Ηὔξατο γὰρ καὶ αἱ ἀσπίδες αὐτοὺς ἔασαν καὶ τῶν ὑδάτων οἱ θῆρες, οὓς καλοῦσιν οἱ Αἰγύπτιοι μὲν νεφώθ, Ἕλληνες δὲ κροκοδείλους.	3 Ἀσπίδες γὰρ καὶ τῶν ὑδάτων οἱ θῆρες, οὓς καλοῦσιν οἱ Αἰγύπτιοι μὲν Νεφώθ, Ἕλληνες δὲ κροκοδείλους, οἳ ἦσαν αὐτοὺς θανατοῦντες, καὶ εὐξαμένου τοῦ προφήτου Ἰερεμίου ἐκωλύθη ἐκ τῆς γῆς ἐκείνης ὁ θυμὸς τῶν ἀσπίδων καὶ ἐκ τοῦ ποταμοῦ	3 Ηὔχετο γὰρ αὐτοῖς. Τῶν γὰρ ὑδάτων οἱ θῆρες ἠνόχλουν αὐτόν, οὓς καλοῦσιν οἱ Αἰγύπτιοι μὲν Ἐφώθ, Ἕλληνες δὲ κροκοδείλους.	3 Ηὔξατο γάρ, καὶ αἱ ἀσπίδες αὐτοὺς ἔασαν καὶ τῶν ὑδάτων οἱ θῆρες, οὓς καλοῦσιν οἱ Αἰγύπτιοι μὲν Ἐφώθ, Ἕλληνες δὲ κροκοδείλους, οἳ ἦσαν αὐτοὺς θανατοῦντες, καὶ εὐξαμένου τοῦ προφήτου ἐκωλύθησαν ἐκ τῆς γῆς ἐκείνης τὸ γένος τῶν ἀσπίδων καὶ ἐκ τοῦ ποταμοῦ	3 Ηὔξατο γάρ, καὶ αἱ ὀλοθρεύουσαι αὐτοὺς ἀσπίδες ἀπέθανον, καὶ τῶν ὑδάτων οἱ θῆρες, οὓς καλοῦσιν μὲν Αἰγύπτιοι Νεφώθ, Ἕλληνες δὲ κροκοδείλους.

An1 (Vat. 2125)	Ep1	Dor	Ep2	An2 (Coisl. 224)
	ὡσαύτως τὸ ἔνεδρον τῶν θηρίων.		ὡσαύτως τὸ ἔνεδρον τῶν θηρίων.	
4 Καὶ ὅσοι εἰσὶ πιστοὶ θεοῦ, ἕως σήμερον εὔχονται ἐν τῷ τόπῳ καὶ λαμβάνοντες τοῦ χοὸς τοῦ τόπου δήγματα ἀσπίδων θεραπεύουσι. Καὶ πολλοὶ αὐτὰ τὰ θηρία καὶ τὰ τοῦ ὕδατος φυγαδεύουσιν.	4 Καὶ ὅσοι εἰσὶ πιστοὶ θεοῦ, ἕως σήμερον εὔχονται ἐν τῷ τόπῳ ἐκείνῳ, καὶ λαμβάνοντες τοῦ χοὸς δήγμα ἀσπίδων θεραπεύουσιν καὶ αὐτὰ δὲ τὰ θηρία τοῦ ὕδατος φυγαδεύουσιν.	4 Καὶ ὅσοι εἰσὶ πιστοὶ θεοῦ, ἕως σήμερον εὔχονται ἐν τῷ τόπῳ ἐκείνῳ, καὶ λαμβάνοντες τοῦ χοὸς τοῦ τόπου δήγματα ἀνθρώπων θεραπεύουσι, καὶ πολλοὶ αὐτὰ τὰ θηρία τὰ ἐν τῷ ὕδατι φυγαδεύουσιν.	4 Καὶ ὅσοι εἰσὶ πιστοὶ θεοῦ, ἕως τοῦ νῦν εὔχονται ἐν τῷ τόπῳ, ὅπου κεῖται, καὶ λαμβάνοντες τοῦ χοὸς τοῦ τόπου δήγματα ἀσπίδων θεραπεύουσιν, καὶ τὰ θηρία τοῦ ὕδατος φυγαδεύουσιν.	4 Καὶ ὅσοι εἰσὶ πιστοὶ θεοῦ, ἕως σήμερον εὔχονται ἐν τῷ τόπῳ ἐκείνῳ καὶ λαμβάνοντες τοῦ χοὸς τοῦ τόπου δήγματα ἀσπίδων θεραπεύουσι.
5 Ἡμεῖς δὲ ἠκούσαμεν ἐκ τῶν παίδων Ἀντιγόνου καὶ Πτολεμαίου γερόντων ἀνδρῶν, ὅτι Ἀλέξανδρος ὁ Μακεδῶν ἐπιστὰς τῷ τόπῳ τοῦ προφήτου καὶ ἐπιγνοὺς αὐτοῦ μυστήρια εἰς Ἀλεξάνδρειαν μετέστησεν αὐτοῦ τὰ λείψανα, περιθεὶς αὐτὰ ἐνδόξως κύκλῳ·		5 Ἡμεῖς δὲ ἠκούσαμεν ἐκ τῶν παίδων Ἀντιγόνου καὶ Πτολεμαίου γερόντων τινῶν, ὅτι Ἀλέξανδρος ὁ τῶν Μακεδόνων ἐπιστὰς τῷ τάφῳ τοῦ προφήτου καὶ ἐπιγνοὺς τὰ εἰς αὐτὸν μυστήρια εἰς Ἀλεξάνδρειαν μετέστησεν αὐτοῦ τὰ λείψανα, περιθεὶς αὐτὰ ἐνδόξως κύκλῳ,	5 Ἡμεῖς δὲ ἠκούσαμεν ἐκ τῶν παίδων Ἀντιγόνου καὶ Πτολεμαίου γερόντων τινῶν, ὅτι Ἀλέξανδρος ὁ Μακεδῶν ἐπιστὰς τῷ τάφῳ τοῦ προφήτου, καὶ ἐπιγνοὺς τὰ εἰς αὐτὸν μυστήρια εἰς Ἀλεξάνδρειαν μετέστησεν αὐτοῦ τὰ λείψανα, περιστείλας αὐτὰ ἐνδόξως·	5 Ἡμεῖς δὲ ἠκούσαμεν ἐκ τῶν παίδων Ἀντιγόνου καὶ Πτολεμαίου ἀνδρῶν γεγηρακότων, ὅτι Ἀλέξανδρος ὁ Μακεδὼν ἐπιστὰς τῷ τόπῳ τοῦ προφήτου καὶ ἐπιγνοὺς αὐτοῦ μυστήρια εἰς Ἀλεξάνδρειαν μετέστησεν αὐτοῦ τὰ λείψανα, περιθεὶς αὐτὰ ἐνδόξως κύκλῳ·
6 καὶ ἐκωλύθη ἐκ τῆς γῆς τὸ γένος τῶν ἀσπίδων		6 καὶ ἐκωλύθη ἐκ τῆς γῆς ἐκείνης τὸ γένος τῶν ἀσπίδων,	6 καὶ ἐκωλύθη ἐκ τῆς γῆς τὸ γένος τῶν ἀσπίδων	6 καὶ οὕτως ἐξωλοθρεύθησαν ἐκ τῆς γῆς ἐκείνης τὸ γένος τῶν

An1 (Vat. 2125)	Ep1	Dor	Ep2	An2 (Coisl. 224)
καὶ ἐκ τοῦ ποταμοῦ ὡσαύτως τοὺς κροκοδείλους, καὶ οὕτως ἐνέβαλε τοὺς ὄφεις τοὺς λεγομένους ἀργόλας, ὅ ἐστιν ὀφιομάχους, οὓς ἤνεγκεν ἐκ τοῦ Ἄργους τῆς Πελοποννήσου, ὅθεν καὶ ἀργόλαι καλοῦνται, τοῦτ' ἔστιν Ἄργους δεξιοί· λαιὰν γὰρ λέγουσι πᾶν εὐώνυμον.		καὶ ἐκ τοῦ ποταμοῦ ὡσαύτως, καὶ οὕτως ἐνέβαλε τοὺς ὄφεις τοὺς λεγομένους ἀργολάους ὅ ἐστιν ὀφιομάχους, οὓς ἤνεγκεν ἐκ τοῦ Ἄργους τῆς Πελοποννιακοῦ, ὅθεν καὶ ἀργόλαι καλοῦνται, τοῦτέστιν Ἄργους δεξιοί, λαιὰν γὰρ ἔχουσιν ἡδυτάτην καὶ πανευώνυμον.	καὶ ἐκ τοῦ ποταμοῦ ὡσαύτως τὰ θηρία.	ἀσπίδων καὶ ἐκ τοῦ ποταμοῦ ὡσαύτως, καὶ τότε ἐνέβαλε τοὺς ὄφεις τοὺς λεγομένους ἀργολάιους, ὅ ἐστιν ὀφιομάχους, οὓς ἤνεγκεν ἐκ τοῦ Ἄργους τοῦ Πελασγικοῦ, ὅθεν καὶ ἀργολάιοι καλοῦνται, τουτέστιν Ἄργους ἀριστεροί· λαιὸν γὰρ λέγουσι πᾶν εὐώνυμον.
7 Οὗτος ὁ Ἱερεμίας σημεῖον δέδωκε τοῖς ἱερεῦσιν Αἰγύπτου,	7 Οὗτος ὁ προφήτης σημεῖον δέδωκε τοῖς Αἰγύπτου ἱερεῦσιν λέγων,	7 Οὗτος ὁ προφήτης σημεῖον ἔδωκε τοῖς ἱερεῦσιν Αἰγύπτου,	7 Οὗτος ὁ προφήτης σημεῖον δέδωκε τοῖς ἱερεῦσιν Αἰγύπτου,	7 Οὗτος ὁ Ἱερεμίας σημεῖον δέδωκε τοῖς ἱερεῦσιν Αἰγύπτου,
ὅτι δεῖ σεισθῆναι τὰ εἴδωλα αὐτῶν καὶ συμπεσεῖν.	ὅτι δεῖ σεισθῆναι πάντα τὰ εἴδωλα αὐτῶν καὶ συμπεσεῖν τὰ χειροποίητα πάντα, ὅταν ἐπιβῇ ἐν Αἰγύπτῳ παρθένος λοχεύουσα σὺν βρέφει θεοειδεῖ, ὅπερ καὶ ἐγένετο αὐτοῖς.	ὅτι δεῖ σεισθῆναι τὰ εἴδωλα αὐτῶν καὶ συμπεσεῖν διὰ σωτῆρος παιδὸς ἐκ παρθένου γεννωμένου, ἐν φάτνῃ δὲ κειμένου.	ὅτι δεῖ σεισθῆναι τὰ εἴδωλα αὐτῶν καὶ συμπεσεῖν τὰ χειροποίητα αὐτῶν, ὅταν ἐπιβῇ ἐν Αἰγύπτῳ παρθένος λοχεύουσα βρέφος θεοειδές.	ὅτι δεῖ σεισθῆναι τὰ εἴδωλα αὐτῶν καὶ πεσεῖν διὰ σωτῆρος παιδίου ἐκ παρθένου γεννωμένου ἐν φάτνῃ,
8 Δι' ὃ καὶ ἕως νῦν τιμῶσι παρθένον λοχὸν καὶ βρέφος ἐν φάτνῃ		8 Διὸ καὶ ἕως νῦν θεοποιοῦσιν παρθένον λεχὼ καὶ βρέφος ἐν φάτνῃ	8 Διὸ καὶ ἕως νῦν τιμῶσι παρθένον λοχοῦν καὶ βρέφος ἐν φάτνῃ	8 καὶ διὰ τοῦτο ἕως νῦν θεοποιοῦσιν παρθένου λοχὸν καὶ βρέφος ἐν φάτνῃ

An1 (Vat. 2125)	Ep1	Dor	Ep2	An2 (Coisl. 224)
τιθέντες προσκυνοῦσι, καὶ Πτολεμαίῳ τῷ βασιλεῖ τὴν αἰτίαν πυθανομένῳ ἔλεγον, ὅτι πατροπαράδοτόν ἐστι μυστήριον ὑπὸ ὁσίου προφήτου τοῖς πατράσιν ἡμῶν παραδοθέν, καὶ ἐκδεχόμεθα τὸ πέρας, φησίν, τοῦ μυστηρίου αὐτοῦ.		τιθέντες προσκυνοῦσι. Καὶ Πτολεμαίῳ τῷ βασιλεῖ τὴν αἰτίαν πυθα νομένῳ ἔλεγον, ὅτι πατροπαράδοτόν ἐστι μυστήριον ὑπὸ ὁσίου προφήτου τοῖς πατράσιν ἡμῶν παραδοθέν.	τιθέντες προσκυνοῦσι. Καὶ Πτολεμαίῳ τῷ βασιλεῖ πυθανομένῳ τὴν αἰτίαν ἔλεγον, ὅτι πατροπαράδοτον ἡμῖν ἐστιν μυστήριον ὑπὸ ὁσίου προφήτου τοῖς πατράσιν ἡμῶν παραδοθέν, καὶ ἐκδεχόμεθα τὸ πέρας τοῦ μυστηρίου ἡμῶν.	τιθέντες προσκυνοῦσι. Καὶ Πτολεμαίῳ δὲ τῷ βασιλεῖ πυθανομένῳ τὴν αἰτίαν ἔλεγον, ὅτι πατροπαράδοτόν ἐστι τὸ μυστήριον ὑπὸ ὁσίου προφήτου τοῖς πατράσιν ἡμῶν παραδοθέν· καὶ ἐκδεχόμεθα, φησί, τὸ πέρας τοῦ μυστηρίου αὐτοῦ.
9 Οὗτος ὁ προφήτης πρὸ τῆς ἁλώσεως τοῦ ναοῦ ἥρπαξε τὴν κιβωτὸν τοῦ νόμου καὶ τὰ ἐν αὐτῷ καὶ ἐποίησεν αὐτὰ καταποθῆναι ἐν πέτρᾳ καὶ εἶπε τοῖς παρεστῶσιν·	9 Οὗτος ὁ προφήτης πρὸ τῆς ἁλώσεως τοῦ ναοῦ ἥρπασεν τὴν κιβωτὸν τοῦ νόμου καὶ τὰ ἐν αὐτῇ πάντα καὶ ἐποίησεν αὐτὰ καταποθῆναι ἐν πέτρᾳ καὶ εἶπε τοῖς ἱερεῦσι τοῦ λαοῦ καὶ τοῖς πρεσβυτέροις παρεστῶσιν·	9 Οὗτος ὁ προφήτης Ἱερεμίας πρὸ τῆς ἁλώσεως τοῦ ναοῦ ἥρπασε τὴν κιβωτὸν τοῦ νόμου καὶ τὰ ἐν αὐτῇ, καὶ ἐποίησεν αὐτὰ καταποθῆναι ἐν πέτρᾳ, καὶ εἶπε τοῖς παρεστῶσιν·	9 Οὗτος δὲ πρὸ τῆς ἁλώσεως τοῦ ναοῦ ἥρπασε τὴν κιβωτὸν τοῦ νόμου καὶ τὰ ἐν αὐτῇ καὶ ἐποίησεν αὐτὰ καταποθῆναι ἐν τῇ πέτρᾳ λέγων τοῖς παρεστῶσιν·	9 Οὗτος ὁ προφήτης πρὸ τῆς ἁλώσεως τοῦ ναοῦ ἥρπαξε τὴν κιβωτὸν τοῦ νόμου καὶ τὰ ἐν αὐτῷ καὶ ἐποίησεν αὐτὰ καταποθῆναι ἐν τῇ πέτρᾳ καὶ εἶπεν τοῖς παρεστῶσιν·
10 ἀπεδήμησε κύριος ἐκ Σιὼν εἰς οὐρανὸν καὶ πάλιν ἐλεύσεται ἐν δυνάμει. Καὶ σημεῖον ὑμῖν ἔσται	10 ἀπεδήμησε κύριος ἐκ Σιὼν εἰς τοὺς οὐρανοὺς καὶ πάλιν ἐλεύσεται ἐν δυνάμει ἁγίᾳ. Καὶ τοῦτο σημεῖον ἔσται	10 ἀπεδήμησε κύριος ἐν Σιὼν εἰς οὐρανὸν, καὶ πάλιν ἐλεύσεται ἐν δυνάμει, καὶ σημεῖον ὑμῖν ἔστω	10 ἀπεδήμησε κύριος ἐκ Σιὼν εἰς τὸν οὐρανόν, καὶ πάλιν ἐλεύσεται ἐν δυνάμει. Καὶ σημεῖον ὑμῖν ἔστω	10 ἀπεδήμησε κύριος ἐν Σιὼν εἰς τὸν οὐρανόν, καὶ πάλιν ἐλεύσεται νομοθετῆσαι ἐν Σιὼν ἐν δυνάμει. Καὶ σημεῖον ἡμῖν ἔσται

An1 (Vat. 2125)	Ep1	Dor	Ep2	An2 (Coisl. 224)
τῆς παρουσίας αὐτοῦ,	τῆς αὐτοῦ παρουσίας,	τῆς παρουσίας αὐτοῦ,	τῆς παρουσίας αὐτοῦ,	τῆς παρουσίας αὐτοῦ,
ὅτε ξύλον πάντα τὰ ἔθνη προσκυνοῦσιν.	ὅτε ἔθνη πάντα τὰ ἔθνη προσκυνήσουσιν.	ὅτε ξύλον πάντα τὰ ἔθνη προσκυνήσουσιν.	ὅτε ξύλον πάντα τὰ ἔθνη προσκυνήσουσι.	ὅτ' ἂν ξύλον πάντα τὰ ἔθνη προσκυνήσωσιν.
11 Εἶπε δὲ ὅτι τὴν κιβωτὸν ταύτην οὐδεὶς ἐκβάλλει, εἰ μὴ 'Ααρών, καὶ τὰς ἐν αὐτῷ πλάκας οὐδεὶς ἀναπτύξει οὐκέτι ἱερέων ἢ προφητῶν, εἰ μὴ Μωϋσῆς ὁ ἐκλεκτὸς τοῦ θεοῦ,	11 Εἶπε δὲ αὐτοῖς, ὅτι τὴν κιβωτὸν ταύτην οὐδεὶς ἀναπτύξει ἔτι ἱερέων ἢ προφητῶν, εἰ μὴ Μωϋσῆς ὁ ἐκλεκτὸς τοῦ θεοῦ, καὶ τὰς ἐν αὐτῇ πλάκας οὐδεὶς ἀναπλώσει εἰ μὴ 'Ααρών.	11 Εἶπε δὲ ὅτι τὴν κιβωτὸν ταύτην οὐδεὶς ἐκβάλλει, εἰ μὴ 'Ααρών, καὶ τὰς ἐν αὐτῇ πλάκας οὐδεὶς ἀναπτύξει οὐκέτι ἱερέων ἢ προφητῶν, εἰ μὴ Μωϋσῆς ὁ ἐκλεκτὸς τοῦ θεοῦ.	11 Τὴν δὲ κιβωτὸν ταύτην οὐδεὶς ἐκβάλλει εἰ μὴ 'Ααρών. καὶ τὰς ἐν αὐτῇ πλάκας οὐδεὶς ἀναπτύσσει ἱερέων ἢ προφητῶν, εἰ μὴ Μωϋσῆς ὁ ἐκλεκτὸς τοῦ θεοῦ.	11 Εἶπεν δὲ ὅτι τὴν κιβωτὸν ταύτην οὐδεὶς ἐκβαλεῖ, εἰ μὴ 'Ααρὼν μόνος ὁ ἱερεύς, καὶ τὰς ἐν αὐτῷ πλάκας οὐδεὶς ἀναπτύξει οὐκέτι, οὐχ ἱερέων οὐ προφητῶν, εἰ μὴ Μωϋσῆς ὁ ἐκλεκτὸς τοῦ θεοῦ,
12 καὶ ἐν τῇ ἀναστάσει πρώτῃ ἡ κιβωτὸς ἀναστήσεται καὶ ἐξελεύσεται ἐκ τῆς πέτρας καὶ τεθήσεται ἐν ὄρει Σινᾶ καὶ πάντες οἱ ἅγιοι πρὸς αὐτὸν συναχθήσονται ἐκεῖ ἐκδεχόμενοι κύριον καὶ τὸν ἐχθρὸν φεύγοντες ἀνελεῖν αὐτοὺς θέλοντα.	12 Καὶ ἐν τῇ ἀναστάσει πρώτον ἡ κιβωτὸς ἀναστήσεται καὶ ἐξελεύσεται ἐκ τῆς πέτρας καὶ τεθήσεται ἐν ὄρει Σινᾶ καὶ πάντες οἱ ἅγιοι πρὸς αὐτὴν συναχθήσονται ἐκεῖ ἐκδεχόμενοι κύριον, καὶ τὸν ἐχθρὸν φεύγοντες ἀνελεῖν αὐτὸν θέλοντα.	12 Καὶ ἐν τῇ ἡμέρᾳ τῆς ἀναστάσεως πρώτῃ ἡ κιβωτὸς ἀναστήσεται, καὶ ἐξελεύσεται ἐκ τῆς πέτρας, καὶ τεθήσεται ἐν ὄρει Σινᾶ. Καὶ πάντες οἱ ἅγιοι πρὸς αὐτὴν συναχθήσονται, ἐκεῖ ἐκδεχόμενοι κύριον τὸν ἐχθρὸν φεύγοντες, ἀνελεῖν αὐτοὺς θέλοντα.	12 Καὶ ἐν τῇ ἀναστάσει πρώτῃ ἡ κιβωτὸς τοῦ θεοῦ ἀναστήσεται καὶ ἐξελεύσεται ἐκ τῆς πέτρας, καὶ τεθήσεται ἐν ὄρει Σινᾶ καὶ τότε πάντες οἱ ἅγιοι πρὸς αὐτὴν συναχθήσονται ἐκεῖ, ἐκδεχόμενοι τὸν Χριστόν.	12 καὶ ἐν τῇ ἀναστάσει πρώτῃ ἡ κιβωτὸς ἀναστήσεται καὶ ἐξελεύσεται καὶ τεθήσεται ἐν ὄρει Σινᾶ, καὶ πάντες οἱ ἅγιοι πρὸς αὐτὸν συναχθήσονται ἐκδεχόμενοι κύριον καὶ τὸν ἐχθρὸν φεύγοντες ἀνελεῖν αὐτοὺς θέλοντα.

An1 (Vat. 2125)	Ep1	Dor	Ep2	An2 (Coisl. 224)
13 Ἐν τῇ πέτρᾳ ἐσφράγισε τῷ δακτύλῳ τὸ ὄνομα τοῦ θεοῦ	13 Καὶ ἐσφράγισε τὴν πέτραν ἐν τῷ δακτύλῳ τὸ ὄνομα κυρίου	13 Ἐν τῇ πέτρᾳ ἐκείνῃ ἐσφράγισε τῷ δακτύλῳ τὸ ὄνομα τοῦ θεοῦ,	13 Ἐν δὲ τῇ πέτρᾳ ἐσφράγισε τῷ δακτύλῳ αὐτοῦ τὸ ὄνομα τοῦ θεοῦ,	13 Ἐν δὲ τῇ πέτρᾳ ἐσφράγισε τῷ δακτύλῳ τὸ ὄνομα τοῦ θεοῦ,
καὶ γέγονεν ὁ τύπος ὡς γλυφὴ σιδήρου, καὶ νεφέλη ἐσκέπασε τὸ ὄνομα καὶ οὐδεὶς νοεῖ τὸν τόπον οὔτε ἀναγνῶναι αὐτὸν	καὶ γέγονεν ὁ τύπος ὡς γλυφὴ σιδήρου. Καὶ νεφέλη ἐσκέπασε τὴν πέτραν καὶ οὐδεὶς νοεῖ τὸν τόπον ἐκείνου, ἀλλ' οὔτε ἀναγνῶναι τὸ ὄνομα	καὶ ἐγένετο ὁ τύπος ὡς γλυφὴ σιδήρου, καὶ νεφέλη φωτεινὴ ἐσκέπασε τὸ ὄνομα, καὶ οὐδεὶς νοεῖ τὸν τόπον οὐδὲ ἀναγνῶναι δύναταί τις	καὶ ἐγένετο ὁ τύπος ὡς γλυφὴ σιδήρου, καὶ νεφέλη ἐσκέπασε τὸ ὄνομα, καὶ οὐδεὶς νοεῖ τὸν τόπον	καὶ ἐγένετο ὁ τύπος ὡς γλυφὴ σιδήρου, καὶ νεφέλη φωτεινὴ ἐσκέπασε τὸ ὄνομα καὶ οὐδεὶς νοήσει τὸν τόπον οὐδὲ ἀναγνῶναι αὐτὸ δύναται
ἕως τῆς συντελείας.	ἕως τῆς ἡμέρας ταύτης καὶ ἕως τῆς συντελείας τοῦ αἰῶνος τούτου.	ἕως σήμερον καὶ ἕως τῆς συντελείας.	ἕως τῆς συντελείας.	ἕως τῆς ἡμέρας ἐκείνης.
14 Καὶ ἔστιν ἡ πέτρα ἐν τῇ ἐρήμῳ, ὅπου πρῶτος ἡ κιβωτὸς γέγονε μεταξὺ τῶν δύο ὀρέων, ἐν οἷς κεῖται Μωϊσῆς καὶ ᾿Ααρών. Καὶ ἐν νυκτὶ νεφέλη ὡς πῦρ γίνεται κατὰ τὸν τύπον τὸν ἀρχαῖον,	14 Καὶ ἔστιν ἡ πέτρα ἐν τῇ ἐρήμῳ, ὅπου πρῶτος ἡ κιβωτὸς γέγονε, μεταξὺ τῶν ὀρέων, ἐν οἷς κεῖται Μωϊσῆς καὶ ᾿Ααρών. ἐν δὲ ταῖς νυξὶ νεφέλη ὡς πῦρ γίνεται ἐν τῷ τόπῳ ἐκείνῳ κατὰ τὸν τύπον τὸν ἀρχαῖον,	14 Ἔστι δὲ ἡ πέτρα ἐν τῇ ἐρήμῳ, ὅπου πρῶτον ἡ κιβωτὸς γέγονε μεταξὺ τῶν δύο ὀρέων, ἐν οἷς κεῖται Μωϊσῆς καὶ ᾿Ααρών. Καὶ ἐν νυκτὶ νεφέλη ὡς πῦρ γίνεται περὶ τὸν τόπον κατὰ τὸν τύπον τὸν ἀρχαῖον,	14 Καὶ ἔστιν ἡ πέτρα ἐν τῇ ἐρήμῳ ὅπου πρῶτον ἡ κιβωτὸς γέγονε μεταξὺ τῶν δύο ὀρέων, ἐν οἷς κεῖται Μωϊσῆς καὶ ᾿Ααρών. καὶ ἐν νυκτὶ νεφέλη ὡς πῦρ γίνεται κατὰ τὸν τύπον τὸν ἀρχαῖον,	14 Ἔστι δὲ ἡ πέτρα ἐν τῇ ἐρήμῳ, ὅπου πρῶτον ἡ κιβωτὸς γέγονε μεταξὺ τῶν δύο ὀρέων ὅπου κεῖνται Μωϊσῆς τε καὶ ᾿Ααρών. Καὶ ἐν νυκτὶ ὡς πυρίνη νεφέλη γίνεται ἐπὶ τὸν τόπον κατὰ τὸν τύπον τὸν ἀρχαῖον.
ὅτι οὐ μὴ παύσηται ἡ δόξα τοῦ θεοῦ ἐκ τοῦ νόμου αὐτοῦ.	ὅτι οὐ μὴ παύσεται ἡ δόξα τοῦ θεοῦ ἐκ τοῦ νόμου αὐτοῦ.	ὅτι οὐ μὴ παύσεται ἡ δόξα τοῦ θεοῦ ἐκ τοῦ νόμου αὐτοῦ.	ὅτι οὐ μὴ παύσηται ἡ δόξα τοῦ θεοῦ ἐκ τοῦ νόμου αὐτοῦ.	
15 Καὶ ἔδωκεν ὁ θεὸς		15 Διὰ τοῦτο ἔδωκεν ὁ	15 Καὶ διὰ τοῦτο ἔδωκεν ὁ θεὸς	15 Καὶ διὰ τοῦτο ἔδω-

An1 (Vat. 2125)	Ep1	Dor	Ep2	An2 (Coisl. 224)
τῷ Ἰερεμίᾳ χάριν, ἵνα τὸ τέλος τοῦ μυστηρίου αὐτοῦ αὐτὸς ποιήσειεν, ἵνα γένηται συγκοινωνὸς Μωϋσέως, καὶ ὁμοῦ εἰσιν ἕως σήμερον.		θεὸς τῷ Ἰερεμίᾳ χάριν, ἵνα τὸ τέλος τοῦ μυστηρίου αὐτοῦ αὐτὸς ποιήσῃ, ἵνα γένηται συγκοινωνὸς Μωϋσέως καὶ Ἀαρών, καὶ ὁμοῦ εἰσιν ἕως σήμερον, ἐπειδὴ καὶ ὁ Ἰερεμίας ἐστὶν ἐκ σπέρματος ἱερατικοῦ.	τῷ Ἰερεμίᾳ χάριν, ἵνα τὸ τέλος τοῦ μυστηρίου αὐτοῦ αὐτὸς ποιήσῃ, ὅπως γένηται κοινωνὸς Μωϋσέως.	κεν ὁ θεὸς τῷ Ἰερεμίᾳ χάριν, ἵνα τὸ τέλος τοῦ μυστηρίου αὐτοῦ αὐτὸς ποιήσῃ, ὅπως γένηται συγκοινωνὸς Μωϋσέως καὶ Ἀαρών καὶ ὁμοῦ εἰσιν ἕως τῆς σήμερον.

Ezechiel-Vita

An1 (Vat. gr. 2125)	Ep1	Dor	Ep2	An2 (Coisl. 224)
3.1 Ἰεζεκιήλ. Οὗτός ἐστιν ἐκ γῆς Ἀρίρα, ἐκ τῶν ἱερέων καὶ ἀπέθανεν ἐν τῇ γῇ	3.1 Ἰεζεκιὴλ ὁ προφήτης· οὗτος ἦν ἐκ γῆς Σαρηρὰ ἐκ τῶν υἱῶν τῶν ἀρχιερέων, ἀπέθανε δὲ ἐν τῇ γῇ	Εἰς τὸν Ἰεζεκιήλ. Οὗτος Ἰεζεκιὴλ ἐν Βαβυλῶνι προφητεύων καὶ αὐτὸς ἠξιώθη προειπεῖν περὶ τῆς κατὰ Χριστὸν οἰκονομίας, καί φησι· καὶ ῥύσομαι αὐτοὺς ἀπὸ πασῶν τῶν ἀνομιῶν αὐτῶν, καὶ καθαριῶ αὐτοὺς ... κτλ.	3.1 Ἰεζεκιὴλ οὗτός ἐστιν ἐκ τῆς Σαρηρὰ τῶν ἱερέων, καὶ ἀπέθανεν ἐν γῇ	3.1 Ἰεζεκιὴλ υἱὸς Βουζῆ ἦν ἐν Σαριρά, ἐκ τῶν ἱερέων· καὶ ἀπέθανεν ἐν γῇ
			3.1 Ἰεζεκιὴλ ἐστιν ἐκ γῆς Σαριρά, ἐκ τῶν ἱερέων· καὶ ἀπέθανεν ἐν γῇ	

An1 (Vat. gr. 2125)	Ep1	Dor	Ep2	An2 (Coisl. 224)
τῶν Χαλδαίων ἐπὶ τῆς αἰχμαλωσίας πολλὰ προφητεύσας τοῖς ἐν τῇ Ἰουδαίᾳ.	τῶν Χαλδαίων ἐπὶ τῆς αἰχμαλωσίας πολλὰ προφητεύσας περὶ τῆς ἐπιστροφῆς τοῦ λαοῦ· καὶ περὶ τῆς ἐπανόδου τῶν υἱῶν Ἰσραὴλ καὶ περὶ τῆς τοῦ κυρίου παρουσίας ἐπροφήτευσεν.	Χαλδαίων ἐπὶ τῆς αἰχμαλωσίας, πολλὰ προφητεύσας τοῖς ἐν τῇ Ἰουδαίᾳ.		Χαλδαίων ἐπὶ τῆς αἰχμαλωσίας πολλὰ προφητεύσας τοῖς ἐν τῇ Ἰουδαίᾳ.
2 Ἀπέκτεινεν δὲ αὐτὸν ὁ ἡγούμενος τοῦ λαοῦ Ἰσραὴλ ἐκεῖ ἐλεγχόμενος ὑπ' αὐτοῦ ἐπὶ εἰδώλων σεβάσμασι.	2 Ἀπέκτεινεν δὲ αὐτὸν ὁ ἡγούμενος τοῦ λαοῦ ἐν τῇ παροικίᾳ αὐτοῦ ἐν Βαβυλῶνι, ἐλεγχόμενος ὑπ' αὐτοῦ ἐπὶ εἰδώλων σεβάσμασι.	2 Ἀπέκτεινε δὲ αὐτὸν ὁ ἡγούμενος τοῦ λαοῦ Ἰσραὴλ ἐκεῖ ἐλεγχόμενος ὑπ' αὐτοῦ ἐπὶ εἰδώλων σεβάσμασι.	2 καὶ ἀποκτείνας αὐτὸν ἡγούμενος τοῦ Ἰσραὴλ ἐν τῇ γῇ τῶν Χαλδαίων ἐπὶ τῆς αἰχμαλωσίας ἐλεγχόμενος ὑπ' αὐτοῦ ἐπὶ εἰδώλων σεβάσμασι.	2 Ἀπέκτεινε δὲ αὐτὸν ὁ ἡγούμενος τοῦ λαοῦ Ἰσραὴλ ἐκεῖ ἐλεγχόμενος ὑπ' αὐτοῦ ἐπὶ εἰδώλων σεβάσμασι·
3 Καὶ ἔθαψαν αὐτὸν ἐν ἀγρῷ Μαοὺρ ἐν τάφῳ Σὴμ καὶ Ἀρφαξὰδ πατέρων Ἀβραάμ,	3 Καὶ ἔθαψαν αὐτὸν ἐν ἀγρῷ Μαοὺρ ἐν τάφῳ Σὴμ καὶ Ἀρφαξὰδ πατέρων Ἀβραάμ·	3 Καὶ ἔθαψεν αὐτὸν ὁ λαὸς ἐν τάφῳ Μαοὺρ ἐν τάφῳ Σὴθ καὶ Ἀρφαξὰδ πατέρων Ἀβραάμ.	3 ἔθαψαν αὐτὸν ἐκεῖ ἐν ἀγρῷ Μαοὺρ, ἐν τῷ τάφῳ Σὴμ καὶ Ἀρφαξάθ, πολλὰ προφητεύσαντα τοῖς ἐν τῇ Ἰουδαίᾳ.	3 καὶ ἔθαψαν αὐτὸν ὁ λαὸς ἐν τῷ τάφῳ Μαοὺρ ἐν τῷ τάφῳ Σὴμ καὶ Ἀρφαξὰδ πατέρων Ἀβραάμ.
4 καὶ ἔστιν ὁ τάφος σπήλαιον διπλοῦν, ὅτι καὶ Ἀβραὰμ ἐν Χεβρὼν πρὸς τὴν ὁμοιότητα αὐτοῦ ἐποίησε τὸν τάφον Σάρρας.	4 καὶ ἔστιν ὁ τάφος ἕως σήμερον σπήλαιον διπλοῦν· καὶ γὰρ Ἀβραὰμ ἐν Χεβρὼν πρὸς τὴν ὁμοιότητα αὐτοῦ ἐποίησεν τὸν τάφον Σάρρας τῆς γυναικὸς αὐτοῦ·	4 Καὶ ἔστιν ὁ τάφος σπήλαιον διπλοῦν, ὅτι Ἀβραὰμ ἐν Χεβρὼν πρὸς τὴν ὁμοιότητα αὐτοῦ ἐποίησεν τὸν τάφον Σάρρας.	4 Καὶ ἔστιν ὁ τάφος σπήλαιον διπλοῦν, ὅτι καὶ ὁ Ἀβραὰμ εἰς Χεβρὼν πρὸς τὴν ὁμοιότητα αὐτοῦ ἐποίησε τὸν τάφον Σάρρας.	4 Καὶ ἔστιν ὁ τάφος σπήλαιον διπλοῦν, ὅτι καὶ Ἀβραὰμ ἐν Χεβρὼν πρὸς τὴν ὁμοιότητα αὐτοῦ ἐποίησε τὸν τάφον Σάρρας.

An1 (Vat. gr. 2125)	Ep1	Dor	Ep2	An2 (Coisl. 224)
5 Διπλοῦν δὲ λέγεται, ὅτι εἱλικτόν ἐστι καὶ ἀπόκρυφον ἐξ ἐπιπέδου ὑπερῴου καί ἐστι ἐπὶ γῆς ἐν πέτρᾳ κρεμάμενον.	5 διπλοῦν λέγεται, ὅτι ὀρυκτόν ἐστι καὶ ἀπόκρυφον ἐξ ἐπιπέδου καὶ ὑπερῴον ἐστιν ἐπὶ γῆς πέτρᾳ κρεμάμενον.	5 Διπλοῦν δὲ λέγεται, ὅτι εἱλικτόν ἐστι καὶ ἀπόκρυφον ἐξ ἐπιπέδου καί ἐστιν ὑπερῴου ἐπὶ γῆς ἐν πέτρᾳ κρεμάμενον.	5 Διπλοῦν δὲ λέγεται, ὅτι εἱλικῶδές ἐστι καὶ ἀπόκρυφον ἐξ ἐπιπέδου ὑπερῴου.	5 Διπλοῦν δὲ λέγεται, ὅτι εἱλικτόν ἐστι καὶ ἀπόκρυφον ἐξ ἐπιπέδου ἐν ὑπερῴῳ· καί ἐστι ἐπὶ γῆς ἐν πέτρᾳ κρεμάμενον.
6 Οὗτος ὁ προφήτης τέρας ἔδωκε τῷ λαῷ,	6 Οὗτος οὖν ὁ προφήτης τῆς τέρας ἔδωκε τῷ λαῷ,	6 Οὗτος ὁ προφήτης τέρας ἔδωκε τῷ λαῷ,	6 ”Εδωκε δὲ τέρας τῷ λαῷ,	6 Οὗτος ὁ προφήτης τέρας ἔδωκε τῷ λαῷ,
ὥστε προσέχειν τῷ ποταμῷ Χοβάρ,	ὥστε προσέχειν τῷ ποταμῷ Χοβάρ, ὅτι·	ὥστε προσέχειν τῷ ποταμῷ Χοβάρ,	ὥστε προσέχειν τῷ ποταμῷ Χοβάρ,	ὥστε προσέχειν τῷ ποταμῷ Χοβάρ·
7 ὅτε ἐκλείποι,	7 ὅταν ἐκλείπῃ τὸ ὕδωρ αὐτοῦ,	7 καὶ ὅτε ἐκλείποι,	7 καὶ ὅτε ἐκλείποι,	7 ὅτε (cod. ὅτι) ἐκλείπει,
ἐπελπίζειν τὸ δρέπανον τῆς ἐρημώσεως εἰς πέρας τῆς γῆς.	ἐλπίζειν τὸ δρέπανον τῆς ἐρημώσεως εἰς πέρας τῆς γῆς.	ἐλθεῖν τὸ δρέπανον τῆς ἐρημώσεως εἰς πέρας τῆς γῆς.	ἐλπίζειν τὸ δρέπανον τῆς ἐρημώσεως εἰς πέρας τῆς γῆς,	ἐπελθεῖν τὸ δρέπανον τῆς ἐρημώσεως εἰς πέρας (cod. τέρας) τῆς γῆς.
καὶ ὅτε πλημμυρήσῃ τὴν εἰς Ἰερουσαλὴμ ἐπάνοδον.	καὶ ὅταν πλημμυρήσῃ αὐτοῦ τὸ ὕδωρ, τὴν Ἰερουσαλὴμ ἐπάνοδον αὐτῆς σημαίνει· ὃ καὶ γέγονεν.	καὶ ὅτε πλημμυρήσει τὴν εἰς Ἰερουσαλὴμ ἐπάνοδον.	καὶ ὅτε πλημμυρήσει, τὴν εἰς Ἰερουσαλὴμ ἐπάνοδον.	καὶ ὅτε πλημμυρίσει τὴν εἰς Ἰερουσαλὴμ ἐπάνοδον.
8 Καὶ γὰρ ἐκεῖ κατῴκει ὁ ὅσιος	8 Καὶ γὰρ εἰς γῆν τῶν Ἀσσυρίων κεῖται ὁ ὅσιος,	8 Καὶ γὰρ ἐκεῖ κατῴκει ὁ ὅσιος,	8 Καὶ γὰρ ἐκεῖ κατῴκει ὁ ὅσιος,	8 Καὶ γὰρ ἐκεῖ κατῴκει ὁ ὅσιος
καὶ πολλοὶ πρὸς αὐτὸν συνεστρέφοντο.	καὶ πολλοὶ πρὸς τὸν τάφον αὐτοῦ συνεστρέφοντο ἐπὶ προσευχὴν καὶ ἱκεσίαν.	καὶ πολλοὶ πρὸς αὐτὸν συνήγοντο.	καὶ πολλοὶ πρὸς αὐτὸν συνήρχοντο,	καὶ πολλοὶ πρὸς αὐτὸν συνήγοντο.

An1 (Vat. gr. 2125)	Ep1	Dor	Ep2	An2 (Coisl. 224)
9 Καὶ ποτε πλήθους συνόντος αὐτῷ	9 Καὶ ποτε πλήθους τῶν Ἰουδαίων συνελθόντος ἐκεῖ ἐπὶ τὴν μνήμην αὐτοῦ	9 Καὶ ποτε πλήθους συνόντος αὐτῷ	9	9 Καὶ ποτε πλήθους συνόντος αὐτῷ
ἔδεισαν οἱ Χαλδαῖοι, μὴ ἀντάρωσι, καὶ ἐπῆλθον αὐτοῖς εἰς ἀναίρεσιν.	δεδιότες οἱ Χαλδαῖοι, μὴ ἀντάρωσιν· ἔμελλον δὲ ἐπελθεῖν αὐτοῖς καὶ ἀναιρεῖν αὐτούς·	ἔδεισαν οἱ Χαλδαῖοι τοὺς Ἑβραίους, μὴ ἀνταράξωσι καὶ ἐπέλθωσιν αὐτοῖς εἰς ἀναίρεσιν.	ὥστε φοβεῖσθαι τοὺς Χαλδαίους μὴ ἀντάρωσι. Διὸ καὶ ἐπῆλθον αὐτοῖς εἰς ἀναίρεσιν·	ἔδεισαν οἱ Χαλδαῖοι τοὺς Ἑβραίους, μὴ ἀντάρωσι·
10 Καὶ ἐποίησε στῆναι τὸ ὕδωρ,	10 ἐποίησε δὲ ὁ προφήτης στῆναι τὸ ὕδωρ τοῦ ποταμοῦ,	10 Καὶ ἐποίησεν ὁ προφήτης διαστῆναι τὸ ὕδωρ,	10 καὶ ἐποίησε στῆναι τὸ ὕδωρ,	10 καὶ ἐποίησεν ὁ προφήτης διαστῆναι τὸ ὕδωρ,
ἵνα ἐκφύγωσιν εἰς τὸ πέραν γενόμενοι.	ἵνα ἐκφύγωσιν υἱοὶ Ἰσραὴλ εἰς τὸ πέραν γενόμενοι.	ἵνα ἐκφύγωσιν εἰς τὸ πέραν.	ἵνα ἐκφύγωσιν εἰς τὸ πέραν·	ἵνα ἐκφύγωσιν εἰς τὸ πέραν γενόμενοι· οἱ δὲ τολμήσαντες τῶν ἐχθρῶν (corr. est τὸν ἐχθρὸν) καταδιῶξαι κατεποντίσθησαν.
Καὶ οἱ τολμήσαντες τῶν ἐχθρῶν ἐπιδιῶξαι κατεποντίσθησαν.	Οἱ δὲ τολμήσαντες τὸν λαὸν ἐπιδιῶξαι ὀπίσω αὐτῶν κατεποντίσθησαν.	Οἱ δὲ κατατολμήσαντες τῶν ἐχθρῶν ἐπιδιώξαντες κατεποντίσθησαν.	καὶ οἱ τολμήσαντες τῶν ἐχθρῶν ἐπιδιῶξαι κατεποντίσθησαν.	
11 Οὗτος διὰ προσευχῆς αὐτομάτως αὐτοῖς	11 Οὗτος ὁ προφήτης διὰ προσευχῆς αὐτομάτως αὐτοῖς	11 Οὗτος ὁ προφήτης διὰ προσευχῆς αὐτομάτως αὐτοῖς	11 Οὗτος διὰ προσευχῆς αὐτομάτως αὐτοῖς	11 Οὗτος διὰ προσευχῆς αὐτομάτως αὐτοῖς
δαψιλῆ τροφὴν ἰχθύων παρέσχετο	δαψιλὴν τροφὴν ἰχθύων παρέσχετο, ὅτι λιμῷ διεφθείροντο· καὶ ἐκ τοῦ πλήθους τῶν ἰχθύων διετράφησαν·	δαψιλῆ τροφὴν ἰχθύων παρέσχε,	δαψιλῆ τροφὴν ἰχθύων παρέσχετο,	δαψιλῆ τροφὴν ἰχθύων παρέσχε,
καὶ πολλοῖς ἐκλείπουσι ζωὴν ἐλθεῖν ἐκ θεοῦ παρεκάλεσεν.	καὶ πολλοῖς ἐκλείπουσιν ζωὴν ἐλθεῖν ἐκ θεοῦ παρεκάλεσεν.	καὶ πολλῶν ἐκλειπόντων ζωὴν αὐτοῖς ἐκ θεοῦ ἐλθεῖν παρεκάλεσεν.	καὶ πολλοῖς ἐκλιποῦσι ζωὴν ἐχαρίσατο.	καὶ πολλῶν ἐκλιπόντων ζωὴν ἐλθεῖν ἐκ θεοῦ παρεκάλεσεν.
12 Οὗτος ἀπολλυμένου	12 Οὗτος ὁ προφήτης	12 Οὗτος ἀπολλυμένου	12 Οὗτος ἀπολλυμένου	12 Οὗτος ἀπολλυμένου

An1 (Vat. gr. 2125)	Ep1	Dor	Ep2	An2 (Coisl. 224)
τοῦ λαοῦ ὑπὸ τῶν ἐχθρῶν προσῆλθε τοῖς ἡγουμένοις	ἀπολλυμένου τοῦ λαοῦ ὑπὸ τῶν ἐχθρῶν προέστη τοῖς ἡγουμένοις αὐτῶν καὶ παρηγύρησεν ὀχλήσεν αὐτοῖς.	τοῦ λαοῦ	τοῦ λαοῦ ὑπὸ τῶν ἐχθρῶν προσῆλθε τοῖς ἡγουμένοις,	τοῦ λαοῦ ὑπὸ τῶν ἐχθρῶν προσῆλθεν τοῖς ἡγουμένοις,
καὶ διὰ τεραστίων φοβηθέντες ἐπαύσαντο.	Διὰ τεραστίων καὶ φοβηθέντες ἐπαύσαντο οἱ πολέμιοι.	σημεῖα ποιήσας ἔπαυσε τοὺς πολεμίους καταπλήξας αὐτοὺς οὐρανόθεν,	καὶ διὰ τεραστίων φοβηθέντες ἐπαύσαντο.	καὶ σημεῖα ποιήσας ἔπαυσε τοὺς πολεμίους, καταπλήξας αὐτοὺς οὐρανόθεν.
13 Τοῦτο ἔλεγεν αὐτοῖς, ὅτι· διαπεφωνήκαμεν, ἀπώλετο ἡ ἐλπὶς ἡμῶν. Καὶ ἐν τέρατι τῶν ὀστέων τῶν νεκρῶν ἔπεισεν αὐτούς, ὅτι ἔσται ἐλπὶς τῷ Ἰσραὴλ καὶ ὧδε καὶ ἐπὶ τοῦ μέλλοντι αἰῶνι.	13 Τότε ἔλεγε τῷ λαῷ ὁ Ἰεζεκιήλ, ὅτι διαπεφωνήκαμεν, ἀπώλετο ἡ ἐλπὶς ἡμῶν. Καὶ ἐν τέρατι τῶν ὀστέων τῶν νεκρῶν ἔπεισεν αὐτούς, ὅτι ἔστιν ἐλπὶς τῷ Ἰσραὴλ καὶ ὧδε καὶ ἐν τῷ μέλλοντι αἰῶνι.	13 ὅτε ἔλεγεν ὁ Ἰσραήλ, ὅτι· διαπεφωνήκαμεν, ἀπώλετο ἡ ἐλπὶς ἡμῶν καὶ ἐν τέρασι τῶν ὀστέων τῶν νεκρῶν αὐτοὺς ἔπεισεν, ὅτι ἐστὶν ἐλπὶς τῷ Ἰσραὴλ καὶ ὧδε καὶ ἐπὶ τοῦ μέλλοντος·	13 Τότε ἔλεγεν αὐτοῖς ὅτι· διαπεφωνήκαμεν, ἀπώλετο ἡ ἐλπὶς ἡμῶν, καὶ ἐν τέρασι τῶν ὀστέων τῶν νεκρῶν αὐτοὺς ἔπεισεν, ὅτι ἔσται ἐλπὶς τῷ Ἰσραήλ, καὶ ἐνταῦθα καὶ ἐπὶ τοῦ μέλλοντος.	13 Τότε γὰρ ἔλεγεν ὁ Ἰσραὴλ ὅτι διαπεφωνήκαμεν, ἀπώλωλεν ἡ ἐλπὶς ἡμῶν· καὶ ἐν τέρασι τῶν ὀστέων τῶν νεκρῶν αὐτοὺς ἔπεισεν, ὅτι ἐστὶν ἐλπὶς τῷ Ἰσραήλ, καὶ ὧδε [καὶ] ἐπὶ τοῦ μέλλοντος.
14 Οὗτος ἐκεῖ ὢν ἐν τῇ χώρᾳ τῶν Χαλδαίων ἐμήνυσε τῷ λαῷ	14 Οὗτος ἐκεῖ ὢν ἐ- δείκνυ τῷ λαῷ Ἰσραὴλ	14 οὗτος κρίνων τῷ Ἰσραὴλ ἐδείκνυε	14 Οὗτος ἐκεῖ ὢν ἐ- δείκνυ τῷ λαῷ Ἰσραὴλ	14 Οὗτος ἐκεῖ ὢν ἐ- δείκνυεν τῷ λαῷ Ἰσραὴλ
πάντα τὰ ἐν Ἱερουσαλὴμ καὶ ἐν τῷ ναῷ γινόμενα.	τὰ ἐν Ἱερουσαλὴμ καὶ ἐν τῷ ναῷ γινόμενα.	τὰ ἐν Ἱερουσαλὴμ καὶ ἐν τῷ ναῷ γινόμενα.	τὰ ἐν Ἱερουσαλὴμ καὶ ἐν τῷ ναῷ γινόμενα.	τὰ ἐν Ἱερουσαλὴμ καὶ ἐν τῷ ναῷ γενόμενα
15 Οὗτος ὁ προφήτης ἡρπάγη ἀπὸ τῆς χώρας τῶν Χαλδαίων	15 Οὗτος ἡρπάγη ἐκεῖθεν,	15 Οὗτος ἡρπάγη ἐκεῖθεν,	15 Οὗτος ἡρπάγη ἐκεῖθεν	15 Οὗτος ἡρπάγη ἐκεῖθεν
καὶ ἠνέχθη εἰς Ἱερουσαλὴμ	καὶ ἦλθεν εἰς Ἱερουσαλὴμ	καὶ ἦλθεν εἰς Ἱερουσαλὴμ καὶ εἶπεν τὰ ἐν τῷ	εἰς Ἱερουσαλὴμ	καὶ ἦλθεν εἰς Ἱερουσαλὴμ κατ᾽ αὐτὴν τὴν

An1 (Vat. gr. 2125)	Ep1	Dor	Ep2	An2 (Coisl. 224)
		ναῷ γενομένα κατ' αὐ- τὴν τὴν ὥραν		ὥραν
εἰς ἔλεγχον τῶν ἀπίστων.	εἰς ἔλεγχον τῶν ἀπίστων.	εἰς ἔλεγχον τῶν ἀπει- θούντων τῷ θεῷ.	εἰς ἔλεγχον τῶν ἀπίστων.	εἰς ἔλεγχον τῶν ἀπειθούντων θεῷ.
16 Οὗτος κατὰ τὸν Μωϋσὴν εἶδε τὸν τύ- πον,	16 Οὗτος ὁ Ἰεζεκιὴλ εἶδε κατὰ τὸν Μωϋσὴν τὸν τόπον τοῦ ναοῦ κυρίου	16 Οὗτος κατὰ τὸν Μωϋσὴν εἶδε τὸν τύπον τοῦ ναοῦ,	16 Οὗτος κατὰ τὸν Μωϋσὴν εἶδε τὸν τύπον τοῦ ναοῦ,	16 Οὗτος κατὰ τὸν Μωϋσὴν εἶδε τὸν τύπον τοῦ ναοῦ
οὗ τὸ τεῖχος καὶ περί- τειχος πλατύ, καθὼς εἶπε καὶ ὁ Δα- υιήλ, ὅτι κτισθήσεται.	τὸ τεῖχός τε πλατύ, καθὼς εἶπε καὶ ὁ Δα- υιήλ, ὅτι κτισθήσεται.	καὶ τὸ τεῖχος καὶ περί- τειχος	οὗ τὸ τεῖχος καὶ περί- τειχος πλατύ, καθὼς εἶπε Δανιήλ, ὅτι κτισθήσεται.	καὶ τὸ τεῖχος καὶ τὸ περίτειχος
		καὶ τὴν πύλην, ἐν ᾗ κύριος εἰσελεύσεται. Καὶ ἔσται ἡ πύλη κε- κλεισμένη, καὶ εἰς αὐ- τὸν ἐλπιοῦσι πάντα τὰ ἔθνη.		καὶ τὴν πύλην, ἐν ᾗ κύριος εἰσελεύσεται καὶ ἐξελεύσεται, καὶ ἔσται ἡ πύλη κεκλεισμένη.
17 Οὗτος ἔκρινεν ἐν Βαβυλῶνι τὴν φυλὴν Δὰν καὶ τοῦ Γάδ, ὅτι ἠσέβουν εἰς τὸν κύριον διώκοντες τοὺς τὸν νόμον φυλάσσοντας·	17 Οὗτος ἐν Βαβυλῶνι ἔκρινεν τὴν φυλὴν Δὰν καὶ Γάδ, ὅτι ἠσέβουν πρὸς τὸν κύριον διώκοντες τοὺς εἰς τὸν νόμον πιστεύοντας,	17 Οὗτος ἔκρινεν ἐν Βαβυλῶνι τὴν φυλὴν Δὰν καὶ τοῦ Γάδ, ὅτι ἠσέβουν πρὸς κύριον διώκοντες τοὺς εἰς τὸν νόμον φυλάσσοντας,	17 Οὗτος ἔκρινεν ἐν Βαβυλῶνι τὴν φυλὴν τοῦ Γάδ, ὅτι ἠσέβουν εἰς κύριον διώκοντες τοὺς τὸν νόμον φυλάσσοντας,	17 Οὗτος ἔκρινεν ἐν Βαβυλῶνι τὴν φυλὴν Δὰν καὶ τοῦ Γάδ, ὅτι ἠσέβουν εἰς κύριον διώκοντες τοὺς νόμον φυλάσσοντας·
18 καὶ ἐποίησεν αὐτοῖς τέρας μέγα, ὅτι οἱ ὄφεις ἀνήλισκον τὰ βρέφη αὐτῶν	18 καὶ ἐποίησεν αὐτοῖς τέρας μέγα, ὅτι οἱ ὄφεις ἀνήλισκον τὰ βρέφη αὐτῶν	18 καὶ ἐποίησεν αὐτοῖς τέρας μέγα, ὅτι οἱ ὄφεις ἀνήλισκον τὰ βρέφη αὐτῶν	18 καὶ ἐποίησεν τοὺς ὄφεις ἀναλίσκειν τὰ βρέφη	18 καὶ ἐποίησεν αὐτοῖς τέρας μέγα, ὅτι οἱ ὄφεις ἀνήλισκον τὰ βρέφη αὐτῶν

An1 (Vat. gr. 2125)	Ep1	Dor	Ep2	An2 (Coisl. 224)
καὶ πάντα τὰ κτήνη αὐτῶν,	καὶ πάντα τὰ κτήνη αὐτῶν.	καὶ πάντα τὰ κτήνη αὐτῶν διὰ τὴν ἀσέβειαν αὐτῶν.	καὶ πάντα τὰ κτήνη αὐτῶν	διὰ τὴν ἀσέβειαν αὐτῶν.
19 καὶ προείρηκεν, ὅτι δι' αὐτοὺς οὐκ ἐπιστρέψει ὁ λαὸς εἰς τὴν γῆν αὐτοῦ, ἀλλὰ ἐν Μηδίᾳ ἔσονται ἕως συντελείας πλάνης αὐτῶν.	19 Καὶ προέλεγεν, ὅτι δι' αὐτοὺς οὐκ ἐπιστρέψει ὁ λαὸς εἰς Ἱερουσαλήμ, ἀλλ' ἐν ἰδίᾳ ἔσονται ἕως συντελείας πλάνης αὐτῶν.	19 Καὶ εἴρηκεν ὅτι δι' αὐτοὺς οὐκ ἐπιστρέψει ὁ λαὸς εἰς τὴν γῆν αὐτοῦ, ἀλλ' ἐν Μηδίᾳ ἔσονται ἕως συντελείας πλάνης αὐτῶν.	19 λέγων, ὅτι δι' αὐτοὺς οὐκ ἐπιστρέψει ὁ λαὸς εἰς τὴν γῆν αὐτου.	19 καὶ προείρηκεν, ὅτι δι' αὐτοὺς οὐκ ἐπιστρέψει ὁ λαὸς εἰς τὴν γῆν αὐτοῦ, ἀλλ' ἐν Μηδίᾳ ἔσονται ἕως συντελείας πλάνης αὐτῶν.
20 Καὶ ἐξ αὐτῶν ἦν ὁ ἀνελὼν αὐτόν. Ἀντέκειτο γὰρ αὐτῷ πάσας τὰς ἡμέρας τῆς ζωῆς αὐτοῦ.	20 ἐξ αὐτῶν γὰρ ἦν καὶ ὁ ἀνελὼν αὐτόν. Ἀντέκειτο γὰρ αὐτῷ ἕως ἡμέρας τελευτῆς αὐτοῦ.	20 Καὶ ἐξ αὐτῶν ἦν ὁ ἀνελὼν αὐτὸν [πάσας τὰς ἡμέρας τῆς ζωῆς αὐτοῦ].	20 Ἐξ ὧν καὶ ἀνῃρέθη.	20 Καὶ ἐξ αὐτῶν ἦν ὁ ἀνελὼν αὐτὸν ἀντέκειτο γὰρ αὐτῷ πάσας τὰς ἡμέρας τῆς ζωῆς αὐτοῦ.

Daniel-Vita

An1 (Vat. gr. 2125)	Ep1	Dor	Ep2	An2 (Coisl. 224)
		Εἰς τὸν Δανιήλ. Οὗτος Δανιὴλ ἐν Βαβυλῶνι προφητεύων καὶ αὐτὸς ἀξιωθεὶς προειπεῖν περὶ τοῦ δεσπότου Χριστοῦ φησιν οὕτως· καὶ γνώσῃ καὶ συνήσεις ἀπὸ ἐξόδου λόγου τοῦ ἀποκριθῆναί σοι καὶ οἰκοδομηθῆναι		

An1 (Vat. gr. 2125)	Ep1	Dor	Ep2	An2 (Coisl. 224)
		Ἰερουσαλὴμ ἕως Χριστοῦ ... κτλ.		
4.1 Δανιήλ. Οὗτος μὲν ἦν ἐκ φυλῆς Ἰούδα, γένους τῶν ἐξεχόντων τῆς βασιλικῆς ὑπηρεσίας,	4.1 Δανιὴλ ὁ προφήτης. Οὗτος μὲν ἦν ἐκ φυλῆς τῆς Ἰούδα γένους τῶν ἐξόχων τῆς βασιλικῆς ὑπηρεσίας·	4.1 Δανιὴλ οὗτος ἦν ἐκ φυλῆς Ἰούδα τῶν ἐξεχόντων τῆς βασιλικῆς ὑπηρεσίας,	4.1 Δανιὴλ ἦν ἐκ Βεθθρων τῆς ἀνωτέρας φυλῆς Ἰούδα· γένους τῶν ἐξοχωτάτων τῆς βασιλικῆς ὑπηρεσίας,	4.1 Δανιήλ. Οὗτος μὲν ἦν ἐκ φυλῆς Ἰούδα τῶν ἐξεχόντων τῆς βασιλικῆς ὑπηρεσίας,
ἀλλ' ἔτι νήπιος ἤχθη ἐκ τῆς Ἰουδαίας εἰς γῆν Χαλδαίων·	ἀλλ' ἔτι νήπιος ὢν ἤχθη εἰς Βαβυλῶνα ἐκ τῆς Ἰουδαίας.	ἀλλ' ἔτι νήπιος ὢν ἤχθη ἐν τῇ αἰχμαλωσίᾳ ἐκ τῆς Ἰουδαίας εἰς γῆν Χαλδαίων.	καὶ ἔτι νήπιος ὢν ἀπῆλθεν εἰς γῆν Χαλδαί-ων·	ἀλλ' ἔτι νήπιος ὢν ἤχθη ἐν τῇ αἰχμαλωσίᾳ ἀπὸ τῆς Ἰουδαίας εἰς γῆν Χαλδαίων.
2 ἐγεννήθη δὲ ἐν Βεθωρῷ τῇ ἀνωτέρα	2 Ἐγεννήθη δὲ ἐν Βεθβορῷ τῇ ἀνωτέρα πλησίον Ἰερουσαλήμ·	2 Ἐγεννήθη δὲ ἐν Βεθωρῷ τῇ ἀνωτέρα·	2	2 Ἐγεννήθη δὲ ἐν Βεθωρῶν τῇ ἀνωτέρᾳ,
καὶ ἦν ἀνὴρ σώφρων, ὥστε δοκεῖν τοὺς Ἰου-δαίους εἶναι αὐτὸν σπάδοντα.	καὶ ἦν ἀνὴρ σώφρων, ὥστε δοκεῖν τοὺς Ἰου-δαίους εἶναι αὐτὸν σπάδοντα.	καὶ ἦν ἀνὴρ σώφρων, ὥστε δοκεῖν τοὺς Ἰου-δαίους εἶναι αὐτὸν σπάδοντα.	Ἦν δὲ ἀνὴρ σώφρων, ὥστε δοκεῖν τοὺς Ἰουδαίους εἶναι αὐτὸν σπάδοντα.	καὶ ἦν ἀνὴρ σώφρων, ὥστε θαυμάζειν τοὺς Ἰουδαίους πιστεύοντας εἰς αὐτὸν εἶναι σπάδοντα.
3 Πολλὰ ἐπένθησεν οὗτος ἐπὶ τὴν πόλιν καὶ ἐν νηστείας ἤσκησεν ἀπὸ πάσης τροφῆς ἐπιθυμητῆς	3 Πολλὰ ἐπένθησεν οὗτος τὴν Ἰερουσαλήμ, καὶ ἐν νηστείας ἤσκησεν ἀπὸ πάσης τροφῆς ἐπιθυμητῆς, σπέρματα γῆς ἐσθίων.	3 Πολλὰ ἐπένθησεν οὗτος τὸν λαὸν καὶ ἐπὶ τὴν πόλιν Ἰερουσαλήμ, καὶ ἐν νηστείας ἤσκησεν ἀπὸ πάσης τροφῆς ἐπιθυμητῆς, σπέρματα γῆς ἐσθίων.	3 Πολλὰ δὲ ἐπένθησεν ἐπὶ τὴν πόλιν καὶ ἐν νηστείᾳ ἤσκησεν ἀπὸ πάσης τροφῆς ἐπι-θυμητῆς.	3 Οὗτος πολλὰ ἐπένθη-σεν ἐπὶ τὸν λαὸν καὶ τὴν πόλιν Ἰερουσαλήμ, καὶ ἐν νηστείας ἤσκησεν ἑαυτὸν δὲ]] ἀπὸ πάσης βρώ-σεως [ἐνεκρατεύσατο σπέρματα γῆς ἐσθίων.

---

1   Coisl. 205; Philad. 1141

An1 (Vat. gr. 2125)	Ep1	Dor	Ep2	An2 (Coisl. 224)
καὶ ἦν ἀνὴρ ξηρὸς τὴν ἰδέαν, ἀλλὰ ὡραῖος ἐν χάριτι ὑψίστου.	καὶ ἦν ἀνὴρ τῇ εἰδέᾳ· ἀλλὰ ἐν χάριτι θεοῦ.	Καὶ ἦν ἀνὴρ σπανὸς τὴν ἰδέαν, ὡραῖος δὲ ἐν χάριτι ὑψίστου		καὶ ἦν ἀνὴρ ξηρὸς μὲν καὶ σπανὸς τὴν εἰδέαν, ἀλλ᾽ ὡραῖος ἐν χάριτι ὑψίστου.
4 Οὗτος πολλὰ ηὔξατο ὑπὲρ τοῦ Ναβουχοδονόσορ παρακαλοῦντος αὐτὸν Βαλτάσαρ τοῦ υἱοῦ αὐτοῦ, ὅτε ἐγένετο θηρίον καὶ κτῆνος, ἵνα μὴ ἀπόληται.	4 Πολλὰ δὲ ηὔξατο ὑπὲρ Ναβουχοδονόσορ, ὅτι ἐγένετο θηρίον καὶ κτῆνος, ἵνα μὴ ἀπόληται.	4 Οὗτος πολλὰ ηὔξατο ὑπὲρ τοῦ Ναβουχοδονόσορ, παρακαλοῦντος αὐτὸν Βαλτάσαρ τοῦ υἱοῦ αὐτοῦ, ὅτι ἐγένετο θηρίον καὶ κτῆνος, ἵνα μὴ ἀπόληται.	4 Καὶ ὑπὲρ τοῦ Ναβουχοδονόσορ πολλὰ ηὔξατο· παρακαλοῦντος αὐτὸν Βαλτάσαρ τοῦ υἱοῦ αὐτοῦ, ὅτε γέγονεν θηρίον καὶ κτῆνος, ἵνα μὴ ἀπόληται.	4 Οὗτος πολλὰ ηὔξατο ὑπὲρ τοῦ Ναβουχοδονόσορ παρακαλοῦντος αὐτὸν Βαλτάσαρ τοῦ υἱοῦ αὐτοῦ, ὅτε ἐγένετο θηρίον καὶ κτῆνος, ἵνα μὴ ἀπόληται·
5 Ἦν γὰρ τὰ ἔμπρόσθεα αὐτοῦ ὡς βοῦς σὺν τῇ κεφαλῇ καὶ οἱ πόδες σὺν τοῖς ὀπισθείοις λέων.	5 Ἦν γὰρ τὰ ἔμπρόσθα αὐτοῦ ὡς βοῦς σὺν τῇ κεφαλῇ καὶ οἱ πόδες αὐτοῦ σὺν τοῖς ὀπισθίοις ὡς λέων.	5 Ἦν γὰρ τὰ ἔμπροσθεν ὡς βοῦς σὺν τῇ κεφαλῇ, καὶ οἱ πόδες σὺν τοῖς ὀπίσθω λέων.	5 Ἦν γὰρ τὰ ἔμπροσθεν ὡς βοῦς σὺν τῇ κεφαλῇ, καὶ οἱ πόδες σὺν τοῖς ὀπισθίοις ὡς λέων.	5 ἦν γὰρ τὰ ἔμπροσθεα ὡς βοῦς ἔχων τὸ σχῆμα καὶ κεφαλήν, καὶ οἱ πόδες σὺν τοῖς ὀπισθίοις λέοντος.
6 Ἀπεκαλύφθη τῷ ὁσίῳ περὶ τοῦ μυστηρίου τούτου, ὅτι κτῆνος γέγονε διὰ τὴν φιληδονίαν καὶ τὸ σκληροτράχηλον, καὶ ὅτι ὡς βοῦς ὑπὸ ζυγὸν γίνονται τοῦ Βελίαρ.		6 Ἀπεκαλύφθη δὲ τῷ ὁσίῳ περὶ τοῦ μυστηρίου τούτου, ὅτι κτῆνος γέγονε διὰ τὴν φιληδονίαν αὐτοῦ καὶ σκληροτράχηλον, καὶ ὅτι ὡς βοῦς ὑποζύγιον γενήσεται τοῦ Βελίαρ, λέων δὲ διὰ τὸ ἁρπακτικὸν	6 Ἀπεκαλύφθη δὲ τῷ ἁγίῳ περὶ τοῦ μυστηρίου τούτου, ὅτι θηρίον μὲν γέγονε διὰ τὸ φιλήδονον αὐτοῦ καὶ σκληροτράχηλον, κτῆνος δὲ ὅτι ὑπὸ ζυγὸν ἦν τοῦ Βελίαρ καὶ ὑπήκοος·	6 Καὶ ἀπεκαλύφθη τῷ ὁσίῳ περὶ αὐτοῦ τὸ μυστήριον τοῦτο, ὅτι κτῆνος γέγονε διὰ τὴν ἄλογον αὐτοῦ φιληδονίαν καὶ σκληροτραχηλίαν, καὶ ὅτι ὡς βοῦς ὑποζύγιον [γί- νονται]² τῷ Βελίαρ, λέων δὲ διὰ τὸ τυραν-

2   Coisl. 205: γίγνονται. Coisl. 224: γενήσεται.

An1 (Vat. gr. 2125)	Ep1	Dor	Ep2	An2 (Coisl. 224)
		καὶ τυραννικὸν καὶ θηριῶδες τοῦ τρόπου.		νικὸν καὶ ἁρπακτικὸν καὶ θηριῶδες [τοῦ τρόπου αὐτοῦ][3].
7 Ταῦτα ἔχουσιν οἱ δυνάσται ἐν νεότητι·	7 Ταῦτα γὰρ ἔχουσιν οἱ δυνάσται ἐν νεότητι αὐτῶν, τὸ ὡς βοῦς ὑπὸ ζυγὸν γινόμενοι τοῦ Βελίαρ διὰ τὰς φιληδονίας, ἐπὶ τέλει θῆρες γενόμενοι ἁρπάζοντες, ὀλοθρεύοντες, πατάσσοντες καὶ ἀναιροῦντες.	7 Ταῦτα ἔχουσιν οἱ δυνάσται ἐν νεότητι,		7 Ταῦτα [γὰρ][4] ἔχουσιν οἱ δυνάσται ἐν νεότητι, τουτέστι τὸ κτηνῶδες·
ἐπὶ τέλει δὲ θῆρες γίνονται ἁρπάζοντες, ὀλοθρεύοντες ἀναιροῦντες καὶ πατάσσοντες.		ἐπὶ τέλει δὲ θῆρες γίνονται, ἁρπάζοντες, ὀλοθρεύοντες, πατάσσοντες, ἀναιροῦντες, τυραννοῦντες, ἀσεβοῦντες, τὰς δὲ τούτων ἀμοιβὰς παρὰ τοῦ δικαιοκρίτου θεοῦ ἀπολαμβάνοντες.		ἐν ὑστέρῳ δὲ θῆρες γίνονται ἁρπάζοντες, ὀλοθρεύοντες, τυραννοῦντες, ἀσεβοῦντες, πατάσσοντες· τὰς δὲ τούτων ἀμοιβὰς παρὰ τοῦ δικαίου κριτοῦ θεοῦ ἀπολαμβάνοντες.
8 Ἔγνω διὰ θεοῦ ὁ ἅγιος, ὅτι ὡς βοῦς ἦσθιε χόρτον καὶ ἐγίνετο ἀνθρωπίνης φύσεως τροφή.	8 Ἔγνω οὖν ὁ ἅγιος οὗτος, ὅτι ὡς βοῦς ἦσθιε χόρτον καὶ ἐγίνετο αὐτῷ ἀνθρωπίνης φύσεως τροφή.	8 Ἔγνω δὲ διὰ θεοῦ ὁ ἅγιος, ὅτι ὡς βοῦς ἦσθιε χόρτον, καὶ ὅτι οὐκ ἐγένετο αὐτῷ ἀνθρωπίνης φύσεως τροφῆς ἐπιθυμία.	8 καὶ ὡς μὲν βοῦς ἦσθιε χόρτον· ἐγίνετο δὲ αὐτῷ ἀνθρωπίνης φύσεως τροφή.	8 Ἔγνω οὖν διὰ τοῦ θεοῦ ὁ ὅσιος, ὅτι ὡς βοῦς ἦσθιε χόρτον καὶ ἐγένετο αὐτῷ ἀνθρωπίνης φύσεως τροφὴ ὁ χόρτος.
9 Διὰ τοῦτο καὶ ὁ Ναβουχοδονόσορ	9 Διὰ τοῦτο καὶ ὁ Ναβουχοδονόσορ	9 Διὰ τοῦτο καὶ ὁ αὐτὸς Ναβουχοδονόσορ		9 Διὰ τοῦτο καὶ ὁ Ναβουχοδονόσορ

3   Coisl. 205
4   Coisl. 205

An1 (Vat. gr. 2125)	Ep1	Dor	Ep2	An2 (Coisl. 224)
μετὰ τὴν πέμψιν ἐν καρδίᾳ ἀνθρωπίνῃ γενόμενος	μετὰ τὴν πέμψιν τῆς μάστιγος αὐτοῦ ἐν καρδίᾳ ἀνθρωπίνῃ γενόμενος	μετὰ τὴν πέμψιν τῆς τροφῆς ἐν καρδίᾳ ἀνθρωπίνῃ γενόμενος		μετὰ τὴν πέμψιν τῆς τροφῆς ἐν καρδίᾳ ἀνθρώπου γενόμενος
ἔκλαιε καὶ ἥξίου κύριον πᾶσαν ἡμέραν καὶ νύκτα	ἔκλαιε καὶ ἥξίου τὸν θεὸν πᾶσαν ἡμέραν καὶ νύκτα	ἔκλαιε καὶ ἥξίου κύριον πᾶσαν τὴν ἡμέραν καὶ νύκτα		ἔκλαιε καὶ ἥξίου κύριον νύκτα καὶ ἡμέραν
τεσσαρακοντάκις δεόμενος.	τεσσαρακοντάκις δεόμενος	τεσσαρακοντάκις δεόμενος.		τεσσαρακοντάκις δεόμενος.
10	10 τοῦ θεοῦ Βενιμώ, ὅ ἐστι τοῦ θεοῦ Ἰσραήλ.	10		10
Βενιμὼθ ἐπεγίνετο αὐτῷ καὶ ἐλάνθανεν, ὅτι γέγονεν ἄνθρωπος·	Ἐπεγίνετο γὰρ αὐτῷ πνεῦμα Σατᾶν καὶ ἐλάνθανεν αὐτόν, ὅτι γέγονεν ἄνθρωπος.	Δαίμων δὲ ἐπεγίνετο αὐτῷ καὶ ἐλάνθανεν ὅτι γέγονεν ἄνθρωπος.		Ὡς δὲ ἐπεγίνετο αὐτῷ, καὶ ἐλάνθανεν, ὅτι γέγονεν ἄνθρωπος,
11 ἤρθη ἡ γλῶσσα αὐτοῦ τοῦ μὴ λαλεῖν·	11 Ἡ γλῶσσα αὐτοῦ ἐδεσμεύετο λαλεῖν, καὶ φωνὴ θηρίου ἐδίδετο αὐτῷ·	11 Ἤρθη δὲ ἡ γλῶσσα αὐτοῦ τοῦ μὴ λαλεῖν,	11 Ἐκρατήθη δὲ ἡ γλῶσσα αὐτοῦ τοῦ μὴ λαλεῖν·	11 ἤργει ἡ γλῶσσα αὐτοῦ τοῦ λαλεῖν·
καὶ νοῶν εὐθέως ἐδάκρυσεν·	καὶ διανεύων εὐθέως ἐδάκρυε,	καὶ νοῶν εὐθὺς ἐδάκρυε,	καὶ νοῶν εὐθέως ἐδάκρυε, καὶ παρεκάλει τὸν θεὸν κατὰ νοῦν πᾶσαν ἡμέραν καὶ ὥραν·	καὶ νοῶν εὐθέως ἔκρυσεν·
οἱ ὀφθαλμοὶ αὐτοῦ ἦσαν ὡς νεκρὸν κρέας ἐκ τοῦ κλαίειν.	καὶ οἱ ὀφθαλμοὶ αὐτοῦ ἐγίνοντο ὡς κρέας ἀπὸ τοῦ κλαίειν.	καὶ οἱ ὀφθαλμοὶ αὐτοῦ ἦσαν ὡς νεκρὸν κρέας ἐν τῷ κλαίειν.	οἱ δὲ ὀφθαλμοὶ αὐτοῦ γεγόνασι κρεώδεις ἐκ πολλῶν δακρύων.	οἱ δὲ ὀφθαλμοὶ αὐτοῦ ἦσαν ὡς νεκρὸν κρέας ἐκ τοῦ κλαίειν.
12 Πολλοὶ γὰρ ἐξιόντες ἐκ τῆς πόλεως ἑώρων αὐτόν.	12 Καὶ πολλοὶ δυνάσται καὶ πολῖται ἐξιόντες ἐκ τῆς πόλεως ἐθεώρουν αὐτόν.	12 καὶ πολλοὶ γὰρ ἐξιόντες ἐκ τῆς πόλεως ἐθεώρουν αὐτόν.	12 Καὶ πολλοὶ τῆς πόλεως ἑώρων αὐτὸν καὶ ἐθαύμαζον.	12 Πολλοὶ γὰρ ἐξιόντες ἐκ τῆς πόλεως ἐθεώρουν αὐτόν.

An1 (Vat. gr. 2125)	Ep1	Dor	Ep2	An2 (Coisl. 224)
'Ο Δανιὴλ μόνος οὐκ ἠθέλησεν αὐτὸν ἰδεῖν, ὅτι πάντα τὸν χρόνον τῆς ἀλλοιώσεως αὐτοῦ ἐν προσευχῇ ἦν περὶ αὐτοῦ·	Δανιὴλ δὲ μόνος οὐκ ἠθέλησεν ἰδεῖν αὐτόν, ὅτι πάντα τὸν χρόνον τῆς ἀλλοιώσεως αὐτοῦ ἐν ταῖς προσευχαῖς ἦν περὶ αὐτοῦ·	'Ο δὲ Δανιὴλ ἠθέλησεν ἰδεῖν αὐτόν, ὅτι πάντα τὸν χρόνον τῆς ἀλλοιώσεως αὐτοῦ ἐν προσευχῇ ἦν περὶ αὐτοῦ.	'Ο δὲ Δανιὴλ μόνος οὐκ ἠθέλησεν ἰδεῖν αὐτόν. 'Αλλὰ πάντα τὸν χρόνον τῆς ἀλλοιώσεως αὐτοῦ ἐν προσευχῇ ἦν περὶ αὐτοῦ, δεόμενος τοῦ θεοῦ.	ὁ δὲ Δανιὴλ μόνος οὐκ ἠθέλησεν αὐτὸν ἰδεῖν, ὅτι πάντα τὸν χρόνον τῆς ἀλλοιώσεως αὐτοῦ ἐν προσευχῇ ἦν ὑπὲρ αὐτοῦ·
13 ἔλεγεν, ὅτι πάλιν ἄνθρωπος γενήσεται·	13 καὶ ἔλεγεν, ὅτι πάλιν ἄνθρωπος γενήσεται καὶ κρατήσει τῆς βασιλείας αὐτοῦ·	13 "Ελεγε γὰρ ὅτι· πάλιν ἄνθρωπος γενήσεται, καὶ τότε ὄψομαι αὐτόν,	13 "Ελεγε γὰρ ὅτι· πάλιν ἄνθρωπος γενήσεται,	13 "Ελεγε γὰρ ὅτι· πάλιν ἄνθρωπος γενήσεται, καὶ τότε ὄψομαι αὐτόν·
καὶ ἠπίστουν αὐτῷ.	καὶ ἠπίστουν αὐτῷ.	καὶ ἠπίστουν αὐτῷ.	καὶ ἠπίστουν αὐτῷ.	καὶ ἠπίστουν αὐτῷ.
14 'Ο Δανιὴλ τὰ ἑπτὰ ἔτη, ἃ εἶπεν ἑπτὰ καιρούς, ἐποίησε γενέσθαι ἑπτὰ μῆνας·	14 τὰ ἑπτὰ ἔτη γενέσθαι ἑπτὰ μῆνας δεόμενος περὶ αὐτοῦ πρὸς κύριον.	14 'Ο Δανιὴλ οὖν τὰ ἑπτὰ ἔτη προσευχόμενος πρὸς τὸν ὕψιστον ἤ^τπερ[5] γενέσθαι, οὓς εἶπεν καιρούς, ἑπτὰ μῆνας·	14 'Ο δὲ Δανιὴλ τὰ ἑπτὰ ἔτη, ἃ εἶπεν ἑπτὰ καιρούς, ἐποίησε γενέσθαι ἑπτὰ μῆνας	14 'Ο Δανιὴλ οὖν τὰ ἑπτὰ ἔτη ἃ εἶπεν ἑπτὰ καιρούς, προσευχόμενος πρὸς τὸν ὕψιστον ἐποίησεν ἑπτὰ μῆνας γενέσθαι
15 τὸ μυστήριον τῶν ἑπτὰ καιρῶν ἐτελέσθη ἐπ' αὐτόν, ὅτι ἀπεκατέστησεν ἑπτὰ μησί, τὰ ἓξ ἔτη καὶ ἓξ μῆνας ὑπέπιπτε κυρίῳ	15 Τὸ μυστήριον τῶν ἑπτὰ καιρῶν ἐτελέσθη ἐπ' αὐτόν, ὅτι ἀπεκατέστησεν ἑπτὰ μεσίτας. "Εξ οὖν ἔτη καὶ ἓξ μῆνας ὑπέπιπτεν κυρίῳ τῷ θεῷ	15 Καὶ τὸ μυστήριον τῶν ἑπτὰ καιρῶν ἐτελέσθη ἐπ' αὐτόν, ὅτι ἀπεκαταστὰς ἐν ἑπτὰ μησί, ὡς ἦν τὸ πρίν, τὰ ἓξ ἔτη καὶ πέντε μῆνας ὑπέπιπτε κυρίῳ	15 καὶ τὸ μυστήριον τῶν ζ' καιρῶν ἐτελειώθη ἐπ' αὐτόν	15 καὶ τὸ μυστήριον τῶν ἑπτὰ καιρῶν ἐτελέσθη ἐπ' αὐτῷ, καὶ ἀπεκατέστη ἐν ἑπτὰ μησί· τὰ δὲ λοιπὰ ἓξ ἔτη καὶ ε΄ μῆνας ὑπέπιπτε τῷ θεῷ
καὶ ὡμολόγει τὴν ἀσέ-	καὶ ἐξομολογεῖτο τὴν	καὶ ὡμολόγει τὴν ἀσέ-	καὶ ὡμολόγει τὴν ἀσέ-	καὶ ὡμολόγει τὴν ἀσέ-

---

5 Vindob. theol. gr. 77: ἐποίησεν γενέσθαι

An1 (Vat. gr. 2125)	Ep1	Dor	Ep2	An2 (Coisl. 224)
βειαν αὐτοῦ	ἀσέβειαν ἑαυτοῦ.	βειαν αὐτοῦ καὶ πᾶσαν τὴν ἀνομίαν αὐτοῦ,		βειαν αὐτοῦ καὶ πᾶσαν τὴν ἀνομίαν αὐτοῦ.
καὶ μετὰ ἄφεσιν τῆς ἀνομίας αὐτοῦ ἀπέδωκεν αὐτῷ τὴν βασιλείαν.	Καὶ μετὰ τὴν ἄφεσιν τῆς ἀνομίας αὐτοῦ ἀπέδωκεν αὐτῷ πάλιν ὁ θεὸς τὴν βασιλείαν.	καὶ μετὰ ἄφεσιν τῶν ἀνομιῶν αὐτοῦ ἀπέδωκεν αὐτῷ τὴν βασιλείαν αὐτοῦ,	μετὰ τὴν ἄφεσιν τῆς ἀνομίας αὐτοῦ. Καὶ ἀπέδωκεν αὐτῷ ὁ θεὸς τὴν βασιλείαν αὐτοῦ.	Καὶ μετὰ τὴν ἄφεσιν τῆς ἀνομίας αὐτοῦ ἀπέδωκεν αὐτῷ ὁ θεὸς τὴν βασιλείαν αὐτοῦ.
16 Οὔτε ἄρτου ἢ κρέα ἔφαγεν οὔτε οἶνον ἔπιεν	16 Καὶ οὔτε ἄρτον ἢ κρέα γεν οὔτε οἶνον ἔπιεν	16 καὶ οὔτε κρέα ἔφαγεν οὔτε οἶνον ἔπιεν,	16 Οὔτε δὲ ἄρτον ἢ κρέας ἔφαγεν οὔτε οἶνον ἔπιεν	16 καὶ οὔτε ἄρτον οὔτε κρέα ἔφαγεν οὔτε οἶνον ἔπιεν
ἐξομολογούμενος, ὅτι ὁ Δανιὴλ αὐτῷ προσέταξεν	ἐξομολογούμενος τῷ θεῷ, ὅτι Δανιὴλ αὐτῷ προσέταξεν	ἐξομολογούμενος κυρίῳ, ὅτι Δανιὴλ προσέταξεν αὐτῷ	ἐξομολογούμενος τῷ θεῷ, ὅτι ὁ Δανιὴλ αὐτῷ προσέταξεν	ἐξομολογούμενος τῷ κυρίῳ, ὅτι ὁ Δανιὴλ αὐτῷ προσέταξεν
ἐν ὀσπρίοις βρεκτοῖς ἢ βρεκτοῖς ἐξιλεοῦσθαι κύριον.	ἐν ὀσπρίοις βρεκτοῖς καὶ χλόαις ἐξιλεοῦσθαι κύριον.	ὀσπρίοις βρεκτοῖς καὶ χλόαις ἐξιλεώσασθαι κύριον.	ὀσπρέως βρεκτοῖς καὶ χλόαις ἐξιλεώσασθαι τὸν θεόν·	ἐν ὀσπρίοις βρεκτοῖς καὶ χλόαις ἐξιλεώσασθαι κύριον.
17 Διὰ τοῦτο ἐκάλεσεν αὐτὸν Βαλτάσαρ.	17 Διὰ τοῦτο καὶ ὁ Ναβουχοδονόσορ ἐκάλεσε τὸν Δανιὴλ Βαλτάσαρ κατὰ τὸ ὄνομα τοῦ μονογενοῦς αὐτοῦ υἱοῦ·	17 Διὰ τοῦτο ἐκάλεσεν αὐτὸν Βαλτάσαρ, ὡς τὸν υἱὸν αὐτοῦ.	17 διὰ τοῦτο ἐκάλεσεν αὐτὸν Βαλτάσαρ.	17 Διὰ τοῦτο ἐκάλεσεν τὸ ὄνομα αὐτοῦ Βαλτάσαρ,
ὅτι ἠθέλησεν αὐτὸν συγκληρονόμου καταστῆσαι τῶν τέκνων αὐτοῦ.	ὅτι ἠθέλησεν αὐτὸν συγκληρονόμου ἀποκαταστῆναι τῶν τέκνων αὐτοῦ.	Ἠθέλησε δὲ αὐτὸν συγκληρονόμου καταστῆναι τῶν τέκνων αὐτοῦ.	ὅτι ἠθέλησεν αὐτὸν συγκληρονόμου καταστῆσαι τῶν τέκνων αὐτοῦ.	ὅτι ἠθέλησεν αὐτὸν συγκληρονόμου καταστῆσαι τῶν τέκνων αὐτοῦ.
18 Ἀλλ' ὁ ὅσιος εἶπεν· Ἵλεώς μοι ἀφεῖναι κληρονομίαν πατέρων μου καὶ κολληθῆναι κληρο-	18 ἀλλ' ὁ ὅσιος εἶπεν· Ἵλεώς μοι ἀφεῖναι κληρονομίαν πατέρων μου καὶ προσκολληθῆναι κληρο-	18 Ἀλλ' ὁ ὅσιος εἶπεν· Ἵλεώς μοι ἀφεῖναί με κληρονομίαν πατέρων μου καὶ κολληθῆναι κληρο-	18 Ἀλλ' ὁ ὅσιος εἶπεν· Ἵλεώς μοι ἀφεῖναί με κληρονομίαν πατέρων μου καὶ κολληθῆναι κληρο-	18 Ἀλλ' ὁ νέος οὐκ ἠθέλησεν εἰπών· Ἵλεώς μοι ἀφεῖναί με κληρονομίαν πατέρων καὶ κολληθῆναι κληρο-

An1 (Vat. gr. 2125)	Ep1	Dor	Ep2	An2 (Coisl. 224)
νομίαις ἀπεριτμήτων.	ρονομίαν ἀπεριτμήτων.	νομίᾳ ἀπεριτμήτων.	νομίᾳ ἀπεριτμήτων.	νομίαις ἀπεριτμήτων.
19 Καὶ τοῖς ἄλλοις βα-σιλεῦσι Περσῶν πολλὰ ἐποίησεν τεράστεια,	19 Καὶ ἐν τοῖς βασι-λεῦσι δὲ Περσῶν πολλὰ ἐποίησε τεράστια,	19 Καὶ τοῖς ἄλλοις βα-σιλεῦσι Περσῶν πολλὰ ἐποίησεν τεράστια,	19 Καὶ τοῖς μετέπειτα δὲ Βασιλεῦσι Περσῶν πολλὰ ἐποίησε τε-ράστια,	19 Καὶ τοῖς ἄλλοις δὲ βασιλεῦσι ἐποίησεν τέ-ρατα,
ὅσα οὐκ ἔγραψα.	ὅσα οὐκ ἐγράψαμεν ἐν τῇ βίβλῳ ταύτῃ· εἰσὶ δὲ γεγραμμένα ἐν τῇ βίβλῳ τοῦ Δανιήλ.	ὅσα οὐκ ἐγράφησαν.	ὅσα οὐκ ἔγραψα.	ὅσα γραφῇ οὐ παρεδό-θη.

Δεύτερον δὲ ἐβλήθησαν τῷ λάκκῳ τῶν λεόντων ὑπὲρ εὐσεβείας καὶ ἀγάπης θεοῦ. Τὸ μὲν πρῶτον, ἐπειδὴ τῶν Βαβυλωνίων προσευχο-μένων Δαρείῳ τῷ βασι-λεῖ μόνος αὐτὸς τῷ θεῷ προσηύχετο. Τὸ δὲ δεύτερον, διότι τὸν Βὴλ κετέστρεψε καὶ τὸν δράκοντα ἐφόνευσεν ἐπὶ Κύρου τοῦ βασιλέως, καὶ αὐτὸς μὲν διεσώθη, καὶ ἀβλαβὴς ἀπὸ τῶν λεόντων ἀνῆλθεν ἐκ τοῦ λάκκου. Οἱ δὲ ἐπιβουλεύσαντες αὐτῷ ἐβλήθησαν εἰς τὸν λάκκον τῶν λεόντων, καὶ εὐθὺς κατεβρώθησαν ὑπ᾽ αὐτῶν·

An2 (Coisl. 224)

20 Καὶ ἀπέθανεν ἐκεῖ καὶ ἐτάφη ἐν τῷ σπη- λαίῳ τῷ βασιλικῷ

μόνος ἐνδόξως.

21 Καὶ αὐτὸς ἔδωκε τέρας ἐν ὄρεσι τοῖς ὑπεράνω τῆς Βαβυλῶνος ὅτι·

ὅτε καπνισθήσεται τὸ ἐκ βορρᾶ, τότε ἥξει τὸ τέλος τῆς Βαβυλῶνος· [ὅτε κατ᾽ ἀνατολὰς ὕδωρ καθαρὸν ἐξελεύσεται, τότε ἐπὶ γῆς ὁ θεὸς φανεὶς ὡς ἄνθρωπος καὶ εἰς ἑαυτὸν ἀναδέξεται πάσας τὰς ἀνομίας τῆς γῆς, ἐν τῷ ἀνασκολοπίζεσθαι αὐτὸν ὑπὸ τῶν ἱερέων τοῦ νόμου καὶ πρεσβυτέρων τοῦ λαοῦ Ἰσραήλ· τότε φόνος ἔσται τοῦ Βελίαρ. Εὐθέ- ως δὲ χαρὰ ἐκχυθήσεται εἰς πάντα τὰ ἔθνη.][7]

Ep2

20 μετὰ δὲ ταῦτα γῆ ῥάσας καὶ τελεύσας ἐν εἰρήνη ἐτάφη ἐκεῖ ἐν τῷ σπηλαίῳ τῷ βασιλικῷ μόνος ἐνδόξως.

21 Ἔδωκε δὲ τέρας ἐν ὄρεσι τοῖς ὑπεράνω Βα- βυλῶνος λέγων·

ὅτε καπνισθήσεται τὰ ἐκ βορρᾶ, ἥξει τὸ τέλος Βα- βυλῶνος·

Dor

20 Οὗτος δὲ ἀπέθανεν, καὶ ἐτάφη ἐν τῷ σπη- λαίῳ τῷ βασιλικῷ.

μόνος ἐνδόξως.

21 Καὶ αὐτὸς ἔδωκε τέρας ἐν ὄρεσι τοῖς ὑπεράνω τῆς Βαβυλῶνος ὅτι·

ὅτε καπνισθήσεται τὸ ἐκ βορρᾶ, τότε ἥξει τέλος Βα- βυλῶνος· [ὅτε δὲ κατ᾽ ἀνατολὰς ὕδωρ καθαρὸν ἐξελεύσε- ται, τότε ὁ θεὸς ἐπὶ γῆς φανεὶς ὡς ἄνθρω- πος ἀναδέξεται πάσας τὰς ἀνομίας τοῦ κόσ- μου εἰς ἑαυτὸν ἐν τῷ ἀνασκολοπίζεσθαι αὐτὸν ὑπὸ τῶν ἱερέων τοῦ νό- μου. Καὶ εὐθὺς πνεύμα- τος χάρις ἐπὶ γῆς ἐκ- χυθήσεται εἰς πάντα τὰ ἔθνη.][6]

Ep1

21 Οὗτος ὁ προφήτης ἔδωκε τέρας ἐν τοῖς ὑψηλοῖς ὄρεσι Βα- βυλῶνος λέγων· ὅτι ὅταν ἴδητε καπνιζόμε- νον τὸ ἐκ βορρᾶ ὄρος, ἥξει τὸ τέλος Βα- βυλῶνος·

An1 (Vat. gr. 2125)

20 Ἐκεῖ ἀπέθανε καὶ ἐτάφη ἐν τῷ σπηλαίῳ τῷ βασιλικῷ

μόνος ἐνδόξως.

21 Καὶ αὐτὸς ἔδωκε τέρας ἐν ὄρεσι τοῖς ὑπεράνω Βαβυλῶνος ὅτι· ὅτε καπνισθήσεται τὸ ἐκ βορρᾶ, ἥξει τὸ τέλος Βα- βυλῶνος·

6 Om. Vindob. theol. gr. 77
7 Coisl. 205; Philad. 1141

An1 (Vat. gr. 2125)	Ep1	Dor	Ep2	An2 (Coisl. 224)
ὅτε δὲ ὡς ἐν πυρὶ κεῖται, τὸ τέλος πάσης τῆς γῆς·	ὅταν δὲ ἴδητε αὐτὸν ὡς ἐν πυρὶ καιόμενον, ἥξει τὸ τέλος πάσης τῆς γῆς.	Ὅτε δὲ ἐν πυρὶ καίεται, τότε τέλος ἔσται τῆς γῆς.	ὅτε δὲ ὡς πυρὶ καίεται, τὸ τέλος πάσης τῆς γῆς.	ὅταν δὲ ὡς πῦρ καίηται, τότε τὸ τέλος πάσης τῆς γῆς.
22 ἐὰν δὲ τὸ ἐν τῷ νότῳ ῥεύσῃ ὕδατα,	22 ἐὰν δὲ τὸ ἐν τῷ νό- τῳ ὄρος νεύσῃ ὕδατα,	22	22 Ἐὰν δὲ τὰ ἐν τῷ νότῳ ὄρη ῥεύσωσιν ὕδατα,	22 ἐὰν δὲ τὸ ἐν τῷ νότῳ ῥεύσῃ ὕδατα,
ἐπιστρέψει ὁ λαὸς εἰς γῆν αὐτοῦ,	ἐπιστρέψει ὁ λαὸς ἐν τῇ γῇ αὐτοῦ· οἰκοδομήσεται Ἰερουσα- λὴμ πλατεῖα καὶ εὐρύ- χωρος, ὥσπερ καὶ ἐγέ- νετο διὰ Ἰησοῦ ἀρχιε- ρέως καὶ Ζοροβαβὲλ τοῦ υἱοῦ Σαλαθιήλ.		ἐπιστρέψει ὁ λαὸς εἰς τὴν γῆν αὐτοῦ,	ἐπιστρέψει ὁ λαὸς εἰς τὴν γῆν αὐτοῦ,
καὶ ἐὰν αἷμα ῥεύσῃ, φόνος ἔσται τοῦ Βελίαρ ἐν πάσῃ τῇ γῇ.	Ἐὰν δὲ αἷμα ῥεύσῃ τὸ ὄρος, φόνος ἔσται τοῦ Βελίαρ ἐν πάσῃ τῇ γῇ, ἥξει δὲ κύριος ἐπὶ γῆς ἐνανθρωπήσας.	Ἐὰν δὲ αἷμα ῥεύσῃ, φόνος ἔσται τοῦ Βελίαρ ἐν πάσῃ τῇ γῇ.	καὶ ἐὰν αἷμα ῥεύσω- σιν, φόνος ἔσται τοῦ Βελίαρ ἐν πάσῃ τῇ γῇ.	καὶ ἐὰν αἷμα ῥεύσῃ, φόνος ἔσται τοῦ Βελίαρ ἐν πάσῃ τῇ γῇ.
23 Καὶ ἐκοιμήθη ἐν εἰρήνῃ ὁ ὅσιος.	23 Ἐκεῖ οὖν ἐκοιμήθη ὁ ὅσιος Δανιὴλ ἐν Βα- βυλῶνι ἐν εἰρήνῃ καὶ ἐτάφη ἐν τῷ σπηλαίῳ τῷ βασιλικῷ ἐνδόξως· καὶ ἔστιν ὁ τάφος αὐ- τοῦ ἕως τῆς σήμερον ἡμέρας πᾶσι γνωστὸς ἐν Βαβυλῶνι.	23 Καὶ ἐκοιμήθη ἐν εἰρήνῃ ὁ ὅσιος τοῦ θεοῦ.		23 Καὶ ἐκοιμήθη ἐκεῖ ὁ ὅσιος ἐν εἰρήνῃ [μετὰ τῶν πατέρων αὐτοῦ]8.

8 Coisl. 205; Philad. 1141

Hosea-Vita

An1 (Vat. gr. 2125)	Ep1	Dor	Ep2	An2 (Coisl. 224)
5.1 Ὡσηέ. Οὗτος ἦν ἐκ Βελεμὼθ τῆς φυλῆς Ἰσσάχαρ	5.1 Ὡσηὲ ὁ προφήτης· υἱὸς Βεηρεί. Οὗτος ἐγεννήθη ἐν Βελεμὼθ ἐκ τῆς φυλῆς Ἰσάχαρ.	Εἰς τὸν Ὡσηέ. Σωζόμενος. Οὗτος Ὡσηὲ τῶν ιβ΄ προφητῶν ὁ πρῶτος, ἀξιωθεὶς εἰπεῖν περὶ τοῦ δεσπότου Χριστοῦ οὕτως ... κτλ. 5.1 Οὗτος Ὡσηὲ ἦν ἐκ Βελεμὼθ τῆς φυλῆς Ἰσσάχαρ	5.1 Ὡσηὲ υἱὸς Βεηρὶ ἦν ἐκ Βελεμὼθ φυλῆς Ἰσάχαρ	5.1 Ὡσηέ· οὗτος ἦν ἐκ Βελεμὼθ τῆς φυλῆς Ἰσάχαρ, ὃς πολλὰ προεφήτευσε κατὰ τὸν Ἰσραήλ, [καὶ ἀπέθανε]⁹ καὶ ἐτάφη ἐν τῇ γῇ αὐτοῦ ἐν εἰρήνῃ
καὶ ἐτάφη ἐν τῇ γῇ αὐτοῦ ἐν εἰρήνῃ.		καὶ ἐτάφη ἐν τῇ γῇ αὐτοῦ ἐν εἰρήνῃ.	καὶ θανὼν ἐτάφη ἐν τῇ γῇ αὐτοῦ ἐν εἰρήνῃ.	
2 Καὶ ἔδωκε τέρας, ἥξειν τὸν κύριον ἐπὶ τῆς γῆς,	2 Οὗτος ἔδωκε τέρας, ἥξειν τὸν κύριον ἐξ οὐρανοῦ ἐπὶ τὴν γῆν·		2 Καὶ ἔδωκεν τέρας, ἥξειν τὸν κύριον ἐπὶ τῆς γῆς.	2 καὶ ἔδωκε τέρας, ἥξειν τὸν κύριον ἐπὶ γῆς ἀνθρώπους συναναστρεφόμενον. ὅτε δὲ δύῃ ὁ ἥλιος ἐν Σηλὼμ
ἐὰν ἡ δρῦς ἡ ἐν Σηλὼμ μερισθῇ ἀφ᾽ ἑαυτῆς	καὶ τοῦτο τὸ σημεῖον τῆς παρουσίας αὐτοῦ· ὅταν ἡ δρῦς ἡ ἐν Σηλὼμ μερισθῇ ἀφ᾽ ἑαυτῆς εἰς δώδεκα μέρη		Ἐάν φησιν ἡ δρῦς ἡ ἐν Σιλώμ μερισθῇ εἰς ιβ΄ ἀφ᾽ ἑαυτῆς	καὶ μερισθῇ ἡ δρῦς ἡ ἐν Σιλώμ¹⁰ εἰς δώδεκα μέρη,

9 Coisl. 205; Philadelph. 1141; Paris. 1712

10 Nicht bei Schermann, Teubner u. TU verzeichnet; Text: Tischendorf

An1 (Vat. gr. 2125)	Ep1	Dor	Ep2	An2 (Coisl. 224)
καὶ γένωνται δρύες δώδεκα.	καὶ γένωνται δρύες δώδεκα· οὕτως καὶ ἐγένετο.		καὶ γένωνται δρύες ιβ'.	γενηθήσονται δώδεκα δρύες [ἀκολουθοῦντες τῷ ἐπὶ γῆς ὀφθέντι θεῷ καὶ δι' αὐτῷ σωθήσεται πᾶσα ἡ γῆ][11].
	Πολλὰ δὲ προφητεύσας περὶ τῆς πορνείας τοῦ λαοῦ αὐτοῦ, ἀπέθανεν ἐν εἰρήνῃ καὶ ἐτάφη ἐν τῇ γῇ αὐτοῦ.			

Micha-Vita

An1 (Vat. gr. 2125)	Ep1	Dor	Ep2	An2 (Coisl. 224)
		Εἰς τὸν Μιχαίαν. Στρατηγός. Οὗτος Μιχαίας ὁ τρίτος ὃς ἠξιώθη καὶ αὐτὸς προειπεῖν περὶ τῆς ἐλεύσεως τοῦ δεσπότου Χριστοῦ καὶ φησίν·		
6.1 Μιχαίας ὁ Μωραθὶ ἦν ἐκ φυλῆς Ἐφραΐμ.	6.1 Μιχαίας ὁ προφήτης. Οὗτος ἐγεννήθη ἐν Μοραθὶ ἐκ φυλῆς Ἐφραΐμ. Πολλὰ ἐποίησεν οὗτος τῷ Ἀχαὰβ βασιλεῖ Ἰούδα·	6.1 Μιχαίας ἦν ἀπὸ Μοραθὴ ἐκ φυλῆς Ἐφραΐμ.	6.1 Μιχαίας υἱὸς Ἱεραμῶς ὁ Μωραθίτης γέγονεν ἐκ φυλῆς Ἐφραΐμ,	6.1 Μιχαίας ἦν ἀπὸ Μοραθὶ ἐκ φυλῆς Ἐφραΐμ.
Πολλὰ ποιήσας τῷ Ἀχαὰβ		Πολλὰ ποιήσας τῷ Ἀχαὰβ	καὶ πολλὰ ποιήσας τῷ Ἀχαὰβ	Οὗτος πολλὰ ποιήσας τῷ Ἀχαὰβ

11   Coisl. 205; Philadelph. 1141; Paris. 1712

An1 (Vat. gr. 2125)	Ep1	Dor	Ep2	An2 (Coisl. 224)
ὑπὸ Ἰωράμ τοῦ υἱοῦ αὐτοῦ ἀνῃρέθη κρημνῷ, ὅτι ἤλεγχεν αὐτὸν ἐπὶ ταῖς ἀσεβείαις τῶν πατέρων αὐτοῦ.	ὑπὸ Ἰωράμ τοῦ υἱοῦ αὐτοῦ ἀναιρεῖται κρημνισθείς, ὅτι ἤλεγχεν αὐτὸν ἐπὶ ταῖς ἀσεβείαις αὐτοῦ τῶν πατέρων αὐτοῦ ὧν ἐποίησεν.	ὑπὸ Ἰωράμ τοῦ υἱοῦ αὐτοῦ ἀνῃρέθη ἐν κρημνῷ, ὅτι ἤλεγχεν αὐτὸν ἐπὶ ταῖς ἀσεβείαις τῶν πατέρων αὐτοῦ.	ὑπὸ Ἰωράμ τοῦ υἱοῦ αὐτοῦ ἀνῃρέθη κρημνῷ, ὅτι ἤλεγχεν αὐτὸν ἐπὶ ταῖς ἀσεβείαις τῶν πατέρων αὐτοῦ.	ὑπὸ Ἰωράμ τοῦ υἱοῦ αὐτοῦ ἀνῃρέθη κρημνῷ ῥιφείς, ὅτι ἤλεγχεν αὐτὸν ἐπ' ἀσεβείαις πατέρων αὐτοῦ.
2 Καὶ ἐτάφη ἐν τῇ γῇ αὐτοῦ μόνος σύνεγγυς πολυανδρίου Ἐνακείμ.	2 Καὶ θανὼν ἐτάφη ἐν Μοραθὶ ἐν τῇ γῇ αὐτοῦ μονώτατος σύνεγγυς πολυανδρίου καὶ ἔστιν ὁ τάφος αὐτοῦ εὔγνωστος ἕως τῆς σήμερον ἡμέρας.	2 Καὶ ἐτάφη ἐν τῇ γῇ αὐτοῦ μόνος, σύνεγγυς πολυανδρίου Ἐνακείμ.	2 Καὶ ἐτάφη ἐν τῇ γῇ αὐτοῦ.	2 καὶ ἐτάφη ἐν τῇ γῇ αὐτοῦ μόνος, σύνεγγυς τοῦ πολυανδρίου Ἐνμαχείμ.

Amos-Vita

An1	Ep1	Dor	Ep2	An2 (Coisl. 224)
		Εἰς τὸν Ἀμώς. Στερέωσις. Οὗτος ὁ δεύτερος Ἀμὼς καὶ αὐτὸς ἀξιωθεὶς εἰπεῖν περὶ ἐλεύσεως τοῦ δεσπότου Χριστοῦ οὕτως· διότι ἰδοὺ ἐγὼ στερέων βροντὴν ... κτλ.		
7.1 Ἀμὼς ἦν ἐκ Θεκουέ.	7.1 Ἀμὼς δὲ ὁ προφήτης. Οὗτος ἐγεννήθη	7.1 Ἀμὼς ἦν ἐκ Θεκουέ,	7.1 Ἀμὼς ἦν ἐκ Θεκουέ	7.1 Ἀμὼς ἦν ἐκ Θεκουέ.

An1	Ep1	Dor	An2 (Coisl. 224)	Ep2
	ἐν Θεκουὲ ἐκ γῆς Ζαβουλών. Ἔστι δὲ πατὴρ Ἡσαίου τοῦ προφήτου.			
Καὶ Ἀμασίας πικνῶς αὐτὸν τυμπανίσας	Ἀμασίας δὲ ὁ ἱερεὺς Βεθὴλ συχνῶς αὐτὸν τυμπανίσας ἐνέδρᾳ αὐτὸν ἐλοιδόρει,	καὶ Ἀμασίας συχνῶς αὐτὸν ἐτυμπάνισε.	Καὶ Ἀμασίου πικνῶς αὐτὸν τυμπανίσαντος	Καὶ Ἀμασίου πικνῶς αὐτὸν ἐτυμπάνισε.
τέλος καὶ ἀνεῖλεν αὐτὸν ὁ υἱὸς αὐτοῦ ἐν ῥοπάλῳ πλήξας αὐτοῦ τὸν κρόταφον·	εἰς τέλος, δὲ ἀνεῖλεν αὐτὸν ὁ υἱὸς Ἀμασίου ἐν ῥοπάλῳ πλήξας αὐτὸν κατὰ τοῦ κροτάφου, ὅτι ἤλεγχεν αὐτὸν περὶ τῆς ἐνέδρας τῶν δύο δαμάλεων τῶν χρυσῶν.	Τέλος ἀνεῖλεν αὐτὸν ὁ υἱὸς αὐτοῦ ῥοπάλῳ πλήξας τὸν κρόταφον·	τέλος ἀνεῖλεν αὐτὸν Ἀμὼς ὁ υἱὸς αὐτοῦ ῥοπάλῳ, πλήξας αὐτοῦ τὸν κρόταφον·	καὶ ἀνηρέθη ὑπὸ τοῦ υἱοῦ Ἀμασίου, πλήξας αὐτὸν ἐν ῥομφαίᾳ κατὰ τὸν κρόταφον.
2 καὶ ἔτι ἐμπνέων ἦλθεν εἰς τὴν γῆν αὐτοῦ καὶ μεθ᾽ ἡμέρας δύο ἀπέθανε	2 Καὶ ἔτι ἐμπνέων ἦλθεν εἰς τὴν γῆν αὐτοῦ καὶ ἀπέθανε	2 καὶ ἔτι ἐμπνέων ἦλθεν εἰς τὴν γῆν αὐτοῦ καὶ μεθ᾽ ἡμέρας δύο ἀπέθανε	2 καὶ ἔτι ἐμπνέων ἦλθεν εἰς τὴν γῆν αὐτοῦ καὶ μεθ᾽ ἡμέρας δύο ἀπέθανε	2 Καὶ ἔτι ἐμπνέων ἦλθεν εἰς τὴν γῆν αὐτοῦ καὶ μεθ᾽ ἡμέρας γ᾽ τελευτήσας
καὶ ἐτάφη ἐκεῖ.	καὶ ἐτάφη ἐκεῖ μετὰ τῶν πατέρων αὐτοῦ.	καὶ ἐκεῖ ἐτάφη.	καὶ ἐτάφη ἐκεῖ.	ἐτάφη ἐκεῖ.

Joel-Vita

An1 (Vat. gr. 2125)	Ep1	Dor	An2 (Coisl. 224)	Ep2
		Εἰς τὸν Ἰωήλ. Αὐθαίρετος ἰσχύς. Οὗτος Ἰωὴλ ὁ προφήτης καὶ αὐτὸς ἀξιωθεὶς προειπεῖν περὶ τοῦ κα-		Εἰς τὸν Ἰωήλ.

An1 (Vat. gr. 2125)	Ep1	Dor	Ep2	An2 (Coisl. 224)
		τὰ τὸν δεσπότην Χριστὸν μυστηρίου· φησὶ γὰρ οὕτως· καὶ ἔσται μετὰ ταῦτα, ἐκχεῶ ἀπὸ τοῦ πνεύματος μου ...		
8.1 Ἰωὴλ ἦν ἐκ τῆς γῆς τοῦ Ῥουβὴν ἐν ἀγρῷ Βεθωμόρων.	8.1 Ἰωὴλ δὲ ὁ προφήτης. Οὗτος ἦν ἐξ ἀγροῦ Βηθὼμ ἐκ τῆς γῆς Ῥουβίμ· πολλὰ δὲ προφήτευσε περὶ Ἰερουσαλὴμ καὶ τέλους ἐθνῶν.	8.1 Ἰωὴλ ἐκ γῆς ἦν τοῦ Ῥουβὴν ἀγροῦ τοῦ Βεθομορῶν,	8.1 Ἰωὴλ υἱὸς Βαθουὴλ ἦν ἐκ φυλῆς Ῥουβὶμ ἀγροῦ Θεβορῶν	8.1 Ἰωὴλ ἦν ἐκ φυλῆς τοῦ Ῥουβὶμ ἀγροῦ τοῦ Βεθωρῶν· [προφητεύσας περὶ λιμοῦ καὶ ἐκθλίψεως θυσιῶν καὶ πάθους προφήτου δικαίου καὶ δι' αὐτοῦ ἀνακαινισθήσεται τὴν κτίσιν εἰς σωτηρίαν.]12
2 ἐν εἰρήνη ἀπέθανε καὶ ἐτάφη ἐκεῖ.	2 Ὁρῶν δὲ ἀπέθανεν ἐν εἰρήνη καὶ ἐτάφη Βηθὼμ ἐν τῇ γῇ αὐτοῦ ἐνδόξως.	2 καὶ ἀπέθανεν ἐν εἰρήνη καὶ ἐκεῖ ἐτάφη.	2 καὶ θανὼν ἐν εἰρήνη ἐτάφη ἐκεῖ.	2 καὶ ἀπέθανεν ἐν εἰρήνη καὶ ἐτάφη ἐκεῖ.

Obadja-Vita

An1 (Vat. gr. 2125)	Ep1	Dor	Ep2	An2 (Coisl. 224)
		Εἰς τὸν Ἀβδιοῦ. Δουλεύων κυρίῳ. Οὗτος Ἀβδιοῦ πέμπτος		

12 Coisl. 205

An1 (Vat. gr. 2125)	Ep1	Dor	Ep2	An2 (Coisl. 224)
		φησὶ καὶ αὐτὸς ἀξιωθεὶς εἰπεῖν περὶ τοῦ κατὰ Χριστὸν μυστηρίου οὕτως ...		
9.1 Ἀβδιοῦ ἦν ἐκ γῆς Συχὲμ ἀγροῦ Βηθαχαράμ.	9.1 Ἀβδιοῦ ὁ προφήτης. Οὗτος ἦν ἐκ τῆς Συχὲμ ἐξ ἀγροῦ Βηθθαχάμαρ.	9.1 Ἀβδιοῦ ἦν ἐκ γῆς Συχὲμ ἀγροῦ Βιθαχαράμ.	9.1 Ἀβδιοῦ ἦν ἐκ γῆς Συχέμ,	9.1 Ἀβδιοῦ ἦν ἐκ γῆς Συχὲμ ἀγροῦ Βηθαρχαάμ.
2 Οὗτος ἦν μαθητὴς Ἠλία καὶ πολλὰ ὑπομείνας δι' αὐτὸν περιεσώζετο.		2 Οὗτος ἦν μαθητὴς Ἠλία, καὶ πολλὰ ὑπομείνας δι' αὐτὸν περιωάζεται.		2 Οὗτος ἦν μαθητὴς Ἠλία, καὶ πολλὰ ὑπομείνας δι' αὐτὸν περιωάζεται.
3 Οὗτος ἦν ὁ τρίτος πεντηκόνταρχος, οὗ ἐφείσατο Ἠλίας	3 Οὗτος ἐστιν ὁ τρίτος πεντηκόνταρχος, οὗ ἐφείσατο Ἠλίας ὁ Θεσβίτης,	3 Οὗτος ἦν ὁ τρίτος πεντηκόνταρχος, οὗ ἐφείσατο Ἠλίας	3 ὁ καὶ τρίτος πεντηκόνταρχος, οὗ ἐφείσατο Ἠλίας·	3 Οὗτος ἦν ὁ τρίτος πεντηκόνταρχος, οὗ ἐφείσατο Ἠλίας·
καὶ κατέβη πρὸς Ὀχοζίαν.	καὶ κατέβη καὶ ἦλθε πρὸς τὸν βασιλέα.	καὶ κατέβη πρὸς Ὀχοζίαν,	καὶ κατέβη πρὸς Ὀχοζίαν.	καὶ κατέβη πρὸς Ὀχοζίαν·
4 Μετὰ ταῦτα ἀπολιπὼν τὴν λειτουργίαν τοῦ βασιλέως	4 Μετὰ δὲ ταῦτα ἀπολιπὼν τὴν βασιλικὴν αὐτοῦ τάξιν, [2] προσεκολλήθη τῷ προφήτῃ Ἠλίᾳ καὶ ἐγένετο αὐτοῦ μαθητής· καὶ πολλὰ ὑπομείνας δι' αὐτὸν περιεσώζετο	4 καὶ μετὰ ταῦτα ἀπολιπὼν λειτουργίαν τοῦ βασιλέως	4 Μετὰ ταῦτα ἀπολείπων τὴν λειτουργίαν τοῦ βασιλέως	4 καὶ μετὰ ταῦτα ἀπολιπὼν τὴν λειτουργίαν τοῦ βασιλέως
προεφήτευσε καὶ ἀπέθανε ταφεὶς	καὶ θανὼν ἐτάφη ἐν	προεφήτευσεν καὶ ἀπέθανε ταφείς	προεφήτευσε· καὶ θανὼν ἐτάφη μετὰ	προεφήτευσε· καὶ ἀπέθανε, καὶ ἐτάφη

An1 (Vat. gr. 2125)	Ep1	Dor	Ep2	An2 (Coisl. 224)
μετὰ τῶν πατέρων αὐτοῦ.	ἀγρῷ Βηθθαχάμαρ μετὰ τῶν πατέρων αὐτοῦ.	μετὰ τῶν πατέρων αὐτοῦ.	τῶν πατέρων αὐτοῦ.	μετὰ τῶν πατέρων αὐτοῦ.

Jona-Vita

An1 (Vat. gr. 2125)	Ep1	Dor	Ep2	An2 (Coisl. 224)
		Εἰς τὸν Ἰωνᾶν. Δέησις κυρίου, ὁ αὐτὸς βαπτιστής. Οὗτος Ἰωνᾶς ἔκτος, ὃς οὐ διὰ λόγων, ἀλλ᾽ ἔργῳ καὶ τύπῳ προεμήνυσε τὴν ἀνάστασιν τοῦ Χριστοῦ. …		
10.1 Ἰωνᾶς ἦν ἐκ γῆς Καριαθμαοὺς	10.1 Ἰωνᾶς ὁ προφήτης. Οὗτος οὖν ἐκ γῆς Καριαθμαοὺμ	10.1 Ἰωνᾶς ἦν ἐκ γῆς Καριαθμαοὺς	10.1 Ἰωνᾶς υἱὸς Ἀμαθῆ ἦν ἐκ γῆς Καριαθαρὶμ	10.1 Ἰωνᾶς ἦν ἐκ γῆς Καριαθαρὶμ
πλησίον πόλεως Ἑλλήνων Ἀζώτου κατὰ θάλασσαν.	πλησίον πόλεως Ἑλλήνων Ἀζώτου κατὰ θάλασσαν.	πλησίον πόλεως Ἑλλήνων Ἀζώτου κατὰ θάλασσαν.	πλησίον Ἀζώτου πόλεως Ἑλλήνων κατὰ θάλασσαν·	πλησίον Ἀζώτου πόλεως Ἑλλήνων κατὰ θάλασσαν·
2 καὶ ἐκβρασθεὶς ἐκ τοῦ κήτους καὶ ἀπελθὼν ἐν Νινευῆ ἀνακάμψας οὐκ ἔμεινεν εἰς τὴν γῆν αὐτοῦ, ἀλλὰ παραλαβὼν τὴν μητέρα αὐτοῦ παρῴκησε τὴν Σοὺρ χώραν ἀλλοφύλων ἐθνῶν·	s.u.	2 καὶ ἐκβρασθεὶς ἐκ τοῦ κήτους καὶ ἀπελθὼν εἰς Νινευῆ ἀνακάμψας οὐκ ἔμεινεν εἰς τὴν γῆν αὐτοῦ, ἀλλὰ παραλαβὼν τὴν μητέρα αὐτοῦ παρῴκησε τὴν Σοὺρ, χώραν ἀλλοφύλων ἐθνῶν.	2 καὶ ἐκβρασθεὶς ἐκ τοῦ κήτους καὶ ἀπελθὼν εἰς Νινευί, καὶ ἀνακάμψας οὐκ ἔμεινεν εἰς τὴν γῆν αὐτοῦ, ἀλλὰ παραλαβὼν τὴν μητέρα αὐτοῦ παρῴκησεν τὴν Σοὺρ, χώραν ἀλλοφύλων ἐθνῶν.	2 καὶ ἐκβρασθεὶς ἐκ τοῦ κήτους καὶ ἀπελθὼν εἰς Νινευή, καὶ ἀνακάμψας οὐκ ἔμεινεν εἰς τὴν γῆν αὐτοῦ, ἀλλὰ παραλαβὼν τὴν μητέρα αὐτοῦ παρῴκησε τὴν Ἰώρ, χώραν ἀλλοφύλων ἐθνῶν.

An1 (Vat. gr. 2125)	Ep1	Dor	Ep2	An2 (Coisl. 224)
3 ἔλεγεν γάρ, ὅτι οὕτως ἀφελῶ ὄνειδός μου, ὅτι ἐψευσάμην προφητεύσας κατὰ Νινευῆ τῆς μεγάλης πόλεως.	s.u.	3 Ἔλεγε γὰρ ὅτι· οὕτως ἀφελῶ τὸ ὄνειδός μου, ὅτι ἐψευσάμην προφητεύσας κατὰ Νινευῆ πόλεως τῆς μεγάλης,		3 Ἔλεγεν γὰρ ὅτι· οὕτως ἀφελῶ τὸ ὄνειδός μου, ὅτι ἐψευσάμην προφητεύσας κατὰ Νινευῆ τῆς πόλεως τῆς μεγάλης.
4 Ἦν τότε Ἡλίας ἐλέγχων τὸν οἶκον Ἀχαάβ	4 Ἦν τότε Ἡλίας ὁ προφήτης ἐλέγχων τὸν Ἀχαὰβ βασιλέα Σαμαρείας	4 ἦν τότε Ἡλίας ἐλέγχων καὶ τὸν οἶκον Ἀχαάβ	4 Ἦν δὲ τότε ἐλέγχων Ἡλίας τὸν Ἀχαάβ,	4 Ἦν δὲ τὸ τηνικαῦτα Ἡλίας ἐλέγχων τὸν οἶκον Ἀχαάβ,
καὶ καλέσας λιμὸν ἐπὶ τὴν γῆν ἔφυγεν.	καὶ καλέσας λιμὸν μεγάλην ἐπὶ τὴν γῆν ἔφυγεν ἐν τῇ ἐρήμῳ καὶ ἐτρέφετο ἐκ τῶν κοράκων· καὶ ἔπινεν ὕδωρ ἐκ τοῦ χειμάρρου. Καὶ ὅτε ἐξηράνθη ὁ χείμαρρος ἐπείνασε.	καὶ καλέσας λιμὸν ἐπὶ τὴν γῆν ἔφυγε.	καὶ καλέσας λιμὸν ἐπὶ τὴν γῆν ἔφυγε.	καὶ καλέσας λιμὸν ἐπὶ τὴν γῆν ἔφυγεν.
Καὶ ἐλθὼν εὗρε τὴν χήραν μετὰ τοῦ υἱοῦ αὐτῆς·	Καὶ ἦλθεν εἰς Σαρεφθὰ τῆς Σιδονίας πρὸς γυναῖκα χήραν πενιχράν, ἥτις ἦν μήτηρ τοῦ Ἰωνᾶ, καὶ εἰσῆλθεν εἰς τὸν οἶκον αὐτῆς· καὶ ἐποίησεν αὐτῷ ὡς προσέταξεν αὐτῇ· καὶ ἔφαγε καὶ εὐλόγησεν αὐτῇ σῖτῳ καὶ ἐλαίῳ καὶ ἔμεινε μετ' αὐτῆς.	Καὶ ἐλθὼν εὗρε τὴν χήραν μετὰ τοῦ υἱοῦ αὐτῆς καὶ ἔμεινε παρ' αὐτοῖς·	Καὶ ἐλθὼν εὗρε τὴν χήραν μετὰ τοῦ υἱοῦ αὐτοῦ·	Καὶ ἀπελθὼν εὗρε τὴν χήραν μετὰ τοῦ υἱοῦ αὐτῆς καὶ ἔμευε παρ' αὐτοῖς·
οὐ γὰρ ἠδύνατο μένειν μετὰ ἀπεριτμήτων·	Οὐ γὰρ ἠδύνατο μεῖναι μετ' ἀπεριτμήτων.	οὐ γὰρ ἠδύνατο μένειν μετὰ ἀπεριτμήτων.	οὐ γὰρ ἠδύνατο μένειν μετὰ ἀπεριτμήτων.	οὐ γὰρ ἠδύνατο μένειν μετὰ ἀπεριτμήτων.

An1 (Vat. gr. 2125)	Ep1	Dor	Ep2	An2 (Coisl. 224)
καὶ εὐλόγησεν αὐτήν.		καὶ ηὐλόγησεν αὐτήν.	Καὶ εὐλόγησεν αὐτήν.	Καὶ εὐλόγησεν αὐτὴν διὰ τὴν ξενοδοχίαν αὐτῆς. Ἦν γὰρ γινώσκων αὐτὴν ἐκ πολλοῦ.
5 Καὶ θανόντα τὸν υἱὸν αὐτῆς πάλιν ἤγειρεν ἐκ νεκρῶν ὁ θεὸς διὰ τοῦ Ἠλία·	5 Καὶ θανόντα τὸν υἱὸν αὐτῆς Ἰωνᾶν ἀνέστησεν ὁ θεὸς διὰ τοῦ Ἠλία καὶ ἀπέδωκεν αὐτὸν ζῶντα τῇ μητρὶ αὐτοῦ διὰ τὴν φιλοξενίαν.	5 Θανόντα τὸν Ἰωνᾶν πάλιν ἀνέστησεν ἐκ νεκρῶν ὁ θεὸς διὰ τοῦ Ἠλία·	5 Καὶ θανόντα τὸν υἱὸν αὐτῆς Ἰωνᾶν πάλιν ἐκ νεκρῶν ὁ θεὸς διὰ τοῦ Ἠλία ἀνέστησεν.	5 Θανόντα δὲ τὸν υἱὸν αὐτῆς Ἰωνᾶν πάλιν ἤγειρεν ὁ θεὸς διὰ τοῦ Ἠλίου,
ἠθέλησε γὰρ δεῖξαι αὐτῷ, ὅτι οὐ δύναται ἀποδρᾶσαι θεόν.		ἠθέλησε γὰρ δεῖξαι αὐτῷ, ὅτι οὐ δύναται ἀποδρᾶσαι θεόν.	Ἠθέλησε γὰρ δεῖξαι αὐτῷ, ὅτι οὐ δύναται ἀποδρᾶσαι θεόν.	δεικνὺς αὐτῷ, ὅτι οὐδὲ θανὼν δύναται ἀποδρᾶσαι θεόν.
	Καὶ γενόμενος ἡλικίας ὁ Ἰωνᾶς ἀπεστάλη εἰς Νινευὶν πρὸς τοὺς Ἀσσυρίους. Καὶ ἐξζήτησεν Ἰωνᾶς ἀποδρᾶσαι κύριον καὶ κατεπόθη ὑπὸ τοῦ κήτους πορευθῆναι βουλόμενος εἰς Θαρσεῖς·			
	[2] ἐξελθὼν δὲ ἐκ τοῦ κήτους ἐκήρυξε τὴν ἀπώλειαν Νινευί. Καὶ μετενόησαν οἱ Νινευΐται τῷ θεῷ καὶ ἠλεήθησαν. Καὶ ἐλυπήθη Ἰωνᾶς, καὶ ἀνακάμψας οὐκ ἔμεινεν			

An1 (Vat. gr. 2125)	Ep1	Dor	Ep2	An2 (Coisl. 224)
	εἰς τὴν γῆν αὐτοῦ, ἀλλὰ παραλαβὼν τὴν μητέρα αὐτοῦ παρῴκησε τὴν Σοὺρ χώραν τῶν ἀλλοφύλων. [3] Ἔλεγε γὰρ ὅτι· ἐψευσάμην προφητεύσας κατὰ Νινευΐ.			
6 Καὶ ἀναστὰς μετὰ τὸν λιμὸν ἦλθεν ἐν γῇ Ἰούδα, καὶ ἀποθανοῦσαν τὴν μητέρα αὐτοῦ κατὰ τὴν ὁδὸν ἔθαψεν αὐτὴν ἐχόμενα τῆς βαλάνου Δεββώρας.		6 Καὶ ἀναστὰς Ἰωνᾶς μετὰ τὴν λιμὸν ἦλθεν ἐν γῇ Ἰούδα, καὶ ἀποθανοῦσαν τὴν μητέρα αὐτοῦ κατὰ τὴν ὁδὸν ἔθαψεν αὐτὴν ἐχόμενα τῆς Λιβάνου βαλάνου.	6 Καὶ μετὰ τὸν λιμὸν ἐλθὼν ἐν τῇ γῇ Ἰούδα,	6 Καὶ ἀναστὰς Ἰωνᾶς μετὰ τὸν λιμὸν ἦλθεν εἰς γῆν Ἰούδα· θανοῦσαν δὲ τὴν μητέρα αὐτοῦ ἔθαψε κατὰ τὴν ὁδὸν ἐχόμενα τῆς βαλάνου Δεββώρας.
7 Καὶ κατοικήσας ἐν γῇ Σαραὰρ ἀπέθανε καὶ ἐτάφη ἐν τῷ σπηλαίῳ Κενεζέου κριτοῦ γενομένου μιᾶς φυλῆς ἐν ἡμέραις τῆς ἀναρχίας.	7 Καὶ κατοικήσας ἐν γῇ Σαὰρ ἐκεῖ ἀπέθανε καὶ ἐτάφη ἐν τῷ σπηλαίῳ τοῦ Κενεζέου κριτοῦ.	7 Ἐν γῇ Σαὰρ ἀπέθανεν καὶ ἐτάφη ἐν τῷ σπηλαίῳ Κενεζέου κριτοῦ γενομένου μιᾶς φυλῆς ἐν ἡμέραις τῆς ἀναρχίας.	7 ἐν Σαὰρ, καὶ θανὼν ἐτάφη ἐκεῖ.	7 Καὶ κατοικήσας ἐν γῇ Σαὰρ ἀπέθανε καὶ ἐτάφη ἐν τῷ σπηλαίῳ Κανεζιοῦ κριτοῦ γενομένου μιᾶς φυλῆς ἐν ἡμέραις τῆς ἀναρχίας.
8 Καὶ ἔδωκε τέρας ἐπὶ Ἱερουσαλὴμ καὶ ὅλην τὴν γῆν, ὅτε ἴδωσι λίθον βοῶντα οἰκτρῶς, ἐγγίζειν τὸ τέλος.				

An1 (Vat. gr. 2125)	Ep1	Dor	Ep2	An2 (Coisl. 224)
Καὶ ὅτε ἴδωσιν ἐν Ἰερουσαλὴμ πάντα τὰ ἔθνη, ὅτι ἡ πόλις ἕως ἐδάφους ἠφάνισται ὅλη.	8 Ἐπροφήτευσε δὲ ὅτι· ὅταν ἴδωσιν ἐν Ἰερουσαλὴμ ἔθνη πολλὰ ὑπὸ δυτικῶν, ἕως ἐδάφους ἀφανισθήσεται.	8 Καὶ ἔδωκε τέρας ἐπὶ Ἰερουσαλὴμ καὶ ὅλην τὴν γῆν· ὅτε ἴδωσι λίθον βοῶντα οἰκτρῶς, ἐγγίζει τὸ τέλος. καὶ ὅτε ἴδωσιν ἐν Ἰερουσαλὴμ πάντα τὰ ἔθνη, τότε ἡ πόλις ἀφανισθήσεται.	8 Καὶ ἔδωκε τέρας ἐπὶ Ἰερουσαλὴμ λέγων· ὅτε ἴδωσι λίθον βοῶντα οἰκτρῶς, ἐγγίζει τὸ τέλος· ὅτε δὲ ἴδωσιν ἐν Ἰερουσαλὴμ πάντα τὰ ἔθνη, τότε ἡ πόλις ἐδαφισθήσεται.	8 Καὶ ἔδωκε τέρας ἐπὶ Ἰερουσαλὴμ καὶ ἐφ' ὅλην τὴν γῆν· ὅταν ἴδωσι λίθον βοῶντα οἰκτρῶς, ἐγγίζειν τὸ τέλος· καὶ ὅτε ἴδωσιν Ἰερουσαλὴμ πάντα τὰ ἔθνη, ὅτι ἡ πόλις ἠφανίσθη ὅλη ἕως ἐδάφους, καὶ μεταθήσονται οἱ λίθοι αὐτῆς κατὰ δυσμὰς ἡλίου, ἐκεῖ ἔσται ἡ προσκύνησις τοῦ εἰλημμένου.

Nahum-Vita

An1 (Vat. gr. 2125)	Ep1	Dor	Ep2	An2 (Coisl. 224)
		Εἰς τὸν Ναούμ. Παράκλησις. Οὗτος Ναοὺμ ἕβδομος ἠξιώθη καὶ αὐτὸς προειπεῖν περὶ τῆς ἀναστάσεως τοῦ δεσπότου Χριστοῦ. ….		
11.1 Ναοὺμ ἀπὸ Ἑλκεσὶ πέραν τοῦ Ἰσβηγαβαρὶν φυλῆς Συμεών.	11.1 Ναοὺμ ἦν ἀπὸ Ἑλκεσεὶ πέραν τοῦ Βηταβαρὶν ἐκ φυλῆς Συμεών.	11.1 Ναοὺμ δὲ ὁ προφήτης. Οὗτος ἦν ἀπὸ Ἑλκεσιν πέραν τοῦ Ἰορδάνου εἰς Βηγαβάρ	11.1 Ναοὺμ υἱὸς Ἑλκεσαίου ἦν ἀπὸ Ἰεσβὴ φυλῆς Συμεών.	11.1 Ναοὺμ ἦν ἀπὸ Ἑλκεσὲμ πέραν τοῦ Βηταβαρὴμ φυλῆς Συμεών.

An1 (Vat. gr. 2125)	Ep1	Dor	Ep2	An2 (Coisl. 224)
	ἐκ φυλῆς Συμεών.			
2 Οὗτος μετὰ τὸν Ἰωνᾶν τῇ Νινευῆ τέρας ἔδωκεν, ὅτι ὑπὸ ὑδάτων γλυκέων καὶ πυρὸς ὑπογείου ἀπολεῖται, ὃ καὶ γέγονεν.	2 Οὗτος μετὰ τὸν Ἰωνᾶν τέρας ἔδωκεν ἐπὶ Νινευΐ, ὅτι ὑπὸ ὑδάτων γλυκέων καὶ πυρὸς ἐπιγείου ἀπολεῖται, ὃ καὶ γέγονεν.	2 Οὗτος μετὰ τὸν Ἰωνᾶν τῇ Νινευῆ τέρας ἔδωκεν, ὅτι ὑπὸ ὑδάτων γλυκέων καὶ πυρὸς ὑπογείου ἀπολεῖται, ὃ καὶ γέγονεν.	2 Καὶ μετὰ τὸν Ἰωνᾶν τῇ Νινευῆ τέρας ἔδωκεν, ὅτι ὑπὸ ὑδάτων καὶ πυρὸς ὑπογείου ἀπολεῖται. Ὅπερ καὶ γέγονεν·	2 Οὗτος μετὰ Ἰωνᾶν τῇ Νινευῆ τέρας ἔδωκεν, ὅτι ὑπὸ ὑδάτων γλυκέων καὶ πυρὸς ὑπογείου ἀπολεῖται, ὃ καὶ γέγονεν.
3 Ἡ γὰρ περιέχουσα αὐτὴν λίμνη κατέκλυσεν αὐτὴν ἐν σεισμῷ	3 Ἡ γὰρ περιέχουσα αὐτὴν λίμνη ἐν σεισμῷ	3 Ἡ γὰρ περιέχουσα αὐτὴν λίμνη κατέκλυσεν αὐτὴν ἐν σεισμῷ καὶ ἀπώλεσε·	3 ἡ γὰρ περιέχουσα αὐτὴν λίμνη κατέλυσεν ἐν σεισμῷ,	3 Ἡ γὰρ περιέχουσα αὐτὴν λίμνη κατέκλυσεν αὐτὴν ἐν σεισμῷ
καὶ πῦρ ἐκ τῆς ἐρήμου ἐπελθὸν τὸ ὑψηλότερον αὐτῆς μέρος ἐνεπύρησεν.	καὶ πῦρ ἐκ τῆς ἐρήμου ἐπελθὸν πάντα τὰ ὑψηλότερα αὐτῆς ἐνέπρησεν μέρη.	καὶ πῦρ ἐκ τῆς ἐρήμου ἐπελθὸν τὸ ὑψηλότερον αὐτῆς ἐνέπρησε μέρος.	καὶ πῦρ ἐκ τῆς ἐρήμου ἐξῆλθεν καὶ τὸ ὑψηλότερον αὐτῆς ἐνεπύρησεν μέρος.	καὶ πῦρ ἐπελθὸν ἐκ τῆς ἐρήμου τὸ ὑψηλότερον αὐτῆς μέρος ἐνεπύρησεν.
4 Ἀπέθανε δὲ ἐν εἰρήνῃ καὶ ἐτάφη ἐν τῇ γῇ αὐτοῦ.	4 Ἀπέθανε δὲ Ναοὺμ ἐν εἰρήνῃ, ἐτάφη δὲ ἐν τῇ γῇ αὐτοῦ Βηγαβάρ.	4 Ἀπέθανε δὲ ἐν εἰρήνῃ καὶ ἐτάφη ἐν τῇ γῇ αὐτοῦ.	4 Καὶ θανὼν ἐτάφη ἐν τῇ γῇ αὐτοῦ.	4 Ἀπέθανε δὲ ἐν εἰρήνῃ καὶ ἐτάφη ἐν τῇ γῇ αὐτοῦ.

Habakuk-Vita

An1 (Vat. gr. 2125)	Ep1	Dor	Ep2	An2 (Coisl. 224)
		Εἰς τὸν Ἀμβακούμ. Περίλημψις. Οὗτος Ἀμβακοὺμ ὄγδοος καὶ αὐτὸς ἀξιωθεὶς		

An1 (Vat. gr. 2125)	Ep1	Dor	Ep2	An2 (Coisl. 224)
		περὶ τῆς ἀναστάσεως τοῦ Χριστοῦ οὕτως· ….		
12 1 Ἀμβακοὺμ ἐκ φυλῆς ἦν Συμεὼν ἐξ ἀγροῦ Βηθζουχάρ.	12 1 Ἀμβακοὺμ ὁ προφήτης. Οὗτος ἦν ἐξ ἀγροῦ Βυζζουχὰρ ἐκ φυλῆς Συμεὼν	12 1 Ἀμβακοὺμ ἦν ἐκ φυλῆς Συμεὼν ἐξ ἀγροῦ Βηθτουχάρ.	12 1 Ἀμβακοὺμ ἦν ἐξ ἀγροῦ Βιδζουχάρ, φυλῆς Συμεών.	12 1 Ἀμβακοὺμ ἐκ φυλῆς ἦν Συμεὼν ἐξ ἀγροῦ Βηθωαχάρ.
2 Οὗτος ἴδε πρὸ τῆς αἰχμαλωσίας περὶ τῆς ἁλώσεως Ἱερουσαλὴμ	2 Οὗτος εἶδε πρὸ τῆς αἰχμαλωσίας περὶ τῆς ἁλώσεως Ἱερουσαλὴμ	2 Οὗτος εἶδε πρὸ τῆς αἰχμαλωσίας περὶ τῆς ἁλώσεως Ἱερουσαλὴμ,	2 Καὶ εἶδε πρὸ τῆς αἰχμαλωσίας περὶ τῆς ἁλώσεως Ἱερουσαλὴμ	2 Οὗτος εἶδεν πρὸ τῆς αἰχμαλωσίας περὶ τῆς ἁλώσεως τῆς Ἱερουσαλὴμ καὶ τοῦ ναοῦ,
καὶ ἐπένθησε σφόδρα	καὶ ἐπένθησε σφόδρα ἐπὶ τῇ πόλει καὶ τῷ λαῷ.	καὶ ἐπένθησεν.	καὶ ἐπένθησε σφόδρα.	καὶ ἐπένθησε σφόδρα·
3 Καὶ ὅτε ἦλθε Ναβουχοδονόσορ εἰς Ἱερουσαλήμ,	3 Καὶ ὅτε ἦλθε Ναβουχοδονόσορ εἰς Ἱερουσαλὴμ τοῦ πορθῆναι αὐτήν,	3 Ναβουχοδονόσορ ὅτε ἦλθεν εἰς Ἱερουσαλήμ,	3 Καὶ ὅτε ἦλθε Ναβουχοδονόσορ ἐν Ἱερουσαλήμ,	3 Καὶ ὅτε ἦλθε Ναβουχοδονόσορ εἰς Ἱερουσαλήμ,
ἔφυγεν εἰς Ὀστρακίνην καὶ παρῴκησεν ἐν γῇ Ἰσμαήλ.	οὗτος ἔφυγεν εἰς Ὀστρακίνην καὶ ἦν ἐκεῖ εἰς γὴν Ἰσμαήλ.	ἔφυγεν εἰς Ὀστρακίνην καὶ ἦν πάροικος ἐν γῇ Ἰσμαήλ.	ἔφυγεν εἰς Ὀστρακίνην καὶ ἦν πάροικος ἐν γῇ Ἰσμαήλ.	ἔφυγεν εἰς Ὀστρακίνην καὶ παρῴκησεν ἐν γῇ Ἰσμαήλ.
4 Ὡς δὲ ἐπέστρεψαν οἱ Χαλδαῖοι	4 Ὡς δὲ ὑπέστρεψαν οἱ Χαλδαῖοι ἀπὸ τῆς Ἱερουσαλὴμ εἰς τὴν γῆν αὐτῶν, λάφυρον αὐτὴν ποιήσαντες	4 Ὡς δὲ ὑπέστρεψαν οἱ Χαλδαῖοι,	4 Ὡς δὲ ἐπέστρεψαν οἱ Χαλδαῖοι,	4 Ὡς δὲ ὑπέστρεψαν οἱ Χαλδαῖοι
καὶ οἱ κατάλοιποι οἱ ὄντες ἐν Ἱερουσαλὴμ εἰς Αἴγυπτον,	καὶ οἱ κατάλοιποι οἱ ὄντες ἐν Ἱερουσαλὴμ κατέβησαν εἰς Αἴγυπ-	καὶ οἱ κατάλοιποι οἱ ὄντες ἐν Ἱερουσαλὴμ καὶ κατέβησαν	καὶ οἱ κατάλοιποι οἱ ὄντες ἐν Ἱερουσαλὴμ κατέβησαν εἰς Αἴγυπτ-	καὶ οἱ κατάλοιποι οἱ ὄντες ἐν Ἱερουσαλὴμ κατέβησαν εἰς Αἴγυπ-

An1 (Vat. gr. 2125)	Ep1	Dor	Ep2	An2 (Coisl. 224)
ἣν παροικῶν τὴν γῆν αὐτοῦ	τον. Αὐτὸς δὲ ἀνῆλθεν εἰς τὴν γῆν αὐτοῦ.	Αἴγυπτον, ἣν παροικῶν γῆν αὐτοῦ.	τον, ἣν οὗτος παροικῶν τὴν γῆν αὐτοῦ	τον, ἣν παροικῶν τὴν γῆν αὐτοῦ
5 καὶ ἐλειτούργει θερισταῖς τοῦ ἀγροῦ αὐτοῦ.	5 Ἐλειτούργει τοῖς θερισταῖς τοῦ ἀγροῦ ἑαυτοῦ.	5 Καὶ ἐλειτούργει θερισταῖς τοῦ ἀγροῦ αὐτοῦ.	5 καὶ λειτουργῶν θερισταῖς τοῦ λαοῦ αὐτοῦ.	5 καὶ ἐλειτούργει θερισταῖς τοῦ ἀγροῦ αὐτοῦ.
6 Ὡς δὲ ἔλαβε τὸ ἔδεσμα,	6 Ὡς δὲ ἦμεν αὐτοῖς ἐδέσματα,	6 Ὡς δὲ ἔλαβε τὸ ἔδεσμα,	6 Ὡς δὲ ἔλαβε τὸ ἔδεσμα ἀπενέγκαι τοῖς ἐργάταις,	6 Ὡς δὲ ἔλαβε τὸ ἔδεσμα,
προεφήτευσε τοῖς ἰδίοις εἰπών·	ἐπροφήτευσε τοῖς ἰδίοις εἰπών·	προεφήτευσε τοῖς ἰδίοις εἰπών·	προεφήτευσε τοῖς ἰδίοις εἰπών·	προεφήτευσε τοῖς ἰδίοις εἰπών·
πορεύομαι εἰς γῆν μακρὰν	πορεύομαι ἐγὼ εἰς γῆν μακρὰν	πορεύομαι εἰς γῆν μακρὰν	πορεύομαι εἰς γῆν μακρὰν	πορεύομαι εἰς γῆν μακρὰν
καὶ ταχέως ἐλεύσομαι.	καὶ τάχιον ἐπανελεύσομαι.	καὶ ταχέως ἐλεύσομαι.	καὶ ταχέως ἐλεύσομαι.	καὶ ταχέως ἐλεύσομαι.
Εἰ δὲ βραδύνω, ἀπενέγκατε τοῖς θερισταῖς.	Ἐὰν δὲ βραδύνω, ἀπενέγκατε φαγεῖν τοῖς θερισταῖς.	Εἰ δὲ βραδύνω, ἐνέγκατε τοῖς θερισταῖς.	Ἐὰν δὲ βραδύνω, ἀπενέγκατε τοῖς θερισταῖς τὸ ἄριστον αὐτῶν.	Εἰ δὲ βραδύνω, ἀπενέγκατε τὸ ἄριστον τοῖς θερισταῖς.
7 Καὶ γενόμενος ἐν Βαβυλῶνι	7 Καὶ γενόμενος ἐν Βαβυλῶνι	7 Καὶ γενόμενος ἐν Βαβυλῶνι,	7 Καὶ γενόμενος ἐν Βαβυλῶνι	7 Καὶ γενόμενος ἐν Βαβυλῶνι
καὶ δοὺς τὸ ἄριστον τῷ Δανιὴλ	καὶ δοὺς τὸ ἄριστον τῷ Δανιὴλ εἰς τὸν λάκκον τῶν λεόντων,	καὶ δοὺς τὸ ἄριστον τῷ Δανιὴλ	καὶ δοὺς τὸ ἄριστον τῷ Δανιὴλ	καὶ δοὺς τὸ ἄριστον τῷ Δανιὴλ
ἐπέστη τοῖς θερισταῖς ἐσθίουσι	ὑποστρέψας ἐπέστη τοῖς θερισταῖς ἐσθίουσι	ἐπέστη τοῖς θερισταῖς ἐσθίουσι	ἐπέστη τοῖς θερισταῖς ἐσθίουσι	ἐπέστη τοῖς θερισταῖς ἐσθίουσι
καὶ οὐδενὶ εἶπε τὸ γενόμενον·	καὶ οὐδενὶ εἶπε τὸ γινόμενον·	καὶ οὐδὲν εἶπε τῶν γενομένων.	καὶ οὐδενὶ εἶπεν τὸ γεγονός.	καὶ οὐδενὶ εἶπεν τὸ γενόμενον·
8 συνῆκε δὲ ὅτι τάχιον ἐπιστρέψει ὁ λαὸς ὑπὸ Βαβυλῶνος.	8 Συνῆκε δὲ ὁ προφήτης, ὅτι τάχιον ἐπιστρέψει ὁ λαὸς ἐκ Βα-	8 Συνῆκε δὲ ὅτι τάχιον ἐπιστρέψει ὁ λαὸς ἀπὸ Βαβυλῶνος.	8 Συνῆκε δὲ ἐκ τούτου, ὅτι τάχιον ἐπιστρέψει ὁ λαὸς ἐκ Βαβυλῶνος.	8 συνῆκε δὲ ὅτι τάχιον ἐπιστρέψει ὁ λαὸς ἐκ τῆς αἰχμαλωσίας τῆς

An1 (Vat. gr. 2125)	Ep1	Dor	Ep2	An2 (Coisl. 224)
	βυλῶνος εἰς Ἰερουσαλήμ.			εἰς Βαβυλῶνα.
Καὶ πρὸ δύο ἐτῶν ἀποθνῄσκει τῆς ἐπιστροφῆς.		Καὶ πρὸ δύο ἐτῶν ἀποθνῄσκει τῆς ἐπιστροφῆς.	Καὶ πρὸ δύο ἐτῶν τῆς ἐπιστροφῆς θανὼν	Καὶ πρὸ β' ἐτῶν τῆς ἐπιστροφῆς ἀποθνῄσκει,
9 Καὶ ἐτάφη ἐν ἀγρῷ ἰδίῳ μόνος.		9 Καὶ ἐτάφη ἐν ἀγρῷ ἰδίῳ μόνος ἐν τῇ Ἰουδαίᾳ.	ἐτάφη ἐκεῖ ἐν ἀγρῷ.	9 καὶ ἐτάφη ἐν ἀγρῷ ἰδίῳ μόνος.
10 Ἔδωκε δὲ τέρας τοῖς ἐν τῇ Ἰουδαίᾳ, ὅτι ὄψονται ἐν τῷ ναῷ φῶς καὶ οὕτως ἴδωσι τὴν δόξαν τοῦ ναοῦ.	10 Ἔδωκε δὲ τέρας τοῖς ἐν τῇ Ἰουδαίᾳ, ὅτι ὄψονται ἐν τῷ ναῷ φῶς μέγα διαλάμψαν. Καὶ οὕτως ἴδωσι τὴν δόξαν τοῦ θεοῦ.		10 Ἔδωκε δὲ τέρας τοῖς ἐν τῇ Ἰουδαίᾳ, ὅτι ὄψονται ἐν τῷ ναῷ φῶς, καὶ οὕτως ἴδωσι τὴν δόξαν τοῦ ναοῦ.	10 Ἔδωκε δὲ τέρας τοῖς ἐν τῇ Ἰουδαίᾳ, ὅτι ὄψονται ἐν τῷ ναῷ φῶς καὶ οὕτως ὄψονται τὴν δόξαν τοῦ θεοῦ.
11 Καὶ περὶ συντελείας τοῦ ναοῦ προεῖπεν, ὅτι ὑπὸ ἔθνους δυτικοῦ γενήσεται.	11 Καὶ περὶ τῆς συντελείας τοῦ ναοῦ προεῖπεν, ὅτι ὑπὸ ἔθνους δυτικοῦ γενήσεται ἡ πόρθησις τοῦ ναοῦ Ἰερουσαλήμ·	11 Καὶ περὶ συντελείας τοῦ ναοῦ προεῖπεν, ὅτι ὑπὸ ἔθνους δυτικοῦ γενήσεται.	11 Καὶ περὶ τῆς συντελείας τοῦ ναοῦ προεῖπεν, ὅτι ὑπὸ ἔθνους δυτικοῦ γενήσεται.	11 Καὶ περὶ συντελείας τοῦ ναοῦ προεῖπεν, ὅτι ὑπὸ ἔθνους δυτικοῦ ῥαγήσεται.
12 Τότε ἄπλωμά φησι τοῦ Δαβὶρ εἰς μικρὰ ῥαγήσεται,	12 τότε τὸ ἄπλωμα τοῦ Δαβεὶρ εἰς δύο μέρη ῥαγήσεται·	12 Τότε τὸ ἄπλωμά φησι τοῦ Δαβεὶρ	12 καὶ τότε τὸ ἄπλωμα, φησί, τοῦ Δαβὶρ δαρραγήσεται,	12 Τότε καὶ τὸ ἄπλωμα τοῦ Δαβήρ, φησίν, εἰς μικρὰ ῥήγματα ῥαγήσεται,
καὶ τὰ ἐπίκρανα τῶν δύο στύλων ἀφαιρεθήσονται καὶ οὐδεὶς γνώσεται ποῦ ἔσονται·	καὶ ἐπίκρανα τῶν δύο στύλων ἀφαιρεθήσονται. Καὶ οὐδεὶς γνώσεται ποῦ ἔσονται.	καὶ τὰ ἐπίκρανα τῶν δύο στύλων ἀφαιρεθήσονται, καὶ οὐδεὶς γνώσεται ποῦ ἔσονται.	καὶ τὰ ἐπίκρανα τῶν δύο στύλων ἀφαιρεθήσεται, καὶ οὐδεὶς γνώσεται ποῦ ἔσονται.	καὶ τὰ ἐπίκρανα τῶν δύο στύλων ἀφαιρεθήσονται, καὶ οὐδεὶς γνώσεται ποῦ ἔσονται.

An1 (Vat. gr. 2125)	Ep1	Dor	Ep2	An2 (Coisl. 224)
13 αὐτὰ δὲ ἐν τῇ ἐρήμῳ ἀπενεχθήσονται ὑπὸ ἀγγέλων, ὅπου ἐν ἀρχῇ ἐπάγη ἡ σκηνὴ τοῦ μαρτυρίου.	13 Αὐτὰ δὲ ἐν τῇ ἐρήμῳ ἀπενεχθήσονται ὑπὸ ἀγγέλων, ὅπου ἐν ἀρχῇ ἐπάγη ἡ σκηνὴ τοῦ μαρτυρίου.	13 Αὐτὰ δὲ ἐν τῇ ἐρήμῳ ἀπενεχθήσονται ὑπὸ ἀγγέλου, ὅπου ἐν ἀρχῇ ἐπάγη ἡ σκηνὴ τοῦ μαρτυρίου.	13 ταῦτα δὲ ἐν τῇ ἐρήμῳ ἀπενεχθήσονται ὑπὸ ἀγγέλου, ὅπου ἐν ἀρχῇ ἐπάγη ἡ σκηνὴ τοῦ μαρτυρίου.	13 αὐτὰ δὲ ἐν τῇ ἐρήμῳ ἀπενεχθήσονται ὑπὸ ἀγγέλων, ὅπου ἐν ἀρχῇ ἐπάγη ἡ σκηνὴ τοῦ μαρτυρίου·
14 Καὶ ἐν αὐτοῖς γνωσθήσεται ἐπὶ τέλει κύριος, ὅτι φωτίσουσι τοὺς διωκομένους ὑπὸ τοῦ ὄφεως ἐν σκότει ὡς ἐξ ἀρχῆς.	14 Καὶ ἐν αὐτοῖς γνωσθήσεται ἐπὶ τέλει κύριος, ὅτι φωτίσουσι τοῖς διωκομένοις ὑπὸ τοῦ ὄφεως ὑπὲρ ἐξ ἀρχῆς καὶ ὡς ὥσπερ ἐξ ἀρχῆς καὶ διασώσει αὐτοὺς κύριος ἐκ σκότους καὶ σκιᾶς θανάτου καὶ ἔσονται ἐν σκηνῇ ἁγίᾳ. Οὗτος ὁ προφήτης περὶ τῆς ἐλεύσεως τοῦ κυρίου πολλὰ προεφήτευσεν πρὸ δύο ἐτῶν περὶ τῆς ἐπιστροφῆς τοῦ λαοῦ ἀπὸ Βαβυλῶνος ἀπέθανε· καὶ ἐτάφη ἐν τῷ ἰδίῳ αὐτοῦ ἀγρῷ ἐνδόξως.	14 Καὶ ἐν αὐτοῖς γνωσθήσεται ἐπὶ τέλους κύριος, καὶ φωτίσει τοὺς διωκομένους ὑπὸ τοῦ ὄφεως ἐν σκότει, ὡς ἐξ ἀρχῆς.	14 Καὶ τοῖς ἐπὶ τέλους γνωσθήσεται κύριος.	14 ἐν αὐτοῖς γνωσθήσεται ἐπὶ τέλει κύριος, τοῖς διωκομένοις ὑπὸ τοῦ ὄφεως, ὡς ἐξ ἀρχῆς ἦν.

Zephanja-Vita

An1 (Vat. gr. 2125)	Ep1	Dor	Ep2	An2 (Coisl. 224)
		Εἰς τὸν Σοφονίαν. Σκοπεύων. Οὗτος Σοφονίας ἔνατος		

An1 (Vat. gr. 2125)	Ep1	Dor	Ep2	An2 (Coisl. 224)
		καὶ αὐτὸς ἀξιωθεὶς προφητεῦσαι περὶ τοῦ δεσπότου Χριστοῦ …		
13.1 Σοφονίας ἐκ φυλῆς ἦν Συμεὼν ἀγροῦ Σαβαραθά·	13.1 Σοφονίας ὁ προφήτης· οὗτος οὖν ἐκ φυλῆς Συμεὼν ἀπὸ ὄρους Σαβαραθά	13.1 Σοφονίας ἦν ἐκ φυλῆς Συμεὼν ἐξ ἀγροῦ Σαβαραθά.	13.1 Σοφονίας, υἱὸς Χουσῆ, ἦν ἐξ ἀγροῦ Σαβαραθά, φυλῆς Συμεών·	13.1 Σοφονίας ἦν ἐκ φυλῆς Συμεὼν ἐξ ἀγροῦ Σαβαραθά.
2 προεφήτευσε περὶ τῆς πόλεως	2 ἐπροφήτευσε δὲ περὶ τῆς πόλεως Ἱερουσαλήμ, ὅτι οἰκοδομηθήσεται ἐπὶ κρεῖττον εἰς μῆκος καὶ πλάτος,	2 Οὗτος προεφήτευσε περὶ τῆς πόλεως	2 προεφήτευσε περὶ τῆς πόλεως	2 Οὗτος προεφήτευσε περὶ τῆς πόλεως
καὶ περὶ τέλους ἐθνῶν καὶ αἰσχύνης ἀσεβῶν·	καὶ περὶ τέλους ἐθνῶν καὶ αἰσχύνης ἀσεβῶν καὶ περὶ τῆς τοῦ κυρίου παρουσίας.	καὶ περὶ τέλους Ἰσραὴλ καὶ αἰσχύνης ἀσεβῶν·	καὶ περὶ τοῦ τέλους τῶν ἐθνῶν καὶ τῆς αἰσχύνης τῶν ἀσεβῶν·	καὶ περὶ τέλους ἐθνῶν καὶ αἰσχύνης ἀσεβῶν·
3 καὶ θανὼν	3 Ἀπέθανε δὲ ἐν ἀποκαλύψει κυρίου,	3 καὶ θανὼν	3 καὶ τελευτήσας	3 καὶ θανὼν
ἐτάφη ἐν ἀγρῷ αὐτοῦ.	καὶ ἐτάφη ἐν τῷ ἀγρῷ αὐτοῦ μονώτατος.	ἐτάφη ἐν ἀγρῷ αὐτοῦ.	ἐτάφη ἐν ἀγρῷ αὐτοῦ.	ἐτάφη ἐν ἀγρῷ αὐτοῦ.

Haggai-Vita

An1 (Vat. gr. 2125)	Ep1	Dor	Ep2	An2 (Coisl. 224)
		Εἰς τὸν Ἀγγαῖον. Ἑορτή. Οὗτος Ἀγγαῖος δέκατος ἠξιώθη καὶ αὐτὸς προειπεῖν περὶ τοῦ		

An1 (Vat. gr. 2125)	Ep1	Dor	Ep2	An2 (Coisl. 224)
		δεσπότου Χριστοῦ, ὡς εἰς πρόσωπον Ζοροβάβελ τὰ ἁρμόζοντα τῷ δεσπότῃ Χριστῷ λέγων. ...		
14.1 Ἀγγαῖος ὁ καὶ ἄγγελος, τάχα νέος ἦλθεν ἐκ Βαβυλῶνος εἰς Ἱερουσαλὴμ καὶ φανερῶς περὶ τῆς ἐπιστροφῆς τοῦ λαοῦ προεφήτευσε καὶ εἶδεν ἐκ μέρους τὴν οἰκοδομὴν τοῦ ναοῦ.	14.1 Ἀγγαῖος ὁ προφήτης. Ἔτι νέος ὢν ἐπανῆλθεν ἐκ Βαβυλῶνος εἰς Ἱερουσαλὴμ καὶ φανερῶς περὶ τῆς ἐπιστροφῆς τοῦ λαοῦ ἐπροφήτευσε καὶ εἶδε τὴν οἰκοδομὴν τοῦ ναοῦ Ἱερουσαλὴμ καὶ αὐτὸς ἔψαλλεν ἐκεῖ πρῶτος ἀλληλοϊα, ὃ ἑρμηνεύεται· αἰνέσωμεν τῷ ζῶντι θεῷ· ἀμήν, ὃ ἐστι· γένοιτο, γένοιτο·	14.1 Ἀγγαῖος νέος ἦλθεν ἐκ Βαβυλῶνος εἰς Ἱερουσαλὴμ καὶ φανερῶς περὶ τῆς ἐπιστροφῆς τοῦ λαοῦ προεφήτευσε. Καὶ εἶδεν ἐκ μέρους τὴν οἰκοδομὴν τοῦ ναοῦ.	14.1 Ἀγγαῖος νέος ἦλθεν ἐκ Βαβυλῶνος εἰς Ἱερουσαλὴμ καὶ φανερῶς περὶ τῆς ἐπιστροφῆς τοῦ λαοῦ προεφήτευσε καὶ εἶδεν ἐκ μέρους τὴν οἰκοδομὴν τοῦ ναοῦ.	14.1 Ἀγγαῖος μικρὸς ἦλθεν ἐκ Βαβυλῶνος εἰς Ἱερουσαλὴμ καὶ φανερῶς περὶ τῆς ἐπιστροφῆς τοῦ λαοῦ προεφήτευσε καὶ εἶδεν ἐκ μέρους τὴν οἰκοδομὴν τοῦ ναοῦ.
2 Καὶ θανὼν ἐτάφη πλησίον τοῦ τάφου τῶν ἱερέων ἐνδόξως ὡς αὐτοί.	2 Ἐκεῖ οὖν ἀπέθανε καὶ ἐτάφη πλησίον τῶν ἱερέων ἐνδόξως· διὸ λέγομεν ἀλληλοϊα, ὃ ἐστιν ὕμνος Ἀγγαίου καὶ Ζαχαρίου.	2 Καὶ θανὼν ἐτάφη πλησίον τοῦ τάφου τῶν ἱερέων ἐνδόξως ὡς αὐτοί.	2 Καὶ θανὼν ἐτάφη ἐνώπιον τοῦ τάφου τῶν ἱερέων ἐνδόξως.	2 Καὶ θανὼν ἐτάφη πλησίον τοῦ τάφου τῶν ἱερέων ἐνδόξως· [ἦν γὰρ καὶ αὐτὸς ἐκ γένους ἀρχιερατικοῦ.] 13

---

13   Nicht bei Schermann. Er verzeichnet für Coisl. 205. Philadelph. 1141. Paris. 1712: ἀλληλοϊα Ἀγγαίου καὶ Ζαχαρίου.

Sacharja(XII)-Vita

An1 (Vat. gr. 2125)	Ep1	Dor	Ep2	An2 (Coisl. 224)
		Εἰς τὸν Ζαχαρίαν. Μνήμη θεοῦ. Οὗτος Ζαχαρίας ἐνδέκατος καὶ αὐτὸς ἀξιωθεὶς προειπεῖν περὶ τῆς ἐλεύσεως τοῦ Χριστοῦ λέγων οὕτως ...		
15.1 Ζαχαρίας	15.1 Ζαχαρίας ὁ προφήτης. Οὗτος ἦν υἱὸς Βαραχίου.	15.1 Ζαχαρίας	15.1 Ζαχαρίας υἱὸς Βαραχίου	15.1 Ζαχαρίας
ἦλθεν ἀπὸ Χαλδαίων ἤδη προβεβηκὼς	Οὗτος ἦλθεν ἀπὸ τῆς Χαλδαίων ἤδη προβεβηκὼς	ἦλθεν ἀπὸ Χαλδαίων ἤδη προβεβηκὼς	ἦλθεν ἀπὸ Χαλδαίων εἰς Ἱερουσαλὴμ ἤδη προβεβηκὼς	ἦλθεν ἀπὸ Χαλδαίων ἤδη προβεβηκὼς
κἀκεῖ πολλὰ τῷ λαῷ προεφήτευσε· καὶ τέρατα ἔδωκεν εἰς ἀπόδειξιν.	καὶ ἐκεῖ ὢν πολλὰ τῷ λαῷ προεφήτευσε· καὶ τέρατα ἔδωκεν εἰς ἀπόδειξιν.	κἀκεῖ τῷ λαῷ πολλὰ προεφήτευσε, καὶ τέρατα ἔδωκεν εἰς ἀπόδειξιν.	κἀκεῖ τῷ λαῷ πολλὰ προεφήτευσε· καὶ τέρατα ἔδωκεν εἰς ἀπόδειξιν.	κἀκεῖ τῷ λαῷ πολλὰ προεφήτευσε· καὶ τέρατα ἔδωκεν εἰς ἀπόδειξιν.
2 Οὗτος εἶπε τῷ Ἰωσεδέκ, ὅτι γενήσει υἱὸν καὶ ἐν Ἱερουσαλὴμ ἱερατεύσει.	2 Οὗτος εἶπε τῷ Ἰωσεδέκ, ὅτι γενήσει υἱὸν καὶ ἐν Ἱερουσαλὴμ ἱερατεύσει τῷ κυρίῳ.	2 Οὗτος εἶπε τῷ Ἰωσεδέκ, καὶ εἰς Ἱερουσαλὴμ ἱερατεύσεις.	2 Ὃς καὶ τῷ Ἰωσεδέκ εἶπεν, ὅτι· γενήσεις υἱόν, καὶ ἐν Ἱερουσαλὴμ ἱερατεύει.	2 Οὗτος εἶπεν τῷ Ἰωσεδέκ, ὅτι· γενήσεις υἱόν, καὶ ἐν Ἱερουσαλὴμ ἱερατεύει.
3 Οὗτος καὶ τὸν Σαλαθιὴλ ἐφ' υἱῷ πυλόγησε καὶ ὄνομα Ζοροβάβελ ἐπέθηκε·	3 Οὗτος καὶ τὸν Σαλαθιὴλ εὐλόγησεν ἐπὶ υἱῷ λέγων ὅτι· γενήσεις υἱὸν καὶ καλέσεις τὸ ὄνομα Ζοροβάβηλ.	3 Οὗτος καὶ τὸν Σαλαθιὴλ ἐπὶ υἱὸ πυλόγησε καὶ τὸ ὄνομα Ζοροβάβελ ἐπέθηκε·	3 Οὗτος καὶ τὸν Σαλαθιὴλ ἐπὶ υἱῷ πυλόγησε καὶ τὸ ὄνομα Ζοροβάβελ ἐπέθηκε·	3 Οὗτος καὶ τὸν Σαλαθιὴλ ἐπὶ υἱῷ αὐτοῦ πυλόγησε καὶ ὄνομα αὐτοῦ Ζοροβάβελ ἐπέθηκε·

An1 (Vat. gr. 2125)	Ep1	Dor	Ep2	An2 (Coisl. 224)
4 καὶ ἐπὶ Κύρου τέρας ἔδωκεν εἰς νῖκος	4 καὶ ἐπὶ Κύρου τοῦ βασιλέως Περσῶν τέρας ἔδωκεν εἰς νῖκος καὶ περὶ Κροίσου τοῦ Λυδῶν βασιλέως καὶ περὶ Ἀστυάγους τοῦ τῶν Μήδων βασιλέως	4 καὶ ἐπὶ Κύρου τέρας ἔδωκεν εἰς νῖκος.	4 καὶ ἐπὶ Κύρου τέρας ἔδωκεν εἰς νῖκος	4 καὶ ἐπὶ Κύρου τέρας ἔδωκεν εἰς νῖκος
καὶ περὶ τῆς λειτουργίας αὐτοῦ προηγόρευσεν, ἣν ποιήσει ἐπὶ Ἱερουσαλὴμ	καὶ περὶ τῆς λειτουργίας αὐτοῦ ἐπροφήτευσεν, ἣν ποιήσει Κῦρος ἐπὶ Ἱερουσαλὴμ	Καὶ περὶ τῆς λειτουργίας αὐτοῦ προηγόρευσεν, ἣν ποιήσει ἐπὶ Ἱερουσαλήμ,	καὶ περὶ τῆς λειτουργίας αὐτοῦ προηγόρευσεν, ἣν ποιήσει ἐν Ἱερουσαλὴμ	καὶ περὶ τῆς λειτουργίας αὐτοῦ προηγόρευσεν, ἣν ποιήσει ἐπὶ Ἱερουσαλήμ, καὶ περὶ τέλους ἐθνῶν,
καὶ εὐλόγησεν αὐτὸν σφόδρα.	καὶ εὐλόγησεν αὐτὸν σφόδρα.	καὶ ηὐλόγησεν αὐτὸν σφόδρα.	καὶ εὐλόγησεν αὐτὸν.	καὶ εὐλόγησεν αὐτὸν σφόδρα.
5 Τὰ δὲ τῆς προφητείας εἶδεν ἐν Ἱερουσαλὴμ	5 Τὰ δὲ τῆς προφητείας αὐτοῦ τῆς ἐν Ἱερουσαλὴμ	5 Τὰ δὲ τῆς προφητείας εἶδεν ἐν Ἱερουσαλήμ·	5	5 Τὰ δὲ τῆς προφητείας εἶδεν ἐν Ἱερουσαλήμ,
καὶ περὶ τέλους ἐθνῶν καὶ Ἰσραὴλ καὶ τοῦ ναοῦ	καὶ περὶ τέλους ἐθνῶν καὶ περὶ τῆς τοῦ ναοῦ Ἱερουσαλὴμ οἰκοδομῆς	περὶ τέλους ἐθνῶν καὶ τοῦ ναοῦ	καὶ περὶ τέλους ἐθνῶν, καὶ Ἰσραὴλ, καὶ τοῦ ναοῦ	καὶ [περὶ] τοῦ ναοῦ
καὶ ἀργίας προφητῶν καὶ ἱερέων,	καὶ ἀργίας προφητῶν καὶ ἱερέων,	καὶ ἀργίας προφητῶν καὶ ἱερέων,	καὶ ἀργίας προφητῶν καὶ ἱερέων	καὶ ἀργίας προφητῶν καὶ ἱερέων,
καὶ περὶ διπλῆς κρίσεως ἐξέθετο·	καὶ περὶ διπλῆς κρίσεως ἐξέθετο.	καὶ περὶ διπλῆς κρίσεως ἐξέθετο·	προεφήτευσεν.	καὶ περὶ διπλῆς κρίσεως ἐξέθετο·
6 καὶ ἀπέθανεν ἐν γήρει μακρῷ	6 Ἀπέθανε δὲ εἰς τὴν Ἰουδαίαν ἐν γήρει μακρῷ	6 καὶ ἀπέθανεν ἐν γήρει μακρῷ		6 καὶ ἀπέθανεν ἐν γήρει μακρῷ
καὶ ἐκλειπὼν ἐτάφη σύνεγγυς Ἀγγαίου.	καὶ ἐτάφη σύνεγγυς Ἀγγαίου τοῦ προφήτου.	καὶ ἐτάφη σύνεγγυς τοῦ Ἀγγαίου ἐγγὺς Ἐλευθεροπόλεως ἀπὸ σταδίων τεσσαράκοντα		ἐκλειπὼν καὶ ἐτάφη σύνεγγυς Ἀγγαίου.

An1 (Vat. gr. 2125)	Ep1	Dor	Ep2	An2 (Coisl. 224)
		ἐν ἀγρῷ τοῦ Νοεμὰν ἐν χρόνοις Ἐφίδου ἐπισκόπου. Ἐμφανισθεὶς ὅτι αὐτός ἐστιν Ζαχαρίας υἱὸς Βαραχίου, οὗ μέμνηται Ἡσαΐας, ὄνομα δὲ τῷ ἀγρῷ ἔνθα κεῖται Βεθζαρία, μήκοθεν Ἱερουσαλὴμ ἀπὸ σταδίων ρν'.]14	Ἀπέκτεινε δὲ αὐτὸν Ἰωὰς βασιλεὺς Ἰούδα μεταξὺ τοῦ ναοῦ καὶ τοῦ θυσιαστηρίου, παραινοῦντα αὐτῷ τε καὶ τῷ λαῷ ἀπέχεσθαι τῆς ἀσεβείας καὶ ἐπιστρέφειν πρὸς θεόν, καὶ λαβόντες αὐτὸν οἱ ἱερεῖς ἔθαψαν μετὰ τοῦ πατρὸς αὐτοῦ. Καὶ ἀπὸ τότε ἐγίνοντο τέρατά τε ἐν ναῷ πολλὰ φαντασιώδη. Καὶ οὐκ ἴσχυον οἱ ἱερεῖς ἰδεῖν ὀπτασίαν ἀγγέλων θεοῦ, οὔτε δοῦναι χρησμοὺς ἐκ τοῦ Δαβὴρ οὔτε διὰ τῶν δήλων ἀποκριθῆναι ἐν τῷ λαῷ ὡς τὸ πρίν.	7 [Ἀλληλούϊα Ἀγγαίου καὶ Ζαχαρίου εἶπεν ὁ

---

14   Vindob. theol. gr. 77

An1 (Vat. gr. 2125)	Ep1	Dor	Ep2	An2 (Coisl. 224)
				πνευματικὸς προφήτης Δαυὶδ ἐν τοῖς τελευταίοις ψαλμοῖς τουτέστιν αἰνεῖτε τὸν θεὸν ἐν ψαλμοῖς καὶ χοροῖς περὶ τῆς ἐπανόδου ἀπὸ Βαβυλῶνος.]15

Maleachi-Vita

An1 (Vat. gr. 2125)	Ep1	Dor	Ep2	An2 (Coisl. 224)
		Εἰς τὸν Μαλαχίαν. Ἄγγελος. Οὗτος Μαλαχίας δωδέκατος καὶ αὐτὸς προφητεύειν ἀξιωθεὶς τῶν κατὰ τὴν οἰκονομίαν τοῦ δεσπότου τοῦ Χριστοῦ. ...		
16.1 Μαλαχίας. Οὗτος μετὰ τὴν ἐπιστροφὴν τίκτεται ἐν Σοφᾷ	16.1 Μαλαχίας ὁ προφήτης ἦν ἐκ φυλῆς Ζαβουλών. Οὗτος μετὰ τὴν ἐπιστροφὴν τοῦ λαοῦ τὴν ἀπὸ Βαβυλῶνος τίκτεται ἐν Σοφᾷ ἐν γῇ Ζαβουλών.	16.1 Μαλαχίας μετὰ τὴν ἐπιστροφὴν τίκτεται ἐν Σοφᾷ	16.1 Μαλαχίας μετὰ τὴν ἐπιστροφὴν τοῦ λαοῦ τίκτεται ἐν Σοφᾷ,	16.1 Μαλαχίας· οὗτος τίκτεται ἐν Γοφὰ μετὰ τὴν ἐπιστροφὴν τοῦ λαοῦ
καὶ ἔτι πάνυ νέος καλὸν βίον ἔσχηκε.	καὶ ἔτι νέος ὢν καλὸν βίον ἔσχε, πολλὰ δὲ προεφήτευσε περὶ τῆς τοῦ κυρίου	καὶ ἔτι πάνυ νέος ὢν καλὸν βίον ἔσχηκε.	ὃς νέος ὢν βίον εἶχε καλὸν πάνυ.	καὶ ἔτι πάνυ νέος καλὸν βίον ἔσχηκε.

---

15   Coisl. 205

An1 (Vat. gr. 2125)	Ep1	Dor	Ep2	An2 (Coisl. 224)
	ἐπιδημίας καὶ περὶ κρί-σεως νεκρῶν· καὶ ὅτι τὰ ἔθη Μωϋ-σέως πληρωθήσονται καὶ ἀλλαγήσονται.			
2 Καὶ ἐπειδὴ πᾶς ὁ λα-ὸς ἐτίμα αὐτὸν ὡς ὅσι-ον καὶ πρᾶον, ἐκάλεσαν αὐτὸν Μαλα-χί, ὃ ἑρμηνεύεται ἄγ-γελος· ἦν γὰρ καὶ τῷ ἰδεῖν εὐπρεπής.	2 Καὶ ἐπειδὴ πᾶς ὁ λα-ὸς ἐτίμα αὐτὸν ὡς ὅσι-ον καὶ πρᾶν, ἐκάλεσεν αὐτὸν μαλαχί, ὃ ἑρμηνεύεται ἄγγελος· ἦν γὰρ καὶ τῷ ἰδεῖν πάνυ εὐπρεπής,	2 Καὶ ἐπειδὴ πᾶς ὁ λα-ὸς ἐτίμα αὐτὸν ὡς ὅσι-ον καὶ πρᾶον, ἐκάλεσαν αὐτὸν Μαλα-χίαν, ὃ ἑρμηνεύεται ἄγγελος· ἦν γὰρ καὶ τῷ εἴδει εὐπρεπής,	2 Καὶ ἐπειδὴ πᾶς ὁ λα-ὸς ἐτίμα αὐτὸν ὡς ἅγι-ον, ἐκάλεσαν αὐτὸν Μαλα-χίαν, ὃ ἑρμηνεύεται ἄγγελος· ἦν γὰρ καὶ τῷ εἴδει εὐπρεπὴς καὶ τῷ λαῷ πληρωτής.	2 Καὶ ἐπειδὴ πᾶς ὁ λα-ὸς ἐτίμα αὐτὸν ὡς ὅσι-ον καὶ πρᾶον, ἐκάλεσαν αὐτὸν Μαλα-χίαν, ὃ ἑρμηνεύεται ἄγ-γελος· ἦν γὰρ καὶ τῷ εἴδει εὐπρεπής.
3 Ἀλλὰ καὶ ὅσα εἶπεν αὐτὸς ἐν προφητείᾳ, αὐτῇ τῇ ἡμέρᾳ ὀφθεὶς ἄγγελος θεοῦ ἐπεδευ-τέρωσεν, ὡς ἐγένετο ἐν ἡμέραις ἀναρχίας ὡς γέγραπται ἐν Σφαρφωτείμ, τουτέστιν ἐν βίβλῳ κριτῶν.	3 Ἀλλὰ καὶ ὅσα εἶπεν αὐτὸς ἐν προφητείᾳ, αὐτῇ τῇ ἡμέρᾳ ἄγγελος ὀφθεὶς ἐπεδευτέρωσεν αὐτοῦ τὴν προφητείαν, ὥσπερ ἐγένετο ἐν ταῖς ἡμέραις τῆς ἀναρχίας ὡς γέγραπται ἐν Σφαρφωτείμ, τουτέστιν ἐν βίβλῳ κριτῶν.	3 ἀλλὰ καὶ ὅσα εἶπεν αὐτὸς ἐν προφητείᾳ, αὐτῇ τῇ ἡμέρᾳ ὀφθεὶς ἄγγελος κυρίου ἐπεδευ-τέρωσεν, ὡς ἐγένετο ἐν ἡμέραις ἀναρχίας ὡς γέγραπται ἐν Σφερτελείμ, τουτέστιν ἐν βίβλῳ Κριτῶν.	3 Ὅσα γὰρ εἶπεν αὐτοῖς ἐν προφητείᾳ, αὐτῇ τῇ ἡμέρᾳ ὀφθεὶς ἄγγελος κυρίου ἐβεβαίωσε.	3 ἀλλὰ καὶ ὅσα εἶπεν αὐτὸς ἐν προφητείᾳ, αὐτῇ τῇ ἡμέρᾳ ὀφθεὶς ὡς ἄγγελος θεοῦ ἐπ-εδευτέρωσεν, ὡς ἐγένετο ἐν ἡμέραις τῆς ἀναρχίας ὡς γέγραπται ἐν σαφὰρ φωτήμ, τουτέστιν ἐν βίβλῳ κριτῶν.
4 Καὶ ἔτι νέος προσ-ετέθη πρὸς τοὺς πατέ-ρας αὐτοῦ ἐν ἀγρῷ αὐτοῦ.	4 Νέος δὲ ὢν ὁ προφή-της ἀπέθανε καὶ προσ-ετέθη πρὸς τοὺς πατέ-ρας αὐτοῦ ἐν ἀγρῷ αὐτοῦ.	4 Καὶ ἔτι νέος ὢν προσετέθη πρὸς τοὺς πατέρας αὐτοῦ ἐν ἀγρῷ αὐτοῦ.	4 Καὶ ἔτι νέος ὢν ἐτελεώθη καὶ ἐτάφη ἐν ἀγρῷ αὐτοῦ.	4 Καὶ ἔτι νέος ὢν προσετέθη πρὸς τοὺς πατέρας αὐτοῦ ἐν ἀγρῷ αὐτοῦ.

Nathan-Vita

An1 (Vat. gr. 2125)	Ep1	Dor	An2 (Coisl. 224)	An2 (Coisl. 205)
		Εἰς τὸν Ναθάν.		
17.1 Ναθαν προφήτης Δαυιδ	(1.1) Ναθαν ὁ προφήτης ἐγένετο ἐν ἡμέραις Δαυιδ ἐκ φῦλῆς Θωπ. Οὗτος δὲ ἦν ἐκ Γαβαθ,	(20.1) Οὗτος Ναθὰν ὁ προφήτης	(18.1) 17.1 Ναθαν τοῦ Δαυιδ	17.1 Ναθαν ὁ προφήτης τοῦ Δαυιδ ἐκ φῦλῆς ἱερωσύνης ἦν. Ἐγεννήθη δὲ ἐν Γαβαω
ἦν ἐκ Γαβά		ἦν ἐκ Γαβαων ἐπὶ Δαυιδ	ἐκ Γαβαων	
καὶ αὐτός ἦν ὁ διδάξας αὐτὸν νόμου κυρίου	καὶ αὐτός ἐστιν ὁ διδάξας τὸν Δαυιδ τὸν νόμου τοῦ κυρίου	καὶ αὐτός ἦν ὁ διδάξας αὐτὸν τὸν νόμου τοῦ κυρίου	καὶ αὐτός ἦν ὁ διδάξας αὐτὸν νόμου κυρίου	καὶ αὐτός ἐδίδαξε τὸν Δαυιδ νόμου κυρίου·
2 καὶ ἴδεν, ὅτι Δαυιδ ἐν τῇ Βηρσαβεὲ παραβήσεται καὶ σπεύδοντα ἐλθεῖν	2 Καὶ ἔγνω Ναθάν, ὅτι ὁ βασιλεὺς Δαυιδ ἐν τῇ Βηρσαβεὲ παρέβη. Καὶ σπεύδοντα ἐλθεῖν ἐκ Γαβὰθ εἰς Ἱερουσαλὴμ	2 καὶ εἶδεν, ὅτι Δαυιδ ἐν τῇ Βηρσαβεὲ παραβήσεται καὶ σπεύδοντι ἐλθεῖν	2 καὶ εἶδεν, ὅτι Δαυιδ ἐν τῇ Βηρσαβεὲ παραβήσεται καὶ ἔσπευσε τοῦ ἐλθεῖν πρὸς αὐτὸν	2 καὶ γνοὺς [διὰ κυρί]ου][16] ὅτι ἐν Βηρσαβεὲ παραβήσεται ὁ Δαυιδ, ἔσπευσε τοῦ ἐλθεῖν
ἀγγεῖλαι αὐτῷ	καὶ κωλῦσαι τὸν Δαυιδ ἀπὸ τῆς ἀνομίας ταύτης	καὶ ἀναγγεῖλαι αὐτῷ	καὶ ἀναγγεῖλαι αὐτῷ	καὶ ἀναγγεῖλαι αὐτῷ, ὥστε φυλάξασθαι ἀπὸ τῆς ἀνομίας.
ἐνεπόδισεν ὁ Βελίαρ,	ἐκώλυσεν αὐτὸν ὁ Βελίαρ	ἐνεπόδισεν ὁ Βελίαρ. Ἐρχόμενος δὲ	ἐνεπόδισε δὲ ὁ Βελίαρ.	Καὶ ἐνεπόδισεν αὐτὸν ὁ Βελίαρ. Ἐρχόμενος γὰρ εἰς Ἰερουσαλὴμ
ὅτι κατὰ τὴν ὁδὸν εὗρε νεκρὸν κείμενον γυμνὸν ἐσφαγμένον·	ὅτι κατὰ τὴν ὁδὸν εὗρε νεκρὸν κείμενον γυμνὸν ἐσφαγμένον·	ὅτι κατὰ τὴν ὁδὸν εὗρε νεκρὸν κείμενον γυμνὸν ἐσφαγμένον·	ὅτι κατὰ τὴν ὁδὸν εὗρε νεκρὸν κείμενον γυμνὸν ἐσφαγμένον·	εὗρε νεκρὸν ἐσφαγμένον παρεσκευασμένον γυμνὸν καὶ ἀποδυσάμενος τὴν στολὴν καὶ περιβαλὼν αὐτὸν

---

16   Philadelph. 1141

An1 (Vat. gr. 2125)	Ep1	Dor	An2 (Coisl. 224)	An2 (Coisl. 205)
3 καὶ ἐπέμεινεν ἐκεῖ	3 καὶ ἐπέμεινε τοῦ θάψαι αὐτὸν ἐκεῖ, ἵνα μὴ ὑπὸ θηρίων ἀναλωθῇ.	3 καὶ ἀπέμεινε δι᾽ αὐτὸν ἐκεῖ.	3 Καὶ ἐπέμεινεν ἐκεῖ	3 ἐπέμεινεν ἐκεῖ θέλων θάψαι τὸν νεκρόν·
καὶ ἐν τῇ νυκτὶ ἐκείνῃ ἔγνω,	Καὶ τῇ νυκτὶ ἐκείνῃ ἔγνω,		καὶ ὅτε ἔγνω,	καὶ μὴ φθάσας ἐλθεῖν πρὸς Δαυὶδ τῇ νυκτὶ ἐκείνῃ
ὅτι ἐποίησε τὴν ἁμαρτίαν.	ὅτι ἐποίησε Δαυὶδ τὴν ἁμαρτίαν.		ὅτι ἐποίησε τὴν ἁμαρτίαν ὁ Δαυίδ, ὑπέστρεψε πενθῶν	ἐποίησε τὴν ἀνομίαν.
Καὶ ὑπέστρεψε πενθῶν	καὶ ἐπέστρεψε πενθῶν εἰς Γαβάθ.			Καὶ γνοὺς τῷ πνεύματι ὁ ὅσιος, ὑπέστρεψε πενθῶν πάσας τὰς ἡμέρας,
4 καὶ ὡς ἀνεῖλε τὸν ἄνδρα αὐτῆς,	4 Καὶ ὡς ἀνεῖλε Δαυὶδ Οὐρίαν τὸν ἄνδρα τῆς Βηρσαβεέ,		4 καὶ ὡς ἀνεῖλε τὸν ἄνδρα Βηρσαβεέ,	4 καὶ ὅτε ἀνεῖλε τὸν ἄνδρα αὐτῆς,
ἔπεμψε κύριος	ἀπέστειλεν ὁ θεὸς τὸν Ναθὰν		ἔπεμψε κύριος	ἀπέστειλεν αὐτὸν ὁ θεὸς
ἐλέγξαι αὐτόν·	καὶ ἤλεγξε τὸν Δαυὶδ περὶ τῆς ἁμαρτίας αὐτοῦ.		ἐλέγξαι αὐτόν·	ἐλέγξαι τὸν Δαυίδ,
	Καὶ ἐφοβήθη Δαυὶδ τὸν κύριον, ὅτι ἠλέγχθη ὃ ἐποίησε· καὶ ἔγνω Δαυίδ, ὅτι πνεῦμα θεοῦ ἅγιον ἐπὶ Ναθὰν τὸν προφήτην ἐστί· καὶ ἐτίμησεν αὐτὸν ὡς ὅσιον θεοῦ.			ἐπειδὴ γὰρ ἔβλεπεν ὁ θεὸς πενθοῦντα τὸν Ναθάν· ἔλεγε γάρ, ὅτι δι᾽ ἐμοῦ γέγονεν ἡ

An1 (Vat. gr. 2125)	Ep1	Dor	An2 (Coisl. 224)	An2 (Coisl. 205)
				ἀσέβεια αὕτη. Καὶ προσέσχεν ὁ κύριος ἐπὶ τὸν στεναγμὸν αὐτοῦ· καὶ εἶπε πρὸς αὐτόν· ἐπειδὴ διὰ σοῦ νομίζεις γεγενῆσθαι τὸ τραῦμα, διὰ σοῦ καὶ ἡ θεραπεία γενήσεται. Ἀπελθὼν οὖν ἤλεγξεν αὐτὸν ἐπὶ κεκρυμμένοις καὶ ἐποίησεν αὐτός, καθὼς ἐνετείλατο αὐτῷ ὁ κύριος.
5 καὶ αὐτὸς πάνυ γηράσας ἀπέθανε		5 Οὗτος ἀπέθανε	5 καὶ αὐτὸς πάνυ γηράσας ἀπέθανε·	5 Οὗτος οὖν εἰς βαθὺ γήρας ἐλάσας καὶ ἐν πολλῇ ἀγαθῇ ἐκοιμήθη ἐν εἰρήνῃ.
καὶ ἐτάφη εἰς τὴν γῆν αὐτοῦ.		καὶ ἐτάφη ἐν Γαβαθ ἐν τῇ γῇ αὐτοῦ.	καὶ ἐτάφη εἰς τὴν γῆν αὐτοῦ.	

Achia-Vita

An1 (Vat. gr. 2125)	Ep1	Dor	An2 (Coisl. 224 usw.)	An2 (Coisl. 205 usw.)
		Εἰς τὸν Ἀχία.		
18.1 Ἀχία ἀπὸ Σηλώμ,	(2.)1 Ἀχίας δὲ ὁ Σηλωνίτης· οὗτος ἦν ἀπὸ Σηλώμ ἐκ φυλῆς Ἰούδα,	(21.1) οὗτος Ἀχίας ἦν ἐν Σιλώμ,	18.1 Ἀχιὰ ἦν ἀπὸ Σηλώμ,	18.1 Σηλώμ ὁ καὶ Ἠλεί, ἔνθα ἦν
ὅπου ἦν ἡ σκηνὴ τὸ	ὅπου ἦν ἡ σκηνὴ τῆς	ὅπου ἦν ἡ σκηνὴ ἡ	ὅπου ἦν ἡ σκηνὴ τό	καὶ ἡ σκηνὴ τὸ πάλαι.

An1 (Vat. gr. 2125)	Ep1	Dor	An2 (Coisl. 224 usw.)	An2 (Coisl. 205 usw.)
παλαιὸν ἐκ πόλεως Ἡλί.	κιβωτοῦ τὸ παλαιόν· ἐκ πόλεως Ἀρμαθαὶμ Ἡλεὶ τοῦ ἱερέως.	παλαιὰ ἐκ πόλεως Ἡλί,	παλαιὸν ἐκ πόλεως Ἡλεί.	Σηλὼμ δὲ ἐκαλεῖτο ὁ Ἡλεί·
2 Οὗτος εἶπε περὶ Σολομῶν, ὅτι προσκρούσει κυρίῳ·	2 Οὗτος ὁ προφήτης εἶπε περὶ Σολομῶν τοῦ υἱοῦ Δαυίδ, ὅτι προσκρούσει τῷ θεῷ·		2 καὶ οὗτος εἶπεν περὶ Σολομῶνος, ὅτι προσκρούσει τῷ κυρίῳ·	2 ἐν ἀρχῇ τῆς ἱερωσύνης προεφήτευσε περὶ Σολομῶντος, ὅτι προσκρούσει [τῷ κυρίῳ][17] διὰ τὰς γυναῖκας· ὅτι γυναῖκες ἐκστήσωσι καὶ διαστρέψωσιν αὐτὸν ἀπὸ κυρίου καὶ ἅπαν τὸ γένος αὐτοῦ·
3 καὶ ἤλεγξε καὶ τὸν Ἱεροβεάμ, ὅτι δόλῳ πορεύσεται μετὰ κυρίου· εἶδε ζεῦγος βοῶν πατοῦντα τὸν λαὸν καὶ κατὰ τῶν ἱερέων ἐπιτρέχοντα·	3 οὗτος ἤλεγξε καὶ τὸν Ἱεροβεάμ, ὅτι ἐὰν βασιλεύσῃ, δόλῳ πορεύσεται μετὰ κυρίου· εἶδε γὰρ ὀπτασίαν ζεῦγος βοῶν καταπατοῦν τὸν λαὸν καὶ κατὰ τῶν ἱερέων ἐπιτρέχον·		3 καὶ οὗτος ἤλεγξε τὸν Ἱεροβεάμ, ὅτι δόλῳ πορεύσεται μετὰ κυρίου· καὶ εἶδε ζεῦγος βοῶν καὶ πατοῦν τὸν λαὸν καὶ κατὰ τῶν ἱερέων ἐπιτρέχον·	3 καὶ περὶ τοῦ Ἱεροβεὰμ εἶπεν, ὅτι δόλῳ πορεύσεται μετὰ κυρίου καὶ μετὰ Ἰσραήλ. εἶδε ζεῦγος βοῶν θηλείων καταπατοῦν τὸν λαὸν καὶ κατὰ τῶν ἱερέων ἐπιτρέχον·
4 προεῖπε καὶ τῷ Σολομῶν,	4 καὶ προσεῖπε τῷ Σολομῶν,		4 προεῖπεν δὲ καὶ τῷ Σολομῶντι,	4 καὶ ὅτι παραβήσεται Σολομῶν τὸν νόμον τοῦ ὑψίστου· ταῦτα προεῖπεν Ἡλεὶ πρὸς τοὺς υἱοὺς αὐτοὺς ἱερατεύσαι.

17   Philadelph. 1141

An1 (Vat. gr. 2125)	Ep1	Dor	An2 (Coisl. 224 usw.)	An2 (Coisl. 205 usw.)
ὅτι αἱ γυναῖκες αὐτὸν ἐκοπήσουσι καὶ πᾶν τὸ γένος αὐτοῦ·	ὅτι αἱ γυναῖκες αὐτὸν ἐκοπήσουσιν ἀπὸ τοῦ κυρίου. Καὶ τῷ Ἱεροβοὰμ εἶπεν, ὅτι διὰ τῶν δύο δαμάλεων σου προσκρούσεις τῷ κυρίῳ καὶ εἰς δουλείαν ἔσται τὸ γένος σου.		ὅτι αἱ γυναῖκες αὐτὸν ἐξαπατήσουσι καὶ πᾶν τὸ γένος αὐτοῦ·	ὅτι αἱ γυναῖκες αὐτὸν ἐξαπατήσουσι καὶ πᾶν τὸ γένος αὐτοῦ·
5 καὶ ἀπέθανε καὶ ἐτάφη σύνεγγυς τῆς δρυὸς Σηλώμ.	5 Ἀπέθανε δὲ Ἀχίας καὶ ἐτάφη σύνεγγυς τῆς δρυὸς τῆς οὔσης ἐν Σηλώμ.	5 καὶ ἀπέθανε καὶ ἐτάφη σύνεγγυς τῆς δρυὸς Σιλωμ· ὁ δὲ αὐτὸς καὶ Ἀδωνίας λέγεται.	5 καὶ ἀπέθανε καὶ ἐτάφη σύνεγγυς τῆς δρυὸς Σηλώμ.	5 Καὶ οὗτος ὁ προφήτης ἀπέθανεν ἐν γήρει βαθυτάτῳ οὐκ ἀγαθῶς.

Joad-Vita

An1 (Vat. gr. 2125)	Ep1	Dor	An2 (Coisl. 224)	An2 (Coisl. 205)
		Εἰς τὸν Ἰωάδ.		
19.1 Ἰωὰδ ἐκ τῆς Σαμαρείμ· Οὗτός ἐστιν, ὃν ἐπάταξεν ὁ λέων καὶ ἀπέθανεν, ὅτε ἤλεγξε τὸν Ἱεροβοὰμ ἐπὶ ταῖς δαμάλεσι·	19.1 Ἰωάμ ὁ προφήτης ἐγεννήθη ἐν Σαμαρείᾳ· οὗτός ἐστιν ὃν ἐπάταξεν ὁ λέων ἐν τῇ ὁδῷ καὶ ἀπέθανεν, ὅτι ἤλεγξε τὸν Ἱεροβοὰμ ἐπὶ ταῖς χρυσαῖς δαμάλεσιν αὐτοῦ, ἃς ἐποίησεν, ὅτε καὶ κατ-	(22.1) Οὗτος Ἰωὰθ ἦν ἐκ γῆς Σαμαρείας, ἐπάταξε δὲ αὐτὸν ὁ λέων, καὶ ἀπέθανε	19.1 Ἰωὰβ ἦν ἐκ γῆς Σαμαρείας, ὅντινα ἐπάταξεν ὁ λέων καὶ ἀπέθανεν, ὅτε ἤλεγξε τὸν Ἱεροβοὰμ ἐπὶ ταῖς δαμάλεσι·	19.1 Ἰωὰδ ἐκ τῆς Σαμαρείμ· Οὗτός ἐστιν, ὃν ἐπάταξεν ὁ λέων καὶ ἀπέθανεν, ὅτε ἤλεγξε τὸν Ἱεροβοὰμ ἐπὶ ταῖς δαμάλεσι·

An1 (Vat. gr. 2125)	Ep1	Dor	An2 (Coisl. 224)	An2 (Coisl. 205)
	ἠράσατο τὴν θυσίαν Ἱεροβοάμ, καὶ ἐξέτεινε τὴν χεῖρα τοῦ κακῶσαι αὐτόν, καὶ ἐξηράνθη ἡ χεὶρ τοῦ Ἱεροβοάμ. Καὶ μετὰ ταῦτα ἠπατήθη ὑπὸ τοῦ ψευδοπροφήτου καὶ ἐβιάσατο αὐτὸν φαγεῖν ἄρτον καὶ πιεῖν ὕδωρ. Καὶ ἐξελθόντα αὐτὸν ἐπάταξεν ὁ λέων, καὶ τὴν ὄνον αὐτοῦ οὐκ ἠδίκησε.			
2 καὶ ἐτάφη ἐν Βεθὴλ σύνεγγυς τοῦ ψευδοπροφήτου τοῦ πλανήσαντος αὐτόν.	2 Καὶ ἐτάφη ἐν Βεθὴρ σύνεγγυς τοῦ ψευδοπροφήτου.	2 καὶ ἐτάφη ἐν Βεθὴλ ἐγγὺς τοῦ ψευδοπροφήτου τοῦ πλανήσαντος αὐτόν.	2 καὶ ἐτάφη ἐν Βεθὴλ σύνεγγυς τοῦ ψευδοπροφήτου τοῦ πλανήσαντος αὐτόν.	2 καὶ ἐτάφη ἐν Βεθὴλ σύνεγγυς τοῦ ψευδοπροφήτου τοῦ πλανήσαντος αὐτόν.
	Καὶ ὕστερον ἀποθνήσκων ὁ ψευδοπροφήτης, ὥρκισε τοῖς ἱερεῦσιν, ὅτι μετὰ τοῦ Ἰωὰμ τοῦ προφήτου με θάψετε. ὅτι ἡπάτησα αὐτόν. Καὶ ἐν τῇ ἀναστάσει δίκας εἰσπραξόμεθα. Καὶ ἀμφότεροι κεῖνται ἐν ἑνὶ μνημείῳ.			

Azarja-Vita

An1 (Vat. gr. 2125)	Ep1	Dor	An2 (Coisl. 224)	An2 (Coisl. 205)
		Εἰς τὸν ᾿Αζαρίαν		
20.1 ᾿Αζαρίας ἐκ γῆς Συβαθά, ὃς ἐπέστρεψεν ἐξ ᾿Ισραὴλ τὴν αἰχμαλωσίαν ᾿Ιούδα·	20.1 ᾿Αζαρίας ὁ προφήτης· οὗτος ἦν ἐκ τῆς Συμβαθά. Οὗτός ἐστιν ὁ ἀποστρέψας τὴν αἰχμαλωσίαν ᾿Ιούδα εἰς ᾿Ισραὴλ διὰ προσευχῶν. Πολλὰ δὲ προφητεύσας περὶ τῆς ἐλεύσεως τοῦ Χριστοῦ·	(23.1) Οὗτος ᾿Αζαρίας ἦν ἐκ γῆς Συνάθα, ὃς ἀπέστρεψεν ἐξ ᾿Ιερουσαλὴμ τὴν αἰχμαλωσίαν ᾿Ιούδα,	20.1 ᾿Αζαρίας ἦν ἐκ γῆς Συβαθά, ὃς ἀπέστρεψεν εἰς ᾿Ιερουσαλὴμ τὴν αἰχμαλωσίαν ᾿Ιούδα·	20.1 ᾿Αζαρίας ἐκ γῆς Συβαθά, ὃς ἐπέστρεψεν ἐξ ᾿Ισραὴλ τὴν αἰχμαλωσίαν ᾿Ιούδα·
2 καὶ θανὼν ἐτάφη ἐν ἀγρῷ αὐτοῦ.	2 ἐκομήθη ἐν τῇ πατρίδι αὐτοῦ.	2 καὶ θανὼν ἐτάφη ἐν ἀγρῷ αὐτοῦ.	2 καὶ θανὼν ἐτάφη ἐν ἀγρῷ αὐτοῦ.	2 καὶ θανὼν ἐτάφη ἐν ἀγρῷ αὐτοῦ.

Elia-Vita

An1 (Vat. gr. 2125)	Ep1	Dor	Ep2	An2 (Coisl. 224)
		Εἰς τὸν ᾿Ηλίαν. Οὗτός ἐστιν ᾿Ηλίας ὁ πρῶτος ἀνθρώπων τοῖς ἀνθρώποις ὑποδείξας οὐρανοδραμεῖν, ὁ πρῶτος ἀνθρώπων ὑποδείξας ὁ τὴν γῆν λαχὼν οἰκτήριον καὶ τὸν		

An1 (Vat. gr. 2125)	Ep1	Dor	Ep2	An2 (Coisl. 224)
		οὐρανὸν ἀθρόον διατρέ-χων, ὁ θνητὸς ὑπάρχων καὶ τοῖς ἀθανάτοις ἁμιλλώμενος, ὁ χαμαὶ βαδίζων καὶ ὡς πνεῦμα μετ' ἀγγέλων οὐρανοπο-λῶν· ὁ διὰ τῆς μηλω-τῆς τῷ μαθητῇ Ἐλισ-σαίῳ διπλᾶ τὰ χαρίσμα-τα μεταδούς· ὁ μακρο-χρόνιος καὶ ἀγήρως ἄν-θρωπος, ὁ τῷ Ἀντιχρί-στῳ διατηρούμενος στρατηγός, ὁ ἀντικαθι-στάμενος καὶ διελέγ-χων τὴν ἀπάτην καὶ τὴν ὑπερηφανίαν αὐτοῦ, ὁ πάντας ἀνθρώπους ἐκ τῆς πλάνης αὐτοῦ ἐπὶ τὸν θεὸν ἐν τῇ συντε-λείᾳ ἐπιστρέφων· Οὗτος ὁ τῆς δευτέρας καὶ ἐπι-φανοῦς παρουσίας τοῦ δεσπότου Χριστοῦ ἀξι-ούμενος εἶναι πρόδρο-μος ὁ μέτρῳ διακονιῶν τοῖς ἀγγέλοις ἀμιλλώ-μενος.18		
21.1 Ἠλίας Θεσβίτης ἐκ γῆς Ἀράβων,	21.1 Ἠλίας ὁ προφήτης.	(17.1) Οὗτος ἦν ἐκ γῆς Ἀράβων,	21.1 Ἠλίας ὁ Θεσβίτης ἦν ἐκ γῆς Ἀράβων	21.1 Ἠλίας ὁ Θεσβίτης ἐκ γῆς Ἀράβων,

18   Nur in Chron. Pasch. und Cosmas Indicopleustes.

An1 (Vat. gr. 2125)	Ep1	Dor	Ep2	An2 (Coisl. 224)
φυλῆς Ἀαρών, οἰκῶν ἐν Γαλααδ, ὅτι ἡ Θεσβεὶ δόμα ἦν τοῖς ἱερεῦσι.	Οὗτος ἦν ἐκ Θεσβῶν [ἐκ γῆς Ἀράβων], ἐκ φυλῆς Ἀαρών, ἐν Γαλααδ· ὅτι ἡ Θεσβὶς δόμα ἦν τοῖς ἱερεῦσι δεδομένη]	φυλῆς Ἀαρών, οἰκῶν ἐκ Γαλααδ ὅτι ἡ Θεσβὶς δόμα19 ἦν τοῖς ἱερεῦσιν.	φυλῆς Ἀαρών, οἰκῶν ἐκ Γαλααδ, ὅτι ἡ Θεσβὶς δόμα ἦν τοῖς ἱερεῦσιν.	φυλῆς Ἀαρών, οἰκῶν ἐν φυλῆς Ἀαρών, οἰκῶν ἐν Γαλααδ, ὅτι ἡ Θεσβὶς δόμα ἦν τοῖς ἱερεῦσιν.
2 Ὅτε εἶχε τεχθῆναι, ἴδεν Σοβαχὰ ὁ πατὴρ αὐτοῦ,	2 καὶ ὅτε ἔτεκεν ἡ μήτηρ αὐτοῦ, εἶδε Σοβὰκ ὁ πατὴρ αὐτοῦ ὀπτασίαν,	2 Ὅτε δὲ ἔμελλε τεχθῆναι, εἶδεν Σοβαχὰ ὁ πατὴρ αὐτοῦ,	2 Ὅτε δὲ ἔμελλε τίκτεσθαι, εἶδεν Σοβαχὰ ἡ μήτηρ αὐτοῦ,	2 Ὅτε ἤμελλε τεχθῆναι, εἶδε Σοβὰχ ὁ πατὴρ αὐτοῦ,
ὅτι ἄνδρες λευκοφανεῖς αὐτὸν προσηγόρευον,	ὅτι ἄνδρες λευκοφανεῖς αὐτῷ προσηγόρευον,	ὅτι ἄγγελοι λευκοφανεῖς αὐτὸν προσηγόρευον,	ὅτι ἄνδρες λευκοφανεῖς αὐτὸν προσηγόρευον,	ὅτι ἄνδρες λευκοφανεῖς αὐτὸν προσηγόρευον,
καὶ ὅτι ἐν πυρὶ αὐτὸν ἐσπαργάνουν, καὶ φλόγα πυρὸς ἐδίδουν αὐτῷ φαγεῖν.	καὶ ὅτε ἐν πυρὶ αὐτὸν ἐσπαργάνουν, καὶ φλόγα πυρὸς ἐδίδουν αὐτῷ φαγεῖν.	καὶ ἐν πυρὶ αὐτὸν ἐσπαργάνουν, καὶ φλόγα πυρὸς ἐδίδουν αὐτῷ φαγεῖν.	καὶ ἐν πυρὶ αὐτὸν ἐσπαργάνουν, καὶ φλόγα πυρὸς ἐδίδουν αὐτῷ φαγεῖν.	καὶ ὅτι ἐν πυρὶ ἐσπαργάνουν αὐτόν, καὶ φλόγα πυρὸς αὐτῷ ἐδίδουν φαγεῖν.
3 Καὶ ἐλθὼν ἀνήγγειλεν ἐν Ἱερουσαλὴμ	3 Καὶ ἐλθὼν εἰς Ἱερουσαλὴμ ἀνήγγειλε τοῖς ἱερεῦσι.	3 Καὶ ἐλθὼν ἀνήγγειλεν εἰς Ἱερουσαλὴμ	3 καὶ ἐλθὼν ὁ πατὴρ αὐτοῦ Ἀσὼμ ἀνήγγειλεν ἐν Ἱερουσαλὴμ	3 Καὶ ἐλθὼν ἀνήγγειλεν ἐν Ἱερουσαλὴμ
καὶ εἶπεν αὐτῷ ὁ χρησμός· μὴ δειλιάσῃς· ἔσται γὰρ ἡ οἴκησις αὐτοῦ φῶς καὶ ὁ λόγος αὐτοῦ ἀπόφασις	Καὶ εἶπεν αὐτῷ ὁ χρησματισμός· μὴ δειλιάσῃς· ἔσται γὰρ ἡ οἴκησις τοῦ παιδός σου φῶς καὶ ὁ λόγος αὐτοῦ ἀπόφασις	καὶ εἶπεν αὐτῷ χρησμός· μὴ δειλιάσῃς· ἔσται γὰρ ἡ οἴκησις αὐτοῦ φῶς καὶ ὁ λόγος αὐτοῦ ἀπόφασις,	καὶ εἶπεν αὐτῷ ὁ χρησμός· θάρρει ἔσται γὰρ ἡ οἴκησις αὐτοῦ φῶς καὶ ὁ λόγος αὐτοῦ ἀπόφασις,	καὶ εἶπεν αὐτῷ ὁ χρησμός· μὴ δειλιάσῃς· ἔσται γὰρ ἡ οἴκησις αὐτοῦ φῶς καὶ ὁ λόγος αὐτοῦ ἀπόφασις [καὶ ἡ ζωὴ αὐτοῦ μετὰ

19 Vindob. theol. gr. 77: δόμα

An1 (Vat. gr. 2125)	Ep1	Dor	Ep2	An2 (Coisl. 224)
				τῶν πετρινῶν καὶ ὁ ζῆλος αὐτοῦ ἄρεστος ἐνώπιον κυρίου]20 καὶ κρινεῖ τὸν Ἰσραὴλ [ἐν ῥομφαίᾳ καὶ πυρί]21.
καὶ κρινεῖ τὸν Ἰσραήλ.	καὶ κρινεῖ τὸν Ἰσραὴλ ἐν ῥομφαίᾳ καὶ ἐν πυρί.	καὶ κρινεῖ τὸν Ἰσραὴλ ἐν ῥομφαίᾳ καὶ πυρί.	καὶ κρινεῖ τὸν Ἰσραὴλ ἐν ῥομφαίᾳ καὶ πυρί.	
	Οὗτός ἐστιν Ἡλίας ὁ τὸ πῦρ τρίτον ἐξ οὐρανοῦ κατενέγκας, καὶ τὸν ὑετὸν τῇ ἰδίᾳ γλώττῃ βαστάσας			
4 Τὰ δὲ σημεῖα ἃ ἐποίησεν, εἰσὶ ταῦτα· ηὔξατο Ἡλίας καὶ οὐκ ἔβρεξεν ἐπὶ ἔτη τρία καὶ πάλιν ηὔξατο μετὰ τρία ἔτη καὶ γέγονε πολὺς ὑετός.				
5 Ἐν Σαρεφθοῖς τῆς Σιδωνίας ἐποίησε διὰ ῥήματος κυρίου τὴν ὑδρίαν τῆς χήρας μὴ ἐκλείψαι καὶ τὴν καμψάκην τοῦ ἐλαίου μὴ ἐλαττωθῆναι· τὸν υἱὸν αὐτῆς ἀποθανόντα ἤγειρεν ὁ θεὸς ἐκ νεκρῶν εὐξαμένου αὐτοῦ.		καὶ νεκροὺς ἐγείρας		
6 Προβλήματος γενομένου παρ᾽ αὐτοῦ καὶ τῶν προφητῶν τοῦ Βάαλ, τίς ἂν εἴη ὁ ἀληθινὸς καὶ ὄντως θεός, ᾔρεσε				

20   Coisl. 205
21   Coisl. 205

An1 (Vat. gr. 2125) Ep1	Dor	Ep2	An2 (Coisl. 224)

γενέσθαι θυσίαν παρά
τε αὐτοῦ κἀκείνων καὶ
μὴ ὑποθεῖναι πῦρ, ἀλλ'
ἕκαστον εὔξασθαι καὶ
τὸν ἐπακούοντα αὐτὸν
εἶναι θεόν.

7 Οἱ μὲν οὖν τοῦ Βάαλ
ηὔχοντο καὶ κατετέ-
μνοντο ἕως ὥρας ἐνά-
της καὶ οὐδεὶς αὐτοῖς
ἐπήκουεν· ὁ δὲ Ἠλίας
καὶ ὕδατος πολλοῦ πλη-
ρώσας τὸν τόπον, ἔνθα
ἦν ἡ θυσία, ηὔξατο· καὶ
εὐθὺς ἐπέπεσε πῦρ καὶ
ἀνήλωσε τὴν θυσίαν,
καὶ τὸ ὕδωρ ἐξέλειπεν·

8 καὶ πάντες τὸν μὲν
θεὸν εὐλόγησαν, τοὺς
δὲ τοῦ Βάαλ ἀνεῖλον
ὄντας τετρακοσίους
πεντήκοντα.

9 Τῷ βασιλεῖ Ὀζίᾳ
ἀποστείλαντι μαντεύσα-
σθαι παρὰ εἰδώλων προ-
εφήτευσε θάνατον καὶ
ἀπέθανεν.

10 Δύο πεντηκοντάρχων
ἀποσταλέντων ἐπ' αὐτὸν

An1 (Vat. gr. 2125)	Ep1	Dor	Ep2	An2 (Coisl. 224)
παρὰ Ὀχοζίου τοῦ βασιλέως Ἰσραὴλ ἐπεκαλέσατο τὸν κύριον καὶ πῦρ ἀπ᾽ οὐρανοῦ κατέβη κἀκείνους ἀνήλωσε τὸ πῦρ ἐκ προστάγματος κυρίου. 11 Κόρακες ἔφερον αὐτῷ ἄρτους τὸ πρωΐ, δείλης δὲ κρέα· 12 τῇ μηλωτῇ ἐπάταξε τὸν Ἰορδάνην καὶ διηρέθη καὶ διέβησαν ξηρῷ τῷ ποδί, αὐτός τε καὶ Ἐλισαῖος· τὸ τελευταῖον ἀνελήφθη καὶ εἰς οὐρανὸν ἀναληφθεὶς ἐν λαίλαπι πυρός.			Καὶ γὰρ ζηλωτὴς καὶ φύλαξ τῶν τοῦ θεοῦ ἐντολῶν ἀκριβὴς γεγονὼς καὶ μεγίστων μυστηρίων καὶ χαρισμάτων θείων ἀξιωθεὶς ἀνελήφθη ἐν ἅρματι πυρίνῳ, ὃς πάλιν ἐλεύσεται πρὸ τῆς συντελείας, ὥς φησιν ὁ θεὸς διὰ Μαλαχίου· ἰδοὺ ἐξαποστελῶ ὑμῖν Ἠλίαν τὸν Θεσβί-	[καὶ ἀναληφθήσεται ἐν συσσεισμῷ ἐκ τῶν οὐρανῶν.]22

---

22   Coisl. 205

Elisa-Vita

An1 (Vat. gr. 2125)	Ep1	Dor	Ep2	An2 (Coisl. 224)
		Εἰς τὸν Ἐλισσαῖον.	τὴν πρὶν ἐλθεῖν τὴν ἡμέραν κυρίου τὴν μεγάλην καὶ ἐπιφανῆ, ὃς ἀποκαταστήσει καρδίαν πατρὸς πρὸς υἱόν, καὶ καρδίαν ἀνθρώπου πρὸς τὸν πλησίον αὐτοῦ· μὴ ἐλθὼν πατάξω τὴν γῆν ἄρδην.	
22.1 Ἐλισαῖος ἦν ἐξ Ἀβελμαουλ γῆς τοῦ Ῥουβίμ.	22.1 Ἐλισσαῖος ὁ προφήτης. Οὗτος ἦν ἐξ Ἀβελμουθ ἐκ τῆς γῆς Ῥουβίμ.	(18.1) Οὗτος ὁ Ἐλισσαῖος ἦν ἐξ Ἀβελμαουλ γῆς τοῦ Ῥουβίμ·	22.1 Ὁ δὲ τούτου φοιτητὴς Ἐλισσαῖος ἦν ἐξ Ἀβελμουλ· φυλῆς τοῦ Ῥουβίμ Λευΐ· υἱὸς Ἰωσαφάτ·	22.1 Ἐλισσαῖος ἦν ἐξ Ἀβελμαουλ γῆς τοῦ ῥουβίμ·
2 καὶ ἐπὶ τούτου γέγονε τέρας, ὅτι, ἡνίκα ἐτέχθη ἐν Γαλγάλοις ἡ δάμαλις ἡ χρυσῆ ὀξὺ ἐβόησεν, ὥστε ἀκουσθῆναι εἰς Ἱερουσαλήμ.	2 Καὶ ἐπὶ τούτῳ γέγονε τεράστιον. Ὅτι ἡνίκα ἐτέχθη ἐν Γαλγάλοις, ἡ δάμαλις ἡ χρυσῆ ἢ ἐν Σηλὼμ ὀξὺ ἐβόησεν, ὥστε ἀκουσθῆναι ἐν Ἱερουσαλήμ.	2 καὶ ἐπὶ τούτου γέγονε τέρας, ὅτι ἡνίκα ἐτέχθη, ἐν Γαλγάλοις ἡ δάμαλις ἡ χρυσῆ ὀξὺ ἐβόησεν, ὥστε ἀκουσθῆναι εἰς Ἱερουσαλήμ,	2 καὶ οὗτος δὲ ἡνίκα ἐτέχθη ἐν Γαλγάλοις ἡ δάμαλις ἡ χρυσῆ ὀξὺ ἐβόησεν, ὥστε ἀκουσθῆναι εἰς Ἱερουσαλήμ·	2 καὶ ἐπὶ τούτου γέγονε τέρας, ὅτι, ἡνίκα ἐτέχθη ἐν Γαλγάλοις ἡ δάμαλις ἡ χρυσῆ [εἰς Βεθήλ][23] ὀξὺ ἐβόησεν, ὥστε ἀκουσθῆναι εἰς Ἱερουσαλήμ·

23 Coisl. 205

An1 (Vat. gr. 2125)	Ep1	Dor	Ep2	An2 (Coisl. 224)
3 καὶ εἶπεν ὁ ἱερεὺς διὰ τῶν δήλων, ὅτι προφήτης ἐτέχθη Ἰσραήλ, ὃς καθελεῖ τὰ γλυπτὰ αὐτῶν καὶ τὰ χωνευτά·	3 Καὶ εἶπεν ὁ ἱερεὺς διὰ τὴν δήλων, ὅτι προφήτης ἐτέχθη σήμερον, ὃς καθελεῖ τὰ γλυπτὰ καὶ συνθλάσει τὰ χωνευτά.	3 καὶ εἶπεν ὁ ἱερεὺς διὰ τῶν δήλων ὅτι· προφήτης ἐτέχθη εἰς Ἰερουσαλήμ, ὃς καθελεῖ τὰ γλυπτὰ αὐτῶν καὶ τὰ χωνευτὰ αὐτῶν.	3 καὶ εἶπεν ὁ ἱερεὺς διὰ τῶν δήλων, ὅτι προφήτης ἐτέχθη ἐν Ἰερουσαλήμ, ὃς καθελεῖ τὰ γλυπτὰ αὐτῶν καὶ τὰ χωνευτά·	3 καὶ εἶπεν ὁ ἱερεὺς διὰ τῶν 24 δήλων, ὅτι προφήτης ἐτέχθη ἐν Ἰσραήλ, ὃς καθελεῖ τὰ γλυπτὰ αὐτῶν καὶ τὰ χωνευτά·
			Καὶ γὰρ ἐπαναπαυσάμενον ἐπ' αὐτὸν τὸ πνεῦμα διπλοῦν γέγονεν ἐν αὐτῷ διπλᾶ ἐν πνεύματι καὶ τὰ χαρίσματα καὶ τὰ ἐνεργήματα·	
	Πολλὰ δὲ τεράστια ἐποίησεν ὁ θεὸς διὰ χειρὸς Ἐλισσαίου·			
4 καὶ θανὼν ἐτάφη ἐν Σαμαρείᾳ.	4 καὶ θανὼν ἐτάφη ἐν Σαμαρείᾳ ἐν Σεβαστοπόλει.	4 καὶ θανὼν ἐτάφη ἐν Σαμαρείᾳ.	4 ὅθεν οὐ μόνον ἐν τῇ ζωῇ αὐτοῦ ἐθαυματούργει, ἀλλὰ καὶ θανὼν καὶ ταφεὶς ἐν Σαμαρείᾳ, ἐῤῥίφη νεκρὸς μονόζωος ἐν τῷ τάφῳ αὐτοῦ. Καὶ εὐθὺς ἀνέζησεν ὁ νεκρός.	4 καὶ θανὼν 25 ἐτάφη ἐν Σαμαρείᾳ.
5 Τὰ δὲ σημεῖα, ἃ ἐποίησεν, εἰσὶ ταῦτα· ἐπάταξε καὶ αὐτὸς τὸν Ἰορδάνην τῇ μηλωτῇ τῇ Ἠλίου καὶ διηρέθη τὸ	5 Οὗτος ἐπροφήτευσε περὶ τῆς τοῦ κυρίου παρουσίας.		s. V. 3	

24   Coisl. 205: τὴν
25   καὶ θανὼν fehlt in Coisl. 205

An1 (Vat. gr. 2125)	Ep1	Dor	Ep2	An2 (Coisl. 224)
ὕδωρ καὶ διέβη καὶ αὐ-τὸς ξηρῷ ποδί·				
6 τὰ ὕδατα ἐν Ἰεριχὼ πονηρὰ ἦν καὶ ἄγονα·		6 Καὶ τὰ ὕδατα Ἰεριχὼ ἄτεκνα ὄντα ἦγουν ἀλ-μυρὰ ἰάσατο		
καὶ ἀκούσας παρὰ τῶν τῆς πόλεως ἐπεκαλέσατο τὸν θεὸν καὶ εἶπεν· "ἴαμαι τὰ ὕδατα ταῦτα καὶ οὐκ ἔσται ἔτι ἐκεῖθεν θάνατος καὶ ἀτεκνουμένη· καὶ ἰάθησαν τὰ ὕδατα ἕως τῆς ἡμέρας ταύ-της.		εἰπών· τάδε λέγει κύριος. "Ἴαμαι τὰ ὕδατα ταῦτα. Καὶ ἰάθησαν ἕως τῆς σήμερον ἡμέρας.		
7 Παίδων ἀτακτούντων κατ᾽ αὐτοῦ κατηράσατο ἐν αὐτοῖς καὶ ἐξελθοῦσαι δύο ἄρκοι ἐνέρρηξαν ἐξ αὐτῶν μβ.				
8 Γυνὴ προφήτου τελευ-τήσαντος ὀχλουμένη ὑπὸ δανιστῶν καὶ μὴ ἔχουσα ἀποδοῦναι προσ-ῆλθε τῷ Ἐλισαίῳ,				
9 καὶ ἐνετείλατο αὐτῇ συναγαγεῖν ἀγγεῖα και-				

An1 (Vat. gr. 2125)	Ep1	Dor	Ep2	An2 (Coisl. 224)
νά, ὅσα δύναται, καὶ τὸ ἔχον ὀλίγιστον ἔλαιον ἐκκενοῦν εἰς αὐτά, ἕως ἀποσχῇ τὰ ἀγγεία·				
10 Καὶ τοῦτο ποιήσασα ἐπλήρωσε τὰ ἀγγεία καὶ ἀποδέδωκε τοῖς δανισταῖς καὶ τὸ περισσεῦον ἔσχεν εἰς διατροφὴν τῶν παιδίων.				
11 Εἰς Σουμὰν ἀπελθὼν ἔμεινε παρά τινι γυναικὶ καὶ μὴ ποιοῦσαν αὐτὴν παιδίον, ἐπιθυμοῦσαν δὲ σχεῖν εὐξάμενος πεποίηκε συλλαβεῖν καὶ τεκεῖν·				
12 εἶτα ἀποθανόντα τὸν παῖδα εὐξάμενος πάλιν ἤγειρεν ἐκ νεκρῶν.		Καὶ νεκροὺς ἤγειρε		
13 Εἰς Γάλγαλα ἐλθὼν κατήχθη παρὰ τοῖς υἱοῖς τῶν προφητῶν καὶ ἐμφθέντος προσφαγίου καὶ θανατικῆς βοτάνης συνεψηθείσης τῷ προσφαγίῳ καὶ παρ' ὀλίγου κινδυνευόντων πάντων				

An1 (Vat. gr. 2125)	Ep1	Dor	Ep2	An2 (Coisl. 224)
πεποίηκεν ἀβλαβὲς καὶ ἡδὺ τὸ βρῶμα·				
14 τῶν υἱῶν τῶν προφητῶν κοπτόντων ξύλα παρὰ τὸν Ἰορδάνην ἐξέπεσε τὸ δρέπανον καὶ κατεποντίσθη· ὁ δὲ Ἐλισαῖος εὐχόμενος πεποίηκεν ἐπιπολάσαι τὸ δρέπανον.				
15 Ναιμὰν ὁ Σύρος δι' αὐτοῦ ἐκαθερίσθη ἀπὸ τῆς λέπρας.		καὶ λεπρὸν ὄντα Νεεμὰν τὸν Σύρον ἐκαθαίρισε τῆς λέπρας,		
16 Τὸν παῖδα αὐτοῦ Ἐλισαῖος λεγόμενον Γιεζεί, ἀπελθόντα κρύφα παρὰ γνώμην αὐτοῦ πρὸς Ναιμὰν καὶ αἰτήσαντα ἀργύριον, ὕστερον ἐλθόντα καὶ ἀρνούμενον ἤλεγξε καὶ κατηράσατο αὐτὸν καὶ γέγονε λεπρός.		καὶ τὸ Γιεζῆ τὸν ὑπηρέτην αὐτου λεπρὸν ἐποίησε γενέσθαι.		
17 Βασιλέως Συρίας πολεμοῦντος τὸν Ἰσραὴλ ἠσφαλίζετο τὸν βασιλέα Ἰσραὴλ ἀπαγγέλλων αὐτῷ τὰς σκέψεις τοῦ ἐχθροῦ·				

An1 (Vat. gr. 2125)	Ep1	Dor	Ep2	An2 (Coisl. 224)
18 τοῦτο μαθὼν ὁ βασιλεὺς Συρίας πέμπει δύναμιν ἀγαγεῖν τὸν προφήτην· ὁ δὲ εὐξάμενος πεποίηκεν αὐτοὺς κατ᾽ ἀχθῆναι ἀορασίᾳ καὶ ἀπήγαγεν εἰς Σαμαρείαν παρὰ τοὺς ἐχθρούς, ἀβλαβεῖς τε αὐτοὺς φυλάξας διέσωσε καὶ ἔθρεψεν				
19 τοῦτο μαθὼν ὁ βασιλεὺς Συρίας ἐπαύσατο τοῦ πολεμεῖν.				
20 Μετὰ θάνατον Ἐλισαίου ἀποθανών τις καὶ θαπτόμενος ἐρρίφη ἐπὶ τὰ ὀστᾶ αὐτοῦ καὶ μόνον ὡς ἥψατο τῶν ὀστέων τοῦ Ἐλισαίου, ὁ νεκρὸς εὐθὺς ἀνέζησεν.	Καὶ νεκρὸς ὢν νεκρὸν ἤγειρεν.		s. V. 4	

Sacharja b. J.-Vita

An1 (Vat. gr. 2125)	Ep1	Dor	Ep2 (1-5= Sach XII)	An2 (Coisl. 205[!])
		Εἰς τὸν Ζαχαρίαν.		
23.1 Ζαχαρίας ἐξ Ἰερουσαλὴμ υἱὸς Ἰωδαε	23.1 Ζαχαρίας ἄλλος προφήτης καὶ ἱερεύς.	(19.1) Ζαχαρίας υἱὸς Ἰωδαε τοῦ ἱερέως.	(11.1) Ζαχαρίας υἱὸς Βαραχίου ἦλθεν ἀπὸ	23.1 Ζαχαρίας υἱὸς Ἰωδαε τοῦ ἱερέως,

An1 (Vat gr. 2125)	Ep1	Dor	Ep2 (1-5= Sach XII)	An2 (Coisl. 205[!])
τοῦ ἱερέως,	Οὗτος ἦν υἱὸς Ἰωδαὲ ἱερέως, πατὴρ δὲ Ἰωάννου τοῦ βαπτιστοῦ.	Οὗτος ἦν ἐξ Ἱερουσαλήμ,	Χαλδαίων εἰς Ἱερουσαλήμ, ἤδη προβεβηκὼς· κἀκεῖ τῷ λαῷ πολλὰ προεφήτευσε· καὶ τέρατα ἔδωκεν εἰς ἀπόδειξιν. 2 Ὃς καὶ τῷ Ἰωσεδὲκ εἶπεν, ὅτι γεννήσεις υἱὸν καὶ ἐν Ἱερουσαλὴμ ἱερατεύσει, 3 καὶ τὸν Σαλαθιὴλ ἐπὶ υἱῷ εὐλόγησε καὶ τὸ ὄνομα Ζοροβάβελ ἐπ᾽ ἔθηκε· 4 καὶ ἐπὶ Κύρου τέρας ἔδωκεν εἰς νῖκος καὶ περὶ τῆς λειτουργίας αὐτοῦ προηγόρευσεν, ἣν ποιήσει ἐπὶ Ἱερουσαλὴμ καὶ εὐλόγησεν αὐτόν· 5 καὶ περὶ τέλους ἐθνῶν καὶ Ἰσραὴλ, καὶ τοῦ ναοῦ καὶ ἀργίας προφητῶν καὶ ἱερέων προεφήτευσεν.	πατὴρ δὲ Ἰωάννου τοῦ βαπτιστοῦ
ὃν ἀπέκτεινεν Ἰωὰς ὁ βασιλεὺς Ἰούδα ἐχόμενα τοῦ θυσιαστηρίου·	Τοῦτον ἀπέκτεινεν Ἡρώδης ὁ βασιλεὺς τοῦ θυσιαστηρίου ἐχόμενα καὶ τοῦ οἴκου κυρίου.	καὶ ἀπέκτεινεν αὐτὸν Ἰωὰς ὁ βασιλεὺς Ἰούδα ἐχόμενα τοῦ θυσιαστηρίου·	Ἀπέκτεινε δὲ αὐτὸν Ἰωὰς βασιλεὺς Ἰούδα μεταξὺ τοῦ ναοῦ καὶ τοῦ θυσιαστηρίου· παραινοῦντα αὐτῷ τε καὶ τῷ λαῷ ἀπέχεσθαι τῆς ἀσεβείας	τοῦτον ἀπέκτεινεν Ἡρώδης ὁ βασιλεὺς ἐχόμενα του θυσιαστηρίου·

An1 (Vat gr. 2125)	Ep1	Dor	Ep2 (1-5= Sach XII)	An2 (Coisl. 205[!])
καὶ ἐξέχεεν τὸ αἷμα αὐτοῦ ὁ οἶκος Δαυὶδ	Οὗτος δὲ ἦν ἐξ Ἱερουσαλὴμ ἐξ οἴκου Δαυίδ,	καὶ ἐξέχεε τὸ αἷμα αὐτοῦ ὁ οἶκος Δαβὶδ	καὶ ἐπιστρέφειν πρὸς θεόν,	καὶ ἐξέχεεν τὸ αἷμα αὐτοῦ ἐν οἴκῳ θεοῦ. Οὗτος ἦν ἐξ Ἱερουσαλήμ· οἴκου Δαυὶδ
ἀνὰ μέσον ἐπὶ τοῦ Αἰλάμ·	ἀνὰ μέσον τοῦ Ἐλάμ ἐξ οἴκου κυρίου. οὗτος ἐπροφήτευσε περὶ Χριστοῦ γέννας²⁷.	ἀνὰ μέσον ἐπὶ τοῦ Ἐλάμ.		ἀνὰ μέσον ἐπὶ τοῦ ἐλάμ.²⁶ ἐξ οἴκου κυρίου.
καὶ λαβόντες αὐτὸν οἱ ἱερεῖς ἔθαψαν αὐτὸν	ἐκεῖ οὖν αὐτὸν ἔθαψαν ἐν οἴκου θεοῦ ἐχόμενα ναοῦ κυρίου.	Καὶ λαβόντες αὐτὸν οἱ ἱερεῖς ἔθαψαν αὐτὸν	καὶ λαβόντες αὐτὸν οἱ ἱερεῖς ἔθαψαν μετὰ	καὶ ἐκεῖ ἔθαψαν αὐτὸν μεταξὺ τοῦ θυσιαστηρίου καὶ τοῦ οἴκου μετὰ τοῦ πατρὸς αὐτοῦ Ἰωδαέ.
μετὰ τοῦ πατρὸς αὐτοῦ.		μετὰ τοῦ πατρὸς αὐτοῦ.	τοῦ πατρὸς αὐτοῦ.	
2 ἕκτοτε ἐγίνοντο τέρατα ἐν τῷ ναῷ φαντασίας	Ἔκτοτε ἐγίνοντο τέρατα πολλὰ ἐν τῷ ναῷ καὶ φαντασία		καὶ ἀπὸ τότε ἐγίνοντο τέρατά τε ἐν τῷ ναῷ πολλὰ φαντασιώδη.	2 ἕκτοτε ἐγίνοντο τέρατα πολλὰ ἐν τῷ ναῷ φαντασίαι
καὶ οὐκ ἴσχυον οἱ ἱερεῖς ἰδεῖν ὀππτασίαν ἀγγέλου θεοῦ οὔτε δοῦναι χρησμοὺς ἐκ τοῦ Δαβεὶρ οὔτε ἐρωτῆσαι ἐν τῷ Ἐφοὺδ	καὶ οὐκ ἴσχυον οἱ ἱερεῖς ἰδεῖν οὐκέτι ὀππτασίαν ἀγγέλων· οὐδὲ δοῦναι χρησμοὺς τῷ λαῷ ἐν Δαβεὶρ οὔτε ἐρωτῆσαι ἐν τῷ Ἐφοὺδ		καὶ οὐκ ἴσχυον οἱ ἱερεῖς ἰδεῖν ὀππτασίαν ἀγγέλου θεοῦ οὔτε δοῦναι χρησμοὺς ἐκ τοῦ Δαβὴρ	καὶ οὐκ ἴσχυον οἱ ἱερεῖς ἰδεῖν οὐκέτι ὀππτασίας ἀγγέλου οὔτε δοῦναι χρησμοὺς ἐκ τοῦ Δαβεὶρ οὔτε ἐρωτῆσαι ἐν τῷ Ἐφοὺδ

26 Coisl. 224: ἀδάμ

27 Nestle, Epiphanius, 35; Schermann: γενεᾶς.

An1 (Vat gr. 2125)

οὔτε διὰ τῶν δήλων ἀπο- κριθῆναι τῷ λαῷ ὡς τὸ πρίν.

Ep1

οὔτε διὰ τῶν δήλων ἀποκριθῆναι, ἕως τὸ πρίν, ἕως τῆς ἡμέρας ἐκείνης.

Dor

Ep2 (1–5= Sach XII)

οὔτε διὰ τῶν δήλων ἀποκριθῆναι ἐν τῷ λαῷ ὡς τὸ πρίν.

An2 (Coisl. 205[!])

οὔτε διὰ τῶν δήλων ἀποκριθῆναι τῷ λαῷ ὥσπερ τὸ πρίν.

Subscriptio

Dor

Τέλος τῶν προφητῶν ἤγουν τῆς γενέσεως αὐτῶν

καὶ τῆς βιωτικῆς καὶ τῆς τελευτῆς.

An2 (Coisl. 224)

24,1 Καὶ ἄλλοι προφῆται ἐγένοντο κρυπτοί,

ὧν τὰ ὀνόματα ἐκφέρονται ἐν ταῖς γενεαλογίαις αὐτῶν

ἐπὶ βίβλων ὀνομάτων Ἰσραήλ.

2 ἐγράφοντο γὰρ πᾶν γένος Ἰσραὴλ καὶ τὰ ὀνόματα

τῶν προφητῶν καὶ ὁσίων ἀνδρῶν,

καὶ ὁ θάνατος αὐτῶν καὶ τὰ ἀξιώματα αὐτῶν, καὶ πότε ἀπέθνησκον·

καὶ ἦν εἰς μνημόσυνον τῶν ἱερέων καὶ βασιλέων καὶ προφητῶν καὶ τῶν μεγιστάνων καὶ ὁσίων ἀνδρῶν.

An1 (Vat. 2125)

24,1 Καὶ ἄλλοι προφῆται ἐγένοντο κρυπτοί,

ὧν τὰ ὀνόματα ἐμφέρονται ἐν ταῖς γενεαλογίαις αὐτῶν

ἐπὶ βίβλων ὀνομάτων Ἰσραήλ.

2 ἐγράφοντο γὰρ πᾶν τὸ γένος Ἰσραὴλ κατ' ὄνομα.

Ep1

Καὶ ἄλλοι δὲ προφῆται ἐγένοντο,

ὧν τὰ ὀνόματα ἐγγέγραπται ἐν ταῖς αὐτῶν γενεαῖς

ἐν βίβλῳ ὀνομάτων Ἰσραήλ,

ὧν οὐκ ἐμνημονεύσαμεν.

An1 (Vat. 2125)

Ep1

Dor

An2 (Coisl. 224)

Καὶ ταῦτα μὲν μέχρι τούτων.

An2 (Coisl. 205[!])

Παρακαλῶ δὲ τοὺς ἐντυγχά-
νοντας τῷδε τῷ ποιήματι
ἤγουν τῷ ἱστορικῷ διηγήματι,
εὐχὰς ἡμῖν ἀντιδοῦναι τοῦ
κόπου· νομίζω γὰρ οὐ μικρὰν
τὴν ἐκ τούτων ὠφέλειαν, τὸ
μὴ ἀγνοεῖν τὴν τῶν ἁγίων
τούτων πολιτείαν τε καὶ τε-
λείωσιν, ὅτι μνήμη δικαίου
μετ' ἐγκωμίων, καὶ διότι ἡ
πρὸς τοὺς ἀγαθοὺς τῶν ὁμο-
δούλων τιμὴ ἀπόδειξιν ἔχει
τῆς πρὸς τὸν κοινὸν δεσπότην εὐνοίας.
Τὰ ὀνόματα τῶν ιϛ' προφητῶν
καὶ ὅπως ἐτελεύτησαν καὶ ἐν
ποίοις τόποις κεῖνται· καὶ τί
ἕκαστος προεφήτευσεν καὶ
ὅσα ἐπ' αὐτῶν παράδοξα γέγονεν.